Unser Wortschatz

Helmut Melzer
Wolfgang Menzel
Günter Rudolph

westermann

Wobei kann dir unser Wortschatz helfen?

Ein Wörterbuch hilft dir vor allem bei der **Rechtschreibung.** Wenn du nicht weißt, wie ein Wort geschrieben wird, kannst du es hier nachschlagen. Kein Mensch kann alle Wörter im Kopf behalten; deswegen gibt es Wörterbücher – für Kinder und für Erwachsene.
Manchmal ist man nicht ganz sicher, ob ein Wort groß- oder kleingeschrieben wird, z. B. „Nimm dich in Acht/acht!“ Dann suchst du das Wort unter **Acht** im Wörterbuch und findest dort:

Nimm dich in **Acht**! – gib auf ihn **Acht**.

Jetzt weißt du es!

Manchmal möchtest du wissen, wie ein **Wort** am Zeilenende **abgetrennt** wird: „mitei-nander“ oder „mitein-ander“.
Du schlägst nach und findest, vielleicht zu deiner Überraschung, dass beides möglich ist:

mit|ei|nan|der *auch* **mit|ein|an|der.**

Es könnte auch sein, dass du einfach einmal wissen möchtest, wie ein Wort **ausgesprochen,** wie es **betont** wird.
Du liest z. B. irgendwo das Wort *Collage.* Aber wie wird das gesprochen? Unter **Col|la|ge** findest du dann, dass es aus dem Französischem *(franz.)* stammt und so gesprochen wird:

[kolasche].

Es kommt aber auch vor, dass du ein Wort hörst, dessen **Bedeutung** du vielleicht noch gar nicht kennst.
Das könnte sich z. B. so anhören: [klintsch]. Dann möchtest du vor allem wissen, was es bedeutet. Natürlich weißt du dann auch nicht, wie es geschrieben wird, nicht einmal mit welchem Buchstaben es anfängt.
Dann musst du dir z. B. vorstellen können, dass es mit C oder K beginnen könnte, und du müsstest dann unter Umständen an zwei Stellen im Wörterbuch nachschlagen.
Und da findest du nun unter C:

Clinch: (Umklammerung, Streit).

So also wird es geschrieben – und das ist die Bedeutung.

Manchmal hörst du eine **Redewendung**, die dir wirklich unbekannt ist, z. B. „Sie macht immer ein großes Trara darum“.
Dann schaust du unter **Trara** nach und findest den Hinweis:

(viel Lärm um nichts machen).

Manchmal schreibst du einen Text und weißt vielleicht nicht, wie ein Wort gebeugt wird, z. B. wie du in dem Satz „Der Junge senkt den Blick.“ das Verb in die Vergangenheit (ins Präteritum) setzt.
Dann musst du erst einmal den Infinitiv bilden: **senken** und darunter nachschauen. Du findest:

er senkte.

Also schreibst du: „Der Junge senkte den Blick.“

So stehen Nomen/Substantive (Namenwörter) im Wörterbuch:

Jọ|ckei *auch* **Jọ|ckey** *engl. [dschọki],* der: des Jockeis, die Jockeis; (berufsmäßiger Pferderennreiter)

So kann man das Wort auch schreiben.

Hier wird das Wort getrennt.

Aus dieser Sprache stammt das Wort: aus dem Englischen.

So wird das Wort ausgesprochen.

Auf dieser Silbe wird das Wort betont.

Das ist der Begleiter (Artikel) des Wortes.

Das ist der 2. Fall (Genitiv) des Wortes.

Das bedeutet dieses Wort.

Das ist die Mehrzahlform (der Plural) des Wortes.

So stehen Verben (Zeitwörter) im Wörterbuch:

brẹn|nen: du brennst, er brannte, er brennte, hat gebrannt, brenn(e)!; das Licht brennt – die Augen brennen – die Wunde brennt (tut sehr weh) – brennend (sehr) gern – ein brennendes (ganz wichtiges) Problem – eine CD brennen; vor Neugierde brennen (sehr neugierig sein) – es brennt mir auf den Nägeln (etwas Wichtiges muss schnell erledigt werden); der **Bren|ner,** die **Brenn|nes|sel; brennbar**

Das ist die Grundform (der Infinitiv)

Das ist das Präsens.

Das ist das Präteritum.

Auf dieser Silbe wird das Wort betont.

Das ist das Partizip II.

Das ist die Befehlsform (der Imperativ).

Das ist der Konjunktiv.

Das sind einige Redewendungen und ihre Bedeutung, in denen das Wort immer wieder vorkommen kann.

Das sind weitere Wörter und Zusammensetzungen aus der Wortfamilie.

So stehen die Adjektive (Eigenschaftswörter) im Wörterbuch:

Das ist die Steigerungsstufe (der Komparativ).

Das ist die Höchstform (der Superlativ).

Das ist die Grundform des Adjektivs.

Das sind Beispiele für die Kleinschreibung.

groß: größer, am größten; *Kleinschreibung:* die großen Ferien – die große Pause – die große (vornehme) Welt – eine große Dummheit begehen; das große Los – auf großem Fuße leben (reich sein) – große Töne spucken (angeben); *Großschreibung:* im Großen und Ganzen – Groß und Klein (jedermann) – etwas, nichts, viel Großes – der Große Bär (Sternbild) – Karl der Große; **groß|ar|tig, groß|zü|gig; größten|teils;** die **Groß|macht,** die **Großmut|ter,** die **Groß|schrei|bung; groß schrei|ben:** du solltest nicht so groß schreiben (in so großer Handschrift), **groß|schrei|ben:** du musst dieses Wort großschreiben (mit großem Anfangsbuchstaben), **ver|grö|ßern**

Das sind einige Beispiele und Redewendungen, in denen das Wort häufig vorkommt.

Das sind Beispiele für die Großschreibung.

Einige von diesen Beispielen und Redewendungen werden in ihrer Bedeutung erklärt.

Das sind besondere Schreibweisen des Wortes, z. B. ob es getrennt oder zusammengeschrieben wird.

Inhaltsverzeichnis

A
B

A

A, das: (erster Buchstabe des Alphabets); von A bis Z – das A und O (das Wesentliche einer Sache)

AA, das: *Abk. für* **A**uswärtiges **A**mt (Außenministerium)

Aal, der: des Aal(e)s, die Aale; **aal|glatt** (sehr glatt; schwer zu fassen); **aa|len:** sich in der Sonne aalen (ausruhen)

Aas, das: des Aases, die Aase; (Tierkadaver)

ab: ab dem 1. Januar dieses Jahres – ab drei Euro – ab Hamburg; ab mit dir – ab und zu

Ab|art, die: der Abart, die Abarten; (eine sich durch einige Merkmale unterscheidende Art); **ab|ar|tig** (vom Normalen abweichend)

ab|bau|en: Kohle abbauen; Vorurteile abbauen – er baut ab (er verliert Kräfte); der **Ab|bau**

ab|bei|ßen: vom Apfel ein Stück abbeißen; → beißen

ab|be|stel|len: die Zeitung abbestellen

ab|bie|gen: vom Weg abbiegen; wir konnten das noch einmal abbiegen (verhindern); die **Ab|bie|ge|spur,** die **Ab|bie|gung;** → biegen

Ab|bil|dung, die: der Abbildung, die Abbildungen; *Abk.* Abb.; **ab|bil|den**

ab|blit|zen: bei jemandem abblitzen (keinen Erfolg haben) – jemanden abblitzen lassen (abweisen)

ab|bre|chen: ein Gebäude abbrechen – der Ast bricht ab; wir wollen hier abbrechen (aufhören); der **Ab|bruch;** → brechen

ab|brin|gen: sich nicht von seinem Plan abbringen lassen (ihn nicht aufgeben); → bringen

Abc, das: (Alphabet)

ab|de|cken: das Dach, den Tisch abdecken – eine Grube abdecken (zudecken) – Dächer wurden vom Sturm abgedeckt (zerstört)

ab|dre|hen: das Wasser abdrehen – nach Osten abdrehen (in Richtung Osten fahren)

Ab|druck, der: des Abdruck(e)s, die Abdrucke *auch* Abdrücke; die **Bild|ab|dru|cke,** die **Fin|ger|ab|drü|cke; ab|dru|cken**

Abend, der: des Abends, die Abende; am Abend – gegen Abend – heute Abend – gestern Abend – eines Abends – Heiliger Abend – guten *auch* Guten Abend sagen – zu Abend essen – es wird Abend – noch ist nicht aller Tage Abend (es ist noch nicht vorbei); das **Abend|brot,** das **Abend|land** (Europa), das **Abendmahl,** der **Frei|tag|abend**

abends: von morgens bis abends – spätabends – freitagabends

Aben|teu|er, das: des Abenteuers, die Abenteuer; sich in ein Abenteuer stürzen; der **Aben|teu|rer; aben|teu|er|lich**

aber: *Kleinschreibung:* ich komme gern, aber ich kann nicht lange bleiben; das war aber schön! – tausend und abertausend *auch* Tausend und Abertausend; *Großschreibung:* kein Aber (keinen Widerspruch) zulassen – das Wenn und Aber

Aber|glau|be, der: des Aberglaubens; (verkehrter, unbegründeter Glaube); **aber|gläu|bisch:** abergläubisch sein

Ab|fahrt, die: der Abfahrt, die Abfahrten; *Abk.* Abf.; die Abfahrt des Zuges; **ab|fah|ren:** wir fahren morgen ab – den Bauschutt abfahren (wegschaffen, beseitigen) – auf etwas voll abfahren (beeindruckt sein, sehr gefallen); → fahren

Ab|fall, der: des Abfalls, die Abfälle; der **Kü|chen|ab|fall; ab|fal|len:** die Blätter fallen ab – der Berghang fällt steil ab – ob was für mich abfällt (übrig ist)? – seine Leistungen sind abgefallen (schlechter geworden)

ab|fer|ti|gen: die Passagiere, ein Flugzeug, ein Schiff abfertigen; jemanden kurz abfertigen (unfreundlich behandeln); die **Ab|fer|ti|gung**

ab|fin|den: jemanden großzügig abfinden (einmalig mit einer Geldsumme entschädigen) – sich mit etwas abfinden (sich fügen); die **Ab|fin|dung**

ab|flau|en: der Wind, das Interesse flaut ab (wird schwächer)

Ab|fluss, der: des Abflusses, die Abflüsse; der Abfluss der Badewanne ist verstopft; **ab|flie|ßen**

Ab|fuhr, die: der Abfuhr, die Abfuhren; die Abfuhr des Mülls; jemandem eine Abfuhr erteilen (ihn zurückweisen)

Ab|gang, der: des Abgang(e)s, die Abgänge; mach den Abgang (verschwinde von hier)!; der **Ab|gän|ger:** der Abgänger von einer Schule, das **Ab|gangs|zeug|nis; ab|ge|hen:** von der Bühne abgehen

Ab|gas, das: des Abgases, die Abgase; (Gas, das bei Verbrennungsprozessen entsteht; Belastungsfaktor für die Umwelt); die **Ab|gas|un|ter|su|chung:** *Abk.* AU

ab|ge|ben: jemandem etwas abgeben – den Ball abgeben – eine Stimme für jemanden abgeben; die **Ab|ga|be;** → geben

ab|ge|brannt: abgebrannt sein (kein Geld mehr haben); → brennen

ab|ge|brüht: (kaltschnäuzig)

ab|ge|kar|tet: ein abgekartetes Spiel (ein heimlich verabredetes Vorgehen zum Nachteil eines anderen)

ab|ge|le|gen: abgelegener, am abgelegensten; (abseits, weit entfernt)

ab|ge|nutzt: abgenutzter, am abgenutztesten; die Autoreifen sind schon ziemlich abgenutzt (ohne Profil)

Ab|ge|ord|ne|te, der *auch* die: des *auch* der Abgeordneten, die Abgeordneten; (Mitglieder eines Parlaments)

ab|ge|se|hen: abgesehen von dem einen Fehler, ist es eine gute Arbeit – es auf jemanden abgesehen haben (jemanden laufend schlecht behandeln); → sehen

ab|ge|stan|den: abgestandenes (nicht mehr frisches) Wasser

ab|ge|stumpft: abgestumpfter, am abgestumpftesten; (träge, gefühllos); die **Ab|ge|stumpft|heit; ab|stump|fen**

ab|ge|tra|gen: ein abgetragener (alter) Mantel

ab|ge|wöh|nen: sich das Rauchen abgewöhnen

ab|gren|zen: sich gegen jemanden abgrenzen; die **Ab|gren|zung**

Ab|grund, der: des Abgrunds, die Abgründe; am Rande eines Abgrunds stehen; **ab|grund|tief:** jemanden abgrundtief (sehr) hassen

ab|gu|cken: sie ließ ihn nicht abgucken (unerlaubt abschreiben) – von wem hat er sich das wohl abgeguckt (das übernommen)?

ab|ha|ken: etwas abhaken (als erledigt betrachten)

ab|hal|ten: jemanden von der Arbeit abhalten (daran hindern) – eine Versammlung abhalten (durchführen); → halten

A B

ab|han|den: abhandenkommen (verloren gehen)

Ab|hang, der: des Abhang(e)s, die Abhänge; ein steiler Abhang

ab|hän|gig: (unselbstständig); ein abhängiger Satz (Nebensatz); die **Ab|hän|gig|keit; ab|hän|gen:** ein Bild abhängen; jemanden abhängen (hinter sich lassen)

ab|här|ten: sich gegen Kälte abhärten; **ab|ge|här|tet**

ab|hau|en: von zu Hause abhauen (fortlaufen) – mit der Axt einen Ast abhauen (abschlagen)

ab|hef|ten: die Arbeitsblätter in einem Ordner abheften

ab|ho|len: jemanden vom Bahnhof abholen

ab|hol|zen: den Regenwald abholzen; die **Ab|hol|zung**

Ab|itur *auch* **Abi|tur,** das: des Abiturs; *Abk.* Abi (Reifeprüfung): das Abitur bestehen; der **Abi|tu|ri|ent**

ab|kap|seln: sich abkapseln (von der Umwelt abschließen)

ab|klin|gen: die Musik klingt ab (wird leiser) – das Fieber klingt ab (lässt nach); → klingen

ab|kom|men: von der Straße abkommen; → kommen

Ab|kom|men, das: des Abkommens, die Abkommen; ein Abkommen (einen Vertrag) schließen

ab|kür|zen: die **Ab|kür|zung**

ab|las|sen: Flüssigkeit, Dampf ablassen – von etwas ablassen (aufhören); → lassen

ab|le|gen: den Mantel ablegen; bitte legen Sie ab! – ein Geständnis ablegen – eine Prüfung ablegen – Rechenschaft von etwas ablegen; die **Ab|lage,** der **Ab|le|ger** (ein Pflanzentrieb)

ab|leh|nen: ein Angebot ablehnen; die **Ab|leh|nung**

ab|lei|ten: ein Wort aus einem anderen ableiten (Wortfamilie bilden); die **Ab|lei|tung**

ab|luch|sen: jemandem etwas abluchsen (geschickt abhandeln, wegnehmen)

ab|ma|chen: etwas abmachen (entfernen; vereinbaren); die **Ab|machung**

ab|ma|gern: sie sieht ganz abgemagert aus; die **Ab|ma|ge|rungs|kur**

ab|neh|men: ein Bild von der Wand abnehmen; jemandem eine Arbeit abnehmen (helfen) – ich habe abgenommen (Gewicht verloren) – abnehmender Mond; die **Ab|nah|me,** der **Ab|neh|mer;** → nehmen

Ab|nei|gung, die: der Abneigung, die Abneigungen; gegen jemanden eine Abneigung empfinden (ihn nicht leiden können); **ab|ge|neigt**

ab|nut|zen *auch* **ab|nüt|zen:** ein abgenutzter Sessel; die **Ab|nut|zung**

Abon|ne|ment *franz. [abonemang],* das: des Abonnements, die Abonnements; *Abk.* Abo (Dauerbezug von Zeitungen u. Ä.); der **Abon|nent; abon|nieren**

ab|pfei|fen: ein Spiel abpfeifen (beenden); der **Ab|pfiff;** → pfeifen

ab|pral|len: der Ball ist abgeprallt; die Kritik ist von ihr abgeprallt (hat sie nicht ernst genommen)

ab|ra|ckern: (sich mühen)

ab|rech|nen: mit jemandem abrechnen (sich an ihm rächen); die **Ab|rechnung**

ab|re|gen: reg dich wieder ab (beruhige dich wieder)!

ab|rei|sen: sie ist gestern wieder abgereist; die **Ab|reise**

ab|rei|ßen: ein Blatt vom Kalender abreißen; der **Ab|riss;** → reißen

ab|rupt: (plötzlich, jäh)

ab|rüs|ten: die **Ab|rüs|tung** (Verkleinerung der Zahl von Waffen und militärischen Einrichtungen)

ab|sa|cken: das Flugzeug sackt ab (verliert an Höhe) – in den Leistungen absacken (schlechter werden)

Ab|sa|ge, die: der Absage, die Absagen; eine Absage erteilen; **ab|sa|gen**

Ab|satz, der: des Absatzes, die Absätze; der Absatz eines Schuhs – der Absatz (Abschnitt) in einem gedruckten Text – der Absatz (Verkauf) der Ware; auf dem Absatz kehrtmachen (sofort umkehren)

ab|schaf|fen: ein Gesetz abschaffen

ab|schal|ten: die Musik abschalten; er hat schon abgeschaltet (hört nicht mehr zu)

ab|scheu|lich: abscheulicher, am abscheulichsten; ein abscheuliches (sehr schlechtes) Wetter; der *auch* die **Abscheu; ver|ab|scheu|en** (hassen)

Ab|schied, der: des Abschieds, die Abschiede; Abschied nehmen; davon kannst du Abschied nehmen (das kannst du vergessen); der **Ab|schieds|brief,** die **Ab|schieds|fei|er; ver|ab|schie|den:** sich verabschieden

ab|schla|gen: einen Ast abschlagen – eine Bitte abschlagen (ablehnen); → schlagen

ab|schlep|pen: das Auto abschleppen – sich mit den Koffern abschleppen

ab|schlie|ßen: eine Arbeit abschließen – die Tür abschließen; der **Ab|schluss,** die **Ab|schluss|fei|er,** das **Ab|schluss|zeug|nis;** → schließen

ab|schnei|den: Blumen abschneiden – den Weg abschneiden (abkürzen) – jemandem das Wort abschneiden (nicht ausreden lassen) – gut abschneiden (bei einer Prüfung); → schneiden

Ab|schnitt, der: des Abschnitt(e)s, die Abschnitte; **ab|schnitt(s)|wei|se:** einen Text abschnittsweise vorlesen

ab|schrei|ben: einen Text abschreiben – jemanden abschreiben (nicht mehr beachten); die **Ab|schrift;** → schreiben

ab|schüs|sig: (steil nach unten)

ab|schüt|teln: die Decke abschütteln – die Sorgen abschütteln (überwinden) – er hat seine Verfolger abgeschüttelt (ist entkommen)

ab|se|hen: von etwas absehen (verzichten) – das Ende war nicht abzusehen (zu erkennen) – abgesehen von; **abseh|bar;** → sehen

ab|sei|len: die Feuerwehr musste ihn abseilen; sie haben sich schon längst abgeseilt (sind gegangen)

ab|seits: das Haus steht ein bisschen abseits; das **Ab|seits:** der Schiedsrichter pfeift Abseits

Ab|sen|der, der: des Absenders, die Absender; *Abk.* Abs.; **ab|sen|den**

ab|set|zen: den Hut absetzen – einen Minister absetzen (ablösen) – Waren absetzen (verkaufen) – sich absetzen (weggehen); der **Ab|satz**

Ab|sicht, die: der Absicht, die Absichten; etwas mit Absicht (geplant) tun; **ab|sicht|lich**

ab|so|lut: das ist absolut (völlig) richtig – absolutes (unbedingtes) Vertrauen

ab|son|dern: Nadelbäume sondern Harz ab – er sondert sich von seinen Mitschülern ab (bleibt lieber allein); die **Ab|son|de|rung**

A
B

ab|spa|ren: ich habe mir das Geld für ein Spiel von meinem Taschengeld abgespart – sich etwas vom Munde absparen (auf vieles verzichten)

ab|spei|chern: die Datei auf der Festplatte abspeichern

ab|sper|ren: die Straße absperren; die **Ab|sper|rung**

Ab|spra|che, die: der Absprache, die Absprachen; eine Absprache (Vereinbarung) treffen; **ab|spre|chen**

ab|stam|men: er stammt von einer reichen Familie ab; die **Ab|stam|mung**

Ab|stand, der: des Abstand(e)s, die Abstände; Abstand halten; von etwas Abstand nehmen (darauf verzichten)

Ab|ste|cher, der: des Abstechers, die Abstecher; einen Abstecher nach Hamburg machen

ab|stim|men: (seine Stimme abgeben, wählen): etwas aufeinander abstimmen; die **Ab|stim|mung**

Ab|stoß, der: des Abstoßes, die Abstöße; **ab|sto|ßend:** jemanden abstoßend (widerlich) finden; **ab|sto|ßen:** Waren abstoßen (billig verkaufen); sich die Hörner abstoßen (Erfahrungen sammeln, austoben)

ab|stür|zen: der Computer ist abgestürzt – das Flugzeug ist abgestürzt; der **Ab|sturz**

Abt, der: des Abt(e)s, die Äbte; (Klostervorsteher); die **Ab|tei** (das Gebiet um ein Kloster herum), die **Äb|tis|sin**

Ab|teil, das: des Abteil(e)s, die Abteile; das Abteil zweiter Klasse; die **Ab|tei|lung; ab|tei|len**

ab|trei|ben: ein Kind abtreiben (die Schwangerschaft abbrechen) – der Wind hat das Boot abgetrieben; die **Ab|trei|bung,** der **Ab|trieb** (das Vieh von der Weide treiben); → treiben

ab|tre|ten: er hat ihm seinen Platz abgetreten (überlassen); der **Ab|tre|ter** (Fußmatte); → treten

ab|wärts: auf dem Fluss abwärtsfahren – mit der Firma ist es ständig abwärtsgegangen (schlechter geworden)

Ab|was|ser, das: des Abwassers, die Abwässer

ab|wech|seln: sich bei der Arbeit abwechseln; die **Ab|wechs|lung; ab|wech|selnd; ab|wechs|lungs|reich**

Ab|wehr, die: der Abwehr; (Widerstand); **ab|weh|ren:** einen Angriff abwehren

ab|wen|den: (verhindern)

ab|wim|meln: (*umgangssprachlich für* abweisen)

ab|win|ken: (verneinen); bis zum Abwinken (sehr lange, intensiv) lachen

ab|zah|len: das Auto abzahlen (in Raten bezahlen); die **Ab|zah|lung**

Ab|zei|chen, das: des Abzeichens, die Abzeichen; ein Abzeichen tragen

ab|zie|hen: Bettbezüge abziehen – einen Betrag abziehen (abrechnen); der **Ab|zug;** → ziehen

ab|zwei|gen: der Weg zweigt von der Straße ab – etwas für sich abzweigen (wegnehmen); die **Ab|zwei|gung**

ach: *Kleinschreibung:* ach Gott! – ach ja! – ach nein! – ach so!; *Großschreibung:* mit Ach und Krach (mit Mühe und Not)

Ach|se, die: der Achse, die Achsen; auf Achse (unterwegs) sein

Ach|sel, die: der Achsel, die Achseln; (Schulter); etwas mit einem Achselzucken abtun (gleichgültig sein); die **Ach|sel|höh|le; ach|sel|zu|ckend**

acht: die ersten acht – acht Uhr – mit acht ein Rad bekommen – in acht Tagen – der achte Mai – beim achten

Mal; **acht|fach** (8fach *auch* 8-fach), **acht|jäh|rig** (8-jährig); **acht|mal** (8-mal), **acht|zehn, acht|zig**

Acht, die: der Acht; (Verbannung; Fürsorge): nimm dich in Acht! – gib auf ihn Acht *auch* acht – sich in Acht nehmen – außer Acht lassen; die **Äch|tung; acht|bar** (Achtung verdienen); **äch|ten**

Acht, die: der Acht, die Achten; die Zahl Acht – eine Acht im Rad haben – mit der Acht fahren (Straßenbahnlinie); der **Ach|te:** als Achter ins Ziel kommen

ach|tel: *getrennt:* ein achtel Liter (wenn die Menge gemeint ist); *zusammen:* ein Achtelliter (wenn das Maß gemeint ist)

ach|ten: du achtest, er achtete, hat geachtet, achte!; jemanden achten (respektieren) – ein geachteter Mann – auf den Verkehr achten; die **Ach|tung; acht|los, acht|sam**

äch|zen: du ächzt, er ächzte, hat geächzt, ächze!; (stöhnen)

Acker, der: des Ackers, die Äcker; der **Acker|bau; ackern** (den Acker bestellen; sich besonders abmühen)

Ac|tion *engl. [äktschen],* die: der Action, die Action; (spannende Handlung, aufregende Situation); der **Ac|tion-film**

ADAC, der: *Abk. für* **A**llgemeiner **D**eutscher **A**utomobil-**C**lub

Adap|ter *engl.,* der: des Adapters, die Adapter; (Verbindungsteil für den Anschluss an ein anderes Gerät)

ad|die|ren: du addierst, er addierte, hat addiert, addiere!; (zusammenzählen); die **Ad|di|ti|on**

Adel, der: des Adels; (*früher* sehr hoher gesellschaftlicher Stand mit besonderen Vorrechten): von altem Adel sein; der *auch* die **Ad|li|ge,** das **Adels|geschlecht; ade|lig** *auch* **ad|lig**

Ader, die: der Ader, die Adern; (Blutgefäß); eine künstlerische Ader haben (künstlerisch begabt sein); die **Erz-ader,** die **Was|ser|ader**

Ad|jek|tiv, das: des Adjektivs, die Adjektive; (Wortart; Wiewort); **ad|jek|ti-visch; ad|jek|ti|vie|ren**

Ad|ler, der: des Adlers, die Adler; (größter Raubvogel)

ad|op|tie|ren: (ein Kind als eigenes annehmen); die **Ad|op|ti|on,** die **Ad|op-tiv|el|tern**

Ad|res|se, die: der Adresse, die Adressen; (Anschrift): bei jemandem an die falsche Adresse geraten (streng abgewiesen werden); das **Ad|ress-buch; ad|res|sie|ren**

Ad|vent, der: des Advent(e)s, die Advente; der **Ad|vents|ka|len|der,** die **Ad|vents|ker|ze,** die **Ad|vents|zeit**

Ad|verb, das: des Adverbs, die Adverbien; (Wortart; Umstandswort); das **Ad|ver|bi|al** (Satzglied; Angabe eines Umstands)

Ae|ro|bic *engl.-amerik.,* die *auch* das: der Aerobics *auch* des Aerobics; (tänzerische und gymnastische Übung)

Af|fä|re *franz.,* die: der Affäre, die Affären; (unangenehmer Vorfall); sich aus der Affäre ziehen (aus etwas herauskommen)

Af|fe, der: des Affen, die Affen; ein eingebildeter Affe – die Affenliebe (übertriebene Liebe); die **Af|fen|hit-ze** (sehr große Hitze); **nach|äf|fen:** jemanden nachäffen (nachmachen)

Af|fekt, der: des Affekt(e)s, die Affekte; (heftige Gemütsbewegung); etwas im Affekt tun (ohne nachzudenken)

A
B

AfG, die: *Abk. für* Agentur für Arbeit

Af|ri|ka: der **Af|ri|ka|ner,** die **Af|ri|ka|ne|rin; af|ri|ka|nisch**

af|ro|ame|ri|ka|nisch: (Afrika und Amerika betreffend): afroamerikanische Musik

Af|ter, der: des Afters, die After; (hinterer Ausgang des Darms)

AG, die: der AG, die AGs; *Abk. für* **A**ktiengesellschaft, **A**rbeits**g**emeinschaft

Agent, der: des Agenten, die Agenten; (Handelsvertreter; Spion); die **Agentur** (Geschäftsstelle; Vermittlungsbüro; Nachrichtenbüro)

Ag|gres|si|on *lat.,* die: der Aggression, die Aggressionen; (Angriff, Angriffsverhalten); **ag|gres|siv** (angriffslustig)

aha: (bestätigender oder verwunderter Ausruf)

Ahn, der: des Ahn(e)s *auch* Ahnen, die Ahnen; (Vorfahr)

ah|nen: du ahnst, er ahnte, hat geahnt, ahne!; ich ahne nichts Gutes; die **Ahnung:** ich habe keine Ahnung; **ahnungs|los**

ähn|lich: *Kleinschreibung:* du bist deinem Vater sehr ähnlich – es geht mir ähnlich – drei ähnliche Gegenstände; *Großschreibung:* etwas Ähnliches erleben – Ähnliches beobachten; **o. Ä.:** *Abk. für* **o**der **Ä**hnliches; **äh|neln:** sich ähneln

Äh|re, die: der Ähre, die Ähren; die **Wei|zen|äh|re**

Aids *engl. [edß],* das: *Kurzw. für* **a**cquired **i**mmune **d**eficiency **s**yndrome (Infektionskrankheit); der **Aids|test,** der *auch* das **Aids|vi|rus**

Air|bag *engl. [ärbek],* der: des Airbags, die Airbags; (Luftkissen im Auto, das sich beim Aufprall automatisch aufbläst)

Air|port *engl. [ärport],* der: des Airports, die Airports; (Flughafen)

Aka|de|mie *griech.,* die: der Akadamie, die Akademien; (Gesellschaft von Gelehrten; Fachhochschule); der **Aka|de|mi|ker; aka|de|misch**

Ak|kord, der: des Akkord(e)s, die Akkorde; (Zusammenklang von Tönen): einen Akkord anschlagen

Ak|kor|de|on, das: des Akkordeons, die Akkordeons; (Handharmonika)

Ak|ku, der: des Akkus, die Akkus; *Kurzw. für* **Akku**mulator (Stromspeicher; Speicherzelle, z. B. für das Handy)

Ak|ku|sa|tiv, der: des Akkusativs, die Akkusative; (4. Fall, Wen-Fall); das **Ak|ku|sa|tiv|ob|jekt**

Ak|ne, die: der Akne, die Aknen; (Hautausschlag)

Ak|ro|bat, der: des Akrobaten, die Akrobaten; (Turnkünstler); die **Ak|ro|ba|tik,** die **Ak|ro|ba|tin; ak|ro|ba|tisch**

Akt, der: des Akt(e)s, die Akte; (Handlung): einen Akt zeichnen (Darstellung des nackten menschlichen Körpers) – ein Drama mit fünf Akten (Aufzügen) spielen

Ak|te, die: der Akte, die Akten; (Geschäftsunterlage, Schriftstück); etwas zu den Akten legen (als erledigt betrachten); die **Ak|ten|ta|sche**

Ak|tie, die: der Aktie, die Aktien; (Wertpapier): die Aktien steigen, fallen; die **Ak|ti|en|ge|sell|schaft:** *Abk.* AG

Ak|ti|on, die: der Aktion, die Aktionen; (geplante Handlung); eine gemeinsame Aktion starten

ak|tiv: aktiver, am aktivsten; (tätig, wirksam): aktiv sein; *Gegensatz* passiv;

der *auch* die **Ak|ti|ve** (Sportler, Sportlerin), die **Ak|ti|vi|tät; ak|ti|vie|ren**

Ak|tiv, das: des Aktivs; (Form des Verbs): *Gegensatz* Passiv

ak|tu|ell: (zeitgemäß, zeitnah): eine aktuelle Nachricht; die **Ak|tu|a|li|tät**

Akus|tik, die: der Akustik, die Akustiken; (Lehre vom Schall; Ausbreiten des Klangs in einem Raum): der Saal hat eine gute Akustik; **akus|tisch**

akut: (plötzlich auftretend; heftig)

Ak|zent, der: des Akzent(e)s, die Akzente; (Betonungszeichen, Tonfall): mit ausländischem Akzent sprechen

ak|zep|tie|ren: du akzeptierst, er akzeptierte, hat akzeptiert, akzeptiere!; (anerkennen, einverstanden sein); die **Ak|zep|tanz; ak|zep|ta|bel** (annehmbar)

Alarm, der: des Alarm(e)s, die Alarme; Alarm schlagen (auf Gefahr aufmerksam machen) – blinder (falscher) Alarm; der **Feu|er|alarm; alar|mie|ren:** die Feuerwehr alarmieren

Alb, der: des Albs, die Alben; (Naturgeist; gespenstisches Wesen); der **Alb|traum** *auch* **Alp|traum** (Angsttraum)

Alb, die: der Alb; (Gebirge): die Schwäbische Alb

al|bern: (einfältig, kindisch, ohne Grund lustig): sei nicht so albern!; die **Al|bern|heit; al|bern:** albere nicht so herum!

Alb|traum, der: → Alptraum

Al|bum, das: des Albums, die Alben; (Sammelbuch); das **Fo|to|al|bum;** das **Po|e|sie|al|bum**

Al|ge, die: der Alge, die Algen; (Wasserpflanze)

Al|ge|bra *auch* **Al|geb|ra** *arab.*, die: der Algebra; (Lehre von den mathematischen Gleichungen)

Ali|en *engl. [elien]*, der *auch* das: des Aliens, die Aliens; (außerirdisches Lebewesen)

Al|ko|hol *auch* **Al|ko|hol** *arab.*, der: des Alkohols, die Alkohole; der **Al|ko|ho|li|ker,** der **Al|ko|hol|test,** der **An|ti|al|ko|ho|li|ker; al|ko|hol|frei**

all: alle, alles; *Kleinschreibung:* ist das alles? – alles in allem – alles und jedes – alles oder nichts – vor allem – trotz allem; *Großschreibung:* mein Ein und Alles; *getrennt:* ein für alle Mal; *zusammen:* allemal, **al|ler|hand, al|ler|seits, al|le|zeit**

All, das: des Alls; (Weltraum)

Al|lee *franz.*, die: der Allee, die Alleen; (von Bäumen eingefasste Straße)

al|lein: allein sein – jemanden allein lassen – eine Arbeit allein machen – eine allein erziehende *auch* alleinerziehende Mutter; ein Unglück kommt selten allein; der **Al|lein|gang**

al|ler|dings: (selbstverständlich; freilich, jedoch)

Al|ler|gie *auch* **All|er|gie,** die: der Allergie, die Allergien; (Überempfindlichkeit gegen bestimmte Stoffe): eine Allergie haben; der **Al|ler|gi|ker; al|ler|gisch**

Al|ler|hei|li|gen: katholischer Feiertag am 1. November

all|ge|mein: *Kleinschreibung:* die allgemeine Schulpflicht – er ist allgemein (überall) beliebt; *Großschreibung:* im Allgemeinen; die **All|ge|mein|heit; ver|all|ge|mei|nern**

Al|li|anz, die: der Allianz, die Allianzen; (Interessengemeinschaft, Bündnis); die **Al|li|ier|ten** (die gegen Hitler-Deutschland verbündeten Länder im 2. Weltkrieg)

A B

all|mäh|lich: (langsam, nach und nach)

All|tag, der: des Alltag(e)s; **all|täg|lich**

all|zu: allzu gern – allzu lange – allzu viel – allzu oft – allzu sehr

Alm, die: der Alm, die Almen; (Bergweide)

Al|mo|sen *griech.,* das: des Almosens, die Almosen; (kleine Gabe)

Al|pen, die: der Alpen; (Gebirge)

Al|pha|bet, das: des Alphabet(e)s, die Alphabete; (das Abc, nach Alpha und Beta, den ersten Buchstaben im griechischen Alphabet); der **An|al|pha|bet** (Mensch, der nicht lesen und schreiben kann); **al|pha|be|tisch**

Alp|traum *auch* **Alb|traum,** der: des Alptraumes, die Alpträume; (Angsttraum)

als: er ist größer als sein Bruder – ich lachte, als er einen Witz machte – als ob er kein Wässerchen trüben könnte (völlig harmlos tun)

al|so: (folglich)

alt: älter, am ältesten; *Kleinschreibung:* altes Bauwerk – das alte (vergangene) Jahr – ein alter (nicht mehr moderner) Schlager – ein alter (bewährter, beliebter) Freund; *Großschreibung:* etwas Altes – das Alte Testament – beim Alten bleiben – Alt(e) und Jung(e); **alt|klug:** ein altkluges (wie ein Erwachsener sprechendes) Kind, **alt|mo|disch;** der **Alt|bau,** das **Alt|glas**

Alt, der: des Alts, die Alte; (tiefe Frauen- oder Knabenstimme, Sängerin mit dieser Stimme)

Al|tar, der: des Altar(e)s, die Altäre

Al|ter, das: des Alters, die Alter; das **Al|ters|heim,** das **Al|ter|tum,** die **Al|ters|ver|sor|gung; al|tern**

al|ter|na|tiv: (wahlweise, zwischen zwei Möglichkeiten die Wahl lassend); die **Al|ter|na|ti|ve** (die andere, zweite Möglichkeit)

Alu|mi|ni|um, das: des Aluminiums; *Abk.* Alu; die **Alu|fo|lie**

am: (an dem); am Sonntag, am Meer, am besten

Ama|teur *franz. [amatör],* der: des Amateurs, die Amateure; (jemand, der eine Beschäftigung nicht berufsmäßig ausübt): *Gegensatz* Profi; der **Ama|teur|sport,** der **Ama|teur|film**

Am|boss, der: des Ambosses, die Ambosse; (Eisenblock in der Schmiede)

Amei|se, die: der Ameise, die Ameisen; der **Amei|sen|hau|fen**

Amen, das: des Amens; (Abschlussformel nach dem Gebet, Segen); zu allem Ja und Amen sagen, *auch* ja und amen sagen – das ist so sicher wie das Amen in der Kirche

Ame|ri|ka: der **Ame|ri|ka|ner,** die **Ame|ri|ka|ne|rin; ame|ri|ka|nisch**

Am|me, die: der Amme, die Ammen; (Kinderbetreuerin); das **Am|men|mär|chen** (unwahre Geschichte)

Am|nes|tie, die: der Amnestie, die Amnestien; (Straferlass, Strafmilderung): unter die Amnestie fallen; **Am|nes|ty In|ter|na|ti|o|nal:** *Abk.* ai (internationale Organisation zum Schutz der Menschenrechte)

Amok *auch* **Amok:** des Amoks; Amok laufen (durchdrehen, verrückt werden und dabei Menschen ohne Grund töten); der **Amok|schüt|ze**

Am|pel, die: der Ampel, die Ampeln; die Ampel springt auf Rot; die **Verkehrs|am|pel**

Am|pere *franz. [ampär],* die: (Maßeinheit für die elektrische Stromstärke)

Am|phi|bie *griech.,* die: der Amphibie, die Amphibien; (Tier, das im Wasser und auf dem Lande leben kann)

Am|pul|le, die: der Ampulle, die Ampullen; (Glasröhrchen)

am|pu|tie|ren: ihm wurde ein Arm amputiert (in einer Operation abgetrennt); die **Am|pu|ta|ti|on**

Am|sel, die: der Amsel, die Amseln; (größerer Singvogel)

Amt, das: des Amt(e)s, die Ämter; ein Amt (Beruf, Pflicht, Aufgabe) ausüben; **amt|lich; am|tie|ren:** der amtierende Weltmeister

amü|sie|ren: du amüsierst dich, er amüsierte sich, hat sich amüsiert, amüsiere dich!; (sich vergnügen); **amüsant**

an: das Rad steht (wo?) an dem Zaun, *aber* ich stelle das Rad (wohin?) an den Zaun; an seinem Geburtstag – von hier an – an die Arbeit gehen – an einer Krankheit leiden – das Licht ist an – etwas an sich (Besonderes) haben

ana|log: (ähnlich; entsprechend); die **Ana|lo|gie** (Ähnlichkeit)

An|al|pha|bet, der: des Analphabeten, die Analphabeten; (Mensch, der nicht lesen und schreiben kann)

Ana|ly|se, die: der Analyse, die Analysen; (Zerlegung in die Bestandteile); **ana|ly|tisch; ana|ly|sie|ren**

Ana|nas, die: der Ananas, die Ananas *auch* Ananasse; (Südfrucht)

an|bah|nen: da bahnt sich etwas an (beginnt sich zu entwickeln)

an|be|hal|ten: seine Schuhe anbehalten (nicht ausziehen); → halten

an|bei|ßen: ein Brötchen anbeißen – die Fische beißen heute gut an; → beißen

an|bie|dern: du biederst dich an, er biederte sich an, hat sich angebiedert, biedere dich nicht an!; (sich bei jemandem einschmeicheln)

An|blick, der: des Anblicks, die Anblicke; ein schöner, seltener Anblick; **an|bli|cken**

An|dacht, die: der Andacht, die Andachten; (Zeit zum Gebet); **an|däch|tig** (feierlich)

an|dau|ernd: (immer wieder, ununterbrochen)

An|den|ken, das: des Andenkens, die Andenken; ein Andenken (Geschenk zur Erinnerung) kaufen

an|de|re *auch* **an|d|re:** der, die, das andere *auch* Andere – alle and(e)ren – niemand anders; **an|de|res:** etwas anderes *auch* Anderes – nichts anderes *auch* Anderes, **an|de|rem:** unter ander(e)m, *Abk.* u. a., **an|de|ren|falls** *auch* **an|dern|falls, an|de|rer|seits, an|der|mal:** ein andermal, *aber* ein anderes Mal; **an|ders|ar|tig; an|derswo, wo|an|ders; an|ders den|kend** *auch* **an|ders|den|kend**

än|dern: du änderst, er änderte, hat geändert, ändere!; das lässt sich nicht ändern – das ändert die Sache; **ver|än|dern;** die **Än|de|rung**

an|dert|halb: (eineinhalb): anderthalb Stunden (90 Minuten)

an|ecken: du eckst an, er eckte an, ist angeeckt; (unangenehm auffallen)

an|eig|nen: du eignest dir an, er eignete sich an, hat sich angeeignet, eigne dir an!; (an sich nehmen; lernen); die **An|eig|nung**

an|ei|nan|der *auch* **an|ein|an|der:** *getrennt:* aneinander denken – aneinander vorbeigehen; *zusammen:* aneinandergeraten

An|ek|do|te *griech.*, die: der Anekdote, die Anekdoten; (humorvolle Geschichte über eine Person)

an|er|ken|nens|wert: dein Einsatz ist anerkennenswert (zu loben, hervorzuheben)

An|fall, der: des Anfall(e)s, die Anfälle; die **An|fäl|lig|keit; an|fäl|lig** (wenig widerstandsfähig)

An|fang, der: des Anfang(e)s, die Anfänge; von Anfang an; der **An|fän|ger; an|fangs; an|fan|gen**

an|fas|sen: einen Stoff anfassen; jemanden verkehrt anfassen (behandeln)

an|ge|ben: einen Zeitpunkt genau angeben (mitteilen) – angeben (aufschneiden, prahlen); die **An|ga|be,** der **An|ge|ber; an|ge|be|risch, an|geb|lich** (nicht bestätigt); → geben

an|ge|hen: eine Arbeit angehen (beginnen) – gegen eine Ungerechtigkeit angehen (kämpfen) – das geht dich nichts an; → gehen

an|ge|hö|ren: du gehörst an, er gehörte an, hat angehört; der *auch* die **An|ge|hö|ri|ge**

An|gel, die: der Angel, die Angeln; (Türaufhängung; Fischfanggerät); zwischen Tür und Angel – die Welt aus den Angeln heben (grundlegend verändern); der **An|gel|ha|ken** (zum Fischen), die **Tür|an|gel; an|geln**

An|ge|le|gen|heit, die: der Angelegenheit, die Angelegenheiten; das ist eine ernste Angelegenheit – das ist meine Angelegenheit (geht niemanden etwas an)

an|ge|nehm: angenehmer, am angenehmsten; eine angenehme Fahrt

an|ge|se|hen: angesehener, am angesehensten; (geachtet)

an|ge|sichts: angesichts der Gefahr

An|ge|stell|te, der *auch* die: des *auch* der Angestellten, die Angestellten; **an|ge|stellt:** in einer Firma angestellt sein

An|gi|na *griech.*, die: der Angina, die Anginen; (Rachen- oder Mandelentzündung)

an|grei|fen: jemanden mit einer Waffe angreifen; die letzten Vorräte angreifen (beginnen, sie zu verbrauchen); der **An|grei|fer,** der **An|griff;** → greifen

Angst, die: der Angst, die Ängste; Angst haben – Angst einjagen – jemandem Angst und Bange machen, *aber* mir ist angst und bange; der **Angst|ha|se,** die **Ängst|lich|keit; ängst|lich; ängs|ti|gen:** sich ängstigen

an|ha|ben: sie hat neue Schuhe an – er kann mir nichts anhaben (nichts tun); → haben

an|hal|ten: den Atem anhalten – ein Fahrzeug anhalten – der Zug hält an – der Regen hält an (dauert fort); der **An|hal|ter:** per Anhalter fahren; **an|hal|tend:** anhaltender (ununterbrochener) Schneefall; → halten

an|hand: anhand einer Karte den Weg finden

An|hang, der: des Anhang(e)s, die Anhänge; der **An|hän|ger,** die **An|häng|lich|keit; an|häng|lich; an|hän|gen:** jemandem etwas anhängen (etwas in die Schuhe schieben)

An|hieb: sie verstanden sich auf Anhieb (sofort)

An|ker, der: des Ankers, die Anker; vor Anker gehen – die Anker lichten (hochziehen); **an|kern, ver|an|kern**

an|kla|gen: jemanden anklagen; der **An|ge|klag|te,** die **An|kla|ge,** der **An|klä|ger,** die **An|kla|ge|schrift**

A
B

ạn|kli|cken: die Menüleiste eines Computers anklicken

ạn|kom|men: in München ankommen – bei einer Firma ankommen (eingestellt werden) – das Theaterstück kam bei den Zuschauern gut an (hat ihnen gefallen) – es darauf ankommen lassen (abwarten, was daraus wird); die **Ạn|kunft;** → kommen

ạn|kün|di|gen: etwas ankündigen (bekannt machen, in Aussicht stellen); die **Ạn|kün|di|gung**

Ạn|la|ge, die: der Anlage, die Anlagen; die **Spọrt|an|la|ge**

Ạn|lass, der: des Anlasses, die Anlässe; ohne jeden Anlass (wahrnehmbaren Grund); **an|läss|lich; an|las|sen:** den Motor anlassen

Ạn|lauf, der: des Anlauf(e)s, die Anläufe; für einen Sprung Anlauf nehmen; einen neuen Anlauf nehmen (etwas erneut beginnen); **ạn|lau|fen**

Ạn|lie|gen, das: des Anliegens, die Anliegen (Wunsch, Bitte); ein Anliegen haben

Ạn|lie|ger, der: des Anliegers, die Anlieger; (Anwohner)

ạn|ma|ßen: sich ein Urteil über etwas anmaßen (unberechtigt in Anspruch nehmen); die **Ạn|ma|ßung; an|ma|ßend** (überheblich)

ạn|mel|den: sich beim Arzt anmelden; die **Ạn|mel|dung**

Ạn|mer|kung, die: der Anmerkung, die Anmerkungen; *Abk.* Anm. (kurze Bemerkung)

Ạn|mut, die: der Anmut; (Schönheit); **ạn|mu|tig**

Ạn|nah|me, die: der Annahme, die Annahmen; eine Annahme (Ansicht, Vermutung) äußern; die **Pa|ket|an|nah|me; ạn|neh|men**

An|nọn|ce *franz. [anọngße],* die: der Annonce, die Annoncen; (Zeitungsanzeige); **an|non|cie|ren**

an|o|nym: (ohne Nennung des Namens): ein anonymer Anrufer; die **An|o|ny|mi|tät**

Ạno|rak *eskim.,* der: des Anoraks, die Anoraks; (Windjacke)

ạn|pas|sen: sich einer Situation anpassen – angepasst sein (so wie die anderen sein); die **An|pas|sung**

ạn|pfei|fen: ein Spiel anpfeifen – jemanden anpfeifen (ausschimpfen); der **Ạn|pfiff;** → pfeifen

Ạn|recht, das: des Anrecht(e)s, die Anrechte; (Anspruch an etwas)

ạn|re|gen: jemanden zum Nachdenken anregen; die **Ạn|re|gung**

Ạn|ruf, der: des Anrufs, die Anrufe; der **An|ru|fer,** der **Ạn|ruf|be|ant|wor|ter; an|ru|fen:** jemanden anrufen

Ạn|sa|ge, die: der Ansage, die Ansagen; die **An|sa|ge|rin,** die **Fẹrn|seh|an|sa|ge; an|sa|gen:** seinen Besuch ansagen (ankündigen)

ạn|säs|sig: in Sachsen ansässig sein (wohnen); **ọrts|an|säs|sig**

ạn|schau|en: die **An|schau|ung; an|schau|lich**

Ạn|schein, der: des Anschein(e)s; allem Anschein nach (vermutlich); **ạn|schei|nend** (offenbar, wie man sieht)

Ạn|schlag, der: des Anschlag(e)s, die Anschläge; der Anschlag am Schwarzen Brett; **an|schla|gen:** er wirkt ein bisschen angeschlagen (müde) – der Hund schlägt an (bellt)

ạn|schlie|ßen: ein Gerät an das Stromnetz anschließen – sich einer Gruppe anschließen – sich der Meinung eines anderen anschließen – das Fahrrad anschließen; der **Ạn|schluss:** den

A B

Anschluss finden, verpassen; **an|schlie|ßend** (danach); → schließen

An|schrift, die: der Anschrift, die Anschriften; (Adresse)

an|schwär|zen: (jemanden verraten, verpetzen, beschuldigen)

an|se|hen: sieh mich an! – man sieht ihm sein Alter nicht an; das **An|sehen:** großes Ansehen genießen, die **An|sicht,** die **An|sichts|kar|te;** → sehen

An|spie|lung, die: der Anspielung, die Anspielungen; (versteckter Hinweis): lass deine Anspielung (sag, wie es ist)!

An|sporn, der: des Ansporn(e)s; **an|spor|nen:** jemanden zu etwas anspornen (ermuntern, motivieren)

An|spra|che, die: der Ansprache, die Ansprachen; eine Ansprache halten; **an|sprech|bar, an|sprechend** (gut); **an|spre|chen**

An|spruch, der: des Anspruch(e)s, die Ansprüche; (Forderung, Anrecht): er hat keine großen Ansprüche (ist bescheiden); **an|spruchs|los, an|spruchs|voll**

An|stalt, die: der Anstalt, die Anstalten; die **Ba|de|an|stalt**

An|stand, der: des Anstands; den Anstand (gutes Benehmen) wahren; **an|stän|dig**

an|statt: anstatt zu arbeiten, trieb er sich herum

an|ste|chen: ein Fass Bier anstechen (anzapfen); → stechen

an|ste|cken: sich eine Nadel anstecken – eine Kerze anstecken (anzünden) – sich bei jemanden anstecken (von ihm eine Krankheit übertragen bekommen); die **An|steck|na|del,** die **An|ste|ckung; an|ste|ckend:** eine ansteckende Krankheit – ein ansteckendes Lachen

an|stel|len: das Radio anstellen – eine Dummheit anstellen – jemanden als Verkäufer anstellen – stell dich nicht so an!; die **An|stel|lung; an|stel|le** *auch* **an Stel|le:** anstelle ihres Bruders kam sie

an|stif|ten: jemanden zu etwas anstiften (zu etwas Schlechtem überreden); der **An|stif|ter**

an|sto|ßen: mit dem Kopf anstoßen – auf gute Freundschaft anstoßen; der **An|stoß:** Anstoß erregen (sich nicht korrekt verhalten); **an|stö|ßig:** anstößig (peinlich) sein; → stoßen

an|strei|chen: eine Wand anstreichen; der **An|strich;** → streichen

an|stren|gen: du strengst dich an, er strengte sich an, hat sich angestrengt, streng(e) dich an! (sich Mühe geben); die **An|stren|gung; an|stren|gend**

Ant|ark|tis, die: der Antarktis; (Gebiet um den Südpol): *Gegensatz* Arktis; **ant|ark|tisch**

An|teil, der: des Anteil(e)s, die Anteile; Anteil (Mitgefühl) am Schicksal eines Menschen nehmen – großen Anteil am Sieg haben; die **An|teil|nah|me**

An|ten|ne, die: der Antenne, die Antennen; eine Antenne (ein Gespür) für etwas haben

an|ti... *griech.:* (gegen); das **An|ti|bi|o|ti|kum** (Wirkstoff gegen Krankheitserreger), der **An|ti|fa|schis|mus** (Bewegung gegen den Faschismus)

an|tik: (altertümlich); die **An|ti|ke** (das griechisch-römische Altertum)

An|ti|lo|pe, die: der Antilope, die Antilopen; (Huftier)

An|ti|qui|tät, die: der Antiquität, die Antiquitäten; (altertümlicher, kostbarer Gegenstand); der **An|ti|qui|tä|ten|händ|ler**

Ant|litz, das: des Antlitzes, die Antlitze; (Gesicht)

An|trag, der: des Antrag(e)s, die Anträge; einen Antrag stellen; das **An|trags|for|mu|lar; be|an|tra|gen**

Ant|wort, die: der Antwort, die Antworten; eine Antwort geben – die Antwort schuldig bleiben (keine Antwort geben); **ant|wor|ten, be|ant|wor|ten**

An|walt, der: des Anwalt(e)s, die Anwälte; die **An|wäl|tin**

An|wär|ter, der: des Anwärters, die Anwärter; (Bewerber); die **An|wär|te|rin**

an|wen|den: eine Regel anwenden; die **An|wen|dung,** der **An|wen|der; an|wend|bar;** → wenden

an|we|send: alle Personen sind anwesend (da); der *auch* die **An|we|sen|de,** die **An|we|sen|heit**

an|wi|dern: sein Verhalten widert mich an (empört mich)

An|woh|ner, der: des Anwohners, die Anwohner; die Anwohner einer Straße

An|zahl, die: der Anzahl; eine große Anzahl von Freunden

An|zah|lung, die: der Anzahlung, die Anzahlungen; eine Anzahlung (erste Rate) leisten; **an|zah|len**

An|zei|chen, das: des Anzeichens, die Anzeichen; die Anzeichen (Vorboten) einer Krankheit

An|zei|ge, die: der Anzeige, die Anzeigen; Anzeige (bei der Polizei) erstatten – eine Anzeige (in der Zeitung) aufgeben; die **An|zei|ge|ta|fel** (beim Sport); **an|zei|gen**

an|zie|hen: ein Kleid anziehen – eine Schraube anziehen – die Preise ziehen an (steigen); die **An|zie|hungs|kraft,** der **An|zug; an|züg|lich:** eine anzügliche (zweideutige) Bemerkung machen, **an|zie|hend:** anziehend (sympathisch) wirken; → ziehen

Apart|ment *engl. [epartment],* das: des Apartments, die Apartments; (kleinere Wohnung in einem vornehmen Mietshaus); → Appartement

Ap|fel, der: des Apfels, die Äpfel; in den sauren Apfel beißen (etwas Ungeliebtes tun müssen)

Ap|fel|si|ne, die: der Apfelsine, die Apfelsinen; (Zitrusfrucht)

Apo|stroph *auch* **Apos|troph** *griech.,* der: des Apostrophs, die Apostrophe; (Auslassungszeichen): z. B. er will's *statt* er will es

Apo|the|ke *griech.,* die: der Apotheke, die Apotheken; der **Apo|the|ker,** die **Apo|the|ke|rin**

Ap|pa|rat, der: des Apparat(e)s, die Apparate; (technisches Gerät); der **Ra|sier|ap|pa|rat**

Ap|par|te|ment *franz. [apartemang],* das: des Appartements, die Appartements; (mehrere zusammenhängende Zimmer in einem großen Hotel; komfortable, kleine Wohnung); → Apartment

Ap|pell, der: des Appells, die Appelle; (Aufforderung, Mahnruf); **ap|pel|lie|ren:** an jemanden appellieren

Ap|pe|tit, der: des Appetit(e)s, die Appetite; die **Ap|pe|tit|lo|sig|keit; ap|pe|tit|lich**

ap|plau|die|ren: du applaudierst, er applaudierte, hat applaudiert, applaudiere!; (Beifall spenden); der **Ap|plaus**

Ap|ri|ko|se, die: der Aprikose, die Aprikosen; (samtig behaarte Frucht)

A
B

Ap|ril, der: des April(s); jemanden in den April schicken (am 1. April zum Narren halten)

Aqua- *lat.:* (Wasser); das **Aqua|ri|um:** die Aquarien; (Glasbehälter zur Pflege und Züchtung kleiner Wassertiere), das **Aqua|rell** (mit Wasserfarben gemaltes Bild)

Äqua|tor, der: des Äquators; (größter Breitenkreis der Erdkugel)

Ära, die: der Ära, die Ären; (Zeitalter, Zeitabschnitt)

Ara|ber *auch* **Ara|ber,** der: des Arabers, die Araber; (Bewohner Arabiens); die **Ara|be|rin; ara|bisch**

Ar|beit, die: der Arbeit, die Arbeiten; der **Ar|bei|ter,** die **Ar|bei|te|rin,** der **Ar|beit|ge|ber,** der **Ar|beit|neh|mer,** das **Ar|beits|lo|sen|geld,** die **Ar|beits|ge|mein|schaft:** *Abk.* AG, die **Ar|beits|lo|sig|keit,** die **Ar|beits|zeit; ar|beits|los; ar|bei|ten**

Ar|chä|o|lo|gie, die: der Archäologie; (Altertumskunde, besonders aufgrund von Ausgrabungen)

Ar|che, die: der Arche, die Archen; (schiffähnlicher Kasten): die Arche Noah

Ar|chi|tekt, der: des Architekten, die Architekten; (Baumeister); die **Ar|chi|tek|tin,** die **Ar|chi|tek|tur** (Baukunst; Baustil)

Ar|chiv, das: des Archivs, die Archive; (Akten-, Urkundensammlung)

ARD: *Abk. für* **A**rbeitsgemeinschaft der öffentlich-rechtlichen **R**undfunkanstalten der Bundesrepublik **D**eutschland

Are|na *lat.,* die: der Arena, die Arenen; (Wettkampfstätte, Zirkusmanege)

arg: ärger, am ärgsten; *Kleinschreibung:* treib es nicht zu arg (zu toll); *Großschreibung:* im Argen liegen (nicht zum Besten stehen) – das Ärgste (Schlimmes) befürchten; **arg|lis|tig** (heimtückisch), **arg|los, arg|wöhnisch** (misstrauisch)

Är|ger, der: des Ärgers; seinem Ärger Luft machen (ihn herauslassen); das **Är|ger|nis; är|ger|lich; är|gern:** ich ärgere dich – ich ärgere mich über dich; sich schwarzärgern (sehr ärgern), **ver|är|gern** (ärgerlich machen)

Ar|gu|ment, das: des Argument(e)s, die Argumente; (Beweisgrund); die **Ar|gu|men|ta|ti|on; ar|gu|men|tie|ren**

Ark|tis, die: der Arktis; (Gebiet um den Nordpol): *Gegensatz* Antarktis; **arktisch**

arm: ärmer, am ärmsten; *Kleinschreibung:* er ist arm dran; *Großschreibung:* Arm(e) und Reich(e) – wir Armen; **ärm|lich, arm|se|lig** (dürftig, jämmerlich); die **Ar|mut; ver|ar|men**

Arm, der: des Arm(e)s, die Arme; jemandem unter die Arme greifen (helfen) – jemanden auf den Arm nehmen (verspotten); das **Arm|band,** die **Arm|brust** (alte Schusswaffe mit Pfeilen)

Ar|ma|tur, die: der Armatur, die Armaturen; (Zubehör zu Maschinen); das **Ar|ma|tu|ren|brett**

Ar|mee, die: der Armee, die Armeen; (große militärische Einheit)

Är|mel, der: des Ärmels, die Ärmel; etwas aus dem Ärmel schütteln (mit Leichtigkeit erledigen) – die Ärmel hochkrempeln (tüchtig zupacken)

Aro|ma, das: des Aromas, die Aromas *auch* Aromen; (Duft; Geschmacksstoff); **aro|ma|tisch**

Ar|rest, der: des Arrest(e)s, die Arreste; (Haft): in Arrest sitzen

ar|ro|gant: arroganter, am arrogantesten; (anmaßend, überheblich); die **Ar|ro|ganz**

Arsch, der: des Arschs, die Ärsche; (*umgangssprachlich für* Gesäß, Hinterteil)

Ar|sen, das: des Arsens; (chemischer Grundstoff; Gift)

Art, die: der Art, die Arten; aus der Art schlagen (anders sein) – die Art und Weise; der **Ar|ten|schutz,** die **Ar|ten|viel|falt; ab|ar|tig** (unnormal), **bös|ar|tig, der|ar|tig, ei|gen|ar|tig**

Ar|te|rie, die: der Arterie, die Arterien; (Schlagader)

ar|tig: artiger, am artigsten; **un|ar|tig**

Ar|ti|kel, der: des Artikels, die Artikel; die Artikel *der, die, das* (Wortart; Begleiter des Nomens) – ein Artikel in der Zeitung (Text) – Artikel in einem Geschäft (Ware)

ar|ti|ku|lie|ren: du artikulierst, er artikulierte, hat artikuliert, artikuliere!; (deutlich aussprechen); die **Ar|ti|ku|la|ti|on**

Ar|tist, der: des Artisten, die Artisten; (Varietee-, Zirkuskünstler); die **Ar|tis|tik,** die **Ar|tis|tin; ar|tis|tisch**

Arz|nei, die: der Arznei, die Arzneien; (Heilmittel); das **Arz|nei|mit|tel**

Arzt, der: des Arztes, die Ärzte; die **Ärz|tin,** die **Arzt|pra|xis; ärzt|lich; ver|arz|ten**

As|best, der: des Asbest(e)s, die Asbeste; (feuerfestes Mineral)

Asche, die: der Asche, die Aschen; der **Aschen|be|cher; asch|grau; ein|äschern** (verbrennen)

äsen: die Rehe äsen (weiden)

Asi|en: der **Asi|at,** die **Asi|a|tin; asi|a|tisch**

aso|zi|al: (am Rande der Gemeinschaft lebend)

As|pekt, der: des Aspekt(e)s, die Aspekte; (Gesichtspunkt)

As|phalt *auch* **As|phalt,** der: des Asphalt(e)s, die Asphalte; **as|phal|tie|ren**

Ass, das: des Asses, die Asse; er spielt das Ass (Spielkarte) aus – ein Ass schlagen (beim Tennis ein unerreichbarer Aufschlag) – er ist das Ass (der Beste) in unserer Mannschaft

aß: → essen

As|sis|tent, der: des Assistenten, die Assistenten; (Helfer, Mitarbeiter); die **As|sis|ten|tin,** der **As|sis|tenz|arzt**

Ast, der: des Ast(e)s, die Äste; den Ast absägen, auf dem man sitzt (sich schaden); **ver|äs|telt** (verzweigt)

Asth|ma *griech.,* das: des Asthmas; (Kurzatmigkeit, Atemnot)

As|tro|lo|gie *auch* **Ast|ro|lo|gie** *[griech.],* die: der Astrologie; (Sterndeuterei); **as|tro|lo|gisch**

As|tro|nau|tik *auch* **Ast|ro|nau|tik,** die: der Astronautik; (Wissenschaft von der Raumfahrt; die Raumfahrt selbst); der **As|tro|naut,** die **As|tro|nau|tin**

As|tro|no|mie *auch* **Ast|ro|no|mie** *griech.,* die: der Astronomie; (wissenschaftliche Sternkunde); der **As|tro|nom,** die **As|tro|no|min; as|tro|no|misch:** das ist eine astronomische (unvorstellbar große) Zahl

Asyl *griech.,* das: des Asyls, die Asyle; (Zufluchtsort, Obdach): jemandem Asyl gewähren; der **Asy|lant**

A.T., das: *Abk. für* Altes Testament (Teil der Bibel)

at *[et]:* (@ Alphazeichen): Bestandteil jeder persönlichen E-Mail-Adresse

Ate|lier *franz. [atelje],* das: des Ateliers, die Ateliers; (Künstlerwerkstatt; Raum für Filmaufnahmen)

A B

Atem, der: des Atems; Atem holen – er hält den Atem an; einen langen Atem haben (ausdauernd sein) – jemandem den Atem verschlagen (ihn sprachlos machen); die **At|mung; atem|los; atmen**

Ath|let *griech.*, der: des Athleten, die Athleten; (Wettkämpfer; muskulöser Mensch); die **Ath|le|tin,** die **Leichtath|le|tik; ath|le|tisch**

At|lan|tik, der: des Atlantiks; der Atlantische Ozean; der **Nord|at|lan|tikpakt:** *Abk.* NATO; **at|lan|tisch:** ein atlantisches Tief

At|las, der: des Atlasses, die Atlasse *auch* Atlanten; (Kartenwerk)

At|mos|phä|re *auch* **At|mo|sphä|re** *griech.*, die: der Atmosphäre, die Atmosphären; (Lufthülle); es herrscht eine gespannte Atmosphäre (Stimmung)

Atom, das: des Atoms, die Atome; (kleinster Teil eines chemischen Elements); die **Atom|bom|be,** die **Atomener|gie,** der **Atom|kraft|geg|ner,** das **Atom|kraft|werk,** der **Atom|re|ak|tor,** der **Atom|test**

At|tach|ment *engl. [etätschment]*, das: des Attachments, die Attachments; (Zusatz, Anhängsel in einer E-Mail)

At|ta|cke, die: der Attacke, die Attacken; (Angriff, Anfall); **at|ta|ckie|ren**

At|ten|tat, das: des Attentats, die Attentate; (Anschlag); der **At|ten|tä|ter**

At|test, das: des Attest(e)s, die Atteste; (ärztliche Bescheinigung)

At|trak|ti|on, die: der Attraktion, die Attraktionen; (Anziehung, Glanznummer); die **At|trak|ti|vi|tät; attrak|tiv:** ein attraktiver (erstrebenswerter) Beruf – ein attraktives (hübsches) Mädchen

At|trap|pe *franz.*, die: der Attrappe, die Attrappen; (täuschend ähnliche Nachbildung)

At|tri|but, das: des Attribut(e)s, die Attribute; (Satzgliedteil)

ät|zend: das ist ja ätzend (langweilig, schlecht)

au!: *(Ausruf)*: aua, au weh! (Schmerz) – au ja! (Freude)

auch: ich gehe jetzt auch (ebenfalls) – auch (sogar) der Klügste kann sich irren – kommst du auch wirklich? (tatsächlich)

auf: auf der Straße (wo?) sein – auf die Straße (wohin?) gehen – auf der Suche sein – auf und davon; *Kleinschreibung:* auf und ab – auf und nieder; *Großschreibung:* das Auf und Ab – das Auf und Nieder; **auf ein|mal**

auf|bau|en: eine zerstörte Stadt wieder aufbauen; jemanden aufbauen (ermutigen) – er baut sich drohend vor mir auf; der **Auf|bau**

auf|bäu|men: das Pferd bäumte sich auf (richtete sich steil auf) – sich gegen jemanden aufbäumen (sich wehren)

auf|be|wah|ren: Fotos aufbewahren; die **Auf|be|wah|rung**

auf|bin|den: jemandem einen Bären aufbinden (lügen); → binden

auf|bre|chen: eine Kiste aufbrechen – plötzlich aufbrechen (abreisen); der **Auf|bruch;** → brechen

auf|drän|gen: jemandem eine Ware aufdrängen – sich jemandem aufdrängen (ihm lästig werden); **auf|dring|lich**

auf|ei|nan|der *auch* **auf|ein|an|der:** *getrennt:* aufeinander achten; *zusammen:* aufeinanderfahren – aufeinanderfolgen

Auf|ent|halt, der: des Aufenthalt(e)s, die Aufenthalte; wir haben in Frankfurt zehn Minuten Aufenthalt – unter dem Kran ist der Aufenthalt verboten; der **Auf|ent|halts|raum**

Auf|er|ste|hung, die: der Auferstehung; die Auferstehung der Toten zum ewigen Leben

Auf|fahrt, die; der **Auf|fahr|un|fall; auf|fah|ren;** → fahren

auf|fäl|lig: auffälliger, am auffälligsten; ein auffälliges Verhalten – auffällige (kräftige) Farben; die **Auf|fäl|lig|keit; auf|fal|lend:** eine auffallende Erscheinung; → fallen

auf|fas|sen: etwas falsch auffassen (missverstehen); die **Auf|fas|sung**

auf|fors|ten: Wälder aufforsten (neu anpflanzen)

auf|fri|schen: ich frische meine Kenntnisse auf (wiederhole sie) – auffrischende (stärker werdende) Winde

auf|ge|ben: einen Brief aufgeben (wegschicken) – ein Rätsel aufgeben (stellen) – eine Stellung aufgeben (kündigen) – der Motor hat den Geist aufgegeben (ist kaputt) – ein Rennen aufgeben (vorzeitig beenden); die **Auf|ga|be;** eine Aufgabe lösen → geben

auf|ge|hen: die Sonne geht auf – die Rechnung geht nicht auf (stimmt nicht); jetzt gehen mir die Augen auf (jetzt weiß ich Bescheid); der **Auf|gang;** → gehen

auf|grund *auch* **auf Grund:** aufgrund ihrer Aussage

auf|ha|ben: sie hat eine Mütze auf – er hat heute Hausaufgaben auf – der Laden hat auf (ist geöffnet); → haben

auf|he|ben: einen Stein aufheben – eine Strafe aufheben (beenden) – den Kassenzettel gut aufheben (aufbewahren); hier bin ich gut aufgehoben (fühle ich mich wohl); → heben

auf|klä|ren: der Fall ist aufgeklärt (gelöst) – jemanden aufklären (belehren, informieren); die **Auf|klä|rung**

Auf|lauf, der: des Auflaufs, die Aufläufe; der **Men|schen|auf|lauf** (große Menschenmenge), der **Ge|mü|se|auf|lauf** (Speise)

auf|le|gen: den Telefonhörer auflegen – ein Buch neu auflegen (veröffentlichen), eine Schallplatte auflegen; die **Auf|la|ge;** → legen

auf|leh|nen: den Arm auflehnen (aufstützen) – sich gegen etwas auflehnen (wehren)

auf|ma|chen: die Tür aufmachen – eine Ware geschmackvoll aufmachen (dekorieren); die **Auf|ma|chung**

auf|merk|sam: aufmerksamer, am aufmerksamsten; (wachsam, konzentriert); die **Auf|merk|sam|keit**

Auf|nah|me, die: der Aufnahme, die Aufnahmen; die **Auf|nah|me|prü|fung; auf|neh|men:** Musik, Filme aufnehmen – ein Studium aufnehmen (beginnen); es mit jemandem aufnehmen (sich mit ihm messen) können; → nehmen

auf|raf|fen: sich zu etwas aufraffen (endlich etwas tun)

auf|räu|men: das Zimmer aufräumen

auf|recht: aufrechter, am aufrechtesten; aufrecht (gerade) sitzen; **auf|recht|er|hal|ten:** er hat sein Angebot aufrechterhalten (weiter bestehen lassen)

auf|rich|ten: sich im Bett aufrichten; jemanden wieder aufrichten (trösten, ermutigen); die **Auf|rich|tig|keit; auf|rich|tig** (ehrlich)

Auf|ruhr, der: des Aufruhr(e)s; (Protest, Tumult)

A B

aufs: (auf das); **aufs bes|te** *auch* **aufs Bes|te:** sie ist aufs Beste (sehr gut) vorbereitet

auf|säs|sig: aufsässiger, am aufsässigsten; (widerspenstig, trotzig); die **Auf|säs-sig|keit**

Auf|satz, der: des Aufsatzes, die Aufsätze; einen Aufsatz schreiben; das **Auf-satz|the|ma**

auf|schie|ben: die Abreise aufschieben (später fahren); → schieben

auf|schla|gen: ein Zelt aufschlagen (aufbauen); der **Auf|schlag** (z.B. beim Tennisspiel), der **Preis|auf|schlag;** → schlagen

auf|schlie|ßen: eine Tür aufschließen – zum Spitzenreiter aufschließen (ihn erreichen); → schließen

Auf|schluss, der: des Aufschlusses, die Aufschlüsse; Aufschluss (Aufklärung) erhalten, geben; **auf|schluss|reich:** eine aufschlussreiche (interessante, wichtige) Information

auf|schnei|den: Wurst aufschneiden – schneid nicht so auf (übertreibe nicht so)!; der **Auf|schnei|der,** der **Auf-schnitt;** → schneiden

Auf|schrift, die: der Aufschrift, die Aufschriften; (Bezeichnung)

Auf|schub, der: des Aufschubs, die Aufschübe; sie bekommt für ihre Hausaufgaben noch einen Aufschub (mehr Zeit für das Erledigen)

Auf|schwung, der: des Aufschwungs, die Aufschwünge; der **Felg|auf|schwung** (Turnübung), der **Wirt|schafts|auf-schwung**

Auf|se|hen, das: des Aufsehens; Aufsehen erregen – ein Aufsehen erregender *auch* aufsehenerregender Fall; der **Auf|se|her** (Wärter), die **Auf-sicht**

Auf|stand, der: des Aufstand(e)s, die Aufstände; ein Aufstand bricht aus; **auf|ste|hen;** → stehen

Auf|stieg, der: des Aufstiegs, die Aufstiege; ein steiler Aufstieg auf den Berg – ein beruflicher Aufstieg

auf|stö|bern: (aufspüren, finden)

Auf|trag, der: des Auftrag(e)s, die Aufträge; einen Auftrag erhalten; **auf|tra-gen, be|auf|tra|gen**

auf|trump|fen: du trumpfst auf, er trumpfte auf, hat aufgetrumpft, trumpfe auf!; mit etwas auftrumpfen (Überlegenheit beweisen)

auf|wa|chen: aus einem Traum aufwachen

auf|wän|dig *auch* **auf|wen|dig:** aufwändiger, am aufwändigsten; eine aufwändige (viel Mühe machende) Arbeit

auf|wärts: aufwärtsgehen

auf|we|cken: der Straßenlärm weckte ihn auf

auf Wie|der|se|hen *auch* **Auf Wie|der-se|hen:** auf Wiedersehen sagen

auf|wie|geln: (zum Aufstand anstiften)

Auf|zug, der: des Aufzug(e)s, die Aufzüge; den Aufzug (Fahrstuhl) benutzen; **auf|zie|hen;** → ziehen

Au|ge, das: des Auges, die Augen; ein Auge zudrücken (etwas nicht so genau nehmen) – unter vier Augen sprechen – mit einem blauen Auge davonkommen (etwas ist noch einmal gut gegangen) – jemandem die Augen öffnen (aufklären) – das passt wie die Faust aufs Auge (passt überhaupt nicht, *auch* passt genau) – ins Auge gehen (schlecht enden); der **Au-gen|blick,** die **Au|gen|braue,** das **Au-gen|lid; lieb|äu|geln** (etwas gern haben wollen)

A B

Au|gust, der: des August(e)s
Auk|ti|on, die: der Auktion, die Auktionen; (Versteigerung)
Au|la, die: der Aula, die Aulen *auch* Aulas; (Festsaal in Schulen)
aus: *Kleinschreibung:* aus dem Theater kommen – aus einem Glas trinken – das Bild stammt aus dem vorigen Jahrhundert – aus Freude – aus der Mode sein – aus- und eingehen – weder ein noch aus wissen – aus diesem Anlass – das Spiel ist aus (zu Ende); *Großschreibung:* der Ball ist im Aus – vor dem Aus (Ruin) stehen
aus|ar|ten: der Streit darf nicht ausarten (sich ins Negative steigern)
aus|bes|sern: du besserst aus, er besserte aus, hat ausgebessert, bessere aus!; (einen Schaden beseitigen, reparieren)
aus|beu|ten: du beutest aus, er beutete aus, hat ausgebeutet; jemanden ausbeuten (ausnutzen); die **Aus|beu|te** (Ergebnis), die **Aus|beu|tung**
aus|bil|den: Lehrlinge ausbilden; der **Aus|bil|der,** die **Aus|bil|dung,** der **Aus|bil|dungs|ver|trag**
Aus|blick, der: des Ausblicks, die Ausblicke; einen herrlichen Ausblick haben
aus|bre|chen: der Gefangene bricht aus (flieht) – ein Feuer bricht aus; der **Aus|bruch;** → brechen
aus|brei|ten: du breitest aus, er breitete aus, hat ausgebreitet, breite aus!; das Feuer breitet sich aus; die **Aus|brei|tung**
aus|che|cken: nach der Landung des Flugzeugs auschecken (alle Formalitäten erledigen)
Aus|dau|er, die: der Ausdauer; **aus|dau|ernd**
Aus|druck, der: des Ausdruck(e)s, die Ausdrücke; den Dank zum Ausdruck bringen; der **Ge|sichts|aus|druck; aus|drück|lich, aus|drucks|los; aus|drü|cken:** sein Bedauern ausdrücken
Aus|druck, der: des Ausdruck(e)s, die Ausdrucke; der **Com|pu|ter|aus|druck**
aus|ei|nan|der *auch* **aus|ein|an|der: aus|ei|nan|der|neh|men; aus|ei|nan|der|set|zen:** die Schüler wurden von der Lehrerin auseinandergesetzt, sich mit jemandem auseinandersetzen (streiten); die **Aus|ei|nan|der|set|zung**
Aus|fall, der: des Ausfalls, die Ausfälle; der **Stun|den|aus|fall; aus|fal|len**
aus|fin|dig: ausfindig machen (nach langem Suchen finden)
Aus|flug, der: des Ausflugs, die Ausflüge; das **Aus|flugs|ziel**
Aus|fuhr, die: der Ausfuhr, die Ausfuhren; (Verkauf von Ware ins Ausland); → Export
aus|führ|lich: ausführlicher, am ausführlichsten; ein ausführlicher (langer, alle Einzelheiten enthaltender) Brief
Aus|ga|be, die: der Ausgabe, die Ausgaben; **aus|ge|ben:** eine Cola ausgeben (spendieren), **ver|aus|ga|ben:** sich verausgaben (überanstrengen)
aus|ge|gli|chen: ausgeglichener, am ausgeglichensten; ein ausgeglichener (ruhiger, harmonischer) Mensch; – eine ausgeglichene (auf allen Positionen gute) Mannschaft; die **Aus|ge|gli|chen|heit**
aus|ge|hen: wir wollen heute ausgehen – das Licht ist ausgegangen; der **Ausgang;** → gehen
aus|ge|las|sen: ausgelassener, am ausgelassensten; eine ausgelassene (fröhliche, übermütige) Stimmung

A B

aus|ge|zeich|net: (sehr gut)
aus|gie|big: ausgiebiger, am ausgiebigsten; ausgiebig (lange) feiern
Aus|gleich, der: des Ausgleich(e)s, die Ausgleiche; einen Ausgleich (zwischen zwei Parteien) anstreben; **aus|glei|chen**
Aus|guss, der: des Ausgusses, die Ausgüsse; ein verstopfter Ausguss; **aus|gie|ßen**
aus|hal|ten: Schmerzen aushalten (ertragen) – jemanden aushalten (versorgen); es ist nicht zum Aushalten; → halten
Aus|hang, der: des Aushang(e)s, die Aushänge; ein Aushang am Schwarzen Brett; **aus|hän|gen;** → hängen
aus|hel|fen: die **Aus|hil|fe;** → helfen
aus|ho|len: mit den Armen weit ausholen – ausholend (weitschweifig) erzählen
aus|kom|men: mit jemandem gut auskommen (sich gut vertragen) – mit dem Geld auskommen (nicht mehr Geld benötigen); → kommen
Aus|kunft, die: der Auskunft, die Auskünfte; Auskunft geben
aus|la|chen: (sich über jemanden lustig machen)
Aus|land, das: des Ausland(e)s; ins Ausland gehen; der **Aus|län|der,** die **Aus|län|de|rin; aus|län|disch**
aus|las|sen: keine Zeile auslassen (alles lesen); **aus|ge|las|sen:** ein ausgelassener (fröhlicher) Junge; → lassen
aus|lee|ren: den Mülleimer ausleeren
Aus|lei|he, die: der Ausleihe, die Ausleihen; die **Buch|aus|lei|he; aus|lei|hen;** → leihen
aus|ma|len: etwas mit Farben ausmalen – sich etwas ausmalen (in Gedanken vorstellen)
Aus|nah|me, die: der Ausnahme, die Ausnahmen; eine Ausnahme machen; **aus|nahms|los; aus|nahms|wei|se**
aus|pa|cken: ein Geschenk auspacken – jetzt werde ich auspacken (die Wahrheit sagen)
aus|pro|bie|ren: etwas Neues ausprobieren
Aus|puff, der: des Auspuff(e)s, die Auspuffe; die **Aus|puff|ab|ga|se,** das **Aus|puff|rohr**
aus|rech|nen: den Preis ausrechnen – sich Chancen ausrechnen (etwas erwarten)
Aus|re|de, die: der Ausrede, die Ausreden; eine Ausrede (Entschuldigung) haben; **aus|re|den:** lass ihn erst ausreden
aus|rei|chend: die Prüfung mit „ausreichend" (Zensur) bestehen – ausreichend (genug) zu essen haben
aus|rei|sen: er ist nach Dänemark ausgereist; die **Aus|rei|se**
aus|rei|ßen: Unkraut ausreißen – er ist von zu Hause ausgerissen (weggelaufen); der **Aus|rei|ßer;** → reißen
aus|ren|ken: sie hat sich den Arm ausgerenkt
aus|rich|ten: Grüße ausrichten (übermitteln) – gegen diese Mannschaft konnten wir nicht viel ausrichten (standen auf verlorenem Posten); der **Aus|rich|ter** (Veranstalter)
aus|rot|ten: Ungeziefer ausrotten (vernichten)
Aus|ruf, der: des Ausruf(e)s, die Ausrufe; das **Aus|ru|fe|zei|chen; aus|ru|fen:** einen Streik ausrufen; → rufen
aus|ru|hen: (sich erholen)
Aus|sa|ge, die: der Aussage, die Aussagen; der **Aus|sa|ge|satz; aus|sa|ge|kräf|tig**

aus|schei|den: Gift ausscheiden – wir sind aus dem Wettbewerb ausgeschieden; → scheiden

aus|schla|gen: die Bäume schlagen aus (treiben Blätter, grünen) – ein Angebot ausschlagen (ablehnen) – das Pferd schlägt aus; der **Aus|schlag** (Hautentzündung); **aus|schlag|gebend** (entscheidend); → schlagen

aus|schlie|ßen: jemanden aus der Gemeinschaft ausschließen; der **Ausschluss; aus|schließ|lich:** den Erfolg haben wir ausschließlich (nur) ihr zu verdanken; → schließen

Aus|schuss, der: des Ausschusses, die Ausschüsse; (Gruppe von Personen mit besonderer Aufgabe): einen Ausschuss wählen

aus|se|hen: sie sieht sehr nett aus; das **Aus|se|hen;** → sehen

au|ßen: eine Tür von außen streichen; der **Au|ßen|sei|ter**

au|ßer: ich bin außer mir (aufgeregt, wütend) – alle außer mir – außer Acht lassen – außer Dienst – außer Fassung geraten – außer Gefahr sein – außer Landes gehen; **au|ßer Stan|de** *auch* **au|ßer|stan|de sein; au|ßer|gewöhn|lich; au|ßer|halb:** außerhalb des Platzes

au|ßer|dem: wir konnten Cola und außerdem (noch) Orangensaft trinken

Äu|ße|re, das: des Äußeren; Wert auf sein Äußeres legen

äu|ße|rer: der äußere Eindruck; **äu|ße|re:** die äußere Seite, **äu|ße|res:** am äußeren Ende der Stadt; das **Äu|ßers|te:** aufs Äußerste *auch* aufs äußerste erschrocken sein – er treibt es bis zum Äußersten

aus|set|zen: der Motor setzte aus (ging nicht mehr) – einmal aussetzen (nicht mitmachen) – ein Tier im Wald wieder aussetzen (ihm wieder die Freiheit geben)

Aus|sicht, die: der Aussicht, die Aussichten; die Aussicht aufs Meer – keine guten Aussichten (Chancen) haben; der **Aus|sichts|punkt; aus|sichts|los**

aus|span|nen: nach der Arbeit ausspannen (sich erholen)

Aus|spra|che, die: der Aussprache, die Aussprachen; seine Aussprache ist sehr gut – eine Aussprache (ein Gespräch) mit jemandem haben; **aus|spre|chen;** → sprechen

aus|ste|hen: jemanden nicht ausstehen (nicht leiden) können → stehen

aus|stei|gen: aus dem Zug aussteigen – aus einem Wettkampf aussteigen (aufgeben); der **Aus|stieg;** → steigen

aus|stel|len: Bilder ausstellen – Ausweise ausstellen (ausschreiben); die **Aus|stel|lung**

aus|su|chen: etwas aussuchen

aus|tre|ten: das Feuer austreten (löschen) – aus dem Sportverein austreten; der **Aus|tritt**

aus Ver|se|hen: jemandem aus Versehen (ohne Absicht) auf den Fuß treten

aus|wärts: viele Schüler kommen von auswärts (aus einem anderen Ort)

Aus|weg, der: des Ausweg(e)s, die Auswege; ich sehe keinen Ausweg (keine Rettung); **aus|weg|los**

aus|wei|chen: einem Schlag, einem Auto ausweichen; → weichen

Aus|weis, der: des Ausweises, die Ausweise; einen Ausweis beantragen; die **Aus|wei|sung:** die Ausweisung aus einem Land; **aus|wei|sen:** sich ausweisen können (den Ausweis zeigen) – jemanden ausweisen (den

A B C

Aufenthalt im Lande nicht mehr gestatten)

aus|wen|dig: ein Gedicht auswendig lernen

aus|zeich|nen: eine Ware auszeichnen (mit Preisschild versehen) – sich durch gute Leistungen auszeichnen; die **Aus|zeich|nung**

aus|zie|hen: den Tisch ausziehen – aus einer Wohnung ausziehen – sich den Mantel ausziehen; der **Aus|zug;** → ziehen

Au|to, das: des Autos, die Autos; Auto fahren; die **Au|to|bahn**

Au|to|bio|gra|fie *auch* **Au|to|bio|gra|phie,** die: der Autobiografie, die Autobiografien; (literarische Darstellung des eigenen Lebens); **au|to|bio|gra|fisch**

Au|to|gramm, das: des Autogramms, die Autogramme; (der eigenhändig geschriebene Name)

Au|to|mat, der: des Automaten, die Automaten; (selbsttätiger Apparat); **au|to|ma|tisch**

Au|tor, der: des Autors, die Autoren; (Schreiber, Schriftsteller); die **Au|to|rin**

Au|to|ri|tät, die: der Autorität, die Autoritäten; Autorität (Ansehen) haben – eine Autorität (anerkannter Experte) sein; **au|to|ri|tär** (herrschsüchtig)

Axt, die: der Axt, die Äxte

Azur, der: des Azurs; (Himmelsblau); **azur|blau**

B

B, das: wer A sagt, muss auch B sagen (was man anfängt, muss zu Ende gebracht werden)

Ba|by *engl. [bebi],* das: des Babys, die Babys; der **Ba|by|sit|ter**

Bach, der: des Bach(e)s, die Bäche; etwas geht den Bach hinunter (klappt nicht, wird zunichtegemacht)

Back|bord, das: des Backbord(e)s, die Backborde; (linke Schiffsseite): *Gegensatz* Steuerbord

Ba|cke, die: der Backe, die Backen; die **Back|pfei|fe** (Ohrfeige)

ba|cken: du backst *auch* bäckst, er backte *auch* buk, gebacken, back(e)!; der **Bä|cker,** die **Bä|cke|rei,** das **Backobst,** der **Back|ofen,** der **Back|stein,** das **Ge|bäck**

back|stage *engl. [bäksteitsch]:* (hinter der Bühne, der Kulisse)

Back-up *auch* **Back|up** *engl. [bäckap],* das: des Back-ups, die Back-ups; (Sicherung von Daten)

Bad, das: des Bad(e)s, die Bäder; das Kind nicht mit dem Bade ausschütten (mit dem Schlechten nicht zugleich das Gute wegwerfen); der **Bade|an|zug,** der **Ba|de|meis|ter; baden, aus|ba|den:** etwas ausbaden müssen (die Folgen dafür tragen)

Ba|den-Würt|tem|berg: (Land der Bundesrepublik Deutschland); der **Baden-Würt|tem|ber|ger,** die **Ba|den-Würt|tem|ber|ge|rin; ba|den-württem|ber|gisch**

Bad|min|ton *engl. [bätminten],* das: des Badmintons; (Federballspiel)

baff: baff (verblüfft, überrascht) sein

Bag|ger, der: des Baggers, die Bagger; **bag|gern**

Bahn, die: der Bahn, die Bahnen; sich Bahn brechen (durchsetzen); die **Bahn|card,** der **Bahn|hof,** der **Bahnsteig; bahn|bre|chend:** eine bahnbrechende (vieles verändernde) Leistung;

an|bah|nen, bah|nen: sich einen Weg bahnen

Bah|re, die: der Bahre, die Bahren; die **To|ten|bah|re; auf|bah|ren:** einen Toten aufbahren

Bak|te|rie *griech.,* die: der Bakterie, die Bakterien; (Krankheitserreger); **bak|te|ri|ell**

Ba|lan|ce *franz. [balangc(e)],* die: der Balance, die Balancen; (Gleichgewicht); **ba|lan|cie|ren** (das Gleichgewicht halten)

bald: eher, am ehesten; möglichst bald – so bald wie möglich

bal|gen: du balgst dich, er balgte sich, hat sich gebalgt; (aus Übermut raufen); die **Bal|ge|rei**

Bal|ken, der: des Balkens, die Balken; lügen, dass sich die Balken biegen (maßlos lügen)

Bal|kon *auch* **Bal|kon,** der: des Balkons, die Balkons *auch* Balkone

Ball, der: des Ball(e)s, die Bälle; Ball spielen *aber* das Ballspielen; der **Ball|abend** (Tanzveranstaltung), der **Ball|jun|ge,** das **Hand|ball|spiel**

Bal|la|de, die: der Ballade, die Balladen; (Erzählgedicht)

Bal|last, der: des Ballast(e)s; (Last, Bürde): Ballast abwerfen

Bal|len, der: des Ballens, die Ballen; Hand- und Fußballen; **bal|len:** die Faust ballen

Bal|lett *ital.,* das: des Ballett(e)s, die Ballette; (Bühnentanz, Tanzgruppe); der **Bal|lett|meis|ter,** die **Bal|lett|tän|ze|rin** *auch* **Bal|lett-Tän|ze|rin**

Bal|lon *auch* **Bal|lon,** der: des Ballons, die Ballons *auch* Ballone; (mit Gas, Luft gefüllter Ball; bauchiger Glasbehälter); der **Bal|lon|fah|rer,** der **Heiß|luft|bal|lon,** der **Luft|bal|lon**

Bal|sam, der: des Balsams; (Salbe); das ist Balsam (eine Wohltat) für mich; **bal|sa|mie|ren** (einsalben)

Balz, die: der Balz, die Balzen; (Paarungsspiel, Paarungszeit der Vögel); **bal|zen**

Bam|bus, der: des Bambus *auch* Bambusses, die Bambusse; (tropisches Riesengras); der **Bam|bus|stab**

Ba|na|ne, die: der Banane, die Bananen

band: → binden

Band, das: des Band(e)s, die Bänder; (Gewebestreifen; Tonband): mit Bändern verzieren – auf Band sprechen; am laufenden Band; der **Band|wurm**

Band, das: des Band(e)s, die Bande; (Verbindung, Verknüpfung, Fessel); außer Rand und Band (außer Fassung) geraten

Band, der: des Band(e)s, die Bände; *Abk.* Bd. (einzelnes Buch): Schillers Werke in zehn Bänden; das spricht Bände (das sagt alles)!

Band *engl. [bänt],* die: der Band, die Bands; (Gruppe von Musikern); der **Band|lea|der** *[bändlider]* (Leiter einer Gruppe von Musikern)

Ban|da|ge *franz. [bandasche],* die: der Bandage, die Bandagen; (Stütz-, Wundverband); **ban|da|gie|ren**

Ban|de, die: der Bande, die Banden; die **Räu|ber|ban|de**

Ban|de, die: der Bande, die Banden; (Einfassung eines Spielfeldes); die **Ban|den|wer|bung**

bän|di|gen: du bändigst, er bändigte, hat gebändigt, bändige!; ein wildes Tier bändigen; die **Bän|di|gung; un|bän|dig:** unbändige (sehr große) Freude

A B C

A B C

Ban|dit *ital.*, der: des Banditen, die Banditen; (Straßenräuber)

bang *auch* **ban|ge:** banger *auch* bänger, am bangsten *auch* am bängsten; *Kleinschreibung:* angst und bange sein – angst und bange werden; *Großschreibung:* keine Bange haben – Bange machen – Angst und Bange machen

ban|gen: du bangst, er bangte, hat gebangt; um den Sieg bangen (nicht sicher sein)

Bank, die: der Bank, die Bänke; (Sitzgelegenheit); etwas auf die lange Bank schieben (hinausschieben) – durch die Bank (ohne Ausnahme)

Bank, die: der Bank, die Banken; (Geldinstitut); die **Bank|kauf|frau,** der **Ban|kier,** das **Bank|kon|to**

ban|krott *auch* **bank|rott** *ital.:* (zahlungsunfähig): bankrott sein; der **Ban|krott:** Bankrott machen; **bankrott|ge|hen**

Bann, der: des Bann(e)s; (Ausschluss aus einer Gemeinschaft; Verzauberung): jemanden in seinen Bann ziehen (fesseln); **ban|nen:** eine Gefahr bannen (abwenden)

bar: bares Geld – bar bezahlen – barer (blanker) Unsinn; etwas für bare Münze nehmen (blind glauben); **barfuß:** barfuß gehen; **bar|geld|los;** die **Bar|schaft** (Bargeld)

Bar, die: der Bar, die Bars; (kleines Lokal; Schanktisch)

Bär, der: des Bären, die Bären; der Große, der Kleine Bär (Sternbilder); jemandem einen Bären aufbinden (etwas vorlügen); **bä|ren|stark**

Ba|ra|cke, die: der Baracke, die Baracken; (Behelfsheim): in einer Baracke wohnen

Bar|bar, der: des Barbaren, die Barbaren; (roher, ungesitteter Mensch); die **Bar|ba|rei; bar|ba|risch**

barm|her|zig: die Barmherzigen Brüder, Schwestern (katholischer Orden für Krankenpflege) – ein barmherziger (mildtätiger) Mensch; die **Barm|her|zig|keit**

Ba|rock *franz.*, der *auch* das: des Barocks; (Kunststil); die **Ba|rock|kir|che,** die **Ba|rock|mu|sik; ba|rock** (verschnörkelt, überladen)

Ba|ro|me|ter, das: des Barometers, die Barometer; (Luftdruckmesser): das Barometer steigt, fällt

Ba|ron, der: des Barons, die Barone; (Adelstitel, Freiherr); die **Ba|ro|ness** (Tochter eines Barons), die **Ba|ro|nin** (Frau eines Barons)

Bar|ren, der: des Barrens, die Barren; (Turngerät); der **Gold|bar|ren** (gegossenes Formstück aus Gold)

Bar|ri|e|re *franz.*, die: der Barriere, die Barrieren; (Schranke, Schlagbaum, Sperre): eine Barriere errichten

Bar|ri|ka|de, die: der Barrikade, die Barrikaden; (Straßensperre); auf die Barrikaden gehen (sich heftig gegen etwas auflehnen); **ver|bar|ri|ka|die|ren:** sich verbarrikadieren

barsch: (unfreundlich, rau, grob); ein barscher Ton

Bart, der: des Bart(e)s, die Bärte; etwas in den Bart murmeln (undeutlich sprechen); der **Schnurr|bart; bär|tig, bart|los**

Ba|sar *auch* **Ba|zar** *pers.*, der: des Basars, die Basare; (orientalischer Markt; Warenverkauf für wohltätige Zwecke)

Ba|se, die: der Base, die Basen; (chemische Verbindung, die mit Säuren Salze bildet; *veraltet für* Kusine)

Ba|sis *griech.*, die: der Basis, die Basen; (Grundlage; Sockel); **ba|sie|ren:** auf Tatsachen basieren (beruhen, fußen)

Bas|ke, der: des Basken, die Basken; (Angehöriger eines Pyrenäenvolkes in Spanien)

Bas|ket|ball, der: des Basketball(e)s; (Korbballspiel)

Bass, der: des Basses, die Bässe; (tiefe Männerstimme; Streichinstrument); die **Bass|gi|tar|re**

Bast, der: des Bast(e)s, die Baste; (Pflanzenfaser)

bas|ta *ital.:* (genug, Punktum, Schluss); und damit basta!

Bas|tard, der: des Bastards, die Bastarde; (Pflanze oder Tier als Ergebnis von Kreuzungen; *auch* Schimpfwort)

bas|teln: du bastelst, er bastelte, hat gebastelt, bast(e)le!; die **Bas|te|lei,** der **Bast|ler**

bat: → bitten

Bat|te|rie *franz.*, die: der Batterie, die Batterien; (Stromspeicher); **bat|te|rie|be|trie|ben**

Bat|zen, der: des Batzens, die Batzen; (*früher* Münze); er hat einen schönen Batzen (sehr viel) Geld

Bau, der: des Baus, die Bauten; (Gebäude)

Bau, der: des Bau(e)s, die Baue; (Unterschlupf für Tiere); der **Fuchs|bau,** der **Ta|ge|bau**

Bauch, der: des Bauch(e)s, die Bäuche; die **Bauch|lan|dung,** der **Bauch|na|bel,** der **Bauch|schmerz; bau|chig:** eine bauchige Vase

bau|en: du baust, er baute, hat gebaut, bau(e)!; ein Haus bauen – ein Nest bauen; auf jemanden bauen (vertrauen) – einen Unfall bauen (verursachen); der **Bau,** der **Bau|kas|ten,** der **Bau|meis|ter,** das **Bau|werk,** der **Ta|ge|bau; bau|fäl|lig**

Bau|er, der: des Bauern, die Bauern; die **Bäu|e|rin,** der **Bau|ern|hof; bäu|er|lich, bäu|risch**

Bau|er, der *auch* das: des Bauers, die Bauer; (Vogelkäfig)

Baum, der: des Baum(e)s, die Bäume; nicht den Wald vor lauter Bäumen sehen (das für alle Sichtbare nicht sehen); die **Baum|schu|le,** die **Baum|wol|le; baum|lang; bau|meln:** an einem Ast baumeln – mit den Beinen baumeln, **sich auf|bäu|men:** das Pferd bäumt sich auf

Bausch, der: des Bausch(e)s, die Bausche *auch* Bäusche; in Bausch und Bogen (ganz und gar); der **Wat|te|bausch; bau|schig; auf|bau|schen:** etwas aufbauschen (übertreiben)

bauz!: *Ausruf* bauz, da liegt sie!

Bay|ern: (Land der Bundesrepublik Deutschland); der **Bay|er,** die **Bay|e|rin; bay|risch** *auch* **bay|e|risch:** der Bayerische Wald; *aber* die bairische Mundart

Ba|zar: → Basar

Ba|zil|lus, der: des Bazillus, die Bazillen; (Krankheitserreger)

be|ab|sich|ti|gen: du beabsichtigst, er beabsichtigte, hat beabsichtigt, beabsichtige!; (vorhaben)

be|ach|ten: die **Be|ach|tung; be|ach|tens|wert, be|acht|lich:** beachtliche (sehr große) Fortschritte machen

Beach|vol|ley|ball *engl. [bitschvolebal]*, der: des Beachvolleyballs; (Strandvolleyball)

Bea|mer *engl. [bimer]*, der: des Beamers, die Beamer; (Gerät zur vergrößerten Wiedergabe des Computerbildschirmes)

A B C

Be|am|te, der: des Beamten, die Beamten; ein Beamter; die **Be|am|tin**

be|an|spru|chen: du beanspruchst, er beanspruchte, hat beansprucht, beanspruche!; (in Anspruch nehmen); die **Be|an|spru|chung**

be|an|stan|den: du beanstandest, er beanstandete, hat beanstandet, beanstande!; einen Fehler beanstanden (feststellen); die **Be|an|stan|dung** (Bemängelung)

be|ar|bei|ten: ein Stück Holz bearbeiten – ein Aufsatzthema bearbeiten; jemanden bearbeiten (ihn überzeugen wollen); die **Be|ar|bei|tung**

Beat *engl. [bit],* der: des Beat(s), die Beats; (Musik mit gleichmäßigem Schlagrhythmus); die **Beat|mu|sik**

be|ben: du bebst, er bebte, hat gebebt; die Wände beben (werden erschüttert); das **Be|ben,** das **Erd|be|ben**

Be|cher, der: des Bechers, die Becher

Be|cken, das: des Beckens, die Becken; (Vertiefung; Knochen; Schlaginstrument)

be|dacht: auf etwas bedacht sein (sehr wichtig nehmen) – bedacht (überlegt) handeln; der **Be|dacht:** mit Bedacht (mit einer bestimmten Absicht, sorgfältig) auswählen; **be|däch|tig** (ohne Hast)

be|dan|ken: sich bedanken

Be|darf, der: des Bedarf(e)s; etwas nach Bedarf tun (wie es gebraucht wird)

be|dau|ern: du bedauerst, er bedauerte, hat bedauert, bedaure!; jemanden bedauern (ihm Mitgefühl zeigen); das **Be|dau|ern; be|dau|er|lich, be|dau|erns|wert**

be|deu|ten: was bedeutet dieses Wort?; die **Be|deu|tung; be|deu|tend:** ein bedeutendes (sehr wichtiges) Buch – sich bedeutend (sehr) ändern – etwas Bedeutendes leisten, **be|deut|sam, be|deu|tungs|los**

be|die|nen: er bedient mich; sich einer Sache bedienen (sie nutzen) – völlig bedient sein (genug haben); die **Be|die|nung,** die **Be|die|nungs|an|lei|tung**

Be|din|gung, die: der Bedingung, die Bedingungen; **be|dingt:** bedingt (eingeschränkt) tauglich sein, **un|be|dingt:** du musst unbedingt (auf jeden Fall) kommen; **be|din|gungs|los**

be|drän|gen: jemanden bedrängen (nicht in Ruhe lassen); die **Be|dräng|nis:** in Bedrängnis (in Schwierigkeiten) kommen

be|dro|hen: die Sturmflut bedroht die Stadt – sich bedroht fühlen; die **Be|dro|hung; be|droh|lich**

be|drückt: bedrückter, am bedrücktesten; (traurig, mutlos)

Be|dürf|nis, das: des Bedürfnisses, die Bedürfnisse; (Wunsch)

be|ei|len: wir müssen uns beeilen; die **Be|ei|lung:** Beeilung, bitte (macht schnell)!

be|ein|flus|sen: du beeinflusst, er beeinflusste, hat beeinflusst, beeinfluss(e)!; sich nicht von anderen beeinflussen lassen; die **Be|ein|flus|sung; be|ein|fluss|bar**

be|en|den: das Studium beenden; die **Be|en|di|gung**

be|er|di|gen: du beerdigst, er beerdigte, hat beerdigt; feierlich beerdigt (bestattet) werden; die **Be|er|di|gung**

Bee|re, die: der Beere, die Beeren; das **Bee|ren|obst;** die **Brom|bee|re,** die **Him|bee|re**

Beet, das: des Beet(e)s, die Beete; ein Beet anlegen; das **Ge|mü|se|beet**

be|fahl: → befehlen

be|fan|gen: befangen sein (schüchtern, gehemmt; voreingenommen); die **Be|fan|gen|heit**

be|feh|len: du befiehlst, er befahl, er befähle, hat befohlen, befiehl!; der **Be|fehl,** die **Be|fehls|form** (Imperativ)

be|fin|den: sich auf einer Reise befinden; das **Be|fin|den** (körperliche, seelische Verfassung); → finden

be|fol|gen: einen Rat befolgen

be|för|dern: ein Paket wird befördert – der Beamte wird befördert (bekommt eine bessere Position) – jemanden an die frische Luft befördern (hinauswerfen); die **Be|för|de|rung**

be|frei|en: du befreist, er befreite, hat befreit, befrei(e)!; sich von etwas, jemandem befreien; die **Be|frei|ung**

be|freun|den: sich mit jemandem befreunden; **be|freun|det:** befreundet sein

be|frie|di|gen: du befriedigst, er befriedigte, hat befriedigt, befriedig(e)!; (zufrieden stellen); die **Be|frie|di|gung; be|frie|di|gend**

be|fruch|ten: Insekten befruchten die Blüten; die **Be|fruch|tung:** die künstliche Befruchtung

be|fugt: zu etwas befugt (berechtigt) sein; die **Be|fug|nis**

be|fürch|ten: etwas Schlimmes befürchten; die **Be|fürch|tung**

be|für|wor|ten: du befürwortest, er befürwortete, hat befürwortet, befürworte!; (sich für etwas einsetzen); der **Be|für|wor|ter,** die **Be|für|wor|tung**

Be|ga|bung, die: der Begabung, die Begabungen; der *auch* die **Be|gab|te; be|gabt:** begabt sein

be|gann: → beginnen

be|ge|ben: es begab sich (ereignete sich) vor vielen Jahren – sich auf die Wanderschaft begeben; die **Be|ge|ben|heit:** eine seltsame Begebenheit; → geben

be|geg|nen: du begegnest, er begegnete, ist begegnet, begegne!; sich begegnen; die **Be|geg|nung**

be|gehrt: begehrter, am begehrtesten; er hat alles, was sein Herz begehrt (was er sich wünscht); das **Be|geh|ren**

be|geis|tern: du begeisterst, er begeisterte, hat begeistert, begeister(e)!; sich für etwas begeistern – der Sänger begeisterte sein Publikum; die **Be|geis|te|rung**

be|gin|nen: du beginnst, er begann, er begänne, hat begonnen, beginn(e)!; beginne endlich mit der Übersetzung!; der **Be|ginn** (Anfang)

be|glei|ten: du begleitest, er begleitete, hat begleitet, begleit(e)!; der **Be|glei|ter,** die **Be|glei|te|rin,** die **Be|glei|tung**

be|glück|wün|schen: du beglückwünschst, er beglückwünschte, hat beglückwünscht, beglückwünsche!; jemanden zum Sieg beglückwünschen

be|gna|di|gen: du begnadigst, er begnadigte, hat begnadigt, begnadige!; (eine Strafe vermindern oder erlassen); die **Be|gna|di|gung; be|gna|det** (besonders begabt)

be|gnü|gen: du begnügst dich, er begnügte sich, hat sich begnügt, begnüg(e) dich!; (zufrieden sein)

be|gra|ben: die Toten begraben; Hoffnungen und Wünsche begraben (aufgeben); das **Be|gräb|nis;** → graben

be|grei|fen: die Aufgabe begreifen (verstehen); → greifen

Be|griff, der: des Begriff(e)s, die Begriffe; schwer von Begriff sein (lange brauchen, um etwas zu verstehen); **be|griffs|stut|zig**

be|grün|den: du begründest, er begründete, hat begründet, begründe!; eine Behauptung begründen; die **Be|grün|dung**

be|grü|ßen: jemanden begrüßen; die **Be|grü|ßung**

be|hag|lich: das ist eine behagliche (gemütliche) Wohnung

be|hal|ten: sein Geld behalten – ein Geheimnis für sich behalten – etwas im Auge behalten – alle Namen behalten können (im Gedächtnis) – behalt es für dich (sag es nicht weiter)!; der **Be|häl|ter;** → halten

be|häm|mert: behämmert (verrückt) sein

be|hän|de: (flink, gewandt, geschickt); die **Be|hän|dig|keit;** → Hand

be|han|deln: jemanden freundlich behandeln; die **Be|hand|lung**

be|har|ren: du beharrst, er beharrte, hat beharrt, beharre!; auf etwas beharren (daran festhalten); die **Be|harr|lich|keit; be|harr|lich** (geduldig, hartnäckig)

be|haup|ten: du behauptest, er behauptete, hat behauptet, behaupte!; etwas behaupten – sich behaupten (durchsetzen); die **Be|haup|tung**

be|he|ben: Mängel und Zweifel beheben (beseitigen); → heben

be|her|ber|gen: du beherbergst, er beherbergte, hat beherbergt, beherberg(e)!; (Unterkunft gewähren); die **Her|ber|ge,** die **Ju|gend|her|ber|ge**

be|herr|schen: du beherrschst, er beherrschte, hat beherrscht, beherrsch(e)!; beherrsch dich (halte dich zurück)! – eine Sprache, eine Technik beherrschen; die **Be|herr|schung; be|herrscht:** er ist sehr beherrscht (ruhig, sicher)

be|her|zi|gen: du beherzigst, er beherzigte, hat beherzigt, beherzig(e)!; du solltest den Rat beherzigen (ihm folgen); die **Be|her|zi|gung; be|herzt:** sie handelte beherzt (entschlossen, mutig)

be|hilf|lich: jemandem behilflich sein

be|hin|dern: der Nebel behindert (stört) den Verkehr – sie behinderten sich gegenseitig; die **Be|hin|de|rung**

be|hin|dert: (körperlich oder geistig eingeschränkt); der *auch* die **Be|hin|der|te,** der **Be|hin|der|ten|sport,** die **Be|hin|de|rung:** trotz seiner Behinderung ist er sehr aktiv

Be|hör|de, die: der Behörde, die Behörden; (Amtsstelle)

be|hü|ten: jemanden behüten (bewachen); die **Be|hut|sam|keit; be|hut|sam** (rücksichtsvoll)

bei: der Ort liegt bei Rostock – Vorsicht beim Aussteigen! – ich habe kein Geld bei mir – bei guter Laune sein – bei weitem *auch* Weitem; er ist nicht ganz bei sich (verwirrt, wirkt abwesend)

bei|brin|gen: jemandem etwas beibringen (ihn lehren); → bringen

beich|ten: du beichtest, er beichtete, hat gebeichtet, beicht(e)!; seine Sünden beichten (gestehen); die **Beich|te,** das **Beicht|ge|heim|nis**

bei|de: beides – alle beide – alles beides – es geht uns beide an – einer von beiden – diese beiden Mädchen – keiner von beiden – für uns beide – beide Male; **bei|der|seits:** beiderseits des Flusses; **bei|der|sei|tig:** im beiderseitigen Einverständnis, **beid|hän|dig**

A B C

bei|ei|nan|der *auch* **bei|ein|an|der:** beieinander (zusammen) sein – beieinanderbleiben

Bei|fah|rer, der: des Beifahrers, die Beifahrer; der **Bei|fah|rer|sitz**

Bei|fall, der: des Beifall(e)s; Beifall finden, klatschen

beige *franz. [besch]:* (sandfarben); *Kleinschreibung:* ein beiges Kleid; *Großschreibung:* das Beige – ganz in Beige

Bei|hil|fe, die: der Beihilfe, die Beihilfen; (Geldunterstützung)

Beil, das: des Beil(e)s, die Beile

bei|läu|fig: etwas beiläufig (nebenbei) bemerken

Bei|leid, das: des Beileids; (Anteilnahme, Mitgefühl): jemandem sein Beileid aussprechen – mein Beileid!

Bein, das: des Bein(e)s, die Beine; er reißt sich kein Bein aus (strengt sich nicht an) – jemandem Beine machen (antreiben); der **Bein|bruch; beinhart** (sehr hart)

bei|na|he *auch* **bei|na|he:** beinahe (fast) hätte sie ein Tor erzielt; *auch* **beinah**

Bei|pack|zet|tel, der: des Beipackzettels, die Beipackzettel; (ein Zettel, der der Ware beiliegt, mit Hinweisen auf die Anwendung oder den Inhalt)

bei|sam|men: beisammen sein; das **Beisam|men|sein; bei|sam|men|sit|zen**

Bei|schlaf, der: des Beischlaf(e)s; (Geschlechtsverkehr)

bei|sei|te: das Heft beiseitelegen; Geld beiseitelegen (sparen) – etwas beiseiteschaffen (verstecken)

Bei|spiel, das: des Beispiel(e)s, die Beispiele; zum Beispiel: *Abk.* z.B.; **beispiel|haft, bei|spiel|los:** eine beispiellose (bisher noch nie da gewesene) Karriere; **bei|spiels|wei|se**

bei|ßen: du beißt, er biss, er bisse, hat gebissen, beiß(e)!; der Hund biss mich in die Hand – ich habe mir auf die Zunge gebissen – der Rauch biss mir in die Augen; nichts zu beißen haben (arm sein)

bei|ste|hen: jemandem beistehen (helfen); der **Bei|stand;** → stehen

Bei|trag, der: des Beitrag(e)s, die Beiträge; **bei|tragen;** → tragen

bei|tre|ten: einem Verein beitreten; der **Bei|tritt;** → treten

bei|zei|ten: (rechtzeitig)

be|ja|hen: du bejahst, er bejahte, hat bejaht, bejahe!; (mit Ja antworten)

be|kannt: bekannter, am bekanntesten; eine bekannte Tatsache – wir sind gut bekannt – ich bin hier gut bekannt; der *auch* die **Be|kann|te; be|kannt ge|ben** *auch* **be|kannt|ge|ben, be|kannt ma|chen** *auch* **bekannt|ma|chen:** das Gesetz wurde bekannt gemacht *auch* bekanntgemacht (veröffentlicht), **be|kannt wer|den** *auch* **be|kannt|wer|den:** die Sache darf nicht bekannt werden – *auch* bekanntwerden (wird verschwiegen)

be|ken|nen: du bekennst, er bekannte, hat bekannt, bekenne!; seine Schuld, die Wahrheit bekennen (offen aussprechen); das **Be|kennt|nis**

be|kla|gen: sich über etwas beklagen (seine Unzufriedenheit aussprechen)

be|kle|ckern: sich die Hose bekleckern

be|klei|den: leicht bekleidet sein (wenig anhaben); ein Amt bekleiden (ausüben); die **Be|klei|dung**

be|knackt: das ist doch beknackt! (dumm, verrückt, unsinnig)

be|kom|men: du bekommst, er bekam, er bekäme, hat bekommen; Geld,

Besuch, einen Brief bekommen – das Essen ist mir nicht bekommen; **be|kömm|lich:** (verträglich)

be|kräf|ti|gen: du bekräftigst, er bekräftigte, hat bekräftigt, bekräftige!; seine Aussage bekräftigen (nachdrücklich bestätigen); die **Be|kräf|ti|gung**

Be|lag, der: des Belag(e)s, die Beläge; der **Fuß|bo|den|be|lag**

be|läm|mert: belämmerter, am belämmertsten; (eingeschüchtert, dumm)

be|lang|los: er redet ein belangloses (unwichtiges) Zeug

be|las|ten: jemanden mit viel Arbeit belasten – jemanden mit einer Aussage belasten – das Problem belastet mich (macht mir Sorge); die **Be|last|bar|keit,** die **Be|las|tung**

be|läs|ti|gen: du belästigst, er belästigte, hat belästigt, belästige nicht!; jemanden belästigen; die **Be|läs|ti|gung**

be|le|gen: Ausgaben belegen (nachweisen) – Brote belegen – einen Platz belegen – einen Kurs belegen – eine belegte Stimme – alle Zimmer sind belegt; der **Be|leg,** die **Be|le|gung**

be|lei|di|gen: du beleidigst, er beleidigte, hat beleidigt, beleidig(e)!; schnell beleidigt sein – beleidigt tun; die **Be|lei|di|gung**

be|leuch|ten: die Straße ist gut beleuchtet; das Problem müssen wir etwas näher beleuchten (betrachten); die **Be|leuch|tung**

Bel|gi|en: der **Bel|gi|er,** die **Bel|gi|e|rin; bel|gisch**

Be|lie|ben, das: des Beliebens; nach Belieben (wie man will); der *auch* das **Be|lie|bi|ge:** etwas Beliebiges – jeder Beliebige; **be|lie|big:** ein beliebiges (irgendein) Beispiel – x-beliebig

be|liebt: beliebter, am beliebtesten; ein beliebter Lehrer – sich bei allen beliebt machen; die **Be|liebt|heit**

bel|len: er bellt, er bellte, hat gebellt, bell(e)!; das **Ge|bell**

be|loh|nen: du belohnst, er belohnte, hat belohnt, belohn(e)!; die **Be|loh|nung**

be|män|geln: du bemängelst, er bemängelte, hat bemängelt, bemäng(e)le!; (kritisieren); die **Be|män|ge|lung** *auch* **Be|mäng|lung**

be|mer|ken: er bemerkte mich in der Menge – er hatte noch etwas zu bemerken (zu sagen); die **Be|mer|kung; be|merk|bar, be|mer|kens|wert**

be|mit|lei|den: du bemitleidest, er bemitleidete, hat bemitleidet, bemitleide!; (bedauern)

be|mo|geln: du bemogelst, er bemogelte, hat bemogelt, bemog(e)le!; (*umgangssprachlich für* betrügen)

be|mü|hen: sich bemühen; die **Be|mü|hung**

be|nach|tei|li|gen: du benachteiligst, er benachteiligte, hat benachteiligt, benachteilig(e) nicht!; jemanden benachteiligen (schlechter behandeln als andere); die **Be|nach|tei|li|gung**

be|neh|men: sich gut benehmen; das **Be|neh|men;** → nehmen

be|nei|den: du beneidest, er beneidete, hat beneidet, beneide nicht!; er ist nicht zu beneiden (es geht ihm schlecht) – jemanden beneiden; **be|nei|dens|wert**

Be|ne|lux: *Kurzw. für* die in Wirtschafts- und Zollunion zusammengefassten Länder Belgien, Niederlande, Luxemburg; die **Be|ne|lux|staa|ten**

Ben|gel, der: des Bengels, die Bengel; (frecher Junge)

be|nom|men: er war von dem Sturz ganz benommen (leicht betäubt); die **Be|nom|men|heit**

be|nut|zen *auch* **be|nüt|zen:** du benutzt, er benutzte, hat benutzt, benutz(e)!; der **Be|nut|zer|na|me,** die **Be|nut-zung; be|nutz|bar, be|nut|zer-freund|lich:** ein benutzerfreundliches Computerprogramm

Ben|zin, das: des Benzins, die Benzine; der **Ben|zin|ka|nis|ter**

be|o|bach|ten *auch* **be|ob|ach|ten:** du beobachtest, er beobachtete, hat beobachtet, beobachte!; der **Be|o|bach-ter,** die **Be|o|bach|tung**

be|quem: bequemer, am bequemsten; ein bequemer Stuhl – die Jacke sitzt bequem; die **Be|quem|lich|keit**

be|ra|ten: jemanden beraten (einen Rat geben); **be|rat|schla|gen;** der **Be|ra-ter,** die **Be|ra|tung,** das **Be|ra|tungs-ge|spräch;** → raten

be|rech|nen: die **Be|rech|nung; be|re-chen|bar, be|rech|nend:** ein berechnender (nur auf seinen Vorteil bedachter) Mensch

Be|rech|ti|gung, die: der Berechtigung, die Berechtigungen; der *auch* die **Be-rech|tig|te; be|rech|tig|ter|wei|se; be|rech|ti|gen**

be|re|den: etwas mit jemandem bereden (durchsprechen)

Be|reich, der: des Bereich(e)s, die Bereiche

be|rei|chern: du bereicherst, er bereicherte, hat bereichert; sich bereichern (Gewinn verschaffen); die **Be-rei|che|rung**

be|reit: *getrennt:* bereit sein – sich bereit erklären *auch* sich bereiterklären – sich bereit machen *auch* sich bereitmachen; *zusammen:* sich bereithalten – etwas bereitstellen; die **Be|reit-schaft**

be|reits: mit der Arbeit bereits (schon) fertig sein

be|reu|en: du bereust, er bereute, hat bereut, bereu(e)!; (bedauern): sein Verhalten bereuen

Berg, der: des Berg(e)s, die Berge; die Haare stehen ihm zu Berge (er ist entsetzt) – er ist längst über alle Berge (weit weg) – mit seiner Meinung nicht hinter dem Berge halten (sie nicht verschweigen) – noch längst nicht über den Berg sein (Schwierigkeiten stehen noch bevor); die **Berg-bahn,** der **Berg|mann,** der **Berg|stei-ger; berg|ab, berg|auf:** bergauf fahren; **ber|gig**

ber|gen: du birgst, er barg, er bärge, hat geborgen, birg!; Tote und Verunglückte bergen – die Erde birgt viele Schätze – sich geborgen fühlen; die **Ge|bor|gen|heit**

be|rich|ten: du berichtest, er berichtete, hat berichtet, berichte!; über etwas berichten; der **Be|richt**

be|rich|ti|gen: du berichtigst, er berichtigte, hat berichtigt, berichtige!; ein Diktat berichtigen; die **Be|rich|ti-gung**

Ber|lin: (Hauptstadt und Land der Bundesrepublik Deutschland); der **Ber|li-ner,** die **Ber|li|ne|rin; ber|li|ne|risch; ber|li|nern** (berlinerisch sprechen)

Bern|stein, der: des Bernstein(e)s; (versteinertes Harz)

bers|ten: es birst, es barst, ist geborsten; (plötzlich brechen): das Eis ist geborsten

be|rüch|tigt: berüchtigter, am berüchtigsten; (in einem schlechten Ruf stehen)

A B C

be|rụ̈ck|sich|ti|gen: du berücksichtigst, er berücksichtigte, hat berücksichtigt, berücksichtige!; den Wunsch eines anderen berücksichtigen (anerkennen); die **Be|rụ̈ck|sich|ti|gung**

Be|ru̱f, der: des Beruf(e)s, die Berufe; die **Be|ru̱fs|be|ra|tung,** die **Be|ru̱fs|schu|le; be|ru̱f|lich, be|ru̱fs|tä|tig**

be|ru̱|hen: das beruht auf Tatsachen – etwas auf sich beruhen lassen (nicht weiter verfolgen)

be|ru̱|hi|gen: du beruhigst, er beruhigte, hat beruhigt, beruhige!; jemanden beruhigen – beruhige dich!; die **Be|ru|hi|gung**

be|rü̱hmt: berühmter, am berühmtesten; die **Be|rühmt|heit**

be|rü̱h|ren: etwas mit dem Finger berühren; das berührt mich nicht (ist mir gleichgültig); die **Be|rüh|rung**

be|sạnn: → besinnen

be|schä̱|di|gen: fremdes Eigentum beschädigen; die **Be|schä|di|gung**

be|schạf|fen: sich Geld beschaffen – mit seiner Gesundheit ist es schlecht beschaffen (steht es nicht gut); die **Be|schaf|fen|heit**

be|schạ̈f|ti|gen: du beschäftigst, er beschäftigte, hat beschäftigt, beschäftige!; sich mit einem Problem beschäftigen – sie ist sehr beschäftigt (hat viel zu tun); die **Be|schäf|ti|gung**

be|schạt|ten: du beschattest, er beschattete, hat beschattet, beschatte!; er beschattet mich (beobachtet mich heimlich); die **Be|schat|tung**

Be|sche̱i̱d, der: des Bescheid(e)s, die Bescheide; Bescheid wissen – jemandem Bescheid geben, sagen

be|sche̱i̱|den: bescheidener, am bescheidensten; ein bescheidenes Kind; die **Be|schei|den|heit** (Genügsamkeit)

be|sche̱i̱|ßen: (*umgangssprachlich für* betrügen); der **Be|schịss; be|schịs|sen:** eine beschissene (*umgangssprachlich für* sehr schlechte) Situation

be|sche̱|ren: du bescherst, er bescherte, hat beschert, bescher(e)!; jemandem etwas zu Weihnachten bescheren (ihm etwas schenken); die **Be|sche̱|rung:** das ist aber eine schöne Bescherung! (unangenehme Überraschung)

be|sche̱u̱|ert: bescheuerter, am bescheuertsten; (*umgangssprachlich für* dumm, verrückt): das ist doch bescheuert!

be|schịmp|fen: jemanden beschimpfen (beleidigen); die **Be|schimp|fung**

be|schla̱|gen: das Fenster beschlägt; auf einem Gebiet gut beschlagen sein (sich auskennen); → schlagen

Be|schla̱g|nah|me, die: der Beschlagnahme, die Beschlagnahmen; **be|schla̱g|nah|men:** Diebesgut beschlagnahmen (sicherstellen)

be|schle̱u̱|ni|gen: du beschleunigst, er beschleunigte, hat beschleunigt, beschleunig(e)!; (etwas schneller machen); die **Be|schleu|ni|gung**

be|schli̱e̱|ßen: eine beschlossene Sache; der **Be|schlụss:** einen Beschluss fassen; → schließen

be|schrạ̈n|ken: du beschränkst, er beschränkte, hat beschränkt, beschränk(e)!; jemanden in seinen Rechten beschränken (einengen); die **Be|schrän|kung; be|schränkt:** seine Zeit ist beschränkt – ein beschränkter (engstirniger) Mensch

be|schre̱i̱|ben: einen Vorgang beschreiben – eine CD beschreiben (mit Daten versehen); das spottet jeder Beschreibung (ist so schlimm, dass man es nicht mit Worten wiedergeben kann); die **Be|schrei|bung; be|schreib|bar;** → schreiben

be|schul|di|gen: du beschuldigst, er beschuldigte, hat beschuldigt, beschuldige!; der *auch* die **Be|schul|dig|te,** die **Be|schul|di|gung**

be|schwe|ren: du beschwerst, er beschwerte, hat beschwert, beschwer(e)!; sich über jemanden beschweren (sich beklagen); die **Be|schwer|de,** die **Beschwer|den** (Schmerzen); **be|schwer|lich:** ein beschwerlicher (mühsamer) Weg

be|schwich|ti|gen: du beschwichtigst, er beschwichtigte, hat beschwichtigt, beschwichtige!; (beruhigen); die **Be|schwich|ti|gung**

be|schwingt: beschwingter, am beschwingtesten; (locker, fröhlich): beschwingte Musik; die **Be|schwingt|heit**

be|schwö|ren: ich kann es beschwören – Geister beschwören; die **Be|schwö|rung;** → schwören

be|sei|ti|gen: du beseitigst, er beseitigte, hat beseitigt, beseitige!; die **Be|sei|ti|gung**

Be|sen, der: des Besens, die Besen; der **Be|sen|stiel**

be|ses|sen: besessener, am besessensten; von einer Idee besessen (vollkommen erfüllt) sein; der *auch* die **Be|ses|se|ne,** die **Be|ses|sen|heit**

be|set|zen: ein Land, ein Haus besetzen – alle Plätze sind schon besetzt; die **Be|sat|zung** (Truppen in einem fremden, besetzten Land), die **Be|set|zung**

be|sich|ti|gen: du besichtigst, er besichtigte, hat besichtigt, besichtige!; ein Schloss besichtigen; die **Be|sich|ti|gung**

be|sie|deln: (bewohnbar machen): ein dünn besiedeltes *auch* dünnbesiedeltes (wenig bewohntes) Land; die **Be|sie|de|lung** *auch* **Be|sied|lung**

be|sin|nen: du besinnst dich, er besann sich, er besänne sich, hat sich besonnen, besinn(e) dich!; sich auf etwas besinnen (daran erinnern); die **Be|sinn|lich|keit,** die **Be|sin|nung,** die **Be|son|nen|heit; be|sinn|lich:** eine besinnliche (geruhsame, nachdenkliche) Stunde verbringen, **be|sin|nungs|los, be|son|nen:** er ist ein besonnener (vernünftiger) Mensch

be|sit|zen: er besitzt ein Haus – er besitzt mein Vertrauen; der **Be|sitz,** der **Be|sit|zer,** die **Be|sit|ze|rin; Be|sitz er|grei|fend** *auch* **be|sitz|er|grei|fend;** → sitzen

be|son|de|re: *Kleinschreibung:* zur besonderen Verwendung – etwas insbesondere (vor allem) hoffen; *Großschreibung:* im Besonderen – etwas, nichts Besonderes, die **Be|son|der|heit; be|son|ders:** *Abk.* bes.

be|sor|gen: sich ein Buch besorgen – die Mutter ist um ihr Kind besorgt; die **Be|sor|gung; Be|sorg|nis er|re|gend** *auch* **be|sorg|nis|er|re|gend:** eine Besorgnis erregende *auch* besorgniserregende Lage

be|spre|chen: etwas zu besprechen haben; die **Be|spre|chung;** → sprechen

be|sprit|zen: eine Fläche mit Farbe bespritzen

bes|ser: *Kleinschreibung:* auf diesem Weg kann ich besser gehen – ihm wird es bald besser gehen *auch* bessergehen – du musst es besser wissen – es ist besser, dass ...; *Großschreibung:* jemanden eines Besseren belehren – ei-

A B C

ne Wende zum Besseren nehmen – ich habe nichts Besseres zu tun; die **Bes|se|rung,** der **Bes|ser|wis|ser; bes|sern:** sich bessern

Be|stand, der: des Bestand(e)s, die Bestände; Bestand haben – von Bestand sein – einen Bestand (Vorrat) auffüllen; der **Be|stand|teil; be|stän|dig:** eine beständige (stets gute) Leistung

be|stä|ti|gen: du bestätigst, er bestätigte, hat bestätigt, bestätige!; den Empfang eines Briefes bestätigen – jemanden in seinem Amt bestätigen – das Gerücht hat sich nicht bestätigt (als unwahr herausgestellt); die **Be|stä|ti|gung**

be|stat|ten: du bestattest, er bestattete, hat bestattet; (beerdigen); die **Be|stat|tung**

be|stäu|ben: du bestäubst, er bestäubte, hat bestäubt, bestäub(e)!; den Stollen mit Puderzucker bestäuben; die **Be|stäu|bung**

bes|te: *Kleinschreibung:* der beste Freund – am besten – er war aufs beste *auch* Beste (sehr gut) vorbereitet – dieses Spiel war das beste – das hat sich bestens bewährt; *Großschreibung:* aus etwas das Beste machen – jemanden zum Besten halten (ihn an der Nase herumführen) – einen Witz zum Besten geben – sich das Beste aussuchen – auf das Beste hoffen – er ist in seiner Klasse der Beste – er hat sein Bestes getan – nicht das erste Beste haben wollen; **bes|ten|falls**

be|ste|chen: jemanden bestechen (durch Geld, Geschenke für eigene Ziele gewinnen); die **Be|ste|chung; be|stech|lich;** → stechen

Be|steck, das: des Besteck(e)s, die Bestecke; das **Ess|be|steck**

be|ste|hen: eine Prüfung bestehen – das Geschäft besteht schon zehn Jahre – auf seiner Forderung bestehen – dieser Gegenstand besteht aus Holz – die bestehenden Gesetze; das **Be|ste|hen; be|stän|dig** (von Dauer); → stehen

be|steh|len: man hat mich bestohlen; → stehlen

be|stel|len: ein Taxi bestellen – das Feld bestellen (bearbeiten); die **Be|stel|lung**

Bes|tie, die: der Bestie, die Bestien; (wildes Tier; Unmensch); die **Bes|ti|a|li|tät; bes|ti|a|lisch** (grausam)

be|stim|men: einen Nachfolger, einen Zeitpunkt, Pflanzen bestimmen – er hat nichts zu bestimmen (nichts zu entscheiden); die **Be|stimmt|heit:** mit Bestimmtheit etwas sagen, die **Be|stim|mung**

be|stimmt: sie kommen bestimmt – an einem bestimmten Tag – ein bestimmtes Buch suchen

be|stra|fen: jemanden streng bestrafen; die **Be|stra|fung**

be|strah|len: die Bühne mit Scheinwerfern bestrahlen – den Rücken bestrahlen; die **Be|strah|lung**

be|strei|ten: eine Behauptung bestreiten (in Frage stellen, zurückweisen) – einen Wettkampf bestreiten (daran teilnehmen); → streiten

Best|sel|ler *engl.,* der: des Bestsellers, die Bestseller; (Buch mit großem Verkaufserfolg); die **Best|sel|ler|lis|te**

Be|such, der: des Besuch(e)s, die Besuche; zu Besuch sein; der **Be|su|cher; be|su|chen**

be|tä|ti|gen: den Hebel betätigen – sich sportlich betätigen; die **Be|tä|ti|gung**

be|täu|ben: du betäubst, er betäubte, hat betäubt, betäub(e)!; (taub, bewusstlos machen): den Schmerz betäuben; die **Be|täu|bung**

be|tei|li|gen: du beteiligst, er beteiligte, hat beteiligt, beteilig(e)!; sich an einem Spiel beteiligen; die **Be|tei|li|gung**

be|ten: du betest, er betete, hat gebetet, bete!; das **Ge|bet**

be|teu|ern: du beteuerst, er beteuerte, hat beteuert; seine Unschuld beteuern (erklären); die **Be|teu|e|rung**

Be|ton, der: des Betons, die Betons; (Baustoff aus Zement, Wasser, Sand u.a.): Beton gießen, mischen

be|to|nen: du betonst, er betonte, hat betont, beton(e)!; die **Be|to|nung,** das **Be|to|nungs|zei|chen**

be|trach|ten: ich betrachte das Bild; der **Be|trach|ter,** die **Be|trach|tung**

be|trächt|lich: die Sturmschäden sind beträchtlich (sehr groß)

Be|trag, der: des Betrag(e)s, die Beträge; **be|tra|gen:** die Kosten betragen hundert Euro

Be|tra|gen, das: des Betragens; (Benehmen); **be|tra|gen:** sich ordentlich betragen

be|trei|ben: einen Imbiss betreiben (führen); → treiben

be|treu|en: du betreust, er betreute, hat betreut, betreu(e)!; Kinder betreuen (auf sie aufpassen); der **Be|treu|er,** die **Be|treu|e|rin,** die **Be|treu|ung**

Be|trieb, der: des Betrieb(e)s, die Betriebe; die Maschine ist in Betrieb (läuft) – er ist im Betrieb (hält sich an der Arbeitsstelle auf)

be|trin|ken: sich betrinken; **be|trunken:** betrunken sein; → trinken

be|trog: → betrügen

be|trübt: betrübter, am betrübtesten; über etwas betrübt (traurig) sein – ein betrübtes Gesicht machen

be|trü|gen: du betrügst, er betrog, er betröge, hat betrogen; jemanden betrügen (bewusst täuschen); der **Betrug,** der **Be|trü|ger; be|trü|ge|risch**

Bett, das: des Bett(e)s, die Betten; ins Bett gehen – (durch Krankheit) ans Bett gefesselt sein – das Bett hüten müssen (wegen Krankheit im Bett liegen müssen); das **Bett|la|ken; bettlä|ge|rig; bet|ten:** sich betten

bet|teln: du bettelst, er bettelte, hat gebettelt; (*verwandt mit* bitten): um Brot betteln – um Hilfe, Gnade betteln; die **Bet|te|lei,** der **Bett|ler**

beu|gen: du beugst, er beugte, hat gebeugt, beug(e)!; sich aus dem Fenster beugen – die Knie beugen; sich der Gewalt beugen – ein Verb, ein Nomen (Substantiv) beugen (flektieren); die **Beu|ge,** die **Knie|beu|ge**

Beu|le, die: der Beule, die Beulen; **verbeult:** ein verbeultes Auto

be|ur|tei|len: jemanden, etwas richtig beurteilen; die **Be|ur|tei|lung**

Beu|te, die: der Beute; Beute machen – sich die Beute teilen; **aus|beu|ten:** jemanden ausbeuten (gewissenlos ausnutzen), **er|beu|ten**

Beu|tel, der: des Beutels, die Beutel; der **Ein|kaufs|beu|tel,** der **Geld|beu|tel**

Be|völ|ke|rung, die: der Bevölkerung, die Bevölkerungen; die **Be|völ|kerungs|dich|te** (wie viele Menschen in einem Land leben); **be|völ|kern**

be|vor: bevor er kommt, müssen wir noch einiges vorbereiten; **be|vor|stehen:** uns stehen schöne Tage bevor, **be|vor|zu|gen:** sie bevorzugt Orangensaft

A B C

be|wa|chen: das Haus, die Grenze bewachen; der **Be|wa|cher,** die **Be|wa|chung**

be|wah|ren: du bewahrst, er bewahrte, hat bewahrt, bewahr(e)!; jemanden vor Schaden bewahren

be|wäh|ren: sich in einer Gefahr bewähren – sich als Freund bewähren; die **Be|wäh|rung:** jemanden zu drei Jahren Gefängnis mit Bewährung verurteilen, die **Be|wäh|rungs|pro|be; be|währt:** ein bewährtes (oft erprobtes) Mittel

be|wäl|ti|gen: du bewältigst, er bewältigte, hat bewältigt, bewältige!; eine Aufgabe gut bewältigen (meistern, erledigen); die **Be|wäl|ti|gung**

be|wäs|sern: Felder und Wiesen bewässern; die **Be|wäs|se|rung**

be|we|gen: du bewegst, er bewegte, hat bewegt, beweg(e)!; die Arme bewegen; jemanden zu etwas bewegen (ihn dazu veranlassen) – ein bewegtes Leben führen; die **Be|we|gung:** sich Bewegung verschaffen; **be|weg|lich:** Turner müssen sehr beweglich sein, **be|we|gungs|los**

be|wei|sen: du beweist, er bewies, er bewiese, hat bewiesen, beweis(e)!; eine Behauptung beweisen – seinen guten Willen beweisen; der **Be|weis; be|weis|bar**

be|wer|ben: sich um eine Stelle bewerben; die **Be|wer|bung,** das **Be|wer|bungs|ge|spräch,** das **Be|wer|bungs|schrei|ben,** die **Be|wer|bungs|un|ter|la|gen;** → werben

be|wer|ten: einen Aufsatz bewerten; die **Be|wer|tung**

be|wil|li|gen: du bewilligst, er bewilligte, hat bewilligt, bewillig(e)!; einen Antrag bewilligen; die **Be|wil|li|gung**

be|woh|nen: das Gebiet ist nicht bewohnt; der **Be|woh|ner,** die **Be|woh|ne|rin**

be|wölkt: der Himmel ist dicht bewölkt; die **Be|wöl|kung**

be|wun|dern: jemanden bewundern; die **Be|wun|de|rung; be|wun|derns|wert**

be|wusst: ich bin mir keiner Schuld bewusst – das habe ich nicht bewusst getan – sich einen Zusammenhang bewusst machen *auch* bewusstmachen (klarmachen); **be|wusst|los;** das **Be|wusst|sein:** das Bewusstsein verlieren

be|zah|len: mit Kreditkarte bezahlen; die **Be|zah|lung; be|zahlt:** die Stellung ist gut, schlecht bezahlt; sich bezahlt machen (lohnen), **un|be|zahl|bar**

be|zau|bern: jemanden bezaubern (einen Reiz ausüben); **be|zau|bernd:** bezaubernd lächeln

be|zeich|nen: jemanden als Feigling bezeichnen; die **Be|zeich|nung; be|zeich|nend:** das ist wieder mal bezeichnend (typisch) für dich!

be|zeu|gen: die Wahrheit bezeugen (bestätigen)

be|zie|hen: eine Ware, eine Zeitschrift, Gehalt, Prügel beziehen – das Bett beziehen – sich auf ein Versprechen, Schreiben beziehen; die **Be|zie|hung:** gute Beziehungen haben, der **Be|zug:** Bezug nehmen – mit Bezug auf; die **Be|zugs|per|son; be|zie|hungs|wei|se:** *Abk.* bzw.; **be|züg|lich;** → ziehen

Be|zirk, der: des Bezirk(e)s, die Bezirke; der **Wohn|be|zirk**

be|zwe|cken: du bezweckst, er bezweckte, hat bezweckt; (beabsichtigen)

be|zwin|gen: einen Berg bezwingen (trotz Schwierigkeiten besteigen) – seinen Gegner im Sport bezwingen (besiegen); → zwingen

BH, der: *Abk. für* Büsten**h**alter

Bi|ath|lon, das: des Biathlons; (Kombination aus Skilanglauf und Schießen auf eine Scheibe); der **Bi|ath|let,** die **Bi|ath|le|tin**

bib|bern: du bibberst, er bibberte, hat gebibbert; (zittern): vor Angst, Kälte bibbern

Bi|bel, die: der Bibel, die Bibeln; (die Heilige Schrift); die **Bi|bel|über|setzung; bi|blisch** *auch* **bib|lisch**

Bi|ber, der: des Bibers, die Biber

Bi|bli|o|thek *auch* **Bib|li|o|thek,** die: der Bibliothek, die Bibliotheken; (Bücherei); die **Bi|bli|o|the|ka|rin**

bie|gen: du biegst, er bog, er böge, hat gebogen, bieg(e)!; lügen, dass sich die Balken biegen (sehr stark lügen) – etwas auf Biegen und Brechen (unter allen Umständen) erreichen; die **Biegung; bieg|sam**

Bie|ne, die: der Biene, die Bienen; der **Bie|nen|ho|nig,** der **Bie|nen|stock**

Bier, das: des Bier(e)s, die Biere; das ist mein Bier (meine Angelegenheit)

Biest, das: des Biest(e)s, die Biester; (Vieh; gemeiner Mensch)

bie|ten: du bietest, er bot, er böte, hat geboten, biet(e)!; nicht viel zu bieten haben (an Geld, Leistung) – das lass ich mir nicht bieten (nicht gefallen)!

Bike *engl. [baik],* das: des Bikes, die Bikes; *Kurzw. für* Mountainbike

Bi|ki|ni, der: des Bikinis, die Bikinis; (zweiteiliger Badeanzug)

Bi|lanz *ital.,* die: der Bilanz, die Bilanzen; (Ergebnis); Bilanz ziehen (abrechnen)

Bild, das: des Bild(e)s, die Bilder; sich ein Bild von jemandem machen (sich eine Meinung über ihn bilden) – im Bilde sein (Bescheid wissen); das **Bild|nis,** der **Bild|schirm; bild|haft, bild|lich**

bil|den: du bildest, er bildete, hat gebildet, bild(e)!; sich bilden – sich eine Meinung, ein Urteil bilden – einen Satz bilden; **ein|bil|den:** sich etwas einbilden (sehr stolz sein); die **Bildung**

Bil|lard *franz. [biljart],* das: des Billards; (Kugelstoßspiel auf einem tuchbespannten Tisch); die **Bil|lard|ku|gel**

bil|lig: billiger, am billigsten; das billige (preiswerte) Kleid – eine billige (schlechte) Verarbeitung; eine billige (einfache) Ausrede

Bim|mel: (kleine, hell klingende Glocke); die **Bim|mel|bahn; bim|meln**

bin: → sein

bin|den: du bindest, er band, er bände, hat gebunden, bind(e)!; einen Kranz binden – eine Schnur um ein Paket binden; die **Bin|de,** der **Bin|de|strich,** der **Bind|fa|den,** die **Bin|dung**

Bin|go *engl.,* das: des Bingos; (Glücksspiel)

bin|nen: binnen einem Jahr *auch* eines Jahres (innerhalb eines Jahres) – binnen drei Tagen *auch* dreier Tage – binnen zehn Minuten; der **Bin|nen|hafen,** das **Bin|nen|land**

Bin|se, die: der Binse, die Binsen; (grasähnliche Pflanze); in die Binsen gehen (schiefgehen); die **Bin|senweis|heit** (allgemein bekannte, unbestrittene Wahrheit)

bio... *griech.:* (leben...); **Bio...** (Leben...)

Bio|gra|fie *auch* **Bio|gra|phie,** die: der Biografie, die Biografien; (Lebensbe-

A
B
C

schreibung); der **Bio|graf; bio|grafisch**

Bio|lo|gie, die: der Biologie; (Wissenschaft von den Lebewesen); der **Bio|lo|gie|un|ter|richt; bio|lo|gisch**

Bio|top, das: des Biotops, die Biotope; (Lebensraum)

Bir|ke, die: der Birke, die Birken; (Laubbaum)

Bir|ne, die: der Birne, die Birnen; der **Birn|baum; bir|nen|för|mig**

bis: bis heute – bis jetzt – bis dahin – bis Montag – bis München – drei bis vier Euro – vier- bis fünfmal – Kinder bis zu zehn Jahren – alle bis auf einen – ich warte, bis du kommst – du überlegst so lange, bis es zu spät ist; **bis|her**

Bi|schof, der: des Bischofs, die Bischöfe; der **Bi|schofs|stab**

Bis|kuit *auch* **Bis|kuit** *franz. [biskwit],* der *auch* das: des Biskuits, die Biskuits *auch* Biskuite; (leichtes Gebäck); der **Bis|kuitteig**

Biss, der: des Bisses, die Bisse; der **Bissen,** der **Im|biss; bis|sig:** ein bissiger Hund – eine bissige (verletzende) Bemerkung

biss: → beißen

biss|chen: ein bisschen Brot – ein bisschen Geduld – kein bisschen (gar keine) Zeit haben

Bit, das: des Bits, die Bits; (Informationseinheit): *Zeichen* bit

bit|ten: du bittest, er bat, er bäte, hat gebeten, bitt(e)!; um etwas bitten – jemanden bitten; **bit|te:** bitte schön! – bitte wenden! – na bitte, ich habe es doch gewusst!; die **Bit|te**

bit|ter: bitterer, am bittersten; bittere Schokolade – eine Tat bitter (sehr) bereuen – er hat das Geld bitter (dringend) nötig; **bit|ter|bö|se** (sehr böse), **bit|ter|lich;** die **Bit|ter|keit**

Black-out *auch* **Black|out** *engl. [bläk-aut],* das: des Black-outs, die Black-outs; (plötzliche Bewusstseinsstörung)

bla|mie|ren *franz.:* du blamierst, er blamierte, hat blamiert, blamier(e)!; sich blamieren (bloßstellen); die **Bla|mage** *[blamasche]*

blank: blanker, am blankesten; etwas blank putzen *auch* blankputzen – blitzblanke Schuhe – blanken Unsinn reden; er ist blank (hat kein Geld mehr)

bla|sen: du bläst, er blies, er bliese, hat geblasen, blas(e)!; jemandem den Marsch blasen (energisch zurechtweisen) – Trübsal blasen (sehr traurig sein) – sich aufblasen (sich aufspielen, prahlen); die **Bla|se,** der **Blä|ser**

blass: blasser *auch* blässer, am blassesten *auch* blässesten; blass sein, werden – eine blasse Haut; keine blasse Ahnung haben – blass werden vor Neid; die **Bläs|se; er|blas|sen**

Blatt, das: des Blatt(e)s, die Blätter; ein welkes Blatt – fünf Blatt Papier; kein Blatt vor den Mund nehmen (offen seine Meinung sagen) – das Blatt hat sich gewendet (die Lage hat sich verändert) – ein unbeschriebenes Blatt sein (unbekannt sein); das **Blatt|grün; vier|blätt|rig; ab|blät|tern:** der Putz blättert ab, **blät|tern:** im Buch blättern

blau: *Kleinschreibung:* die blauen Augen – blau in blau – sein blaues Wunder erleben (staunen) – etwas blau färben *auch* blaufärben; *Großschreibung:* eine Fahrt ins Blaue (mit unbekanntem Ziel) – ins Blaue (ohne Plan) reden – der Blaue Planet (die Erde); *getrennt:*

der blau gestreifte *auch* blaugestreifte Rock; *zusammen:* am Montag blaumachen (nicht arbeiten); **blau|äu|gig, blau|grau, bläu|lich;** die **Blau|bee|re,** das **Blaue,** die **Bläue,** das **Blau|licht**

Bla|zer *engl. [bleser],* der: des Blazers, die Blazer; (Jacke)

Blech, das: des Blech(e)s, die Bleche; der **Blech|scha|den** (am Auto); **blechern; ble|chen** (*umgangssprachlich für* zahlen)

Blei, das: des Blei(e)s; der **Blei|stift; blei|schwer** (sehr schwer)

blei|ben: du bleibst, er blieb, er bliebe, ist geblieben, bleib(e)!; bei der Stange bleiben (weiter mitmachen) – ein bleibendes Andenken; die **Blei|be** (Wohnung, Unterkunft)

bleich: bleicher, am bleichsten; bleich vor Schreck; das **Bleich|ge|sicht; bleichen:** Wäsche bleichen (weiß machen)

blen|den: du blendest, er blendete, hat geblendet, blende!; die Sonne blendet – ein blendender (hervorragender) Redner; die **Blen|de,** der **Blen|der** (jemand, der mehr scheint, als er ist), die **Blen|dung**

bli|cken: du blickst, er blickte, hat geblickt, blick(e)!; das lässt tief blicken (ist aufschlussreich) – sich nicht blicken (sehen) lassen; der **Blick,** der **Blick|win|kel**

blieb: → bleiben

blies: → blasen

blind: ein blinder Mann; blinder Alarm (hat sich als nicht notwendig gezeigt) – ein blinder Passagier (hat für die Beförderung nicht bezahlt); **blindlings** (ohne Überlegung); der **Blinddarm,** der *auch* die **Blin|de,** die **Blind|heit; er|blin|den**

blin|ken: du blinkst, er blinkte, hat geblinkt, blink(e)!; die Sterne blinken – der Autofahrer blinkt links; der **Blin|ker,** das **Blink|licht**

blin|zeln: du blinzelst, er blinzelte, hat geblinzelt, blinz(e)le!; **zu|blin|zeln:** sich zublinzeln

Blitz, der: des Blitzes, die Blitze; wie ein Blitz aus heiterem Himmel (sehr überraschend); der **Blitz|ab|lei|ter; blitz|ar|tig, blitz|blank, blitz|sauber; ab|blit|zen:** jemanden abblitzen lassen (ihn abweisen), **blit|zen**

Block, der: des Block(e)s, die Blöcke *auch* Blocks; die Steinblöcke – die Wohnblocks; die **Blo|cka|de** (Absperrung), die **Block|flö|te,** das **Blockhaus,** die **Block|schrift,** der **Zei|chenblock; ab|blo|cken, blo|ckie|ren** (den Zugang versperren)

blöd *auch* **blö|de:** blöder, am blödesten; **blöd|sin|nig;** der **Blö|di|an,** der **Blödsinn; blö|deln** (Unsinn reden)

blö|ken: das Schaf blökt

blond: blond gefärbtes Haar *auch* blondgefärbtes Haar; die **Blon|dine**

bloß: ich habe bloß (nur) noch fünf Euro – geh bloß nicht hin! – mit bloßen Füßen (barfuß) herumlaufen; die **Blö|ße; bloß le|gen** *auch* **bloß|le|gen:** Mauern bloß legen *auch* bloßlegen; **bloß|le|gen** (enthüllen, aufdecken), **bloß|stel|len:** jemanden bloßstellen (öffentlich blamieren)

blub|bern: du blubberst, er blubberte, hat geblubbert, blubber(e)!; (undeutlich reden)

Blues *engl. [blus],* der: des Blues, die Blues; (Volkslied der nordamerikanischen Schwarzen; langsamer Tanz)

Bluff *engl. [blöf],* der: des Bluffs, die Bluffs; (dreiste Täuschung, Irreführung); **bluf|fen**

blü|hen: der Baum blüht; das Geschäft blüht (geht gut); **blü|hend**

Blu|me, die: der Blume, die Blumen; etwas durch die Blume (nicht direkt, offen) sagen; der **Blu|men|strauß**

Blu|se, die: der Bluse, die Blusen

Blut, das: des Blut(e)s; das ist mir in Fleisch und Blut übergegangen – böses Blut (Unwillen, Streit) erregen; der **Blut|er|guss,** die **Blut|grup|pe,** der **Blut|spen|der,** der **Bluts|trop|fen,** die **Blut|trans|fu|si|on** (Blutübertragung), die **Blu|tung; blu|tig, blut|jung** (sehr jung), **blut|leer:** sein Gesicht war blutleer (blass, bleich), **blut|stil|lend; blu|ten**

Blü|te, die: der Blüte, die Blüten; der **Blü|ten|ho|nig,** der **Blü|ten|staub; blü|ten|weiß** (strahlend weiß)

Bö *auch* **Böe,** die: der Bö *auch* Böe, die Böen; (heftiger Windstoß); **bö|ig**

Board *engl. [boet],* das: des Boards, die Boards; *Kurzw. für* Kickboard, Skateboard, Snowboard, Surfboard u. Ä.; **boar|den**

Bob, der: des Bobs, die Bobs; (lenkbarer Rodelschlitten); die **Bob|bahn**

Bock, der: des Bock(e)s, die Böcke; einen Bock schießen (Fehler machen) – keinen Bock auf etwas haben (es schlecht finden, keine Lust darauf haben); der **Bock|sprung,** die **Bockwurst; bo|ckig** (trotzig); **bo|cken**

Bo|den, der: des Bodens, die Böden; fruchtbarer Boden – Wäsche auf den (Dach-)Boden hängen – festen Boden unter den Füßen haben; ihm brennt der Boden unter den Füßen (er muss fliehen) – am Boden zerstört (völlig fertig) sein; der **Bo|den|be|lag,** die **Bo|den|schät|ze; bo|den|los:** eine bodenlose (sehr große) Frechheit

Bo|dy|buil|ding *engl. [bodibilding],* das: des Bodybuildings; (gezieltes Muskeltraining mit speziellen Geräten); der **Bo|dy|buil|der**

bog: → biegen

Bo|gen, der: des Bogens, die Bogen *auch* Bögen; mit dem Bogen (einem Sportgerät) schießen – ein Bogen Papier; den Bogen raushaben (wissen, wie etwas geht) – um jemanden einen großen Bogen machen (ihn meiden); der **Tor|bo|gen**

Boh|le, die: der Bohle, die Bohlen; (starkes Brett)

Boh|ne, die: der Bohne, die Bohnen; die **Boh|nen|stan|ge**

boh|nern: du bohnerst, er bohnerte, hat gebohnert, bohner(e)!; das **Bohner|wachs** (Gemisch zur Fußbodenpflege)

boh|ren: du bohrst, er bohrte, hat gebohrt, bohr(e)!; bohrende (quälende) Schmerzen; der **Boh|rer,** die **Bohr|insel,** der **Bohr|turm,** die **Boh|rung**

Boi|ler *engl. [beuler],* der: des Boilers, die Boiler; (Heißwasserbereiter)

Bo|je, die: der Boje, die Bojen; (verankertes Seezeichen)

Böl|ler, der: des Böllers, die Böller; (Feuerwerkskörper)

Boll|werk, das: des Bollwerk(e)s, die Bollwerke; (Befestigung)

Bol|zen, der: des Bolzens, die Bolzen; der **Bolz|platz; bol|zen** (hart, grob, regelwidrig spielen)

Bom|be, die: der Bombe, die Bomben; die **Bom|ben|dro|hung,** der **Bomben|er|folg** (großer Erfolg), die **Bomben|stim|mung** (ausgelassene Stimmung), der **Bom|ber; bom|ben|si|cher:** er weiß es bombensicher (ganz genau); **bom|bar|die|ren**

Bom|mel, die: der Bommel, die Bommeln; (Büschel)

Bon *franz. [bong],* der: des Bons, die Bons; (Gutschein; Kassenzettel)

Bon|bon *franz. [bongbong],* der *auch* das: des Bonbons, die Bonbons

Boom *engl. [bum],* der: des Booms, die Booms; (wirtschaftlicher Aufschwung; plötzlich gesteigertes Interesse an etwas); **boo|men:** der CD-Verkauf boomt

Boot, das: des Boot(e)s, die Boote; alle sitzen im selben Boot (zusammen in derselben Situation sein); der **Boots|mann**

Boots *engl. [buts],* die: der Boots; (über den Knöchel reichende Schuhe)

Bord, das: des Bord(e)s, die Borde; (Bücherregal; Schiffsrand): an Bord gehen – Mann über Bord!; der **Bord|funk,** der **Bord|stein**

Bor|dell, das: des Bordells, die Bordelle; (Haus, in dem Prostituierte ihr Gewerbe ausüben)

bor|gen: du borgst, er borgte, hat geborgt, borg(e)!; sich etwas borgen (leihen)

Bor|ke, die: der Borke, die Borken; (Baumrinde); der **Bor|ken|kä|fer**

Bör|se, die: der Börse, die Börsen; (Geldbeutel, Portmonee; regelmäßiger Markt zum Handeln von Wertpapieren, Gebäude hierfür)

Bors|te, die: der Borste, die Borsten; (starkes Haar); das **Bors|ten|vieh** (*scherzhaft für* Schwein)

Bö|schung, die: der Böschung, die Böschungen; (Abhang); die **Ufer|bö|schung**

bö|se: böser, am bösesten; *Kleinschreibung:* ein böser Mensch – auf jemanden böse sein, *Großschreibung:* nichts Böses tun – im Guten wie im Bösen – sich im Bösen trennen; **bos|haft, bös|wil|lig;** der **Bö|se|wicht**

Boss, der: des Bosses, die Bosse; (Betriebsleiter, Chef, Chefin)

bot: → bieten

Bo|ta|nik *griech.,* die: der Botanik; (Pflanzenkunde); der **Bo|ta|ni|ker; bo|ta|nisch:** botanische Gärten, *aber* der Botanische Garten in München

Bo|te, der: des Boten, die Boten; der **Bo|ten|dienst,** die **Bot|schaft** (Information; Vertretung eines Staates im Ausland), der **Bot|schaf|ter**

Bot|tich, der: des Bottich(e)s, die Bottiche; (großes hölzernes Gefäß); der **Bött|cher** (Hersteller von Fässern)

Bou|tique *auch* **Bu|ti|ke** *franz. [butik],* die: der Boutique, die Boutiquen; (kleiner Laden für Modeartikel)

Bow|ling *engl. [boling],* das: des Bowlings; (Kegelspiel); die **Bow|ling|bahn; bow|len**

Box, die: der Box, die Boxen; (Abteil im Pferdestall oder der Autogarage; Behälter); die **Laut|spre|cher|box**

bo|xen: du boxt, er boxte, hat geboxt, box(e)!; der **Bo|xer,** der **Box|kampf**

Boy *engl. [beu],* der: des Boys, die Boys; (Lauf-, Botenjunge; jugendliche Diener in Hotels); die **Boy|group** (Popgruppe aus jungen Männern)

Boy|kott *engl. [beukot],* der: des Boykott(e)s, die Boykotts *auch* Boykotte; (Abbruch von Beziehungen; Waren-, Liefersperre); **boy|kot|tie|ren:** eine Veranstaltung boykottieren (nicht an ihr teilnehmen)

brach: → brechen

A B C

brach: ein bracher (unbestellter) Acker; die **Bra|che** (unbebautes Land); **brach lie|gen**
brach|te: → bringen
Bran|che *franz. [brangsche],* die: der Branche, die Branchen; (Geschäfts-, Wirtschaftszweig)
Brand, der: des Brand(e)s, die Brände; in Brand stecken – den Brand löschen; die **Brand|bla|se,** der **Brandstif|ter; brand|neu** (ganz neu)
Bran|den|burg: (Land der Bundesrepublik Deutschland); der **Bran|denbur|ger,** die **Bran|den|bur|ge|rin; bran|den|bur|gisch**
Bran|dung, die: der Brandung, die Brandungen; (an der Küste sich brechende Wellen); **bran|den**
brann|te: → brennen
bra|ten: du brätst, er briet, er briete, hat gebraten, brat(e)!; der **Brat|ap|fel,** der **Bra|ten:** den Braten riechen (etwas frühzeitig bemerken), das **Brat|hähnchen,** die **Brat|pfan|ne,** die **Bratwurst**
Brat|sche, die: der Bratsche, die Bratschen; (Streichinstrument)
Brauch, der: des Brauch(e)s, die Bräuche; (feste Gewohnheit); das **Brauchtum**
brau|chen: du brauchst, er brauchte, er bräuchte, hat gebraucht; Hilfe, Zeit brauchen; **ver|brau|chen; brauch|bar** (zu nutzen)
Braue, die: der Braue, die Brauen; die **Au|gen|braue**
brau|en: du braust, er braute, hat gebraut, brau(e)!; Bier brauen – ein Unwetter braut sich zusammen; die **Brau|e|rei**
braun: ein braun gebranntes *auch* braungebranntes Gesicht; **braun|äu|gig, braun|haarig, bräun|lich;** das **Braun** (Farbe), die **Bräu|nung; bräu|nen**
Brau|se, die: der Brause, die Brausen; das **Brau|sen:** das Brausen des Sturmes; **brau|sen**
Braut, die: der Braut, die Bräute; das **Braut|kleid,** das **Braut|paar,** der **Bräu|ti|gam**
brav: braver, am bravsten; (gehorsam)
bra|vo: bravo *auch* Bravo rufen (als Anerkennung für gezeigte Leistungen)
BRD, die: *Abk. für* **B**undes**r**epublik **D**eutschland
Break|dance *amerik. [brekdänz],* der: des Breakdance(s); (Tanz); der **Break|dancer**
bre|chen: du brichst, er brach, er bräche, hat gebrochen, brich!; sich den Arm brechen – ich muss brechen (mich übergeben); einen Eid brechen – sich Bahn brechen (sich durchsetzen) – den Widerstand brechen – die Sonne bricht durch die Wolken – einen Streit vom Zaune brechen – jemandem das Herz brechen (ihn unglücklich machen); die **Brech|stan|ge,** der **Brech|reiz**
Brei, der: des Brei(e)s, die Breie; der **Kar|tof|fel|brei; brei|ig**
breit: breiter, am breitesten; der breite Graben – breite Schultern; weit und breit (überall) bekannt sein – sich breitmachen (sehr viel Platz in Anspruch nehmen); **breit|bei|nig;** die **Brei|te:** nördliche Breite – die Breite des Stoffes; in die Breite gehen (dick werden), der **Brei|ten|grad; ausbrei|ten:** sich ausbreiten, **breit schlagen** *auch* **breitschlagen:** einen Nagel breit schlagen *auch* breitschlagen, **breit|schlagen:** sich breitschlagen (überreden) lassen

Bre|men: (Stadt und Land der Bundesrepublik Deutschland); der **Bre|mer,** die **Bre|me|rin; bre|misch**

brem|sen: du bremst, er bremste, hat gebremst, brems(e)!; die **Brem|se,** das **Brems|licht**

bren|nen: du brennst, er brannte, hat gebrannt, brenn(e)!; das Licht brennt – die Augen brennen – die Wunde brennt (tut sehr weh) – brennend (sehr) gern – ein brennendes (ganz wichtiges) Problem – eine CD brennen; vor Neugierde brennen (sehr neugierig sein) – es brennt mir auf den Nägeln (etwas Wichtiges muss schnell erledigt werden); der **Brenner,** die **Brenn|nes|sel; brenn|bar**

brenz|lig: brenzliger, am brenzligsten; eine brenzlige (gefährliche) Lage

Brett, das: des Brett(e)s, die Bretter; ein Brett vor dem Kopf haben (begriffsstutzig sein) – bei jemandem einen Stein im Brett haben (gut angesehen sein); das **Brett|spiel**

Bre|zel, die: der Brezel, die Brezeln; (salziges oder süßes Gebäck)

Brief, der: des Brief(e)s, die Briefe; der **Brief|kas|ten,** die **Brief|mar|ke,** der **Brief|trä|ger,** der **Brief|wech|sel**

briet: → braten

Bri|kett, das: des Briketts, die Briketts; (in Form gepresste Braun- oder Steinkohle)

Bril|lant *franz. [briljant],* der: des Brillanten, die Brillanten; (geschliffener Diamant); **bril|lant:** eine brillante (ausgezeichnete) Leistung

Bril|le, die: der Brille, die Brillen; das **Bril|len|etui,** die **Bril|len|trä|ge|rin**

brin|gen: du bringst, er brachte, er brächte, hat gebracht, bring(e)!; eine Nachricht bringen – etwas an sich bringen (sich aneignen) – etwas hinter sich bringen – etwas zur Sprache bringen – es im Leben weit bringen – etwas zu Papier bringen – zum Schweigen bringen – sein Geld unter die Leute bringen (ausgeben)

Bri|se, die: der Brise, die Brisen; (leichter Wind)

Bro|cken, der: des Brockens, die Brocken; **brö|cke|lig** *auch* **bröck|lig; bröckeln, ein|bro|cken:** sich etwas einbrocken (sich in eine unangenehme Situation bringen)

bro|deln: das Wasser brodelt (kocht)

Brok|ko|li *auch* **Broc|co|li,** der: des Brokkolis; (Gemüse)

Brom|bee|re, die: der Brombeere, die Brombeeren

Bron|chie *griech.,* die: der Bronchie, die Bronchien; (Luftröhrenast); die **Bronchi|tis** (Erkältungskrankheit)

Bron|ze *ital./franz. [brongße],* die: der Bronze; (Kupferlegierung); die **Bronze|me|dail|le,** die **Bron|ze|zeit**

Bro|sche, die: der Brosche, die Broschen; (Anstecknadel, Spange)

Bro|schü|re *franz.,* die: der Broschüre, die Broschüren; (leicht geheftetes Druckwerk mit aktuellem Inhalt)

Brot, das: des Brot(e)s, die Brote; helles, dunkles, frisches Brot; sein Brot (Geld) verdienen – eine brotlose Kunst (eine Sache, die nichts einbringt); das **Bröt|chen,** das **Brot|messer,** die **Brot|schei|be**

Brow|ser *engl. [brauser],* der: des Browsers, die Browser; (Computerprogramm zum Finden, Ansehen und Verwalten von Dateien)

Bruch, der: des Bruch(e)s, die Brüche; die Freundschaft ging in die Brüche; der **Bein|bruch,** die **Bruch|lan|dung,**

A B C

die **Bruch|rech|nung,** die **Bruch|stel|le,** der **Bruch|teil:** im Bruchteil einer Sekunde (sehr schnell), der **Wort|bruch; brü|chig, bruch|si|cher; bruch|rech|nen**

Brü|cke, die: der Brücke, die Brücken; die Brücken hinter sich abbrechen (alle Verbindungen lösen)

Bru|der, der: des Bruders, die Brüder; die **Brü|der|lich|keit; brü|der|lich:** etwas brüderlich (gerecht) teilen

brü|hen: du brühst, er brühte, hat gebrüht, brüh(e)!; die **Brü|he,** die **Brüh|wurst; brüh|warm:** jemandem etwas brühwarm (sofort nach Bekanntwerden) erzählen); **auf|brü|hen:** sich Tee aufbrühen (zubereiten), **ver|brü|hen:** sich den Arm verbrühen

brül|len: du brüllst, er brüllte, hat gebrüllt, brüll(e)!; das **Ge|brüll**

brum|men: du brummst, er brummte, hat gebrummt, brumm(e)!; der **Brum|mi** (*scherzhaft für* LKW); **brum|mig:** brummig (unfreundlich) sein

brü|nett: (bräunlich, braunhaarig)

Brun|nen, der: des Brunnens, die Brunnen; das **Brünn|lein**

Brust, die: der Brust, die Brüste; die **Brüs|tung** (Begrenzung an Balkonen oder Brücken zum Schutz vor einem Absturz), die **Brust|war|ze; brüs|ten:** sich brüsten (prahlen), **Brust schwim|men** *auch* **brust|schwim|men;** das **Brust|schwim|men**

Brut, die: der Brut; **brü|ten:** die Glucke brütet; brütende (unangenehme) Hitze – über einer Aufgabe brüten (intensiv über sie nachdenken)

bru|tal: brutaler, am brutalsten; (gewalttätig, roh); die **Bru|ta|li|tät**

brut|to: (mit Verpackung; ohne Abzug von Kosten): *Gegensatz* netto

brut|zeln: du brutzelst, er brutzelte, hat gebrutzelt, brutz(e)le!; (braten)

BSE, die: der BSE; *Abk. für* eine Rinderseuche (Rinderwahnsinn)

Bsp.: *Abk. für* Beispiel

Bu|be, der: des Buben, die Buben; (Spielkarte)

Buch, das: des Buch(e)s, die Bücher; Buch führen (etwas genau festhalten) – wie ein Buch (ohne Pause) reden – ein Buch mit sieben Siegeln (nicht zu begreifen); der **Buch|druck,** die **Bü|che|rei,** der **Bü|cher|wurm,** die **Buch|hand|lung,** der **Buch|sta|be,** die **Bu|chung; buch|stäb|lich; bu|chen:** eine Reise buchen

Bu|che, die: der Buche, die Buchen; (Laubbaum); die **Buch|ecker**

Büch|se, die: der Büchse, die Büchsen; (Dose; Jagdgewehr); der **Büch|sen|öff|ner**

Bucht, die: der Bucht, die Buchten; die **Mee|res|bucht**

Bu|ckel, der: des Buckels, die Buckel; (kleinere Erhebung)

bü|cken: du bückst dich, er bückte sich, hat sich gebückt, bück(e) dich!; sich nach etwas bücken

buck|lig: ein buckliger Mensch

Bud|dha, der: (indischer Religionsstifter); der **Bud|dhis|mus** (Lehre Buddhas); **bud|dhis|tisch**

Bu|de, die: der Bude, die Buden; die **Markt|bu|de**

Bü|fett *auch* **Buf|fet** *franz. [büfett auch büfe],* das: des Büfett(e)s, die Büfetts *auch* Büfette; (Anrichtetisch, Geschirrschrank): das kalte Büfett (vorbereitete Tafel mit verschiedenen kalten Speisen)

Büf|fel, der: des Büffels, die Büffel; (in Asien und Afrika wild lebende Rinderart); die **Büf|fel|her|de; büf|feln:** Vokabeln büffeln (intensiv lernen)

Bug, der: des Bug(e)s, die Buge; (Schiffsvorderteil)

Bü|gel, der: des Bügels, die Bügel; das **Bü|gel|ei|sen; bü|geln**

Bug|gy *engl. [bagi],* der: des Buggys, die Buggys; (kleines, offenes Auto; zusammenklappbarer Kinderwagen)

Büh|ne, die: der Bühne, die Bühnen; zur Bühne gehen (Schauspieler werden) – von der Bühne abtreten (sich aus der Öffentlichkeit zurückziehen); das **Büh|nen|bild**

buk: → backen

Bu|let|te, die: der Bulette, die Buletten; (gebratenes Fleischklößchen)

Bull|au|ge, das: des Bullauges, die Bullaugen; (rundes Schiffsfenster)

Bull|dog|ge, die: der Bulldogge, die Bulldoggen; (Hunderasse)

Bull|do|zer *engl. [buldoser],* der: des Bulldozers, die Bulldozer; (schweres Raupenfahrzeug für Erdarbeiten)

Bul|le, der: des Bullen, die Bullen; (männliches Rind); **bul|lig:** ein bulliger (kleiner und massiger) Mensch

Bu|me|rang, der: des Bumerangs, die Bumerangs; (gekrümmtes Wurfholz, das zum Werfer zurückkehrt)

bum|meln: du bummelst, er bummelte, hat gebummelt, bumm(e)le!; durch die Stadt bummeln – bei der Arbeit bummeln (langsam arbeiten) – der Zug bummelt (fährt langsam); der **Bum|mel,** die **Bum|me|lei; bum|me|lig** *auch* **bumm|lig**

BUND, der: des BUND(s); *Abk. für* **B**und für **U**mwelt und **N**aturschutz **D**eutschland

Bund, der: des Bund(e)s, die Bünde; den Bund fürs Leben schließen (heiraten); die **Bun|des|li|ga,** der **Bun|des|rat,** die **Bun|des|re|gie|rung,** die **Bun|des|re|pu|blik,** die **Bun|des|stra|ße,** der **Bun|des|tag,** die **Bun|des|wehr,** das **Bünd|nis; ver|bün|den:** sich verbünden

Bund, das: des Bund(e)s, die Bunde; ein Bund Radieschen; das **Bün|del,** der *auch* das **Schlüs|sel|bund; bün|dig:** kurz und bündig; **bün|deln**

Bun|ga|low *Hindi-engl. [bungalo],* der: des Bungalows, die Bungalows; (eingeschossiges Wohnhaus mit flachem Dach)

Bun|gee|sprin|gen *engl. [bandschie…],* das: des Bungeespringens, die Bungeespringen; (an einem starken Gummiseil hängend aus großer Höhe springen)

Bun|ker, der: des Bunkers, die Bunker; (Behälter für Massengüter; betonierter Schutzraum); **bun|kern** (hamstern, speichern)

bunt: bunter, am buntesten; ein buntes Bild – ein bunter Abend (mit verschiedenen Programmteilen) – alles lag bunt durcheinander – wie ein bunter Hund (sehr) bekannt sein – euer Lärmen wird mir zu bunt (zu viel); **bunt ge|streift** *auch* **bunt|gestreift, bunt|sche|ckig; kun|ter|bunt;** der **Bunt|stift**

Bür|de, die: der Bürde, die Bürden; (Last); **auf|bür|den:** jemandem viel Arbeit aufbürden

Burg, die: der Burg, die Burgen; die **Burg|ru|i|ne,** die **Strand|burg**

Bür|ge, der: des Bürgen, die Bürgen; (Person, die für jemanden oder etwas die Garantie übernimmt); die **Bürgschaft; bür|gen:** für jemanden bürgen

B C D

Bür|ger, der: des Bürgers, die Bürger; die **Bür|ger|ini|ti|a|ti|ve,** der **Bür|ger|meis|ter,** der **Bür|ger|recht|ler,** der **Spieß|bür|ger** (engstirniger Mensch); **bür|ger|lich**

Bü|ro *franz.*, das: des Büros, die Büros; (Arbeitsraum, Geschäftsstelle); die **Bü|ro|klam|mer**

Bur|sche, der: des Burschen, die Burschen; ein toller Bursche (Draufgänger); das **Bürsch|chen**

Bürs|te, die: der Bürste, die Bürsten; die **Haar|bürs|te,** die **Klei|der|bürs|te; bürs|ten**

Bus, der: des Busses, die Busse; *Kurzw. für* Autobus, Omnibus; der **Bus|fah|rer,** die **Bus|hal|te|stel|le**

Busch, der: des Busch(e)s, die Büsche; das **Bü|schel,** das **Busch|mes|ser; bu|schig; bü|schel|wei|se**

bü|ßen: du büßt, er büßte, hat gebüßt, büß(e)!; (für eine Schuld bestraft werden); die **Bu|ße:** Buße tun, der **Bü|ßer,** der **Buß- und Bet|tag**

Büs|te, die: der Büste, die Büsten; (Brust); der **Büs|ten|hal|ter:** *Abk.* BH

Bu|ti|ke: → Boutique

But|ter, die: der Butter; alles ist in Butter (in Ordnung); das **But|ter|brot,** die **But|ter|milch; butter|weich**

But|ton *engl. [baten]*, der: des Buttons, die Buttons; (Anstecknadel)

bye-bye! *engl. [bei-bei]:* (auf Wiedersehen!)

Byte *engl. [beit]*, das: des Byte(s), die Byte(s); (Einheit, in der die Leistungsfähigkeit eines Datenträgers gemessen wird): *Kunstwort für* bits eight (acht Bits); das **Gi|ga|byte,** das **Me|ga|byte**

bzw.: *Abk. für* **be**ziehungs**w**eise

C

C: (römisches Zahlzeichen für 100)

C, das: (Buchstabe; Tonbezeichnung): das hohe C

C: *Abk. für* **C**elsius

ca.: *Abk. für* **c**irc**a** (ungefähr)

Ca|brio *auch* **Cab|rio** *franz.*, das: des Cabrios, die Cabrios; *Kurzw. für* Cabriolet (Auto mit zurückklappbarem Verdeck)

Ca|fé *franz. [kafe]*, das: des Cafés, die Cafés; (Kaffeehaus, Konditorei); die **Ca|fe|te|ria** (Café oder Restaurant mit Selbstbedienung)

Cam|cor|der *engl.*, der: des Camcorders, die Camcorder; *Kurzw. für* **cam**recor**der** (Kamerarekorder)

Ca|mem|bert *franz. [kamämbär]*, der: des Camemberts, die Camemberts; (Weichkäse)

Cam|ping *engl. [kämping]*, das: des Campings; der **Cam|per,** der **Cam|ping|platz; cam|pen**

Ca|ra|van, der: des Caravans, die Caravans; (Wohnwagen)

Ca|ri|tas: → Karitas

Car|port *engl.*, der: des Carports, die Carports; (überdachter, an den Seiten offener Abstellplatz für Autos)

Car|toon *engl. [kartun]*, der: des Cartoon(s), die Cartoons; (Karikatur, Witzzeichnung)

CD, die: der CD, die CDs; *Abk. für* **C**ompact **D**isc (Datenträger in Form einer Scheibe); der **CD-Bren|ner,** das **CD-Lauf|werk,** der **CD-Play|er,** die **CD-ROM** (CD, deren Inhalt nicht gelöscht oder überschrieben werden kann)

CDU, die: *Abk. für* **C**hristlich-**D**emokratische **U**nion

Cel|lo *ital. [(t)schälo],* das: des Cellos, die Cellos *auch* Celli; (Musikinstrument, Kniegeige)

Cel|si|us: *Abk.* C (Wärmegradeinteilung): 5 Grad Celsius, 5° C

Cem|ba|lo *ital. [tschämbalo],* das: des Cembalos, die Cembalos *auch* Cembali; (altes Tasteninstrument)

Cent *engl.,* das: des Cent(s), die Cent(s); *Abk.* c *oder* ct (Untereinheit von Euro, Dollar und anderen Währungseinheiten)

Cha|mä|le|on *griech. [kamäleon],* das: des Chamäleons, die Chamäleons; (Baumeidechse, die ihre Farbe der jeweiligen Umgebung anpasst)

Cham|pig|non *auch* **Cham|pi|gnon** *franz. [schampinjong],* der: des Champignons, die Champignons; (Edelpilz)

Cham|pi|on *engl. [tschämpjen],* der: des Champions, die Champions; (Meister in einer Sportart)

Chan|ce *auch* **Chan|ce** *franz. [schangße],* die: der Chance, die Chancen; (günstige Gelegenheit, Möglichkeit): seine Chance nutzen; die **Chan|cen|gleich|heit; chan|cen|los**

Chan|son *franz. [schanßong],* das: des Chansons, die Chansons; (Liedart)

Cha|os *griech. [kaoß],* das: des Chaos; (völliges Durcheinander); der **Cha|ot; cha|o|tisch:** chaotische Zustände

Cha|rak|ter *griech.,* der: des Charakters, die Charaktere; (Wesensart, sittliches Verhalten): Charakter (Willenskraft) haben, beweisen; die **Cha|rak|te|ris|tik; cha|rak|ter|fest, cha|rak|te|ris|tisch:** eine charakteristische (typische) Eigenschaft; **cha|rak|ter|los** (unwürdig); **cha|rak|te|ri|sie|ren:** eine Person charakterisieren

Char|me *auch* **Scharm** *franz. [scharm],* der: des Charmes; **char|mant** (liebenswürdig)

char|tern *engl. [tschartern]:* (ein Schiff oder Flugzeug mieten); das **Char|ter|flug|zeug**

Charts *engl. [tscharts],* die: der Charts; (Hitliste)

Chat *engl. [tschät],* der: des Chats, die Chats; (zwangloses Unterhalten im Internet); der **Chat|room** *auch* **Chat-Room** (Internetdienst für das Chatten); **chat|ten**

Chauf|feur *franz. [schoför],* der: des Chauffeurs, die Chauffeure; (Fahrer)

che|cken *engl. [tschäken]:* du checkst, er checkte, hat gecheckt, check(e)!; (kontrollieren): endlich etwas gecheckt (begriffen) haben; der **Check,** die **Check|lis|te**

Chef, der: des Chefs, die Chefs; die **Che|fin,** der **Chef|arzt**

Che|mie *arab.,* die: der Chemie; (Wissenschaft von den Eigenschaften und den Umwandlungen der Stoffe); die **Che|mi|ka|li|en,** der **Che|mi|ker; che|misch**

chic: → schick

Chi|ne|se, der: des Chinesen, die Chinesen; die **Chi|ne|sin; chi|ne|sisch;** *Kleinschreibung:* die chinesische Sprache; *Großschreibung:* das Chinesisch (Sprache) – die Chinesische Mauer

Chip *engl. [tschip],* der: des Chips, die Chips; (Spielmarke; dünne, in Fett gebackene Kartoffelscheibchen; sehr kleines Plättchen mit elektronischen Schaltelementen); die **Chip|kar|te** (Plastikkarte mit einem Chip)

Chi|rurg *auch* **Chir|urg** *griech.,* der: des Chirurgen, die Chirurgen; (Facharzt für Operationen); die **Chi|rur|gie; chi|rur|gisch**

B C D

Chlor *griech. [klor],* das: des Chlors; (chemischer Grundstoff); das **Chlo|ro|phyll** (Blattgrün); **chlor|frei:** chlorfreies Waschmittel; **chlo|ren:** das Wasser chloren (mit Chlor versetzen)

Cho|le|ra *griech. [kolera],* die: der Cholera; (schwere Infektionskrankheit)

Chor *griech. [kor],* der: des Chor(e)s, die Chöre; (mehrstimmiger Gesang, größere Sängergruppe): im Chor singen; der **Chor|ge|sang**

Cho|ral *griech. [koral],* der: des Chorals, die Choräle; (Kirchenlied)

Christ, der: des Christen, die Christen; **Chris|tus:** Christi; (Jesus Christus): vor Christi Geburt: *Abk.* v. Chr. – nach Christi Geburt: *Abk.* n. Chr., das **Chris|ten|tum,** die **Chris|ten|ver|fol|gung,** das **Christ|kind; christ|lich**

Chrom *griech. [krom],* das: des Chroms; (chemischer Grundstoff; glänzendes Schwermetall)

Chro|nik, die: der Chronik, die Chroniken; (Bericht über geschichtliche Vorgänge nach ihrer Zeitfolge); der **Chro|nist** (Verfasser einer Chronik); **chro|no|lo|gisch** (zeitlich geordnet), **chro|nisch:** eine chronische (langsam verlaufende, andauernde) Krankheit

cir|ca *auch* **zir|ka:** *Abk.* ca. (ungefähr)

Ci|ty *engl. [ßiti],* die: der City, die Citys; (Innenstadt)

cle|ver *engl.:* cleverer, am cleversten; (klug, gewitzt, geschäftstüchtig)

Clinch *engl. [klintsch],* der: des Clinch(e)s; (Umklammerung; Streit); mit jemandem im Clinch liegen (sich streiten)

Clip *auch* **Klipp** *engl.,* der: des Clips, die Clips; (Ohrschmuck)

Cli|que *franz. [klike],* die: der Clique, die Cliquen; (Gruppe befreundeter, vor allem junger Menschen)

Clou *engl. [klu],* der: des Clous, die Clous; (glanzvoller Höhepunkt eines Ereignisses)

Clown *engl. [klaun],* der: des Clowns, die Clowns; (Spaßmacher)

Club: → Klub

Coach *engl. [kotsch],* der: des Coachs, die Coachs; (Trainer, Betreuer); **coachen** (trainieren, betreuen)

Cock|pit *engl.,* das: des Cockpits, die Cockpits; (Pilotenkabine)

Code: → Kode

Col|la|ge *franz. [kolasche],* die: der Collage, die Collagen; (aus Papier oder anderem Material zusammengestelltes Bild)

Colt, der: des Colts, die Colts; (Revolver)

Come-back *auch* **Come|back** *engl. [kambäk],* das: des Comebacks, die Comebacks; (erfolgreicher Neubeginn einer Karriere nach längerer Pause)

Co|mic *amerik.,* der: des Comics, die Comics; *Kurzw. für* **Comic**strip (gezeichnete Bildergeschichte); das **Co|mic|heft**

Com|pu|ter *engl. [kompjuter],* der: des Computers, die Computer; (elektronische Rechenmaschine); das **Com|pu|ter|pro|gramm,** das **Com|pu|ter|spiel,** der *auch* das **Com|pu|ter|vi|rus**

Con|tai|ner *engl. [kontener],* der: des Containers, die Container; (Großbehälter zum Gütertransport); das **Con|tai|ner|schiff,** der **Müll|con|tai|ner**

con|tra: → kontra

cool *amerik. [kul]:* cooler, am coolsten; (gut, ruhig, überlegen, kaltschnäuzig): ein cooler Typ – coole Musik

Cord *auch* **Kord,** der: des Cord(e)s, die Corde *auch* Cords; (geripptes Gewebe); die **Cord|ho|se**

Corn|flakes *amerik. [kornfleks],* die: der Cornflakes

Couch *engl. [kautsch],* die: der Couch, die Couches *auch* Couchen

Count|down *auch* **Count-down** *engl. [kauntdaun],* der *auch* das: des Countdown(s), die Countdowns; (die letzten Augenblicke vor Beginn eines Vorhabens)

Cou|ra|ge *franz. [kurasche],* die: der Courage; (Mut); die **Zi|vil|cou|ra|ge** (Mut, nach seiner Überzeugung zu handeln); **cou|ra|giert** (beherzt)

Cou|sin *franz. [kusäng],* der: des Cousins, die Cousins; (Sohn des Bruders oder der Schwester eines Elternteils); die **Cou|si|ne** *auch* **Ku|si|ne:** (Tochter des Bruders oder der Schwester eines Elternteils)

Co|ver *engl. [kawer],* das: des Covers, die Cover(s); (Titelseite einer Illustrierten; Hülle von Tonträgern, Büchern); die **Co|ver|ver|si|on** (Aufnahme eines älteren Musiktitels durch einen anderen Interpreten); **co|vern**

Cow|boy *engl. [kaubeu],* der: des Cowboys, die Cowboys

Creme *auch* **Kre|me** *franz. [krem],* die: der Creme, die Cremes; (feine Süßspeise; Salbe zur Hautpflege); die **Creme|tor|te,** die **Haut|creme; cremen:** die Hände eincremen

CSU, die: *Abk. für* Christlich-Soziale Union

ct: *Abk. für* Cent(s) (Untereinheit des Euro)

Cup *engl. [kap],* der: des Cups, die Cups; (Siegespokal; Pokalwettbewerb)

Cur|ry *ind. [köri],* der *auch* das: des Currys; (Gewürzmischung); die **Cur|ry-wurst**

Cur|sor *engl. [körser],* der: des Cursors, die Cursors; (Eingabezeichen auf dem Computerbildschirm)

D

D: (römisches Zahlzeichen für 500)

da: da sein – hier und da – da und dort – da kommt er endlich; da (weil) es regnete, blieb er zu Hause

da|be|hal|ten: sie wurde in der Klinik gleich dabehalten

da|bei: er war immer dabei – was ist denn schon dabei?; **da|bei blei|ben:** er will dabei bleiben (bei seiner Meinung), **da|bei|blei|ben:** er will dabeibleiben (bis zum Schluss mitmachen), **da|bei|ha|ben:** wir wollen ihn unbedingt dabeihaben (er soll mitmachen), **da|bei sein, da|bei sit|zen:** du kannst dabei sitzen (bei deiner Arbeit); **da-bei|sit|zen:** sie möchte gern dabeisitzen (daneben)

da blei|ben: du musst da (dort) bleiben, wo du jetzt stehst; **da|blei|ben:** wollt ihr noch lange dableiben?

Dach, das: des Dach(e)s, die Dächer; ein Dach über dem Kopf haben – etwas unter Dach und Fach bringen (erledigen) – jemandem aufs Dach steigen (ihn rügen, zurechtweisen); der **Dach|bo|den,** der **Dach|de|cker; über|da|chen:** das Stadion ist überdacht

Dachs, der: des Dachses, die Dachse

dach|te: → denken

Da|ckel, der: des Dackels, die Dackel; (Hunderasse)

da durch: du musst da durch!; **da-durch:** dadurch, dass du gelogen hast, ist alles noch schlimmer geworden

da|für: dafür bekommst du etwas – wir sind dafür; **da|für kön|nen:** dafür (für das Geld) können wir uns etwas kaufen, **da|für|kön|nen:** nichts dafürkönnen (nicht schuld sein)

da|ge|gen: ich habe nichts dagegen

da|heim: daheimbleiben

da|her: das kommt daher, dass ...

da|hin: wie weit ist es bis dahin?

da|hi|nab *auch* **da|hin|ab:** die Straße geht dahinab

da|hi|nauf *auch* **da|hin|auf:** zum Schloss geht es dahinauf

da|hi|naus *auch* **da|hin|aus:** du musst dahinaus

da|hi|nein *auch* **da|hin|ein:** der Weg führt dahinein

da|hin|ten: dahinten steht Maria

da|hin|ter: der Zettel ist gleich dahinter; **da|hin|ter kom|men:** er ist dahinter gekommen (danach gekommen), **da-hin|ter|kom|men:** er ist schnell dahintergekommen (hat es erkannt), **da|hin|ter ste|hen:** er hat dahinter gestanden (hinter etwas, jemandem); **da|hin|ter|ste|hen:** wir werden voll dahinterstehen (die Sache unterstützen)

Dai|ly Soup *engl. [deli sop],* die: der Daily Soup, die Daily Soaps; (täglich gesendete Fernsehserie)

da lie|gen: lass das Buch da (dort) liegen!; **da|lie|gen:** ich sah ihn hilflos daliegen

da|mals: seit damals hat sich viel verändert

Da|me, die: der Dame, die Damen; das **Da|me|spiel; da|men|haft**

da|mit *auch* **da|mit:** ich kann damit nichts anfangen – ich komme, damit wir üben können

däm|lich: dämlicher, am dämlichsten; (*umgangssprachlich für* dumm, albern): stell dich nicht so dämlich (ungeschickt) an!; die **Däm|lich|keit**

Damm, der: des Damm(e)s, die Dämme; der **Damm|bruch,** der **Dämm-stoff,** der **Staudamm; däm|men, ein|däm|men:** einen Waldbrand eindämmen

Däm|me|rung, die: der Dämmerung, die Dämmerungen; **dämm|rig; däm-mern:** es dämmert; es dämmert mir (es wird mir allmählich klar)

Dä|mon *griech.,* der: des Dämons, die Dämonen; (böser Geist); **dä|mo-nisch**

Dampf, der: des Dampf(e)s, die Dämpfe; Dampf machen (eine Sache beschleunigen, dazu antreiben) – Dampf ablassen (Wut, Ärger herauslassen); der **Damp|fer,** der **Dämp|fer:** jemandem einen Dämpfer aufsetzen (ihn zügeln, mäßigen), die **Dampf|ma|schi|ne; damp|fen, dämp|fen:** ein Geräusch dämpfen

da|nach *auch* **da|nach:** sich danach richten

da|ne|ben: das Glas steht gleich daneben; **da|ne|ben ge|hen:** sie wollten daneben gehen (neben dem Haus gehen), **da|ne|ben|ge|hen:** unser Plan ist voll danebengegangen (misslungen), **da|ne|ben lie|gen:** er wollte daneben liegen (neben jemandem oder etwas liegen), **da|ne|ben|lie|gen:** hoffentlich werden wir damit nicht danebenliegen (uns nicht irren)

Dä|ne|mark: der **Dä|ne,** die **Dä|nin; dä|nisch**

dank: danke! – danke schön! – dank seiner Hilfe

Dank, der: des Dankes; jemandem zu Dank verpflichtet sein; die **Dank|bar|keit,** das **Dan|ke|schön; dank|bar; be|dan|ken, dan|ken**

dann: dann und wann – bis dann – erst habe ich gelesen, dann geschlafen

da|ran *auch* **dar|an:** ich denke daran – ich denke dran; *getrennt:* wir sollten uns daran halten – lass uns daran teilnehmen; *zusammen:* morgen werden wir uns daranmachen (beginnen), den Keller aufzuräumen – die Helfer haben alles darangesetzt (getan), die Verletzten zu bergen

da|rauf *auch* **dar|auf:** darauf musst du erst einmal kommen; *getrennt:* wir werden darauf vertrauen – lass uns einfach darauf (auf das Ziel) losgehen; *zusammen:* drauflosgehen – draufhauen – draufsetzen – sich daraufsetzen (nicht beachten)

da|raus *auch* **dar|aus:** daraus wird nichts! – sie macht sich nichts daraus – sie macht sich nichts draus

dar|bie|ten: sie werden verschiedene Volkstänze darbieten; die **Dar|bie|tung;** → bieten

da|rein *auch* **dar|ein:** (hinein)

da|rin *auch* **dar|in:** wir stimmen darin überein – wir können darin sitzen bleiben – wir können drinsitzen

Dar|le|hen, das: des Darlehens, die Darlehen; (Geld, das gegen Zinsen geliehen wird)

Darm, der: des Darm(e)s, die Därme; (Teil des Verdauungssystems)

dar|stel|len: er wurde als Dummkopf dargestellt; die **Dar|stel|lung**

Darts *engl.,* das: des Darts; (Wurfpfeilspiel)

da|rü|ber *auch* **dar|über:** darüber hinaus (außerdem) gibt es nichts Neues; **da|rü|ber re|den** *auch* **drü|ber re|den:** wir müssen unbedingt darüber reden, **da|rü|ber|fah|ren** *auch* **drü|ber|fah|ren:** wir müssen darüberfahren

da|rum *auch* **dar|um:** ihn darum bitten – darum herum; **da|rum kom|men:** sie will nur darum (aus diesem Grund) kommen, **dar|um|kom|men:** wir werden nicht darumkommen, etwas zu tun, **dar|um|ste|hen:** wir sahen viele Leute, die darumstanden

da|run|ter *auch* **dar|un|ter:** wir wohnen genau darunter; **da|run|ter lei|den:** darunter leidet sie sehr, **da|run|ter|stel|len:** du solltest dich nicht darunterstellen

das heißt: *Abk.* d.h.

dass: wir hoffen, dass du kommst; **so|dass** *auch* **so dass:** die Sonne blendete ihn, sodass er nichts sehen konnte; der **dass-Satz**

das|sel|be: desselben, dieselben; ein und dasselbe – er hat dasselbe gesagt wie du

Da|tei, die: der Datei, die Dateien (Dokumentensammlung): die Datei abspeichern – die Datei öffnen

Da|tiv *lat.,* der: des Dativs, die Dative; (3. Fall, Wem-Fall)

Da|tum *lat.,* das: des Datums, die Daten; die **Da|ten** (Zahlenwerte; Angaben): Daten eingeben, die **Da|ten|bank,** die **Da|ten|ver|ar|bei|tung; da|tie|ren**

Dau|er, die: der Dauer; für die Dauer eines Monats; die **Dau|er|kar|te,** der **Dau|er|lauf; an|dau|ernd; dau|ern:** das Treffen dauerte eine Stunde

C D E

Dau|men, der: des Daumens, die Daumen; jemandem die Daumen halten (an ihn denken, ihm Glück wünschen) – etwas über den Daumen peilen (ungefähr schätzen); **dau|menbreit, dau|men|dick**

Dau|ne, die: der Daune, die Daunen; (Flaumfeder); das **Dau|nen|bett; daunen|weich**

da|von: er will viel davon haben – davon will ich nichts hören – nicht weit davon; **da|von kom|men:** davon kommen die Schmerzen, **da|vonkom|men:** er ist noch einmal davongekommen, **da|von|lau|fen** (weglaufen), **da|von|ma|chen:** sich davonmachen (heimlich weggehen)

da|vor *auch* **da|vor:** davor habe ich keine Angst – ein Haus mit einem Garten davor – sich davor fürchten

da|zu *auch* **da|zu:** er hatte dazu keine Lust; **da|zu ge|hö|ren:** dazu gehört viel Mut; **da|zu|ge|hö|ren:** ich möchte auch dazugehören (daran teilnehmen), **da|zu set|zen:** wir müssen uns dazu (zu der Tätigkeit) setzen, **da|zuset|zen:** ich möchte mich dazusetzen (dabei sein), **da|zu kommen:** wir sind noch nicht dazu (zu der Arbeit) gekommen, **da|zu|kom|men:** wir sind dazugekommen (hinzu)

da|zwi|schen: dazwischen befindet sich ein Park; **da|zwi|schen kom|men:** dazwischen kommt noch ein Fluss, **da|zwi|schen|kom|men:** es wird nichts dazwischenkommen (nichts passieren), **da|zwi|schen re|den:** wir können dazwischen reden (in den Pausen), **da|zwi|schen|re|den:** du sollst nicht dazwischenreden (du sollst still sein)

DB, die: *Abk. für* Deutsche **B**ahn

Deck, das: des Deck(e)s, die Decks; (Stockwerk im Schiff); sich auf dem oberen Deck befinden

De|cke, die: der Decke, die Decken; an die Decke gehen (aufbrausen); das **De|cken|ge|mäl|de,** die **De|ckung:** in Deckung gehen (sich schützen), die **Tisch|de|cke; de|cken, be|de|cken, zu|de|cken:** sich zudecken

De|ckel, der: des Deckels, die Deckel; der Deckel lässt sich nicht öffnen

De|co|der, der: des Decoders, die Decoder; (Datenentschlüssler); **de|co|dieren** *auch* **de|ko|die|ren**

De|fekt, der: des Defekt(e)s, die Defekte; (Fehler, Mangel, Schaden); **defekt** (beschädigt, schadhaft)

De|fen|si|ve *lat.,* die: der Defensive, die Defensiven; (Verteidigung, Abwehr): *Gegensatz* Offensive; **de|fen|siv:** sich defensiv (abwehrend) verhalten

De|fi|ni|ti|on *lat.,* die: der Definition, die Definitionen; (Begriffsbestimmung); **de|fi|nie|ren**

De|fi|zit *lat.,* das: des Defizits, die Defizite; (Fehlbetrag, Verlust, Mangel)

def|tig: deftiger, am deftigsten; eine deftige (kräftige) Mahlzeit – ein deftiger (derber) Witz

De|gen, der: des Degens, die Degen; (Stich- und Stoßwaffe)

deh|nen: du dehnst, er dehnte, hat gedehnt, dehn(e)!; die **Aus|deh|nung,** die **Deh|nung; dehn|bar**

Deich, der: des Deich(e)s, die Deiche; (Schutzdamm); der **Deich|bruch**

Deich|sel, die: der Deichsel, die Deichseln; (Teil eines Wagens zum Lenken und Ziehen); **deich|seln:** etwas deichseln (geschickt zustande bringen)

dein: dein Buch; **dei|ner:** ich gedenke deiner, **dei|ner|seits, dei|nes|glei-**

chen, dei|net|we|gen, um dei|net|wil|len

de|kli|nie|ren *lat.:* du deklinierst, er deklinierte, hat dekliniert, deklinier(e)!; (Nomen/Substantive, Adjektive, Pronomen beugen); die **De|kli|na|ti|on; de|kli|nier|bar**

de|ko|rie|ren *lat.:* du dekorierst, er dekorierte, hat dekoriert, dekorier(e)!; (schmücken, verzieren); der **De|ko|ra|teur,** die **De|ko|ra|ti|on,** die **De|ko|rie|rung; de|ko|ra|tiv**

de|le|gie|ren *lat.:* du delegierst, er delegierte, hat delegiert, delegier(e)!; eine Arbeit delegieren (von einem anderen erledigen lassen); die **De|le|ga|ti|on** (Abordnung)

Del|fin: → Delphin

De|li|ka|tes|se *franz.,* die: der Delikatesse, die Delikatessen; (Leckerbissen; Feinkost); **de|li|kat**

Del|le, die: der Delle, die Dellen; (leichte Vertiefung, Beule)

Del|phin *auch* **Del|fin** *griech.,* der: des Delphins, die Delphine; (Zahnwal)

Del|ta, das: des Delta(s), die Deltas *auch* Delten; (mehrarmige Flussmündung in Form eines Dreiecks)

dem: (3. Fall von **der**): dem Spiel eine Wende geben

dem|ge|gen|über: (andererseits)

dem|nächst *auch* **dem|nächst:** (bald)

De|mo|kra|tie *griech.,* die: der Demokratie, die Demokratien; (Volksherrschaft); **de|mo|kra|tisch**

de|mo|lie|ren *franz.:* du demolierst, er demolierte, hat demoliert, demolier(e) nicht!; (zerstören)

De|mon|stra|ti|on *auch* **De|mons|tra|ti|on** *lat.,* die: der Demonstration, die Demonstrationen; (Massen-, Protestkundgebung; anschauliches Darlegen, Vorführen): *Kurzwort:* Demo; das **De|mons|tra|tiv|pro|no|men** (hinweisendes Fürwort); **de|mons|tra|tiv:** er schaute demonstrativ (ganz auffällig) weg; **de|mons|trie|ren:** einen Versuch demonstrieren (zeigen und erklären)

De|mut, die: der Demut; (Bescheidenheit, Unterwürfigkeit); die **De|mü|ti|gung; de|mü|tig; de|mü|ti|gen** (erniedrigen)

dem|zu|fol|ge: (demnach)

den: (4.Fall, Akkusativ von **der**): den Schulleiter sprechen können

den|ken: du denkst, er dachte, er dächte, hat gedacht, denk(e)!; klar denken können – wie denkt ihr darüber?; die **Denk|auf|ga|be,** der **Denk|feh|ler,** das **Denk|mal,** der **Denk|zet|tel:** jemandem einen Denkzettel verpassen (ihn durch eine Strafe warnen); **denk|bar, denk|wür|dig:** ein denkwürdiger (bedeutungsvoller) Tag

denn: er schlief gleich ein, denn er war sehr müde – mehr denn je *auch* mehr als je – was soll das denn?

den|noch: (trotzdem)

Deo, das: des Deos, die Deos; *Kurzw. für* Deodorant (Mittel gegen Körpergeruch); das **Deo|spray**

De|po|nie, die: der Deponie, die Deponien; (Müllabladeplatz)

de|por|tie|ren *lat.:* (jemanden zwangsweise in ein Lager verschleppen); die **De|por|ta|ti|on,** der **De|por|tier|te**

De|pot *franz. [depo],* das: des Depots, die Depots; (Aufbewahrungsort, Sammelstelle); der Bus fährt ins Depot

Depp, der: des Deppen, die Deppen; (einfältiger Mensch)

de|pri|miert *lat.:* (niedergeschlagen, mutlos)

C D E

der: (männlicher Artikel, Begleiter, Geschlechtswort): der Bruder – der Handschuh – der Zorn

der|art: er war derart erschöpft, dass er sich hinlegen musste

der|ar|tig: eine derartige Frechheit, *aber* etwas Derartiges habe ich noch nicht erlebt

derb: derber, am derbsten; ein derber Stoff – jemanden derb anfassen; die **Derb|heit**

Der|by *engl. [därbi],* das: des Derby(s), die Derbys; (Pferderennen)

der|je|ni|ge: derjenige, der das getan hat, soll sich melden; **das|je|ni|ge, die|je|ni|ge**

der|ma|ßen: ich bin dermaßen erschrocken, dass ich den Teller fallen ließ

der|sel|be: ein und derselbe – derselbe Stoff; **die|sel|ben**

des: (2. Fall, Genitiv von **der** *und* **das**): des Hundes – des Kindes

des|halb: er muss arbeiten und kann deshalb nicht mitkommen

De|sign *engl. [disein],* das: des Designs, die Designs; (Plan; Muster; künstlerische Formgestaltung); der **De|signer,** die **De|sig|ne|rin**

Des|in|fek|ti|on *lat.,* die: der Desinfektion, die Desinfektionen; (Vernichtung von Krankheitserregern); **des|in|fi|zie|ren**

des|sen: mein Freund, dessen Vater verunglückt ist – mein Freund und dessen Frau

Des|sert *franz. [däßär],* das: des Desserts, die Desserts; (Nachtisch)

des|to: je eher, desto besser – je mehr du übst, desto schneller lernst du es

des|we|gen: (deshalb)

De|tail *franz. [detaj],* das: des Details, die Details; (Einzelheit, Einzelteil): etwas im Detail besprechen; **de|tail|liert:** eine detaillierte Beschreibung

De|tek|tiv *lat.,* der: des Detektivs, die Detektive; der **Pri|vat|de|tek|tiv**

De|to|na|ti|on *lat.,* die: der Detonation, die Detonationen; (Knall, Explosion); **de|to|nie|ren**

deu|ten: du deutest, er deutete, hat gedeutet, deut(e)!; einen Traum, ein Gleichnis deuten (erklären) – mit dem Finger auf etwas deuten (zeigen); **an|deu|ten, be|deu|ten;** die **Deu|tung; ein|deu|tig, zwei|deu|tig**

deut|lich: deutlicher, am deutlichsten; schreib bitte deutlich – Mark ist deutlich schneller als Max; die **Deut|lich|keit**

deutsch: *Kleinschreibung:* das deutsche Volk – die deutsche Sprache – er hat deutsch, nicht englisch gesprochen; *Großschreibung:* der Deutsche Bundestag – das Deutsche Rote Kreuz; das **Deutsch:** er versteht kein Wort Deutsch – ich spreche Deutsch – im heutigen Deutsch – der Prospekt erscheint in Deutsch und Englisch – sag es auf Deutsch, der *auch* die **Deutsche:** ich bin Deutscher, sie ist Deutsche, **Deutsch|land; deutsch|spra|chig**

De|vi|sen *franz. [dewisen],* die: der Devisen; (Zahlungsmittel in ausländischer Währung)

De|zem|ber, der: des Dezember(s)

de|zent *lat.:* dezenter, am dezentesten; (anständig, unaufdringlich, gedämpft), dezente Kleidung – dezente (leise) Musik

De|zi... *lat.:* (Zehntel); das **De|zi|mal|sys|tem,** der **De|zi|me|ter; de|zi|mal; de|zi|mie|ren** (*ursprünglich* jeden zehnten Mann mit dem Tode bestrafen, *heute* durch Verluste schwächen, stark verringern)

DFB, der: *Abk. für* Deutscher **F**ußball-**B**und

DGB, der: *Abk. für* Deutscher **G**ewerkschafts**b**und

Dia, das: des Dias, die Dias; *Kurzw. für* Diapositiv (durchsichtiges Lichtbild); der **Dia|pro|jek|tor** (Gerät zum Zeigen von Dias)

Di|a|be|tes *griech.,* der: des Diabetes; (Zuckerkrankheit); der **Di|a|be|ti|ker**

Di|a|gno|se *auch* **Di|ag|no|se** *[griech.],* die: der Diagnose, die Diagnosen; (Erkennung, Feststellung einer Krankheit); **di|ag|nos|ti|zie|ren**

Di|a|go|na|le *griech.,* die: der Diagonale, die Diagonalen; (Gerade, die zwei nicht benachbarte Ecken eines Vielecks miteinander verbindet); **di|a|go-nal** (schräg laufend)

Dia|gramm, das: des Diagramms, die Diagramme; (anschauliche grafische Darstellung von Zahlenwerten)

Di|a|lekt, der: des Dialekt(e)s, die Dialekte; (Mundart)

Di|a|log *griech.,* der: des Dialog(e)s, die Dialoge; (Zwiegespräch, Wechselrede): einen Dialog führen; *Gegensatz* Monolog

Di|a|mant, der: des Diamanten, die Diamanten; (Edelstein)

Dia|po|si|tiv *griech.-lat.,* das: des Diapositivs, die Diapositive; *Abk.* Dia (durchsichtiges Lichtbild)

Di|ät *griech.,* die: der Diät, die Diäten; (Schonkost): Diät kochen, leben; die **Di|ät|kost,** der **Di|ät|plan**

dich: ich sehe dich (4. Fall, Akkusativ von **du**)

dicht: dichter, am dichtesten; dichter Wald – die Fenster schließen nicht dicht – er stand dicht dabei; **was|ser-dicht;** die **Dich|te,** die **Dich|tung** (z.B. eines Wasserhahns); **ab|dich|ten, dich|ten** (dicht, undurchlässig machen), **dicht hal|ten:** der Verschluss hat dicht gehalten (lässt nichts heraus), **dicht|hal|ten:** er hat dichtgehalten (nichts verraten)

dich|ten: du dichtest, er dichtete, hat gedichtet, dicht(e)!; (ersinnen, verfassen, ausdenken); der **Dich|ter,** die **Dicht|kunst,** die **Dich|tung,** das **Ge-dicht**

dick: dicker, am dicksten; durch dick und dünn gehen (immer zusammenhalten) – eine dicke (enge) Freundschaft – das dicke Ende kommt noch (das Ende mit schlechtem Ausgang) – er hat es faustdick hinter den Ohren (ist clever); **dick|fel|lig, dick|köp|fig;** der **Dick|darm,** die **Di|cke,** der **Dick-häu|ter** (Elefant, Nashorn), der **Dick-schä|del,** der **Dick|wanst; ein|di-cken**

die: (weiblicher Artikel, Begleiter, Geschlechtswort): die Schwester, die Hitze, die Wut, die Leute

Dieb, der: des Dieb(e)s, die Diebe; die **Die|bes|ban|de;** der **Dieb|stahl; die-bes|si|cher; die|bisch:** sich diebisch (sehr) freuen

Die|le, die: der Diele, die Dielen; (Flur; Fußboden); das **Die|len|brett**

die|nen: du dienst, er diente, hat gedient, dien(e)!; der **Die|ner,** der **Dienst,** der **Dienst|bo|te;** die **Dienst-leis|tung; dienlich, dienst|lich, dienst|un|fä|hig**

Diens|tag, der: des Dienstag(e)s, die Dienstage; am Dienstag – eines Dienstags – wir treffen uns an jedem Dienstagabend; **diens|tä|gig** (an

C D E

einem Dienstag), **diens|täg|lich** (jeden Dienstag); **diens|tags**

dies: dies und das; **die|se:** diese Aufgabe, **die|ser:** dieser und jener – dieser mächtige Baum, **die|ses:** dieses Mal

Die|sel, der: des Diesels; *Kurzw. für* Dieselkraftstoff; der **Die|sel|mo|tor**

die|sig: diesiger, am diesigsten; (dunstig, neblig)

dies|jäh|rig: das diesjährige Turnier (in diesem Jahr)

dies|mal: diesmal hatte ich Glück, *aber* dieses Mal hatte ich Glück

dies|seits: diesseits der Mauer; das **Diesseits:** *Gegensatz* das Jenseits

Dif|fe|renz *lat.,* die: der Differenz, die Differenzen; (Unterschied); **dif|fe|ren|ziert; dif|fe|ren|zie|ren**

di|gi|tal: ein digitales (in Einzelwerte zerlegtes, stetiges) Signal – digitales Fernsehen; die **Di|gi|tal|uhr**

Dik|tat *lat.,* das: des Diktat(e)s, die Diktate; ein Diktat schreiben; der **Dik|ta|tor** (unbeschränkter Herrscher, Gewaltherrscher), die **Dik|ta|tur; dik|tie|ren**

Dim|mer, der: des Dimmers, die Dimmer; (stufenloser Helligkeitsregler)

DIN: *Abk. für* **D**eutsche **I**ndustrie**n**orm (Bezeichnung einer Norm); das **DIN-A4-Blatt,** das **DIN-A5-Heft**

Ding, das: des Ding(e)s, die Dinge; das ist der Lauf der Dinge – aller guten Dinge sind drei – das geht nicht mit rechten Dingen zu (ist merkwürdig) – unverrichteter Dinge wieder abziehen (ohne etwas erreicht zu haben) – guter Dinge (Laune) sein; **ding|fest:** jemanden dingfest machen (verhaften)

Dip *engl.,* der: des Dips, die Dips; (Soße zum Eintunken); **dip|pen** (eintauchen)

Diph|the|rie *griech.,* die: der Diphtherie; (Infektionskrankheit)

Di|phthong *auch* **Diph|thong** *griech.,* der: des Diphthongs, die Diphthonge; (Doppellaut, z.B. ei, au)

Di|plom *auch* **Dip|lom,** das: des Diplom(e)s, die Diplome; *Abk.* Dipl. (amtliche Urkunde; Zeugnis über eine abgelegte Prüfung an einer Hochschule); die **Di|plom|ar|beit,** der **Di|plo|mat** (Beamter im auswärtigen Dienst; *übertragen* geschickt und vorsichtig verhandelnder Mensch), die **Di|plo|ma|tie; di|plo|ma|tisch**

dir: ich schreibe dir (3. Fall, Dativ von **du**)

di|rekt: er kommt direkt (ohne Umweg) vom Bahnhof – der Ball flog direkt (geradewegs) auf mich zu – die direkte (wörtliche) Rede; der **Di|rekt|flug**

Di|rek|tor *lat.,* der: des Direktors, die Direktoren; (Leiter einer Schule, eines Betriebes); die **Di|rek|ti|on**

Di|ri|gent *lat.,* der: des Dirigenten, die Dirigenten; (Leiter eines Chors oder Orchesters); **di|ri|gie|ren**

Dirndl, das: des Dirndls, die Dirndl; *Kurzw. für* Dirndlkleid

Dir|ne, die: der Dirne, die Dirnen; (*veraltet für* Mädchen, Bauernmagd, *heute* Prostituierte)

Disc|man *auch* **Disk|man** *engl. [diskmen],* der: des Discmans, die Discmans; (kleiner tragbarer CD-Player mit Kopfhörern)

Dis|ket|te, die: der Diskette, die Disketten; *Abk.* Disk *auch* Disc (Datenträger für den Bereich der elektronischen Datenverarbeitung (EDV))

Disk|jo|ckey *auch* **Disc|jo|ckey** *engl. [dißkschoke],* der: *Abk.* DJ (jemand, der in einer Disko Musik auswählt und präsentiert)

Dis|ko *auch* **Dis|co,** die: der Disko, die Diskos; *Kurzw. für* Diskothek (Lokal, in dem nach Musik getanzt wird)

Dis|kus *griech.*, der: des Diskus, die Disken *auch* Diskusse; (Wurfscheibe); der **Dis|kus|wer|fer**

Dis|kus|si|on, die: der Diskussion, die Diskussionen; (Gespräch, Meinungsaustausch); der **Dis|kus|si|ons|beitrag; dis|ku|tie|ren**

Dis|play *auch* **Dis|play** *engl. [disple auch disple],* das: des Displays, die Displays; (sichtbare Datenanzeige)

dis|qua|li|fi|zie|ren *lat.:* die Mannschaft wurde disqualifiziert (wegen Regelverstoßes vom Wettbewerb ausgeschlossen); die **Dis|qua|li|fi|ka|ti|on**

Dis|tanz *lat.*, die: der Distanz, die Distanzen; (Abstand, Entfernung); **distan|zie|ren** (jemanden im Wettkampf überbieten, hinter sich lassen): sich distanzieren (von jemandem oder etwas abrücken)

Dis|tel, die: der Distel, die Disteln; (Pflanze mit stachligen Blättern und Stängeln)

Dis|zi|plin *lat.*, die: der Disziplin, die Disziplinen; (straffe Ordnung; Fach im Sport oder in einer Wissenschaft); **dis|zi|pli|na|risch, dis|zi|pli|niert**

Di|vi|si|on *lat.*, die: der Division; (Teilung einer Zahl durch eine andere); **di|vi|die|ren**

DJ *engl. [didsche],* der: *Abk. für* Diskjockey

DJH: *Abk. für* Deutsches Jugendherbergswerk

DLRG: *Abk. für* Deutsche Lebens-Rettungs-Gesellschaft

dm: *Abk. für* Dezimeter (10 cm)

doch: ja doch! – nicht doch! – die Luft ist kalt und doch angenehm – du bist doch kein Kind mehr! – wir warteten lange, doch sie kam nicht

Docht, der: des Docht(e)s, die Dochte; der **Ker|zen|docht**

Dock, das: des Docks, die Docks; (Anlage zum Ausbessern von Schiffen)

Dog|ge, die: der Dogge, die Doggen; (Hunderasse)

Dok|tor *lat.*, der: des Doktors, die Doktoren; *Abk.* Dr. (Titel aufgrund einer akademischen Prüfung); die **Dok|to|rin; he|rum|dok|tern** (immer wieder ausprobieren)

Do|ku|ment, das: des Dokument(e)s, die Dokumente; (Urkunde, amtliches Schriftstück, als Beweis dienendes Schriftstück); der **Do|ku|men|tarfilm,** die **Do|ku|men|ta|ti|on; do|kumen|tie|ren** (beurkunden, beweisen)

Dolch, der: des Dolch(e)s, die Dolche; (Stichwaffe)

Dol|lar, der: des Dollar(s), die Dollars; (Währungseinheit in den USA, in Kanada und anderen Ländern): *Zeichen* $

Dol|met|scher, der: des Dolmetschers, die Dolmetscher; (Übersetzer); **dolmet|schen**

Dom, der: des Dom(e)s, die Dome; (Bischofs-, Hauptkirche)

Domp|teur *franz. [domptör],* der: des Dompteurs, die Dompteure; (jemand, der wilde Tiere dressiert)

Don|ner, der: des Donners, die Donner; das **Don|ner|wet|ter:** es gab ein großes Donnerwetter (heftige Vorwürfe); **don|nern**

Don|ners|tag, der: des Donnertag(e)s, die Donnerstage; am Donnerstag; **Don|ners|tag|abend; don|ners|tags**

C D E

doof: (*umgangssprachlich für* dumm); die **Doof|heit**

do|pen *engl.:* (durch verbotene Mittel zu Höchstleistungen im Sport treiben): der Sprinter war gedopt; das **Do|ping,** die **Do|ping|kon|trol|le**

Dop|pel, das: des Doppels, die Doppel; (Spiel von je zwei Spielern gegeneinander); der **Dop|pel|gän|ger** (jemand, der einem anderen täuschend ähnlich sieht), der **Dop|pel|punkt** (Satzzeichen); **dop|pel|deu|tig, dop|pelt:** doppelt so groß sein; **ver|dop|peln**

Dorf, das: des Dorf(e)s, die Dörfer; der **Dorf|be|woh|ner; dörf|lich**

Dorn, der: des Dorn(e)s, die Dornen; die **Dor|nen|he|cke,** das **Dorn|rös|chen** (eine Märchenfigur); **dor|nig**

dort: da und dort – von dort aus – dort drüben – dort hinten – dort oben – dort unten – dort vorn – bald hier, bald dort – dort wohnen *aber* dortbleiben; **dort|hin**

Do|se, die: der Dose, die Dosen; die **Do|sen|milch,** der **Do|sen|öff|ner,** die **Spar|do|se**

dö|sen: du döst, er döste, hat gedöst, dös(e)!; (im Halbschlaf sein)

Do|sis *griech.,* die: der Dosis, die Dosen; (zugemessene Arzneigabe; kleine Menge); die **Do|sie|rung; do|sie|ren**

Dot|ter, der *auch* das: des Dotters, die Dotter; (Eigelb); **dot|ter|gelb**

Dou|ble *franz. [dubel],* das: des Doubles, die Doubles; (Ersatzschauspieler, der dem eigentlichen Darsteller ähnelt); **dou|beln**

down *engl. [daun]:* down sein (niedergeschlagen, abgespannt sein)

Down|load *engl. [daunlod],* der *auch* das: des Downloads, die Downloads; (Herunterladen von Daten aus dem Internet auf die Computerfestplatte); **down|loa|den**

Do|zent *lat.,* der: des Dozenten, die Dozenten; (Lehrer an einer Hochschule)

dpa: *Abk. für* Deutsche Presse-Agentur; die **dpa-Mel|dung**

Dr., der: *Abk. für* Doktor

Dra|che, der: des Drachen, die Drachen; (Fabeltier); das **Dra|chen|blut**

Dra|chen, der: des Drachen, die Drachen; (Fluggerät als Kinderspielzeug); das **Dra|chen|flie|gen** (Sportart)

Dra|gee *auch* **Dra|gée** *franz. [drasche],* das: des Dragees, die Dragees; (Arzneipille; überzuckerte Süßigkeit)

Draht, der: des Draht(e)s, die Drähte; auf Draht sein (tüchtig, flink, gesund, einsatzbereit sein); der **Draht|esel** (*scherzhaft für* Fahrrad), die **Draht|seil|bahn; drah|tig** (durchtrainiert)

Drall, der: des Drall(e)s, die Dralle; (Drehung, Drehbewegung; Windung); der **Links|drall,** der **Rechts|drall; drall** (derb, stramm)

Dra|ma *griech.,* das: des Dramas, die Dramen; (Schauspiel; spannender Vorgang); der **Dra|ma|ti|ker** (Schreiber von Dramen); **dra|ma|tisch:** ein dramatisches (spannendes) Spiel

dran: (daran); *Kleinschreibung:* dran sein – drauf und dran; *Großschreibung:* das ganze Drum und Dran

drang: → dringen

drän|gen: du drängst, er drängte, hat gedrängt, dräng(e)!; **drän|geln, ver|drän|gen, vor|drän|gen:** sich vordrängen, **drang|sa|lie|ren** (quälen, plagen); der **Drang,** die **Drän|ge|lei**

dran|kom|men: (an die Reihe kommen): als Zweiter drankommen

dras|tisch *griech.:* drastischer, am drastischsten; (wirksam, derb, energisch)

drauf: *Kurzw. für* darauf; drauf und dran sein; gut drauf sein; **drau|flos;** der **Drauf|gän|ger** (mutiger, leichtsinniger Mensch); **drauf|los|re|den, drauf|los|schla|gen**

drau|ßen: draußen bleiben – von draußen kommen – das Schiff ist weit draußen

drech|seln: du drechselst, er drechselte, hat gedrechselt, drechs(e)le!; der **Drechs|ler** (Kunsthandwerker)

Dreck, der: des Dreck(e)s; im Dreck stecken (in großen Schwierigkeiten sein); der **Dreck|fink,** die **Drecks|arbeit,** das **Dreckschwein,** der **Dreckspatz; dre|ckig**

dre|hen: du drehst, er drehte, hat gedreht, dreh(e)!; der **Dreh** (Kunstgriff): den Dreh heraushaben (etwas gut können), das **Dreh|buch,** die **Dreh|or|gel,** die **Dre|hung**

drei: alle drei – jetzt kommen die drei – wir treffen uns um drei (Uhr); aller guten Dinge sind drei – er kann nicht bis drei zählen (ist dumm); **drei|erlei, drei|fach, drei|mal, drei|vier|tel:** ein dreiviertel Liter *aber* drei Viertel der Torte, **drei|zehn; drei|blätt|rig, drei|eckig, drei|ßig|jäh|rig:** eine dreißigjährige Frau *aber* der Dreißigjährige Krieg, **drei|stö|ckig;** die **Drei:** eine Drei im Aufsatz schreiben – eine Drei würfeln – die Drei (Buslinie) kommt, das **Drei|eck,** der **Drei|kä|sehoch** (kleiner Junge), der **Dreisprung,** die **Drei|tei|lung**

dreist: dreister, am dreistesten; (frech); die **Dreis|tig|keit**

dre|schen: du drischst, er drosch, er drösche, hat gedroschen, drisch!; Getreide dreschen; die **Dre|sche:** Dresche (Prügel) beziehen

Dress *engl.,* der: des Dresses, die Dresse; (Sportkleidung); der **Dress|man** (männliches Mannequin)

dres|sie|ren *franz.:* (Tiere abrichten, lehren); die **Dres|sur,** das **Dres|sur|reiten**

drib|beln: du dribbelst, er dribbelte, hat gedribbelt, dribb(e)le!; (im Sport den Ball durch kleine Stöße vorantreiben); das **Dribb|ling**

dril|len: du drillst, er drillte, hat gedrillt, drill(e)!; (einüben, scharf exerzieren; in Reihen säen); der **Drill**

drin: *Kurzw. für* darin; das ist nicht drin (nicht möglich)

drin|gen: du dringst, er drang, er dränge, hat gedrungen, dring(e)!; Lärm dringt aus der Wohnung; die **Dringlich|keit; drin|gend**

drin|nen: drinnen und draußen

dritt: zu dritt; **drit|te:** *Kleinschreibung:* das dritte Kind – jeder dritte Schüler; *Großschreibung:* jeder Dritte – sie wurde Dritte – sprich zu keinem Dritten darüber – wenn zwei sich streiten, freut sich der Dritte – der Dritte im Bunde – die Dritte Welt – das Dritte Reich, **drit|tel:** ein drittel Liter, *aber* ein Drittel der Flasche, **drit|tens** (3.)

DRK, das: *Abk. für* **D**eutsches **R**otes **K**reuz

Dro|ge *franz.,* die: der Droge, die Drogen; (zu Arzneien verwendeter Rohstoff, *auch* das daraus hergestellte Präparat; Rauschgift); die **Dro|ge|rie; dro|gen|süch|tig** (von Drogen abhängig sein)

dro|hen: du drohst, er drohte, hat gedroht, droh(e)!; der **Droh|brief,** die **Dro|hung; be|droh|lich**

C
D
E

dröh|nen: du dröhnst, er dröhnte, hat gedröhnt, dröhn(e)!; mit dröhnender Stimme – mir dröhnt der Kopf (Kopfschmerzen haben)

drol|lig: drolliger, am drolligsten; (lustig, komisch)

Dro|me|dar, das: des Dromedars, die Dromedare; (einhöckeriges Kamel)

drosch: → dreschen

Drosch|ke *russ.*, die: der Droschke, die Droschken; (Kutsche), der **Drosch|ken|kut|scher**

Dros|sel, die: der Drossel, die Drosseln; (Singvogel)

dros|seln: die Heizung drosseln (zurückdrehen) – das Tempo drosseln (verringern); die **Dros|se|lung**

drü|ben: dort drüben (auf der anderen Seite) – von da drüben (von der anderen Seite) kommen

drü|ber: *Kurzw. für* darüber; *Kleinschreibung:* es geht drunter und drüber, *Großschreibung:* das Drunter und Drüber

dru|cken: du druckst, er druckte, hat gedruckt, druck(e)!; der **Buch|druck,** der **Dru|cker,** der **Druck|feh|ler,** die **Dru|cke|rei**

drü|cken: du drückst, er drückte, hat gedrückt, drück(e)!; jemandem die Hand drücken; sich vor etwas drücken (es nicht tun); der **Druck,** der **Drü|cke|ber|ger** (jemand, der aus Bequemlichkeit eine Aufgabe nicht erfüllen will), der **Drü|cker,** der **Druck|knopf,** die **Druck|taste**

drum: *Kurzw. für* darum; das Drum und Dran; das **Drum|he|rum**

Drum|mer *engl. [dramer]*, der: des Drummers, die Drummer; (Schlagzeugspieler); die **Drums** (die Trommeln)

drun|ter: *Kurzw. für* darunter; es geht drunter und drüber (sehr durcheinander)

Drü|se, die: der Drüse, die Drüsen; (Organ bei Menschen und Tieren)

Dschun|gel *Hindi*, der: des Dschungels, die Dschungel; (Urwald)

du: *Kleinschreibung:* du zueinander sagen – ich hoffe, du kommst *in Briefen auch* ich hoffe, Du kommst; *Großschreibung:* jemandem das Du anbieten – jemanden mit Du anreden

Dü|bel, der: des Dübels, die Dübel; (Zapfen zur Verankerung von Schrauben in der Wand); **dü|beln**

du|cken: du duckst dich, er duckte sich, hat sich geduckt, duck(e) dich!; der **Duck|mäu|ser** (feiger Mensch)

Du|del|sack, der: des Dudelsack(e)s, die Dudelsäcke; (Blasinstrument mit Windsack)

Du|ell, das: des Duell(e)s, die Duelle; (Zweikampf); sich ein packendes Duell liefern; **du|el|lie|ren:** sich duellieren

Du|ett *ital.*, das: des Duett(e)s, die Duette; (Musikstück für zwei Singstimmen oder zwei gleiche Instrumente)

Duft, der: des Duft(e)s, die Düfte; der Duft von Flieder; **duf|tig; duf|ten**

dul|den: du duldest, er duldete, hat geduldet, duld(e)!; (still leiden, ertragen); **er|dul|den;** die **Duld|sam|keit,** die **Dul|dung; duld|sam**

dumm: dümmer, am dümmsten; *Kleinschreibung:* dummes Zeug reden – sich dumm stellen – ich lasse mich nicht für dumm verkaufen; *Großschreibung:* so was Dummes; **dumm|dreist;** die **Dumm|heit,** der **Dumm|kopf**

dumpf: dumpfer, am dumpfesten; (modrig; tief, gedämpft): ein dumpfer

Kellergeruch – ein dumpfes Geräusch; die **Dumpf|heit**

Dü|ne, die: der Düne, die Dünen; der **Dü|nen|sand**

Dün|ger, der: des Düngers, die Dünger; die **Dün|gung; dün|gen**

dun|kel: dunkler, am dunkelsten; *Kleinschreibung:* ein dunkler Punkt; *Großschreibung:* im Dunkeln sitzen – ins Dunkle laufen; etwas im Dunkeln (unklar) lassen; **dun|kel|blau;** die **Dun|kel|heit,** die **Dun|kel|kam|mer**

dünn: dünner, am dünnsten; durch dick und dünn gehen; **dünn be|völ|kert** *auch* **dünn|be|völ|kert, dünn|flüs|sig**

Dunst, der: des Dunst(e)s, die Dünste; (Dampf, Hauch); keinen blassen Dunst (keine Ahnung) haben; die **Dunst|glo|cke; duns|tig; düns|ten** (in wenig Wasser und Fett garen), **ver|duns|ten**

Dur, das: (Tongeschlecht); der **Dur|ak|kord;** → Moll

durch: durch sie – er ging durch den Wald – durch und durch (ganz und gar); **durch|aus, durch|weg; durch|ar|bei|ten** (ohne Unterbrechung)

Durch|blick, der: des Durchblick(e)s; den Durchblick haben (Zusammenhänge verstehen); **durch|bli|cken:** etwas durchblicken lassen (andeuten)

durch|blu|tet: gut durchblutete *auch* gutdurchblutete Haut; die **Durch|blu|tung**

durch|bre|chen: er hat einen Ast durchgebrochen; **durch|bre|chen:** er wird die gegnerische Linie durchbrechen; der **Durch|bruch;** → brechen

durch|che|cken: sich vom Arzt durchchecken (gründlich untersuchen) lassen

durch|dre|hen: das Fleisch durch den Wolf drehen; ich bin völlig durchgedreht (habe die Nerven verloren)

durch|drin|gen: er konnte mit seiner Ansicht nicht durchdringen; **durch|drin|gen:** sie sollen den Urwald durchdringen; → dringen

durch|ei|nan|der *auch* **durch|ein|an|der:** wir sind völlig durcheinander (wissen nicht, was los ist); das **Durch|ein|an|der; durch|ein|an|der|brin|gen, durch|ein|an|der|re|den, durch|ein|an|der|spre|chen**

Durch|fall, der: des Durchfall(e)s, die Durchfälle; **durch|fal|len** (eine Prüfung nicht bestehen)

durch|füh|ren: wir werden den Wettbewerb durchführen; die **Durch|füh|rung; durch|führ|bar**

durch|ge|hen: wir sind da durchgegangen – das lassen wir ihm nicht durchgehen (dafür wird er bestraft); **durch|ge|hend:** das Geschäft hat durchgehend geöffnet; → gehen

durch|grei|fen: die Polizisten mussten durchgreifen (Ordnung schaffen); → greifen

Durch|lass, der: des Durchlasses, die Durchlässe; die **Durch|läs|sig|keit; durch|läs|sig; durch|las|sen**

durch|lau|fen: wir sind ohne Pause durchgelaufen; **durch|lau|fen:** er hat die Strecke in einer Stunde durchlaufen; der **Durch|lauf,** der **Durch|lauf|er|hit|zer;** → laufen

durch|le|sen: sie hat das Buch von Anfang bis Ende durchgelesen; → lesen

durch|que|ren: du durchquerst, er durchquerte, hat durchquert, durchquer(e)!; den Fluss durchqueren

durch|rei|ßen: er hat den Brief durchgerissen; → reißen

Durch|sa|ge, die: der Durchsage, die Durchsagen; die Durchsage auf dem Bahnsteig; **durch|sa|gen**

Durch|schlag, der: des Durchschlags, die Durchschläge; einen Brief mit Durchschlag schreiben; **durch|schla|gen**

durch|schnei|den: das Papier durchschneiden; **durch|schnei|den:** viele Gräben durchschneiden die Wiese; der **Durch|schnitt,** das **Durchschnitts|alter; durch|schnitt|lich:** durchschnittliche, überdurchschnittliche Leistungen vollbringen

durch|set|zen: seinen Willen durchsetzen; **durch|set|zen:** das Gestein ist mit Erzen durchsetzt

durch|sich|tig: durchsichtiger Stoff; die **Durch|sicht,** die **Durch|sich|tig|keit**

durch|strei|chen: das Wort durchstreichen; → streichen

durch|su|chen: die Koffer durchsuchen; die **Durch|su|chung**

durch|trie|ben: durchtriebener, am durchtriebensten; (gerissen, verschlagen, böse): ein durchtriebener Plan

durch|weg: sie hat durchweg (überall) Zweien

durch|zie|hen: eine Schlechtwetterfront ist durchgezogen – er will den Faden durch das Nadelöhr durchziehen; **durch|zie|hen:** der Fluss durchzieht das ganze Land

Durch|zug, der: des Durchzug(e)s, die Durchzüge; auf Durchzug schalten (nicht mehr zuhören)

dür|fen: du darfst, er durfte, er dürfte, hat gedurft; ich darf ins Kino gehen – das dürfte genug sein – das darf doch nicht wahr sein!

dürf|tig: dürftiger, am dürftigsten; (knapp, wenig): ein dürftiges Essen; **be|dürf|tig:** bedürftig sein

dürr: dürrer, am dürrsten; ein dürrer Ast – ein dürrer Mensch; die **Dür|re** (Trockenheit)

Durst, der: des Durst(e)s; die **Durststre|cke; durs|tig, durst|lö|schend; ver|durs|ten**

du|schen *auch* **du|schen:** du duschst, er duschte, hat geduscht, dusch(e)!; die **Du|sche**

Dü|se, die: der Düse, die Düsen; der **Dü|sen|an|trieb,** das **Dü|sen|flugzeug,** der **Dü|sen|jä|ger; dü|sen** (sausen)

Du|sel, der: des Dusels; sie hat Dusel (Glück) gehabt

dus|se|lig *auch* **duss|lig:** dussliger, am dussligsten; (töricht, dumm); die **Duss|lig|keit:** in seiner Dussligkeit

düs|ter *auch* **dus|ter:** düsterer, am düstersten; (finster): ein düsterer Raum; die **Düs|ter|nis**

Dut|zend, das: des Dutzends, die Dutzende; (12 Stück)

du|zen: du duzt, er duzte, hat geduzt, duz(e)!; sich duzen; du zueinander sagen; *Gegensatz* siezen

DVD *engl.,* die: der DVD, die DVDs; *Abk. für* **d**igital **v**ersatile **d**isc (ein der CD ähnlicher Datenträger mit mehr Speicherplatz); der **DVD-Play|er,** der **DVD-Re|kor|der** *auch* **DVD-Re|corder**

Dy|na|mik, die: der Dynamik; (Lehre von der Bewegung von Körpern unter Kräfteeinfluss; Schwung): etwas mit viel Dynamik (Schwung) angehen; **dy|na|misch**

Dy|na|mit *griech.,* das: des Dynamits; (Sprengstoff)

Dy|na|mo *griech.*, der: des Dynamos, die Dynamos; *Kurzw. für* Dynamomaschine (Maschine zum Erzeugen von Strom): der Dynamo am Fahrrad

D-Zug, der: *Abk. für* **D**urchgangs**zug**

E

Eb|be, die: der Ebbe, die Ebben; (Zurückweichen des Meeres im Gezeitenwechsel): *Gegensatz* Flut

eben: ebenes (flaches) Land; **eben|erdig;** die **Ebe|ne; eb|nen:** den Weg ebnen (glatt machen; frei machen)

eben: er ist eben (gerade) gekommen; **eben|da** *auch* **eben|da:** *Abk.* ebd. (genau dort), **eben|da|rum** (aus genau diesem Grund), **eben|dort** (genau dort), **eben|falls** (auch), **eben|so** (genau so, in derselben Weise), **ebenmä|ßig** (gleichmäßig)

eben|bür|tig: sie ist dir ebenbürtig (ebenso gut wie du) – er ist ein ebenbürtiger Gegner

Eber, der: des Ebers, die Eber; (männliches Schwein)

Echo, das: des Echos, die Echos; das **Echo|lot** (Messgerät)

Ech|se, die: der Echse, die Echsen; (Kriechtier); die **Ei|dech|se**

echt: echte Perlen – eine echte Freundschaft – das Konzert war echt toll; die **Echt|heit**

EC-Kar|te *auch* **ec-Kar|te,** die: der EC-Karte, die EC-Karten; *Abk. für* **Eu**rocheckkarte; mit der EC-Karte bezahlen

Ecke, die: der Ecke, die Ecken; an allen Ecken und Enden (überall); der **Eckzahn; eckig**

edel: edler, am edelsten; ein edler (gut handelnder) Mensch – ein edles (reinrassiges) Pferd; **edel|mü|tig;** der **Edel|mann,** das **Edel|me|tall,** der **Edel|stein,** das **Edel|weiß**

EDV, die: *Abk. für* **e**lektronische **D**aten**v**erarbeitung; das **EDV-Pro|gramm**

Ef|fekt *lat.*, der: des Effekt(e)s, die Effekte; (Wirkung, Erfolg, Ergebnis); **ef|fek|tiv** (tatsächlich wirksam), **effekt|voll** (beeindruckend)

egal: das ist mir völlig egal (gleich, gleichgültig)

Eg|ge, die: der Egge, die Eggen; (Gerät zur Bearbeitung von landwirtschaftlichen Feldern); **eg|gen**

Ego|is|mus *lat.*, der: des Egoismus, die Egoismen; (Ichbezogenheit, Selbstsucht); der **Ego|ist; ego|is|tisch**

Ehe, die: der Ehe, die Ehen; das **Ehepaar,** die **Ehe|schlie|ßung; ehe|lich, un|ehe|lich**

ehe: ehe (bevor) er kommt; **eher:** je eher (früher), desto besser, **ehe|malig:** ehemalige Schüler

Eh|re, die: der Ehre, die Ehren; die **Ehren|run|de,** das **Eh|ren|wort:** jemandem sein Ehrenwort geben, der **Ehrgeiz,** die **Eh|rung; eh|ren|voll, ehr|gei|zig, ehr|lich; eh|ren, ver|ehren**

Ei, das: des Ei(e)s, die Eier; sie gleichen einander wie ein Ei dem anderen – er sieht aus wie aus dem Ei gepellt (sehr sorgfältig gekleidet) – jemanden wie ein rohes Ei (ganz vorsichtig) behandeln – das Ei des Kolumbus (überraschend einfache Lösung); die **Ei|erspei|se,** das **Ei|gelb,** die **Ei|er|uhr**

Ei|che, die: der Eiche, die Eichen; (Laubbaum); die **Ei|chel,** das **Eichen|laub,** das **Eich|hörn|chen**

Eid, der: des Eid(e)s, die Eide; einen Eid ablegen, schwören – unter Eid aussagen; **be|ei|den;** → Meineid

Ei|dech|se, die: der Eidechse, die Eidechsen; → Echse

Ei|fer, der: des Eifers; großen Eifer (starkes Bemühen) zeigen; die **Ei|fer|sucht; eif|rig; nach|ei|fern**

ei|gen: das eig(e)ne Kind – sich etwas zu eigen machen (aneignen); das **Ei|gen:** das ist mein Eigen (Besitz), die **Ei|gen|art,** das **Ei|gen|heim,** die **Ei|gen|schaft,** das **Ei|gen|tum; ei|gen|ar|tig, ei|gen|hän|dig, ei|gen|nüt|zig:** eigennützig (nur für seine eigenen Zwecke) handeln, **ei|gen|sin|nig, ei|gen|wil|lig**

ei|gent|lich: sein eigentlicher (wirklicher) Name – was denkst du dir eigentlich (überhaupt)?

eig|nen: du eignest dich, er eignete sich, hat sich geeignet; sich für etwas eignen (dafür die Voraussetzung haben); die **Eig|nung,** die **Eig|nungs|prü|fung**

ei|len: du eilst, er eilte, ist geeilt, eil(e)!; der **Eil|brief,** die **Ei|le,** der **Eil|zug; ei|lig:** es eilig haben

Ei|mer, der: des Eimers, die Eimer; im Eimer sein (kaputt); **ei|mer|wei|se**

ein: *Kleinschreibung:* ein Mann, eine Frau, ein Kind – ein jeder – jeder gibt es einem anderen – es ist ein Uhr – ein für alle Mal(e) – ich weiß nicht mehr ein und aus (nicht mehr weiter) – er bleibt ein und derselbe; *Großschreibung:* mein Ein und Alles

ei|nan|der *auch* **ein|an|der:** (gegenseitig): wir helfen einander

ein|ar|mig: (mit einem Arm)

Ein|bahn|stra|ße, die: der Einbahnstraße, die Einbahnstraßen

Ein|band, der: des Einband(e)s, die Einbände; der Einband ist aus Leder; **ein|bin|den**

ein|be|ru|fen: eine Schülerratssitzung einberufen (sie stattfinden lassen); → rufen

ein|be|zie|hen: in diese Aktion müssen wir alle Schüler einbeziehen (mitmachen lassen); → ziehen

ein|bil|den: sich etwas einbilden (sich etwas ausdenken, sich falsche Vorstellungen machen); die **Ein|bil|dung; ein|ge|bil|det:** eingebildet (stolz) sein

ein|bläu|en: sich etwas einbläuen (angestrengt lernen)

ein|blen|den: sich in eine Sendung einblenden (sich melden); die **Ein|blen|dung**

ein|bre|chen: der **Ein|bre|cher,** der **Ein|bruch;** → brechen

ein|bür|gern: einen Ausländer einbürgern (ihm die Staatsbürgerschaft übertragen); die **Ein|bür|ge|rung**

ein|che|cken: am Flughafen einchecken (sich abfertigen lassen)

ein|deu|tig: ein eindeutiger (klarer) Beweis

ein|drin|gen: die Kreme dringt schnell in die Haut ein – Diebe sind in den Keller eingedrungen; der **Ein|dring|ling; ein|dring|lich** (besonders, überzeugend); → dringen

Ein|druck, der: des Eindruck(e)s, die Eindrücke; er machte einen guten Eindruck

ei|ner: da kann einer sagen, was er will – das kann einem leidtun – es ist nur einer gekommen – einer für alle, alle für einen – einer von beiden; **ei|ne, ei|nes** *auch* **eins:** ich will dir ein(e)s sagen – jemandem eins auswischen –

immer eins nach dem anderen, **ei|ner|lei, ei|ner|seits;** der **Ei|ner** (einstellige Zahl; Ruder- oder Paddelboot für eine Person)

ein|fach: einfacher, am einfachsten; es ist am einfachsten, *aber* es ist das Einfachste von der Welt; die **Ein|fach|heit; ver|ein|fa|chen**

ein|fah|ren: in das Bergwerk einfahren – das Fahrwerk einfahren – Gewinne einfahren (erzielen); die **Ein|fahrt;** → fahren

ein|fal|len: mir fällt etwas ein – das Haus fällt ein; der **Ein|fall; ein|falls|reich;** → fallen

ein|fäl|tig: einfältiger, am einfältigsten; (etwas beschränkt, dumm); die **Ein|falt,** der **Ein|falts|pin|sel**

ein|flö|ßen: Medizin einflößen (vorsichtig zu trinken geben) – Furcht einflößen (hervorrufen)

Ein|fluss, der: des Einflusses, die Einflüsse; sie hat großen Einfluss (Ansehen); die **Ein|fluss|nah|me; ein|fluss|reich; be|ein|flus|sen**

ein|frie|ren: Essen einfrieren

ein|fros|ten: Fleisch einfrosten

ein|fü|gen: Wörter in einen Lückentext einfügen; die **Ein|fü|gung**

ein|füh|ren: Waren einführen; die **Ein|fuhr,** die **Ein|füh|rung**

Ein|gang, der: des Eingang(e)s, die Eingänge; der **Haupt|ein|gang**

ein|ge|ben: Daten in den Computer eingeben; die **Ein|ga|be,** die **Ein|ge|bung** (plötzlich auftauchender Gedanke)

eingebildet: eingebildeter, am eingebildetsten; eingebildet (hochmütig) sein

Ein|ge|bo|re|ne, der *auch* die: des *auch* der Eingeborenen, die Eingeborenen; (Ureinwohner)

ein|ge|hen: sie geht auf mich ein (hört mir zu) – die Pflanze geht ein (stirbt ab)

ein|ge|schnappt: das Schloss ist eingeschnappt (zu) – das Kind ist eingeschnappt (beleidigt)

ein|ge|ste|hen: seinen Fehler eingestehen (zugeben); das **Ein|ge|ständ|nis**

Ein|ge|wei|de, das: des Eingeweides, die Eingeweide; (Gedärme)

ein|ge|weiht: er ist eingeweiht (weiß Bescheid)

ein|grei|fen: die Polizei musste eingreifen (etwas tun); der **Ein|griff;** → greifen

ein|hei|misch: die einheimische Bevölkerung; der *auch* die **Ein|hei|mi|sche**

ein|heim|sen: er hat viele Siege eingeheimst (errungen) – viel Lob einheimsen (bekommen)

Ein|heit, die: der Einheit, die Einheiten; Tag der Deutschen Einheit (3. Oktober); die **Maß|ein|heit; ein|heit|lich**

ein|ho|len: Informationen einholen (sich besorgen) – jemanden einholen (erreichen)

ei|nig: einig (einer Meinung) sein – einig werden; die **Ei|nig|keit; ei|ni|gen:** sich einigen, **ver|ei|ni|gen**

ei|ni|ge: es kamen nur einige Leute – einige Male – einige Häuser weiter – mit einiger Mühe; **ei|ni|ger|ma|ßen**

ein|kau|fen: Lebensmittel einkaufen; der **Ein|kauf,** der **Ein|kaufs|wa|gen,** das **Ein|kaufs|zen|trum**

ein|klem|men: sich den Finger einklemmen

Ein|kom|men, das: des Einkommens, die Einkommen; (regelmäßige Bezüge, Lohn, Gehalt)

ein|la|den: Waren einladen – jemanden einladen; die **Ein|la|dung;** → laden

ein|las|sen: jemanden einlassen (hereinkommen lassen) – Wasser in die Wanne einlassen – sich auf ein Abenteuer einlassen (mitmachen); der **Ein|lass;** → lassen

D E F

einlau|fen: das Schiff läuft in den Hafen ein – die Hose ist eingelaufen (zu kurz und eng geworden); der **Ein|lauf;** → laufen

ein|lei|ten: etwas einleiten (in die Wege leiten) – den Text mit ein paar Sätzen einleiten (beginnen); die **Ein|lei|tung;** → laufen

ein|len|ken: du solltest in dieser Sache einlenken (nachgeben und zustimmen); das **Ein|len|ken**

ein|leuch|ten: das leuchtet mir ein (das sehe ich ein)

ein|log|gen: sich einloggen (Computerverbindung herstellen)

ein|ma|chen: Obst einmachen (haltbar machen); das **Ein|mach|glas**

ein|mal: noch einmal – auf einmal (plötzlich) – alles auf einmal – ein- oder zweimal – das eine Mal; das **Ein|mal|eins, ein|ma|lig**

ein|mi|schen: sich in etwas einmischen

ein|mum|meln: sich gut einmummeln (in warme Kleidung, mit Decken einhüllen)

Ein|nah|me, die: der Einnahme, die Einnahmen; **ein|neh|men:** Geld einnehmen; ich bin für ihn eingenommen (finde ihn gut)

Ein|öde, die: der Einöde, die Einöden; (abgelegene Gegend)

ein|ord|nen: Briefmarken ins Album einordnen

ein|pa|cken: das **Ein|pack|pa|pier**

ein|prä|gen: sich etwas einprägen (lernen, merken); die **Ein|prä|gung; ein|präg|sam** (leicht zu merken)

ein|räu|men: Bücher, Spielsachen, Wäsche einräumen – jemandem das Recht einräumen (zugestehen), etwas zu tun

ein|re|den: auf jemanden einreden (ständig mit ihm sprechen) – das hast du dir nur eingeredet (stimmt gar nicht)

ein|rei|sen: in ein Land einreisen; die **Ein|rei|se,** die **Ein|rei|se|er|laub|nis**

ein|rei|ßen: ein Bauwerk einreißen; diese Gewohnheit darf aber nicht einreißen (darf sich nicht ausbreiten); → reißen

ein|ren|ken: die Schulter wurde ihm wieder eingerenkt – es hat sich alles wieder eingerenkt (ist in Ordnung gebracht worden)

ein|rich|ten: sich das Zimmer schön einrichten; die **Ein|rich|tung**

eins: *Kleinschreibung:* es schlägt eins – das Spiel steht zwei zu eins – mir ist alles eins (gleichgültig) – eins (einig) sein; *Großschreibung:* die Eins (Zahl) – er hat eine Eins geschrieben – er würfelte drei Einsen

ein|sam: einsamer, am einsamsten; ein einsames Leben führen (allein leben) – das ist einsame Spitze (ausgezeichnet)!; die **Ein|sam|keit**

Ein|satz, der: des Einsatzes, die Einsätze; die **Ein|satz|be|reit|schaft; ein|satz|be|reit; ein|satz|fä|hig, ein|satz|freu|dig; ein|set|zen:** sich für jemanden einsetzen (ihm helfen)

ein|scan|nen *engl. [einskänen]:* Daten, Texte einscannen

ein|schal|ten: das Radio einschalten – sich in eine Aktion einschalten (sich beteiligen); die **Ein|schalt|quo|te**

ein|schla|gen: einen Nagel einschlagen – einen Weg einschlagen – der

Blitz hat eingeschlagen; der Film hat eingeschlagen (ist ein Erfolg); → schlagen

ein|schleu|sen: jemanden einschleusen (heimlich hereinbringen)

ein|schlie|ßen: jemanden in seinem Zimmer einschließen; **ein|schließ-lich:** er ist bis einschließlich Montag nicht da; → schließen

ein|schrän|ken: sich einschränken müssen (mit weniger auskommen); die **Ein|schrän|kung**

ein|schrei|ben: sich in eine Liste einschreiben; das **Ein|schrei|ben** (Postsendung); → schreiben

ein|schüch|tern: du schüchterst ein, er schüchterte ein, hat eingeschüchtert; jemanden einschüchtern (seinen Mut nehmen); die **Ein|schüch|te|rung; ein|ge|schüch|tert:** ein eingeschüchtertes Kind

ein|schu|len: mit sechs Jahren eingeschult werden (zur Schule gehen); die **Ein|schu|lung**

ein|se|hen: seinen Irrtum einsehen – die Hefte einsehen (kontrollieren); das **Ein|se|hen:** ein Einsehen (Verständnis) haben, die **Ein|sicht; ein|sich|tig;** → sehen

ein|sei|tig: eine Sache zu einseitig sehen (nur eine Seite berücksichtigen); die **Ein|sei|tig|keit**

ein|sen|den: einen Leserbrief an die Zeitung einsenden (schicken); der **Ein|sen|der,** der **Ein|sen|de|schluss,** die **Ein|sen|dung;** → senden

ein|set|zen: einen Ersatzzug einsetzen – sich für eine Sache einsetzen (alles geben)

Ein|sied|ler, der: des Einsiedlers, die Einsiedler; als Einsiedler leben (ohne Kontakt zu anderen Menschen)

ein|sper|ren: jemanden in einem Raum einsperren

Ein|spruch, der: des Einspruch(e)s, die Einsprüche; gegen etwas Einspruch erheben (protestieren)

einst: (früher)

ein|stel|len: die Arbeit einstellen – das Fernglas scharf einstellen – sich auf etwas einstellen (konzentrieren) – jemanden einstellen (ihm Arbeit geben); die **Ein|stel|lung,** das **Ein|stel-lungs|ge|spräch**

ein|stel|lig: eine einstellige Summe

ein|stim|mig: einen Beschluss einstimmig fassen (alle stimmen zu); die **Ein|stim|mig|keit**

ein|stür|zen: das Haus ist eingestürzt; der **Ein|sturz; ein|sturz|ge|fähr|det** (droht einzustürzen)

ein|tö|nig: (langweilig); die **Ein|tö|nig-keit**

Ein|topf, der: des Eintopf(e)s, die Eintöpfe; der **Boh|nen|ein|topf**

Ein|tracht, die: der Eintracht; *Gegensatz* Zwietracht; **ein|träch|tig** (friedlich)

ein|tre|ten: in einen Verein eintreten – für jemanden eintreten (ihm helfen) – die Tür eintreten (zerstören); der **Ein|tritt,** das **Ein|tritts|geld;** → treten

ein|trich|tern: sich die Vokabeln eintrichtern (mit viel Mühe lernen)

ein|tru|deln: mit der Zeit trudelten alle ein (kamen nach und nach an)

ein|ver|stan|den: mit allem einverstanden sein (zustimmen); das **Ein|ver-ständ|nis**

Ein|wand, der: des Einwandes, die Einwände; (Widerspruch); **ein|wen|den**

ein|wan|dern: nach Deutschland einwandern; der **Ein|wan|de|rer,** die **Ein|wan|de|rung**

D E F

ein|wand|frei: (sehr gut, ohne Beanstandung)

Ein|weg|fla|sche, die: der Einwegflasche, die Einwegflaschen; (Flasche zum einmaligen Gebrauch)

ein|wei|hen: jemanden in ein Geheimnis einweihen (es ihm offenbaren) – ein Denkmal einweihen (der Öffentlichkeit übergeben); die **Ein|wei|hung**

ein|wer|fen: einen Brief einwerfen; → werfen

Ein|woh|ner, der: des Einwohners, die Einwohner; die **Ein|woh|ne|rin,** die **Ein|woh|ner|zahl**

Ein|zahl, die: der Einzahl; das Wort steht in der Einzahl (im Singular)

ein|zah|len: Geld auf ein Bankkonto einzahlen; die **Ein|zah|lung**

Ein|zel, das: des Einzels, die Einzel; (Spiel zweier einzelner Spieler gegeneinander); der **Ein|zel|gän|ger,** die **Ein|zel|heit**

ein|zeln: die einzelnen Kinder – er steht einzeln (allein); der **Ein|zel|ne:** jeder Einzelne – bis ins Einzelne – im Einzelnen

ein|zig: *Kleinschreibung:* unser einziger Sohn – einzig in seiner Art – das ist einzig und allein deine Schuld; *Großschreibung:* kein Einziger – das ist das Einzige, das ich habe – sie als Einzige; **ein|zig|ar|tig:** eine einzigartige (einmalige, hervorragende) Leistung

Eis, das: des Eises; drei Eis bestellen – Eis essen – eislaufen; der **Eis|bär,** das **Eis|bein** (gekochtes Bein vom Schwein), die **Eis|cre|me** *auch* **Eis|kre|me,** das **Eis|ho|ckey,** der **Eis|lauf,** die **Eis|zeit; ei|sig:** es herrschte eisiges Schweigen, **eis|kalt**

Ei|sen, das: des Eisens, die Eisen; mehrere Eisen im Feuer haben (mehrere Pläne) – das ist ein heißes Eisen (schwieriges Problem) – zum alten Eisen gehören (zu alt sein); die **Ei|sen|bahn; ei|sern:** ein eiserner (sehr fester) Wille

ei|tel: eitler, am eitelsten; (stolz auf sich selbst, eingebildet); die **Ei|tel|keit**

Ei|ter, der: des Eiters; **ei|te|rig** *auch* **eit|rig, ei|tern:** die Wunde eitert

Ei|weiß, das: des Eiweißes, die Eiweiße; **ei|weiß|hal|tig**

Ekel, der: des Ekels; (Abscheu, Widerwille): ein Ekel erregender *auch* ekelerregender Gestank; das **Ekel** (widerwärtiger Mensch); **ekel|haft, ek|lig; ekeln:** sich vor etwas, jemandem ekeln

Ek|zem *griech.*, das: des Ekzems, die Ekzeme; (juckender Hautausschlag)

Elan, der: des Elans; mit Elan (Schwung, Begeisterung) an die Arbeit gehen

elas|tisch: elastischer, am elastischsten; (beweglich, dehnbar); die **Elas|ti|zi|tät**

Ele|fant, der: des Elefanten, die Elefanten; sich wie ein Elefant im Porzellanladen benehmen (plump, ungeschickt)

ele|gant: eleganter, am elegantesten; (geschmackvoll, modisch, geschickt); die **Ele|ganz**

Elek|tri|zi|tät, die: der Elektrizität; der **Elek|tri|ker,** das **Elek|tri|zi|täts|werk:** *Abk.* E-Werk; **elek|trisch; elek|tri|sie|ren:** wie elektrisiert (aufgeschreckt) sein

Elek|tron *griech.*, das: des Elektrons, die Elektronen; (negativ geladenes Elementarteilchen); die **Elek|tro|nik** (Zweig der Elektrotechnik; Gesamtheit der elektronischen Bauteile einer Anlage); **elek|tro|nisch:** elektronische Datenverarbeitung (*Abk.* EDV)

Ele|ment *lat.*, das: des Element(e)s, die Elemente; (Urstoff, Grundbestandteil; Naturgewalt); **ele|men|tar** (grundlegend, naturhaft)

elend: elender, am elendsten; mir ist elend (schlecht, übel) zumute; **elendig;** das **Elend,** das **Elends|vier|tel**

elf: *Kleinschreibung:* der elfte Mai – um elf Uhr – wir sind elf; *Großschreibung:* die Elf (Zahl, Fußballmannschaft) – er kommt als Elfter ins Ziel; der **Elfer** (Elfmeter)

El|fe, die: der Elfe, die Elfen; (zarter, anmutiger Naturgeist); **el|fen|haft**

El|fen|bein, das: des Elfenbein(e)s; (Inneres der Stoßzähne des Elefanten)

Eli|te, die: der Elite, die Eliten; (Auslese der Besten)

El|le, die: der Elle, die Ellen; (Unterarmknochen; Längenmaß); der **Ellbo|gen** *auch* **El|len|bo|gen; el|lenlang:** eine ellenlange (übermäßig lange) Geschichte

El|lip|se *[griech.]*, die: der Ellipse, die Ellipsen; (ovales Gebilde, Kegelschnitt); **el|lip|tisch**

Els|ter, die: der Elster, die Elstern; (Rabenvogel)

El|tern, die: der Eltern; das **El|ternhaus**

E-Mail *engl. [imel]*, die: der E-Mail, die E-Mails; (elektronische Post): eine E-Mail schicken, öffnen; die **E-Mail-Ad|res|se; email|len** *auch* **e-mai|len**

Eman|zi|pa|ti|on, die: der Emanzipation; (Befreiung von Abhängigkeit und Bevormundung; Gleichstellung); **eman|zi|piert** (frei, ungebunden, selbstständig); **eman|zi|pie|ren:** sich emanzipieren

Emi|grant *lat.*, der: des Emigranten, die Emigranten; (Auswanderer); die **Emigran|tin,** die **Emi|gra|ti|on; emi|grieren**

Emo|ti|on *lat.*, die: der Emotion, die Emotionen; (Gefühl, Gemütsbewegung); **emo|ti|o|nal** (gefühlsmäßig)

emp|fan|gen: du empfängst, er empfing, er empfinge, hat empfangen, empfang(e)!; der **Emp|fang,** die **Empfäng|nis,** die **Emp|fäng|nis|ver|hütung**

emp|feh|len: du empfiehlst, er empfahl, er empfähle, hat empfohlen, empfiehl!; ein Buch empfehlen; die **Empfeh|lung; emp|feh|lens|wert**

emp|fin|den: du empfindest, er empfand, er empfände, hat empfunden, empfind(e)!; Freude, Schmerz empfinden – etwas als Beleidigung empfinden; die **Emp|fin|dung; emp|findlich** (leicht verletzbar), **emp|find|sam** (gefühlvoll)

em|por: (hinauf, nach oben)

em|pö|ren: du empörst dich, er empörte sich, hat sich empört, empör(e) dich!; (sich aufregen); die **Em|pörung**

em|sig: emsiger, am emsigsten; emsig (fleißig, ohne Pause) lernen; die **Emsig|keit**

En|de, das: des Endes, die Enden; am Ende sein – zu Ende – letzten Endes – Ende Mai – Ende nächster Woche; das **End|er|geb|nis,** der **End|lauf,** der **End|spurt; end|lich, end|los, endgül|tig:** eine endgültige (unumstößliche) Entscheidung; **be|en|den**

Ener|gie *griech.*, die: der Energie, die Energien; (Fähigkeit, Arbeit zu leisten; Tatkraft, Nachdruck); **ener|giebe|wusst, ener|gisch** (tatkräftig)

eng: enger, am engsten; wir sind eng befreundet – ein eng anliegendes

D E F

auch enganliegendes Kleid; **eng|stir|nig:** engstirnig sein (einseitig denken); die **En|ge:** jemanden in die Enge treiben (bedrängen)

En|gel, der: des Engels, die Engel; (Bote Gottes); die **En|gels|ge|duld** (sehr große Geduld)

D E F

Eng|land: der **Eng|län|der,** die **Eng|län|de|rin; eng|lisch**

En|kel, der: des Enkels, die Enkel; (Kind des Sohnes oder der Tochter); die **En|ke|lin,** das **En|kel|kind**

enorm: der Sieg war enorm (außerordentlich) wichtig – der Sturm hat enorme (ungeheure) Schäden angerichtet

ent|beh|ren: du entbehrst, er entbehrte, hat entbehrt, entbehr(e)!; ihren Freund entbehren (vermissen) – vieles entbehren (auf vieles verzichten) müssen; die **Ent|beh|rung; ent|behr|lich** (überflüssig)

ent|bin|den: sie hat in der Klinik entbunden (ein Kind zur Welt gebracht); die **Ent|bin|dung**

ent|blö|ßen: du entblößt, er entblößte, hat entblößt, entblöß(e)!; sich entblößen; die **Ent|blö|ßung**

ent|de|cken: sein Talent fürs Turnen entdecken; die **Ent|de|ckung**

En|te, die: der Ente, die Enten; (Schwimmvogel; falsche Zeitungsmeldung); der **En|te|rich**

en|tern: du enterst, er enterte, hat geentert, enter(e)!; ein Schiff entern (erobern)

En|ter|tai|ner *engl. [entertener],* der: des Entertainers, die Entertainer; (berufsmäßiger Unterhalter); das **En|ter|tain|ment**

ent|fal|len: der Name ist mir entfallen (ich habe ihn vergessen); → fallen

ent|fer|nen: du entfernst, er entfernte, hat entfernt, entfern(e)!; einen Fleck entfernen (beseitigen); die **Ent|fer|nung; ent|fernt:** der Sportplatz liegt weit entfernt (weg) von hier

ent|füh|ren: ein Flugzeug entführen (gewaltsam an einen anderen Ort bringen); der **Ent|füh|rer,** die **Ent|füh|rung**

ent|ge|gen: entgegen seinem Rat; die **Ent|geg|nung** (Antwort, Reaktion); **ent|ge|gen|ge|setzt:** sie sind in die entgegengesetzte Richtung gelaufen; **ent|ge|gen|kom|men, ent|ge|gen|neh|men, ent|ge|gen|stel|len, ent|geg|nen** (gegenteilig antworten)

ent|ge|hen: sich nichts entgehen lassen (nichts versäumen) – einer Gefahr entgangen sein (davon nicht betroffen worden sein); → gehen

Ent|gelt, das: des Entgeltes, die Entgelte; (Bezahlung); **un|ent|gelt|lich** (kostenlos); **ent|gel|ten**

ent|glei|sen: die Straßenbahn ist entgleist (aus den Schienen gesprungen); die **Ent|glei|sung**

ent|hal|ten: das Paket enthält nichts Besonderes – sich der Stimme enthalten; die **Ent|halt|sam|keit** (Mäßigung, Verzicht), die **Ent|hal|tung;** → halten

ent|hül|len: ein Geheimnis enthüllen (öffentlich machen); die **Ent|hül|lung**

ent|kom|men: der Häftling ist entkommen (geflohen); → kommen

ent|la|den: den LKW entladen (ausladen) – ein Gewitter hat sich entladen (ist losgebrochen); die **Ent|la|dung;** → laden

ent|lang: den Zaun, den Wald entlang – am Zaun, am Wald entlang – entlang dem Zaun *auch* des Zaunes; **ent|lang|fah|ren, ent|lang|kom|men**

ent|lar|ven: du entlarvst, er entlarvte, hat entlarvt, entlarv(e)!; jemanden als Betrüger entlarven; die **Ent|lar|vung**

ent|las|sen: jemanden entlassen (ihm die Arbeit aufkündigen); die **Ent|las|sung;** → lassen

ent|las|ten: die Umgehungsstraße entlastet den Stadtverkehr – sein Gewissen entlasten (sich aussprechen); die **Ent|las|tung**

ent|lau|fen: unsere Katze ist entlaufen (weggelaufen); → laufen

ent|le|di|gen: sich einer Last entledigen (von ihr befreien)

ent|le|gen: entlegener, am entlegensten; (fern, weit weg, abseits gelegen)

ent|mu|ti|gen: du entmutigst, er entmutigte, hat entmutigt, entmutige!; sich nicht entmutigen (den Mut nehmen) lassen – jemanden entmutigen

ent|pup|pen: du entpuppst dich, er entpuppte sich, hat sich entpuppt; sich als Talent entpuppen (erweisen)

ent|rin|nen: du entrinnst, er entrann, er entränne, ist entronnen; einer Gefahr entronnen (ihr knapp entgangen) sein; das **Ent|rin|nen**

ent|rüm|peln: du entrümpelst, er entrümpelte, hat entrümpelt, entrümp(e)le!; den Keller entrümpeln (nicht mehr gebrauchte Gegenstände entfernen); die **Ent|rüm|pe|lung**

ent|rüs|ten: sich über jemanden, etwas entrüsten (sich aufregen) – entrüstet (empört) sein; die **Ent|rüs|tung**

ent|schä|di|gen: für etwas entschädigt werden (einen Ausgleich bekommen); die **Ent|schä|di|gung**

ent|schei|den: du entscheidest, er entschied, er entschiede, hat entschieden, entscheid(e)!; sich für etwas entscheiden; **ent|schei|dend:** der entscheidende (wichtigste) Unterschied; die **Ent|schei|dung; ent|schie|den, un|ent|schie|den**

ent|schlie|ßen: sich zu etwas entschließen – fest entschlossen sein; die **Ent|schlos|sen|heit** (Wille, Tatkraft), der **Ent|schluss;** → schließen

ent|schul|di|gen: du entschuldigst, er entschuldigte, hat entschuldigt, entschuldige!; sich für, wegen etwas entschuldigen (um Verzeihung bitten); die **Ent|schul|di|gung**

ent|setz|lich: ein entsetzliches (furchtbares) Unglück; das **Ent|set|zen:** sprachlos vor Entsetzen sein; **ent|set|zen:** sich entsetzen (Grauen empfinden)

ent|sor|gen: Müll entsorgen (beseitigen, umwandeln)

ent|span|nen: die Muskeln entspannen – sich entspannen (neue Kraft schöpfen); die **Ent|span|nung; ent|spannt:** entspannt sein

ent|spre|chen: das Ergebnis entspricht nicht meinen Erwartungen; **ent|spre|chend:** den Umständen entsprechend geht es ihm gut; → sprechen

ent|sprin|gen: der Fluss entspringt in den Bergen (hat dort seine Quelle); → springen

ent|ste|hen: die Siedlung entstand (wurde gebaut) vor vielen Jahren – es entstand große Unruhe; die **Ent|ste|hung;** → stehen

ent|täu|schen: jemanden enttäuschen (dessen Erwartungen nicht erfüllen); die **Ent|täu|schung; ent|täuscht:** enttäuscht sein

ent|wäs|sern: die Felder entwässern; die **Ent|wäs|se|rung**

D E F

D
E
F

ent|we|der: entweder du kommst jetzt oder wir fahren ohne dich los

ent|wen|den: du entwendest, er entwendete, hat entwendet; (wegnehmen, stehlen)

ent|wer|fen: einen Plan entwerfen (ausarbeiten); der **Ent|wurf;** → werfen

ent|wer|ten: einen Fahrschein entwerten (für eine weitere Fahrt ungültig machen); die **Ent|wer|tung**

ent|wi|ckeln: ein neues Verfahren entwickeln – einen Film entwickeln – sich früh, gut, langsam entwickeln – der Frosch entwickelt sich aus der Kaulquappe; die **Ent|wick|lung,** die **Ent|wick|lungs|hil|fe**

ent|wi|schen: (entkommen)

ent|zie|hen: ich darf mich dieser Aufgabe nicht entziehen (muss sie erfüllen) – jemandem sein Vertrauen entziehen; der **Ent|zug;** → ziehen

ent|zif|fern: du entzifferst, er entzifferte, hat entziffert, entziffer(e)!; etwas Geschriebenes schlecht entziffern (lesen) können; die **Ent|zif|fe|rung**

ent|zü|cken: entzückt (begeistert) sein; das **Ent|zü|cken; ent|zü|ckend**

ent|zün|den: ein Streichholz entzünden (zum Brennen bringen) – die Wunde hat sich entzündet (gerötet und ist angeschwollen); die **Ent|zün|dung**

ent|zwei: entzwei (kaputt) sein; **ent|zwei|bre|chen, ent|zwei|en:** sich entzweien (nicht mehr zusammengehören), **ent|zwei|ge|hen**

Epi|de|mie *griech.,* die: der Epidemie, die Epidemien; eine Epidemie (ansteckende Seuche, Massenerkrankung) ist ausgebrochen

Epik *griech.,* die: der Epik; (erzählende Dichtung); das **Epos** (größere erzählende Versdichtung); **episch**

Epo|che *griech.,* die: der Epoche, die Epochen; (bedeutungsvoller Zeitabschnitt); Epoche machend *auch* epochemachend (sehr bedeutend)

Epos, das: des Epos, die Epen; (größere erzählende Versdichtung, Heldengedicht)

er: er kommt (3. Person, Singular)

er|bar|men: du erbarmst dich, er erbarmte sich, hat sich erbarmt, erbarm(e) dich!; er erbarmt sich meiner (ich tue ihm leid); das **Er|barmen; er|bärm|lich** (sehr schlecht), **er|bar|mungs|los** (grausam)

er|bau|en: ein Schloss erbauen; sich an guter Musik erbauen (erfreuen) – von etwas nicht erbaut (begeistert) sein; der **Er|bau|er,** die **Er|bau|ung**

er|ben: du erbst, er erbte, hat geerbt; das Bild hat er von seiner Mutter geerbt; der **Er|be,** die **Er|bin,** das **Er|be** (das hinterlassene Vermögen); **erblich**

er|beu|ten: du erbeutest, er erbeutete, hat erbeutet, erbeut(e)!; die Piraten erbeuteten Schmuck

Erb|se, die: der Erbse, die Erbsen

Er|de, die: der Erde, die Erden; die **Erdach|se,** die **Erd|at|mos|phä|re,** das **Erd|be|ben,** die **Erd|bee|re,** das **Erdgas,** das **Erd|ge|schoss,** die **Erd|kunde,** das **Erd|öl,** der **Erd|rutsch; erdnah, erd|ver|bun|den**

er|drü|cken: er wird von seinen Fans vor Begeisterung fast erdrückt; **erdrü|ckend:** ein erdrückender (sehr starker) Beweis

er|ei|fern: du ereiferst dich, er ereiferte sich, hat sich ereifert, ereifer(e) dich!; (sich aufregen)

Er|eig|nis, das: des Ereignisses, die Ereignisse; die Meisterschaft war ein großes Ereignis; **er|eig|nis|reich; er|eig|nen:** sich ereignen

Erek|ti|on, die: der Erektion, die Erektionen; (Versteifung des männlichen Gliedes)

er|fah|ren: etwas Neues erfahren – etwas am eigenen Leib erfahren (spüren); → fahren

er|fah|ren: erfahrener, am erfahrensten; ein erfahrener Lehrer; **er|fah|rungs|ge|mäß;** die **Er|fah|rung:** etwas in Erfahrung bringen

er|fas|sen (aufnehmen)

er|fin|den: eine Maschine erfinden; der **Er|fin|der:** der Erfinder der Dampfmaschine, die **Er|fin|de|rin; er|fin|dungs|reich;** → finden

Er|folg, der: des Erfolg(e)s, die Erfolge; unser Theaterstück war ein voller Erfolg; **Er|folg ver|spre|chend** *auch* **er|folg|ver|spre|chend:** ein Erfolg versprechender Plan, **er|folg|ge|krönt, er|folg|los, er|folg|reich**

er|for|der|lich: die Unterschrift der Eltern ist erforderlich (unbedingt notwendig); **er|for|dern:** die Sache erfordert hohen Einsatz

er|for|schen: unbekanntes Land erforschen; die **Er|for|schung**

er|freu|en: über ein Geschenk erfreut sein – sich einer guten Gesundheit erfreuen; **er|freu|lich:** sie hat eine erfreuliche (sehr gute) Entwicklung genommen, **er|freu|li|cher|wei|se** (zum Glück)

er|fri|schen: du erfrischst dich, er erfrischte sich, hat sich erfrischt, erfrisch dich!; die **Er|fri|schung,** das **Er|fri|schungs|ge|tränk**

er|fül|len: sich einen Wunsch erfüllen – einen Auftrag erfüllen; die **Er|fül|lung; er|füll|bar**

er|gän|zen: du ergänzt, er ergänzte, hat ergänzt, ergänz(e)!; einen Satz ergänzen (vervollständigen) – sie ergänzen sich beide sehr gut (passen gut zusammen); die **Er|gän|zung,** die **Er|gän|zungs|probe**

er|gat|tern: du ergatterst, er ergatterte, hat ergattert, ergatter(e)!; (sich etwas verschaffen, besorgen)

er|ge|ben: die Umfrage hat ergeben, dass... – es hat sich ergeben – die Bankräuber mussten sich ergeben; das **Er|geb|nis; er|geb|nis|los, er|gie|big** (lang und erfolgreich); → geben

er|ge|hen: Gnade für *auch* vor Recht ergehen lassen – dort wird es dir schlecht ergehen; → gehen

er|grei|fen: einen Beruf ergreifen – die Flucht ergreifen – die Macht ergreifen – Maßnahmen ergreifen – das Wort ergreifen; die **Er|grif|fen|heit; er|grei|fend:** ein ergreifendes Schauspiel, **er|grif|fen:** von einem Buch ergriffen (berührt) sein; → greifen

er|ha|ben: er ist über jeden Verdacht erhaben (wird nicht verdächtigt)

er|hal|ten: einen Brief, ein Geschenk, Besuch, einen Schlag erhalten – das Buch ist noch gut erhalten – jemanden am Leben erhalten – einen Betrag dankend erhalten; der **Er|halt:** den Erhalt (Empfang) des Briefes bestätigen, die **Er|hal|tung:** für die Erhaltung des Gebäudes sorgen; **er|hält|lich:** die Karten sind überall erhältlich (zu kaufen); → halten

er|he|ben: die **Er|he|bung; er|heb|lich** (groß, beträchtlich); → heben

er|hit|zen: du erhitzt, er erhitzte, hat erhitzt, erhitz(e)!; die **Er|hit|zung**

er|ho|len: du erholst dich, er erholte sich, hat sich erholt, erhol(e) dich!;

die **Er|ho|lung,** der **Er|ho|lungs|ur|laub**

er|in|nern: du erinnerst, er erinnerte, hat erinnert, erinner(e)!; sich an einen Vorfall erinnern – sich des Vorfalles erinnern – jemanden an etwas erinnern; die **Er|in|ne|rung,** das **Er|in|ne|rungs|ver|mö|gen**

er|käl|ten: du erkältest dich, er erkältete sich, hat sich erkältet, erkälte dich nicht!; die **Er|käl|tung; er|käl|tet:** erkältet sein

er|ken|nen: etwas deutlich erkennen – sich zu erkennen geben (zeigen, wer man ist); das **Er|ken|nen,** die **Er|kennt|nis,** das **Er|ken|nungs|zei|chen; er|kenn|bar;** → kennen

Er|ker, der: des Erkers, die Erker; (Hausvorbau); das **Er|ker|fens|ter**

er|klä|ren: eine Zeichnung, ein Bild erklären (erläutern) – seine Haltung erklären (begründen) – jemanden für schuldig erklären; die **Er|klä|rung:** eine Erklärung abgeben; **er|klär|lich, un|er|klär|lich**

er|kun|di|gen: du erkundigst dich, er erkundigte sich, hat sich erkundigt, erkundige dich!; die **Er|kun|di|gung**

er|las|sen: eine Schuld, Strafe erlassen – ein Gesetz erlassen; der **Er|lass; un|er|läss|lich** (unbedingt notwendig); → lassen

er|lau|ben: du erlaubst, er erlaubte, hat erlaubt, erlaub(e)!; die **Er|laub|nis:** um Erlaubnis fragen

er|läu|tern: du erläuterst, er erläuterte, hat erläutert, erläuter(e)!; (erklären); die **Er|läu|te|rung**

er|le|ben: ein Popkonzert erleben; das **Er|leb|nis**

er|le|di|gen: du erledigst, er erledigte, hat erledigt, erledig(e)!; die **Er|le|di|gung; er|le|digt:** ich bin erledigt (erschöpft; ohne Chancen)

er|leich|tern: du erleichterst, er erleichterte, hat erleichtert, erleichtere!; jemandem die Arbeit erleichtern – sein Gewissen erleichtern (die Wahrheit sagen); die **Er|leich|te|rung**

er|lo|gen: das ist erlogen (gelogen, ausgedacht); → lügen

er|lö|schen: das Feuer erlischt – die Mitgliedschaft erlosch nach einem Jahr

er|lö|sen: (befreien); der **Er|lö|ser,** die **Er|lö|sung**

er|mah|nen: jemanden ermahnen (an richtiges Verhalten erinnern); die **Er|mah|nung**

er|mes|sen: die Größe des Schadens lässt sich nicht ermessen; das **Er|mes|sen** (Urteil, Gutdünken): nach meinem Ermessen; **un|er|mess|lich** (sehr groß, bedeutsam); → messen

er|mit|teln: du ermittelst, er ermittelte, hat ermittelt, ermitt(e)le!; (herausfinden); der **Er|mitt|ler,** die **Er|mitt|lung:** eine Ermittlung einleiten

er|mor|den: die **Er|mor|dung**

er|mü|det: ermüdet sein; die **Er|mü|dung:** vor Ermüdung einschlafen

er|mun|tern: du ermunterst, er ermunterte, hat ermuntert, ermunter(e)!; (auffordern, ermutigen); die **Er|mun|te|rung**

er|näh|ren: du ernährst, er ernährte, hat ernährt, ernähr(e)!; die **Er|näh|rung**

er|neut: (schon wieder)

ernst: ernster, am ernstesten; *Kleinschreibung:* eine ernste Erkrankung – eine Sache ernst nehmen – das ist ernst gemeint *auch* ernstgemeint; *Großschreibung:* sie meint es im Ernst – er machte Ernst damit – es ist mein Ernst – allen Ernstes – aus dem Spaß wurde Ernst; **ẹrnst|haft; ernst|lich;** der **Ernst,** der **Ernst|fall**

Ẹrn|te, die: der Ernte, die Ernten; das **Ern|te|dạnk|fest; ern|ten**

er|o̱bern: du eroberst, er eroberte, hat erobert, erob(e)re!; ein Gebiet erobern (besetzen) – einen Meistertitel erobern (erringen); der **Er|obe|rer,** die **Er|obe|rung**

er|ọ̈r|tern: du erörterst, er erörterte, hat erörtert, erörter(e)!; ein Thema erörtern; die **Er|ör|te|rung**

E̱ros *griech.*, der: des Eros; (Gott der Liebe); die **Ero̱|tik** (sinnliche Liebe; Sexualität); **ero̱|tisch**

Ero|si|o̱n, die: der Erosion, die Erosionen; (Erdabtragung durch Wasser, Eis oder Wind)

er|prẹs|sen: der **Er|pres|ser,** die **Er|pressung; er|pres|se|risch**

er|re̱|gen: sich über etwas erregen (aufregen); der **Er|re|ger:** Erreger (Verursacher, Auslöser) einer Krankheit, die **Er|re|gung; er|reg|bar**

er|re̱i̱|chen: er|reich|bar

er|rịch|ten: die **Er|rich|tung**

er|rịn|gen: einen Vorteil, das Vertrauen erringen (erlangen); die **Er|rin|gung,** die **Er|rụn|gen|schaft;** → ringen

Er|sạtz, der: des Ersatz(e)s; der **Er|sạtz|dienst,** der **Er|satz|mann,** das **Ersatz|teil,** die **Er|sẹt|zung; er|setz|bar; er|set|zen**

er|scha̱u̱|dern *auch* **er|scha̱u̱|ern:** (erschrecken, erregt sein)

er|sche̱i̱|nen: die Sonne erscheint (wird sichtbar) – dieses Buch erscheint in Kürze – er erscheint mir glaubhaft – auf einer Versammlung erscheinen; die **Er|schei|nung;** → scheinen

er|schọ̈pft: seine Reserven sind erschöpft (aufgebraucht) – von der Wanderung erschöpft (sehr müde) sein; die **Er|schöp|fung; er|schöpfen**

er|schrẹ|cken: du erschrickst, er erschrak, er erschräke, ist erschrocken, erschrick nicht!; (selbst in Schrecken geraten, einen Schreck bekommen): ich erschrak über seine Worte – ich bin erschrocken; das **Er|schre|cken; erschre|ckend**

er|schrẹ|cken: du erschreckst, er erschreckte, hat erschreckt, erschreck(e)!; (andere in Schrecken versetzen): ich habe ihn erschreckt – das erschreckte mich – er ist leicht zu erschrecken

er|schụ̈t|tern: du erschütterst, er erschütterte, hat *auch* ist erschüttert, erschütter(e)!; das Erdbeben erschütterte die Häuser – er war vom Tode seines Freundes sehr erschüttert (ergriffen); die **Er|schüt|te|rung**

er|spa̱|ren: sich die Mühe ersparen; die **Er|spar|nis**

e̱rst: erst heute – nun erst recht – er ist erst acht Jahre alt – nun ging es erst richtig los

er|sta̱u̱nt: über etwas, jemanden erstaunt (verwundert) sein; **er|staunlich;** das **Er|stau|nen; er|stau|nen**

e̱rs|te: *Kleinschreibung:* der erste März – das erste Mal – zum ersten Mal – im ersten Stock wohnen; *Großschreibung:* der Erste, der kam – er ging als Erster durchs Ziel – fürs Erste wird das genügen – zum Ersten kündigen – das Erste und das Letzte – das Erste Deutsche Fernsehen – der Erste Weltkrieg – die Erste Hilfe; **ers|tens; erstklas|sig;** die **Erst|kom|mu|ni|on**

er|stị|cken: du erstickst, er erstickte, ist erstickt; (durch Mangel an Luft sterben); die **Er|sti|ckung**

D E F

er|tap|pen: jemanden auf frischer Tat ertappen (erwischen)
Er|trag, der: des Ertrag(e)s, die Erträge; landwirtschaftliche Erträge; **er|träg|lich, er|trag|reich; er|tra|gen:** seine Schmerzen geduldig ertragen
er|trin|ken: der Junge ist beim Baden ertrunken; der *auch* die **Er|trun|ke|ne;** → trinken
Erup|ti|on *lat.,* die: der Eruption, die Eruptionen; (Ausbruch eines Vulkans)
er|wach|sen: ein erwachsener Mensch; der *auch* die **Er|wach|se|ne**
er|wäh|nen: du erwähnst, er erwähnte, hat erwähnt, erwähn(e)!; du wurdest nicht erwähnt – jemanden namentlich erwähnen; die **Er|wäh|nung; er|wäh|nens|wert**
er|war|ten: das **Er|war|ten:** wider Erwarten (im Gegensatz zu allen Erwartungen), die **Er|war|tung; er|war|tungs|ge|mäß; er|war|tungs|voll, un|er|war|tet**
er|wei|sen: jemandem einen Dienst erweisen – es hat sich als falsch erwiesen (herausgestellt); der **Er|weis:** einen Erweis (Nachweis) erbringen; → weisen
er|wei|tern: du erweiterst, er erweiterte, hat erweitert, erweiter(e)!; die **Er|wei|te|rung**
er|wer|ben: sich große Verdienste erwerben – ein Haus erwerben (kaufen), der **Er|werb; er|werbs|los;** → werben
er|wi|dern: du erwiderst, er erwiderte, hat erwidert, erwider(e)!; seinem Gesprächspartner etwas erwidern; die **Er|wi|de|rung** (Antwort, Gegenrede)
er|wi|schen: jemanden bei einem Einbruch erwischen (ertappen) – den Zug gerade noch erwischen (erreichen)
Erz, das: des Erzes, die Erze; (metallhaltiges Gestein); die **Erz|ader,** der **Erz|berg|bau,** das **Erz|ge|bir|ge; erz|hal|tig**
erz...: (*als verstärkende Vorsilbe*); **erz|dumm** (sehr dumm), **erz|faul, erz|frech**
Erz...: (in Titeln und Personenbezeichnungen); der **Erz|bi|schof,** der **Erz|en|gel,** der **Erz|ri|va|le**
er|zäh|len: der **Er|zäh|ler,** die **Er|zäh|le|rin,** die **Er|zäh|lung; er|zäh|le|risch**
er|zeu|gen: du erzeugst, er erzeugte, hat erzeugt, erzeug(e)!; Strom erzeugen; der **Er|zeu|ger** (leiblicher Vater; Produzent einer Ware), das **Er|zeug|nis** (Produkt), die **Er|zeu|gung**
er|zie|hen: Kinder erziehen – jemanden zur Selbstständigkeit erziehen; der **Er|zie|her,** die **Er|zie|he|rin,** die **Er|zie|hung,** die **Er|zie|hungs|be|ra|tungs|stel|le,** der *auch* die **Er|zie|hungs|be|rech|tig|te,** das **Er|zie|hungs|heim; er|zieh|bar, er|zie|he|risch;** → ziehen
es: es geht – ich bin es satt – es sei denn, dass ...
Esel, der: des Esels, die Esel; die **Ese|lei** (Dummheit), das **Esel|chen,** das **Esels|ohr**
es|ka|lie|ren: (stufenweise steigern); die **Es|ka|la|ti|on**
Es|ki|mo, der: des Eskimo(s), die Eskimo(s); (Angehöriger eines arktischen Volkes)
Es|pres|so *ital.,* der: des Espresso(s), die Espresso(s) *auch* Espressi; (starkes Kaffeegetränk)
es|sen: du isst, er aß, er äße, hat gegessen, iss!; das **Es|sen,** das **Ess|ge|schirr,**

die **Ess|kas|ta|nie,** das **Ess|zim|mer; ess|bar**

Es|sig, der: des Essigs; die **Es|sig|gurke**

Eta|ge *franz. [etasche],* die: der Etage, die Etagen; (Stockwerk); in der dritten Etage wohnen

Etap|pe *franz.,* die: der Etappe, die Etappen; (Teilstrecke; Tagesabschnitt besonders im Radsport); der **Etap|pen|sie|ger; etap|pen|wei|se**

Etat *franz. [eta],* der: des Etats, die Etats; (Haushaltsplan)

etc.: *Abk. für* **et** cetera (und so weiter)

Eti|kett *franz.,* das: des Etikett(e)s, die Etiketten *auch* Etiketts; (Aufklebeschildchen mit Preis-, Firmen- und anderen Angaben); **eti|ket|tie|ren**

et|li|che: etliche (einige) Tage, Personen – ich habe etliche von ihnen gesehen – er kann etliches (einiges) darüber erzählen – etliche (mehrere) Male

Etui *franz. [ätwi],* das: des Etuis, die Etuis; das **Bril|len|etui,** das **Fe|der|etui**

et|wa: das kostet in etwa (ungefähr) zehn Euro

et|was: *Kleinschreibung:* etwas anderes *auch* Anderes – etwas mehr – wenigstens etwas – ich will dir etwas erzählen – etwas Schönes – etwas Brot; *Großschreibung:* das gewisse Etwas (besondere Anziehungskraft)

EU, die: *Abk. für* **E**uropäische **U**nion

euch: das gehört euch; **eu|er:** euer Haus, eure Schule, **eu|ret|we|gen**

Eu|le, die: der Eule, die Eulen; (nachtaktiver Vogel)

Eu|ro, der: des Euro(s), die Euros; *Abk.* € (europäische Währungseinheit); der **Eu|ro|cent** (Untereinheit des Euros)

Eu|ro|pa: die **Eu|ro|pä|er,** die **Eu|ro|cheque|kar|te:** *Abk.* EC-Karte, der **Eu|ro|ci|ty:** *Kurzw. für* Eurocityzug, *Abk.* EC (europaweit verkehrender Intercityzug), die **Eu|ro|vi|si|on:** *Kurzw. für* **euro**päische Tele**vision** (Organisation zum Austausch von Fernsehprogrammen); **eu|ro|pä|isch**

Eu|ter, das: des Euters, die Euter; das Kuheuter

ev.: *Abk. für* **ev**angelisch

E.V. *auch* **e.V.,** der: *Abk. für* **E**ingetragener **V**erein

eva|ku|ie|ren *lat.:* die Bewohner mussten wegen Hochwassers evakuiert (ausgesiedelt, in Sicherheit gebracht) werden; die **Eva|ku|ie|rung**

Evan|ge|li|um *lat.,* das: des Evangeliums, die Evangelien; (die Botschaft Christi; die vier ersten Bücher im Neuen Testament); der **Evan|ge|list; evan|ge|lisch:** *Abk.* ev.

Event *engl. [ivent],* das: des Events, die Events; (besonderes Ereignis; Veranstaltung)

even|tu|ell: *Abk.* evtl. (vielleicht, möglicherweise); die **Even|tu|a|li|tät**

Evo|lu|ti|on *lat.,* die: der Evolution, die Evolutionen; (allmähliche Entwicklung)

E-Werk, das: *Kurzw. für* **E**lektrizitäts**werk**

ewig: das ewige Leben – ewiges Eis; es dauerte ewig und drei Tage (sehr lange); die **Ewig|keit**

ex|akt: (genau, pünktlich); die **Ex|akt|heit**

Ex|amen *auch* **Exa|men,** das: des Examens, die Examen *auch* Examina; (Prüfung): ein Examen ablegen

Ex|em|pel *lat.,* das: des Exempels, die Exempel; zum Exempel (Beispiel) –

ein Exempel statuieren (ein warnendes, abschreckendes Beispiel geben); das **Ex|em|plar** (Einzelstück); **ex|em|pla|risch** (musterhaft, beispielgebend; warnend, abschreckend): jemanden exemplarisch bestrafen

Exil *lat.,* das: des Exils, die Exile; (Verbannung, Verbannungsort): ins Exil gehen

exis|tie|ren *lat.:* du existierst, er existierte, hat existiert; die alten Aufzeichnungen existieren noch (sind vorhanden) – mit 300 Euro im Monat kann man nicht existieren; die **Exis|tenz,** die **Exis|tenz|grund|la|ge**

ex|klu|siv: ein exklusives Interview (nur für einen bestimmten Sender) geben – ein exklusives (höchsten Ansprüchen genügendes) Restaurant; der **Ex|klu|siv|be|richt**

exo|tisch *griech.:* exotische (fremdartige, besondere) Musik; der **Exot** (besonderer Typ von Mensch), die **Exo|tik**

Ex|pe|di|ti|on *lat.,* die: der Expedition, die Expeditionen; (Forschungsreise; Gruppe von Forschungsreisenden)

Ex|pe|ri|ment *lat.,* das: des Experiment(e)s, die Experimente; (Versuch); **ex|pe|ri|men|tier|freu|dig; ex|pe|ri|men|tie|ren**

Ex|plo|si|on *lat.,* die: der Explosion, die Explosionen; die **Ex|plo|si|ons|gefahr; ex|plo|die|ren**

Ex|port *engl.,* der: des Export(e)s, die Exporte; (Ausfuhr); *Gegensatz* Import; **ex|por|tie|ren**

ex|tern: (draußen, auswärtig)

ex|tra *auch* **ext|ra:** (besonders, eigens, zusätzlich, außergewöhnlich): ein extra Trinkgeld – es wird extra berechnet; **ex|tra|fein;** das **Ex|tra,** das **Ex|tra|blatt**

Ex|trakt *lat.,* der *auch* das: des Extrakt(e)s, die Extrakte; (Auszug aus einem Buch, aus einem pflanzlichen oder tierischen Stoff; Hauptinhalt, kurz gefasste Inhaltsangabe)

ex|trem *auch* **ext|rem** *lat.:* (äußerst, übertrieben, radikal): extreme Werte – eine extreme Ansicht, Richtung; das **Ex|trem:** von einem Extrem ins andere fallen, die **Ex|tre|mi|tä|ten** (Gliedmaßen), die **Ex|trem|sport|art**

ex|zel|lent *lat.:* (ausgezeichnet, hervorragend, vortrefflich)

F

Fa|bel, die: der Fabel, die Fabeln; (kleine erdichtete Erzählung, oft mit einer Lehre); das **Fa|bel|buch,** das **Fa|beltier; fa|bel|haft:** eine fabelhafte (außergewöhnliche) Leistung; **fa|bu|lieren** (fantasievoll erzählen)

Fa|brik *auch* **Fab|rik,** die: der Fabrik, die Fabriken; der **Fa|bri|kant,** der **Fabrik|ar|bei|ter,** das **Fa|bri|kat** (Industrieerzeugnis); **fa|brik|neu; fa|bri|zieren**

Fach, das: des Fach(e)s, die Fächer; der **Fach|ar|bei|ter,** der **Fach|arzt,** die **Fach|leh|re|rin,** der **Fach|mann,** die **Fach|spra|che,** das **Un|ter|richtsfach; fach|kun|dig, fach|lich; fachsim|peln** (Fachgespräche führen)

Fä|cher, der: des Fächers, die Fächer; sich mit einem Fächer Luft zuwedeln

Fa|ckel, die: der Fackel, die Fackeln; der **Fa|ckel|zug; fa|ckeln:** wir wollen nicht lange fackeln (zögern)

fa|de: fader, am fadesten; das Essen schmeckt fade (ist schlecht gewürzt)

E F G

Fa|den, der: des Fadens, die Fäden; sein Leben hing am seidenen Faden (war bedroht) – ein roter Faden (zusammenhängender Gedanke) – den Faden verlieren (beim Reden durcheinanderkommen) – alle Fäden fest in der Hand halten (alles überblicken); **fa|den|schei|nig** (nicht sehr glaubhaft); **ein|fä|deln**

Fa|gott, das: des Fagott(e)s, die Fagotte; (tiefstes Holzblasinstrument)

fä|hig: ein fähiger Kopf – er ist zu allem fähig; **be|geis|te|rungs|fä|hig;** die **Fä|hig|keit; be|fä|hi|gen**

fahl: fahler, am fahlsten; (blass, farblos, bleich)

fahn|den: du fahndest, er fahndete, hat gefahndet, fahnd(e)!; die Polizei fahndet (sucht) nach ihm; der **Fahnder,** die **Fahn|dung,** das **Fahn|dungs|fo|to**

Fah|ne, die: der Fahne, die Fahnen; die **Fah|nen|flucht** (unerlaubtes Entfernen vom Militärdienst), die **Fah|nen|stan|ge; fah|nen|flüch|tig**

fah|ren: du fährst, er fuhr, er führe, ist gefahren, fahr(e)!; Auto fahren, Fahrrad fahren; der Schreck fuhr mir durch alle Glieder – man könnte aus der Haut fahren (sich sehr aufregen); die **Fäh|re,** der **Fah|rer,** die **Fah|rer|flucht,** die **Fahr|kar|te,** der **Fahr|plan,** das **Fahr|rad,** der **Fahr|stuhl,** die **Fahrt,** die **Fähr|te** (Spur), das **Fahrzeug; fahr|bar, fah|rig** (zerstreut), **fahr|läs|sig:** sie haben sich fahrlässig (unaufmerksam, unvorsichtig) verhalten

fair *engl. [fär]:* (ehrlich, anständig, *besonders* bei Wettkämpfen): fair spielen – ein faires Spiel; die **Fair|ness,** das **Fair Play** *auch* **Fair|play:** alle Spieler hielten sich an das Fairplay (verhielten sich fair)

Fa|kir *arab.,* der: des Fakirs, die Fakire; (indischer Büßer; Zauberkünstler)

Fakt, der *auch* das: des Fakt(e)s, die Fakten; wir halten uns an die Fakten (Tatsachen); **fak|tisch** (tatsächlich)

Fak|tor *lat.,* der: des Faktors, die Faktoren; (Vervielfältigungszahl; mitwirkender Umstand, Grund): ein maßgebender Faktor – dabei wirkten viele Faktoren (Umstände) mit

Fal|ke, der: des Falken, die Falken; (Raubvogel); der **Falk|ner** (Falkenabrichter)

fal|len: du fällst, er fiel, er fiele, ist gefallen, fall(e)!; ein Schuss fällt – die Preise fallen – jemandem ins Wort fallen; die Würfel sind gefallen (es ist entschieden) – mit der Tür ins Haus fallen (sein Anliegen sofort vorbringen); der **Fall:** von Fall zu Fall – für den Fall, dass... – jemanden zu Fall bringen – ein schwieriger Fall – der erste Fall (Nominativ); das ist nicht mein Fall (gefällt mir nicht), die **Fal|le,** der **Fall|schirm; bes|ten|falls, kei|nes|falls**

fäl|len: du fällst, er fällte, hat gefällt, fäll(e)!; einen Baum fällen – ein Urteil fällen; der **Holz|fäl|ler**

fäl|lig: eine Zahlung wird fällig (muss geleistet werden) – das ist schon längst fällig (seit langem notwendig); die **Fäl|lig|keit**

falls: falls (wenn) er kommt – falls möglich

falsch: *Kleinschreibung:* falsches Geld – falsche Zähne – eine falsche Anschuldigung – falsch schreiben, singen; er hat meine Bemerkung in den falschen Hals bekommen (hat sie missverstanden); *Großschreibung:* Falsch und Richtig nicht unterscheiden können – an den Falschen geraten sein; **fälschlich;** der **Fäl|scher,** der **Falsch|fah|rer,** die **Fäl|schung; fäl|schen**

fal|ten: du faltest, er faltete, hat gefaltet, falt(e)!; die **Fal|te,** das **Falt|blatt,** der **Fal|ter** (Schmetterling), die **Stirn|falten; fal|tig**

fal|zen: du falzt, er falzte, hat gefalzt, falz(e)!; (Papierbogen an einer Stelle scharf falten); die **Falz** (Kniff im Papier), die **Fal|zung; fal|zig**

Fa|mi|lie, die: der Familie, die Familien; das **Fa|mi|li|en|buch,** die **Fa|mi|li|enfei|er,** der **Fa|mi|li|en|na|me; fa|mili|är**

Fan *engl. [fän],* der: des Fans, die Fans; (begeisterter Anhänger, z.B. Filmfan, Fußballfan); der **Fan|club** *auch* **Fanklub,** der **Fan|be|treu|er,** der **Fanshop**

Fa|na|ti|ker *lat.,* der: des Fanatikers, die Fanatiker; (jemand, der rücksichtslos etwas vertritt); der **Fa|na|tis|mus; fana|tisch**

fand: → finden

Fan|fa|re *franz.,* die: der Fanfare, die Fanfaren; (Trompete); der **Fan|fa|renblä|ser,** der **Fan|fa|ren|zug**

fan|gen: du fängst, er fing, er finge, hat gefangen, fang(e)!; der **Fang,** der **Fänger,** die **Fang|fra|ge** (zielt darauf, dass jemand ungewollt etwas preisgibt)

Fan|ta|sie *auch* **Phan|ta|sie,** die: der Fantasie, die Fantasien; (Musikstück; Vorstellungskraft); **fan|ta|sie|voll, fantas|tisch; fan|ta|sie|ren**

Fan|ta|sy *engl. [fäntesi],* die: (künstlerische Darstellung von märchen- und mythenhaften Welten); der **Fan|ta|syfilm**

Far|be, die: der Farbe, die Farben; Farbe bekennen (ehrlich sein, etwas zugeben) – etwas in glänzenden Farben schildern; die **Far|ben|blind|heit,** der **Farb|fern|se|her,** der **Far|bi|ge,** der **Farb|stift,** die **Fär|bung; farb|echt, far|ben|freu|dig, far|big, farb|lich; fär|ben**

Farm, die: der Farm, die Farmen; (landwirtschaftlicher Betrieb); der **Far|mer,** die **Far|mers|frau**

Fa|sching, der: des Faschings; das **Faschings|kos|tüm,** die **Fa|schings|zeit** (Fastnacht, Karneval)

Fa|schis|mus *ital.,* der: des Faschismus; (antidemokratische, nationalistische Bewegung); der **Fa|schist; fa|schistisch**

fa|seln: du faselst, er faselte, hat gefaselt, fas(e)le nicht!; (Unsinn reden); die **Fa|se|lei**

Fa|ser, die: der Faser, die Fasern; die **Fase|rung**

Fa|shion *engl. [fäschen],* die: (Mode)

Fass, das: des Fasses, die Fässer; das schlägt dem Fass den Boden aus (das ist die Höhe) – ein Fass ohne Boden (etwas ohne Ende); **fass|wei|se**

Fas|sa|de *franz.,* die: der Fassade, die Fassaden; (Außen-, Vorderansicht); der **Fas|sa|den|klet|te|rer**

fas|sen: du fasst, er fasste, hat gefasst, fass!; er kann das Unglück immer noch nicht fassen – sich ein Herz fassen; **an|fas|sen, zu|fas|sen;** die **Fas|sung:** die Fassung (Selbstbeherrschung) verlieren; **fass|bar, fass|lich, fas|sungs|los**

fast: (beinahe)

fas|ten: du fastest, er fastete, hat gefastet, fast(e)!; (für eine bestimmte Zeit wenig oder gar nichts essen); das **Fas-**

ten, die **Fas|tenkur,** die **Fas|ten|zeit,** die **Fast|nacht** (Vorabend der Fastenzeit), der **Fasttag**

Fast|food *auch* **Fast Food** *engl.* *[fastfud],* das: des Fastfood(s); (schnell verzehrbare kleinere Gerichte); das **Fastfood|res|tau|rant**

Fas|zi|na|ti|on, die: der Faszination, die Faszinationen; (fesselnde Wirkung, bezaubernde Anziehungskraft): die Faszination des Sports; **fas|zi|nie|ren** (begeistern)

Fa|ta Mor|ga|na *ital.,* die: der Fata Morgana, die Fata Morganen *auch* Morganas; (eine durch Luftspiegelung verursachte Sinnestäuschung, *besonders* über Wüsten)

fau|chen: du fauchst, er fauchte, hat gefaucht, fauch(e)!; der Löwe faucht; er fauchte uns an (er äußerte sich gereizt)

faul: fauler, am faulsten; faule Eier, faules Obst – ein fauler Schüler; fauler Zauber (Unsinn) – an der Sache ist etwas faul (nicht in Ordnung); **fau|lig;** die **Fäu|le,** der **Fau|len|zer,** die **Faul|heit,** der **Faul|pelz; fau|len, fau|len|zen, ver|fau|len**

Fau|na *lat.,* die: der Fauna, die Faunen; (Tierwelt)

Faust, die: der Faust, die Fäuste; mit der Faust auf den Tisch schlagen (energisch auftreten) – etwas auf eigene Faust tun (auf eigene Verantwortung handeln); der **Faust|hand|schuh,** die **Faust|re|gel** (einfache Regel, nach der man sich meist ungefähr richten kann); **faust|groß**

Fa|vo|rit *lat.,* der: des Favoriten, die Favoriten; (voraussichtlicher Sieger); **fa|vo|ri|sie|ren** (begünstigen, vorziehen)

Fax, das: des Faxes, die Faxe; *Kurzw. für* Telefax (Fernkopie); das **Fax|ge|rät,** die **Fax|num|mer; fa|xen**

Fa|xen, die: der Faxen; Faxen (Unsinn, Grimassen) machen

Fa|zit *lat.,* das: des Fazits, die Fazits; (Ergebnis, Schlussfolgerung): ein Fazit ziehen

FBI *engl. [ef bi ai],* der *auch* das: *Abk. für* Federal Bureau of Investigation (Kriminalpolizei der USA)

FC, der: des FC; *Abk. für* Fußballclub

FDP, die: *Abk. für* Freie Demokratische Partei

Fe|bru|ar *auch* **Feb|ru|ar,** der: des Februar(s)

fech|ten: du fichtst, er focht, er föchte, hat gefochten, ficht!; **ver|fech|ten;** der **Fech|ter,** die **Fech|te|rin,** der **Fecht|kampf,** die **Fecht|mas|ke**

Fe|der, die: der Feder, die Federn; in die Federn (ins Bett) gehen – nicht viel Federlesens machen (nicht lange zaudern) – sich mit fremden Federn schmücken (Erfolge anderer als eigene ausgeben); das **Fe|der|bett,** der **Fe|der|hal|ter,** die **Fe|de|rung; fe|derleicht; fe|dern**

Fee, die: der Fee, die Feen; (Märchengestalt); das **Fe|en|schloss; fe|en|haft**

Feed-back *auch* **Feed|back** *engl. [fidbek],* das: des Feed-backs, die Feed-backs; (Rückmeldung)

Fee|ling *engl. [filing],* das: des Feelings, die Feelings; (Gefühl, Einfühlungsvermögen)

Feh|de, die: der Fehde, die Fehden; (Streit, kriegerische Auseinandersetzung); **be|feh|den:** sich befehden

feh|len: du fehlst, er fehlte, hat gefehlt, fehl(e)!; in der Schule fehlen – was fehlt dir?; **fehl|lei|ten, fehl|schla|gen,**

E F G

fehl|tre|ten, ver|feh|len (nicht erreichen, nicht treffen); der **Feh|ler,** die **Feh|ler|kar|tei,** die **Feh|ler|quel|le,** der **Fehl|griff,** der **Fehl|start; fehl:** fehl am Platz sein (nicht erwünscht sein), **feh|ler|frei, feh|ler|haft, feh|ler|los**

Fei|er, die: der Feier, die Feiern; der **Fei|er|abend,** die **Fei|er|lich|keit,** der **Fei|er|tag; fei|er|lich; fei|ern**

Fei|ge, die: der Feige, die Feigen; (Pflanze mit immergrünen Blättern; Feigenbaum); das **Fei|gen|blatt**

fei|ge: feiger, am feig(e)sten; (ängstlich; mutlos); die **Feig|heit,** der **Feig|ling**

Fei|le, die: der Feile, die Feilen; (Handwerkszeug); **fei|len**

fein: feiner, am feinsten; feine Fäden – ein feiner Regen (Nieselregen) – ein feiner Plan – sich fein (gut) anziehen; fein heraus sein (nach Schwierigkeiten doch noch Glück haben); **fein|füh|lig;** die **Fein|ar|beit,** die **Fein|bä|cke|rei** (Konditorei), die **Fein|heit** (Einzelheit), der **Fein|me|cha|ni|ker,** der **Fein|schme|cker**

Feind, der: des Feind(e)s, die Feinde; die **Feind|lich|keit,** die **Feind|schaft; feind|lich, feind|se|lig**

feist: feister, am feistesten; (dick, fett); die **Feist|heit**

fei|xen: du feixt, er feixte, hat gefeixt, feix(e)!; (schadenfroh grinsen)

Feld, das: des Feld(e)s, die Felder; das Feld bestellen; das Feld räumen (nachgeben; weggehen); die **Feld|arbeit,** der **Feld|herr,** die **Feld|maus**

Fel|ge, die: der Felge, die Felgen; (Radkranz; Reckübung); die **Fel|gen|brem|se,** der **Felg|auf|schwung**

Fell, das: des Fell(e)s, die Felle; ein dickes Fell haben (unempfindlich sein) – jemandem das Fell über die Ohren ziehen (jemanden ausnehmen) – ihm sind die Felle weggeschwommen (er hat keine Chancen mehr)

Fel|sen, der: des Felsens, die Felsen; der **Fels,** die **Fels|wand; fel|sen|fest, fel|sig**

fe|mi|nin *lat.:* (weiblich); das **Fe|mi|ni|num** (weibliches Nomen)

Fens|ter, das: des Fensters, die Fenster; er wirft sein Geld aus dem Fenster hinaus (er gibt es leichtfertig aus) – weg vom Fenster sein (nicht mehr beachtet werden); die **Fens|ter|schei|be**

Fe|ri|en, die: der Ferien; die großen Ferien; der **Fe|ri|en|job,** die **Herbst|fe|ri|en**

Fer|kel, das: des Ferkels, die Ferkel; (junges Schwein); die **Fer|ke|lei** (schmutzige Bemerkungen, Handlungen)

fern: ferner, am fernsten; *Kleinschreibung:* ferne Länder – aus fernen Zeiten – von fern her; *Großschreibung:* der Ferne Osten – aus der Ferne – in der Ferne; der **Fern|fah|rer,** das **Fern|se|hen,** der **Fern|ver|kehr; fer|ner** (weiterhin, außerdem): er rangiert unter „ferner liefen" (ganz weit hinten); **fern|blei|ben, fern|hal|ten, fern|lie|gen, fern|se|hen**

Fer|se, die: der Ferse, die Fersen

fer|tig: fix und fertig – etwas fertigbringen (gelingen) – eine Arbeit fertig machen *auch* fertigmachen – jemanden fertigmachen (ihn tadeln, erledigen); **fried|fer|tig** (verträglich); das **Fer|tig|haus,** die **Fer|tig|keit,** die **Fer|tig|stel|lung; an|fer|ti|gen, fer|ti|gen**

fesch: fescher, am feschesten; (schick)

Fes|sel, die: der Fessel, die Fesseln; die **Fes|se|lung; fes|seln**

Fest, das: des Fest(e)s, die Feste; der **Fest|tag,** das **Fes|ti|val; fest|lich**

fest: fester, am festesten; ein fester Wohnsitz – ein fester Stoff – eine feste Ansicht – feste Preise – etwas fest versprechen – sich etwas fest vornehmen; die **Fes|tig|keit,** das **Festland,** die **Fest|plat|te,** die **Fes|tung; fest|blei|ben** (nicht nachgeben), **fest hal|ten:** du musst dich am Felsen ganz fest halten; **fest|hal|ten:** die Ergebnisse wurden schriftlich festgehalten, **fes|ti|gen, fest|le|gen, fest|schnallen** (anschnallen), **fest ste|hen:** er wollte fest stehen (einen festen Stand haben), **festste|hen:** heute wird es feststehen, ob er kommt, **fest|stel|len** (bemerken)

Fe|te *franz.,* die: der Fete, die Feten; (Fest, Party)

Fett, das: des Fett(e)s, die Fette; er hat sein Fett (seine Strafe) weg – das macht den Kohl auch nicht fett (das nützt auch nicht viel); das **Fett|au|ge,** der **Fett|fleck,** der **Fett|trop|fen; fett, fett|arm, fet|tig; fett ge|druckt** *auch* **fett|ge|druckt, ein|fet|ten, fet|ten**

Fet|zen, der: des Fetzens, die Fetzen; **fet|zig** (toll); **fet|zen:** sich fetzen (streiten), **zer|fet|zen**

feucht: feuchter, am feuchtesten; **feuchtkalt;** die **Feuch|tig|keit; an|feuch|ten, be|feuch|ten**

Feu|er, das: des Feuers, die Feuer; er ist Feuer und Flamme (begeistert) – für jemanden die Hand ins Feuer legen (vorbehaltlos für ihn eintreten) – für jemanden durchs Feuer gehen (alles für ihn tun) – für andere die Kastanien aus dem Feuer holen (etwas Gefährliches für sie tun) – mit dem Feuer spielen (leichtsinnig handeln); der **Feu|er|lö|scher,** die **Feu|er|wehr,** das **Feu|er|werk,** das **Feu|er|zeug; feu|er|fest, feu|rig; an|feu|ern**

Fi|bel, die: der Fibel, die Fibeln; (Lesebuch des 1. Schuljahrs)

Fich|te, die: der Fichte, die Fichten; (Nadelbaum)

Fie|ber, das: des Fiebers; (Erhöhung der Körpertemperatur über 37° C); das **Fie|ber|ther|mo|me|ter; fie|be|rig** *auch* **fieb|rig, fie|ber|frei; fie|bern**

Fie|del, die: der Fiedel, die Fiedeln; (*veraltet für* Geige); der **Fied|ler; fiedeln**

fiel: → fallen

fies: fieser, am fiesesten; (ekelhaft, widerwärtig, gemein); der **Fies|ling** (widerwärtiger Mensch)

FIFA *auch* **Fi|fa,** die: der FIFA; (Internationaler Fußballverband)

Fight *engl. [feit],* der: des Fights, die Fights; (Kampf, *besonders* beim Boxen); der **Figh|ter; figh|ten** (verbissen kämpfen)

Fi|gur *lat.,* die: der Figur, die Figuren; eine gute Figur abgeben (einen guten Eindruck machen)

Fik|ti|on *lat.,* die: der Fiktion, die Fiktionen; (Erdichtung, Unterstellung); **fik|tiv** (erdichtet, nur gedacht)

Fi|let *franz. [file],* das: des Filets, die Filets; (Fleisch- oder Fischstück ohne Knochen oder Gräten)

Fi|li|a|le *lat.,* die: der Filiale, die Filialen; (Zweigstelle)

Film, der: des Film(e)s, die Filme; die **Film|ka|me|ra,** das **Film|pla|kat,** die **Film|schau|spie|le|rin,** der **Film|verleih,** die **Film|vor|füh|rung; fil|men**

E F G

Fịl|ter, der: des Filters, die Filter; das **Fil|ter|pa|pier; fil|tern**

Fị̣lz, der: des Filzes, die Filze; der **Filz-schrei|ber; fil|zig; fil|zen** (*umgangssprachlich für* genau durchsuchen)

Fịm|mel, der: des Fimmels, die Fimmel; (übertriebene Vorliebe für etwas)

Fi|na̲|le, das: des Finales, die Finale; (Schlussteil; Endrunde, Endspiel); der **Fi|na|lịst** (Teilnehmer am Endspiel)

Fi|nạn|zen, die: der Finanzen; (Geld); das **Fi|nanz|amt; fi|nan|zi|ẹll:** finanziell (was das Geld betrifft) geht es ihm gut; **fi|nan|zi̲e̲|ren**

fịn|den: du findest, er fand, er fände, hat gefunden, find(e)!; der **Fin|der,** der **Fin|der|lohn,** der **Find|ling** (Felsstein); **fin|dig:** ein findiger Kopf (einfallsreiche Person)

fịng: → fangen

Fịn|ger, der: des Fingers, die Finger; lange Finger machen (stehlen) – man muss ihm auf die Finger sehen (ihn genau beobachten) – sich die Finger an einer Sache verbrennen (zu viel wagen) – sich in den Finger schneiden (sich selbst schaden) – man kann ihn um den Finger wickeln (er ist nachgiebig, leicht lenkbar); der **Fin-ger|ab|druck,** das **Fin|ger|spit|zen|ge-fühl; fin|ger|breit, fin|ger|fer|tig** (geschickt); **fin|gern**

Fị|nish *engl. [fịnisch],* das: des Finishs, die Finishs; (Schlusskampf, Endspurt): ein starkes Finish zeigen

fịns|ter: finsterer, am finstersten; eine finstere Nacht – ein finsterer (unfreundlicher) Blick; die **Fins|ter|nis**

Fịn|te, die: der Finte, die Finten; (Scheinangriff, Täuschung, Vorwand)

Fịr|le|fanz, der: des Firlefanzes; (*umgangssprachlich für* Albernheit; unnützer Kram): mach keinen Firlefanz!

Fịr|ma, die: der Firma, die Firmen; *Abk.* Fa. (Betrieb, Geschäft); der **Fir|men-chef,** der **Fir|men|stem|pel**

Fir|ma|mẹnt *lat.,* das: des Firmament(e)s; (Himmelsgewölbe): am Firmament leuchten die Sterne

Fịrst, der: des First(e)s, die Firste; (obere Kante des Daches)

Fịsch, der: des Fisch(e)s, die Fische; das sind kleine Fische (unbedeutende Sachen); der **Fi|scher,** das **Fi|scher-boot; fi|schen:** im Trüben fischen (etwas Unsicheres tun)

Fi|si|ma|tẹn|ten, die: der Fisimatenten; mach keine Fisimatenten (keinen Unsinn)

Fịs|tel, die: der Fistel, die Fisteln; (Geschwür, Eitergang); die **Fis|tel|stim-me** (ganz hohe Stimme)

fịt *engl.:* fitter, am fittesten; (leistungsfähig, gut trainiert, *auch* gesund, sich wohl fühlend): sich fit halten – ein fitter Mensch; die **Fit|ness**

fịx: fixer, am fixesten; (fest, feststehend; gewand, flink, aufgeweckt); eine fixe Idee (törichte Einbildung) – fix und fertig (erschöpft) sein; der **Fixstern; fi|xi̲e̲|ren** (anstarren; festhalten)

Fjọrd *skand.,* der: des Fjord(e)s, die Fjorde; (schmale, lange Meeresbucht)

FKK: *Abk. für* Freikörperkultur; der **FKK-Strand**

flạch: flacher, am flachsten; ein flaches Dach – ein flaches Gewässer; **flạ̈-chen|haft, flä|chig, o̲ber|fläch|lich;** die **Flä|che,** das **Flach|land**

Flạchs, der: des Flachses; (Faserpflanze); **flachs|blond; flach|sen** (*umgangssprachlich für* spotten, scherzen)

fla|ckern: die Kerze flackert (brennt unruhig) – seine Augen flackern (bewegen sich unruhig); **fla|cke|rig** *auch* **flack|rig**

Fla|den, der: des Fladens, die Fladen; (flacher Kuchen); das **Fla|den|brot,** der **Kuh|fla|den**

Flag|ge, die: der Flagge, die Flaggen; (Fahne); unter falscher Flagge segeln – Flagge zeigen (seine Meinung klar äußern); das **Flagg|schiff** (größtes Schiff einer Flotte); **flag|gen**

Fla|min|go *span.,* der: des Flamingos, die Flamingos; (Wasserwatvogel)

Flam|me, die: der Flamme, die Flammen; das **Flämm|chen; drei|flam|mig; auf|flam|men**

Flan|ke, die: der Flanke, die Flanken; die Flanken (weiche seitliche Teile) des Pferdes – der Stürmer gab eine Flanke herein; **flan|ken**

Fla|sche, die: der Flasche, die Flaschen; (*umgangssprachlich auch für* Dummkopf, Schwächling); der **Fla|schen|öff|ner,** das **Fla|schen|pfand,** die **Fla|schen|post,** der **Fla|schen|zug** (Vorrichtung zum Heben schwerer Lasten)

Flat|rate *auch* **Flat Rate** *engl. [fletreit],* die: der Flatrate, die Flatrates; (bestimmter monatlicher Preis für einen zeitlich unbegrenzten Internetzugang)

flat|tern: du flatterst, er flatterte, hat geflattert, flatter(e)!; **flat|ter|haft** (oberflächlich), **flat|te|rig** *auch* **flatt|rig** (unruhig, unregelmäßig)

flau: mir ist flau (nicht gut) zumute; die **Flau|te** (Windstille; schlechte Geschäftszeit)

Flaum, der: des Flaum(e)s; (kleine, weiche Federn); **flau|mig, flaum|weich**

Flau|sen, die: der Flausen; er hat nur Flausen (dumme Einfälle, Unsinn) im Kopf

Flech|te, die: der Flechte, die Flechten; (Pflanze; Hautausschlag; Zopf)

flech|ten: du flichtst, er flocht, er flöchte, hat geflochten, flicht!; einen Korb flechten – Zöpfe flechten

Fleck *auch* **Fle|cken,** der: des Fleck(e)s, die Flecke; das Herz auf dem rechten Fleck haben – er kommt mit seiner Arbeit nicht vom Fleck (nicht weiter); der **Fleck|ent|fer|ner; fle|ckig**

Fle|cken, der: des Fleckens, die Flecken; (Ortschaft)

Fle|der|maus, die: der Fledermaus, die Fledermäuse

Fleece *engl. [flis],* das: des Fleece; (synthetischer Flausch); die **Fleece|ja|cke**

Fle|gel, der: des Flegels, die Flegel; (frecher Kerl); die **Fle|ge|lei,** die **Fle|gel|jah|re; fle|gel|haft; fle|geln**

fle|hen: du flehst, er flehte, hat gefleht, fleh(e)!; ich flehe dich an (bitte dich sehr)

Fleisch, das: des Fleisch(e)s; er schneidet sich ins eigene Fleisch (schadet sich selbst); der **Flei|scher,** die **Flei|sche|rei; flei|schig, fleisch|los**

Fleiß, der: des Fleißes; **flei|ßig**

flen|nen: du flennst, er flennte, hat geflennt, flenn(e)!; (*umgangssprachlich für* weinen); die **Flen|ne|rei**

flet|schen: er fletscht, er fletschte, hat gefletscht; die Zähne fletschen

Fle|xi|on *lat.,* die: der Flexion, die Flexionen; **fle|xi|bel** (biegsam, geschmeidig; beugbar); **flek|tie|ren** (z.B. ein Nomen beugen)

fli|cken: du flickst, er flickte, hat geflickt, flick(e)!; die **Flick|ar|beit,** der

Fli|cken (kleines Stück Stoff), der **Fli|cken|tep|pich,** die **Fli|cke|rei**

Flie|der, der: des Flieders, die Flieder; (Strauch mit stark duftenden, großen Blüten); **flie|der|far|ben**

Flie|ge, die: der Fliege, die Fliegen; der **Flie|gen|fän|ger,** das **Flie|gen|ge|wicht** (Gewichtsklasse z.B. beim Boxen)

E F G

flie|gen: du fliegst, er flog, er flöge, ist geflogen, flieg(e)!; der **Flie|ger,** die **Flie|ge|rei**

flie|hen: du fliehst, er floh, er flöhe, ist geflohen, flieh(e)!; vor jemandem, etwas fliehen

Flie|se, die: der Fliese, die Fliesen; (Fußboden- oder Wandplatte); der **Flie|sen|le|ger; flie|sen** (mit Fliesen belegen)

flie|ßen: es fließt, es floss, es flösse, ist geflossen; das **Fließ|band; flie|ßend:** fließend (ohne zu stocken) sprechen

flim|mern: es flimmert mir vor den Augen; der **Flim|mer,** die **Flim|mer|kis|te** (*scherzhaft für* Fernsehgerät); **flim|mer|frei**

flink: flinker, am flinkesten; (schnell); die **Flink|heit**

Flin|te, die: der Flinte, die Flinten; (Schrotgewehr); die Flinte ins Korn werfen (etwas vorschnell aufgeben, den Mut verlieren)

Flip|per, der: des Flippers, die Flipper; (Spielautomat); **flip|pern**

Flirt *engl. [flört],* der: des Flirt(e)s, die Flirts; (Liebelei); **flir|ten**

Flit|ter, der: des Flitters, die Flitter; (glitzernder Schmuck); die **Flit|ter|wo|chen** (erste Wochen nach der Eheschließung); **flit|tern** (glänzen)

flit|zen: du flitzt, er flitzte, ist geflitzt, flitz(e)!; um die Ecke flitzen (sausen, eilen); der **Flit|ze|bo|gen** (Bogen zum Abschießen von Pfeilen; jemand, der pfeilschnell ist): gespannt wie ein Flitzebogen (erwartungsvoll), der **Flitzer** (schnelles Fahrzeug)

flocht: → flechten

Flo|cke, die: der Flocke, die Flocken; die **Ha|fer|flo|cken,** die **Schnee|flo|cke; flo|ckig**

flog: → fliegen

floh: → fliehen

Floh, der: des Floh(e)s, die Flöhe; jemandem einen Floh ins Ohr setzen (etwas versprechen, was man vielleicht nicht hält); der **Floh|markt** (Trödelmarkt)

Flop, der: des Flops, die Flops; (Misserfolg); **flop|pen**

Flor, der: des Flors, die Flore; (dünnes Seidengewebe); der **Trau|er|flor; flo|rie|ren** (blühen); das Geschäft floriert (geht gut)

Flo|ra *lat.,* die: der Flora, die Floren; (Pflanzenwelt eines Gebietes)

Flos|kel, die: der Floskel, die Floskeln; (bloße Redensart); **flos|kel|haft**

Floß, das: des Floßes, die Flöße; (schwimmendes Fahrzeug aus zusammengebundenen Baumstämmen); die **Floß|fahrt; ein|flö|ßen**

floss: → fließen

Flos|se, die: der Flosse, die Flossen; die **Schwimm|flos|se**

Flö|te, die: der Flöte, die Flöten; das **Flö|ten|spiel; flö|ten**

flott: flotter, am flottesten; (flink, rasch; elegant, schick): flott schreiben – flott aussehen; **flott|ma|chen:** den Wagen wieder flottmachen (fahrtüchtig machen)

Flot|te, die: der Flotte, die Flotten; (Anzahl von Schiffen)

Fluch, der: des Fluch(e)s, die Flüche; **ver|flucht; flu|chen**

flüch|ten: du flüchtest, er flüchtete, ist geflüchtet, flüchte!; die **Flucht,** der **Flüch|tig|keits|fehler,** der **Flücht-ling; flucht|ar|tig, flüch|tig**

Flug, der: des Flug(e)s, die Flüge; das **Flug|blatt,** der **Flug|ha|fen,** das **Flug-zeug; flug|be|reit; flugs** (sofort, schnell); → fliegen

Flü|gel, der: des Flügels, die Flügel; (*auch* Klavierart); **flü|gel|lahm** (kraftlos, mutlos, matt), **flüg|ge:** die jungen Stare sind flügge (können zum ersten Mal allein fliegen)

flun|kern: du flunkerst, er flunkerte, hat geflunkert, flunker(e) nicht!; (schwindeln); die **Flun|ke|rei**

Flur, der: des Flur(e)s, die Flure; der **Haus|flur**

Flur, die: der Flur, die Fluren; (nutzbare Landfläche, Acker, Wiesen); die **Feld-flur**

Fluss, der: des Flusses, die Flüsse; das **Flüss|chen,** das **Fluss|bett,** das **Fluss-ufer; fluss|ab|wärts, fluss|auf|wärts;** → fließen

flüs|sig: flüssiger, am flüssigsten; die **Flüs|sig|keit**

flüs|tern: du flüsterst, er flüsterte, hat geflüstert, flüster(e)!; (leise sprechen); die **Flüs|ter|stim|me**

Flut, die: der Flut, die Fluten; *Gegensatz* Ebbe; die **Flut|ka|tas|tro|phe,** das **Flut|licht,** die **Flut|war|nung,** die **Flut|wel|le; flu|ten, über|flu|ten**

focht: → fechten

Foh|len, das: des Fohlens, die Fohlen; (junges Pferd)

Föhn, der: des Föhn(e)s, die Föhne; (warmer, trockener Fallwind; elektrischer Haartrockner); **föh|nen**

Fol|ge, die: der Folge, die Folgen; das wird Folgen haben – in der Folge – Folgendes wurde mir erklärt – im Folgenden – das Folgende – mit dem Folgenden; die **Fol|ge|rung,** die **Folg-sam|keit; dem|zu|fol|ge, fol|gen|der-ma|ßen, fol|gen|der|wei|se, folg|lich, in|fol|ge|des|sen; fol|gen|schwer, folg|sam; fol|gen, fol|gern** (Schlüsse ziehen)

Fo|lie, die: der Folie, die Folien; einen Text auf eine Folie (durchsichtiges Blatt) schreiben; die **Alu|fo|lie**

Fol|klo|re *auch* **Folk|lo|re,** die: der Folklore; (Volksmusik, Volkskunst)

Fol|ter, die: der Folter, die Foltern; jemanden auf die Folter spannen (lange warten lassen); die **Fol|ter|kam-mer,** die **Fol|ter|qual,** die **Fol|te|rung; fol|tern**

Fon: → Phon

Fon|due *franz. [fongdü],* das: des Fondues, die Fondues; (bei Tisch gegartes Gericht aus Fleisch, Fisch, Käse)

Fon|tä|ne, die: der Fontäne, die Fontänen; (Springbrunnen)

Foot|ball *engl. [futbol],* der: des Footballs; American Football (amerikanisches Mannschaftsspiel, dem Rugby ähnlich)

for|dern: du forderst, er forderte, hat gefordert, forder(e)!; **an|for|dern, he-raus|for|dern** *auch* **her|aus|for|dern, über|for|dern;** die **For|de|rung**

för|dern: du förderst, er förderte, hat gefördert, förder(e)!; Kohle, Erz fördern – jemanden oder eine Sache fördern; das **För|der|band,** der **För-de|rer,** die **För|de|rung,** der **För|der-un|ter|richt; för|der|lich**

Fo|rel|le, die: der Forelle, die Forellen; (ein Raubfisch); der **Fo|rel|len|teich**

E F G

for|men: du formst, er formte, hat geformt, form(e)!; **for|ma|tie|ren** (Computerdaten anordnen; eine Diskette zur Datenaufnahme vorbereiten), **for|mie|ren, for|mu|lie|ren;** die **Form:** die Form (Anstand) wahren – gut, schlecht in Form sein, das **Format,** das **Form|blatt,** die **For|mel,** die **Form|sa|che,** das **For|mu|lar,** die **For|mu|lie|rung; ein|för|mig, for|mal** (der Form nach), **form|bar, for|melhaft, for|mell** (die äußeren Formen beachtend), **for|men|reich, förm|lich, form|los, form|voll|en|det**

forsch: forscher, am forschesten; (kühn, selbstbewusst); die **Forsch|heit**

for|schen: du forschst, er forschte, hat geforscht, forsch(e)!; **er|for|schen;** die **For|sche|rin,** die **For|schung; un|er|forsch|lich**

Forst, der: des Forst(e)s, die Forste(n); (bewirtschafteter Wald); das **Forstamt,** der **Förs|ter,** die **Förs|te|rei,** die **Forst|wirt|schaft**

fort: fort sein – und so fort: *Abk.* usf. – in einem fort – weiter fort; **fort|während, im|mer|fort**

Fort|bil|dung, die: der Fortbildung, die Fortbildungen; **fort|bil|den:** sich fortbilden

fort|blei|ben: für lange Zeit fortbleiben (nicht wiederkommen); → bleiben

fort|brin|gen: ein Paket fortbringen (wegbringen); → bringen

fort|fah|ren: (nach einer Unterbrechung) in seiner Rede fortfahren; → fahren

fort|füh|ren: die Arbeit seines Vorgängers fortführen; die **Fort|füh|rung**

Fort|gang, der: des Fortgang(e)s; der Fortgang aus der Heimat, **fort|gehen**

Fort|kom|men, das: des Fortkommens; (das Weiterkommen); **fort|kommen**

fort|lau|fen: von zu Hause fortlaufen; **fort|lau|fend:** die Blätter sind fortlaufend (durchgehend) nummeriert; → laufen

fort|pflan|zen: (sich vermehren); die **Fort|pflan|zung**

Fort|schritt, der: des Fortschritt(e)s, die Fortschritte; **fort|ge|schrit|ten; fortschritt|lich; fort|schrei|ten**

fort|set|zen: (weiterführen); die **Fortset|zung; fort|ge|setzt** (ständig, laufend)

Fo|rum *lat.,* das: des Forums, die Foren; (Markt- und Gerichtsplatz im alten Rom; öffentliche Diskussion)

fos|sil *lat.:* (versteinert; vorweltlich): fossile Brennstoffe (z. B. Kohle, Erdöl); das **Fos|sil** (versteinerter Überrest von Pflanzen und Tieren)

Fo|to *auch* **Pho|to,** das: des Fotos, die Fotos; *Kurzw. für* Fotografie; der **Foto|ap|pa|rat,** die **Fo|to|ko|pie,** das **Fo|to|mo|dell; fo|to|gra|fisch; fo|togra|fie|ren, fo|to|ko|pie|ren**

foul *engl. [faul]:* (regelwidrig); das **Foul:** des Fouls, die Fouls; **fou|len:** den Stürmer hart foulen

Fracht, die: der Fracht, die Frachten; (Ladung, Ware); der **Frach|ter** (Frachtschiff), der **Fracht|ver|kehr**

fra|gen: du fragst, er fragte, hat gefragt, frag(e)!; die **Fra|ge,** der **Fra|ge|bo|gen,** der **Fra|ge|satz,** die **Fra|ge|stel|lung,** das **Fra|ge|zei|chen; frag|los; fraglich** (unsicher, zweifelhaft), **frag|würdig** (bedenklich)

Frak|ti|on *lat.,* die: der Fraktion, die Fraktionen; (Vertretung einer Partei im Parlament)

fran|kie|ren: du frankierst, er frankierte, hat frankiert, frankier(e)!; (mit Briefmarken versehen)

Frank|reich: der **Fran|zo|se,** die **Fran-zö|sin; fran|zö|sisch**

Fran|se, die: der Franse, die Fransen; **aus|ge|franst; aus|fran|sen**

fraß: → fressen

Fraß, der: des Fraßes, die Fraße; (schlechtes Essen)

Frat|ze, die: der Fratze, die Fratzen; (Grimasse): Fratzen schneiden, ziehen; **frat|zen|haft**

Frau, die: der Frau, die Frauen; das **Fräu|lein:** *Abk.* Frl.; **frau|lich**

Freak *amerik. [frik],* der: des Freaks, die Freaks; (begeisterter Anhänger); der **Com|pu|ter|freak**

frech: frecher, am frechsten; frech sein; der **Frech|dachs,** die **Frech|heit**

frei: *Kleinschreibung:* frei sein – frei leben – freie Berufe – freier Eintritt – freie Wahlen – aus freiem Antrieb; *Großschreibung:* die Freie Hansestadt Bremen – die Freie Demokratische Partei, *Abk.* FDP; **frei|gie|big, frei-hän|dig, frei|mü|tig; frei|lich;** das **Freie:** im Freien, ins Freie, das **Frei-bad,** die **Frei|heit,** die **Frei|kar|te,** die **Frei|licht|büh|ne,** der **Frei|schwim-mer,** der **Frei|spruch,** die **Frei|zeit; frei|hal|ten, frei|le|gen, frei spre-chen:** hier kannst du ganz frei sprechen, **frei|spre|chen:** jemanden bei Gericht freisprechen

Frei|tag, der: des Freitag(e)s, die Freitage; Freitagabend; → Dienstag

fremd: fremder, am fremdesten; ein fremdes Land – sich an fremdem Eigentum vergreifen (stehlen) – ich bin hier fremd; **fremd|ar|tig, fremd|spra-chig;** der *auch* die **Frem|de,** der **Frem-den|füh|rer,** die **Fremd|spra|che,** das **Fremd|wort**

Fres|ke *ital.,* die: der Freske, die Fresken; (Wandmalerei auf feuchtem Kalkputz); das **Fres|ko**

fres|sen: du frisst, er fraß, er fräße, hat gefressen, friss!; er hat einen Narren an ihm gefressen (ist vernarrt in ihn) – er hat etwas ausgefressen (etwas Unerlaubtes getan); das **Fres|sen:** das war ein gefundenes Fressen für ihn (darauf hat er gerade gewartet), der **Fres|ser,** die **Fres|se|rei**

freu|en: du freust dich, er freute sich, hat sich gefreut, freu(e) dich!; die **Freu|de:** Freud und Leid miteinander teilen, der **Freu|den|schrei,** der **Freu-den|tanz; freu|de|strah|lend, freu-dig:** eine freudige Nachricht, **freud-los** (traurig)

Freund, der: des Freund(e)s, die Freunde; mit jemandem gut Freund sein – Freund und Feind (jedermann); die **Freun|din,** die **Freundschaft; freund|li|cher|wei|se; freundlich, freund|schaft|lich**

Frie|de *auch* **Frie|den,** der: des Friedens, die Frieden; die **Frie|dens|be|we-gung,** die **Frie|dens|tau|be,** die **Fried-fer|tig|keit,** der **Fried|hof; fried|fer-tig, fried|lich**

frie|ren: du frierst, er fror, er fröre, hat gefroren, frier(e)!; es friert mich, *auch* mich friert – ich friere an den Händen, *auch* mich friert an den Händen, *auch* mir frieren die Hände; **er|frie-ren**

Fri|ka|del|le *ital.,* die: der Frikadelle, die Frikadellen; (gebratenes Fleischklößchen)

Fris|bee *engl. [frisbi],* das: des Frisbee, die Frisbees; (Wurfscheibe)

E F G

E F G

frisch: frischer, am frisch(e)sten; frische Eier – etwas frisch halten – sich frisch machen – frische Luft schöpfen – frisch gestrichen *auch* frischgestrichen; jemanden auf frischer Tat ertappen; die **Fri|sche; auf|fri|schen** (wiederholen, festigen), **er|fri|schen**

Frisch|ling, der: des Frischlings, die Frischlinge; (Ferkel des Wildschweins)

fri|sie|ren: du frisierst, er frisierte, hat frisiert, frisier(e)!; der **Fri|seur** *auch* **Fri|sör,** die **Fri|seu|rin** *auch* **Fri|sö|rin,** die **Fri|sur**

Frist, die: der Frist, die Fristen; jemandem eine Frist setzen; **frist|ge|mäß, frist|los; fris|ten:** mühsam sein Leben fristen

Frit|teu|se *franz. [fritöse],* die: der Fritteuse, die Fritteusen; (elektrisches Gerät zum Braten in Fett); die **Pommes frites** *[pomfrit];* **frit|tie|ren**

froh: froher, am frohsten; froh gelaunt *auch* frohgelaunt – ein frohes Fest, *aber* die Frohe Botschaft (das Evangelium); **fröh|lich;** die **Fröh|lich|keit,** der **Froh|sinn**

fromm: frommer *auch* frömmer, am frommsten *auch* frömmsten; die **Fröm|mig|keit**

Fron, die: der Fron, die Fronen; (Dienst für einen Herren; mühsame, schwere Arbeit); der **Fron|dienst,** der **Fronherr; fro|nen, frö|nen:** einem Hobby frönen (es leidenschaftlich betreiben)

Fron|leich|nam, der: des Fronleichnam(e)s; (katholisches Fest am zweiten Donnerstag nach Pfingsten)

Front, die: der Front, die Fronten; die **Vor|der|front; fron|tal** (von vorn)

fror: → frieren

Frosch, der: des Frosch(e)s, die Frösche; der **Frosch|kö|nig** (Märchengestalt), der **Frosch|mann** (Taucher), die **Frosch|pers|pek|ti|ve** (tief gelegener Blickpunkt, von dem aus fotografiert oder gefilmt wird)

Frost, der: des Frost(e)s, die Fröste; der **Fros|ter** (Tiefkühlfach), das **Frostwet|ter; fros|tig; frös|teln, fros|ten** (einfrieren)

Frot|tee *auch* **Frot|té** *franz.,* der *auch* das: des Frottee(s), die Frottees; (Stoff mit rauer, gekräuselter Oberfläche); das **Frot|tee|hand|tuch; frot|tie|ren** (abreiben)

Frucht, die: der Frucht, die Früchte; die **Frucht|bar|keit,** der **Frucht|saft; frucht|bar, fruch|tig, frucht|los; fruch|ten** (nützen)

früh: früher, am frühsten; heute, gestern, morgen früh *auch* Früh – früh am Morgen – allzu früh – von früh auf – von früh bis spät – frühmorgens; **frü|hes|tens; früh|reif, frühzei|tig;** der **Früh|auf|ste|her,** die **Frühe:** in aller Frühe, das **Früh|jahr,** der **Früh|ling,** das **Früh|stück; früh|stücken**

Frust, der: des Frust(e)s; *Kurzw. für* Frustration (Erlebnis der Enttäuschung und Zurücksetzung); **frus|triert** (enttäuscht); **frus|trie|rend**

Fuchs, der: des Fuchses, die Füchse; (*auch* rotbraunes Pferd); der **Fuchsbau; fuch|sig:** das macht mich fuchsig (wütend), **fuchs|rot, fuchs|teufels|wild** (sehr wütend); **fuch|sen:** das hat mich gefuchst (geärgert)

Fu|ge, die: der Fuge, die Fugen; (schmaler Zwischenraum; Verbindungsstelle); das **Fu|gen-s; fu|gen|los; fu|gen** (Teile verbinden)

fü|gen: du fügst, er fügte, hat gefügt, füg(e)!; sich fügen (einverstanden sein); die **Fü|gung; füg|sam** (artig, nicht widerstrebend)

füh|len: du fühlst, er fühlte, hat gefühlt, fühl(e)!; der **Füh|ler; fühl|bar**

fuhr: → fahren

Fuh|re, die: der Fuhre, die Fuhren; eine Fuhre Holz; der **Fuhr|mann,** das **Fuhr|werk**

füh|ren: du führst, er führte, hat geführt, führ(e)!; jemanden führen – Buch führen; etwas im Schilde führen (heimlich etwas Schlechtes planen); der **Füh|rer,** der **Füh|rer|schein,** die **Füh|rung; füh|rungs|los**

fül|len: du füllst, er füllte, hat gefüllt, füll(e)!; die **Fül|le** (große Menge), der **Fül|ler** (Füllfederhalter), die **Fül|lung; fül|lig** (vollschlank), **über|füllt**

Fum|mel, der: des Fummels, die Fummel; (billige Kleidung); die **Fum|me|lei; fum|meln**

Fund, der: des Fund(e)s, die Funde; das **Fund|bü|ro,** die **Fund|gru|be,** der **Fund|ort; fün|dig:** fündig werden (etwas finden)

Fun|da|ment *lat.,* das: des Fundament(e)s, die Fundamente; (Unterbau; Grundlage); **fun|da|men|tal** (grundlegend)

fünf: *Kleinschreibung:* er kann nicht bis fünf zählen – fünf gerade sein lassen (etwas nicht allzu genau nehmen) – seine fünf Sinne nicht beieinander haben (nicht bei Verstand sein); *Großschreibung:* eine Fünf würfeln; **fünfzehn, fünf|zig;** der **Fünf|kampf** → acht

Funk, der: des Funks; *Kurzw. für* Rundfunk; der **Fun|ker,** der **Funk|spruch,** der **Funk|turm; fun|ken**

Fun|ke *auch* **Fun|ken,** der: des Funkens, die Funken; (glühendes Teilchen); der **Fun|ken|flug,** der **Fun|ken|re|gen; fun|kel|na|gel|neu; fun|keln**

Funk|ti|on *lat.,* die: der Funktion, die Funktionen; (Amt, Aufgabe, Tätigkeit, Wirksamkeit); der **Funk|ti|o|när; funk|ti|ons|fä|hig; funk|ti|o|nie|ren**

für: *Kleinschreibung:* er wurde für seine Mühe belohnt – für jemanden einspringen – das ist nichts für mich – etwas für gut, für richtig halten – Tag für Tag; *Großschreibung:* das Für und Wider; **für|ei|nan|der;** die **Für|sor|ge,** die **Für|spra|che**

Fur|che, die: der Furche, die Furchen; (Vertiefung im Acker; Gesichtsfalte); **fur|chig; fur|chen**

Furcht, die: der Furcht; ein Furcht einflößender *auch* furchteinflößender Anblick; **furcht|bar, fürch|ter|lich, furcht|sam; fürch|ten:** sich fürchten

Fürst, der: des Fürsten, die Fürsten; (Angehöriger des Adels); die **Fürs|tin; fürst|lich**

Furt, die: der Furt, die Furten; (flache Stelle in einem Fluss)

Für|wort, das: des Fürwort(e)s, die Fürwörter; (Pronomen)

Fuß, der: des Fußes, die Füße; zu Fuß gehen; in einem Land Fuß fassen – auf großem Fuß leben (viel Geld ausgeben); der **Fuß|ball,** der **Fuß|bo|den,** der **Fuß|gän|ger,** die **Fuß|gän|ger|zo|ne; fuß|hoch:** das Wasser ist nur fußhoch; **fu|ßen:** auf etwas fußen (gründen)

Fut|ter, das: des Futters; die **Fut|ter|krip|pe,** die **Füt|te|rung; fut|tern, füt|tern**

Fu|tur *lat.,* das: des Futurs; (Zeitform des Verbs)

E F G

G

g: *Abk. für* Gramm

gab: → geben

Ga|be, die: der Gabe, die Gaben; (Geschenk, Spende; Fähigkeit): eine milde Gabe – er hat die Gabe, gut erzählen zu können

Ga|bel, die: der Gabel, die Gabeln; (Besteckteil); die **Ga|be|lung:** die Weggabelung, der **Ga|bel|stap|ler** (fahrbares Gerät zum Heben, Stapeln und Transportieren von Lasten); **ga|beln:** der Weg gabelt sich hier

ga|ckern: das Huhn gackert

gaf|fen: du gaffst, er gaffte, hat gegafft, gaff(e)!; (anstarren); **an|gaf|fen;** der **Gaf|fer**

Gag *engl.-amerik. [gäg],* der: des Gags, die Gags; (witziger, überraschender Einfall)

Ga|ge *franz. [gasche],* die: der Gage, die Gagen; (Bezahlung von Künstlern)

gäh|nen: du gähnst, er gähnte, hat gegähnt, gähn(e)!; vor Müdigkeit gähnen; der Saal ist gähnend (sehr) leer – der gähnende (tiefe) Abgrund

Ga|la, die: der Gala; (Festkleidung; Veranstaltung in festlichem Rahmen); das **Ga|la|kon|zert**

Ga|la|xie, die: der Galaxie, die Galaxien; (großes Sternensystem); die **Ga|la|xis** (Milchstraße); **ga|lak|tisch**

Ga|lee|re, die: der Galeere, die Galeeren; (mittelalterliches Ruderkriegsschiff)

Ga|le|rie, die: der Galerie, die Galerien; (Laufgang in Kirchen, alten Schlössern; Gemäldegalerie; Platz im Theater)

Gal|gen, der: des Galgens, die Galgen; die **Gal|gen|frist** (letzte Frist), der **Gal|gen|hu|mor** (in sehr schlechter Lage gespielter Humor)

Gal|le, die: der Galle, die Gallen; Gift und Galle spucken (vor Wut toben) – ihm läuft vor Wut die Galle über (er ärgert sich sehr); **gal|lig**

Ga|lopp, der: des Galopps, die Galopps *auch* Galoppe; die **Ga|lopp|renn|bahn; ga|lop|pie|ren, ver|ga|lop|pie|ren:** sich vergaloppieren (in Eile und aus Unachtsamkeit einem Irrtum unterliegen)

Game|boy *engl. [gembeu],* der: des Gameboy(s), die Gameboys; (elektronisches Spielgerät)

gam|meln: du gammelst, er gammelte, hat gegammelt, gamm(e)le!; (nichts tun); der **Gamm|ler; gam|me|lig** *auch* **gamm|lig** (verdorben)

Gäm|se, die: der Gämse, die Gämsen; (Bergtier); der **Gäms|bock**

Gang, der: des Gang(e)s, die Gänge; *Kleinschreibung:* gang und gäbe (allgemein üblich) sein, *Großschreibung:* auf dem Gang (Flur) ist es ruhig – die Mahlzeit hat vier Gänge – einen Gang einschalten; ein Gespräch in Gang bringen, die Sache muss ihren Gang gehen, die **Gang|art,** der **Spa|zier|gang**

Gang *engl. [gäng],* die: der Gang, die Gangs; (Bande); der **Gangs|ter** (Gangmitglied; Verbrecher)

gän|geln: du gängelst, er gängelte, hat gegängelt, gäng(e)le!; jemanden gängeln (ihm dauernd sein Verhalten vorschreiben)

Gang|way *engl.-amerik. [gängwei],* die: der Gangway, die Gangways; (Laufsteg zum Schiff, Flugzeug)

Ga|no|ve, der: des Ganoven, die Ganoven; (Dieb, Gauner)

Gans, die: der Gans, die Gänse; die **Gän|se|haut:** eine Gänsehaut bekommen, der **Gän|se|marsch:** im Gänsemarsch (hintereinander) gehen

ganz: *Kleinschreibung:* ein ganzes Jahr – ich bin ganz begeistert – ganz und gar; *Großschreibung:* im Großen und Ganzen – aufs Ganze gehen; die **Ganz|tags|schu|le**

gar: (fertig gekocht)

gar: ganz und gar – gar kein – gar nicht – gar nichts

Ga|ra|ge *franz. [garasche],* die: der Garage, die Garagen; das **Ga|ra|gen|tor**

ga|ran|tie|ren: du garantierst, er garantierte, hat garantiert, garantier(e)!; (verbürgen, zusichern); die **Ga|ran|tie; ga|ran|tiert**

Gar|be, die: der Garbe, die Garben; (Getreidebündel)

Gar|de|ro|be *franz.,* die: der Garderobe, die Garderoben; (Kleidung, Kleiderablage, Ankleideraum im Theater)

Gar|di|ne, die: der Gardine, die Gardinen; hinter schwedischen Gardinen (im Gefängnis) sitzen; die **Gar|di|nen|stan|ge**

gä|ren: es gärt, es gor *auch* gärte, ist gegoren *auch* gegärt; die **Gä|rung**

Garn, das: des Garn(e)s, die Garne; (Nähzubehör); das **See|manns|garn** (fantasievolle Geschichte); **um|gar|nen** (schmeicheln)

Gar|ni|tur, die: der Garnitur, die Garnituren; (Verzierung; Satz zusammengehöriger Gegenstände); die **Couch|gar|ni|tur**

gars|tig: garstiger, am garstigsten; (abstoßend, ungezogen)

Gar|ten, der: des Gartens, die Gärten; der **Gärt|ner,** die **Gärt|ne|rin,** die **Gärt|ne|rei,** der **Vor|gar|ten**

Gas, das: des Gases, die Gase; Gas geben (schnell fahren); die **Gas|fla|sche,** die **Gas|hei|zung,** der **Gas|herd**

Gas|se, die: der Gasse, die Gassen; (enge Straße); das **Gäss|chen**

Gast, der: des Gast(e)s, die Gäste; bei jemandem zu Gast sein – ein ungebetener Gast; die **Gast|freund|schaft,** die **Gast|stät|te,** der **Gast|wirt; gast|freund|lich**

Gat|te, der: des Gatten, die Gatten; (Ehemann); die **Gat|ten** (Ehepaar), die **Gat|tin** (Ehefrau), die **Gat|tung**

Gat|ter, das: des Gatters, die Gatter; (Gitter, Zaun); das **Wild|gat|ter**

Gauk|ler, der: des Gauklers, die Gaukler; (Taschenspieler, Zauberkünstler); die **Gau|ke|lei; vor|gau|keln** (vortäuschen)

Gaul, der: des Gaul(e)s, die Gäule; (altes Pferd); einem geschenkten Gaul schaut man nicht ins Maul (mit einem Geschenk soll man, so wie es ist, zufrieden sein)

Gau|men, der: des Gaumens, die Gaumen; mein Gaumen ist ganz trocken

Gau|ner, der: des Gauners, die Gauner; (Betrüger, Spitzbube)

Ga|zel|le, die: der Gazelle, die Gazellen; (Antilopenart)

Ge|bäck, das: des Gebäck(e)s, die Gebäcke

Ge|bär|de, die: der Gebärde, die Gebärden; (ausdrucksvolle Geste); die **Gebär|den|spra|che; ge|bär|den:** sich gebärden (aufführen, zeigen)

ge|bä|ren: sie gebärt, sie gebar, sie gebäre, hat geboren; sie hat einen gesunden Jungen geboren

Ge|bäu|de, das: des Gebäudes, die Gebäude

ge|ben: du gibst, er gab, er gäbe, hat gegeben, gib!; die Hand geben – ein Konzert geben – sich Mühe geben

Ge|bet, das: des Gebet(e)s, die Gebete

Ge|biet, das: des Gebiet(e)s, die Gebiete; das Gebiet um Berlin; das **Stadt|ge|biet**

Ge|bir|ge, das: des Gebirges, die Gebirge; **ge|bir|gig**

Ge|biss, das: des Gebisses, die Gebisse; (Gesamtheit der Zähne; künstliche Zahnreihe)

ge|bo|ren: *Abk.* geb.; sie ist eine geborene Müller

Ge|bot, das: des Gebot(e)s, die Gebote; die Zehn Gebote; das **An|ge|bot**

ge|brau|chen: das kann ich gut gebrauchen; der **Ge|brauch,** die **Ge|brauchs-an|wei|sung; ge|bräuch|lich**

ge|brech|lich: gebrechlicher, am gebrechlichsten; das **Ge|bre|chen** (Fehler, Leiden)

Ge|bühr, die: der Gebühr, die Gebühren; **ge|büh|rend, ge|büh|ren|frei, ge|büh|ren|pflich|tig**

Ge|burt, die: der Geburt, die Geburten; der **Ge|burts|tag**

Ge|dächt|nis, das: des Gedächtnisses, die Gedächtnisse; ein gutes, schlechtes Gedächtnis haben; ein Gedächtnis wie ein Sieb haben (sehr vergesslich sein)

Ge|dan|ke, der: des Gedankens, die Gedanken; sich Gedanken über etwas machen – in Gedanken versunken sein – jemanden auf andere Gedanken bringen; **ge|dan|ken|los**

Ge|deck, das: des Gedeck(e)s, die Gedecke; (Geschirr, Essbesteck und Serviette); **ge|deckt:** der Tisch ist gedeckt

ge|den|ken: wir gedenken der Toten; die **Ge|denk|stät|te**

Ge|dicht, das: des Gedicht(e)s, die Gedichte; die **Ge|dicht|samm|lung**

Ge|drän|ge, das: des Gedränges; ein dichtes Gedränge (viele Menschen an einem Platz); **ge|drängt:** dicht gedrängt *auch* dichtgedrängt stehen (dicht nebeneinander)

Ge|duld, die: der Geduld; die Geduld verlieren – meine Geduld ist am Ende; die **Ge|dulds|pro|be; ge|dul|dig; ge|dul|den:** sich gedulden

ge|eig|net: geeigneter, am geeignetsten; geeignete (erforderliche) Maßnahmen ergreifen – sie ist dafür gut geeignet (ist die Richtige)

Ge|fahr, die: der Gefahr, die Gefahren; der Gefahr trotzen – sich in Gefahr begeben; die **Ge|fähr|lich|keit; ge-fähr|lich; ge|fähr|den** (in Gefahr bringen)

Ge|fähr|te, der: des Gefährten, die Gefährten; (Begleiter, Freund, Kamerad); die **Ge|fähr|tin,** die **Le|bens|ge-fähr|tin**

Ge|fäl|le, das: des Gefälles, die Gefälle; die Straße hat ein Gefälle von 10% (geht steil nach unten)

ge|fal|len: die Geschichte gefällt mir – sich etwas gefallen lassen – sie ist gefallen (gestürzt); er ist im Kriege gefallen (umgekommen); der **Ge|fal-len:** jemandem einen Gefallen tun, die **Ge|fäl|lig|keit; ge|fäl|lig:** gefällig (hilfsbereit) sein; **ge|fäl|ligst:** benimm dich gefälligst!; → fallen

Ge|fan|ge|ne, der *auch* die: des *auch* der Gefangenen, die Gefangenen; das **Ge|fäng|nis,** die **Ge|fäng|nis|stra|fe; ge|fan|gen hal|ten, ge|fan|gen neh-men**

Ge|fäß, das: des Gefäßes, die Gefäße; das Gefäß mit Wasser füllen

F G H

Ge|fẹcht, das: des Gefecht(e)s, die Gefechte; (Kampf)

Ge|fie|der, das: des Gefieders, die Gefieder; (Federkleid); **ge|fie|dert**

ge|flẹckt: blau gefleckt *auch* blaugefleckt

Ge|flü|gel, das: des Geflügels; die **Ge|flü|gel|pest,** die **Ge|flü|gel|zucht; ge|flü|gelt:** das geflügelte Wort (bekanntes Sprichwort)

Ge|flụ̈s|ter, das: des Geflüsters

Ge|fọl|ge, das: des Gefolges; (Begleitung einer hohen Persönlichkeit)

ge|frä|ßig: gefräßiger, am gefräßigsten; ein gefräßiges Wesen; der **Viel|fraß**

ge|frie|ren: die Fenster sind gefroren; das **Ge|frier|fleisch; tief|ge|fro|ren;** → frieren

Ge|fü|ge, das: des Gefüges, die Gefüge; das **Sạtz|ge|fü|ge; ge|fü|gig** (gehorchend)

Ge|fühl, das: des Gefühl(e)s, die Gefühle; etwas im Gefühl haben (vorausahnen); der **Ge|fühls|aus|bruch; ge|fühl|los, ge|fühl|voll, ge|fühls|mä|ßig**

ge|fụn|den: → finden

ge|gạn|gen: → gehen

ge|gen: das ist gegen unsere Verabredung – gegen Abend wird es kühler; **ge|gen|sei|tig;** der **Ge|gen|satz,** das **Ge|gen|teil,** der **Geg|ner; ge|gen|ei|nan|der kämp|fen; ge|gen|ein|an|der|pral|len; ge|gen|über|stel|len**

Ge|gend, die: der Gegend, die Gegenden

Ge|gen|stand, der: des Gegenstand(e)s, die Gegenstände

Ge|gen|wart, die: der Gegenwart; in Gegenwart von jemandem (in dessen Anwesenheit); die **Ge|gen|warts|form** (Präsens); **ge|gen|wär|tig** (jetzt)

ge|gẹs|sen: → essen

ge|gọs|sen: → gießen

ge|gra|ben: → graben

ge|grịf|fen: → greifen

Ge|hạlt, das: des Gehalt(e)s, die Gehälter; (Lohn): Gehalt beziehen

Ge|hạlt, der: des Gehalt(e)s, die Gehalte; (Inhalt); **ge|halt|voll**

ge|hạn|di|kapt *auch* **ge|hạn|di|capt** *engl. [gehạndikäpt]:* (behindert, eingeschränkt)

ge|hạn|gen: → hängen

Ge|he|ge, das: des Geheges, die Gehege; (abgesperrtes Gelände zur Pflege von Tieren und Pflanzen); jemandem ins Gehege (in die Quere) kommen

ge|heim: geheimer, am geheimsten; **geheim|nis|voll; ins|ge|heim;** das **Ge|hei|me:** im Geheimen, das **Ge|heim|nis,** die **Ge|heim|nis|tu|e|rei; ge|heim blei|ben:** die Sache muss geheim bleiben, **ge|heim hal|ten:** wir haben den Plan geheim gehalten

ge|hẹmmt: gehemmter, am gehemmtesten; (nicht locker)

ge|hen: du gehst, er ging, er ginge, ist gegangen, geh!; auf Reisen gehen – die Uhr geht falsch – es wird schon gehen – einen Weg zu Fuß gehen – bald wird es mir wieder gut gehen – es geht drunter und drüber – in sich gehen (etwas einsehen) – nach Hause *auch* nachhause gehen; **ge|hen lassen:** jemanden gehen lassen, **ge|hen|las|sen:** sich gehenlassen, **schla|fen ge|hen, spa|zie|ren ge|hen**

ge|heu|er: (unheimlich); es ist mir nicht geheuer (ich bin sehr unsicher)

Ge|hịl|fe, der: des Gehilfen, die Gehilfen; die **Ge|hil|fin**

Ge|hịrn, das: des Gehirn(e)s, die Gehirne; die **Ge|hịrn|er|schüt|te|rung**

F G H

Ge|höft *auch* **Ge|höft,** das: des Gehöft(e)s, die Gehöfte; (großer Bauernhof)
ge|hol|fen: → helfen
Ge|hölz, das: des Gehölzes, die Gehölze; (Waldstück)
Ge|hör, das: des Gehör(e)s; der **Ge|hör|gang; ge|hör|los**
ge|hor|chen: jemandem gehorchen (das tun, was er sagt); der **Ge|hor|sam; ge|hor|sam**
ge|hö|ren: das Buch gehört mir – das gehört sich nicht (das macht man nicht); **ge|hö|rig:** jemandem gehörig (mit deutlichen Worten) die Meinung sagen, **un|ge|hö|rig:** ein ungehöriges (sehr unpassendes) Verhalten
gei|fern: du geiferst, er geiferte, hat gegeifert, geifer(e)!; (schimpfen)
Gei|ge, die: der Geige, die Geigen; die erste Geige (die führende Rolle) spielen; der **Gei|gen|bau|er; gei|gen**
geil: geiler, am geilsten; (*altes Wort für* fröhlich, wild; *heute für* großartig, toll)
Gei|sel, die: der Geisel, die Geiseln; die **Gei|sel|nah|me** (Gefangennahme von Menschen, um eine Forderung durchzusetzen)
Geiß, die: der Geiß, die Geißen; (Ziege); das **Geiß|lein**
Geist, der: des Geist(e)s, die Geister; seinen Geist anstrengen (nachdenken); seinen Geist aufgeben (sterben) – von allen guten Geistern verlassen (sehr unvernünftig) sein; der **Geis|ter|fah|rer; geis|tig, geis|tes|ab|wesend, geis|tes|ge|genwär|tig, geis|teskrank, geist|reich**
geist|lich: geistliche (kirchliche) Lieder; der **Geist|li|che** (Priester), die **Geistlich|keit**
Geiz, der: des Geiz(e)s; (übertriebene Sparsamkeit); der **Geiz|hals; gei|zig; gei|zen:** mit etwas geizen
ge|klun|gen: → klingen
ge|knif|fen: → kneifen
Ge|läch|ter, das: des Gelächters, die Gelächter; (lautes Lachen)
Ge|län|de, das: des Geländes, die Gelände; der **Ge|län|de|lauf,** der **Gelän|de|wa|gen; ge|län|de|gän|gig**
Ge|län|der, das: des Geländers, die Geländer; das **Trep|pen|ge|län|der**
ge|lang: → gelingen
ge|lan|gen: ans Ziel gelangen (ankommen)
ge|las|sen: gelassener, am gelassensten; (ruhig, beherrscht); die **Ge|las|senheit**
ge|läu|fig: geläufiger, am geläufigsten; das Wort ist mir nicht geläufig (bekannt)
ge|launt: ein gut gelaunter *auch* gutgelaunter Lehrer
gelb: *Kleinschreibung:* der Pulli ist gelb; grün und gelb werden vor Neid; *Großschreibung:* die Ampel schaltet auf Gelb – bei Gelb anhalten – der Gelbe Fluss (in China); **gelb|lich; ver|gil|ben:** die vergilbte (alte) Zeitung
Geld, das: des Geld(e)s, die Gelder; eine Menge Geld; Geld und Gut – das Geld unter die Leute bringen – das Geld aus dem Fenster werfen (nutzlos ausgeben) – Geld auf die hohe Kante legen (sparen) – Geld haben wie Heu (sehr reich sein); der **Geldau|to|mat**
Ge|lee *franz. [schele],* der *auch* das: des Gelees, die Gelees; (eingedickter Fruchtsaft)
ge|le|gen: → liegen

Ge|le|gen|heit, die: der Gelegenheit, die Gelegenheiten; die Gelegenheit ergreifen; **ge|le|gen:** das kommt mir sehr gelegen (zur rechten Zeit); **ge|legent|lich** (manchmal), **un|ge|le|gen** (unpassend)

ge|lehrt: gelehrter, am gelehrtesten; der **Ge|lehr|te; ge|leh|rig:** gelehrig sein

ge|lei|ten: (führen)

Ge|lenk, das: des Gelenk(e)s, die Gelenke; die **Ge|len|kig|keit; ge|len|kig** (beweglich)

Ge|lieb|te, der *auch* die: des *auch* der Geliebten, die Geliebten

ge|lie|fert: ich bin geliefert (verloren, ruiniert)

ge|lie|hen: → leihen

ge|lin|gen: es gelingt, es gelang, es gelänge, ist gelungen; die Überraschung ist uns gelungen; das **Ge|lin|gen**

ge|lit|ten: → leiden

gel|lend: ein gellender (durchdringender, hoher) Pfiff ; **gel|len**

ge|lo|ben: Treue geloben (feierlich versprechen); das **Ge|löb|nis**

ge|lo|gen: → lügen

gel|ten: du giltst, er galt, er gälte, hat gegolten; diese Münze gilt heute nicht mehr (ist nicht mehr zu nutzen) – das gilt mir – Bange machen gilt nicht (mutig sein) – etwas nicht mehr gelten lassen (nicht anerkennen); die **Gel|tung** (Anerkennung)

ge|mäch|lich: gemächlicher, am gemächlichsten; (langsam)

Ge|mahl, der: des Gemahl(e)s; (*veraltet für* Ehemann); die **Ge|mah|lin** (*veraltet für* Ehefrau)

Ge|mäl|de, das: des Gemäldes, die Gemälde; die **Ge|mäl|de|samm|lung**

ge|mäß: seinem Wunsch gemäß (entsprechend); **zeit|ge|mäß**

ge|mein: wir haben nichts miteinander gemein (uns verbindet nichts) – ein gemeiner (böser) Kerl; die **Ge|meinheit,** das **Ge|mein|wohl**

Ge|mein|de, die: der Gemeinde, die Gemeinden; (Kommune, kleinster Verwaltungsbezirk)

ge|mein|sam: etwas gemeinsam besprechen; die **Ge|mein|sam|keit**

Ge|mein|schaft, die: der Gemeinschaft, die Gemeinschaften; das **Ge|meinschafts|ge|fühl; ge|mein|schaft|lich**

ge|meint: ein gut gemeinter *auch* gutgemeinter Rat

Ge|met|zel, das: des Gemetzels, die Gemetzel; (grausame Tötung von vielen Menschen)

ge|mie|den: → meiden

Ge|misch, das: des Gemisch(e)s, die Gemische; **ge|mischt**

ge|mocht: → mögen

Ge|mü|se, das: des Gemüses, die Gemüse; die **Ge|mü|se|sup|pe**

ge|müt|lich: gemütlicher, am gemütlichsten; die **Ge|müt|lich|keit**

Gen, das: des Gens, die Gene; (Träger der Erbanlagen); die **Gen|tech|nik; ge|ne|tisch**

ge|nau: genaue Angaben machen – er nimmt es nicht so genau mit der Wahrheit – die Uhr geht genau; **genau|so:** genauso gut, *aber* wir machen das genau so, wie es besprochen war; die **Ge|nau|ig|keit; ge|nau neh|men:** er hat es immer sehr genau genommen – genau genommen *auch* genaugenommen bist du ein prima Kumpel

ge|neh|mi|gen: du genehmigst, er genehmigte, hat genehmigt, genehmige!; die **Ge|neh|mi|gung, ge|neh|migungs|pflich|tig**

F G H

Ge|ne|ral, der: des Generals, die Generale *auch* Generäle; (höchster Offiziersrang)

Ge|ne|ra|ti|on, die: der Generation, die Generationen; (Geschlechterfolge): die junge, ältere Generation; der **Ge|ne|ra|ti|ons|wech|sel**

Ge|ne|ra|tor, der: des Generators, die Generatoren; (Maschine zur Erzeugung von Energie)

ge|ne|rell: (allgemein, alle betreffend)

ge|ne|sen: du genest, er genas, er genäse, ist genesen, genese!; (gesund werden); die **Ge|ne|sung**

ge|ni|al: eine geniale (großartige) Leistung; die **Ge|ni|a|li|tät**

Ge|nick, das: des Genick(e)s, die Genicke; sich das Genick brechen

Ge|nie *franz. [scheni],* das: des Genies, die Genies; (höchste, schöpferische Begabung, Geisteskraft)

ge|nie|ren *franz. [scheniren]:* du genierst dich, er genierte sich, hat sich geniert, geniere dich nicht!; (schämen)

ge|nie|ßen: du genießt, er genoss, er genösse, hat genossen, genieß(e)!; den Urlaub genießen; der **Ge|nie|ßer,** der **Ge|nuss; ge|nieß|bar, ge|nie|ße|risch, un|ge|nieß|bar**

Ge|ni|ta|li|en, die: der Genitalien; (Geschlechtsorgan)

Ge|ni|tiv, der: des Genitivs, die Genitive; (2. Fall, Wesfall)

ge|nom|men: → nehmen

Ge|nos|se, der: des Genossen, die Genossen; die **Ge|nos|sen|schaft; ge|nos|sen|schaft|lich**

ge|nos|sen: → genießen

Gen|tle|man *auch* **Gent|le|man** *engl. [dschäntlmän],* der: des Gentlemans, die Gentlemen; (Mann mit sehr guten Umgangsformen)

ge|nug: genug zu essen haben – das ist gut genug für ihn; **ge|nü|gend** (ausreichend), **ge|nüg|sam** (mit wenigem zufrieden); die **Ge|nug|tu|ung** (innere Befriedigung); **ge|nü|gen**

Ge|nuss, der: des Genusses, die Genüsse; **ge|nüss|lich; ge|nie|ßen**

Geo|gra|fie *auch* **Geo|gra|phie,** die: der Geographie; (Erdkunde); **geo|gra|fisch**

Geo|lo|gie, die: der Geologie; (Wissenschaft von der Geschichte der Erde); der **Geo|lo|ge; geo|lo|gisch**

Geo|me|trie, die: der Geometrie; (Raumlehre); **geo|me|trisch**

Ge|päck, das: des Gepäck(e)s; der **Ge|päck|trä|ger**

Ge|plap|per, das: des Geplappers; (anhaltendes Reden über Unwichtiges)

ge|ra|de *auch* **gra|de:** eine gerade Linie – ein gerader (ehrlicher) Mensch – du kommst mir gerade recht – nun gerade nicht; **ge|ra|de|aus, ge|ra|de|zu:** das ist ja geradezu lächerlich, **un|ge|rade:** ungerade Zahlen; **ge|ra|de bie|gen** *auch* **ge|ra|de|biegen:** den Stab wieder gerade biegen *auch* geradebiegen, **ge|ra|de|bie|gen:** die Sache wieder geradebiegen (einrenken), **ge|ra|de ste|hen:** sie sollen gerade stehen, **ge|ra|de|ste|hen:** für die Folgen werde ich geradestehen (werde sie verantworten); die **Ge|ra|de** (gerade Linie; Boxschlag)

ge|rannt: → rennen

Ge|rät, das: des Gerät(e)s, die Geräte; das **Ge|rä|te|tur|nen** *auch* **Ge|rät|turnen,** die **Ge|rät|schaf|ten**

ge|ra|ten: der Kuchen ist gut geraten – er ist an den Falschen geraten; das **Ge|ra|te|wohl:** aufs Geratewohl (auf gut Glück)

ge|räu|mig: geräumiger, am geräumigsten; das geräumige Zimmer, **ge|raum:** nach geraumer (längerer) Zeit

Ge|räusch, das: des Geräusch(e)s, die Geräusche; **ge|räusch|voll**

ge|recht: gerechter, am gerechtesten; der gerechte Richter – der gerechte Lohn – jemandem gerecht werden (fair beurteilen); **be|hin|der|ten|ge|recht;** die **Ge|rech|tig|keit**

Ge|richt, das: des Gericht(e)s, die Gerichte; (das Amtsgebäude)

Ge|richt, das: des Gericht(e)s, die Gerichte; (Speise, Mahlzeit); das **Fer|tig|ge|richt**

ge|ring: geringer, am geringsten; das **Ge|rings|te:** nicht im Geringsten – das geht dich nicht das Geringste an; **ge|ring schät|zen:** der Wert des Ringes wird als gering (niedrig) geschätzt, **ge|ring|schät|zen:** seine ganze Arbeit wird geringgeschätzt (erfährt keine Anerkennung)

Ge|rinn|sel, das: des Gerinnsels, die Gerinnsel; (fest gewordene Flüssigkeit); das **Blut|ge|rinn|sel; ge|rin|nen**

Ge|rip|pe, das: des Gerippes, die Gerippe; (Knochengerüst des Körpers)

ge|ris|sen: ein gerissener (durchtriebener) Kerl

ge|ris|sen: → reißen

ge|rit|ten: → reiten

Ger|ma|ne, der: des Germanen, die Germanen; die **Ger|ma|nin; ger|ma|nisch:** die germanischen Sprachen

gern *auch* **ger|ne:** bitte, gern geschehen – ein gern gesehener *auch* gerngesehener Gast – jemanden gernhaben – ich möchte gern wissen, ob ...; der **Ger|ne|groß** (Angeber)

ge|ro|chen: → riechen

Ge|röll, das: des Geröll(e)s, die Gerölle; (lockeres Gestein)

Gers|te, die: der Gerste, die Gersten; (Getreide); das **Gers|ten|korn**

Ger|te, die: der Gerte, die Gerten; (Rute); die **Reit|ger|te**

Ge|ruch, der: des Geruch(e)s, die Gerüche; der **Ge|ruchs|sinn; ge|ruch|los**

Ge|rücht, das: des Gerücht(e)s, die Gerüchte; Gerüchte (unbestätigte Tatsachen) in Umlauf bringen

Ge|rüm|pel, das: des Gerümpels; (wertlos gewordene Gegenstände); die **Rum|pel|kam|mer**

ge|run|gen: → ringen

Ge|rüst, das: des Gerüst(e)s, die Gerüste; das **Bau|ge|rüst,** der **Ge|rüst|bau**

gesamt: die gesamte Belegschaft; **ins|gesamt;** der **Ge|samt|ein|druck,** die **Ge|samt|heit,** die **Ge|samt|schu|le,** die **Ge|samt|wer|tung**

ge|sandt: → senden

Ge|sang, der: des Gesang(e)s, die Gesänge; der **Ge|sang|ver|ein** *auch* **Gesangs|ver|ein**

Ge|säß, das: des Gesäßes, die Gesäße; (*verwandt mit* sitzen)

Ge|schä|dig|te, der *auch* die: des *auch* der Geschädigten, die Geschädigten; **schä|di|gen**

Ge|schäft, das: des Geschäft(e)s, die Geschäfte; die **Ge|schäfts|frau; ge|schäf|tig** (eifrig), **ge|schäft|lich, ge|schäfts|tüch|tig**

ge|sche|hen: es geschieht, es geschah, es geschähe, ist geschehen; es geschieht ein Unglück – es muss etwas geschehen (getan werden) – um ihn ist es geschehen (er ist verloren); das **Ge|sche|hen,** das **Ge|scheh|nis**

ge|scheit: gescheiter, am gescheitesten; (klug, clever)

F G H

Ge|schẹnk, das: des Geschenk(e)s, die Geschenke; das **Ge|schenk|pa|pier**

Ge|schịch|te, die: der Geschichte, die Geschichten; eine Geschichte erzählen – die Geschichte der Neuzeit; der **Ge|schichts|un|ter|richt**

Ge|schịck, das: des Geschick(e)s, die Geschicke; er hat ein Geschick (Talent), mit Menschen umzugehen; die **Ge|schịck|lich|keit; ge|schickt**

ge|schie|den: meine Eltern sind geschieden; der *auch* die **Ge|schie|de|ne,** die **Schei|dung; schei|den**

Ge|schịrr, das: des Geschirr(e)s, die Geschirre; das **Ẹss|ge|schirr,** die **Ge|schịrr|spül|ma|schi|ne,** das **Ge|schirr|tuch,** das **Pfer|de|ge|schirr**

Ge|schlẹcht, das: des Geschlecht(e)s, die Geschlechter; das männliche und weibliche Geschlecht; das **Ge|schlẹchts|or|gan,** der **Ge|schlechts|trieb,** der **Ge|schlechts|ver|kehr,** das **Ge|schlechts|wort** (Begleiter, Artikel); **ge|schlecht|lich**

ge|schlị|chen: → schleichen

ge|schlọs|sen: → schließen

Ge|schmạck, der: des Geschmack(e)s, die Geschmäcke; einen schlechten Geschmack im Munde haben – sich mit Geschmack (schick) kleiden – dieses Bild ist nicht nach meinem Geschmack – einen guten Geschmack (Sinn für das Schöne) haben – das ist Geschmackssache (kann man so oder so sehen); **ge|schmạck|los, ge|schmack|voll**

ge|schmei|dig: geschmeidiger, am geschmeidigsten; (biegsam, gelenkig); das **Ge|schmei|de** (Schmuck), die **Ge|schmei|dig|keit**

ge|schmịs|sen: → schmeißen

ge|schmọl|zen: → schmelzen

ge|schnie|gelt: (vornehm zurechtgemacht)

ge|schnịt|ten: → schneiden

ge|scho|ben: → schieben

Ge|schọss, das: des Geschosses, die Geschosse; im ersten Geschoss (Stockwerk) wohnen – das Geschoss trifft ins Ziel

ge|schọs|sen: → schießen

Ge|schrei, das: des Geschreis; das **Kịn|der|ge|schrei**

ge|schrie|ben: → schreiben

ge|schrien: → schreien

Ge|schụ̈tz, das: des Geschütz(e)s, die Geschütze; (*verwandt mit* schießen); ein schweres Geschütz auffahren (jemandem unnötig scharf entgegentreten)

Ge|schwạ̈tz, das: des Geschwätzes; (inhaltsloses Reden); **ge|schwät|zig**

ge|schwie|gen: → schweigen

Ge|schwịn|dig|keit, die: der Geschwindigkeit, die Geschwindigkeiten; die **Ge|schwịn|dig|keits|be|gren|zung; ge|schwind** (schnell)

Ge|schwịs|ter, die: der Geschwister; ich habe noch drei Geschwister

ge|schwọl|len: ein geschwollener Finger – so ein geschwollenes (unverständliches) Gerede; → schwellen

ge|schwọm|men: → schwimmen

Ge|schwo|re|ne, der *auch* die: des *auch* der Geschworenen, die Geschworenen; (Laienrichter); **schwö|ren**

Ge|schwụlst, die: der Geschwulst, die Geschwülste; (*verwandt mit* schwellen): eine gutartige, bösartige Geschwulst

Ge|schwür, das: des Geschwür(e)s, die Geschwüre

Ge|sẹl|le, der: des Gesellen, die Gesellen; (Handwerker nach der Lehrzeit);

die **Ge|sel|lin,** die **Ge|sel|len|prü|fung; ge|sel|lig** (schnell Freunde findend)

Ge|sell|schaft, die: der Gesellschaft, die Gesellschaften; jemandem Gesellschaft leisten – in schlechte Gesellschaft geraten; **ge|sell|schaft|lich**

ge|ses|sen: → sitzen

Ge|setz, das: des Gesetzes, die Gesetze; ein Gesetz übertreten (nicht beachten); der **Ge|set|zes|text,** die **Ge|setz|mä|ßig|keit,** das **Na|tur|ge|setz; ge|setz|lich, ge|setz|los, ge|setz|mä|ßig, ge|setz|wi|drig**

Ge|sicht, das: des Gesicht(e)s, die Gesichter; ein freundliches Gesicht machen; sein wahres Gesicht (seinen wahren Charakter) zeigen; der **Ge|sichts|aus|druck**

Ge|sin|de, das: des Gesindes, die Gesinde; (*früher für* Gesamtheit der Knechte und Mägde); das **Ge|sin|del** (Gruppe von verbrecherischen Menschen)

ge|sinnt: gut, übel gesinnt sein – ein gut gesinnter *auch* gutgesinnter Mensch; die **Ge|sin|nung**

ge|sof|fen: → saufen

Ge|spenst, das: des Gespenst(e)s, die Gespenster; er sieht Gespenster (hat unbegründete Angst); **ge|spens|tisch** (unheimlich, düster)

ge|spon|nen: → spinnen

Ge|spräch, das: des Gespräch(e)s, die Gespräche; ein Gespräch unter vier Augen – ein Gespräch abhören – mit jemandem im Gespräch (weiter in Kontakt) bleiben; die **Ge|sprächs|be|reit|schaft,** der **Ge|sprächs|part|ner; ge|sprä|chig, ge|sprächs|be|reit**

ge|spren|kelt: (getupft)

ge|spro|chen: → sprechen

ge|sprun|gen: → springen

Ge|stalt, die: der Gestalt, die Gestalten; von schlanker Gestalt – eine Gestalt aus einem Drama von Schiller; die **Ge|stal|tung; ge|stal|te|risch, miss|ge|stal|tet; ge|stal|ten**

ge|stan|den: → stehen

ge|stän|dig: ein geständiger Dieb; das **Ge|ständ|nis:** ein Geständnis ablegen (die Schuld zugeben)

ge|stat|ten: du gestattest, er gestattete, hat gestattet, gestatt(e)!; den Zutritt gestatten (erlauben)

Ges|te *auch* **Ges|te,** die: der Geste, die Gesten; (Gebärde); die **Ges|tik** (Gesamtheit der Gesten); **ges|ti|ku|lie|ren**

ge|ste|hen: du gestehst, er gestand, er gestände, hat gestanden, gesteh(e)!; ein Verbrechen gestehen – offen gestanden bin ich anderer Meinung; das **Ge|ständ|nis; ge|stän|dig**

Ge|stein, das: des Gestein(e)s, die Gesteine; die **Ge|steins|art,** die **Ge|steins|pro|be**

Ge|stell, das: des Gestell(e)s, die Gestelle; (Unterbau, Regal); das **Bril|len|ge|stell**

ges|tern: gestern Abend – Ansichten von gestern – bis gestern; **ges|trig:** der gestrige Tag; **vor|ges|tern;** das **Ges|tern** (Vergangenheit)

ge|stie|gen: → steigen

Ge|stirn, das: des Gestirn(e)s, die Gestirne; (Himmelskörper)

Ge|stö|ber, das: des Gestöbers, die Gestöber; das **Schnee|ge|stö|ber**

ge|sto|chen: → stechen

ge|stoh|len: → stehlen

ge|stor|ben: → sterben

ge|streift: ein blau gestreifter *auch* blaugestreifter Pullover

ge|stri|chen: → streichen

F
G
H

Ge|strüpp, das: des Gestrüpp(e)s, die Gestrüppe; (dichtes Buschwerk)
ge|stun|ken: → stinken
Ge|stüt, das: des Gestüt(e)s, die Gestüte; (*verwandt mit* Stute; Pferdezuchtanstalt)
ge|sund: gesünder, am gesündesten; gesundes Aussehen haben – einen Kranken gesund pflegen *auch* gesundpflegen – gesund werden; **ge|sund|heit|lich, ge|sund|heits|be|wusst;** die **Ge|sund|heit; ge|sun|den, ge|sund|schrei|ben:** der Arzt hat mich gesundgeschrieben
ge|sun|gen: → singen
ge|sun|ken: → sinken
ge|tan: → tun
Ge|tö|se, das: des Getöses; (Krach, Lärm)
ge|tra|gen: → tragen
Getränk, das: des Getränk(e)s, die Getränke; der **Ge|trän|ke|au|to|mat**
Ge|trei|de, das: des Getreides, die Getreide; (Körnerfrüchte)
ge|trennt: etwas getrennt schreiben – getrennt sein, werden – getrennt vorkommen; die **Ge|trennt|schrei|bung**
ge|trie|ben: → treiben
ge|trof|fen: → treffen
ge|trun|ken: → trinken
Get|to *auch* **Ghet|to,** das: des Gettos, die Gettos; (abgeschlossenes Stadtviertel für Minderheiten, *früher besonders* für Juden)
Ge|wächs, das: des Gewächses, die Gewächse; das **Ge|wächs|haus**
Ge|währ, die: der Gewähr; (Sicherheit): die Gewähr dafür übernehmen – ohne Gewähr; **ge|wäh|ren** (bewillligen)
Ge|wahr|sam, der: des Gewahrsams; (Obhut, Haft, Schutz)
Ge|walt, die: der Gewalt, die Gewalten; die richterliche Gewalt – jemandem Gewalt antun – sich in der Gewalt (unter Kontrolle) haben; die **Ge|walt|an|wen|dung; ge|walt|frei, ge|wal|tig, ge|walt|tä|tig, ge|walt|sam; ver|ge|wal|ti|gen**
Ge|wand, das: des Gewand(e)s, die Gewänder; (Kleidung)
ge|wandt: gewandter, am gewandtesten; (geschickt)
ge|wann: → gewinnen
Ge|wäs|ser, das: des Gewässers, die Gewässer; stehende, fließende Gewässer
Ge|we|be, das: des Gewebes, die Gewebe; baumwollenes Gewebe – das Muskelgewebe; die **Ge|we|be|pro|be**
Ge|wehr, das: des Gewehr(e)s, die Gewehre; (Schusswaffe mit langem Lauf)
Ge|weih, das: des Geweih(e)s, die Geweihe; (knochige Auswüchse auf dem Kopf von Hirsch, Rehbock)
Ge|wer|be, das: des Gewerbes, die Gewerbe; (selbstständige berufliche Tätigkeit); die **Ge|wer|be|schu|le; ge|werb|lich**
Ge|werk|schaft, die: der Gewerkschaft, die Gewerkschaften; (Vereinigung von Arbeitnehmern); der **Ge|werk|schaf|ter** (Mitglied einer Gewerkschaft), der **Deut|sche Ge|werk|schafts|bund:** *Abk.* DGB
ge|we|sen: → sein
ge|wi|chen: → weichen
Ge|wicht, das: des Gewicht(e)s, die Gewichte; das **Ge|wicht|he|ben,** das **Schwer|ge|wicht**
ge|wieft: gewiefter, am gewieftesten; (schlau, durchtrieben)
ge|wie|sen: → weisen

ge|win|nen: du gewinnst, er gewann, er gewönne *auch* gewänne, hat gewonnen, gewinn(e)!; ein Spiel gewinnen – die Herzen der Zuschauer gewinnen; der **Ge|winn,** der **Ge|win|ner**
ge|wiss: er ist sich seiner Sache gewiss (sicher); die **Ge|wiss|heit**
Ge|wis|sen, das: des Gewissens, die Gewissen; ein ruhiges Gewissen haben – ein schlechtes Gewissen haben – jemandem ins Gewissen reden (eindringlich ermahnen); der **Ge|wis|sens|biss** (Zweifel); **ge|wis|sen|haft, ge|wis|sen|los; ge|wis|ser|ma|ßen**
Ge|wit|ter, das: des Gewitters, die Gewitter; **ge|witt|rig; ge|wit|tern:** es gewittert
ge|wo|gen: → wiegen
ge|wöh|nen: sich an das Klima gewöhnen – das bin ich gewöhnt *auch* gewohnt (kenne ich schon); die **Ge|wöh|nung; ge|wöhn|lich** (alltäglich)
Ge|wöl|be, das: des Gewölbes, die Gewölbe; das **Him|mels|ge|wöl|be,** das **Kel|ler|ge|wöl|be**
ge|won|nen: → gewinnen
ge|wor|ben: → werben
ge|wor|den: → werden
ge|wor|fen: → werfen
Ge|würz, das: des Gewürzes, die Gewürze; die **Ge|würz|gur|ke; wür|zig; wür|zen**
ge|wusst: → wissen
Ge|zei|ten, die: der Gezeiten; (der Wechsel von Ebbe und Flut)
ge|zo|gen: → ziehen
ge|zwun|gen: → zwingen
GG, das: *Abk. für* Grundgesetz
ggf.: *Abk. für* gegebenenfalls
Ghet|to: → Getto
Gie|bel, der: des Giebels, die Giebel; (Vorderseite des Hauses)
Gier, die: der Gier; **gie|rig:** gierig sein (etwas unbedingt haben wollen)
gie|ßen: du gießt, er goss, er gösse, hat gegossen, gieß(e)!; die **Gie|ße|rei,** die **Gieß|kan|ne**
Gift, das: des Gift(e)s, die Gifte; Gift und Galle spucken – darauf kannst du Gift nehmen (da kannst du sicher sein); die **Gift|müll|de|po|nie; gif|tig; an|gif|ten:** sich angiften (heftig beschimpfen), **ver|gif|ten**
Gi|gant, der: des Giganten, die Giganten; (Riese); **gi|gan|tisch**
Gil|de, die: der Gilde, die Gilden; (*früher* Zusammenschluss von Berufsgenossen); die **Hand|wer|ker|gil|de,** die **Kauf|manns|gil|de**
ging: → gehen
Gip|fel, der: des Gipfels, die Gipfel; der Gipfel des Berges
Gips, der: des Gipses, die Gipse; der **Gips|ver|band; gip|sen**
Gi|raf|fe *arab.,* die: der Giraffe, die Giraffen; (langhalsiges Tier)
Girl *engl. [görl],* das: des Girls, die Girls; (Mädchen; Tänzerin)
Gir|lan|de, die: der Girlande, die Girlanden; (Blumen-, Blätter-, Papiergewinde zum Schmücken)
Gi|ro *ital. [schiro],* das: des Giros, die Giren; *Kurzw. für* Girokonto (bargeldloses Geschäftskonto)
Gischt, die: der Gischt; (Schaum der Wellen, Sprühwasser)
Gi|tar|re *span.,* die: der Gitarre, die Gitarren
Git|ter, das: des Gitters, die Gitter; hinter Gittern sitzen (im Gefängnis sein)
Gla|di|a|tor, der: des Gladiators, die Gladiatoren; (altrömischer Schwertkämpfer bei Zirkusspielen); die **Gla|di|a|to|ren|kämp|fe**

F G H

Glanz, der: des Glanzes; der Glanz der Sonne; eine Prüfung mit Glanz (mit großem Erfolg) bestehen; der **Hoch|glanz; glän|zend; glän|zen**

Glas, das: des Glases, die Gläser; der **Gla|ser,** die **Gla|sur** (glasiger Überzug; Zuckerguss); **glä|sern; ver|gla|sen**

glatt: glatter *auch* glätter, am glattesten *auch* glättesten; ein glatter Weg; eine glatte Lüge – das habe ich glatt (völlig) vergessen – die Sache wird glattgehen (gutgehen); die **Glät|te,** das **Glatt|eis:** jemanden aufs Glatteis führen (reinlegen); **glät|ten**

Glat|ze, die: der Glatze, die Glatzen; **glatz|köp|fig**

glau|ben: du glaubst, er glaubte, hat geglaubt, glaub(e)!; an Gott glauben – ich glaube nicht, dass ich das gesagt habe; daran glauben müssen (*umgangssprachlich für* ums Leben kommen; an der Reihe sein); der **Glau|be,** der **Gläu|bi|ge; glaub|haft, gläu|big**

gleich: *Kleinschreibung:* ich komme gleich (bald) – sie verhalten sich gleich (ähnlich); *Großschreibung:* das Gleiche tun – es kommt auf das Gleiche hinaus – Gleich und Gleich gesellt sich gern; **gleich|alt|rig, gleich|ar|tig, gleich|be|rech|tigt, gleich|gül|tig, gleich|mä|ßig; gleich|falls, glei|cher|ma|ßen;** die **Gleich|be|rech|ti|gung; glei|chen, ver|glei|chen**

Gleis, das: des Gleises, die Gleise; das **Gleis|bett**

glei|ßend: gleißender, am gleißendsten; gleißendes (glänzendes, glitzerndes) Licht

glei|ten: du gleitest, er glitt, er glitte, ist geglitten, gleit(e)!; (schweben; rutschen); der **Gleit|flug**

Glet|scher, der: des Gletschers, die Gletscher (große Eismasse); die **Glet|scher|spal|te**

glich: → gleichen

Glied, das: des Glied(e)s, die Glieder; die Glieder des Körpers – das männliche Glied; die **Glie|de|rung,** die **Glied|ma|ßen,** das **Mit|glied; glie|dern:** einen Text gliedern

glim|men: es glimmt, es glimmte *auch* glomm, glimmte *auch* glömme, hat geglimmt *auch* geglommen; (ohne Flamme brennen): die Asche glimmt

glimpf|lich: glimpflicher, am glimpflichsten; glimpflich (besser als erwartet) davonkommen; **ver|un|glimp|fen:** jemanden verunglimpfen (seine Ehre, seinen Ruf herabsetzen)

glitt: → gleiten

glit|zern: es glitzert, es glitzerte, hat geglitzert

glo|bal: (weltweit, umfassend); die **Glo|ba|li|sie|rung** (weltweite Verflechtung), der **Glo|be|trot|ter** (Weltenbummler)

Glo|bus, der: des Globus *auch* Globusses, die Globen *auch* Globusse; (Kugel mit der Abbildung der Erdoberfläche)

Glo|cke, die: der Glocke, die Glocken; etwas an die große Glocke hängen (überall erzählen); der **Glo|cken|turm,** der **Glöck|ner; glo|ckig**

glot|zen: du glotzt, er glotzte, hat geglotzt, glotz(e)!; (anstarren); die **Glot|ze** (*umgangssprachlich für* Fernsehgerät)

Glück, das: des Glück(e)s; Glück im Unglück – sein Glück probieren – jemandem Glück wünschen – er hat mehr Glück als Verstand; das **Glücks-**

kind, der **Glück|wunsch; glück|lich; glü|cken:** das Experiment muss glücken (gelingen)

Glu|cke, die: der Glucke, die Glucken; (Huhn mit Küken); **glu|cken, gluckern, gluck|sen**

glü|hen: du glühst, er glühte, hat geglüht, glüh(e)!; das glühende Eisen – die glühenden Wangen – die glühende Begeisterung – es war mittags glühend heiß; die **Glüh|lam|pe,** das **Glüh|würm|chen**

Glut, die: der Glut, die Gluten; die **Glut|hit|ze**

GmbH: *Abk. für* **G**esellschaft **m**it **b**eschränkter **H**aftung

Gna|de, die: der Gnade, die Gnaden; um Gnade bitten – sein Gnadenbrot bekommen (Versorgung aus Dankbarkeit oder Mitleid); die **Be|gna|digung; gnä|dig; be|gna|di|gen**

Gnom, der: des Gnomen, die Gnomen; (Zwerg, Kobold)

Gnu, das: des Gnus, die Gnus; (Steppenhuftier)

Go|ckel, der: des Gockels, die Gockel; (Hahn)

Go|kart *engl.,* der: des Gokart(s), die Gokarts; (unverkleideter, kleiner Sportrennwagen)

Gold, das: des Gold(e)s; die Worte auf die Goldwaage legen (ganz genau nehmen); die **Gold|me|dail|le; golden:** der goldene Ring, **gol|dig; vergol|den**

Golf, der: des Golf(e)s, die Golfe; (größere Meeresbucht); der **Golf|strom**

Golf *schott.-engl.,* das: des Golfs; (ein Rasenspiel): Golf spielen

Gon|del, die: der Gondel, die Gondeln; (Ruderboot; Hängekorb); **gon|deln:** durch die Welt gondeln (fahren)

Gong *malaiisch,* der *auch* das: des Gongs, die Gongs; (Schlaginstrument): der Gong ertönt

gön|nen: du gönnst, er gönnte, hat gegönnt, gönn(e)!; ich gönne ihm sein Glück; der **Gön|ner; gön|nerhaft**

Gör, das: des Gör(e)s, die Gören; (kleines Kind; ungezogenes Mädchen): *auch* die **Göre**

Go|ril|la *afrikan.,* der: des Gorillas, die Gorillas; (größter Menschenaffe)

goss: → gießen

Gos|se, die: der Gosse, die Gossen; das Regenwasser fließt durch die Gosse (Straßenrinne) ab

Gott, der: des Gottes, die Götter; an Gott glauben – Gottes Wort – um Gottes willen! – in Gottes Namen – Gott sei Dank! – leider Gottes; der **Got|tes|dienst,** das **Got|tes|haus,** die **Göt|ter|spei|se** (Süßspeise); **gött|lich, gott|los; ver|göt|tern**

gra|ben: du gräbst, er grub, er grübe, hat gegraben, grab(e)!; das **Grab:** sich sein eigenes Grab schaufeln (sehr unvorsichtig sein) – mit einem Fuß im Grabe stehen (in großer Gefahr sein), der **Gra|ben**

Gracht, die: der Gracht, die Grachten; (schiffbarer Straßenkanal in niederländischen Städten)

Grad, der: des Grad(e)s, die Grade; 30 Grad Celsius (30° C) – ein Winkel von 30 Grad – in gewissem Grade (gewisser Weise); der **Brei|ten|grad**

Graf|fi|ti, die: der Graffiti; (auf Mauern oder Wände gesprühte Malereien); der **Graf|fi|ti|spray|er**

Gra|fik *auch* **Gra|phik,** die: der Grafik, die Grafiken; (Schreib- und Zeichenkunst; das einzelne Blatt mit Darstel-

F G H

lungen); der **Gra|fi|ker,** die **Gra|fikkar|te** (Steckkarte zur Erstellung von Grafiken auf dem Computerbildschirm); **gra|fisch**

Gram, der: des Gram(e)s; von Gram gebeugt sein; der **Gries|gram** (schlecht gelaunter Mensch); **gram:** jemandem gram sein (ihm zürnen); **grä|men:** sich grämen (sich Sorgen machen)

F G H

Gramm *griech.*, das: des Gramms, die Gramme; *Abk.* g; zehn Gramm

Gram|ma|tik, die: der Grammatik, die Grammatiken; (Sprachlehre); **gramma|tisch**

Gra|na|te, die: der Granate, die Granaten; (Geschoss)

gran|di|os: (großartig)

Gra|nit *ital.*, der: des Granits, die Granite; hart wie Granit; da beißt du bei mir auf Granit (auf unüberwindlichen Widerstand stoßen)

gran|tig: grantiger, am grantigsten; (übel gelaunt, verdrießlich)

Grape|fruit *engl. [grepfrut]*, die: der Grapefruit, die Grapefruits; (Pampelmuse)

Gra|phik: → Grafik

Gras, das: des Grases, die Gräser; das Gras wachsen hören (misstrauisch sein) – ins Gras beißen (sterben) – über die Sache ist Gras gewachsen (die Sache ist vergangen); **gra|sen** (Gras fressen)

gräss|lich: grässlicher, am grässlichsten; (schrecklich)

Grat, der: des Grat(e)s, die Grate; (Bergkamm); das **Rück|grat** (Wirbelsäule)

Grä|te, die: der Gräte, die Gräten; die **Fisch|grä|te; grä|ten|los**

gra|tis: der Eintritt ist gratis (kostenlos)

Grät|sche, die: der Grätsche, die Grätschen; (Spreizsprung); **grät|schen**

gra|tu|lie|ren: du gratulierst, er gratulierte, hat gratuliert, gratulier(e)!; jemandem zum Geburtstag gratulieren; der **Gra|tu|lant,** die **Gra|tu|la|ti|on**

grau: grau gestreiftes *auch* graugestreiftes Kleid – graue Haare bekommen – der graue Alltag – in grauer Vorzeit; das **Grau; grau|en:** der Morgen graut

grau|en: mir graut (ich habe Angst) vor der Prüfung; das **Grau|en; grau|enhaft, grau|en|voll**

gräu|lich: (schrecklich; etwas grau); der **Gräu|el; grau|len:** sich graulen (sich fürchten), **ver|grau|len:** jemanden vergraulen (sich so verhalten, dass die anderen gehen)

Grau|pel, die: der Graupel, die Graupeln; (kleine Hagelkörner); **graupeln:** es graupelt

grau|sam: grausamer, am grausamsten; eine grausame (unmenschliche, brutale) Tat; die **Grau|sam|keit; grausen:** mich graust es vor diesem Gedanken (er macht mir Angst)

Gra|zie, die: der Grazie; (Anmut)

grei|fen: du greifst, er griff, er griffe, hat gegriffen, greif(e)!; nach den Sternen greifen – das Feuer griff um sich – die Geschichte ist aus der Luft gegriffen (nur ausgedacht); **greif|bar, grif|fig** (leicht handhabbar)

Greis, der: des Greises, die Greise; (sehr alter Mann); die **Grei|sin; grei|senhaft**

grell: greller, am grellsten; grelles Sonnenlicht – ein grellrotes Boot

Gren|ze, die: der Grenze, die Grenzen; über die Grenze gehen; meine Begeisterung hält sich in Grenzen (ist nicht sehr groß); der **Grenz|ver|kehr;**

gren|zen|los; gren|zen: das grenzt an Wahnsinn

Grie|chen|land: der **Grie|che,** die **Griechin; grie|chisch**

Gries|gram, der: des Griesgram(e)s, die Griesgrame; (schlecht gelaunter Mensch); **gries|grä|mig**

Grieß, der: des Grießes, die Grieße; der **Grieß|brei,** der **Grieß|kloß**

Griff, der: des Griff(e)s, die Griffe; **griff|be|reit**

griff: → greifen

Grill *engl.,* der: des Grills, die Grills; (Bratrost); die **Grill|par|ty; gril|len**

Gril|le, die: der Grille, die Grillen; die Grillen zirpen; **gril|lig** (launenhaft)

Gri|mas|se *franz.,* die: der Grimasse, die Grimassen

grim|mig: grimmiger, am grimmigsten; ein grimmiges (sehr zorniges, wütendes) Gesicht machen – grimmige (sehr große) Kälte

grin|sen: du grinst, er grinste, hat gegrinst, grins(e)!; (breit lächeln)

Grip|pe, die: der Grippe, die Grippen; (Infektionskrankheit)

Grips, der: des Gripses, die Gripse; (Verstand, Auffassungsgabe)

grob: gröber, am gröbsten; grobes Tuch – grobe Arbeiten – grober Betrug – grober Unfug – grob gemahlen *auch* grobgemahlen – grob gegen jemanden sein; die **Grob|heit,** der **Gro|bi|an** (rücksichtsloser Mann)

grö|len: du grölst, er grölte, hat gegrölt, gröl(e)!; (schreien, lärmen); das **Ge|grö|le,** die **Grö|le|rei**

Groll, der: des Grolls; (Ärger); **grol|len:** der Donner grollt – mit jemandem grollen (sehr ärgerlich auf ihn sein)

groß: größer, am größten; *Kleinschreibung:* die großen Ferien – die große Pause – die große (vornehme) Welt – eine große Dummheit begehen; das große Los – auf großem Fuße leben (reich sein) – große Töne spucken (angeben); *Großschreibung:* im Großen und Ganzen – Groß und Klein (jedermann) – etwas, nichts, viel Großes – der Große Bär (Sternbild) – Karl der Große; **groß|ar|tig, groß|zü|gig; größ|ten|teils;** die **Groß|macht,** die **Groß|mut|ter,** die **Groß|schrei|bung; groß schrei|ben:** du solltest nicht so groß schreiben (in so großer Handschrift), **groß|schrei|ben:** du musst dieses Wort großschreiben (mit großem Anfangsbuchstaben), **ver|grö|ßern**

Grot|te, die: der Grotte, die Grotten; (Felsenhöhle, Gewölbe)

Grou|pie *engl. [grupi],* das: des Groupies, die Groupies; (weiblicher Fan, der einem Star so nah wie möglich kommen will)

grub: → graben

Gru|be, die: der Grube, die Gruben; eine Grube ausheben; das **Grüb|chen**

grü|beln: du grübelst, er grübelte, hat gegrübelt, grüb(e)le!; (nachdenken): über eine Sache grübeln; die **Grü|be|lei,** der **Grüb|ler**

Gruft, die: der Gruft, die Grüfte; (Familiengrabstätte)

grün: *Kleinschreibung:* die grüne Welle; er ist mir nicht grün (mag mich nicht) – sich grün und blau ärgern – der grüne (unerfahrene) Junge – ach du grüne Neune (das gibt es nicht)!; *Großschreibung:* etwas Grünes – Grün steht mir nicht – dasselbe in Grün – die Ampel schaltet auf Grün; **grün|lich;** die **Grün|an|la|ge,** der **Grün|don|ners|tag**

F G H

(Donnerstag vor Ostern), die **Grünen** (Partei, die sich besonders für den Umweltschutz einsetzt); der **Grün|gür|tel, grü|nen:** im Frühling grünt es

Grund, der: des Grund(e)s, die Gründe; Grund und Boden unter den Füßen haben – keinen Grund zum Klagen haben – im Grunde genommen – auf Grund laufen; der **Grund|be|sit|zer,** der **Grün|der,** das **Grund|ge|setz,** der **Grund|satz; gründ|lich, grund|los, grund|sätz|lich; be|grün|den, er|grün|den, grün|den; zu Grun|de le|gen** *auch* **zu|grun|de le|gen:** wir wollen dafür den Text zu Grunde legen, **auf Grund** *auch* **auf|grund**

F G H

grun|zen: das Schwein grunzt

Grup|pe, die: der Gruppe, die Gruppen; die **Grup|pen|ar|beit,** die **Grup|pie|rung; grup|pen|wei|se**

gru|seln: du gruselst dich, er gruselte sich, hat sich gegruselt, grus(e)le dich!; mir *auch* mich gruselt es vor dem Anblick; der **Gru|sel|film; gru|se|lig** *auch* **grus|lig**

grü|ßen: du grüßt, er grüßte, hat gegrüßt, grüß(e)!; jemanden grüßen; Grüß Gott!; **be|grü|ßen;** die **Be|grü|ßung,** der **Gruß; gruß|los**

Grüt|ze, die: der Grütze, die Grützen; rote Grütze; dazu braucht man nicht viel Grütze (Verstand)

gu|cken: du guckst, er guckte, hat geguckt, guck(e)!; (sehen, schauen); in die Röhre gucken (das Nachsehen haben); **ab|gu|cken, an|gu|cken;** der **Aus|guck,** das **Guck|loch**

Gu|lasch *ungar.,* der *auch* das: des Gulasch(e)s, die Gulasche *auch* Gulaschs; (ungarisches Fleischgericht); die **Gu|lasch|ka|no|ne** (Feldküche)

Gul|ly *engl. [guli],* der *auch* das: des Gullys, die Gullys; (Einlaufschacht für Straßenabwässer)

gül|tig: eine gültige Fahrkarte, Münze; die **Gül|tig|keit**

Gum|mi, der *auch* das: des Gummis, die Gummis; der **Gum|mi|hand|schuh,** der **Ra|dier|gum|mi**

Gunst, die: der Gunst; (Wohlwollen, Vorteil): die Gunst des Augenblicks – zu meinen Gunsten; der **Günst|ling; güns|tig; zu Guns|ten** *auch* **zu|guns|ten:** zu Gunsten des Gegners; **be|güns|ti|gen:** jemanden begünstigen

Gur|gel, die: der Gurgel, die Gurgeln; jemandem an die Gurgel gehen (tätlich angreifen); **gur|geln**

Gur|ke, die: der Gurke, die Gurken; der **Gur|ken|sa|lat**

Gurt, der: des Gurt(e)s, die Gurte; der **Gür|tel,** der **Si|cher|heits|gurt**

Guss, der: des Gusses, die Güsse; der **Re|gen|guss**

gut: besser, am besten; *Kleinschreibung:* ein gutes Herz haben – gute Noten bekommen – gute Musik hören – gut und gern – zu guter Letzt; *Großschreibung:* ich sage es dir im Guten – Böses mit Gutem vergelten – jemandem etwas Gutes tun – zu viel des Guten tun – etwas zum Guten wenden; *getrennt:* er will gut sein – es wird alles gut werden – es wird ihr gut gehen *auch* gutgehen *zusammen:* die frische Luft wird mir guttun – er hat etwas gutzumachen (in Ordnung zu bringen) – das kann ich nicht gutheißen (bin nicht einverstanden) – sich das Geld auf dem Konto gutschreiben lassen; **gut|ar|tig, gut|mü|tig;** das **Gut|ach|ten,** die **Gü|te,** das **Gut|ha|ben**

Gut, das: des Gut(e)s, die Güter; (Besitz; größerer landwirtschaftlicher Betrieb); das Hab und Gut; der **Gü|ter|bahn|hof,** der **Guts|hof**

Gym|na|si|um, das: des Gymnasiums, die Gymnasien

Gym|nas|tik, die: der Gymnastik; die **Kran|ken|gym|nas|tik; gym|nas|tisch**

H

ha: *Abk. für* Hektar (10 000 m^2)

Haar, das: des Haar(e)s, die Haare; um Haaresbreite (ganz knapp) – sich in den Haaren liegen (streiten) – sich die Haare raufen (vor Ratlosigkeit nicht wissen, was man tun soll) – kein gutes Haar an jemandem lassen (nur Schlechtes über ihn sagen) – Haare auf den Zähnen haben (zu allem Widerworte geben) – ein Haar in der Suppe finden (kleinlich sein) – etwas an den Haaren herbeiziehen (Begründungen von sehr weit herholen) – sich keine grauen Haare wachsen lassen (sich nicht so leicht ärgern) – die Haare stehen ihm zu Berge (erschrocken sein); die **Haar|bürs|te,** die **Haar|far|be,** der **Haar|schnitt,** die **Haar|spal|te|rei** (Streit um Worte), das **Här|chen; haar|scharf; haa|ren** (die Haare verlieren)

ha|ben: du hast, er hatte, er hätte, hat gehabt, hab(e)!; Geld haben (besitzen) – Durst haben (verspüren, bekommen); noch zu haben sein (ungebunden sein) – etwas gegen jemanden haben – für etwas nicht zu haben sein – du hast doch etwas! (dir fehlt etwas, dir geht es nicht gut); die **Ha|be** (Besitz), der **Ha|be|nichts,** die **Hab|gier,** die **Hab|se|lig|kei|ten,** das **Vor|ha|ben** (Plan); **hab|gie|rig, hab|süch|tig**

Hach|se *auch* **Ha|xe,** die: der Hachse, die Hachsen; die Kalbshachse

Ha|cke, die: der Hacke, die Hacken; (Werkzeug); **ha|cken**

Ha|cke, die: der Hacke, die Hacken; (Ferse): *auch* der Hacken; der **Ha|cken|trick**

Ha|cker, der: des Hackers, die Hacker; (Person, die sich unberechtigt Zugang zu fremden Computersystemen verschaffen will)

ha|dern: du haderst, er haderte, hat gehadert, hadere nicht!; mit seinem Schicksal hadern (sehr unzufrieden sein)

Ha|fen, der: des Hafens, die Häfen; einen Hafen anlaufen; die **Ha|fen|rund|fahrt,** die **Ha|fen|stadt,** das **Ha|fen|vier|tel**

Ha|fer, der: des Hafers; (Getreidesorte); ihn sticht der Hafer (er ist übermütig); die **Ha|fer|flo|cken**

Haff, das: des Haff(e)s, die Haffe *auch* Haffs; (vom offenen Meer abgetrennter Küstensee)

Haft, die: der Haft; sich in Haft (im Gefängnis) befinden; der **Haft|be|fehl,** der **Häft|ling; ver|haf|ten**

haf|ten: du haftest, er haftete, hat gehaftet, haft(e)!; das Pflaster haftet (klebt) gut – Eltern haften für ihre Kinder (sind für sie verantwortlich); die **Haft|pflicht,** die **Haf|tung; haft|bar:** jemanden für einen Schaden haftbar (verantwortlich) machen

Ha|ge|but|te, die: der Hagebutte, die Hagebutten; (Frucht der Heckenrose); der **Ha|ge|but|ten|tee**

G H I

Ha|gel, der: des Hagels; (Niederschlag in Form von körnigen Eisstückchen); das **Ha|gel|korn; ha|geln**

ha|ger: hagerer, am hagersten; (dünn, dürr)

Hahn, der: des Hahn(e)s, die Hähne; das **Hähn|chen,** der **Was|ser|hahn**

Hai, der: des Hai(e)s, die Haie; (Raubfisch); der **Hai|fisch**

hä|keln: du häkelst, er häkelte, hat gehäkelt, häk(e)le!; die **Hä|kel|na|del**

Ha|ken, der: des Hakens, die Haken; einen Haken schlagen; die Sache hat einen Haken (eine Schwierigkeit); der **Kinn|ha|ken,** der **Klei|der|ha|ken; ver|hakt**

halb: *Kleinschreibung:* ein halbes Jahr – er ist noch ein halbes Kind (fast noch ein Kind) – halb und halb – auf halber Höhe – alles nur halb machen – mit halber Kraft – auf halbem Weg umkehren – eine halbe Stunde – nur halb bei der Sache sein; *Großschreibung:* das ist nichts Halbes und nichts Ganzes (man kann nichts daraus machen); *getrennt:* halb links *auch* halblinks – halb voll *auch* halbvoll – halb nackt *auch* halbnackt; *zusammen:* halbbittere Schokolade – ein halbrunder Platz, **an|dert|halb; halb|fett;** die **Halb|in|sel,** die **Hälf|te; hal|bie|ren**

Hal|de, die: der Halde, die Halden; die **Koh|len|hal|de**

half: → helfen

Hälf|te, die: der Hälfte, die Hälften

Half|ter, der *auch* das: des Halfters, die Halfter; (Pferdezaum ohne Gebiss); **ab|half|tern**

Hall, der: des Hall(e)s, die Halle; der **Wi|der|hall; hal|len** (schallen)

Hal|le, die: der Halle, die Hallen; das **Hal|len|bad,** die **Sport|hal|le**

Hal|le|lu|ja *hebräisch,* das: des Hallelujas, die Hallelujas; (jubelnder Gebetsruf); **hal|le|lu|ja!** (lobet den Herrn!)

Hal|lig, die: der Hallig, die Halligen; (nicht eingedeichte Nordseeinsel)

Hal|lo *auch* **Hal|lo,** das: des Hallos, die Hallos; **hal|lo**

Hal|lo|ween *engl. [helowin],* das: des Halloweens, die Halloweens; (Tag vor Allerheiligen, der besonders in den USA gefeiert wird)

Halm, der: des Halm(e)s, die Halme; der **Gras|halm,** das **Hälm|chen**

Hal|ma *griech.,* das: des Halmas; (Brettspiel): Halma spielen

Hals, der: des Halses, die Hälse; sich den Hals brechen (sich ruinieren); Hals über Kopf (sehr eilig) davonlaufen – bis an den Hals in Schulden stecken (total verschuldet sein) – den Hals aus der Schlinge ziehen (der Gefahr entkommen) – sich die Lunge aus dem Hals (sehr laut) schreien – sich etwas vom Halse schaffen (davon befreien) – der Bissen blieb ihm im Halse stecken (überrascht sein) – Hals- und Beinbruch (viel Glück)!; der **Geiz|hals,** die **Hals|ket|te,** das **Hals|tuch; hals|bre|che|risch, hals|star|rig; um|hal|sen**

halt: (eben)

Halt, der: des Halt(e)s, die Halte *auch* Halts; Halt finden – Halt machen *auch* haltmachen – Halt rufen *auch* halt rufen

hal|ten: du hältst, er hielt, er hielte, hat gehalten, halt(e)!; sich aufrecht, warm halten – die Hand halten – die Stellung halten – Hühner halten – eine Rede halten – den Mund halten – die Treue halten – etwas für richtig oder falsch halten; **be|reit|hal|ten, fest hal-**

ten: den Griff fest halten – **fest|halten:** wir werden das schriftlich festhalten; die **Hal|terung,** die **Hal|testel|le,** die **Hal|tung; halt|bar; haltlos, nach|hal|tig**

Ha|lun|ke *tschech.,* der: des Halunken, die Halunken; (Schuft)

Ham|burg: (Stadt und Land der Bundesrepublik Deutschland); der **Hambur|ger** (Einwohner der Stadt Hamburg; belegtes Brötchen), die **Ham|bur|ge|rin; ham|bur|gisch**

hä|misch: hämischer, am hämischsten; (schadenfroh)

Ham|mel, der: des Hammels, die Hammel; das **Ham|mel|fleisch**

Ham|mer, der: des Hammers, die Hämmer; (Werkzeug); **häm|mern**

ham|peln: du hampelst, er hampelte, hat gehampelt, hamp(e)le!; (zappeln); der **Ham|pel|mann**

Hams|ter, der: des Hamsters, die Hamster; (Nagetier); **hams|tern** (Vorräte anhäufen)

Hand, die: der Hand, die Hände; zu treuen Händen – von Hand zu Hand – eine Hand voll *auch* Handvoll Sand – alle Hände voll zu tun haben; freie Hand haben (tun können, was einem beliebt) – die Hände über dem Kopf zusammenschlagen (verzweifeln) – mit leeren Händen kommen – die Arbeit geht ihm gut von der Hand (fällt ihm leicht); die **Hand|ar|beit,** die **Hand|schrift,** das **Hand|tuch,** das **Hand|werk; al|lerhand, an|hand von...; hand|breit, hand|fest, hand|greif|lich, hand|lich; kur|zer|hand; ab|han|den|kom|men, aus|hän|di|gen, hand|ha|ben, überhand|neh|men, vor|han|den:** vorhanden sein

Han|del, der: des Handels; Handel treiben; der **Händ|ler,** der **Un|ter|händler; han|deln**

Hand|held *engl. [häntheIt],* der: des Handhelds, die Handhelds; (Taschencomputer)

Han|di|kap *auch* **Han|di|cap** *engl. [händikäp],* das: des Handikaps, die Handikaps; (Nachteil, Behinderung)

Hand|lung, die: der Handlung, die Handlungen; die **Buch|hand|lung,** die **Hand|lungs|frei|heit; handlungs|fä|hig; han|deln**

Han|dy *[händi],* das: des Handys, die Handys; (tragbares Telefongerät)

Hang, der: des Hang(e)s, die Hänge; ein steiler Hang – der Hang (die Vorliebe) zur Übertreibung; der **Ab|hang,** der **Um|hang,** der **Vor|hang**

hän|gen: du hängst, er hing, er hinge, hat gehangen, häng(e)!; die Jacke hing am Haken, hat am Haken gehangen; mit Hängen und Würgen hat er die Prüfung bestanden

hän|gen: du hängst, er hängte, hat gehängt, häng(e)!; sie hängte die Jacke an den Haken, hat sie an den Haken gehängt; **hän|gen las|sen:** du darfst den Mantel nicht hängen lassen, **hängen las|sen** *auch* **hän|gen|las|sen:** du darfst dich nicht hängenlassen (dich gehenlassen) – wir werden dich nicht hängenlassen (im Stich lassen); der **An|hän|ger**

Han|se, die: der Hanse; (mittelalterlicher norddeutscher Kaufmanns- und Städtebund); die **Han|se|stadt**

hän|seln: du hänselst, er hänselte, hat gehänselt, hänsel(e)!; jemanden hänseln (verspotten)

Han|tel, die: der Hantel, die Hanteln; (Sportgerät): mit Hanteln trainieren

G H I

han|tie|ren: du hantierst, er hantierte, hat hantiert, hantier(e)!; (handhaben)

ha|pern: es hapert, es haperte, hat gehapert; es hapert ein bisschen (klappt nicht so recht)

Hap|pen, der: des Happens, die Happen; noch keinen Happen (nichts) gegessen haben; das **Häpp|chen**

hap|pig: happige (sehr hohe) Preise

hap|py *engl. [häpi]:* sie ist einfach happy (glücklich, zufrieden); das **Hap|py End** *auch* **Hap|py|end** (glücklicher Ausgang)

G H I

Hard|rock *auch* **Hard Rock** *engl.,* der: des Hardrock(s)

Hard|ware *engl. [hartwär],* die: der Hardware, die Hardwares; (Gesamtheit der festen Teile einer Datenverarbeitungsanlage);
→ *Gegensatz* Software

Har|fe, die: der Harfe, die Harfen; (Zupfinstrument); das **Har|fen|spiel**

Har|ke, die: der Harke, die Harken; **har|ken**

harm|los: harmloser, am harmlosesten; (unwichtig, ungefährlich); die **Harm|lo|sig|keit**

Har|mo|nie *griech.,* die: der Harmonie, die Harmonien; (wohltönender Zusammenklang; angenehme Übereinstimmung von Formen und Farben); **har|mo|nisch; har|mo|nie|ren**

Harn, der: des Harn(e)s, die Harne; (Urin); die **Harn|bla|se**

Har|pu|ne, die: der Harpune, die Harpunen; (Wurfgeschoss mit Widerhaken); **har|pu|nie|ren**

har|ren: du harrst, er harrte, hat geharrt, harr(e)!; (warten); er harrte der Dinge, die da kommen sollten; **aus|har|ren, ver|har|ren**

Harsch, der: des Harsch(e)s; (hart gefrorener Schnee); **ver|harscht**

hart: härter, am härtesten; hart auf hart – hart wie Eisen – harte Arbeit – mit harter (sehr strenger) Hand – harte (stabile) Währung – ein hart gekochtes *auch* hartgekochtes Ei; jemandem hart zusetzen – jemandem hart auf den Fersen sein (dicht hinter ihm) – hart im Nehmen sein (viel aushalten können); **hart gefro|ren** *auch* **hart|ge|fro|ren, hart|herzig, hart|nä|ckig;** die **Här|te; ent|här|ten:** Wasser enthärten, **här|ten, ver|härten**

Harz, das: des Harzes, die Harze; (klebrige Absonderung aus dem Holz der Bäume); **har|zig; har|zen** (Harz absondern)

Ha|schisch *arab.,* der *auch* das: des Haschisch(s); (Rauschgift); das **Hasch**

Ha|se, der: des Hasen, die Hasen; ein alter Hase (ein erfahrener Fachmann) – wissen, wie der Hase läuft (die Sache durchschauen); der **Angst|ha|se,** die **Hä|sin**

Ha|sel|nuss, die: der Haselnuss, die Haselnüsse; der **Ha|sel|nuss|strauch**

has|sen: du hasst, er hasste, hat gehasst, hass(e)!; der **Hass; ge|häs|sig, hässlich** (unschön, abstoßend), **verhasst**

hast: → haben

has|ten: du hastest, er hastete, ist gehastet, haste!; (eilen); die **Hast; has|tig** (eilig)

hat: → haben

hat|te: → haben

hät|te: → haben

Hau|be, die: der Haube, die Hauben; unter die Haube kommen (heiraten)

Hauch, der: des Hauch(e)s, die Hauche; ein Hauch (kaum wahrnehmbarer Duft) eines Parfüms; **hauch|dünn; hau|chen**

hau|en: du haust, er haute, hat gehauen, hau(e)!; um sich hauen (schlagen) – Holz hauen (Bäume fällen); sich aufs Ohr hauen (schlafen legen) – auf die Pauke hauen – jemanden übers Ohr hauen (betrügen); die **Haue** (Prügel), die **Hau|er** (Eckzähne beim Eber)

Hau|fen, der: des Haufens, die Haufen; das kostet einen Haufen Geld; etwas über den Haufen werfen (nicht mehr machen) – über den Haufen rennen (umrennen); das **Häuf|chen; hau|fen|wei|se; an|häu|fen, häu|feln, häu|fen, über|häu|fen**

häu|fig: häufiger, am häufigsten; (oft); die **Häu|fig|keit**

Haupt, das: des Haupt(e)s, die Häupter; das Haupt (den Kopf) bedecken, senken, verhüllen; der **Haupt|bahn|hof:** *Abk.* Hbf., der **Haupt|dar|stel|ler,** der **Haupt|ein|gang** der **Häupt|ling,** die **Haupt|sa|che,** die **Haupt|schu|le,** die **Haupt|stadt; haupt|säch|lich**

Haus, das: des Hauses, die Häuser; ein Haus bauen – nach Hause *auch* nachhause gehen – zu Hause *auch* zuhause sein – das Weiße Haus (in Washington) – das Haus hüten – ein Freund des Hauses (der Familie); aus dem Häuschen (aufgeregt) sein; die **Haus|ar|beit,** der **Haus|halt,** das **Haus|tier; haus|hoch, häus|lich; hau|sen**

Haut, die: der Haut, die Häute; eine straffe, runzlige, trockene, zarte Haut – mit Haut und Haaren (ganz und gar) – nur noch Haut und Knochen (sehr dünn) sein; sich auf die faule Haut legen – aus der Haut fahren (zornig werden) – nicht aus seiner Haut herauskönnen (sich nicht ändern können) – ich möchte nicht in seiner Haut stecken (nicht er sein); die **Haut|far|be,** die **Haut|pfle|ge; haut|eng; häu|ten:** sich häuten

Ha|xe: → Hachse

Hbf.: *Abk. für* **H**aupt**b**ahn**h**of

Heb|am|me, die: der Hebamme, die Hebammen; (Geburtshelferin)

He|bel, der: des Hebels, die Hebel; alle Hebel in Bewegung setzen (alles tun, was möglich ist)

he|ben: du hebst, er hob, er höbe, hat gehoben, heb(e)!; ein Gewicht heben; in gehobener (sehr guter) Stimmung sein; **be|he|ben, er|he|ben;** die **Er|he|bung** (Hügel), der **Ge|wicht|he|ber; er|heb|lich** (beträchtlich, groß)

Hecht, der: des Hecht(e)s, die Hechte; (Raubfisch); der **Hecht|sprung; hech|ten**

Heck, das: des Heck(e)s, die Hecke *auch* Hecks; (hinterer Teil eines Fahrzeugs)

He|cke, die: der Hecke, die Hecken; (Umzäunung aus Sträuchern); die **Dor|nen|he|cke,** die **He|cken|sche|re**

he|cken: (Junge zur Welt bringen bei Vögeln und kleineren Säugetieren); **aus|he|cken:** einen Plan aushecken (ausdenken)

Heer, das: des Heer(e)s, die Heere; (Armee, bewaffnete Streitkräfte); **ver|hee|rend** (schrecklich, furchtbar)

He|fe, die: der Hefe, die Hefen; (Treibmittel zum Backen); der **He|fe|teig**

Heft, das: des Heft(e)s, die Hefte; das Heft des Messers (Handgriff) – das Heft in der Hand halten (Herr der

Lage sein); der **Hef|ter,** das **Schreib-heft; ab|hef|ten**

hef|ten: du heftest, er heftete, hat geheftet, heft(e)!; ein Buch heften; sich jemandem an die Fersen heften (ihm folgen); die **Heft|klam|mer,** das **Heft-pflas|ter**

hef|tig: heftiger, am heftigsten; es donnert heftig (sehr) – ein heftiges (starkes) Gewitter; die **Hef|tig|keit**

he|gen: du hegst, er hegte, hat gehegt, heg(e)!; (pflegen): hegen und pflegen; einen Verdacht gegen jemanden hegen (haben); das **Ge|he|ge** (eingezäunter Platz zum Halten von Tieren), die **He|ge** (Pflege von Tieren und Pflanzen)

Hei|de, der: des Heiden, die Heiden; (Nichtchrist); eine Heidenangst (große Angst) haben; das **Hei|den-tum; heid|nisch**

Hei|de, die: der Heide, die Heiden; die Lüneburger Heide; das **Hei|de|kraut,** die **Hei|del|bee|re**

hei|kel: heikler, am heikelsten; (bedenklich, schwierig)

Heil, das: des Heil(e)s; sein Heil in der Flucht suchen; der **Hei|land** (Jesus), das **Heil|mit|tel,** die **Heil|pflan|ze,** die **Heil|quel|le,** die **Hei|lung; heil** (unverletzt), **heil|bar, heil|los, heil-sam; hei|len**

hei|lig: *Kleinschreibung:* heilig sein – etwas hoch und heilig versichern; *Großschreibung:* der Heilige Abend – die Heilige Schrift – das Heilige Grab; die **Hei|lig|keit,** das **Heil|lig|tum**

heim: (nach Hause); **heim|lich** (unbemerkt, unauffällig), **un|heim|lich;** das **Ei|gen|heim,** das **Heim,** die **Heim|kehr,** die **Heim|lich|keit,** das **Heim|spiel, heim|brin|gen, heim-fah|ren, heim|zah|len** (vergelten), **ver|heim|li|chen; heim|wärts**

Hei|mat, die: der Heimat, die Heimaten; die **Hei|mat|kun|de,** das **Hei-mat|land; hei|mat|lich, hei|mat|los, hei|mat|ver|bun|den**

heim|tü|ckisch: (hinterlistig); die **Heim-tü|cke**

Hei|rat, die: der Heirat, die Heiraten; (Eheschließung); **hei|ra|ten**

hei|ser: heiserer, am heisersten; mit heiserer Stimme sprechen; die **Hei|ser-keit**

heiß: heißer, am heißesten; ein heißes Bad – ein heißer (sehr großer) Wunsch; ein heißer Draht (telefonische Direktverbindung für schnelle Entscheidungen) – der Boden wird mir zu heiß unter den Füßen (es wird zu gefährlich) – es ging heiß her – was ich nicht weiß, macht mich nicht heiß (geht mich nichts an); **heiß|blü-tig** (leidenschaftlich); der **Heiß|hun-ger**

hei|ßen: du heißt, er hieß, er hieße, hat geheißen, heiß(e)!; ich heiße Uta – ich heiße dich willkommen

hei|ter: heit(e)rer, am heitersten; die **Hei|ter|keit**

hei|zen: du heizt, er heizte, hat geheizt, heiz(e)!; der **Hei|zer,** das **Heiz|öl,** die **Hei|zung**

Hek|tar, der *auch* das: des Hektars, die Hektare; *Abk.* ha = 10 000 m²

Hek|tik, die: der Hektik; (fieberhafte Aufregung, nervöse Betriebsamkeit); **hek|tisch**

hek|to... *griech.:* (hundert); der *auch* das **Hek|to|li|ter**

Held, der: des Helden, die Helden; der Held des Tages; die **Hel|din,** die **Hel-den|tat; hel|den|haft**

hel|fen: du hilfst, er half, er hülfe, hat geholfen, hilf!; sich zu helfen wissen; der **Hel|fer,** die **Hel|fe|rin,** die **Hil|fe; hilf|reich**

He|li|ko|pter *auch* **He|li|kop|ter** *griech.*, der: des Helikopters, die Helikopter; (Hubschrauber)

hell: heller, am hellsten; hell strahlend *auch* hellstrahlend – die helle Sonne – ein heller Kopf – eine helle Stimme – die helle Freude; **hell|blau, hell|hö|rig, hell|licht:** am helllichten Tag, **hell|wach; hell|auf:** hellauf (sehr) begeistert; die **Hel|lig|keit**

Hel|ler, der: des Hellers, die Heller; (alte Münze): auf Heller und Pfennig zahlen – keinen Heller wert sein

Helm, der: des Helm(e)s, die Helme; der **Fahr|rad|helm**

Hemd, das: des Hemd(e)s, die Hemden

hem|men: du hemmst, er hemmte, hat gehemmt, hemm(e)!; das **Hemm|nis** (Hindernis), die **Hem|mung; hem|mungs|los, un|ge|hemmt**

Hengst, der: des Hengstes, die Hengste; (männliches Pferd)

Hen|kel, der: des Henkels, die Henkel

Hen|ker, der: des Henkers, die Henker; die **Hen|kers|mahl|zeit** (letzte Mahlzeit); **hen|ken** (*früher für* jemanden hinrichten)

Hen|ne, die: der Henne, die Hennen; (Huhn)

her: (Richtung auf den Sprechenden zu): *Gegensatz* hin; **he|rab, he|ran, he|rauf, he|raus, her|bei, he|rein, he|rüber, he|run|ter, her|vor,** *auch* **her|ab, her|an, her|auf, her|aus, her|ein, her|über, her|un|ter; her|vor|ra|gend;** die **Her|fahrt; he|rab|las|sen, he|ran|zie|hen, he|rauf|hel|fen, he|raus|fin|den, he|raus|kom|men, her|bei|strö|men, he|rein|fal|len, her|kom|men, he|rum|sit|zen, her|vor|ho|len**

herb: herber, am herbsten; (säuerlich); die **Herb|heit**

Her|ber|ge, die: der Herberge, die Herbergen; die **Ju|gend|her|ber|ge; be|her|ber|gen**

Herbst, der: des Herbst(e)s, die Herbste; die **Herbst|fe|ri|en; herbst|lich**

Herd, der: des Herd(e)s, die Herde; (Kochstelle; Ausgangspunkt): der Herd (Ausgangspunkt) des Erdbebens, des Feuers, der Krankheit; der **Elek|tro|herd,** die **Herd|plat|te**

Her|de, die: der Herde, die Herden

He|ring, der: des Herings, die Heringe; (Fisch; Zeltpflock): wie die Heringe zusammengepresst sein (sehr dicht nebeneinander sein) – den Hering in den Boden schlagen

Her|kunft, die: der Herkunft; (Abstammung): die Herkunft eines Wortes

He|ro|in, das: des Heroins; (Rauschgift); **he|ro|in|süch|tig**

He|rold, der: des Herold(e)s, die Herolde; (*im Mittelalter für* Bote, Ausrufer)

Her|pes, der: des Herpes; (Bläschenausschlag)

Herr, der: des Herrn, die Herren; Herr im Hause sein – sein eigener Herr sein; die **Her|ren|mo|de,** der **Herr|gott,** die **Her|rin,** die **Herr|schaft,** der **Herr|scher; her|ren|los, her|risch, herr|lich; herr|schen**

her|stel|len: (anfertigen, produzieren); der **Her|stel|ler,** die **Her|stel|lung**

he|run|ter|la|den *auch* **her|un|ter|la|den:** Daten aus dem Internet herunterladen; → downloaden

G H I

Herz, das: des Herzens, die Herzen; ein gesundes, kräftiges, schwaches Herz – ein reines, warmes, gutes Herz; ein Herz und eine Seele sein (sich sehr gut verstehen) – jemandem etwas ans Herz legen (sehr bitten) – sein Herz ausschütten (alles sagen) – Hand aufs Herz (sei ehrlich) – sich etwas zu Herzen (ernst) nehmen; der **Herz|feh|ler,** der **Herz|in|farkt,** der **Her|zens|wunsch; be|herzt** (mutig), **herz|er|grei|fend, herz|haft, herz|krank, herz|lich; her|zen**

Her|zog, der: des Herzog(e)s, die Herzöge; (*früher für* Heerführer); die **Her|zo|gin; her|zog|lich**

Hes|sen: (Land der Bundesrepublik Deutschland); der **Hes|se,** die **Hes|sin; hes|sisch**

het|zen: du hetzt, er hetzte, ist *auch* hat gehetzt, hetz(e)!; (schnell laufen; jagen); **ver|het|zen;** die **Het|ze**

Heu, das: des Heu(e)s; Geld wie Heu (viel Geld) haben; der **Heu|bal|len,** die **Heu|ern|te,** die **Heu|schre|cke**

heu|cheln: du heuchelst, er heuchelte, hat geheuchelt, heuch(e)le!; (etwas anderes sagen, als man denkt); die **Heu|che|lei,** der **Heuch|ler; heuch|le|risch**

Heu|er, die: der Heuer, die Heuern; (Entlohnung, besonders der Schiffsmannschaft); **an|heu|ern** (Matrosen anwerben), **heu|ern**

heu|len: du heulst, er heulte, hat geheult, heul(e)!; das **Ge|heul**

heu|te: bis heute – heute Abend – von heute an – hier und heute; **heut|zu|ta|ge**

He|xe, die: der Hexe, die Hexen; der **He|xer,** die **He|xe|rei; be|hext; he|xen, ver|he|xen**

Hieb, der: des Hieb(e)s, die Hiebe; (Schläge)

hielt: → halten

hier: hier und da – von hier aus – hier oben – hier entlang – hier wohnen; **hie|rauf** *auch* **hier|auf, hier|durch, hier|für, hier|her, hier|hin, hier|mit, hier|zu, hier|zu|lan|de** *auch* **hier zu Lan|de; hier|blei|ben, hier sein**

Hie|rar|chie *auch* **Hier|ar|chie** *griech.*, die: der Hierarchie, die Hierarchien; (Rang- und Stufenfolge); **hie|rar|chisch**

Hie|ro|gly|phe, die: der Hieroglyphe, die Hieroglyphen; (ägyptische Bilderschriftzeichen; rätselhafte Schrift)

hieß: → heißen

high *engl. [hei]:* (in gehobener Stimmung, oft nach dem Genuss von Rauschmitteln); das **High|light** *[heileit]* (Höhepunkt, Glanzpunkt), die **High So|ci|e|ty** *[heißoßeiti]* (vornehme Gesellschaft; große Welt)

Hil|fe, die: der Hilfe, die Hilfen; jemandem zu Hilfe kommen – Erste Hilfe leisten – mit Hilfe *auch* mithilfe von ...; der **Hil|fe|ruf,** die **Hilfs|be|reit|schaft; hilf|los, hilf|reich; hel|fen**

Him|bee|re, die: der Himbeere, die Himbeeren; der **Him|beer|saft**

Him|mel, der: des Himmels, die Himmel; in den Himmel kommen – aus heiterem Himmel (plötzlich) – den Himmel auf Erden haben – das Blaue vom Himmel (sehr) lügen – es ist mir himmelangst (ich habe große Angst); das **Him|mel|reich,** die **Him|mels|rich|tung; him|mel|blau, himm|lisch; an|him|meln**

hin: (meist Bewegung vom Sprechenden weg, auf etwas zu): bis zur Wand hin – hin und zurück – alles ist hin – hin und wieder (manchmal); **hi|nab, hi|nauf, hi|naus, hi|nein, hi|nü|ber, hi|nun|ter, hin|zu,** *auch* **hin|ab, hin-auf, hin|aus, hin|ein, hin|über, hin-un|ter; hin|fäl|lig, hin|sicht|lich;** das **Hin und Her; hi|nab|bli|cken, hi-nauf|stei|gen, hi|naus|ja|gen, hi-nein|trei|ben, hin|fal|len, hin|füh-ren, hin|set|zen:** sich hinsetzen, **hi|nü|ber|fah|ren, hi|nun|ter|stür|-zen, hin|zu|kom|men**

Hin|der|nis, das: des Hindernisses, die Hindernisse; das **Hin|der|nis|ren-nen; hin|der|lich; hin|dern, ver|hin-dern**

hing: → hängen

hin|ge|ris|sen: (begeistert)

hin|ken: du hinkst, er hinkte, hat gehinkt, hink(e)!; der Junge hat gehinkt; der Vergleich hinkt (trifft nicht zu)

Hin|rich|tung, die: der Hinrichtung, die Hinrichtungen

hin|ten: die Tür ist hinten – es stimmt hinten und vorn (überhaupt) nicht

hin|ter: ich stehe hinter dir – ich stelle mich hinter dich; jemanden hinters Licht führen (betrügen); **hin|ter|ei-nan|der** *auch* **hin|ter|ein|an|der:** hintereinander hergehen, **hin|ter|her, hin|ter|rücks** (überraschend, heimtückisch von hinten); die **Hin|ter|blie-be|nen,** der **Hin|ter|halt; hin|ter|ge-hen** (täuschen), **hin|ter|las|sen**

Hin|tern, der: des Hinterns, die Hintern; (Gesäß)

Hi|obs|bot|schaft, die: der Hiobsbotschaft, die Hiobsbotschaften; (Unglücksbotschaft)

Hip-Hop *auch* **Hip|hop** *engl.-amerik.*, der: des Hip-Hops; (Richtung der modernen Popmusik)

Hirn, das: des Hirn(e)s, die Hirne; das **Hirn|ge|spinst** (Spinnerei); **hirn|ris-sig** (unsinnig, verrückt)

Hirsch, der: des Hirsch(e)s, die Hirsche; das **Hirsch|ge|weih**

Hir|se, die: der Hirse; der **Hir|se|brei**

Hirt *auch* **Hir|te,** der: des Hirten, die Hirten; der **Schaf|hirt**

his|sen: du hisst, er hisste, hat gehisst, hiss(e)!; (hochziehen): die Flagge, das Segel hissen

his|to|risch *griech.:* ein historisches (geschichtliches, unvergessenes) Ereignis; die **His|to|rie** (Geschichte; Erzählung, Bericht), die **His|to|ri|ke|rin** (Geschichtsforscherin)

Hit, der: des Hits, die Hits; (Verkaufsschlager; etwas Tolles); die **Hit|lis|te,** die **Hit|pa|ra|de; hit|ver|däch|tig**

Hit|ze, die: der Hitze; eine drückende Hitze; der **Hitz|kopf; hit|ze|frei, hit-zig, über|hitzt**

HNO-Arzt, der: des HNO-Arztes, die HNO-Ärzte; *Abk. für* **H**als-**N**asen-**O**hren-Arzt

hob: → heben

Hob|by *engl.,* das: des Hobbys, die Hobbys

Ho|bel, der: des Hobels, die Hobel; (Werkzeug); **ho|beln**

hoch: höher, am höchsten; hoch und niedrig – ein hoher Berg – ein hohes Alter; *getrennt:* es wird hoch hergehen – die Nase hoch tragen – jemandem etwas hoch anrechnen – jemanden hoch achten *auch* hochachten – eine hoch bezahlte *auch* hochbezahlte Arbeit – hoch gesteckte *auch* hochgesteckte Ziele; *zusammen:* an der Mauer hochspringen – die Ärmel hochkrempeln – die Treppe hochsteigen – hocherfreut sein (sehr erfreut sein); **hoch|deutsch, hoch|mü|tig; höchs|tens; höchst|wahr|schein|lich;** das **Hoch,** die **Hoch|ach|tung,** die **Hoch|sai|son,** die **Hoch|schu|le**

Hoch|zeit, die: der Hochzeit, die Hochzeiten

Ho|cke, die: der Hocke, die Hocken; in die Hocke gehen; der **Ho|cker; hocken**

Hö|cker, der: des Höckers, die Höcker; (Buckel); **hö|cke|rig** *auch* **höck|rig**

Ho|ckey *engl. [hoke],* das: des Hockeys; das **Eis|ho|ckey,** das **Feld|ho|ckey**

Ho|den, der: des Hodens, die Hoden; (männliche Samendrüse)

Hof, der: des Hof(e)s, die Höfe; einen Hof bewirtschaften; jemandem den Hof machen (um ihn werben); der **Schul|hof**

hof|fen: du hoffst, er hoffte, hat gehofft, hoff(e)!; die **Hoff|nung,** der **Hoffnungs|schim|mer; hof|fent|lich; hoff|nungs|voll**

höf|lich: höflicher, am höflichsten; (rücksichtsvoll); die **Höf|lich|keit**

Hö|he, die: der Höhe, die Höhen; der **Hö|he|punkt; er|hö|hen**

Ho|heit, die: der Hoheit, die Hoheiten; das **Ho|heits|ge|biet,** das **Ho|heitszei|chen** (Zeichen der Staatsgewalt)

hohl: ein hohler Zahn; die **Höh|le:** sich in die Höhle des Löwen wagen (in große Gefahr begeben), das **Hohlmaß,** der **Hohl|spie|gel,** der **Hohlweg; aus|höh|len**

Hohn, der: des Hohn(e)s; (beißender Spott); **höh|nisch; höh|nen, ver|höhnen**

Ho|kus|po|kus, der: des Hokuspokus; (Zauberformel der Taschenspieler)

ho|len: du holst, er holte, hat geholt, hol(e)!; Luft holen – da ist nichts zu holen (das hat keinen Zweck); **ab|holen, weg|ho|len**

Hol|land: der **Hol|län|der,** die **Hol|län|de|rin; hol|län|disch**

Höl|le, die: der Hölle, die Höllen; jemandem das Leben zur Hölle machen (unerträglich machen) – jemandem die Hölle heiß machen (ihn bedrängen, unter Druck setzen); der **Höllen|lärm** (sehr großer Lärm), die **Höllen|qual; höl|lisch**

Holm, der: des Holm(e)s, die Holme; (Längsstange der Leiter, des Barrens)

hol|pern: er holpert, er holperte, ist geholpert, holper(e)!; **holp|rig**

Holz, das: des Holzes, die Hölzer; auf dem Holzweg sein (sich irren); das **Ge|hölz,** die **Holz|in|dus|trie; hölzern, hol|zig; ab|hol|zen, hol|zen**

Home|page *engl. [hompetsch],* die: der Homepage, die Homepages; eine Homepage (Darstellung von Informationen, Angeboten im Internet) aufrufen

Ho|mo|se|xu|a|li|tät *griech.,* die: der Homosexualität; (gleichgeschlechtliche Liebe); **ho|mo|se|xu|ell**

Ho|nig, der: des Honigs; der **Ho|nig|kuchen; ho|nig|süß**

Ho|no|rar, das: des Honorars, die Honorare; (Bezahlung in freien Berufen) die **Ho|no|rie|rung; ho|no|rie|ren** (belohnen, bezahlen)

Hoo|li|gan *engl. [huligen],* der: des Hooligans, die Hooligans; (Randalierer, *vor allem bei* Massenveranstaltungen)

Hop|fen, der: des Hopfens, die Hopfen; (Kletterpflanze; Bierzusatz); bei ihm ist Hopfen und Malz verloren (ihm ist nicht zu helfen)

hopp!: hopp, hopp (schnell)!; **hopp|la!, hops:** er ist hopsgegegangen (*um-*

gangssprachlich für ist tot); der **Hopser**

hor|chen: du horchst, er horchte, hat gehorcht, horch(e)!; der **Hor|cher**

Hor|de, die: der Horde, die Horden; (wilde Menge)

hö|ren: du hörst, er hörte, hat gehört, hör(e)!; ein Konzert hören – auf jemanden hören (Rat holen, ihm folgen); das Gras wachsen hören (eine Vorahnung von etwas haben) – nur vom Hörensagen kennen; **an|hö|ren, er|hö|ren, ver|hö|ren;** der **Hö|rer,** das **Hör|ge|rät,** das **Hör|spiel,** das **Ver|hör,** der **Zu|hö|rer**

Ho|ri|zont, der: des Horizont(e)s, die Horizonte; die Sonne verschwindet am Horizont (an der scheinbaren Begrenzungslinie zwischen Himmel und Erde); das geht über seinen Horizont (kann er nicht verstehen); **ho|ri|zon|tal** (waagerecht): *Gegensatz* vertikal

Hor|mon, das: des Hormons, die Hormone; (Wirkstoff zur Regelung von Körperfunktionen)

Horn, das: des Horn(e)s, die Hörner; das Horn (Blechblasinstrument) blasen; den Stier bei den Hörnern packen (etwas anpacken, mit etwas loslegen); die **Horn|haut; hör|nern** (aus Horn)

Hor|nis|se, die: der Hornisse, die Hornissen; (Wespenart)

Ho|ro|skop *auch* **Ho|ros|kop** *griech.,* das: des Horoskopes, die Horoskope; (Schicksalsdeutung aus den Sternen)

Hor|ror, der: des Horrors; (Schauder, Abscheu); der **Hor|ror|film**

Horst, der: des Horst(e)s, die Horste; (Nest von Greifvögeln); der **Ad|ler|horst**

Hort, der: des Hort(e)s, die Horte; (Ort, Raum; Schatz); der **Schul|hort; hor|ten** (anhäufen)

Ho|se, die: der Hose, die Hosen; sich auf den Hosenboden setzen (arbeiten); die **Ho|sen|trä|ger**

Hos|pi|tal, das: des Hospital(e)s, die Hospitale *auch* Hospitäler; (Krankenhaus)

Hot Dog *auch* **Hot|dog** *amerik.,* der: des Hotdogs, die Hotdogs; (Würstchen in einem Brötchen)

Ho|tel *franz.,* das: des Hotels, die Hotels; die **Ho|tel|fach|frau,** das **Ho|tel|zim|mer**

Hot|line *engl. [hotlain],* die: der Hotline, die Hotlines; (Telefonverbindung für schnelle Serviceleistungen)

hübsch: hübscher, am hübschesten

Hub|schrau|ber, der: des Hubschraubers, die Hubschrauber

hu|cke|pack: jemanden, etwas huckepack (auf den Rücken) nehmen

Huf, der: des Huf(e)s, die Hufe; das **Huf|ei|sen; huf|ei|sen|för|mig**

Hüf|te, die: der Hüfte, die Hüften; das **Hüft|ge|lenk**

Hü|gel, der: des Hügels, die Hügel; das **Hü|gel|land; hü|ge|lig**

Huhn, das: des Huhns, die Hühner; mit jemandem ein Hühnchen zu rupfen haben (ihn zur Rechenschaft ziehen); das **Hüh|ner|fri|kas|see,** der **Hüh|ner|stall**

Hül|le, die: der Hülle, die Hüllen; in Hülle und Fülle (sehr reichlich); die **Um|hül|lung; hül|len|los; ein|hül|len, ver|hül|len**

Hül|se, die: der Hülse, die Hülsen; (Behälter, Kapsel); die **Hül|sen|früch|te**

hu|man *lat.:* (menschlich, menschenfreundlich); die **Hu|ma|ni|tät**

G H I

Hum|bug *engl.*, der: des Humbugs; (*umgangssprachlich für* Unsinn)
Hum|mel, die: der Hummel, die Hummeln; Hummeln im Hintern haben (nicht still sitzen können)
Hum|mer, der: des Hummers, die Hummer; (großer Krebs)
Hu|mor, der: des Humors; der **Hu|mo|rist; hu|mo|ris|tisch, hu|mor|voll**
hum|peln: du humpelst, er humpelte, ist gehumpelt
Hu|mus, der: des Humus; (fruchtbarer Bodenbestandteil)
Hund, der: des Hund(e)s, die Hunde; wie Hund und Katze leben (sich nicht vertragen) – bekannt sein wie ein bunter Hund – vor die Hunde gehen (*umgangssprachlich für* zugrunde gehen) – damit lockt man keinen Hund hinterm Ofen hervor (man kann niemanden dafür interessieren); die **Hün|din; hun|de|elend, hun|de|mü|de**
hun|dert: bis hundert zählen – Tempo hundert – hundert *auch* Hundert Menschen – hunderte *auch* Hunderte von Menschen; **hun|dert|fach, hun|dert|jäh|rig; hun|dert|mal; hun|dert|pro|zen|tig:** *Abk.* 100%ig; der **Hun|der|ter** (Hunderteuroschein)
Hü|ne, der: des Hünen, die Hünen; (Riese); das **Hü|nen|grab; hü|nen|haft**
Hun|ger, der: des Hungers; die **Hun|gers|not,** der **Hun|ger|streik; hung|rig; hun|gern, ver|hun|gern**
Hu|pe, die: der Hupe, die Hupen; das **Hup|kon|zert; hu|pen**
hüp|fen: du hüpfst, er hüpfte, ist gehüpft, hüpf(e)!; das ist gehupft wie gesprungen (völlig gleich); die **Hüpf|burg,** der **Hüp|fer**
Hür|de, die: der Hürde, die Hürden
hur|ra!: hurra *auch* Hurra schreien
Hur|ri|kan *indian. [hariken],* der: des Hurrikans, die Hurrikans *auch* Hurrikane; (tropischer Wirbelsturm, Orkan)
hu|schen: du huschst, er huschte, ist gehuscht, husch(e)!; eine Eidechse huscht über den Weg
Hus|ky *engl. [haßki],* der: des Huskys, die Huskys; (Eskimohund)
hus|ten: du hustest, er hustete, hat gehustet, hust(e)!; **hüs|teln** (schwach husten); der **Hus|ten,** der **Hus|ten|an|fall,** der *auch* das **Hus|ten|bon|bon,** der **Hus|ten|saft**
Hut, der: des Hut(e)s, die Hüte; da geht einem ja der Hut hoch! (etwas ist empörend); der **Fin|ger|hut**
Hut, die: der Hut; auf der Hut (vorsichtig) sein; der **Hü|ter; hü|ten:** sich vor jemandem hüten
Hüt|te, die: der Hütte, die Hütten; die **Schi|hüt|te** *auch* **Ski|hüt|te**
Hy|drant *auch* **Hyd|rant** *griech.*, der: des Hydranten, die Hydranten; (Zapfstelle zur Wasserentnahme)
Hy|gi|e|ne *griech.*, die: der Hygiene; (Gesundheitslehre, -pflege); **hy|gi|e|nisch**
Hym|ne *griech.*, die: der Hymne, die Hymnen; (Festgesang, Loblied); die **Na|ti|o|nal|hym|ne**
Hy|per|link *engl. [heiperlink],* der: des Hyperlinks, die Hyperlinks (Querverweis auf Dokumente z. B. im Internet)
Hyp|no|se *griech.*, die: der Hypnose, die Hypnosen; (schlafähnlicher Zustand); **hyp|no|ti|sie|ren**
hys|te|risch: hysterischer, am hysterischsten; (aufgeregt, leicht erregbar); die **Hys|te|rie**

I

i.A.: *Abk. für* im Auftrag
IC: *Abk. für* Intercity
ICE, der: *Abk. für* Intercityexpress
ich: ich lese; **ich|be|zo|gen;** die **Ich-form,** der **Ich|er|zäh|ler** *auch* **Ich-Er-zäh|ler**
ide|al *griech.:* diese Lösung ist ideal (die beste); **ide|a|lis|tisch** (nicht realistisch); das **Ide|al** (Muster an Vollkommenheit; Vorbild, Wunschvorstellung), das **Ide|al|bild,** der **Ide|al|fall,** der **Ide|a|lis|mus,** der **Ide|a|list; ide-a|li|sie|ren** (etwas besser, schöner sehen, als es wirklich ist)
Idee, die: der Idee, die Ideen; eine Idee (eine Vorstellung) von etwas haben – das war nur so eine Idee (ein Einfall) – das ist eine fixe Idee (Einbildung); **ide|ell** (geistig, nur gedacht), **ide|en|reich**
iden|tisch: (übereinstimmend, völlig gleich); die **Iden|ti|fi|ka|ti|on** (Gleichsetzung, Feststellung der Identität); **iden|ti|fi|zie|ren**
Idi|ot *griech.,* der: des Idioten, die Idioten; (Schwachsinniger); die **Idi|o|tie,** der **Idi|o|tis|mus; idi|o|tisch**
Idol *griech.,* das: des Idols, die Idole; (Publikumsliebling)
Idyll *griech.,* das: des Idylls, die Idylle; (glückliches, einfaches Leben)
IG: *Abk. für* Industriegewerkschaft
Igel, der: des Igels, die Igel
Ig|lu *eskim.,* der *auch* das: des Iglus, die Iglus; (runde Schneehütte der Eskimos)
Ig|no|rant *lat.,* der: des Ignoranten, die Ignoranten; (Nichtwisser, Dummkopf); die **Ig|no|ranz; ig|no|rie|ren:** etwas ignorieren (nicht beachten)
ihm: (3. Fall von **er**): ich schenke ihm etwas
ihr: *Kleinschreibung:* (3. Fall von **sie**): ich helfe ihr; *Großschreibung: in der Briefanrede:* Ihr Lieben! – ich habe Ihren Brief erhalten
i. J.: *Abk. für* im Jahre
il|le|gal *lat.:* (ungesetzlich, unrechtmäßig): *Gegensatz* legal; die **Il|le|ga|li-tät**
Il|lu|si|on *lat.,* die: der Illusion, die Illusionen; (Wunschvorstellung; Sinnestäuschung); **il|lu|so|risch** (trügerisch, nicht zu verwirklichen)
Il|lus|tra|ti|on *auch* **Il|lust|ra|ti|on,** die: der Illustration, die Illustrationen; (Bebilderung, Erläuterung); die **Il|lus-trier|te; il|lus|trie|ren**
im: im (in dem) Keller – im Grunde – im Allgemeinen
Image *engl. [imidsch],* das: des Image(s), die Images; (Ansehen)
Im|biss, der: des Imbisses, die Imbisse; die **Im|biss|stu|be**
imi|tie|ren: du imitierst, er imitierte, hat imitiert, imitier(e)!; (nachahmen); die **Imi|ta|ti|on**
Im|ker, der: des Imkers, die Imker; (Bienenzüchter); der **Im|ker|ho|nig**
im|mens: (unermesslich, groß)
im|mer: immer wieder – für immer – noch immer; **im|mer|hin, im|merzu;** das **Im|mer|grün**
Im|mi|grant, der: des Immigranten, die Immigranten; (Einwanderer); die **Im-mi|gra|ti|on; im|mi|grie|ren**
im|mun: (unempfindlich); die **Im|mu-ni|tät** (Unantastbarkeit)
Im|pe|ra|tiv *auch* **Im|pe|ra|tiv,** der: des Imperativs, die Imperative; (Befehls- und Aufforderungsform): komm endlich her!

Im|per|fekt, das: des Imperfekts, die Imperfekte; (einfache Vergangenheitsform, Präteritum): sie freute sich

imp|fen: du impfst, er impfte, hat geimpft, impf(e)!; die **Imp|fung,** der **Impf|pass**

im|po|nie|ren: du imponierst, er imponierte, hat imponiert, imponier(e)!; seine Leistung hat uns allen imponiert (hat Eindruck gemacht); das **Im|po|nier|ge|ha|be; im|po|sant** (eindrucksvoll, großartig)

Im|port, der: des Import(e)s, die Importe; (Einfuhr): *Gegensatz* Export; **im|por|tie|ren**

im|po|sant: imposanter, am imposantesten; (eindrucksvoll, großartig)

im|po|tent: (zur Zeugung nicht fähig): *Gegensatz* potent; die **Im|po|tenz**

im|prä|gnie|ren *auch* **im|präg|nie|ren:** ein imprägnierter (wasserdichter) Mantel – imprägniertes Holz (mit Flüssigkeit widerstandsfähig gemacht); die **Im|präg|nie|rung**

im|pro|vi|sie|ren: du improvisierst, er improvisierte, hat improvisiert, improvisier(e)!; (etwas aus dem Augenblick heraus, ohne Vorbereitung tun); die **Im|pro|vi|sa|ti|on**

Im|puls, der: des Impulses, die Impulse; (Anstoß, Antrieb); **im|pul|siv** (aus einem plötzlichen Einfall heraus handeln)

im|stan|de sein *auch* **im Stan|de sein:** (fähig sein)

in: er ist (wo?) in dem Haus – er geht (wohin?) in das Haus

in *engl.:* in sein (*umgangssprachlich für* modern, zeitgemäß sein)

In|be|griff, der: des Inbegriff(e)s, die Inbegriffe; (Musterbeispiel)

in Be|zug: in Bezug auf deinen Plan

in|dem: sie machte ihre Aufgaben, indem (während) sie Radio hörte – sie fand die Lösung, indem (wofür) sie im Lexikon nachschaute

in|des|sen: (währenddessen)

In|di|a|ner, der: des Indianers, die Indianer; (Urbevölkerung Amerikas); der **In|di|a|ner|stamm,** der **In|dio** (süd- und mittelamerikanischer Indianer)

In|di|ka|tiv, der: des Indikativs, die Indikative; (Aussageform des Verbs): *Gegensatz* Konjunktiv

in|di|rekt: (nicht direkt, auf Umwegen): die indirekte (nicht wörtliche) Rede

in|dis|kret: (nicht verschwiegen, taktlos); die **In|dis|kre|ti|on** (Vertrauensbruch)

In|di|vi|du|um *lat.,* das: des Individuums, die Individuen; (Einzelwesen, einzelne Person; *verächtlich für* Lump, Kerl); der **In|di|vi|du|a|list** (Einzelgänger, eigenständig denkender Mensch), die **In|di|vi|du|a|li|tät; in|di|vi|du|ell**

In|diz, das: des Indizes, die Indizien; (Anzeichen, verdächtiges Zeichen)

In|dus|trie *auch* **In|dust|rie,** die: der Industrie, die Industrien; (maschinelle Massenherstellung); die **In|dus|tri|a|li|sie|rung,** die **In|dus|trie|an|la|ge; in|dus|tri|ell; in|dus|tri|a|li|sie|ren**

in|ei|nan|der *auch* **in|ein|an|der: in|ei|nan|der übergehen, in|ei|nan|der ver|lie|ben, in|ein|an|der|flie|ßen, in|ein|an|der|grei|fen**

In|farkt *lat.,* der: des Infarkt(e)s, die Infarkte; (Arterienverschluss); der **Herz|in|farkt**

In|fek|ti|on *lat.,* die: der Infektion, die Infektionen; (Ansteckung); der **Infekt:** ein grippaler Infekt; **in|fi|zie|ren:** sich infizieren (anstecken)

In|fi|ni|tiv, der: des Infinitivs, die Infinitive; (Grundform des Verbs)
In|fla|ti|on, die: der Inflation, die Inflationen; (Geldentwertung)
In|fo, die: der Infos, die Infos; *Kurzw. für* **Information**; der **In|fo|brief**
in|fol|ge: infolge des Unfalls
In|for|ma|tik, die: der Informatik; (Wissenschaft von der Informationsverarbeitung)
In|for|ma|ti|on, die: der Information, die Informationen; *Abk.* Info; jemandem eine Information (Nachricht) hinterlassen – der Brief enthält wichtige Informationen (Mitteilungen); **in|for|ma|tiv; in|for|mie|ren**
in|fra|ge *auch* **in Fra|ge:** infrage kommen – infrage stellen
In|fra|rot, das: des Infrarots; (unsichtbare Wärmestrahlung)
In|ge|ni|eur *franz. [inscheniör],* der: des Ingenieurs, die Ingenieure; *Abk.* Ing. (an Hochschulen ausgebildeter Techniker); die **In|ge|ni|eu|rin**
In|ha|ber, der: des Inhabers, die Inhaber; (Besitzer); die **In|ha|be|rin**
in|haf|tie|ren: jemanden inhaftieren (verhaften, einsperren); der *auch* die **In|haf|tier|te**
in|ha|lie|ren: (Dämpfe von Heilmitteln einatmen); die **In|ha|la|ti|on**
In|halt, der: des Inhalts, die Inhalte; die **In|halts|an|ga|be,** das **In|halts|ver|zeich|nis; in|halts|los**
In|i|ti|a|ti|ve *auch* **Ini|tia|ti|ve** *lat. [iniziatiwe],* die: der Initiative, die Initiativen; (Entschlusskraft): die Initiative ergreifen; die **Bür|ger|in|i|ti|a|ti|ve,** der **In|i|ti|a|tor** (Anreger); **in|i|ti|ie|ren** (etwas in Gang setzen)
In|jek|ti|on *lat.,* die: der Injektion, die Injektionen; (Einspritzung)
in|klu|si|ve: (einschließlich)
in|ko|gni|to *auch* **in|kog|ni|to** *ital.:* (unter anderem Namen)
in|kom|pe|tent: inkompetent (nicht zuständig, nicht befugt) sein; die **In|kom|pe|tenz** (Unkenntnis)
in|kon|se|quent: (nicht folgerichtig, widersprüchlich); die **In|kon|se|quenz**
in Kür|ze: ich werde dich in Kürze (bald) besuchen
In|land, das: des Inland(e)s; der **In|lands|brief**
In|line|skate *engl. [inlainsket],* der: des Inlineskates, die Inlineskates; (Rollschuh mit schmalen, hintereinander angeordneten Rädchen); der **In|line|ska|ter,** das **In|line|ska|ting; ska|ten**
in|mit|ten: inmitten der Stadt
in|ne|ha|ben: eine Stellung innehaben
in|ne|hal|ten: (unterbrechen)
in|nen: von innen – innen und außen – die Tür geht nach innen auf; das **In|ne|re,** die **In|nen|stadt**
in|ner...: in|ner|halb; in|ner|lich
In|ne|rei|en, die: der Innereien; (Herz, Magen, Nieren, Leber, Lunge von Tieren)
in|nig: (herzlich)
In|no|va|ti|on *lat.,* die: der Innovation, die Innovationen; (Erneuerung, Neuerung); **in|no|va|tiv**
In|nung, die: der Innung, die Innungen; (Handwerkervereinigung)
in|of|fi|zi|ell: eine inoffizielle (nicht öffentliche, vertrauliche) Mitteilung
In|put *engl.,* der *auch* das: des Inputs, die Inputs; (Eingabe in der elektronischen Datenverarbeitung): *Gegensatz* Output
In|qui|si|ti|on, die: der Inquisition; (strenges, grausames Verhör; mittelalterliches Gericht der katholischen

H I J

Kirche gegen Ketzer); der **In|qui|si|tor**

ins: (in das)

In|sas|se, der: des Insassen, die Insassen; die Insassen des Gefängnisses

ins|be|son|de|re: sie mag Blumen, insbesondere (vor allem) Nelken

In|schrift, die: der Inschrift, die Inschriften; die **Grab|in|schrift**

In|sekt, das: des Insekt(e)s, die Insekten; z.B. Käfer, Fliege usw.): Insekten fressende *auch* insektenfressende Pflanzen; der **In|sek|ten|stich**

H I J

In|sel, die: der Insel, die Inseln

In|se|rat *lat.,* das: des Inserat(e)s, die Inserate; (Zeitungsanzeige); der **In|se|rent** (Aufgeber eines Inserates)

ins|ge|heim *auch* **ins|ge|heim:** jemanden insgeheim (im Stillen) bewundern

ins|ge|samt *auch* **ins|ge|samt:** du schuldest mir insgesamt zehn Euro

In|si|der *engl. [inßeider],* der: des Insiders, die Insider; (Eingeweihter)

in|so|fern *auch* **in|so|fern:** (deshalb, also)

in|so|weit *auch* **in|so|weit:** insoweit es möglich ist

In|spek|ti|on *auch* **Ins|pek|ti|on** *lat.,* die: der Inspektion, die Inspektionen; (Prüfung, Prüfstelle, Kontrolle); der **In|spek|tor** (Verwaltungsbeamter); **in|spi|zie|ren**

in|stal|lie|ren *auch* **ins|tal|lie|ren:** du installierst, er installierte, hat installiert, installier(e)!; (einbauen); die **In|stal|la|ti|on** (Einbau von technischen Anlagen), der **In|stal|la|teur**

in|stand *auch* **in Stand:** die Wohnung instand halten – das Gerät wieder instand setzen (reparieren)

in|stän|dig: jemanden inständig (eindringlich) bitten

In|stinkt *auch* **Ins|tinkt** *lat.,* der: des Instinkt(e)s, die Instinkte; (angeborene Verhaltensweise; sicheres Gefühl für etwas); **ins|tink|tiv** (gefühlsmäßig), **ins|tinkt|los**

In|sti|tut *auch* **Ins|ti|tut** *lat.,* das: des Institut(e)s, die Institute; (Bildungs-, Forschungsanstalt); die **Ins|ti|tu|ti|on** (öffentliche Einrichtung)

In|stru|ment *auch* **Ins|tru|ment,** das: des Instrument(e)s, die Instrumente; (Geräte); das **Mu|sik|ins|tru|ment**

In|su|la|ner, der: des Insulaners, die Insulaner; (Inselbewohner)

In|su|lin, das: des Insulins; (Hormon der Bauchspeicheldrüse; Heilmittel für Zuckerkranke)

in|sze|nie|ren *lat.:* du inszenierst, er inszenierte, hat inszeniert, inszenier(e)!; (etwas geschickt in Szene setzen; eine Bühnenaufführung vorbereiten); die **In|sze|nie|rung**

in|takt: (in Ordnung, funktionsfähig)

In|te|gra|ti|on, die: der Integration; (Eingliederung, Einbeziehung, Zusammenschluss); die **In|te|grier|te Ge|samt|schu|le:** *Abk.* IGS (Zusammenschluss verschiedener Schularten); **in|te|grie|ren** (ergänzen, einbeziehen)

In|tel|lekt *lat.,* der: des Intellekt(e)s; (Verstand, Denkvermögen); der **In|tel|lek|tu|el|le** (geistig Arbeitender, geistig Geschulter); **in|tel|lek|tu|ell**

in|tel|li|gent *lat.:* (verständig, klug, begabt); die **In|tel|li|genz,** der **In|tel|li|genz|quo|ti|ent:** *Abk.* IQ (Maß für die intellektuelle Leistungsfähigkeit)

In|ten|dant, der: des Intendanten, die Intendanten; (Leiter eines Theaters, einer Rundfunk-, Fernsehanstalt); die **In|ten|dan|tin**

in|ten|siv: intensiver, am intensivsten; (eindringlich, gründlich); die **In|ten|si|tät** (Stärke), die **In|ten|si|vie|rung,** die **In|ten|siv|sta|ti|on** (Krankenhausstation zur Betreuung lebensgefährlich erkrankter Menschen)

In|ten|ti|on *lat.,* die: der Intention, die Intentionen; (Absicht, Ziel)

in|ter... *lat.:* (zwischen)

In|ter|ci|ty *engl.-amerik. [interßiti],* der: des Intercitys, die Intercitys; *Abk.* IC (Zug zwischen Großstädten); der **In|ter|ci|ty|ex|press|zug:** *Abk.* ICE (Hochgeschwindigkeitszug)

In|te|res|se *auch* **In|ter|es|se** *lat.,* das: des Interesses, die Interessen; (Aufmerksamkeit, Neugier, Vorliebe): seine Interessen (Vorteile) vertreten – kein Interesse (keine Beachtung) finden; die **In|te|res|se|lo|sig|keit,** der **In|te|res|sent; in|te|res|sant, inte|res|siert; in|te|res|sie|ren**

in|ter|kon|ti|nen|tal: (zwischen den Erdteilen)

in|tern: interne (vertrauliche, innere) Angelegenheiten; das **In|ter|nat** (Schule mit Wohnheim), der **In|ter|nist** (Facharzt für innere Krankheiten)

in|ter|na|ti|o|nal: (über den Staat hinaus, zwischenstaatlich): internationales (über den einzelnen Staat hinaus gültiges) Recht – das Internationale Rote Kreuz, *Abk.* IRK

In|ter|net *engl.,* das: des Internets; (internationales Computernetzwerk): ins Internet gehen – im Internet surfen; die **In|ter|net|ad|res|se,** das **In|ter|net|ca|fé,** die **In|ter|net|sei|te**

In|ter|pol, die: der Interpol; *Kurzw. für* **Inter**nationale Kriminal**pol**izeiliche Organisation

in|ter|pre|tie|ren: du interpretierst, er interpretierte, hat interpretiert, interpretier(e)!; (auslegen, erklären); der **In|ter|pret,** die **In|ter|pre|ta|ti|on**

In|ter|punk|ti|on, die: der Interpunktion; (Zeichensetzung)

In|ter|ro|ga|tiv|pro|no|men, das: des Interrogativpronomens, die Interrogativpronomen; (Fragefürwort)

In|ter|vall, das: des Intervalls, die Intervalle; (Zeitabstand, Zwischenraum, Abstand zwischen zwei Tönen in der Musik)

In|ter|view *engl. [interwju],* das: des Interviews, die Interviews; (Befragung, Gespräch von Reportern mit Personen der Öffentlichkeit): ein Interview führen; der **In|ter|view|er; in|ter|view|en**

in|tim: intimer, am intimsten; (vertraut, innig); die **In|tim|sphä|re** (vertrauter, persönlicher Bereich)

in|to|le|rant *auch* **in|to|le|rant:** (unduldsam, andere Meinungen nicht gelten lassend); die **In|to|le|ranz**

In|tri|ge, die: der Intrige, die Intrigen; (hinterlistige Handlung, Arglist); der **In|tri|gant; in|tri|gant; in|tri|gie|ren**

In|tu|i|ti|on *lat. [intuizjon],* die: der Intuition, die Intuitionen; (gefühlsmäßiges, unmittelbares Erfassen, Eingebung); **in|tu|i|tiv:** er handelte rein intuitiv (ohne langes Nachdenken)

In|va|li|de, der: des Invaliden, die Invaliden; (Arbeitsunfähiger durch Verletzung); die **In|va|li|di|tät**

In|va|si|on, die: der Invasion, die Invasionen; (feindliches Eindringen in ein anderes Land)

In|ven|tar, das: des Inventar(e)s, die Inventare; (Besitzverzeichnis; Einrichtungsgegenstände); die **In|ven|tur** (Bestandsaufnahme)

in|ves|tie|ren *lat. [inwäßtiren]:* du investierst, er investierte, hat investiert, investier(e)!; (Kapital anlegen); die **In|ves|ti|ti|on**

in|wie|fern: inwiefern (in welcher Hinsicht) hat sich etwas verändert?

in|wie|weit: (in welchem Maße)

In|zest, der: des Inzest(e)s, die Inzeste; (Geschlechtsverkehr zwischen engsten Blutsverwandten)

In|zucht, die: der Inzucht, die Inzuchten; (Zucht durch Kreuzung von verwandten Lebewesen)

in|zwi|schen: inzwischen ist das Haus fertig geworden

IOC: *Abk. für* International Olympic Committee (Internationales Olympisches Komitee)

Irak, der: des Iraks; (Staat im Nahen Osten); der **Ira|ker,** die **Ira|ke|rin; ira|kisch**

Iran, der: des Irans; (Staat im Nahen Osten); der **Ira|ner,** die **Ira|ne|rin; ira|nisch**

ir|gend|ein: *aber* irgend so ein; **ir|gend|et|was, ir|gend|je|mand, ir|gend|wann, ir|gend|was, ir|gend|wer, ir|gend|wo**

Iris, die: der Iris, die Iris; (Regenbogenhaut im Auge; Schwertlilie)

IRK: *Abk. für* Internationales Rotes Kreuz

Ir|land: (nordwesteuropäische Insel); der **Ire,** die **Irin; irisch**

Iro|nie *griech.,* die: der Ironie, die Ironien; (verdeckter Spott, bei dem das Gegenteil von dem gesagt wird, was man meint); **iro|nisch**

irr *auch* **ir|re:** an einer Sache irrewerden (verrückt) – das ist ja irre (toll)!; **irr|sin|nig; irr|tüm|li|cher|wei|se;** der *auch* die **Ir|re** (Verrückte), der **Irr|gar|ten,** der **Irr|tum; ir|re|füh|ren, ir|ren:** irren *auch* Irren ist menschlich; **ver|ir|ren:** sich verirren (verlaufen)

ir|re|gu|lär: (regelwidrig)

ir|ri|tie|ren *lat.:* du irritierst, er irritierte, hat irritiert, irritier(e)!; (jemanden reizen, verwirren, stören); die **Ir|ri|ta|ti|on**

Is|lam *arab.,* der: des Islams; (von Mohammed begründete, im Koran verkündete Religion); **is|la|misch**

Iso|lie|rung, die: der Isolierung, die Isolierungen; (Abkapselung, Abdichtung, Getrennthaltung); das **Iso|lier|band; iso|lie|ren:** eine Stromleitung isolieren – Kranke isolieren

Is|ra|el: (Volk der Juden; Staat in Vorderasien); der **Is|ra|e|li,** die **Is|ra|e|lin**

isst: sie isst gern Kuchen; → essen

ist: sie ist krank; → sein

Ita|li|en: der **Ita|li|e|ner,** die **Ita|li|e|ne|rin; ita|li|e|nisch**

i-Tüp|fel|chen, das: des i-Tüpfelchens, die i-Tüpfelchen; alles bis aufs i-Tüpfelchen (sehr genau) vorbereiten

i.V.: *Abk. für* in Vertretung

J

ja: *Kleinschreibung:* aber ja – ja doch – nun ja – ja *auch* Ja sagen – zu allem ja und amen *auch* Ja und Amen sagen (allem zustimmen); *Großschreibung:* das Ja und Nein, **ja|wohl;** der **Ja|sa|ger,** das **Ja|wort; be|ja|hen:** etwas bejahen

Jacht *auch* **Yacht,** die: der Jacht, die Jachten; (Segelboot, Sportboot); der **Jacht|klub**

Ja|cke, die: der Jacke, die Jacken; das ist Jacke wie Hose (absolut gleichgültig); das **Jäck|chen,** das **Ja|ckett**

Jack|pot *engl. [dschäkpot],* der: des Jackpots, die Jackpots; (hoher angesammelter Gewinn beim Lottospiel): den Jackpot knacken (ihn gewinnen)

Jagd, die: der Jagd, die Jagden; der **Jagdhund,** die **Jagd|hüt|te,** der **Jä|ger,** die **Jä|ge|rei,** das **Jä|ger|la|tein** (erfundene Darstellung eines Erlebnisses); **jagen:** einen Hirsch jagen; dem Geld nachjagen

Ja|gu|ar *indian.,* der: des Jaguars, die Jaguare; (Raubkatze)

jäh: ein jähes (plötzliches, unerwartetes) Ende nehmen; **jäh|zor|nig:** er ist ein jähzorniger (plötzlich zornig werdender) Typ; der **Jäh|zorn**

Jahr, das: des Jahres, die Jahre; in diesem Jahr – am Anfang dieses Jahres – der vierjährige Junge *aber* der Vierjährige – das 4-jährige Mädchen *aber* die 4-Jährige – er kommt in die Jahre (wird alt); die **Jah|res|zeit,** der **Jahrgang,** das **Jahrhun|dert; all|jähr|lich, jahrein, jahraus; jah|re|lang:** *aber* zwei Jahre lang, **voll|jäh|rig; ver|jähren:** die Schulden sind verjährt (zählen nicht mehr)

Ja|lou|sie *franz. [schalusi],* die: der Jalousie, die Jalousien; (Rollladen, Fensterschutz)

Jam|mer, der: des Jammers; der **Jammer|lap|pen; jam|mer|scha|de; jämmer|lich, jam|mer|voll; jam|mern**

Ja|nu|ar, der: des Januar(s)

Ja|pan: der **Ja|pa|ner,** die **Ja|pa|ne|rin; ja|pa|nisch**

jap|sen: du japst, er japste, hat gejapst, japs(e)!; (*umgangssprachlich für* nach Luft schnappen)

Jar|gon *franz. [schargong],* der: des Jargons, die Jargons; (Sondersprache einer Berufsgruppe oder einer sozialen Schicht)

jä|ten: du jätest, er jätete, hat gejätet, jät(e)!; (Unkraut entfernen)

Jau|che, die: der Jauche, die Jauchen; die **Jau|che|gru|be**

jauch|zen: du jauchzt, er jauchzte, hat gejauchzt, jauchz(e)!; vor Freude jauchzen (laut jubeln)

Jazz *amerik. [dschäß auch jats],* der: des Jazz; (Musikrichtung, die sich aus der Volksmusik der amerikanischen Schwarzen entwickelte); die **Jazzband,** der **Jazz|fan; jaz|zen**

je: je länger, je lieber – je größer, desto besser – je nachdem; **je|mals** (irgendwann), **je|weils:** die Zeitschrift erscheint jeweils (immer) am Freitag

Jeans *engl. [dschins],* die: der Jeans; der **Jeans|rock**

je|den|falls: wir haben uns jedenfalls gut verstanden

je|der: auf jeden Fall – jeder Einzelne – das weiß ein jeder – jedem wird geholfen – jedes Mal; **je|der|mann, je|der|zeit:** *aber* zu jeder Zeit

je|doch: wir werden gewinnen, wir müssen uns jedoch noch mehr anstrengen

Jeep *amerik. [dschip],* der: des Jeeps, die Jeeps; (geländegängiges Auto mit Vierradantrieb)

je|mand: *Kleinschreibung:* irgendjemand – jemand anders – jemand Fremdes; *Großschreibung:* ein gewisser Jemand

je|ner: in jener (bekannten) fernen Zeit – er sagte dies und jenes (nichts Bestimmtes); **je|ne, je|nes**

jen|seits: jenseits des Flusses; das **Jenseits:** *Gegensatz* Diesseits

Je|sus *griech.:* (*übersetzt* Gott hilft); **Je|sus Chris|tus;** das **Je|sus|kind,** der **Je|su|it** (Mitglied eines Ordens)

Jet *engl. [dschät],* der: des Jets, die Jets; (Düsenflugzeug); **jet|ten** (mit dem Jet fliegen)

jetzt: *Kleinschreibung:* von jetzt an – bis jetzt; *Großschreibung:* das Jetzt (das Heute)

Jiu-Jit|su *japan. [dschiu-dschizu],* das: des Jiu-Jitsu(s); (Kunst der Selbstverteidigung)

Job *engl.-amerik. [dschob],* der: des Jobs, die Jobs; (berufliche Tätigkeit, Gelegenheitsarbeit); **job|ben**

Joch, das: des Jochs, die Joche; (Teil des Gespanns für Ochsen; *früher für* Traggestell); **un|ter|jo|chen** (unterdrücken)

Jo|ckei *auch* **Jo|ckey** *engl. [dschoki],* der: des Jockeis, die Jockeis; (berufsmäßiger Pferderennreiter)

Jod, das: des Jod(e)s; (chemischer Grundstoff); die **Jod|tink|tur** (Arznei)

jo|deln: du jodelst, er jodelte, hat gejodelt, jod(e)le!; der **Jod|ler,** die **Jod|le|rin**

Jo|ga *auch* **Yo|ga,** der *auch* das: des Joga(s); (Übung zur Konzentration und Beherrschung des Körpers)

Jog|ging *amerik. [dschoging],* das: des Joggings; (Freizeitlaufen, um sich körperlich fit zu halten); **jog|gen**

Jo|ghurt *auch* **Jo|gurt** *türk.,* der *auch* das: des Joghurts, die Joghurts; (gegorene Milch)

Jo|han|nis|bee|re, die: der Johannisbeere, die Johannisbeeren; Rote Johannisbeere – Schwarze Johannisbeere

joh|len: du johlst, er johlte, hat gejohlt, johl(e)!; das **Ge|joh|le**

Joint *engl. [dscheunt],* der: des Joints, die Joints; (Zigarette, deren Tabak mit Rauschgift vermischt ist)

Jo|ker *engl. [dschoker],* der: des Jokers, die Joker; (eine Spielkarte, die für jede andere einsetzbar ist)

Jon|gleur *auch* **Jong|leur** *franz. [schonglör],* der: des Jongleurs, die Jongleure; (Geschicklichkeitskünstler); **jong|lie|ren:** er jongliert mit zehn Bällen – mit Zahlen jonglieren (geschickt umgehen)

Joule *engl. [dschul]:* (physikalische Maßeinheit für Energie)

Jour|na|list *franz. [schurnalißt],* der: des Journalisten, die Journalisten; (Berichterstatter für die Presse, den Rundfunk, das Fernsehen); das **Journal** (Zeitschrift), die **Jour|na|lis|tik** (Zeitungswesen); **jour|na|lis|tisch**

Joy|stick *engl. [dscheußtik],* der: des Joysticks, die Joysticks; (Steuerhebel für Computerspiele)

ju|beln: du jubelst, er jubelte, hat gejubelt, jub(e)le!; vor Freude jubeln; **beju|beln;** der **Ju|bel,** der **Ju|bi|lar,** das **Ju|bi|lä|um** (Gedenktag)

ju|cken: du juckst, er juckte, hat gejuckt, juck(e)!; es juckt (kitzelt) mich am Körper – ich jucke (kratze) mich; es juckt mir in den Fingern – es juckt mich nicht (interessiert mich nicht); der **Juck|reiz**

Ju|de, der: des Juden, die Juden; das **Juden|tum,** die **Ju|den|ver|fol|gung; jü|disch**

Ju|do, das: des Judo(s); (sportliche Durchführung des Jiu-Jitsu); der *auch* die **Ju|do|ka** (Judosportler, Judosportlerin)

Ju|gend, die: der Jugend; die **Ju|gend|her|ber|ge,** der *auch* die **Ju|gend|liche,**

die **Ju|gend|li|te|ra|tur,** das **Ju|gend-zen|trum; ju|gend|frei** (für Jugendliche zugelassen), **ju|gend|lich**

Ju|li, der: des Juli(s)

Jul|klapp *altnordisch,* der: des Julklapps; (gegenseitiger Austausch kleiner Weihnachtsgeschenke, ohne dass die Beschenkten wissen, von wem sie beschenkt werden)

jung: jünger, am jüngsten; *Kleinschreibung:* die jüngste meiner Töchter; *Großschreibung:* Jung und Alt – mein Jüngster – er ist nicht mehr der Jüngste; **blut|jung** (sehr jung)

Jun|ge, der: des Jungen, die Jungen; das **Jun|ge** (eines Tieres), der **Jün|ger** (der Jünger Jesu), die **Jung|frau,** der **Jung-ge|sel|le; jun|gen** (Junge werfen), **ver-jün|gen:** sich verjüngen

Ju|ni, der: des Juni(s)

Ju|ni|or *lat.,* der: des Juniors, die Junioren; (der Sohn; der Jüngere): Paul Meier junior – *Gegensatz* senior; die **Ju|ni|o|ren|mann|schaft**

Jun|kie *engl. [dschanki],* der: des Junkies, die Junkies; (Drogenabhängiger)

Ju|pi|ter, der: des Jupiters; (Planet)

Ju|ra, der: des Juras; (Gesteinsschicht; Gebirge)

Ju|ra, die: der Jura; (Rechtswissenschaft); die **Ju|ris|tin; ju|ris|tisch**

Ju|ry *franz.-engl. [schüri],* die: der Jury, die Jurys; (Preisgericht)

Jus|tiz, die: der Justiz; (Rechtspflege); der **Jus|tiz|be|am|te,** die **Jus|tiz|be-am|tin**

Ju|wel *niederländ.,* das: des Juwels, die Juwelen; (Edelstein, Schmuckstück); der **Ju|we|lier** (Juwelenhändler), der **Ju|we|lier|la|den**

Jux, der: des Juxes, die Juxe; (Spaß): einen Jux machen; **ju|xen** (scherzen)

K

k: *Abk. für* Kilo...

Ka|ba|rett, das: des Kabaretts, die Kabaretts *auch* Kabarette; (Bühne für Unterhaltungs- und Kleinkunst); der **Ka|ba|ret|tist,** die **Ka|ba|ret|tis|tin; ka|ba|ret|tis|tisch**

Ka|bel, das: des Kabels, die Kabel; (Tau, Seil; isolierte elektrische Leitung); das **Ka|bel|fern|se|hen**

Ka|bel|jau *niederl.,* der: des Kabeljaus, die Kabeljaue *auch* Kabeljaus; (Speisefisch)

Ka|bi|ne, die: der Kabine, die Kabinen; die **Schiffs|ka|bi|ne**

Ka|bi|nett, das: des Kabinetts, die Kabinette; (Gesamtheit der Minister; kleines Nebenzimmer); der **Ka|bi-netts|be|schluss**

Ka|brio *auch* **Kab|rio,** das: → Cabrio

Ka|chel, die: der Kachel, die Kacheln; der **Ka|chel|ofen; ka|cheln**

Ka|cke, die: der Kacke; (*umgangssprachlich für* Kot); **ka|cken**

Ka|da|ver *lat.,* der: des Kadavers, die Kadaver; (toter Tierkörper)

Kä|fer, der: des Käfers, die Käfer; (Insekt); die **Kä|fer|samm|lung**

Kaff *zigeunerspr.,* das: des Kaffs, die Kaffs *auch* Kaffe; (*umgangssprachlich für* armselige Ortschaft)

Kaf|fee *arab.-franz.,* der: des Kaffees, die Kaffees; die **Kaf|fee|ern|te** *auch* **Kaf-fee-Ern|te,** der **Kaf|fee|klatsch** (Gespräch beim Kaffeetrinken); → Café

Kä|fig, der: des Käfigs, die Käfige

kahl: kahler, am kahlsten; **kahl|köp|fig**

Kahn, der: des Kahn(e)s, die Kähne; Kahn fahren *aber* das Kahnfahren

Kai *auch* **Quai** *niederl. [ke],* der: des Kais, die Kais; (Ufermauer)

Kai|ser, der: des Kaisers, die Kaiser; die **Kai|ser|kro|ne; kai|ser|lich**

Ka|jak *eskim.*, der *auch* das: des Kajaks, die Kajaks; (Boot der Eskimos; Sportpaddelboot)

Ka|jü|te, die: der Kajüte, die Kajüten; (Wohnraum auf Schiffen)

Ka|kao *mexikan. [kakau]*, der: des Kakaos, die Kakaos; der **Ka|kao|baum,** das **Ka|kao|pul|ver**

Kak|tus, der: des Kaktus, die Kakteen; (tropische Pflanze)

Kalb, das: des Kalb(e)s, die Kälber; (junges Rind); das **Kälb|chen,** das **Kalbfleisch; kal|ben** (ein Kalb werfen)

J K L

Ka|len|der *lat.*, der: des Kalenders, die Kalender; das **Ka|len|der|blatt**

Ka|li|ber, das: des Kalibers, die Kaliber; (Durchmesser von Waffenrohren); der ist vom gleichen Kaliber (von der gleichen Sorte); das **Klein|ka|li|ber-ge|wehr**

Ka|lif *arab.*, der: des Kalifen, die Kalifen; (*früher* Titel orientalischer Herrscher)

Kalk, der: des Kalk(e)s, die Kalke; der **Kalk|stein; kalk|hal|tig, kalk|weiß**

Ka|lo|rie, die: der Kalorie, die Kalorien; (*früher* physikalische Maßeinheit für die Wärmemenge, *auch* für den Energieumsatz des Körpers); **ka|lo|ri|en-be|wusst;** → Joule

kalt: kälter, am kältesten; *getrennt:* kalt bleiben (sich nicht aufregen) – den Saft kalt stellen *auch* kaltstellen; *zusammen:* den Gegner kaltstellen (einflusslos machen) – jemanden kaltmachen (*umgangssprachlich für* töten); **kalt|blü|tig, kalt|schnäu|zig;** die **Kälte; er|käl|ten:** sich erkälten, **er|kal-ten** (kalt werden)

kam: → kommen

Ka|mel, das: des Kamel(e)s, die Kamele

Ka|me|ra, die: der Kamera, die Kameras; die **Film|ka|me|ra,** der **Ka|me|ra-mann**

Ka|me|rad, der: des Kameraden, die Kameraden; die **Ka|me|rad|schaft; ka|me|rad|schaft|lich**

Ka|mil|le *griech.*, die: der Kamille, die Kamillen; (Heilpflanze)

Ka|min, der: des Kamins, die Kamine; (Schornstein, offene Feuerstelle mit Rauchabzug)

Kamm, der: des Kamm(e)s, die Kämme; alles über einen Kamm scheren (gleich behandeln); der **Ge|birgs-kamm; durch|käm|men** (absuchen), **käm|men:** sich kämmen

Kam|mer, die: der Kammer, die Kammern; (kleiner Raum in der Wohnung); die **Han|dels|kam|mer,** das **Käm|mer|chen,** die **Kam|mer|mu-sik**

Kampf, der: des Kampfes, die Kämpfe; der **Kämp|fer,** die **Kämp|fe|rin,** der **Kampf|rich|ter; kämp|fe|risch, kampf|un|fä|hig; kämp|fen**

Ka|na|da: der **Ka|na|di|er,** die **Ka|na|di-e|rin; ka|na|disch**

Ka|nal, der: des Kanals, die Kanäle; (künstliche Wasserstraße): der Nord-Ostsee-Kanal; die **Ka|na|li|sa|ti|on** (Abwässeranlage)

Ka|na|ri|en|vo|gel, der: des Kanarienvogels, die Kanarienvögel

Kan|da|re *ung.*, die: der Kandare, die Kandaren; (Gebissstange des Pferdes)

Kan|di|dat, der: des Kandidaten, die Kandidaten; (Prüfling, Bewerber, Anwärter); die **Kan|di|da|tur** (Bewerbung); **kan|di|die|ren**

Kan|dis *arab.,* der: des Kandis; der **Kan|dis|zu|cker; kan|diert:** kandierte Mandeln

Kän|gu|ru *austral.,* das: des Kängurus, die Kängurus; (Beuteltier)

Ka|nin|chen, das: des Kaninchens, die Kaninchen

Ka|nis|ter, der: des Kanisters, die Kanister; (Behälter für Flüssigkeiten); der **Ben|zin|ka|nis|ter**

kann: → können

Kan|ne, die: der Kanne, die Kannen; das **Känn|chen,** die **Tee|kan|ne**

Kan|ni|ba|le *span.,* der: des Kannibalen, die Kannibalen; (Menschenfresser); **kan|ni|ba|lisch** (wild, grausam)

kann|te: → kennen

Ka|non, der: des Kanons, die Kanons; (Gesang mit nacheinander einsetzenden Stimmen)

Ka|no|ne, die: der Kanone, die Kanonen; (Geschütz)

Kan|te, die: der Kante, die Kanten; etwas auf die hohe Kante legen (sparen) – es fehlt an allen Ecken und Kanten (überall); **kan|tig**

Kan|ti|ne *franz.,* die: der Kantine, die Kantinen; (Speisesaal in Betrieben)

Ka|nu, das: des Kanus, die Kanus; (Bootsart); der **Ka|nu|sla|lom**

Kan|zel, die: der Kanzel, die Kanzeln; (Teil einer Kirche): von der Kanzel predigen; **ab|kan|zeln** (scharf kritisieren)

Kanz|ler, der: des Kanzlers, die Kanzler; *Kurzw. für* Bundeskanzler; die **Bun|des|kanz|le|rin**

Kap *niederl.,* das: des Kaps, die Kaps; (Vorgebirge)

Ka|pa|zi|tät *lat.,* die: der Kapazität, die Kapazitäten; (Fassungsvermögen; hervorragender Fachmann)

Ka|pel|le, die: der Kapelle, die Kapellen; (kleine Kirche; Musikorchester); der **Ka|pell|meis|ter**

ka|pern: ein Schiff kapern (erbeuten)

ka|pie|ren: du kapierst, er kapierte, hat kapiert, kapier(e)!; (begreifen, verstehen): kapier das doch endlich!

Ka|pi|tal, das: des Kapitals, die Kapitale; (Vermögen); der **Ka|pi|ta|lis|mus** (Gesellschaftsordnung, deren treibende Kraft das Gewinnstreben ist), der **Ka|pi|ta|list**

Ka|pi|tän, der: des Kapitäns, die Kapitäne; die **Ka|pi|tä|nin**

Ka|pi|tel, das: des Kapitels, die Kapitel; (Abschnitt): das vierte Kapitel lesen

Ka|pi|tu|la|ti|on *lat.,* die: der Kapitulation, die Kapitulationen; (kampflose Übergabe einer Truppe); **ka|pi|tu|lie|ren** (sich ergeben)

Kap|pe, die: der Kappe, die Kappen; (Kopfbedeckung); etwas auf seine Kappe nehmen (verantworten)

kap|pen: die Baumkrone kappen (abschneiden)

Ka|pri|o|len *auch* **Kap|ri|o|len** *ital.,* die: der Kapriolen; (tolle Sprünge; lustige Einfälle, ausgefallene Ideen)

Kap|sel, die: der Kapsel, die Kapseln; die **Welt|raum|kap|sel; ab|kap|seln:** sich abkapseln (allein bleiben)

ka|putt *franz.:* das Gerät ist kaputt (funktioniert nicht mehr) – ich bin total kaputt (matt, zerschlagen); **ka|putt|ge|hen, ka|putt ma|chen** *auch* **ka|putt|ma|chen:** etwas kaputt machen *auch* kaputtmachen, **ka|putt|ma|chen:** sich kaputtmachen, **ka|putt|la|chen:** sich kaputtlachen (sehr lachen)

Ka|pu|ze *ital.,* die: der Kapuze, die Kapuzen; (Kopfbedeckung)

J K L

Ka|ra|bi|ner, der: des Karabiners, die Karabiner; (Gewehr)
Ka|raf|fe *arab.*, die: der Karaffe, die Karaffen; (bauchige Glasflasche)
Ka|ram|bo|la|ge *franz. [karambolasche]*, die: der Karambolage, die Karambolagen; (Zusammenstoß)
Ka|ra|mell, der: des Karamells; (gebrannter Zucker); die **Ka|ra|mel|len** (Bonbons)
Ka|ra|o|ke, das: des Karaoke(s); Karaoke (zur eingespielten Musik) singen
Ka|rat, das: des Karat(e)s, die Karate; (Gewichtseinheit von Gold und Edelsteinen); **hoch|ka|rä|tig**
Ka|ra|te, das: des Karate(s); (waffenlose Selbstverteidigung)
Ka|ra|wa|ne *pers.*, die: der Karawane, die Karawanen; (im Orient durch Wüsten ziehende Gruppen)
Kar|di|nal, der: des Kardinals, die Kardinäle; (höchster katholischer Würdenträger nach dem Papst)
Kar|frei|tag, der: (Klagefreitag, Freitag vor Ostern)
karg: karger *auch* kärger, am kargsten *auch* kärgsten; (knapp, mager, spärlich); **kärg|lich;** die **Karg|heit**
ka|riert: kariertes (gekästeltes) Papier
Ka|ri|es, die: der Karies; (Zahnfäule)
Ka|ri|ka|tur *ital.*, die: der Karikatur, die Karikaturen; (Spottbild, satirische Darstellung); der **Ka|ri|ka|tu|rist; ka|ri|kie|ren** (ins Lächerliche verzerren)
Ka|ri|tas *auch* **Ca|ri|tas** *lat.*, die: der Karitas; (Nächstenliebe, Wohltätigkeit); **ka|ri|ta|tiv;** → Caritas
Kar|ne|val *ital.*, der: des Karnevals, die Karnevale *auch* Karnevals; (Fastnacht, Fasching); der **Kar|ne|vals|zug**
Kar|ni|ckel, das: des Karnickels, die Karnickel; (Kaninchen)
Ka|ro, das: des Karos, die Karos; (auf der Spitze stehendes Viereck); das **Ka|ro|ass** (Spielkarte)
Ka|ros|se|rie *franz.*, die: der Karosserie, die Karosserien; (Wagenoberbau)
Ka|rot|te *niederl.*, die: der Karotte, die Karotten; (Möhre, Mohrrübe)
Karp|fen, der: des Karpfens, die Karpfen; (ein Fisch); der **Karp|fen|teich**
Kar|re, die: der Karre, die Karren; der **Kar|ren**
Kar|ri|e|re *franz. [kariere]*, die: der Karriere, die Karrieren; (erfolgreiche Laufbahn)
Kar|te, die: der Karte, die Karten; mit offenen Karten spielen (etwas offen aussprechen) – alles auf eine Karte setzen (alles riskieren); das **Kärt|chen,** die **Kar|tei,** die **Land|kar|te,** die **Post|kar|te,** die **Spiel|kar|te; ab|ge|kar|tet:** ein abgekartetes Spiel treiben (hinterhältig verabredet etwas tun)
Kar|tof|fel, die: der Kartoffel, die Kartoffeln; der **Kar|tof|fel|chip,** der **Kar|tof|fel|puf|fer,** das **Kar|tof|fel|pü|ree**
Kar|ton, der: des Kartons, die Kartons; der **Papp|kar|ton**
Ka|rus|sell *franz.*, das: des Karussells, die Karussells *auch* Karusselle
Kä|se, der: des Käses, die Käse; **kä|sig**
Ka|ser|ne, die: der Kaserne, die Kasernen; (Truppenunterkunft)
Ka|si|no, das: des Kasinos, die Kasinos; (Gesellschaftshaus); das **Spiel|ka|si|no**
Kas|per, der: des Kaspers, die Kasper; (witzige Hauptfigur beim Puppenspiel); die **Kas|pe|rei; he|rum|kas|pern**
Kas|se, die: der Kasse, die Kassen; Geld in der Kasse haben; er ist nicht gut

bei Kasse (hat kein Geld); der **Kas|sen|arzt,** der **Kas|sen|bon** (Kassenzettel), die **Kas|sie|re|rin,** die **Kran|ken|kas|se; kas|sie|ren**

Kas|set|te *franz.,* die: der Kassette, die Kassetten; (verschließbares Kästchen; Magnetband); der **Kas|set|ten|re|kor|der** *auch* **Kas|set|ten|re|cor|der**

Kas|ta|gnet|te *auch* **Kas|tag|net|te** *span. [kaßtanjäte],* die: der Kastagnette, die Kastagnetten; (Handklapper, Rhythmusinstrument)

Kas|ta|nie, die: der Kastanie, die Kastanien; (Baumart und Frucht des Baumes); die **Ess|kas|ta|nie**

Kas|tell, das: des Kastells, die Kastelle; (Burg, Schloss)

Kas|ten, der: des Kastens, die Kästen

Ka|sus, der: des Kasus, die Kasus; (die vier Fälle in der Grammatik)

Kat, der: des Kats, die Kats; *Kurzw. für* Katalysator (an Kraftfahrzeugen)

Ka|ta|kom|be, die: der Katakombe, die Katakomben; (unterirdische Begräbnisstätte)

Ka|ta|log, der: des Katalog(e)s, die Kataloge; (Verzeichnis); **ka|ta|lo|gi|sie|ren**

Ka|ta|pult, der *auch* das: des Katapult(e)s, die Katapulte; (Schleudergerät); **ka|ta|pul|tie|ren**

Ka|ta|stro|phe *auch* **Ka|tas|tro|phe** *griech.,* die: der Katastrophe, die Katastrophen; (Unglück, Zusammenbruch); die **Hoch|was|ser|ka|tas|tro|phe,** der **Ka|tas|tro|phen|schutz; ka|tas|tro|phal** (entsetzlich)

Ka|te|chis|mus *griech.,* der: des Katechismus, die Katechismen; (Lehrbuch der christlichen Religion)

Ka|te|go|rie, die: der Kategorie, die Kategorien; (Art, Einteilung, Begriffsform); **ka|te|go|risch** (unbedingt gültig, ohne Widerspruch): etwas kategorisch ablehnen

Ka|ter, der: des Katers, die Kater

Ka|the|dra|le *auch* **Ka|thed|ra|le,** die: der Kathedrale, die Kathedralen; (bischöfliche Hauptkirche)

ka|tho|lisch *griech.: Abk.* kath. *auch* kathol.; der **Ka|tho|lik,** die **Ka|tho|li|kin,** der **Ka|tho|li|zis|mus** (Geist und Lehre des katholischen Glaubens)

Kat|ze, die: der Katze, die Katzen; die Katze im Sack kaufen (ohne zu überprüfen) – die Katze aus dem Sack lassen (etwas verraten) – das ist nur ein Katzensprung (ein kurzes Stück Weg) – herumreden wie die Katze um den heißen Brei (nicht das Wesentliche sagen); das **Kätz|chen; kat|zen|haft**

Kau|der|welsch, das: des Kauderwelschs; Kauderwelsch sprechen (unverständlich, verworren sprechen)

kau|en: du kaust, er kaute, hat gekaut, kau(e)!; der *auch* das **Kau|gum|mi**

kau|ern: du kauerst, er kauerte, hat gekauert, kau(e)re!; er kauert (hockt) hinter einem Busch

kau|fen: du kaufst, er kaufte, hat gekauft, kauf(e)!; dich kaufe ich mir (nehme ich mir vor); **ein|kau|fen, ver|kau|fen;** der **Kauf:** etwas in Kauf nehmen (hinnehmen), der **Käu|fer,** die **Kauf|frau,** das **Kauf|haus,** der **Kauf|mann,** der **Kauf|ver|trag; käuf|lich** (zu kaufen; bestechlich)

Kaul|quap|pe, die: der Kaulquappe, die Kaulquappen; (Froschlarve)

kaum: das ist kaum (fast nicht) zu glauben

kau|sal: (ursächlich, begründend, zusammenhängend)

Kau|tschuk *auch* **Kaut|schuk** *indian.*, der: des Kautschuks; (Rohstoff zur Gummiherstellung)

Kauz, der: des Kauzes, die Käuze; (Eulenart; sonderbarer Mensch); **kauzig**

Ka|va|lier *franz.*, der: des Kavaliers, die Kavaliere; (höflicher Mann)

Ka|vi|ar *türk.*, der: des Kaviars, die Kaviare; (Fischeier des Störs)

KB: *Abk. für* **Kilobyte**

keck: kecker, am keckesten; (dreist, witzig, lustig, frech); die **Keck|heit**

Ke|gel, der: des Kegels, die Kegel; mit Kind und Kegel (mit der ganzen Familie); die **Ke|gel|bahn; ke|gel|förmig; ke|geln**

Keh|le, die: der Kehle, die Kehlen; aus voller Kehle singen; etwas in die falsche Kehle bekommen (falsch verstehen); der **Kehl|kopf**

Keh|re, die: der Kehre, die Kehren; (Wendekurve; turnerische Übung); der **Kehr|reim** (Refrain), die **Kehrsei|te** (Rückseite; Schattenseite), die **Kehrt|wen|dung; ein|keh|ren, kehrtma|chen, um|keh|ren, ver|keh|ren**

keh|ren: du kehrst, er kehrte, hat gekehrt, kehr(e)!; (fegen); der **Keh|richt** (das Zusammengefegte), die **Kehrschau|fel**

kei|fen: du keifst, er keifte, hat gekeift, keif(e) nicht!; (laut schimpfen)

Keil, der: des Keil(e)s, die Keile; einen Keil einschlagen; die **Kei|le:** Keile (Schläge) beziehen, die **Kei|le|rei,** die **Keil|schrift** (aus keilförmigen Zeichen bestehende Schrift); **kei|len:** sich keilen (prügeln)

Keim, der: des Keim(e)s, die Keime; etwas im Keim ersticken (nicht zur Entfaltung kommen lassen); das **Keim|blatt,** der **Keim|ling,** die **Keimzel|le; keim|frei; kei|men**

kein: kein anderer – zu keiner Zeit – keiner von beiden; **kei|nes|falls** (niemals), **kein|mal:** *aber* kein einziges Mal

Keks, der *auch* das: des Kekses, die Kekse; die **Keks|do|se**

Kelch, der: des Kelch(e)s, die Kelche; (Trinkgefäß)

Kel|le, die: der Kelle, die Kellen

Kel|ler, der: des Kellers, die Keller

Kell|ner, der: des Kellners, die Kellner; die **Kell|ne|rin; kell|nern**

ken|nen: du kennst, er kannte, er kennte, hat gekannt, kenn(e)!; **erken|nen, ken|nen ler|nen** *auch* **kennen|ler|nen, kenn|zeich|nen:** etwas kennzeichnen; der **Ken|ner,** die **Kennt|nis,** das **Kenn|zei|chen; erkennt|lich:** sich erkenntlich zeigen (jemanden belohnen)

ken|tern: du kenterst, er kenterte, ist gekentert; mit dem Boot kentern (umkippen)

Ke|ra|mik, die: der Keramik, die Keramiken; (Kunsttöpferei, Töpferware); **ke|ra|misch**

Ker|be, die: der Kerbe, die Kerben; (Einschnitt); das **Kerb|holz:** etwas auf dem Kerbholz haben (Schulden haben); **ein|ker|ben**

Ker|ker, der: des Kerkers, die Kerker; (*früher für* Gefängnis); **ein|ker|kern**

Kerl, der: des Kerls, die Kerle

Kern, der: des Kern(e)s, die Kerne; das trifft den Kern (das Wesentliche) der Sache; die **Kern|ener|gie** (Atomkraft), der **Kern|re|ak|tor,** die **Kern|waf|fen; kern|ge|sund, ker|nig; ent|ker|nen**

Ker|ze, die: der Kerze, die Kerzen; die **Wachs|ker|ze; ker|zen|ge|ra|de**

kess: kesser, am kessesten; ein kesses (flottes, lustiges, freches) Mädchen

Kes|sel, der: des Kessels, die Kessel; das **Kes|sel|trei|ben** (Hetze gegen einen Menschen); **ein|kes|seln**

Ket|schup *auch* **Ket|chup** *malaiisch-engl. [kätschap],* der *auch* das: des Ketschup(s); (Würzsoße)

Ket|te, die: der Kette, die Ketten; die **Hals|ket|te; an|ket|ten, ket|teln** (zu einer Kette verbinden)

Ket|zer, der: des Ketzers, die Ketzer; (Abtrünniger, Irrgläubiger); die **Ket|ze|rei; ket|ze|risch** (gegen die allgemeine Meinung)

keu|chen: du keuchst, er keuchte, hat gekeucht, keuch(e)!; (mit Mühe atmen); der **Keuch|hus|ten**

Keu|le, die: der Keule, die Keulen; (flaschenförmiges Sportgerät; Schenkel bei Schlachtvieh)

keusch: ein keusches (zurückhaltendes, unberührtes) Mädchen; die **Keusch|heit**

Key|board *engl. [kibort],* das: des Keyboards, die Keyboards; (elektronisches Tasteninstrument)

Kfz, das: *Abk. für* Kraftfahrzeug; die **Kfz-Werk|statt**

kg: *Abk. für* Kilogramm

Kha|ki *auch* **Ka|ki,** der: des Khaki(s); (gelbbrauner Stoff); **kha|ki|far|ben**

ki|chern: du kicherst, er kicherte, hat gekichert, kicher(e)!

Kick|board *engl. [kikbort],* der: des Kickboards, die Kickboards; (Kombination zwischen Skateboard und Tretroller)

ki|cken *engl.:* du kickst, er kickte, hat gekickt, kick(e)!; (stoßen; Fußball spielen); der **Kick** (Stoß; Nervenkitzel), der **Ki|cker**

kid|nap|pen *engl. [kitnäpen]:* (entführen); der **Kid|nap|per**

Kie|fer, der: des Kiefers, die Kiefer; (ein Schädelknochen); der **Un|ter|kie|fer**

Kie|fer, die: der Kiefer, die Kiefern; (Nadelbaum); der **Kie|fern|wald**

Kiel, der: des Kiel(e)s, die Kiele; der **Fe|der|kiel,** der **Schiffs|kiel; kiel|oben:** der Kahn treibt kieloben (mit der Unterseite nach oben)

Kie|me, die: der Kieme, die Kiemen; (Atmungsorgan von Fischen)

Kies, der: des Kieses; der **Kie|sel|stein,** die **Kies|gru|be; kie|sig**

kif|fen *arab.-amerik.:* du kiffst, er kiffte, hat gekifft; (Haschisch oder Marihuana rauchen); der **Kif|fer**

kil|len *engl.:* du killst, er killte, hat gekillt; (*umgangssprachlich für* töten); der **Kil|ler,** der **Kil|ler|wal**

Ki|lo|byte *engl. [kilobait],* das: *Abk.* KB (Einheit der Leistungsfähigkeit eines Datenträgers)

Ki|lo|gramm *auch* **Ki|lo|gramm,** das: *Abk.* kg (1000 Gramm)

Ki|lo|hertz *auch* **Ki|lo|hertz:** *Abk.* kHz (Maßeinheit für Frequenz)

Ki|lo|me|ter, der: des Kilometers, die Kilometer; *Abk.* km (1000 m); **ki|lo|me|ter|lang, ki|lo|me|ter|weit:** *aber* noch drei Kilometer weit

Ki|lo|watt *auch* **Ki|lo|watt:** *Abk.* kW (Einheit der physikalischen Leistung, 1000 Watt); → Watt

Ki|mo|no *japan.,* der: des Kimonos, die Kimonos; (Gewand mit weiten Ärmeln)

Kind, das: des Kind(e)s, die Kinder; sich lieb Kind machen (einschmeicheln) – mit Kind und Kegel (mit der gesamten Familie); der **Kin|der|gar|ten,** die **Kin|der|gärt|ne|rin,** die **Kin-**

J K L

der|ta|ges|stät|te, die **Kind|heit; kin|disch** (albern), **kind|lich**

Kinn, das: des Kinn(e)s, die Kinne; der **Kinn|ha|ken**

Ki|no, das: des Kinos, die Kinos; das **Ki|no|pro|gramm**

Ki|osk *pers.,* der: des Kiosk(e)s, die Kioske; (Verkaufshäuschen)

kip|pen: du kippst, er kippte, ist gekippt, kipp(e)!; **kip|peln** (wackeln); die **Kip|pe** (Turnübung; Zigarettenstummel), der **Kip|per** (LKW), das **Kipp|fens|ter; kipplig** *auch* **kip|pe|lig**

Kir|che, die: der Kirche, die Kirchen; man muss die Kirche im Dorf lassen (man sollte nicht übertreiben); der **Kir|chen|chor,** der **Kirch|gän|ger,** der **Kirch|hof** (Friedhof), die **Kirch|weih; kirch|lich**

Kir|mes, die: der Kirmes, die Kirmessen; (Jahrmarkt, Kirchweih, Messe)

Kir|sche, die: der Kirsche, die Kirschen; der **Kirsch|baum; kirsch|rot**

Kis|sen, das: des Kissens, die Kissen

Kis|te, die: der Kiste, die Kisten

Ki|ta, die: der Kita, die Kitas; *Kurzw. für* **Kin**der**ta**gesstätte

Kitsch, der: des Kitsch(e)s; **kit|schig:** eine kitschige (geschmacklose) Vase

Kitt, der: des Kitt(e)s; (Dichtungsmasse); **kit|ten, ver|kit|ten**

Kit|tel, der: des Kittels, die Kittel; der **Arzt|kit|tel,** die **Kit|tel|schür|ze**

Kitz, das: des Kitzes, die Kitze; (Junges vom Reh)

kit|zeln: du kitzelst, er kitzelte, hat gekitzelt, kitz(e)le!; der **Kitz|ler** (Klitoris), der **Ner|ven|kit|zel; kit|ze|lig** *auch* **kitz|lig**

Ki|wi, die: der Kiwi, die Kiwis; (exotische Frucht)

Kla|bau|ter|mann, der: des Klabautermann(e)s, die Klabautermänner; (Schiffskobold)

Klad|de, die: der Kladde, die Kladden; (Heft; erste Niederschrift)

Klad|de|ra|datsch, der: des Kladderadatsch(e)s; (*umgangssprachlich für* Durcheinander)

klaf|fen: sie klafft, sie klaffte, hat geklafft; eine klaffende (weit offen stehende) Wunde

kläf|fen: er kläfft, er kläffte, hat gekläfft; (bellen): ein kläffender Hund

kla|gen: du klagst, er klagte, hat geklagt, klag(e)!; über Schmerzen klagen; **an|kla|gen, ver|kla|gen;** die **Kla|ge,** die **Klä|ge|rin; kläg|lich:** er hat kläglich (jämmerlich) versagt

Kla|mauk, der: des Klamauks; (*umgangssprachlich für* Lärm, Krach; Ulk)

klamm: klammer, am klammsten; (eng, feucht; steif vor Kälte)

Klam|mer, die: der Klammer, die Klammern; der **Klam|mer|af|fe** (Affenart; Seitenhefter; Zeichen in der E-Mail-Adresse @); **klam|mern:** sich an etwas, jemanden klammern

klamm|heim|lich: (ganz heimlich)

Kla|mot|te, die: der Klamotte, die Klamotten; (Kleidungsstück; minderwertiges Theaterstück; Steinbrocken)

Klang, der: des Klanges, die Klänge; **klang|lich**

klang: → klingen

Klap|pe, die: der Klappe, die Klappen; die **Herz|klap|pe,** der **Klapp|sitz,** der **Klap|pen|text** (Text auf dem Buchumschlag); **klap|pen:** das hat gut geklappt – er ist zusammengeklappt

klap|pern: du klapperst, er klapperte, hat geklappert, klapper(e)!; **klap|pe|rig** *auch* **klapp|rig**

J K L

Klaps, der: des Klapses, die Klapse; die **Klaps|müh|le** (*scherzh. für* Nervenheilanstalt); **klap|sen:** jemandem auf die Schulter klapsen

klar: klarer, am klarsten; *Kleinschreibung:* ein klarer Himmel – ein klarer Kopf – klar sein; *Großschreibung:* sich darüber im Klaren sein; *getrennt:* klar denken – klar sehen (deutlich sehen); *zusammen:* klargehen (reibungslos ablaufen) – klarkommen (zurechtkommen) – klarmachen (deutlich machen), ein Schiff klarmachen (zum Auslaufen fertigmachen) – ein Missverständnis klarstellen; die **Klar|heit,** die **Klarsicht|fo|lie,** die **Klä|rung; auf|kla|ren:** der Himmel klart auf (die Wolken verschwinden), **klä|ren:** etwas klären

Klär|an|la|ge, die: der Kläranlage, die Kläranlagen; (Abwasser-Reinigungsanlage)

Kla|ri|net|te *ital.,* die: der Klarinette, die Klarinetten; (Holzblasinstrument)

Klas|se, die: der Klasse, die Klassen; *Kleinschreibung:* ein klasse Auto – sie hat klasse gespielt – das finde ich klasse; *Großschreibung:* das ist große Klasse; die **Klas|sen|ar|beit,** der **Klassen|spre|cher; erst|klas|sig**

Klas|sik, die: der Klassik; (Kunstepoche); der **Klas|si|ker; klas|sisch** (mustergültig, typisch; zeitlos)

klat|schen: du klatschst, er klatschte, hat geklatscht, klatsch(e)!; Beifall klatschen – über jemanden klatschen (reden); der **Klatsch,** die **Klatsch|tante; klatsch|nass** (sehr nass)

Klaue, die: der Klaue, die Klauen; (Zehe, Kralle); er lässt nichts aus den Klauen – er hat eine Klaue (schlechte Schrift); **klau|en** (*umgangssprachlich für* stehlen)

Kla|vier *franz.,* das: des Klavier(e)s, die Klaviere

kle|ben: du klebst, er klebte, hat geklebt, kleb(e)!; **auf|kle|ben, kle|ben bleiben** *auch* **kle|ben|blei|ben:** das Heft ist an dem Tisch kleben geblieben, *aber* er ist im Cafe klebengeblieben (sitzen geblieben), **zu|kleben;** der **Kle|ber,** der **Kleb|stoff; kleb|rig**

kle|ckern: du kleckerst, er kleckerte, hat gekleckert

Klecks, der: des Kleckses, die Kleckse; der **Tin|ten|klecks; kleck|sen**

Klee, der: des Klees; das **Klee|blatt**

Kleid, das: des Kleid(e)s, die Kleider; die **Klei|dung; kleid|sam; klei|den:** das kleidet sie gut – sich gut kleiden

klein: kleiner, am kleinsten; *Kleinschreibung:* ein kleines Stück – von klein auf; das sind kleine Fische (das ist einfach); *Großschreibung:* bis ins Kleinste – die Großen und die Kleinen – Groß und Klein – der Kleine Bär (Sternbild); *getrennt:* klein beigeben – etwas kurz und klein schlagen – klein hacken *auch* kleinhacken; *zusammen:* das Wort musst du kleinschreiben (mit kleinem Anfangsbuchstaben), *aber* du sollst nicht so klein (in kleiner Schrift) schreiben – jemanden kleinkriegen (ihn gefügig machen) – er ist kleinkariert (engstirnig); **klein|laut, klein|lich;** das **Kleine,** die **Klei|nig|keit,** das **Klein|od** (Kostbarkeit), die **Klein|schrei|bung**

Kleis|ter, der: des Kleisters, die Kleister; (Kleber)

klem|men: du klemmst, er klemmte, hat geklemmt, klemm(e)!; die Tür klemmt – er hat sich die Finger geklemmt; die **Klem|me:** er sitzt in der Klemme (ist in Schwierigkeiten)

J K L

Klemp|ner, der: des Klempners, die Klempner; (Installateur)

Klep|per, der: des Kleppers, die Klepper; (*umgangssprachlich für* abgearbeitetes, altes Pferd)

Klep|to|ma|nie *griech.,* die: der Kleptomanie; (krankhafter Trieb zum Stehlen); der **Klep|to|ma|ne; klep|to|ma|nisch**

Kle|rus, der: des Klerus; (katholische Geistlichkeit); der **Kle|ri|ker** (Geistlicher)

Klet|te, die: der Klette, die Kletten; er hängt sich an mich wie eine Klette (geht mir nicht von der Seite); der **Klett|ver|schluss**

klet|tern: du kletterst, er kletterte, ist geklettert, kletter(e)!; das **Klet|ter|gerüst,** die **Klet|ter|pflan|ze**

Kli|ma, das: des Klimas, die Klimata; ein gesundes Klima; die **Kli|ma|an|la|ge; kli|ma|tisch; kli|ma|ti|sie|ren**

Klimm|zug, der: des Klimmzug(e)s, die Klimmzüge; **er|klim|men:** den Gipfel erklimmen

klim|pern: du klimperst, er klimpert, hat geklimpert, klimper(e)!; auf der Gitarre klimpern – mit Geld klimpern

Klin|ge, die: der Klinge, die Klingen; die Klinge eines Messers

klin|geln: du klingelst, er klingelte, hat geklingelt, kling(e)le!; an der Haustür klingeln; die **Klin|gel**

klin|gen: du klingst, er klang, er klänge, hat geklungen, kling(e)!; der **Klang**

Kli|nik *griech.,* die: der Klinik, die Kliniken; (Krankenhaus); **kli|nisch**

Klin|ke, die: der Klinke, die Klinken; die **Tür|klin|ke; klin|ken**

Klipp *auch* **Clip,** der: des Klipps, die Klipps; (Ohrschmuck)

Klip|pe, die: der Klippe, die Klippen; (Felsvorsprung)

klir|ren: die Gläser klirren – klirrende Kälte

Kli|schee, das: des Klischees, die Klischees; (Druckstock; Nachahmung, Abklatsch); **kli|schee|haft**

Kli|to|ris *griech.,* die: der Klitoris; (Teil des weiblichen Geschlechtsorgans)

klit|ze|klein: (winzig)

Klo, das: des Klos, die Klos; *Kurzw. für* Klosett

Klo|a|ke *lat.,* die: der Kloake, die Kloaken; (Abwasserkanal; Senkgrube)

klo|big: klobiger, am klobigsten; (derb, grob)

klö|nen: du klönst, er klönte, hat geklönt, klön(e)!; (gemütlich miteinander reden)

klo|nen *engl.:* (durch ungeschlechtliche Vermehrung identische Kopien von Lebewesen herstellen): ein geklontes Schaf

klop|fen: du klopfst, er klopfte, hat geklopft, klopf(e)!; bei jemandem auf den Busch klopfen (vorsichtig nach etwas fragen); **an|klop|fen, aus|klop|fen;** der **Klop|fer**

Klöp|pel, der: des Klöppels, die Klöppel; der Klöppel einer Glocke; die **Klöp|pe|lei** (Handarbeit); **klöp|peln**

Klops, der: des Klopses, die Klopse; (Fleischkloß)

Klo|sett, das: des Klosetts, die Klosetts *auch* Klosette; *Abk.* Klo

Kloß, der: des Kloßes, die Klöße

Klos|ter, das: des Klosters, die Klöster

Klotz, der: des Klotzes, die Klötze; **klot|zig; klot|zen** (hart arbeiten)

Klub *auch* **Club** *engl.,* der: des Klubs, die Klubs; der **Fuß|ball|klub:** *Abk.* FC

Kluft, die: der Kluft, die Kluften; (Kleidung); die **Ar|beits|kluft**

Kluft, die: der Kluft, die Klüfte; (Spalte, Zwischenraum); **zer|klüf|tet**

klug: klüger, am klügsten; aus jemandem nicht klug werden (ihn nicht richtig einschätzen können); **alt|klug; klu|ger|wei|se;** das **Klügs|te,** die **Klug|heit:** er hat die Klugheit mit Löffeln gefressen, der **Klug|schei|ßer** (Besserwisser)

Klum|pen, der: des Klumpens, die Klumpen; der **Klump|fuß; klum|pig; klum|pen:** der Pudding klumpt

Klün|gel, der: des Klüngels, die Klüngel; (Sippschaft, Clique, heimliche Gemeinschaft)

km: *Abk. für* Kilometer (1000 m)

km/h: *Abk. für* Kilometer je Stunde, Stundenkilometer; (Maßeinheit für Geschwindigkeit)

km²: *Abk. für* Quadratkilometer

knab|bern: du knabberst, er knabberte, hat geknabbert, knabb(e)re!

Kna|be, der: des Knaben, die Knaben

kna|cken: du knackst, er knackte, hat geknackt, knack(e)!; Nüsse knacken; ein Rätsel knacken (lösen); **knacksen;** das **Knä|cke|brot,** der **Kna|cker,** der **Knack|punkt,** der **Knacks,** die **Knack|wurst; kna|ckig**

knal|len: du knallst, er knallte, hat geknallt, knall(e)!; der **Knall,** der **Knalleffekt** (große Überraschung); **knallrot** (grelles Rot)

knapp: knapper, am knappesten; knapp sein – knapp werden; die **Knappheit**

Knap|pe, der: des Knappen, die Knappen; (Bergmann; Edelknabe)

Knar|re, die: der Knarre, die Knarren; (*umgangssprachlich für* Gewehr)

knar|ren: die Tür knarrt

Knast, der: des Knast(e)s, die Knaste *auch* Knäste; (*umgangssprachlich für* Freiheitsstrafe; Gefängnis)

knat|tern: du knatterst, er knatterte, ist *auch* hat geknattert

Knäu|el, der *auch* das: des Knäuels, die Knäuel; das **Woll|knäu|el**

Knauf, der: des Knauf(e)s, die Knäufe; (Griff); der **Mes|ser|knauf**

knau|se|rig *auch* **knaus|rig:** knauseriger, am knauserigsten; (sparsam, geizig); der **Knau|ser; knau|sern**

knaut|schen: du knautschst, er knautschte, hat geknautscht, knautsch(e)!; (knittern); die **Knautsch|zo|ne** (beim Auto); **zerknautscht** (zerknittert)

Kne|bel, der: des Knebels, die Knebel; **kne|beln**

Knecht, der: des Knecht(e)s, die Knechte; (*früher* Gehilfe des Bauern); **knech|ten** (unterdrücken)

knei|fen: du kneifst, er kniff, er kniffe, hat gekniffen, kneif(e)!; jemanden in den Arm kneifen; vor etwas kneifen (sich drücken); die **Kneif|zan|ge**

Knei|pe, die: der Kneipe, die Kneipen; (einfache Gastwirtschaft)

kne|ten: du knetest, er knetete, hat geknetet, knet(e)!; die **Kne|te** (*umgangssprachlich für* Geld *auch für* Knetmasse)

kni|cken: du knickst, er knickte, hat geknickt, knick(e)!; der **Knick,** der **Knicks**

kni|cke|rig *auch* **knick|rig:** knickeriger, am knickerigsten; (geizig); **kni|ckern** (geizig sein)

Knie, das: des Knies, die Knie *auch* Knie; auf den Knien liegen; nichts übers Knie brechen (nichts unüberlegt tun) – jemanden in die Knie zwingen (seinen Widerstand brechen); die **Knie|beu|ge,** die **Knie|keh|le,** die **Knie|schei|be,** der **Knie|strumpf; knie|tief; kni|en:** sich in die Arbeit hineinknien (intensiv arbeiten)

Kniff, der: des Kniff(e)s, die Kniffe; (kleine, unerlaubte Täuschung); **knif|fe|lig** *auch* **kniff|lig:** eine knifflige (schwierige) Arbeit; **knif|fen** (falten)

knip|sen: du knipst, er knipste, hat geknipst, knips(e)!; (fotografieren; entwerten); der **Knip|ser**

Knirps, der: des Knirpses, die Knirpse; (kleiner Kerl)

knir|schen: du knirschst, er knirschte, hat geknirscht, knirsch(e)!; mit den Zähnen knirschen

knis|tern: du knisterst, er knisterte, hat geknistert, knister(e)!

knit|tern: du knitterst, er knitterte, hat geknittert, knitter(e)!; **knit|ter|frei, zer|knit|tert**

kno|beln: du knobelst, er knobelte, hat geknobelt, knob(e)le!; an der Matheaufgabe knobeln (lange darüber nachdenken)

Knob|lauch, der: des Knoblauch(e)s; die **Knob|lauch|ze|he**

Kno|chen, der: des Knochens, die Knochen; sich bis auf die Knochen (sehr) blamieren; der **Knö|chel; knö|che|rig** *auch* **knöch|rig, kno|chig**

Knock-out *auch* **Knock|out** *engl. [nokaut],* der: des Knock-out(s), die Knockouts; *Abk.* k.o. (Kampfunfähigkeit durch Niederschlagen beim Boxkampf): jemanden k.o. schlagen

Knö|del, der: des Knödels, die Knödel; (Kloß); die **Sem|mel|knö|del**

Knol|le, die: der Knolle, die Knollen; der **Knol|len,** der **Knol|len|blät|ter|pilz**

Knopf, der: des Knopf(e)s, die Knöpfe; das **Knopf|loch; zu|ge|knöpft:** zugeknöpft (unnahbar) sein; **auf|knöp|fen, knöp|fen, vor|knöp|fen:** sich jemanden vorknöpfen (vornehmen)

Knor|pel, der: des Knorpels, die Knorpel; **knor|pe|lig** *auch* **knorp|lig**

knor|rig: knorriger, am knorrigsten; eine knorrige (alte, krumm gewachsene) Eiche

Knos|pe, die: der Knospe, die Knospen; der Baum setzt Knospen an; **knos|pig; knos|pen**

Kno|ten, der: des Knotens, die Knoten; (*auch* Maß für die Geschwindigkeit eines Schiffes); der **Kno|ten|punkt:** der Eisenbahnknotenpunkt; **kno|tig; ver|kno|ten**

Know-how *auch* **Know|how** *engl. [nohau],* das: des Know-hows; (Wissen, wie man eine Sache praktisch verwirklicht, anwendet)

knül|len: du knüllst, er knüllte, hat geknüllt, knüll(e)!; (knittern); **zer|knül|len**

Knül|ler, der: des Knüllers, die Knüller; (Höhepunkt, Neuheit)

knüp|fen: du knüpfst, er knüpfte, hat geknüpft, knüpf(e)!; Fäden knüpfen – Kontakte knüpfen

Knüp|pel, der: des Knüppels, die Knüppel

knur|ren: du knurrst, er knurrte, hat geknurrt, knurr(e)!; **knur|rig**

knus|pern: du knusperst, er knusperte, hat geknuspert, knusper(e)!; (laut knabbern); **knusp|rig**

Knu|te, die: der Knute, die Knuten; (Lederpeitsche)

knut|schen: du knutschst, er knutschte, hat geknutscht, knutsch(e)!; (*umgangssprachlich für* sich küssen); die **Knutsche|rei,** der **Knutsch|fleck**

k.o.: *Abk. für* knock-out; jemanden k.o. schlagen

Ko|a|la, der: des Koalas, die Koalas; (australischer Beutelbär)

Ko|a|li|ti|on, die: der Koalition, die Koalitionen; (Zusammenschluss, Vereinigung, Bündnis)

Ko|bold, der: des Kobold(e)s, die Kobolde; (lustiger Geist)

ko|chen: du kochst, er kochte, hat gekocht, koch(e)!; kochend heißes Wasser; vor Wut kochen; der **Koch,** der **Ko|cher,** die **Kö|chin,** das **Koch|rezept**

Kö|cher, der: des Köchers, die Köcher; (Pfeiltasche)

Kode *auch* **Code** *engl. [kot],* der: des Kodes, die Kodes; (System verabredeter Zeichen, Schlüssel für Geheimsprachen); die **Ko|die|rung; ko|dieren**

Kö|der, der: des Köders, die Köder; (Lockmittel); **kö|dern**

Kof|fe|in *auch* **Cof|fe|in** *arab.,* das: des Koffeins; (Wirkstoff des Kaffees); **kof|fe|in|frei**

Kof|fer, der: des Koffers, die Koffer; der **Kof|fer|raum,** der **Kof|fer|schlüs|sel**

Kohl, der: des Kohl(e)s, die Kohle; der **Kohl|kopf,** der **Kohl|ra|bi,** der **Rotkohl,** der **Wir|sing|kohl; ver|kohlen:** jemanden verkohlen (anführen, anlügen)

Koh|le, die: der Kohle, die Kohlen; wie auf heißen Kohlen sitzen (in einer schwierigen Situation warten müssen) – er hat keine Kohle (kein Geld); die **Holz|koh|le,** die **Koh|len|säu|re,** der **Koh|len|stoff,** der **Köh|ler** (Hersteller von Holzkohle); **kohl|schwarz** (tiefschwarz)

Ko|i|tus *auch* **Co|i|tus,** der: des Koitus, die Koitus *auch* Koitusse; (Geschlechtsakt)

Ko|je *niederl.,* die: der Koje, die Kojen; (Schlafstelle auf Schiffen)

Ko|ka|in *indian.,* das: des Kokains; (Betäubungsmittel, Rauschgift)

ko|keln: du kokelst, er kokelte, hat gekokelt; (mit Feuer spielen)

ko|kett: koketter, am kokettesten; (eitel); **ko|ket|tie|ren**

Ko|ko|lo|res, der: (Unsinn)

Ko|kon *franz.,* der: des Kokons, die Kokons; (Hülle von Insektenpuppen)

Ko|kos|nuss, die: der Kokosnuss, die Kokosnüsse

Koks, der: des Kokses, die Kokse; (Brennstoff)

Koks *indian.,* der: des Kokses; (*umgangssprachlich für* Kokain); der **Kok|ser; kok|sen** (Kokain nehmen)

Kol|ben, der: des Kolbens, die Kolben; der **Mais|kol|ben**

Kol|laps, der: des Kollapses, die Kollapse; (Zusammenbruch)

Kol|le|ge, der: des Kollegen, die Kollegen; die **Kol|le|gin; kol|le|gi|al**

Kol|lek|te, die: der Kollekte, die Kollekten; (Sammlung von Geldspenden in der Kirche); die **Kol|lek|ti|on** (Mustersammlung von Waren)

Kol|lek|tiv, das: des Kollektivs, die Kollektive; (Mannschaft, Team, Produktionsgemeinschaft); **kol|lek|tiv**

Kol|ler, der: des Kollers, die Koller; (*umgangssprachlich für* Wutausbruch)

kol|li|die|ren: du kollidierst, er kollidierte, ist kollidiert, kollidiere nicht!; (zusammenstoßen); die **Kol|li|si|on**

J K L

Ko|lo|nie, die: der Kolonie, die Kolonien; (auswärtige Besitzung eines Staates; Siedlung)

Ko|lon|ne, die: der Kolonne, die Kolonnen; (Abteilung, Gruppe): eine lange Kolonne von Fahrzeugen

ko|lo|rie|ren: du kolorierst, er kolorierte, kolorier(e); (färben, ausmalen)

Ko|loss, der: des Kolosses, die Kolosse; (Riesenstandbild; Ungetüm); **ko|los|sal** (riesig, gewaltig, übergroß)

Ko|lum|ne, die: der Kolumne, die Kolumnen; (Meinungsbeitrag, der immer an derselben Stelle einer Zeitung zu finden ist); der **Ko|lum|nist** (Schreiber von Kolumnen)

Ko|ma *griech.*, das: des Komas, die Komas *auch* Komata; (tiefe Bewusstlosigkeit)

kom|bi|nie|ren: du kombinierst, er kombinierte, hat kombiniert, kombinier(e)!; (etwas verbinden; berechnen; planmäßig zusammenspielen); die **Kom|bi|na|ti|on**

Ko|met, der: des Kometen, die Kometen; (Schweifstern); **ko|me|ten|haft:** ein kometenhafter (plötzlicher, steiler) Aufstieg

Kom|fort *engl. [komfor]*, der: des Komforts; (Bequemlichkeit, Luxus); **kom|for|ta|bel**

ko|misch: komischer, am komischsten; (zum Lachen reizend; sonderbar): *Gegensatz* tragisch; die **Ko|mik,** der **Ko|mi|ker**

Ko|mi|tee *franz.*, das: des Komitees, die Komitees; (Ausschuss)

Kom|ma, das: des Kommas, die Kommas *auch* Kommata; (Satzzeichen); die **Kom|ma|set|zung**

Kom|man|dant *franz.*, der: des Kommandanten, die Kommandanten; (Befehlshaber); der **Kom|man|deur,** das **Kom|man|do; kom|man|die|ren**

kom|men: du kommst, er kam, er käme, ist gekommen, komm(e)!; er kommt zu Fuß; auf ihn lasse ich nichts kommen (ich verteidige ihn) – jemandem auf die Schliche kommen – wir sind noch einmal davongekommen (es ist gut gegangen); **an|kom|men, aus|kom|men, ver|kom|men, vor|kom|men;** das **Kom|men:** es war ein Kommen und Gehen – ich warte auf sein Kommen

Kom|men|tar *lat.*, der: des Kommentars, die Kommentare; (Erklärung, Auslegung); **kom|men|tie|ren**

kom|mer|zi|ell: der **Kom|merz** (Wirtschaft, Handel, Verkehr)

Kom|mis|sar, der: des Kommissars, die Kommissare; (vom Staat Beauftragter); die **Kom|mis|sa|rin,** der **Kri|mi|nal|kom|mis|sar**

Kom|mis|si|on, die: der Kommission, die Kommissionen; (Ausschuss)

Kom|mo|de, die: der Kommode, die Kommoden; (Schrank mit Schubkästen)

Kom|mu|ne, die: der Kommune, die Kommunen; (Gemeinde; Wohngemeinschaft); **kom|mu|nal**

Kom|mu|ni|ka|ti|on, die: der Kommunikation; (Verständigung untereinander): die sprachliche Kommunikation, das **Kom|mu|ni|ka|tions|mit|tel; kom|mu|ni|zie|ren** (miteinander sprechen)

Kom|mu|ni|on, die: der Kommunion; (Empfang des Abendmahls)

Ko|mö|die *griech.*, die: der Komödie, die Komödien; (Lustspiel); der **Ko|mö|di|ant** (Schauspieler)

kom|pakt: kompakter, am kompaktesten; (dicht, gedrungen, fest)
Kom|pa|ra|ti|on, die: der Komparation, die Komparationen; (Vergleich, Steigerung)
Kom|pa|ra|tiv, der: des Komparativs, die Komparative; (erste Steigerungsstufe der Adjektive)
Kom|pass *ital.*, der: des Kompasses, die Kompasse; (Gerät mit Magnetnadel zur Bestimmung der Himmelsrichtungen)
kom|pe|tent: kompetenter, am kompetentesten; (zuständig; sachverständig); die **Kom|pe|tenz**
kom|plett: (vollständig); wir sind komplett – eine komplett eingerichtete Wohnung
Kom|plex, der: des Komplexes, die Komplexe; die Häuser bilden einen Komplex (Gesamtheit); der **Min|der|wer|tig|keits|kom|plex** (Annahme, dass man nicht gut genug ist); **kom|plex** (umfassend, vielfältig)
Kom|pli|ment, das: des Kompliment(e)s, die Komplimente; (höfliche, freundliche Äußerung)
Kom|pli|ze, der: des Komplizen, die Komplizen; (Mittäter); die **Kom|pli|zin**
kom|pli|ziert: komplizierter, am kompliziertesten; eine komplizierte (schwierige) Situation; die **Kom|pli|ka|ti|on** (Verwicklung, Erschwerung)
Kom|po|nen|te, die: der Komponente, die Komponenten; (ein Bestandteil eines Ganzen)
kom|po|nie|ren: du komponierst, er komponierte, hat komponiert, komponier(e)!; (zusammensetzen; ein Musikstück gestalten); der **Kom|po|nist,** die **Kom|po|si|ti|on**
Kom|post, der: des Kompost(e)s, die Komposte; (natürlicher Dünger); der **Kom|post|hau|fen; kom|pos|tie|ren**
Kom|pott, das: des Kompott(e)s, die Kompotte; (gekochtes Obst als Nachtisch)
Kom|pres|se, die: der Kompresse, die Kompressen; (feuchter Umschlag); **kom|pri|miert** (nur das Wesentliche enthaltend)
Kom|pro|miss, der: des Kompromisses, die Kompromisse; (Übereinkunft, Ausgleich durch gegenseitige Zugeständnisse); einen Kompromiss schließen; **kom|pro|miss|be|reit, kom|pro|miss|los**
Kon|den|sa|ti|on, die: (Verdichtung von Gas, Dampf zu Flüssigkeit); der **Kon|den|sa|tor** (Gerät zum Verflüssigen von Dämpfen, zum Speichern von Elektrizität), die **Kon|dens|milch** (eingedickte, haltbare Milch); **kon|den|sie|ren**
Kon|di|ti|on, die: der Kondition, die Konditionen; (Bedingung; körperlicher Zustand); das **Kon|di|ti|ons|trai|ning**
Kon|di|tor, der: des Konditors, die Konditoren; die **Kon|di|to|rei**
Kon|dom, der *auch* das: des Kondoms, die Kondome; (Mittel zur Empfängnisverhütung, Präservativ)
Kon|fekt, das: des Konfekt(e)s, die Konfekte; (Pralinen)
Kon|fe|renz *lat.*, die: der Konferenz, die Konferenzen; (Besprechung; Zusammenkunft von Experten); der **Kon|fe|renz|raum**
Kon|fes|si|on *lat.*, die: der Konfession, die Konfessionen; (Glaubensgemeinschaft, z.B. katholisch, evangelisch); **kon|fes|si|o|nell** (zu einer Glaubens-

gemeinschaft gehörend), **kon|fes|si|ons|los**

Kon|fet|ti *ital.*, das: des Konfettis; (bunte Papierschnitzel)

Kon|fir|ma|ti|on *lat.*, die: der Konfirmation, die Konfirmationen; (Aufnahme von jugendlichen evangelischen Christen in die Gemeinde der Erwachsenen); der **Kon|fir|mand,** die **Kon|fir|man|din,** der **Kon|fir|man|den|un|ter|richt; kon|fir|mie|ren**

Kon|fi|tü|re *franz.*, die: der Konfitüre, die Konfitüren; (Marmelade mit Fruchtstückchen)

Kon|flikt *lat.*, der: des Konflikt(e)s, die Konflikte; (Streit, Zwiespalt); die **Kon|flikt|lö|sung,** die **Kon|flikt|si|tu|a|ti|on**

Kon|fron|ta|ti|on, die: der Konfrontation, die Konfrontationen; (Gegenüberstellung, Auseinandersetzung); **kon|fron|tie|ren**

kon|fus: konfuser, am konfusesten; (verwirrt, unklar); die **Kon|fu|si|on**

Kon|gress *lat.*, der: des Kongresses, die Kongresse; (größere Versammlung, Tagung); der **Kon|gress|saal** *auch* **Kon|gress-Saal**

Kö|nig, der: des Königs, die Könige; die **Kö|ni|gin; kö|nig|lich**

Kon|ju|ga|ti|on, die: der Konjugation, die Konjugationen; (Beugung des Verbs); **kon|ju|gie|ren**

Kon|junk|ti|on, die: der Konjunktion, die Konjunktionen; (Bindewort, z.B. denn, weil)

Kon|junk|tiv, der: des Konjunktivs, die Konjunktive; (Form des Verbs, Möglichkeitsform): *Gegensatz* Indikativ

Kon|junk|tur, die: der Konjunktur, die Konjunkturen; (wirtschaftlicher Aufschwung)

kon|kret: konkreter, am konkretesten; (gegenständlich, anschaulich); **kon|kre|ti|sie|ren** (verdeutlichen)

Kon|kur|renz *lat.*, die: der Konkurrenz, die Konkurrenzen; (Wettbewerb); der **Kon|kur|rent** (Mitbewerber, Gegner); **kon|kur|renz|fä|hig:** auf dem Markt konkurrenzfähig sein; **kon|kur|rie|ren**

Kon|kurs, der: des Konkurses, die Konkurse; (Zahlungsunfähigkeit); der **Kon|kurs|ver|wal|ter**

kön|nen: du kannst, er konnte, er könnte, hat gekonnt; er kann gut singen

konn|te: → können

Kon|rek|tor, der: des Konrektors, die Konrektoren; (Vertreter des Rektors)

Kon|sens, der: des Konsenses, die Konsense; (Übereinstimmung)

kon|se|quent: konsequenter, am konsequentesten; (folgerichtig; zielbewusst): *Gegensatz* inkonsequent; die **Kon|se|quenz** (Folgerung, Beharrlichkeit)

kon|ser|va|tiv: konservativer, am konservativsten; (bewahrend); der **Kon|ser|va|ti|ve** (einer, der am Althergebrachten festhält; Anhänger einer konservativen Partei)

Kon|ser|ve, die: der Konserve, die Konserven; **kon|ser|vie|ren** (haltbar machen; festhalten)

Kon|so|nant, der: des Konsonanten, die Konsonanten; (Mitlaut)

kon|stant *auch* **kons|tant:** (unveränderlich, fest, stetig); die **Kons|tanz**

Kon|stel|la|ti|on *auch* **Kons|tel|la|ti|on** *lat.*, die: der Konstellation, die Konstellationen; (Lage; Stellung der Gestirne)

kon|stru|ie|ren *auch* **kons|tru|ie|ren:** du konstruierst, er konstruierte, hat konstruiert, konstruier(e)!; (errichten, bauen, entwerfen); der **Kons|truk|teur,** die **Kons|truk|ti|on**

Kon|sul, der: des Konsuls, die Konsuln; (Vertreter eines Staates in einem anderen Staat); das **Kon|su|lat**

Kon|sum *ital.,* der: des Konsums; (Verbrauch, Verzehr); der **Kon|su|ment,** die **Kon|sum|ge|sell|schaft; kon|su|mie|ren** (verbrauchen, verzehren)

Kon|takt *lat.,* der: des Kontakt(e)s, die Kontakte; (Verbindung, Berührung); die **Kon|takt|an|zei|ge,** die **Kon|takt|lin|se; kon|takt|arm, kon|takt|freu|dig**

kon|tern *engl.:* du konterst, er konterte, hat gekontert, konter(e)!; (schlagfertig erwidern; sich zur Wehr setzen)

Kon|text, der: des Kontext(e)s, die Kontexte; (Zusammenhang): eine Äußerung in ihrem Kontext betrachten

Kon|ti|nent, der: des Kontinent(e)s, die Kontinente; (Festland, Erdteil); **kon|ti|nen|tal**

kon|ti|nu|ier|lich: kontinuierlicher, am kontinuierlichsten; (andauernd, stetig, unaufhörlich); die **Kon|ti|nu|i|tät**

Kon|to *ital.,* das: des Kontos, die Kontos *auch* Konten; (Aufstellung über das Guthaben bei einer Bank); das **Bank|kon|to,** der **Kon|to|aus|zug,** die **Kon|to|num|mer**

kon|tra *auch* **kont|ra:** (gegen, entgegengesetzt): *auch* **con|tra** *oder* **cont|ra** – *Gegensatz* pro; der **Kon|tra|bass** (Bassgeige)

Kon|trast, der: des Kontrast(e)s, die Kontraste; (Gegensatz); **kon|tras|tie|ren** (sich unterscheiden, voneinander abheben)

Kon|trol|le, die: der Kontrolle, die Kontrollen; (Überwachung, Überprüfung); der **Kon|trol|leur,** die **Kon|trol|leu|rin; kon|trol|lier|bar; kon|trol|lie|ren**

Kon|tur, die: der Kontur, die Konturen; (Umrisslinie)

kon|ven|ti|o|nell: (seit langem üblich); die **Kon|ven|ti|on** (Vereinbarung)

Kon|voi *engl.,* der: des Konvois, die Konvois; (Geleitzug)

Kon|zen|tra|ti|on *auch* **Kon|zent|ra|ti|on,** die: der Konzentration, die Konzentrationen; (Zusammenballung): er hat keine Konzentration (innere Sammlung, Aufmerksamkeit); die **Kon|zen|tra|ti|ons|fä|hig|keit,** das **Kon|zen|tra|ti|ons|la|ger; kon|zen|triert; kon|zen|trie|ren:** sich konzentrieren

Kon|zept, das: des Konzept(e)s, die Konzepte; (Entwurf): jemandem aus dem Konzept (aus der Fassung) bringen – jemandem das Konzept (die Pläne) verderben; die **Kon|zep|ti|on**

Kon|zern, der: des Konzern(e)s, die Konzerne; (Zusammenschluss von Wirtschaftsunternehmen)

Kon|zert, das: des Konzert(e)s, die Konzerte; der **Kon|zert|saal; kon|zer|tie|ren** (ein Konzert geben)

Ko|ope|ra|ti|on, die: der Kooperation, die Kooperationen; (Zusammenarbeit); **ko|ope|ra|tiv** (zur Zusammenarbeit bereit); **ko|ope|rie|ren**

Kopf, der: des Kopf(e)s, die Köpfe; er bekommt einen roten Kopf – ein Kopf Salat – pro Kopf der Bevölkerung; er ist ein heller Kopf (schlau) – das wächst mir über den Kopf (damit werde ich nicht fertig) – sich etwas in den Kopf setzen – mit dem Kopf durch die Wand gehen (Unmögliches erzwingen wollen) – den Kopf verlieren (durchdrehen) – sich den Kopf zerbrechen (nachdenken, grübeln) – sein Erfolg ist ihm zu Kopf gestiegen (er bildet sich viel darauf ein) – er ist nicht auf den Kopf gefallen (nicht dumm) – ich mach mir kein Kopfzerbrechen – mach dir keinen Kopf! (kümmere dich nicht darum!); das **Köpf|chen,** der **Kopf|hö|rer,** die **Kopf|schmer|zen,** das **Kopf|steinpflas|ter; kopf|los, kopf|über; köpfen, kopf|ste|hen, kopf|rech|nen**

Ko|pie, die: der Kopie, die Kopien; (Abschrift; Abzug eines Filmes); das **Kopier|ge|rät,** der **Ko|pier|schutz; kopie|ren**

Ko|pi|lot, der: des Kopiloten, die Kopiloten; (zweiter Flugzeugführer; zweiter Fahrer); die **Ko|pi|lo|tin**

kop|peln: du koppelst, er koppelte, hat gekoppelt, kopp(e)le!; (verbinden); die **Kop|pel** (durch Riemen verbundene Tiere; eingezäunte Weide), die **Kop|pe|lung**

Ko|ral|le *griech.,* die: der Koralle, die Korallen; die **Ko|ral|len|in|sel,** das **Ko|ral|len|riff**

Ko|ran *arab.,* der: des Korans; (Religionsbuch des Islams); die **Ko|ranschu|le**

Korb, der: des Korb(e)s, die Körbe; drei Körbe voll Kartoffeln – drei Korb Kartoffeln; jemandem einen Korb geben (absagen)

Kord: → Cord

Kor|del, die: der Kordel, die Kordeln; (aus mehreren Fäden zusammengedrehte Schnur)

Ko|rin|the, die: der Korinthe, die Korinthen; (kleine Rosine)

Kor|ken, der: des Korkens, die Korken; (Stöpsel aus Kork); der **Kork** (Rinde der Korkeiche); **ent|kor|ken** (öffnen), **ver|kor|ken**

Korn, das: des Korn(e)s, die Körner; das Korn (Getreide) steht gut; jemanden aufs Korn nehmen (es auf ihn abgesehen haben); der **Korn** (Getreidebranntwein), die **Korn|blu|me,** das **Körn|chen; ge|körnt, kör|nig**

Kör|per, der: des Körpers, die Körper; der **Kör|per|bau,** der **Kör|per|be|hinder|te,** die **Kör|per|pfle|ge; kör|perlich; ver|kör|pern:** etwas verkörpern

kor|pu|lent: korpulenter, am korpulentesten; (beleibt, dick)

kor|rekt: (richtig); die **Kor|rek|tur; korri|gie|ren** (Fehler finden und berichtigen)

Kor|res|pon|dent, der: des Korrespondenten, die Korrespondenten; (Berichterstatter); die **Kor|res|pon|dentin,** die **Kor|res|pon|denz** (Briefwechsel)

Kor|ri|dor *ital.,* der: des Korridors, die Korridore; (Flur, Gang)

Kor|ro|si|on, die: der Korrosion, die Korrosionen; (Zersetzung, Zerstörung); der **Kor|ro|si|ons|schutz**

kor|rupt: korrupter, am korruptesten; (bestechlich); die **Kor|rup|ti|on**

Ko|sak *russ.,* der: des Kosaken, die Kosaken; (Reiter)

ko|sen: du kost, er koste, hat gekost, kos(e)!; (zärtlich zueinander sein); der **Ko|se|na|me**

Kos|me|tik, die: der Kosmetik; (Körper- und Schönheitspflege); **kos|metisch**

Kos|mos *griech.,* der: des Kosmos; (Weltall); der **Kos|mo|naut** (Weltraumfahrer)

Kost, die: der Kost; (Essen, Nahrung); das **Kost|geld,** die **Kost|pro|be; köst-**

lich; **be|kös|ti|gen** (verpflegen), **kosten** (probieren)

Kos|ten, die: der Kosten; (Gegenwert, Geld); die **Un|kos|ten; kost|bar, kost|spie|lig; kos|ten** (wert sein): das kostet viel Geld – er lässt sich das etwas kosten; das kostet Kopf und Kragen (ist sehr gefährlich)

Kos|tüm *franz.*, das: des Kostüms, die Kostüme; **kos|tü|mie|ren** (verkleiden)

Kot, der: des Kot(e)s; (Darmausscheidung; Schmutz); der **Kot|flü|gel**

Ko|te|lett *franz.*, das: des Koteletts, die Koteletts

Kö|ter, der: des Köters, die Köter; (*abwertend für* Hund)

kot|zen: du kotzt, er kotzte, hat gekotzt, kotz(e) nicht!; (*umgangssprachlich für* sich übergeben)

Krab|be, die: der Krabbe, die Krabben; (Krebstier)

krab|beln: du krabbelst, er krabbelte, ist gekrabbelt, krabb(e)le!; (kriechen)

Krach, der: des Krach(e)s, die Kräche; (Lärm, Streit); mit Ach und Krach; **kra|chen, ver|kra|chen:** sich verkrachen (ernsthaft streiten)

kräch|zen: du krächzt, er krächzte, hat gekrächzt, krächz(e)!; der **Kräch|zer**

Kraft, die: der Kraft, die Kräfte; etwas außer Kraft setzen – ein Gesetz tritt in Kraft – zu Kräften kommen; die **Kraft|an|stren|gung,** der **Kraft|aufwand,** der **Kraft|fah|rer,** das **Kraftfahr|zeug,** die **Kräf|ti|gung,** die **Kraftlo|sig|keit,** der **Kraftsport; kraft:** kraft seines Amtes; **kräf|tig, kraftstrot|zend, kräf|ti|gen:** sich kräftigen

Kra|gen, der: des Kragens, die Kragen; es geht ihm an den Kragen (er wird verprügelt); der **Geiz|kra|gen** (geiziger Mensch)

Krä|he, die: der Krähe, die Krähen

kra|kee|len: du krakeelst, er krakeelte, hat krakeelt; (lärmen)

Kral|le, die: der Kralle, die Krallen; jemandem die Krallen zeigen (sich entschlossen wehren); **kral|len:** die Katze krallt sich an den Baumstamm – er hat sich mein Fahrrad gekrallt (unerlaubt weggenommen)

Kram, der: des Kram(e)s; das passt mir nicht in den Kram; **kra|men:** in der Tasche kramen

Krampf, der: des Krampf(e)s, die Krämpfe; in der Wade einen Krampf bekommen; **krampf|haft** (verbissen), **ver|krampft** (nicht locker genug sein); **ver|kramp|fen:** sich verkrampfen

Kran, der: des Kran(e)s, die Kräne

krank: kränker, am kränksten; *getrennt:* krank sein – sich krank fühlen – sich krank stellen – das hat ihn krank gemacht; *zusammen:* sich krankmelden – jemanden krankschreiben – sich kranklachen; **krank|haft, kränk|lich;** der **Kran|ke,** die **Kranken|gym|nas|tik,** das **Kran|ken|haus,** die **Krank|heit,** die **Krän|kung** (Demütigung); **er|kran|ken, krän|keln, krän|ken:** jemanden kränken

Kranz, der: des Kranzes, die Kränze

Krap|fen, der: des Krapfens, die Krapfen; (Gebäck)

krass: krasser, am krassesten; (scharf, auffallend): ein krasser Widerspruch – das Konzert war voll krass (*jugendsprachlich für* extrem gut)

Kra|ter, der: des Kraters, die Krater; (Vulkanöffnung; Abgrund); die **Krater|land|schaft,** der **Kra|ter|see**

J
K
L

Krät|ze, die: der Krätze; (Hautkrankheit, die Juckreiz verursacht)
krat|zen: du kratzt, er kratzte, hat gekratzt, kratz(e)!; das kratzt mich nicht (macht mir nichts aus); der **Krat|zer; kratz|bürs|tig** (widerspenstig)
krau|len: du kraulst, er kraulte, hat *auch* ist gekrault, kraul(e)!; er hat seinem Hund das Fell gekrault – er ist 100 Meter gekrault; das **Kraul|schwimmen**
kraus: krauser, am krausesten; krauses (stark gelocktes) Haar; **kraus|köp|fig;** die **Krau|se; kräu|seln:** die Wellen kräuseln sich
Kraut, das: des Kraut(e)s, die Kräuter; hier sieht es aus wie Kraut und Rüben (alles liegt durcheinander) – dagegen ist kein Kraut gewachsen (dagegen kann man nichts machen); der **Kräu|ter|tee,** das **Rot|kraut** (Rotkohl), das **Un|kraut; krau|tig**
Kra|wall, der: des Krawall(e)s, die Krawalle; (Aufruhr, Lärm)
Kra|wat|te, die: der Krawatte, die Krawatten; (Schlips)
kra|xeln: du kraxelst, er kraxelte, ist gekraxelt, krax(e)le!; (klettern); die **Kraxe|lei**
kre|a|tiv: (schöpferisch, erfinderisch); die **Kre|a|tur** (Geschöpf), die **Kre|a|ti|on** (Modeschöpfung), die **Kre|a|ti|vi|tät**
Krebs, der: des Krebses, die Krebse; (Krebstier; bösartige Geschwulst); **krebs|krank, krebs|er|re|gend** *auch* **Krebs er|re|gend**
Kre|dit *auch* **Kre|dit,** der: des Kredit(e)s, die Kredite; einen Kredit aufnehmen (sich Geld leihen); bei jemandem Kredit haben (etwas guthaben, Vertrauen genießen); die **Kre|dit|kar|te**
Krei|de, die: der Kreide, die Kreiden; er sitzt tief in der Kreide (hat viele Schulden) – jemandem etwas ankreiden (übelnehmen); **krei|de|bleich**
Kreis, der: des Kreises, die Kreise; der **Krei|sel,** der **Kreis|lauf|kol|laps,** die **Kreis|sä|ge,** der **Kreis|ver|kehr; kreis|för|mig, kreis|rund; krei|sen, um|krei|sen**
krei|schen: du kreischst, er kreischte, hat gekreischt, kreisch(e)!; (laut schreien)
Kreiß|saal, der: des Kreißsaal(e)s, die Kreißsäle; (Entbindungsraum im Krankenhaus)
Kre|ma|to|ri|um, das: des Krematoriums, die Krematorien; (Einäscherungshalle)
Kre|me *auch* **Krem:** → Creme
Kreml *russ.,* der: des Kremls; (Stadtburg von Moskau, Sitz der Regierung)
Krem|pe, die: der Krempe, die Krempen; (Hutrand)
Krem|pel, der: des Krempels; (*umgangssprachlich für* wertloser Kram)
krem|peln: du krempelst, er krempelte, hat gekrempelt, krempel(e)!; (umschlagen); **hoch|krem|peln:** die Ärmel hochkrempeln, **um|krem|peln:** etwas umkrempeln (verändern)
kre|pie|ren *ital.:* es krepiert, es krepierte, ist krepiert; (verenden, sterben)
Krepp, der: des Krepps, die Krepps *auch* Kreppe; (krauses Gewebe); das **Krepp|pa|pier** *auch* **Krepp-Pa|pier**
Kreuz, das: des Kreuzes, die Kreuze; das Deutsche Rote Kreuz – Schmerzen im Kreuz (im Rücken) haben; die **Kreu|zi|gung,** die **Kreuz|ot|ter,** der **Kreuz|zug,** das **Kreuz|wort|rät|sel; kreuz und quer, kreuz|wei|se; kreu|zi|gen, über|kreu|zen**

krib|beln: es kribbelt (juckt, prickelt); **krib|be|lig** *auch* **kribb|lig** (ungeduldig, gereizt)

krie|chen: du kriechst, er kroch, er kröche, ist gekrochen, kriech(e)!; die **Kriech|spur; krie|che|risch** (unterwürfig)

Krieg, der: des Krieg(e)s, die Kriege; den Krieg erklären; mit jemandem auf Kriegsfuß stehen (ihm böse sein); der **Krie|ger,** die **Kriegs|angst; krie|ge|risch; be|krie|gen**

krie|gen: du kriegst, er kriegte, hat gekriegt; (*umgangssprachlich für* bekommen): Angst kriegen

Kri|mi|nal|po|li|zei, die: der Kriminalpolizei; *Abk.* Kripo; der **Kri|mi:** *Kurzw. für* **Krimi**nalroman, -film, der **Kri|mi|nel|le** (Straffällige); **kri|mi|nell** (strafbar, verbrecherisch)

Krims|krams, der: des Krimskrams(es); (*umgangssprachlich für* durcheinanderliegendes Zeug, Plunder)

Krin|gel, der: des Kringels, die Kringel; (Kreis, Kranz; Gebäck); **krin|ge|lig; krin|geln:** sich kringeln vor Lachen

Krip|pe, die: der Krippe, die Krippen; die **Kin|der|krip|pe,** der **Krip|pen|platz,** das **Krip|pen|spiel** (Weihnachtsspiel), die **Fut|ter|krip|pe**

Kri|se *griech.*, die: der Krise, die Krisen; (schwierige Zeit; Störung); das **Kri|sen|ge|biet; kri|sen|fest:** eine krisenfeste Arbeit; **kri|seln:** es kriselt

Kris|tall, der: des Kristalls, die Kristalle; (regelmäßiger, fester Körper); die **Kris|tal|li|sa|ti|on** (Kristallbildung); **kris|tall|ar|tig, kris|tal|len, kris|tall|klar; kris|tal|li|sie|ren**

Kris|tall, das: (geschliffenes Glas); der **Kris|tall|leuch|ter** *auch* **Kris|tall-Leuch|ter,** die **Kris|tall|ku|gel**

kri|tisch: kritischer, am kritischsten; (beurteilend, unterscheidend, prüfend, *oft auch nur* anspruchsvoll, misstrauisch; gefährlich, bedenklich); das **Kri|te|ri|um** (Maßstab), die **Kri|tik,** der **Kri|ti|ker,** die **Kri|tik|lo|sig|keit; kri|ti|sie|ren** (beurteilen, bewerten)

krit|zeln: du kritzelst, er kritzelte, hat gekritzelt, kritz(e)le!; das **Ge|krit|zel,** die **Krit|ze|lei,** die **Krit|zel|schrift**

kroch: → kriechen

Kro|ket|te *franz.*, die: der Krokette, die Kroketten; (frittiertes Röllchen aus Kartoffelbrei)

Kro|ko|dil, das: des Krokodils, die Krokodile

Kro|ne, die: der Krone, die Kronen; das setzt allem die Krone auf! (das ist das Höchste; das ist doch die Höhe!); die **Krö|nung** (Höhepunkt), der **Kron|zeu|ge** (wichtigster Zeuge vor Gericht); **krö|nen**

Kropf, der: des Kropf(e)s, die Kröpfe; (krankhafte Verdickung am Hals)

kross: (knusprig)

Krö|te, die: der Kröte, die Kröten; die Kröte müssen wir schlucken (etwas Unangenehmes hinnehmen)

Krü|cke, die: der Krücke, die Krücken; (Gehhilfe); der **Krück|stock**

Krug, der: des Krug(e)s, die Krüge; (Gefäß; Gastwirtschaft)

Kru|me, die: der Krume, die Krumen; die **Brot|kru|me** (abgebröckeltes, kleines Brotstück), die **Krü|mel; krü|me|lig** *auch* **krüm|lig; krü|meln**

krumm: krummer, am krummsten; *getrennt:* die Knie krumm machen – keinen Finger krumm machen *auch* krummmachen (nichts tun); krumme Wege gehen (unaufrichtig sein); *zusammen:* etwas krummnehmen (übelnehmen); **ge|krümmt, krumm|bei|nig;** die **Krüm|mung; krüm|men**

Krüp|pel, der: des Krüppels, die Krüppel; **ver|krüp|pelt**

Krus|te, die: der Kruste, die Krusten; **krus|tig; ver|krus|ten**

Kru|zi|fix *lat.,* das: des Kruzifixes, die Kruzifixe; (Darstellung des gekreuzigten Christus)

Kü|bel, der: des Kübels, die Kübel; (großer Eimer); der **Was|ser|kü|bel**

Ku|bik...: das **Ku|bik|maß,** der **Ku|bik|me|ter** (= m^3), der **Ku|bus** (Würfel)

Kü|che, die: der Küche, die Küchen; das **Kü|chen|mes|ser,** der **Kü|chen|tisch**

Ku|chen, der: des Kuchens, die Kuchen

Ku|ckuck, der: des Kuckucks, die Kuckucke

Ku|fe, die: der Kufe, die Kufen; (Gleitschiene eines Schlittens, eines Schlittschuhes)

Ku|gel, die: der Kugel, die Kugeln; die **Erd|ku|gel,** der **Ku|gel|schrei|ber:** *Abk.* Kuli; **ku|ge|lig** *auch* **kug|lig, ku|gel|rund; ku|geln:** sich kugeln (sich krümmen) vor Lachen

Kuh, die: der Kuh, die Kühe; der **Kuh|han|del** (unehrliches Geschäft), die **Kuh|haut:** das geht auf keine Kuhhaut (das ist unerhört)

kühl: kühler, am kühlsten; die **Küh|le,** der **Kühl|schrank; küh|len**

Kuh|le, die: der Kuhle, die Kuhlen; (*umgangssprachlich für* Grube)

kühn: kühner, am kühnsten; (tapfer, todesmutig); **toll|kühn;** die **Kühn|heit**

Kü|ken, das: des Kükens, die Küken

Ku|li *Hindi,* der: des Kulis, die Kulis; (asiatischer Tagelöhner)

Ku|lis|se *franz.,* die: der Kulisse, die Kulissen; (Teil der Bühnendekoration im Theater)

kul|lern: du kullerst, er kullerte, ist gekullert, kuller(e)!; (rollen); die **Kul|ler|au|gen**

Kult *lat.,* der: des Kult(e)s, die Kulte; (Gottesdienst; übertriebene Verehrung); die **Kult|fi|gur**

Kul|tur, die: der Kultur, die Kulturen; die Kultur eines Volkes (geistige und künstlerische Errungenschaften); die **Gar|ten|kul|tur** (Pflanzenanbau), das **Kul|tur|gut; kul|ti|viert, kul|tu|rell; kul|ti|vie|ren** (Land bearbeiten)

Küm|mel, der: des Kümmels, die Kümmel; (Gewürz)

Kum|mer, der: des Kummers; (Sorge); **küm|mer|lich** (schwach, zurückgeblieben); **küm|mern:** sich um etwas kümmern, **ver|küm|mern:** die Pflanzen verkümmern (gehen ein)

Kum|pan, der: des Kumpans, die Kumpane; (Mittäter); der **Kum|pel** (Bergmann; Arbeitskamerad)

Kun|de, der: des Kunden, die Kunden; (Käufer); der **Kun|den|dienst,** die **Kund|schaft**

Kun|de, die: der Kunde; (Botschaft); die **Kund|ge|bung,** die **Kün|di|gung** (Entlassungsbescheid), der **Kund|schaf|ter; kun|dig** (erfahren, gut unterrichtet); **er|kun|den, er|kun|di|gen:** sich erkundigen, **kün|di|gen, ver|kün|den, kund|tun**

künf|tig: (in der Zukunft)

Kunst, die: der Kunst, die Künste; die **Kunst|er|zie|hung,** die **Künst|le|rin,** der **Kunst|stoff,** das **Kunst|stück; künst|le|risch, künst|lich, kunst|voll**

kun|ter|bunt: (durcheinander)

Kup|fer, das: des Kupfers; (Metall)
Kup|pe, die: der Kuppe, die Kuppen; die **Berg|kup|pe,** die **Fin|ger|kup|pe**
Kup|pel, die: der Kuppel, die Kuppeln; (gewölbtes Dach)
kup|peln: du kuppelst, er kuppelte, hat gekuppelt, kupp(e)le!; (verbinden, zusammenfügen); die **Kup|pe|lei**
Kur, die: der Kur, die Kuren; (Heilbehandlung); das **Kur|haus,** der **Kurort; ku|rie|ren** (heilen)
Kür, die: der Kür, die Küren; (Wahlübung beim Sport); das **Kür|lau|fen**
Kur|bel, die: der Kurbel, die Kurbeln; (Hebel zum Drehen); **kur|beln**
Kür|bis, der: des Kürbis, die Kürbisse; der **Kür|bis|kern**
Ku|rier, der: des Kuriers, die Kuriere; (Eilbote)
ku|ri|os: kurioser, am kuriosesten; (sonderbar, seltsam); die **Ku|ri|o|si|tät**
Kurs, der: des Kurses, die Kurse; (Fahrtrichtung; Preis von Währungen; Lehrgang): das Schiff nimmt Kurs auf Helgoland – der Kurs fällt – sie steht hoch im Kurs (ist sehr angesehen); der **Kur|sus:** einen Kursus besuchen, der **Ski|kurs,** der **Wech|sel|kurs**
kur|siv: (schräg gedruckt)
Kur|ve, die: der Kurve, die Kurven; **kurven|reich; he|rum|kur|ven**
kurz: kürzer, am kürzesten; *Kleinschreibung:* kurze Haare – kurz geschnittene *auch* kurzgeschnittene Haare – in kurzer Zeit – über kurz oder lang – vor kurzem *auch* Kurzem; *Großschreibung:* etwas Kurzes tragen; er zieht den Kürzeren (verliert); **kurz|är|me|lig; kur|zer|hand, kürz|lich; kurzsich|tig;** die **Kurz|ar|beit,** die **Kür|ze,** der **Kurz|schluss,** die **Kurz|stre|cke; kür|zen, kurz|hal|ten:** jemanden kurzhalten (wenig Geld geben), **kurztre|ten:** wir müssen kurztreten (uns einschränken)
ku|scheln: du kuschelst, er kuschelte, hat gekuschelt, kusch(e)le!; **ku|sche|lig** *auch* **kusch|lig**
Ku|si|ne *auch* **Cou|si|ne** *franz.,* die: der Kusine, die Kusinen
Kuss, der: des Kusses, die Küsse; das **Küss|chen; kuss|echt; küs|sen**
Küs|te, die: der Küste, die Küsten; der **Küs|ten|fi|scher,** die **Küs|ten|schifffahrt,** die **Steil|küs|te**
Küs|ter, der: des Küsters, die Küster; (Kirchendiener); die **Küs|te|rin**
Kut|sche, die: der Kutsche, die Kutschen; der **Kut|scher; kut|schie|ren**
Kut|te, die: der Kutte, die Kutten; (Mönchsgewand)
Kut|ter, der: des Kutters, die Kutter; der **Fisch|kut|ter**
Ku|vert *franz. [kuwär],* das: des Kuverts, die Kuverts; (Briefumschlag)
kWh: *Abk. für* Kilowattstunde
KZ: *Abk. für* Konzentrationslager

L

L: (römisches Zahlzeichen für 50)
La|bel *engl. [lebel],* das: des Labels, die Label; (Schallplatten-, Kassetten-, Diskettenetikett; Schallplattenfirma)
la|ben: sich laben (erfrischen, mit Genuss essen)
la|bern: du laberst, er laberte, hat gelabert; (schwatzen, über Unwichtiges reden)
la|bil: labiler, am labilsten; (schwankend, unsicher)
La|bo|ra|to|ri|um, das: des Laboratoriums, die Laboratorien; *Abk.* Labor

(Arbeits- und Forschungsstätte); der **La|bo|rant,** die **La|bo|ran|tin,** der **La|bor|ver|such; la|bo|rie|ren:** an einer Krankheit laborieren (leiden)

La|by|rinth *griech.,* das: des Labyrinths, die Labyrinthe; (Irrgarten; Teil des inneren Ohrs)

La|che, die: der Lache, die Lachen; (Pfütze)

lä|cheln: du lächelst, er lächelte, hat gelächelt, läch(e)le!; das **Lä|cheln,** die **Lä|cher|lich|keit; lä|cher|lich:** jemanden lächerlich machen – etwas oder jemanden ins Lächerliche ziehen

la|chen: du lachst, er lachte, hat gelacht, lach(e)!; sich ins Fäustchen lachen (schadenfroh sein) – nichts zu lachen haben – wer zuletzt lacht, lacht am besten – Tränen lachen (so viel lachen, dass die Tränen kommen); **aus|la|chen, ver|la|chen;** das **Ge|läch|ter,** die **La|che,** das **La|chen,** das **Lach|gas** (Betäubungsmittel); **lach|haft:** das ist ja lachhaft (nicht ernst zu nehmen)

Lachs, der: des Lachses, die Lachse; (Meeresfisch); **lachs|far|ben** (orangerosa)

Lack, der: des Lack(e)s, die Lacke; der **Lack|af|fe** (geschniegelter Mann), die **Lack|stie|fel; la|ckie|ren**

La|den, der: des Ladens, die Läden; einen Laden (Geschäft) eröffnen; wir werden den Laden schon schmeißen (die Sache erledigen); der **La|den|hü|ter** (schlecht absetzbare Ware), der **Roll|la|den**

la|den: du lädst, er lud, er lüde, hat geladen, lad(e)!; das Schiff hat Kohle geladen – er lädt sein Gewehr – der Akku muss neu geladen werden; ich bin geladen (wütend); **ab|la|den, auf|la|den, be|la|den, ent|la|den, um|la|den;** die **La|dung**

la|den: du lädst, er lud, er lüde, hat geladen, lad(e)!; (auffordern zu kommen); **ein|la|den, vor|la|den;** die **Ein|la|dung,** die **Vor|la|dung** (Aufforderung, vor Gericht zu erscheinen)

La|dy *engl. [ledi],* die: der Lady, die Ladys; (Titel der englischen adligen Frau); **la|dy|like** (vornehm)

lag: → liegen

La|ge, die: der Lage, die Lagen; ein Urlaubsort in ruhiger Lage – sich in einer peinlichen, günstigen, schwierigen Lage (Situation) befinden – zu etwas in der Lage (fähig) sein; die **Stimm|la|ge,** die **Wohn|la|ge**

La|ger, das: des Lagers, die Lager; das **Flücht|lings|la|ger,** die **La|ger|hal|le,** das **Wa|ren|la|ger; la|gern**

La|gu|ne, die: der Lagune, die Lagunen; (durch Sandstreifen vom Meer getrennter, flacher Meeresteil)

lahm: lahmer, am lahmsten; er läuft wie eine lahme Ente (langsam und ungeschickt); **lahm|le|gen:** ein Stau hat den Verkehr lahmgelegt; der **Ge|lähm|te,** der **Lah|me; lah|men** (hinken), **läh|men**

Laib, der: des Laib(e)s, die Laibe; der **Brot|laib** (Brotform)

Laich, der: des Laich(e)s, die Laiche; (Eier von Wassertieren); **lai|chen**

Laie, der: des Laien, die Laien; (Nichtfachmann; Nichtgeistlicher); das **Lai|en|spiel; lai|en|haft**

La|ken, das: des Lakens, die Laken; (Betttuch)

La|krit|ze *auch* **Lak|rit|ze,** die: der Lakritze; (eingedickter Süßholzsaft)

lal|len: du lallst, er lallte, hat gelallt, lall(e)!; (undeutlich sprechen)

K
L
M

La|ma, das: des Lamas, die Lamas; (südamerikanische Kamelart)

La|mel|le, die: der Lamelle, die Lamellen; (dünnes Blättchen)

la|men|tie|ren: du lamentierst, er lamentierte, hat lamentiert, lamentier(e)!; (jammern, wehklagen)

La|met|ta, das: des Lamettas; (Weihnachtsbaumschmuck)

Lamm, das: des Lamm(e)s, die Lämmer; (Junges von Schaf oder Ziege); **lamm-fromm** (gehorsam)

Lam|pe, die: der Lampe, die Lampen; Meister Lampe (Hase); das **Lam|pen-fie|ber** (Nervosität vor einem öffentlichen Auftritt), der **Lam|pen|schirm,** das **Lämp|chen**

Lam|pi|on *franz. [lampiong],* der: des Lampions, die Lampions; (Papierlaterne); der **Lam|pi|on|um|zug**

Land, das: des Landes, die Länder; in aller Herren Länder (überall) – andere Länder, andere Sitten – landauf und landab – etwas an Land ziehen (*umgangssprachlich für* in seinen Besitz bringen); das **Aus|land,** das **Ge|län-de,** die **Län|de|rei|en,** die **Land|kar-te,** die **Land|schaft,** die **Land|wirt-schaft,** das **Land|schul|heim; land-ein|wärts; länd|lich**

lan|den: du landest, er landete, ist gelandet, land(e)!; das Flugzeug landet; im Straßengraben landen – bei mir kann der nicht landen (nichts erreichen); die **Lan|dung**

lang: länger, am längsten; (räumlich lang); lange Finger machen (stehlen) – ein langes Gesicht machen (enttäuscht aussehen); **ki|lo|me|ter|lang:** *aber* mehrere Kilometer lang, **läng-lich;** die **Län|ge,** der **Län|gen|grad; ver|län|gern**

lang: länger, am längsten; (zeitlich lang): über kurz oder lang – seit langem *auch* Langem; eine lange Leitung haben (langsames Verstehen) – etwas auf die lange Bank schieben (hinausschieben); **jah|re|lang:** *aber* mehrere Jahre lang, **lang|at|mig, lang|jäh|rig; längst, längs|tens;** der **Lang|schlä-fer**

lan|gen: es langt, es langte, hat gelangt; das langt mir (ich habe genug, das ist zu viel)!

längs: längs des Rhein(e)s *auch* dem Rheine – ein längs gestreifter *auch* längsgestreifter Stoff

lang|sam: langsamer, am langsamsten; die **Lang|sam|keit**

lang|wei|lig: langweiliger, am langweiligsten; die **Lan|ge|wei|le**

Lan|ze, die: der Lanze, die Lanzen; (Speer, Spieß)

La-Ola-Wel|le *span.,* die: der La-Ola-Welle, die La-Ola-Wellen; (Ausdruck der Begeisterung in Sportstadien)

Lap|pa|lie, die: der Lappalie, die Lappalien; (Kleinigkeit, Nichtigkeit)

Lap|pen, der: des Lappens, die Lappen; der **Putz|lap|pen; lap|pig**

läp|pern: (in kleinen Teilen allmählich zusammenkommen)

läp|pisch: läppischer, am läppischsten; (kindisch, albern; wertlos)

Lap|top *engl. [läptop],* der: des Laptops, die Laptops; (tragbarer Personalcomputer)

Lär|che, die: der Lärche, die Lärchen; (Nadelbaum)

Lärm, der: des Lärms; viel Lärm um nichts machen; der **Lärm|schutz; lärm|emp|find|lich; lär|men**

Lar|ve, die: der Larve, die Larven; (Insektenlarve; Maske); **ent|lar|ven:** jemanden entlarven (zeigen, wie er wirklich ist)

las: → lesen

lasch: lascher, am laschesten; (matt, müde); die **Lasch|heit**

La|sche, die: der Lasche, die Laschen; (Verbindungsstück; Schuhlasche)

La|ser *engl. [leser],* der: des Lasers, die Laser; (Gerät zur Lichtverstärkung); der **La|ser|strahl,** der **La|ser|drucker**

las|sen: du lässt, er ließ, er ließe, hat gelassen, lass(e)!; sich etwas gefallen lassen (zulassen) – jemandem den Vortritt lassen (gewähren, geben); **ab|las|sen, aus|las|sen, ein|las|sen, fal|len las|sen:** ein Glas fallen lassen, **fal|len las|sen** *auch* **fal|len|las|sen:** jemanden fallen lassen (nicht mehr unterstützen), **nach|las|sen, über|las|sen, un|ter|las|sen, ver|las|sen, weg|las|sen; ge|las|sen:** etwas gelassen (ohne Hektik) angehen

läs|sig: lässiger, am lässigsten; (ungezwungen, selbstsicher); **nach|läs|sig** (unordentlich, zu wenig pflichtbewusst); die **Nach|läs|sig|keit**

Las|so, das: des Lassos, die Lassos; (Wurfschlinge)

Last, die: der Last, die Lasten; schwere Lasten befördern; die Kosten gehen zu meinen Lasten (auf meine Rechnung) – jemandem etwas zur Last legen (ihn beschuldigen) – jemandem zur Last fallen (Mühe, Kosten bereiten); der **Las|ten|auf|zug,** der **Las|ter; be|last|bar, läs|tig; be|las|ten, las|ten:** die Schuld lastet schwer auf ihm

Las|ter, das: des Lasters, die Laster; (schlechte Gewohnheit); der **Läs|terer,** das **Läs|ter|maul,** die **Läs|terung; las|ter|haft; läs|tern**

la|tei|nisch: die lateinische Sprache; das **La|tein:** ich lerne Latein; er ist mit seinem Latein am Ende (weiß keinen Rat mehr), **La|tein|ame|ri|ka** (Mittel- und Südamerika)

La|ter|ne *griech.,* die: der Laterne, die Laternen; das **La|ter|nen|fest,** der **La|ter|nen|pfahl,** die **Stra|ßen|la|ter|ne**

lat|schen: du latschst, er latschte, ist gelatscht; durch die Pfütze latschen

Lat|te, die: der Latte, die Latten; der **Lat|ten|zaun**

Latz, der: des Latzes, die Lätze; das **Lätz|chen,** die **Latz|ho|se**

lau: ein laues Lüftchen – ein lauer Sommerabend; **lau|warm**

Laub, das: des Laubes; Laub tragende *auch* laubtragende Bäume; der **Laub|frosch,** die **Laub|sä|ge,** der **Laub|wald**

Lau|be, die: der Laube, die Lauben; die **Gar|ten|lau|be**

Lauch, der: des Lauchs, die Lauche; (Zwiebelpflanze); der **Knob|lauch,** der **Schnitt|lauch**

lau|ern: du lauerst, er lauerte, hat gelauert, lau(e)re!; (in böser Absicht warten): auf etwas oder jemanden lauern – jemandem auflauern – überall lauern Gefahren – ein lauernder Blick; die **Lau|er:** auf der Lauer liegen

lau|fen: du läufst, er lief, er liefe, ist gelaufen, lauf(e)!; *Kleinschreibung:* Ski laufen – Gefahr laufen; *Großschreibung:* die Sache kommt ins Laufen (geht vorwärts) jemanden auf dem Laufenden halten (ständig informieren); **ab|laufen, an|lau|fen, ein|lau|fen, über|laufen, un|ter|lau|fen, weg|lau|fen, verlau|fen:** sich verlaufen; der **Lauf:** einer Sache ihren Lauf las-

K L M

sen, der **Läu|fer,** die **Lau|fe|rei,** das **Lauf|feuer,** das **Lauf|werk,** der **Zu|lauf; ge|läu|fig** (bekannt), **lau|fend** (pausenlos), **läu|fig** (brünstig)

Lau|ge, die: der Lauge, die Laugen; die **Lau|gen|bre|zel; aus|lau|gen:** ein ausgelaugter Boden

Lau|ne, die: der Laune, die Launen; **launen|haft, lau|nisch, lau|nig** (witzig)

Laus, die: der Laus, die Läuse; jemandem Läuse in den Pelz setzen (Schwierigkeiten bereiten) – ihm ist eine Laus über die Leber gelaufen (er ist verärgert); der **Laus|bub; lau|sig:** es ist lausig (sehr) kalt

lau|schen: du lauschst, er lauschte, hat gelauscht, lausch(e)!; der **Lau|scher,** die **Lau|scher** (Ohren des Hasen); **lau|schig:** ein lauschiger (gemütlicher) Platz

laut: lauter, am lautesten; lautes Gelächter – laut reden; der **Laut,** der **Laut|spre|cher; lau|ten:** die Antwort lautet so, **ver|lau|ten:** verlauten lassen (bekannt geben)

laut: laut Ankündigung – laut meines Briefes *auch* meinem Brief

Lau|te, die: der Laute, die Lauten; (Zupfinstrument): Laute spielen

läu|ten: du läutest, er läutete, hat geläutet, läut(e)!; das **Ge|läu|te**

lau|ter: vor lauter (echter, aufrichtiger) Freude – hier sind lauter (nur) Jungen – überall lauter (nichts als) Wasser; die **Er|läu|te|rung; er|läu|tern, läu|tern** (innerlich reinigen)

La|va *ital.,* die: der Lava, die Laven; (geschmolzenes Gestein aus Vulkanen)

La|ven|del, der: des Lavendels, die Lavendel; (Gewürzpflanze)

La|wi|ne, die: der Lawine, die Lawinen; die **La|wi|nen|ge|fahr**

Lay-out *auch* **Lay|out** *engl. [leaut],* das: des Lay-outs, die Lay-outs; (Text- und Bildgestaltung, z.B. einer Zeitung)

La|za|rett *franz.,* das: des Lazarett(e)s, die Lazarette; (Militärkrankenhaus)

lea|sen *engl. [lisen]:* du least, er leaste, hat geleast, leas(e)!; (mieten, pachten): ein Auto leasen; das **Lea|sing**

Le|ben, das: des Lebens, die Leben; sich des Lebens freuen – sein Leben aufs Spiel setzen – eine Sache ins Leben rufen (gründen); die **Le|bens|ge|fahr,** der **Le|bens|lauf,** der **Le|bens|standard,** das **Le|bens|zei|chen,** das **Le|be|we|sen,** das **Le|be|wohl; le|bendig, le|bens|ge|fähr|lich, le|bens|läng|lich, le|bens|lus|tig, leb|haft, leb|los, über|le|bens|groß** (sehr groß); **le|ben:** lebend gebärende *auch* lebendgebärende Tiere; nicht leben und nicht sterben können – auf großem Fuß leben (viel Geld ausgeben)

Le|ber, die: der Leber, die Lebern; ihm ist eine Laus über die Leber gelaufen (er ist verärgert); der **Le|ber|fleck,** die **Le|ber|wurst**

Leb|ku|chen, der: des Lebkuchens, die Lebkuchen; das **Leb|ku|chen|haus**

lech|zen: du lechzt, er lechzte, hat gelechzt, lechz(e)!; nach etwas lechzen (dringend verlangen)

Leck, das: des Leck(e)s, die Lecks; (undichte Stelle)

le|cken: du leckst, er leckte, hat geleckt, leck(e)!; sich die Finger nach etwas lecken (etwas unbedingt haben wollen); **ab|le|cken**

le|cker: leckerer, am leckersten; (wohlschmeckend, appetitlich); der **Le|cker|bis|sen,** das **Le|cker|mäul|chen**

Le|der, das: des Leders, die Leder; vom Leder ziehen (deutlich werden); die

K L M

Le|der|ho|se; le|dern (aus Leder bestehend, *auch* zäh)

le|dig: ledig (unverheiratet) bleiben – aller Sorgen ledig (frei) sein; **er|le|digen; le|dig|lich** (nur)

leer: leerer, am leersten; ein leer stehendes *auch* leerstehendes Haus – ein leeres Gefäß – leeres Geschwätz – mit leeren Händen kommen; die **Lee|re,** der **Leer|lauf,** das **Leer|gut; lee|ren**

le|gal *lat.:* (rechtmäßig); *Gegensatz* illegal

le|gen: du legst, er legte, hat gelegt, leg(e)!; Eier, Feuer, Karten legen – sich schlafen legen; Wert auf etwas legen – Hand an etwas legen (tun) – sich ins Zeug legen (anstrengen) – jemandem das Handwerk legen (seinem Tun ein Ende bereiten); **ab|le|gen, an|le|gen, bei|le|gen:** einen Streit beilegen (beenden), **ver|le|gen:** ich habe mein Deutschheft verlegt, **zu|le|gen:** sich etwas zulegen (kaufen)

Le|gen|de, die: der Legende, die Legenden; (Erzählung über Heilige; berühmte Person; Zeichenerklärung, z.B. auf Karten); **le|gen|där** (lange bekannt, berühmt)

leger *franz. [leschär]:* (ungezwungen)

Leg|gins *auch* **Leg|gings** *engl.,* die: der Leggins; (lange, eng anliegende Damenhose)

Le|gi|on *lat.,* die: der Legion, die Legionen; (römische Heereseinheit; Freiwilligentruppe); die **Frem|den|le|gi|on,** der **Le|gi|o|när**

Le|hen, das: des Lehens, die Lehen; (*verwandt mit* leihen; *früher* Landleihgabe des Herrschers an seine Untertanen); das **Dar|le|hen** (Leihgabe von Geld)

Lehm, der: des Lehms, die Lehme; der **Lehm|bo|den; leh|mig**

leh|nen: du lehnst, er lehnte, hat gelehnt, lehn(e)!; **ab|leh|nen, an|lehnen:** sich anlehnen, **auf|leh|nen:** sich gegen jemanden auflehnen; die **Lehne,** der **Lehn|stuhl**

Lehn|wort, das: des Lehnwort(e)s, die Lehnwörter; (aus einer fremden Sprache stammendes Wort, das sich in Lautung und Schreibung der deutschen Sprache angeglichen hat)

leh|ren: du lehrst, er lehrte, hat gelehrt, lehr(e)!; ich lehre dich das Schreiben; der **Ge|lehr|te,** die **Leh|re:** eine Lehre aus etwas ziehen – lass dir das eine Lehre sein! – Lehrgeld zahlen (aus schlechten Erfahrungen lernen), der **Leh|rer,** das **Lehr|buch,** der **Lehrling** (Auszubildender), der **Lehr|vertrag** (Ausbildungsvertrag), die **Lehrwerk|statt; ge|leh|rig, ge|lehrt**

Leib, der: des Leib(e)s, die Leiber; etwas am eigenen Leibe zu spüren bekommen (selbst erfahren) – bleib mir vom Leibe! – er zittert am ganzen Leibe; wie er leibt und lebt (wie man ihn kennt) – aus Leibeskräften; die **Leib|ei|gen|schaft** (*früher* totale Abhängigkeit von einem Herrn), das **Leib|ge|richt; leib|haf|tig, leib|lich:** für das leibliche Wohl sorgen

Lei|che, die: der Leiche, die Leichen; über Leichen gehen (rücksichtslos handeln) – nur über meine Leiche! (nicht, solange ich lebe!); der **Leichnam; lei|chen|blass**

leicht: leichter, am leichtesten; leichtes Gepäck – leichter (unbedeutender) Fehler – leichte (gut verdauliche) Speise – leichtes Mädchen (Dirne) – leichte (unterhaltende) Musik – das ist leicht (ohne Mühe) getan – eine Sache leichtnehmen; etwas auf die leichte Schulter nehmen (nicht ernst nehmen) – leichtes Spiel mit jemandem haben – es ist mir ein Leichtes (fällt mir nicht schwer); **leicht|fer|tig** (gedankenlos, vorschnell), **leicht|fü-ßig, leicht|gläu|big, leicht|sin|nig** (unüberlegt); die **Leicht|ath|le|tik,** das **Leicht|ge|wicht,** die **Leich|tig-keit,** das **Leichtme|tall,** der **Leicht-sinn**

Leid, das: des Leid(e)s, die Leiden; schweres, tiefes Leid; jemandem etwas zu Leide *auch* zuleide tun – Freud und Leid miteinander teilen – jemandem sein Leid klagen – geteiltes Leid ist halbes Leid; die **Lei|den|schaft,** der **Leid|tra|gen|de; lei|den:** an einer Krankheit leiden – ich kann ihn gut leiden, **leid|tun:** es tut mir wirklich leid

Lei|er, die: der Leier, die Leiern; (Saiteninstrument); es ist immer die alte Leier (immer dasselbe); der **Lei|er-kas|ten; lei|ern**

lei|hen: du leihst, er lieh, hat geliehen, leih(e)!; **ver|lei|hen;** die **An|lei-he,** die **Aus|lei|he,** der **Au|to|ver-leih,** die **Leih|bü|che|rei; leih|wei-se**

Leim, der: des Leim(e)s, die Leime; jemandem auf den Leim gehen (von jemandem betrogen werden); **lei-men:** er hat mich geleimt (betrogen)

Lei|ne, die: der Leine, die Leinen; jemanden an die Leine nehmen (führen, lenken); **an|lei|nen**

Lei|nen, das: des Leinens, die Leinen; Bettwäsche aus Leinen; die **Lein-wand; lei|nen** (aus Leinen)

Lein|sa|men, der: des Leinsamens, die Leinsamen; (öliger Samen des Flachses); das **Lein|sa|men|brot**

lei|se: leiser, am leisesten; ein leiser Motor; eine leise (schwache) Hoffnung – auf leisen Sohlen (kaum hörbar) gehen – nicht die leiseste (keine) Ahnung haben

Leis|te, die: der Leiste, die Leisten; die **Holz|leis|te,** der **Leis|ten** (Schuhspanner)

leis|ten: du leistest, er leistete, hat geleistet, leist(e)!; er leistet Erste Hilfe – er leistet einen Eid – er leistet uns Gesellschaft – sich etwas leisten können – da hast du dir etwas Schönes geleistet!; die **Leis|tung,** das **Leis-tungs|ver|mö|gen; leis|tungs|fä|hig**

lei|ten: du leitest, er leitete, hat geleitet, leit(e)!; Wasser durch ein Rohr leiten – ein Geschäft, eine Diskussion leiten; **ab|lei|ten, ein|lei|ten, um|lei-ten, ver|lei|ten, zu|lei|ten;** der **Lei-ter:** der Leiter des Betriebes – der Stromleiter, das **Leit|mo|tiv** (Grundgedanke in Musik oder Dichtung), die **Lei|tung; lei|tend:** der leitende Angestellte

Lei|ter, die: der Leiter, die Leitern; die **Ton|lei|ter**

Lek|ti|on *lat.,* die: der Lektion, die Lektionen; (Unterrichtsstunde; Abschnitt in einem Schulbuch); jemandem eine Lektion (Lehre) erteilen

Lek|tü|re, die: der Lektüre, die Lektüren; (Lesestoff; das Lesen)

Len|de, die: der Lende, die Lenden; (Körperteil); der **Len|den|schurz**

len|ken: du lenkst, er lenkte, hat gelenkt, lenk(e)!; er lenkt den Wagen – er lenkt die Aufmerksamkeit darauf; **ab|len|ken:** jemanden ablenken, **ein-**

K L M

len|ken (zustimmen), **um|len|ken;** der **Len|ker,** das **Lenk|rad,** die **Lenkung**

Lenz, der: des Lenzes, die Lenze; (Frühling)

Le|o|pard, der: des Leoparden, die Leoparden; (asiatische und afrikanische Großkatze)

Le|po|rel|lo, das: des Leporellos, die Leporellos; (harmonikaartig gefaltetes Buch)

Le|pra *auch* **Lep|ra** *griech.*, die: der Lepra; (Krankheit, Aussatz)

Ler|che, die: der Lerche, die Lerchen; (Singvogel)

ler|nen: du lernst, er lernte, hat gelernt, lern(e)!; laufen lernen – etwas auswendig lernen – Englisch lernen; gelernt ist gelernt; **ken|nen ler|nen** *auch* **ken|nen|ler|nen;** der **Lern|stoff; lern|bar, lern|be|hin|dert, lern|fähig**

les|bisch: lesbische Liebe (gleichgeschlechtliche Liebe bei Frauen); die **Les|bi|e|rin**

le|sen: du liest, er las, er läse, hat gelesen, lies!; er liest ein Buch – er liest (sammelt) Trauben – er liest (zelebriert) die Messe; in den Sternen lesen – aus der Hand lesen – zwischen den Zeilen lesen – jemandem die Leviten lesen (eine Strafpredigt halten); **auf|le|sen, durch|le|sen, über|le|sen, vor|le|sen;** die **Le|se** (Weinlese), das **Le|se|buch,** die **Le|se|rin,** der **Le|se|stoff,** die **Le|sung,** die **Vor|le|sung; les|bar, le|sens|wert, le|ser|lich**

Let|ter, die: der Letter, die Lettern; (Druckbuchstabe)

letz|ter: der letzte Patient – die letzten Nachrichten – zum letzten Mal; das letzte Wort haben wollen – die letzte Ruhe finden; der *auch* die **Letz|te:** die Letzten werden die Ersten sein – das Letzte hergeben – das ist ja das Letzte! – bis zum Letzten gehen – bis ins Letzte (genau); **zu|letzt**

leuch|ten: du leuchtest, er leuchtete, hat geleuchtet, leucht(e)!; die **Leuch|te:** er ist keine Leuchte (nicht sehr klug), der **Leuch|ter,** die **Leucht|ku|gel,** der **Leucht|turm,** die **Leucht|schrift**

leug|nen: du leugnest, er leugnete, hat geleugnet, leugne!; (abstreiten); **ver|leug|nen:** sich verleugnen lassen (Abwesenheit vortäuschen)

Leu|kä|mie *auch* **Leuk|ä|mie,** die: der Leukämie, die Leukämien; (Blutkrankheit)

Leu|te, die: der Leute; Land und Leute kennen – etwas unter die Leute bringen (dafür sorgen, dass es bekannt wird) – viel unter die Leute kommen – wir sind geschiedene Leute (gehen getrennte Wege)

Le|vel *engl. [lewel]*, der: des Levels, die Levels; (Qualitätsstufe)

Le|xi|kon, das: des Lexikons, die Lexika; (Wörterbuch, Nachschlagewerk)

Li|bel|le, die: der Libelle, die Libellen; (Insekt; Glasröhrchen der Wasserwaage)

li|be|ral: liberaler, am liberalsten; (freiheitlich, freisinnig); die **Li|be|ra|li|tät; li|be|ra|li|sie|ren** (freiheitlich gestalten)

Li|bi|do, die: der Libido; (Begierde, Geschlechtstrieb)

Licht, das: des Licht(e)s, die Lichter; das Licht der Welt erblicken – jemanden hinters Licht führen (betrügen) – etwas ins rechte Licht rücken – Licht (Klarheit) in eine Sache bringen – mir geht ein Licht auf (wird etwas klar); das **Licht|bild,** der **Licht|blick,** die **Licht|ge|schwin|dig|keit,** die **Lichtung; licht:** es wird licht (hell); **lichter|loh:** das Haus steht lichterloh in Flammen; **licht|scheu; be|lich|ten, lich|ten:** der Wald, das Haar lichtet sich

lich|ten: die Anker des Schiffes lichten (heben)

Lid, das: des Lid(e)s, die Lider; das **Augen|lid,** der **Lid|schat|ten**

Lie|be, die: der Liebe; etwas mit Lust und Liebe tun – das ist verlorene Liebesmüh (vergeblich); die **Lie|be|lei,** der **Lie|bes|brief,** der **Lie|bes|kummer,** der **Lieb|ha|ber,** der **Lieb|ling,** die **Liebs|te; lieb:** lieb haben *auch* liebhaben – lieb gewinnen *auch* liebgewinnen, **lie|bens|wert, lie|benswür|dig, lie|be|voll, lieb|lich, lieblos; zu|lie|be:** mir zuliebe; **liebäu|geln, lie|ben, lieb|ko|sen, ver|lieben:** sich verlieben

Lied, das: des Lied(e)s, die Lieder; es ist immer das alte Lied (dasselbe) – das Ende vom Lied – davon weiß ich ein Lied zu singen (das habe ich auch durchgemacht); das **Volks|lied**

lie|der|lich: liederlicher, am liederlichsten; (unordentlich, nachlässig); die **Lie|der|lich|keit**

lief: → laufen

lie|fern: du lieferst, er lieferte, hat geliefert, liefer(e)!; Ware liefern – Beweise liefern; jemanden ans Messer liefern (verraten; zugrunde richten) – er ist geliefert (verloren); der **Lie|fe|rant,** die **Lie|fer|frist,** die **Lie|fe|rung**

lie|gen: du liegst, er lag, er läge, hat gelegen, lieg(e)!; er liegt im Bett – das Auto liegt gut auf der Straße – Hamburg liegt an der Elbe; jemandem in den Ohren liegen – das liegt mir schwer auf der Seele (bedrückt mich) – mir liegt viel daran; **lie|gen bleiben:** wir wollen noch ein bisschen im Bett liegen bleiben, **lie|gen blei|ben** *auch* **lie|gen|blei|ben:** viel Arbeit ist liegen geblieben (bleibt unerledigt), **lie|gen las|sen:** ich habe meine Uhr liegen gelassen, **lie|gen las|sen** *auch* **lie|gen|las|sen:** er wurde links liegen gelassen (nicht beachtet); die **Lie|ge,** der **Lie|ge|stuhl,** der **Lie|ge|stütz**

lieh: → leihen

ließ: → lassen

Lift, der: des Lifts, die Lifte *auch* Lifts; (Fahrstuhl); der **Lift|boy; lif|ten:** das Gesicht liften (straffen) lassen

Li|ga, die: der Liga, die Ligen; (Vereinigung); die **Bun|des|li|ga**

Li|kör *franz.,* der: des Likörs, die Liköre; (süßer Branntwein)

li|la: (fliederfarben); das **Li|la**

Li|lie, die: der Lilie, die Lilien; (Blume)

Li|li|put *engl.:* (Land der Zwerge); der **Li|li|pu|ta|ner**

Li|mes *lat.,* der: des Limes; (von den Römern angelegter Grenzwall vom Rhein bis zur Donau)

Li|mit *engl.,* das: des Limits, die Limits *auch* Limite; (Grenze, Begrenzung): ein Limit setzen; **li|mi|tie|ren** (begrenzen)

Li|mo|na|de, die: der Limonade, die Limonaden; *Abk.* Limo

Li|mou|si|ne *franz.,* die: der Limousine, die Limousinen; (geschlossener Pkw)

lind: (sanft); die **Lin|de|rung; lin|dern:** die Not lindern (erträglicher machen)

K L M

Lin|de, die: der Linde, die Linden; (Laubbaum); die **Lin|den|al|lee,** das **Lin|den|blatt,** der **Lin|den|ho|nig; lind|grün**

Li|ne|al *lat.,* das: des Lineals, die Lineale; wie mit dem Lineal gezogen (so gerade wie möglich)

Li|nie, die: der Linie, die Linien; er zieht eine gerade Linie – er fährt mit der Straßenbahnlinie 8; auf eine schlanke Linie achten – das liegt auf der gleichen Linie – er hat auf der ganzen Linie (völlig) versagt; der **Li|ni|en|flug,** das **Li|ni|en|pa|pier; grad|li|nig, li|niert:** liniertes (mit Linien versehenes) Papier

Link *engl.,* der *auch* das: des Link(s), die Links; (Verbindung von einer Seite auf weitere Seiten im Internet)

links: von links nach rechts; etwas links liegen lassen *auch* liegenlassen (nicht beachten); **links|hän|dig, links|he|rum, lin|kisch** (ungeschickt); die **Lin|ke:** zur Linken, die **Links|kur|ve**

Li|no|le|um, das: des Linoleums; (Fußbodenbelag); der **Li|nol|schnitt**

Lin|se, die: der Linse, die Linsen; (Hülsenfrucht; Teil des Auges; geschliffenes Glas); die **Lin|sen|sup|pe; lin|sen|för|mig; lin|sen** (heimlich hinsehen)

Lip|pe, die: der Lippe, die Lippen; eine dicke Lippe riskieren (Widerspruch wagen) – das Wort geht ihm leicht von den Lippen; das **Lip|pen|be|kennt|nis** (gesprochenes Bekenntnis, das nicht verwirklicht wird), der **Lip|pen|stift**

lis|peln: du lispelst, er lispelte, hat gelispelt, lisp(e)le nicht!

List, die: der List, die Listen; mit List und Tücke; **lis|tig**

Lis|te, die: der Liste, die Listen; (Verzeichnis, Aufstellung); auf der schwarzen Liste stehen (verboten, anrüchig) sein

Li|ter, der *auch* das: des Liters, die Liter; *Abk.* l; ein viertel Liter *auch* Viertelliter; der *auch* das **Hek|to|li|ter,** die **Li|ter|fla|sche; li|ter|wei|se**

Li|te|ra|tur, die: der Literatur, die Literaturen; (Dichtung, Schrifttum); der **Li|te|rat** (Schriftsteller), die **Li|te|ra|tur|kri|tik,** der **Li|te|ra|tur|preis; li|te|ra|risch**

Lit|faß|säu|le, die: der Litfaßsäule, die Litfaßsäulen; (Anschlagsäule, *nach dem Erfinder* Ernst Litfaß)

live *engl. [leif]:* (direkt, original); das **Live|kon|zert,** die **Live|show**

Li|zenz, die: der Lizenz, die Lizenzen; eine Lizenz (behördliche Erlaubnis) bekommen

Lkw *auch* **LKW:** *Abk. für* Lastkraftwagen; die **Lkw-Maut** (Gebühr für die Benutzung von Autobahnen)

lo|ben: du lobst, er lobte, hat gelobt, lob(e)!; jemanden über den grünen Klee loben (mehr als er verdient); das **Lob,** das **Lob|lied,** die **Lob|hu|de|lei; lo|bens|wert**

Loch, das: des Loch(e)s, die Löcher; aus dem letzten Loch pfeifen (am Ende sein) – jemandem Löcher in den Bauch fragen (pausenlos fragen); das **Knopf|loch,** der **Lo|cher,** das **Mau|se|loch; lö|che|rig** *auch* **löch|rig; lo|chen, lö|chern:** jemanden löchern (ständig fragen)

Lo|cke, die: der Locke, die Locken; das **Löck|chen; lo|ckig**

lo|cken: du lockst, er lockte, hat gelockt, lock(e)!; ein Tier locken – ein lockendes Angebot; der **Lock|vo|gel:** als

K L M

Lockvogel dienen; **froh|lo|cken** (triumphieren, jubeln), **ver|lo|cken**

lo|cker: lockerer, am lockersten; ein lockerer Lebenswandel; die **Lo|ckerung; lo|cker las|sen:** das Seil musst du jetzt locker lassen, **lo|cker|las|sen:** in der Sache darfst du nicht lockerlassen (nachgeben), **lo|cker machen:** er hat das ganz locker gemacht, **lo|ckerma|chen:** er sollte endlich ein bisschen Geld lockermachen (hergeben), **lo|ckern:** eine Schraube lockern

Lo|den, der: des Lodens, die Loden; (Wollgewebe); der **Lo|den|man|tel**

lo|dern: die Flammen lodern – in ihm lodert es (er ist zornig)

Löf|fel, der: des Löffels, die Löffel; jemandem ein paar hinter die Löffel (Ohren) geben – die Weisheit mit Löffeln gegessen haben (glauben, sehr klug zu sein); der **Tee|löf|fel; löf|fel|wei|se; löf|feln**

log: → lügen

Lo|ga|rith|mus *auch* **Log|a|rith|mus** *griech.*, der: des Logarithmus, die Logarithmen; (mathematische Größe); die **Lo|ga|rith|men|ta|fel; lo|ga|rith|misch**

Lo|ge *franz. [losche],* die: der Loge, die Logen; (Theatersitz; Geheimbund)

Log-in *engl.*, das: des Log-ins, die Log-ins; (Einloggen am Computer)

lo|gisch: wir müssen logisch (folgerichtig) vorgehen; das ist doch logo! (klar); **lo|gi|scher|wei|se;** die **Lo|gik** (Denklehre)

Lohn, der: des Lohns, die Löhne; seinen gerechten Lohn (Strafe) bekommen; der **Ar|beits|lohn,** die **Lohn|er|hö|hung; loh|nens|wert; be|loh|nen:** jemanden belohnen, **loh|nen:** die Mühe lohnt sich

Loi|pe *norweg. [leupe],* die: der Loipe, die Loipen; (Ski-Langlaufbahn)

Lok, die: der Lok, die Loks; *Kurzw. für* **Lok**omotive

Lo|kal, das: des Lokals, die Lokale; (Örtlichkeit; Gastwirtschaft); das **Lo|ka|le** (Nachrichten aus dem Ort), die **Lo|kal|zei|tung,** das **Wahl|lo|kal; lo|kal** (örtlich); **lo|ka|li|sie|ren** (den Standort bestimmen)

Lo|ko|mo|ti|ve, die: der Lokomotive, die Lokomotiven; → Lok

Lol|li, der: des Lollis, die Lollis; (Lutscher)

Lon|ge *franz. [longsche],* die: der Longe, die Longen; (Laufleine für Pferde; Sicherheitsleine); **lon|gie|ren** (ein Pferd an der Longe laufen lassen)

Look *engl. [luk],* der: des Looks, die Looks; (Aussehen, das sich nach der Mode richtet)

Loo|ping *engl. [luping],* der *auch* das: des Loopings, die Loopings; (Überschlagrolle, z. B. mit dem Flugzeug)

Lor|beer, der: des Lorbeers, die Lorbeeren; (Baum; Gewürz); Lorbeeren ernten – sich auf seinen Lorbeeren ausruhen (nach einem Erfolg nichts mehr tun); der **Lor|beer|kranz**

Lord, der: des Lords, die Lords; (hoher englischer Adelstitel)

Lo|re, die: der Lore, die Loren; (Feldbahnwagen, offener Güterwagen)

Los, das: des Loses, die Lose; ein trauriges Los (Schicksal) haben – das große Los gewinnen – mit seinem Los (Leben, Schicksal) zufrieden sein – das Los entscheiden lassen; die **Los|trom|mel,** die **Ver|lo|sung; aus|lo|sen, lo|sen, ver|lo|sen**

los: los sein – hier ist etwas los (geht etwas vor) – ich bin mein Geld los (habe es ausgegeben) – mit dir ist irgendetwas los (stimmt etwas nicht) – ich muss jetzt los!; **los|bin|den, losfah|ren, los|ge|hen, los|las|sen, losle|gen**

lö|schen: du löschst, er löschte, hat gelöscht, lösch(e)!; das Licht löschen – den Durst löschen (etwas trinken) – eine Ladung löschen (ausladen) – einen Brand löschen; das **Lösch|blatt,** der **Lösch|zug** (Feuerwehr)

lo|se: loser, am losesten; das Schuhband ist lose (locker) – lose Blätter – ein loses (leichtsinniges) Mädchen – einen losen Mund haben (vorlaut sein)

lö|sen: du löst, er löste, hat gelöst, lös(e)!; eine Aufgabe lösen; **ab|lö|sen, auf|lösen, ein|lö|sen, er|lö|sen;** die **Er|lö|sung,** die **Lö|sung; lös|lich**

Lo|sung, die: der Losung, die Losungen; (Leitspruch): die Losung des Tages

Lot, das: des Lots, die Lote; die Mauer steht nicht im Lot (in der Senkrechten) – mit dem Lot (Senkblei) die Tiefe ausmessen; etwas wieder ins Lot (in Ordnung) bringen; **aus|lo|ten** (erkunden), **lo|ten**

lö|ten: du lötest, er lötete, hat gelötet, löt(e)!; (durch Lötmetall verbinden); der **Löt|kol|ben,** die **Löt|stel|le,** das **Löt|zinn**

Lo|ti|on *auch* **Lo|ti|on** *engl. [loschen],* die: der Lotion, die Lotionen, *im Englischen* Lotions; (flüssiges Pflegemittel für die Haut)

Lot|se, der: des Lotsen, die Lotsen; das **Lot|sen|boot; lot|sen:** das Schiff in den Hafen lotsen

Lot|te|rie, die: der Lotterie, die Lotterien; (Glücksspiel); das **Lot|to,** die **Lot|to|zah|len**

Love|sto|ry *engl. [lawstori],* die: der Lovestory, die Lovestorys; (Liebesgeschichte)

Lö|we, der: des Löwen, die Löwen; der **Lö|wen|an|teil:** den Löwenanteil (Hauptanteil) bekommen

LP, die: der LP, die LP(s); *Abk. für* Langspiel**p**latte

Luchs, der: des Luchses, die Luchse; (Raubkatze); aufpassen wie ein Luchs; **luch|sen:** jemandem etwas abluchsen (abbetteln, abnehmen)

Lü|cke, die: der Lücke, die Lücken; der **Lü|cken|bü|ßer,** die **Wis|sens|lücke**

lud: → laden

Luft, die: der Luft, die Lüfte; Luft holen; jemanden an die frische Luft setzen (hinauswerfen) – seinem Herzen Luft machen (sich abreagieren) – in die Luft gehen (wütend sein) – Luftschlösser bauen (unerfüllbare Pläne haben) – hier ist dicke Luft (Ärger, Gefahr drohen) – ist die Luft rein? (sind wir unbeobachtet?); der **Luft|bal|lon,** die **Luft|li|nie,** die **Luftma|trat|ze,** die **Luft|röh|re,** die **Lüftung,** die **Luft|ver|schmut|zung,** der **Luft|zug; luft|dicht, luf|tig, luft|leer; ent|lüf|ten, lüf|ten**

lü|gen: du lügst, er log, er löge, hat gelogen, lüg(e) nicht!; lügen, dass sich die Balken biegen – das Blaue vom Himmel herunterlügen – wie gedruckt lügen; die **Lü|ge,** die **Lügen|ge|schich|te,** der **Lüg|ner; lüg|nerisch; lü|gen|haft**

Lu|ke, die: der Luke, die Luken; (kleines Fenster); die **Dach|lu|ke,** die **Schiffslu|ke**

Lüm|mel, der: des Lümmels, die Lümmel; (frecher Junge); **lüm|mel|haft**

K L M

(ungezogen); **lüm|meln:** sich lümmeln

Lụmp, der: des Lumpen, die Lumpen; **lụm|pig:** etwas für ein paar lumpige Cent tun; **lum|pen:** sich nicht lumpen lassen (freigiebig sein)

Lụm|pen, der: des Lumpens, die Lumpen; (Fetzen; Scheuerlappen); der **Lum|pen|samm|ler**

Lụn|ge, die: der Lunge, die Lungen; die **Lụn|gen|ent|zün|dung**

lụn|gern: du lungerst, er lungerte, hat gelungert, lung(e)re nicht!; **he|rụm-lun|gern** (herumstehen, ohne etwas Sinnvolles zu tun)

Lụn|te, die: der Lunte, die Lunten; (Zündschnur); Lunte riechen (Gefahr spüren)

Lu̲|pe, die: der Lupe, die Lupen; (Vergrößerungsglas); jemanden unter die Lupe nehmen (genau prüfen); **lu̲|penrein** (einwandfrei)

lụ̈p|fen: du lüpfst, er lüpfte, hat gelüpft, lüpf(e)!; (leicht anheben)

Lụrch, der: des Lurch(e)s, die Lurche; (Amphibie)

Lụst, die: der Lust, die Lüste; Lust auf etwas haben; etwas mit Lust und Liebe tun – je nach Lust und Laune; das **Lụst|spiel; lus|tig:** sich über jemanden lustigmachen (auslachen), **lust|los**

lụt|schen: du lutschst, er lutschte, hat gelutscht, lutsch(e)!; ein Bonbon lutschen; der **Lut|scher**

Lụ|xem|burg: der **Lụ|xem|bur|ger,** die **Lu|xem|bur|ge|rin; lu|xem|burgisch**

Lụ|xus, der: des Luxus; (reiche Ausstattung, Verschwendung); **lu|xu|ri|ö̲s**

Ly̲|rik, die: der Lyrik; (Dichtungsart, die Gefühle und Gedanken in besonderer Form wiedergibt, oft in Reim und Versen); die **Ly|ri|ke|rin; ly|risch**

M

mạ|chen: du machst, er machte, hat gemacht, mach(e)!; er machte sich an die Arbeit; ein gemachter Mann (wohlhabend) sein; die **Ma|chenschaf|ten** (geheime Abmachungen; ungesetzliche Handlungen), der **Macher; mạch|bar** (ist zu verwirklichen)

Mạ|cho *span. [mạtscho],* der: des Machos, die Machos; (sich betont männlich gebender Mann)

Mạcht, die: der Macht, die Mächte; die Macht der Gewohnheit; ein Machtwort sprechen; der **Macht|ha|ber,** die **Mäch|tig|keit** (einer Gesteinsschicht), der **Macht|miss|brauch,** die **O̲hnmacht,** die **Ü̲ber|macht; mạchthung|rig, mäch|tig:** seiner Sinne nicht mehr mächtig sein (die Herrschaft über sich verlieren), **macht|los; er|mạ̈ch|ti|gen** (die Vollmacht erteilen)

Mạ|cke *jiddisch,* die: der Macke, die Macken; (Tick, Fehler)

Mä̲d|chen, das: des Mädchens, die Mädchen; **mä̲d|chen|haft**

Ma̲|de, die: der Made, die Maden; (Larve von Insekten); **ma̲|dig:** jemandem eine Sache madigmachen (die Freude daran verderben)

ma̲de in Ge̲r|ma|ny *[me̲d in dschö̲rmeni]:* (hergestellt in Deutschland)

Ma|dọn|na *ital.,* die: der Madonna, die Madonnen; (Gottesmutter; Frau von zarter Schönheit); das **Ma|dọn|nenbild; ma|dọn|nen|haft**

Maf|fia *auch* **Ma|fia** *ital.*, die: der Maffia, die Maffias; (Geheimbund, ursprünglich in Sizilien; Verbrecherorganisation); der **Maf|fi|o|so** (Mitglied der Maffia)

Ma|ga|zin, das: des Magazins, die Magazine; (Lagerraum; illustrierte Unterhaltungszeitschrift); das **Ju|gendma|ga|zin** (Jugendzeitschrift)

Magd, die: der Magd, die Mägde; (*früher* Arbeiterin beim Bauern)

Ma|gen, der: des Magens, die Magen *auch* Mägen; die Sache liegt mir im Magen (bedrückt mich) – die Augen waren größer als der Magen – Liebe geht durch den Magen – und das auf nüchternen Magen! (auch das noch!)

ma|ger: magerer, am magersten; (dürr, arm an Fett): ein mageres (wenig überzeugendes) Ergebnis; die **Mager|sucht; ab|ma|gern** (Gewicht verlieren)

Ma|gie *pers.*, die: der Magie; (Zauberkunst); der **Ma|gier** (Zauberer); **magisch**

Ma|gnet *auch* **Mag|net** *griech.*, der: des Magneten *auch* Magnet(e)s, die Magnete(n); (Körper, der Eisen anzieht); der **Mag|ne|tis|mus** (Anziehungskraft), die **Mag|net|na|del; mag|ne|tisch; mag|ne|ti|sie|ren**

mä|hen: du mähst, er mähte, hat gemäht, mäh(e)!; eine Wiese mähen; der **Mäh|dre|scher,** der **Ra|sen|mäher**

Mahl, das: des Mahl(e)s, die Mahle; (Essen); die **Mahl|zeit**

mah|len: du mahlst, er mahlte, hat gemahlen, mahl(e)!; das Korn wird gemahlen; wer zuerst kommt, mahlt zuerst (ist zuerst an der Reihe)

Mäh|ne, die: der Mähne, die Mähnen; (langes Haar, besonders bei Tieren); die **Lö|wen|mäh|ne**

mah|nen: du mahnst, er mahnte, hat gemahnt, mahn(e)!; wegen einer Rechnung mahnen (auffordern zu zahlen); das **Mahn|mal** (Denkmal zur mahnenden Erinnerung), die **Mah|nung**

Mäh|re, die: der Mähre, die Mähren; (altes, schlechtes Pferd)

Mai, der: des Mai(e)s, die Maie; der **Mai|baum,** das **Mai|glöck|chen**

mai|len *amerik. [melen]:* du mailst, er mailte, hat gemailt, mail(e)!; (eine E-Mail senden); die **Mail|box** (elektronischer Briefkasten im Internet)

Main, der: des Mains; (Nebenfluss des Rheins)

Main|stream *engl. [menstriem]*, der: des Mainstreams; (vorherrschende Richtung, z.B. in der Musik, Mode, Literatur)

Mais *indian.*, der: des Maises; (Getreidepflanze); der **Mais|kol|ben**

Ma|jes|tät *lat.*, die: der Majestät, die Majestäten; (Titel und Anrede für Kaiser und Könige und ihre Frauen); **ma|jes|tä|tisch** (würdevoll, hoheitsvoll)

Ma|jo|nä|se *auch* **Ma|yon|nai|se** *franz.*, die: der Majonäse, die Majonäsen

ma|ka|ber: makaberer *auch* makabrer, am makabersten; (umheimlich, abstoßend): ein makabrer Scherz

Ma|kel, der: des Makels, die Makel; (Schandfleck); **ma|kel|los:** eine makellose Figur

mä|keln: du mäkelst, er mäkelte, hat gemäkelt, mäk(e)le nicht!; (nörgeln, meckern); die **Mä|ke|lei; mä|ke|lig** *auch* **mäk|lig**

L M N

Make-up *engl. [mek-ap]*, das: des Make-ups, die Make-ups; (kosmetisches Mittel)

Mak|ka|ro|ni *ital.*, die: der Makkaroni; (Röhrennudeln)

Mak|ler, der: des Maklers, die Makler; (Vermittler von Geschäften)

Ma|kre|le *auch* **Mak|re|le,** die: der Makrele, die Makrelen; (Speisefisch)

Ma|kro|ne *auch* **Mak|ro|ne,** die: der Makrone, die Makronen; (Gebäck)

mal: wenn das mal gut geht!; **dies|mal, ein|mal:** auf einmal; einmal und nicht wieder, **erst|mals, kein|mal, manch|mal, mehr|mals, nie|mals, zwei|mal, ein|ma|lig, mehr|mals; mal|neh|men** (vervielfachen)

Mal, das: des Mal(e)s, die Male; (Zeichen; Zeitpunkt): das erste, zweite Mal – dieses Mal – einige Male – jedes Mal – zum letzten Mal – ein paar Mal – von Mal zu Mal – ein für alle Mal(e); das **Denk|mal,** das **Merk|mal**

Ma|la|ria *ital.*, die: der Malaria; (Sumpffieber)

ma|len: du malst, er malte, hat gemalt, mal(e)!; das **Ge|mäl|de,** der **Ma|ler,** die **Ma|le|rin,** die **Ma|le|rei; ma|le|risch**

Malz, das: des Malzes; an ihm ist Hopfen und Malz verloren (alle Bemühungen sind vergeblich); das **Malz|bier,** der *auch* das **Malz|bon|bon**

Ma|ma *auch* **Ma|ma,** die: der Mama, die Mamas; (Mutter)

Mam|mut, das: des Mammuts, die Mammute *auch* Mammuts; (ausgestorbene Elefantenart)

mamp|fen: du mampfst, er mampfte, hat gemampft; (*umgangssprachlich für* mit vollen Backen kauen)

man: das tut man nicht!

Ma|na|ger *engl. [mänedscher]*, der: des Managers, die Manager; (Leiter eines Unternehmens; Betreuer eines Berufssportlers oder Künstlers); das **Ma|na|ge|ment; ma|na|gen**

manch: so mancher – manch gutes Wort – in manchem hast du recht; **man|cher|lei:** mancherlei Dinge

manch|mal: manchmal hat man Glück – *aber* manches Mal hat man Glück

Man|da|ri|ne, die: der Mandarine, die Mandarinen; (apfelsinenähnliche Frucht)

Man|del, die: der Mandel, die Mandeln; (Frucht des Mandelbaums); der **Man|del|ku|chen**

Man|del, die: der Mandel, die Mandeln; (Organ im Rachen); die **Man|del|ent|zün|dung,** die **Man|del|ope|ra|ti|on**

Man|do|li|ne, die: der Mandoline, die Mandolinen; (Zupfinstrument)

Ma|ne|ge *franz. [manesche]*, die: der Manege, die Manegen; (Reitbahn, Vorführfläche im Zirkus)

Man|gel, der: des Mangels, die Mängel; (Knappheit, Fehler); der **Was|ser|man|gel; man|gels:** er wurde mangels Beweisen freigesprochen; **man|gel|haft; be|män|geln:** etwas bemängeln, **man|geln:** es mangelt mir an nichts

Man|gel, die: der Mangel, die Mangeln; (Rolle zum Wäschebügeln); jemanden in die Mangel nehmen (unter Druck setzen); **man|geln:** Wäsche mangeln

Ma|nier, die: der Manier, die Manieren; (Art und Weise; Stil): er hat keine Manieren (kein gutes Benehmen); **ma|nier|lich** (anständig, mit gutem Benehmen)

L M N

Ma|ni|kü|re, die: der Maniküre, die Maniküren; (Handpflege; Handpflegerin); **ma|ni|kü|ren**

Ma|ni|pu|la|ti|on *lat.*, die: der Manipulation, die Manipulationen; (Kunstgriff; Beeinflussung, Machenschaften); **ma|ni|pu|lie|ren**

Mann, der: des Mann(e)s, die Männer; Manns genug sein – seinen Mann stehen (gute Arbeit leisten) – Not am Mann sein – an den rechten Mann geraten – den starken Mann markieren (wichtig tun); das **Männ|chen,** die **Männ|lich|keit,** die **Mann|schaft; männ|lich; über|man|nen** (überwältigen): der Schlaf übermannte ihn

Man|ne|quin *franz. [manekäng]*, das: des Mannequins, die Mannequins; (Model)

Ma|nö|ver, das: des Manövers, die Manöver; (Truppenübung; Kunstgriff, Trick): ein Manöver abhalten – ein betrügerisches Manöver; **ma|nö|vrie|ren** *auch* **ma|növ|rie|ren;** sich in eine schwierige Lage hineinmanövrieren

Man|sar|de, die: der Mansarde, die Mansarden; (Dachgeschosszimmer)

man|schen: du manschst, er manschte, hat gemanscht, mansch(e)!; (mischen, planschen); die **Man|sche|rei**

Man|tel, der: des Mantels, die Mäntel; etwas mit dem Mantel der Nächstenliebe zudecken (verschleiern) – den Mantel nach dem Wind hängen (sich der jeweiligen Situation anpassen); der **Fahr|rad|man|tel** (Fahrradreifen), der **Win|ter|man|tel**

ma|nu|ell *lat.:* (mit der Hand)

Ma|nu|skript *auch* **Ma|nus|kript** *lat.*, das: des Manuskript(e)s, die Manuskripte; (mit Hand oder Maschine geschriebene Ausarbeitung)

Map|pe, die: der Mappe, die Mappen; (flache Tasche, Hülle); das **Mäpp|chen,** die **Schreib|map|pe**

Ma|ra|thon|lauf, der: des Marathonlaufes, die Marathonläufe; (Langstreckenlauf über eine Strecke von 42,195 km); der **Ma|ra|thon|läu|fer,** die **Ma|ra|thon|läu|fe|rin**

Mär|chen, das: des Märchens, die Märchen; erzähl mir doch keine Märchen (Lügen)!; das **Mär|chen|buch; mär|chen|haft**

Mar|der, der: des Marders, die Marder; (kleines Raubtier); das **Mar|der|fell**

Mar|ga|ri|ne, die: der Margarine, die Margarinen

Mar|ge|ri|te, die: der Margerite, die Margeriten; (Wiesenwucherblume)

Ma|ri|ne, die: der Marine; (Seeflotte); die **Han|dels|ma|ri|ne; ma|ri|ne|blau** (dunkelblau)

Ma|ri|o|net|te *franz.*, die: der Marionette, die Marionetten; (Gliederpuppe an Fäden)

Mark, das: des Marks; (Gewebe in den Knochen); das geht mir durch Mark und Bein (durch und durch); das **Kno|chen|mark,** das **Rü|cken|mark**

Mark, die: der Mark, die Markstücke; (deutsche Währungseinheit bis zum Jahre 2001); die **Deut|sche Mark:** *Abk.* DM

Mark, die: der Mark, die Marken; (Grenzgebiet): die Mark Brandenburg; der **Mark|graf,** der **Mark|stein** (wichtiger Punkt, entscheidendes Ereignis)

mar|kant: markanter, am markantesten; (hervorstechend, scharf ausgeprägt)

Mar|ke, die: der Marke, die Marken; du bist mir eine Marke! (du bist vielleicht witzig!); die **Au|to|mar|ke,** die

L M N

Brief|mar|ke, der **Mar|ken|ar|ti|kel,** das **Mar|ken|zei|chen,** der **Mar|ker** (Stift zum Markieren); **mar|kie|ren:** den Weg markieren (kennzeichnen) – den Ahnungslosen markieren (vortäuschen)

Mar|ke|ting *engl.,* das: des Marketing(s); (alle Maßnahmen eines Unternehmens zur Förderung des Absatzes)

Mar|ki|se, die: der Markise, die Markisen; (aufrollbares Sonnendach)

Markt, der: des Markt(e)s, die Märkte; etwas auf den Markt bringen; der **Floh|markt,** der **Markt|an|teil,** die **Markt|lü|cke,** der **Markt|platz,** der **Markt|schrei|er** (jemand, der lautstark seine Ware anpreist), die **Markt-wirt|schaft** (Wirtschaftssystem mit freiem Wettbewerb), der **Welt-markt**

Mar|me|la|de, die: der Marmelade, die Marmeladen

Mar|mor, der: des Marmors, die Marmore; (Gesteinsart)

Ma|ro|ne, die: der Marone, die Maronen; (Esskastanie; Pilzart)

Ma|rot|te, die: der Marotte, die Marotten; (Schrulle, komische Eigenart)

Mars, der: des Mars; (Planet; römischer Kriegsgott)

Marsch, der: des Marsches, die Märsche; ein anstrengender Marsch – die Kapelle spielt einen flotten Marsch; jemandem den Marsch blasen (ihn zurechtweisen); das **Marsch|ge|päck,** die **Marsch|rou|te; mar|schie|ren**

Marsch, die: der Marsch, die Marschen; (fruchtbares Schwemmland in Flusstälern und an der Küste)

Mar|ter|pfahl, der: des Marterpfahls, die Marterpfähle; (Pfahl, an dem Indianer ihre Feinde folterten); **mar-tern** (peinigen, foltern), **zer|mar|tern:** sich den Kopf zermartern

März, der: des Märzes

Mar|zi|pan *arab.,* der *auch* das: des Marzipans, die Marzipane; (Süßware aus Mandeln und Zucker)

Ma|sche, die: der Masche, die Maschen; (Schlinge; Trick); er hat die Masche raus (er weiß, wie man etwas macht) – er hat eine neue Masche (Trick); die **Lauf|ma|sche,** der **Ma|schen|draht; weit|ma|schig**

Ma|schi|ne, die: der Maschine, die Maschinen; die **Näh|ma|schi|ne,** die **Schreib|ma|schi|ne; ma|schi|nell**

Ma|sern, die: der Masern; (ansteckende Kinderkrankheit)

Ma|se|rung, die: der Maserung, die Maserungen; (Muster im Holz)

Mas|ke, die: der Maske, die Masken; jemandem die Maske vom Gesicht reißen (ihn entlarven) – die Maske fallen lassen (sein wahres Gesicht zeigen); der **Mas|ken|ball,** der **Mas|ken-bild|ner,** die **Mas|kie|rung; mas|kie-ren**

Mas|kott|chen, das: des Maskottchens, die Maskottchen; (Glücksbringer, Talisman)

mas|ku|lin *lat.:* (männlich); das **Mas|ku-li|num** (männliches Geschlecht)

Maß, das: des Maßes, die Maße; (*verwandt* messen): ein hohes Maß an Vertrauen; Maß halten *auch* maßhalten (sich zurückhalten) – Maß nehmen – mit zweierlei Maß messen (ungerecht urteilen) – das Maß ist voll (die Geduld ist am Ende); das **Aus|maß** (Umfang, Größe), das **Maß-band,** die **Maß|ein|heit,** die **Maß-nah|me** (Regelung, Handlung), der **Maß|stab** (Norm, nach der etwas be-

L M N

urteilt wird; Kartenmaßstab); **ge|wis|ser|ma|ßen; maß|ge|bend, maß|los, maß|voll**

Mas|sa|ge *franz. [maßasche],* die: der Massage, die Massagen; der **Mas|seur,** die **Mas|seu|rin; mas|sie|ren**

Mas|se, die: der Masse, die Massen; die dickflüssige Masse (Brei) – die breite Masse (Vielzahl von Menschen); die **Mas|sen|ar|beits|lo|sig|keit; mas|sen|wei|se; mas|sig** (wuchtig, groß)

Mas|sen|me|di|en, die: der Massenmedien; (Einrichtungen, die Informationen und Unterhaltung an ein großes Publikum verbreiten, z.B. Presse, Film, Rundfunk, Fernsehen und Internet)

mä|ßig: eine mäßige (keine gute) Leistung; **mit|tel|mä|ßig, recht|mä|ßig, re|gel|mä|ßig;** die **Mä|ßi|gung; mä|ßi|gen:** sich mäßigen (ruhig werden, sich beherrschen)

mas|siv: massiver, am massivsten; (ohne Hohl- oder Zwischenraum, wuchtig): massives Gold – ein massiver Bau – eine massive (nachdrückliche) Forderung; das **Mas|siv** (Bergkette)

Mast, der: des Mast(e)s, die Maste; der **Drei|mas|ter** (Schiff), der **Elek|tro|mast,** der **Mast|baum** (Segelstange)

Mast, die: der Mast, die Masten; (reichliche Fütterung von Schlachtvieh); die **Mäs|tung,** das **Mast|vieh; mäs|ten**

Mas|tur|ba|ti|on *lat.,* die: der Masturbation, die Masturbationen; (geschlechtliche Selbstbefriedigung); **mas|tur|bie|ren**

Match *engl. [mätsch],* das: des Matches, die Matchs *auch* Matche; (Wettkampf, Wettspiel); der **Match|ball** (spielentscheidender Ball)

Ma|te|ri|al, das: des Materials, die Materialien; (Rohstoff; schriftliche Unterlagen); das **Bau|ma|te|ri|al,** das **Be|weis|ma|te|ri|al,** der **Ma|te|ri|al|feh|ler**

Ma|the|ma|tik *griech.,* die: der Mathematik; *Abk.* Ma|the; der **Ma|the|ma|ti|ker; ma|the|ma|tisch**

Ma|trat|ze *auch* **Mat|rat|ze,** die: der Matratze, die Matratzen

Ma|tro|se *auch* **Mat|ro|se,** der: des Matrosen, die Matrosen; (Seemann; Soldat auf See)

Matsch, der: des Matsches; das **Matsch|wet|ter; mat|schig; mat|schen**

matt: matter, am mattesten; (erschöpft; trübe): mit matter Stimme – das matte Licht – matt vor Hunger; jemanden mattsetzen (handlungsunfähig machen); die **Mat|tig|keit,** die **Matt|schei|be** (Scheibe aus Mattglas; *umgangssprachlich auch für* Bildschirm des Fernsehgerätes); **er|mat|ten**

Mat|te, die: der Matte, die Matten; jemanden auf die Matte legen (besiegen) – auf der Matte stehen (zur Stelle, da sein); die **Fuß|mat|te**

Mätz|chen, die: der Mätzchen; (Unfug; Tricks)

mau: (*umgangssprachlich für* schlecht); das war aber ein maues Ergebnis!

Mau|er, die: der Mauer, die Mauern; die Große Mauer in China; das **Mau|er|werk,** der **Mau|rer; mau|ern**

Maul, das: des Maul(e)s, die Mäuler; (Mund mancher Tiere, *abwertend auch* des Menschen); der **Maul|held** (großsprecherischer Mensch), der **Maul|korb** (für Hunde oder Pferde): jemandem einen Maulkorb anlegen (an der freien Meinungsäußerung hindern), der **Maul|wurf**

Maul|esel, der: des Maulesels, die Maulesel; (Kreuzung aus Pferdehengst und Eselstute)
Maul|tier, das: des Maultier(e)s, die Maultiere; (Kreuzung aus Eselhengst und Pferdestute)
maun|zen: (winseln): die Katze maunzt
Maus, die: der Maus, die Mäuse; mit Speck fängt man Mäuse (jemanden bestechen, verlocken); das **Mäuschen,** die **Mau|se|fal|le,** das **Mau|seloch; mäus|chen|still, mau|se|tot; mau|sen:** die Katze lässt das Mausen nicht (von festen Gewohnheiten geht man nicht ab)
Maus, die: der Maus; (Gerät zur Eingabe von Daten in den Computer); der **Maus|klick**
Mau|ser, die: der Mauser; in der Mauser sein (Federwechsel der Vögel); die **Mau|se|rung; mau|sern:** sich mausern (sich zu seinem Vorteil entwickeln)
Maut *bayr.-österr.,* die: der Maut, die Mauten; (Gebühr für Straßenbenutzung): eine Maut erheben; die **Lkw-Maut,** die **Maut|ge|bühr,** die **Mautsta|ti|on; maut|pflich|tig**
Ma|xi|mum *lat.,* das: des Maximums, die Maxima; (das Höchste; Höchststand): *Gegensatz* Minimum – ein Maximum an Arbeit leisten; **ma|ximal**
Ma|yon|nai|se: → Majonäse
MdB: *Abk. für* **M**itglied **d**es **B**undestages (Abgeordneter *auch* Abgeordnete im Bundestag)
m.E.: *Abk. für* **m**eines **E**rachtens
Me|cha|nik *griech.,* die: der Mechanik, die Mechaniken; die **Me|cha|ni|kerin,** der **Me|cha|nis|mus; me|chanisch:** etwas mechanisch (ohne mitzudenken) abschreiben
me|ckern: du meckerst, er meckerte, hat gemeckert, mecker(e)!; die Ziege meckert – an allem herummeckern (nörgeln); die **Me|cke|rei**
Meck|len|burg-Vor|pom|mern: (Land der Bundesrepublik Deutschland); der **Meck|len|burg-Vor|pom|mer,** die **Meck|len|burg-Vor|pom|me|rin; meck|len|burg-vor|pom|me|risch**
Me|dail|le *franz. [medalje],* die: der Medaille, die Medaillen; (Gedenkmünze); die Kehrseite der Medaille (die andere, die ungünstige Seite einer Sache); der **Me|dail|len|ge|win|ner,** das **Me|dail|lon** *[medaljong]* (Bildkapsel, Schmuckanhänger)
Me|di|ka|ment *lat.,* das: des Medikament(e)s, die Medikamente
Me|di|um *lat.,* das: des Mediums, die Medien; (Kommunikationsmittel): die technischen, audiovisuellen Medien; die **Me|di|en|land|schaft**
Me|di|zin *lat,* die: der Medizin, die Medizinen; (Heilkunde; Arznei): der medizinische Fortschritt – eine bittere Medizin; der **Me|di|zi|ner,** die **Medi|zi|ne|rin**
Meer, das: des Meer(e)s, die Meere; die **Meer|en|ge,** der **Mee|res|spie|gel**
Meer|ret|tich, der: des Meerrettichs, die Meerrettiche; (Heil- und Gewürzpflanze)
Meer|schwein|chen, das: des Meerschweinchens, die Meerschweinchen; (Nagetier)
Mee|ting *engl. [miting],* das: des Meetings, die Meetings; (Zusammenkunft, Treffen; Sportveranstaltung)
me|ga *griech.:* (groß); **me|ga|cool** (*jugendsprachlich für* absolut gut); **me|ga-**

L M N

in (*jugendsprachlich für* äußerst gefragt), **me|ga-out** (*jugendsprachlich für* total überholt); der **Me|ga|hit,** der **Me|ga-star**

Mehl, das: des Mehl(e)s, die Mehle; (*verwandt mit* mahlen); die **Mehl|spei-se; meh|lig**

mehr: mehr oder weniger – umso mehr – mehr tot als lebendig – ich habe keine Zeit mehr – mehrere Male – mehrere Gäste; **mehr|fach; mehr|mals; mehr|spra|chig, mehr-stim|mig;** das **Mehr|fa|mi|li|en|haus,** die **Mehr|heit,** die **Mehr|zahl; meh-ren:** die Stimmen mehren sich, **ver-meh|ren:** sich vermehren

mei|den: du meidest, er mied, er miede, hat gemieden, meide!; **ver|mei|den** (es nicht dazu kommen lassen)

L M N

Mei|le, die: der Meile, die Meilen; (Längenmaß); der **Mei|len|stein** (wichtiger Punkt); **mei|len|weit:** *aber* zwei Meilen weit

mein: *Kleinschreibung:* mein Fahrrad – sie ist mein Ein und Alles; *Großschreibung:* er verwechselt Mein und Dein – das Meine; die **Mei|ni|gen** (Angehörige); **mei|ner|seits, mei|net|we|gen, um mei|net|wil|len, mei|nes Er|ach-tens:** *Abk.* m. E.

Mein|eid, der: des Meineids, die Meineide; (falscher Eid); → Eid

mei|nen: du meinst, er meinte, hat gemeint; er meint es gut mit dir; die **Mei|nung,** die **Mei|nungs|frei|heit,** die **Mei|nungs|um|fra|ge,** die **Mei-nungs|viel|falt**

Mei|se, die: der Meise, die Meisen; (Singvogel); du hast eine Meise! (du bist wohl verrückt!)

Mei|ßel, der: des Meißels, die Meißel; (Werkzeug); **mei|ßeln**

meist: am meisten – die meisten, *auch* die Meisten – das meiste, *auch* das Meiste; **meist|ge|kauft, meist|ge|le-sen; meist|bie|tend:** etwas meistbietend versteigern, **meis|tens**

Meis|ter, der: des Meisters, die Meister; seinen Meister machen (Meisterprüfung) – ein Meister seines Faches – ein alter Meister (Künstler); der **Hand|werks|meis|ter,** die **Meis|te|rin,** die **Meis|ter|schaft,** der **Meis|ter|ti-tel,** das **Meis|ter|werk,** der **Welt-meis|ter; meis|ter|lich; meis|tern** (bewältigen)

mel|den: du meldest, er meldete, hat gemeldet, melde!; er hat sich gerade gemeldet; du hast hier nichts zu melden (nichts zu sagen); die **Mel|dung** (Nachricht, Bekanntmachung)

mel|ken: du melkst, er melkte *auch* molk, er mölke, hat gemolken *auch* gemelkt, melk(e)!; die **Mol|ke|rei**

Me|lo|die, die: der Melodie, die Melodien; **me|lo|disch** (wohltönend)

Me|lo|ne, die: der Melone, die Melonen; (Kürbisgewächs); die **Ho|nig-me|lo|ne,** die **Was|ser|me|lo|ne**

Mem|me, die: der Memme, die Memmen; (Feigling)

Me|mo|ry *engl. [memori],* das: des Memorys, die Memorys; (Gesellschaftsspiel)

Men|ge, die: der Menge, die Mengen; in rauen Mengen (in großer Anzahl); die **Men|gen|an|ga|be,** die **Un|men-ge** (sehr große Menge)

men|gen: du mengst, er mengte, hat gemengt, menge!; (mischen); **ver-men|gen**

Me|nis|kus, der: des Meniskus, die Menisken; (Zwischenknorpel im Kniegelenk)

Men|sa *lat.,* die: der Mensa, die Mensen; (Speisesaal für Schüler oder Studenten)

Mensch, der: des Menschen, die Menschen; das Menschenmögliche tun – er ist auch nur ein Mensch (nicht ohne Fehler) – er ist eine Seele von Mensch (ein guter Mensch); der **Menschen|af|fe,** das **Men|schen|recht,** die **Mensch|heit,** die **Mensch|lichkeit; mensch|lich:** irren ist menschlich (verständlich)

Men|stru|a|ti|on *auch* **Mens|tru|a|ti|on** *lat.,* die: der Menstruation, die Menstruationen; (Monatsblutung, Regel)

Me|nü *franz.,* das: des Menüs, die Menüs; (Speisenfolge; auf dem Bildschirm des Computers angebotene Programmauswahl)

mer|ken: du merkst, er merkte, hat gemerkt, merk(e)!; **an|mer|ken, be|merken, ver|mer|ken;** die **Be|mer|kung,** das **Merk|heft,** das **Merk|mal,** der **Ver|merk; be|mer|kens|wert, merkwür|dig** (eigenartig, seltsam)

Mer|kur, der: des Merkurs; (ein Planet)

Mes|sage *engl. [meßitsch],* die: der Message, die Messages; (Nachricht, Botschaft; Aussage eines Kunstwerks); → SMS

Mes|se, die: der Messe, die Messen; (Industrieschau, Warenausstellung); die **Buch|mes|se,** die **Mes|se|hal|le,** das **Mes|se|ge|län|de**

Mes|se, die: der Messe, die Messen; (katholischer Gottesdienst)

mes|sen: du misst, er maß, er mäße, hat gemessen, miss!; sich mit jemandem messen (seine Kraft erproben); das **Mess|ge|rät,** die **Mes|sung,** der **Messwert; mess|bar;** → Maß

Mes|ser, das: des Messers, die Messer; etwas steht auf des Messers Schneide (kurz vor der Entscheidung) – bis aufs Messer kämpfen (ein erbitterter Kampf); **mes|ser|scharf**

Mes|si|as, der: des Messias; (Christus als der im Alten Testament verheißene Erlöser)

Mes|sing, das: des Messings; (Legierung aus Kupfer und Zink)

Me|tall *griech.,* das: des Metalls, die Metalle; das **Edel|me|tall,** die **Me|tall|indus|trie; me|tal|lisch**

Me|ta|pher *griech.,* die: der Metapher, die Metaphern; (Wort mit übertragener Bedeutung)

Me|te|or *griech.,* der: des Meteors, die Meteore; (Feuerkugel, Sternschnuppe); der **Me|te|o|rit** (kosmischer Körper, der in die Erdatmosphäre eindringt)

Me|te|o|ro|lo|gie, die: der Meteorologie; (Wetterkunde); **me|te|o|ro|lo|gisch**

Me|ter, der *auch* das: des Meters, die Meter; *Abk.* m; das **Me|ter|maß; meter|hoch, me|ter|lang:** *aber* einen Meter lang; **me|ter|wei|se**

Me|tho|de *griech.,* die: der Methode, die Methoden; (Art des Vorgehens); **metho|disch** (planvoll)

Me|tro|po|le *auch* **Met|ro|po|le** *griech.,* die: der Metropole, die Metropolen; (Hauptstadt; Mittelpunkt)

Met|te, die: der Mette, die Metten; (nächtlicher Gottesdienst); die **Christ|met|te**

Metz|ger, der: des Metzgers, die Metzger; die **Metz|ge|rei** (Fleischerei), die **Metz|ge|rin,** der **Metz|ger|meis|ter**

meu|tern: du meuterst, er meuterte, hat gemeutert, meut(e)re nicht!; (sich auflehnen, den Gehorsam verweigern); die **Meu|te** (Bande; Anzahl von Jagdhunden), die **Meu|te|rei**

MEZ: *Abk. für* **m**ittel**e**uropäische **Z**eit

mich: (4. Fall, Akkusativ von **ich**)

mi|cke|rig *auch* **mick|rig:** mick(e)riger, am mick(e)rigsten; (klein, schwächlich)

Mi|cky|maus, die: der Mickymaus, die Mickymäuse; (Comicfigur); das **Mi|cky|maus|heft**

Mief, der: des Mief(e)s; (*umgangssprachlich für* schlechte Luft); **mie|fig; mie|fen** (stinken)

Mie|ne, die: der Miene, die Mienen; (Gesichtsausdruck): *unterscheide* Mine!; gute Miene zum bösen Spiel machen (sich abfinden, sich nichts anmerken lassen) – keine Miene verziehen; das **Mie|nen|spiel**

mies: mieser, am miesesten; miese (schlechte) Laune haben – etwas, jemanden miesmachen (herabsetzen); der **Mie|se|pe|ter** (unzufriedener Mensch), der **Mies|ma|cher** (Schwarzseher)

Mie|te, die: der Miete, die Mieten; (monatliche Bezahlung, z.B. für eine Wohnung): zur Miete wohnen; der **Mie|ter,** das **Miet|recht,** der **Miet|ver|trag,** der **Miet|wa|gen,** die **Miet|woh|nung,** der **Ver|mie|ter; mie|ten, ver|mie|ten**

Mie|ze, die: der Mieze, die Miezen; (Katze)

Mi|kro|chip *auch* **Mik|ro|chip** *griech.-engl.,* der: des Mikrochips, die Mikrochips; (winziges Siliziumplättchen mit Millionen elektronischer Bauelemente)

Mi|kro|fon *auch* **Mik|ro|fon** *griech.,* das: des Mikrofons, die Mikrofone: *auch* **Mi|kro|phon**

Mi|kros|kop *auch* **Mik|ros|kop** *griech.,* das: des Mikroskops, die Mikroskope; (optisches Vergrößerungsgerät); **mi|kros|ko|pisch; mi|kros|ko|pie|ren**

Mi|kro|wel|le *auch* **Mik|ro|wel|le,** die: der Mikrowelle, die Mikrowellen; (elektromagnetische Wellen); das **Mi|kro|wel|len|ge|rät:** *Abk.* Mikrowelle

Milch, die: der Milch; der **Milch|kaf|fee,** die **Milch|stra|ße** (Galaxis, zu der auch unser Sonnensystem gehört), die **Milch|zäh|ne; mil|chig**

mild: milder, am mildesten; ein mildes (sanftes) Wesen – eine milde (wenig strenge) Strafe – ein mildes (angenehmes) Klima; **mild|tä|tig;** die **Mil|de:** Milde walten lassen (nachsichtig sein), die **Mil|de|rung; mil|dern** (abschwächen)

Mi|li|tär, das: des Militärs, die Militärs; (Streitkräfte); der **Mi|li|tär|dienst,** die **Mi|liz** (Polizeitruppe); **mi|li|tä|risch**

Mil|li|ar|de, die: der Milliarde, die Milliarden; (tausend Millionen); der **Mil|li|ar|där**

Mil|li|me|ter, der *auch* das: des Millimeters, die Millimeter; (1/1000 Meter)

Mil|li|on, die: der Million, die Millionen; (1 000 000); der **Mil|li|o|när**

Milz, die: der Milz, die Milzen; (Körperorgan)

Mi|mik *griech.,* die: der Mimik; (Gebärden- und Mienenspiel); **mi|misch; mi|men** (nachahmen; so tun als ob)

min|der: (weniger, geringer); **min|der|be|mit|telt** (arm), **min|der|jäh|rig, min|der|wer|tig;** die **Min|der|heit,** die **Min|de|rung,** das **Min|der|wer|tig|keits|ge|fühl; min|dern**

min|des|te: das ist doch das mindeste *auch* Mindeste, was man erwarten könnte – nicht im mindesten *auch* Mindesten; der **Min|dest|lohn**

min|des|tens: (wenigstens)

Mind|map *auch* **Mind-Map** *engl. [meindmäp],* die: der Mindmap, die Mindmaps; (Gedanken-Landkarte): eine Mindmap zu einem Thema anlegen

Mi|ne, die: der Mine, die Minen; (Bergwerk; Sprengkörper; Einlage bei Kugelschreibern und Bleistiften); *unterscheide* Miene!; die **Blei|stift|mi|ne,** die **Gold|mi|ne,** das **Mi|nen|feld**

Mi|ne|ral, das: des Minerals, die Minerale *auch* Mineralien; (Gestein); das **Mi|ne|ral|öl,** das **Mi|ne|ral|was|ser**

Mi|ni|mum *lat.,* das: des Minimums, die Minima; (das Kleinste, Geringste): *Gegensatz* Maximum; **mi|ni|mal** (sehr gering)

Mi|nis|ter, der: des Ministers, die Minister; (Regierungsmitglied); das **Mi|nis|te|ri|um,** der **Mi|nis|ter|prä|si|dent**

Min|ne, die: der Minne; (*im Mittelalter* Anbetung, Liebe zu einer Dame der höfischen Gesellschaft); der **Min|ne|sän|ger**

mi|nus: (weniger); das **Mi|nus** (Fehlbetrag; Nachteil), das **Mi|nus|zei|chen**

Mi|nu|te, die: der Minute, die Minuten; der **Mi|nu|ten|zei|ger; mi|nu|ten|lang:** *aber* zwei Minuten lang, **mi|nu|ti|ös** *auch* **mi|nu|zi|ös** (sehr genau)

mir: (3. Fall, Dativ von **ich**): gib mir bitte das Buch! – mir nichts, dir nichts (einfach, ohne Umstände) – wie du mir, so ich dir

Mi|ra|bel|le, die: der Mirabelle, die Mirabellen; (Pflaumenart)

mi|schen: du mischst, er mischte, hat gemischt, misch(e)!; ein gemischter Salat – Karten mischen – mit gemischten Gefühlen (zweifelnd) zuhören – sich in eine Angelegenheit mischen (sich darum kümmern); **mit|mi|schen** (sich aktiv an etwas beteiligen); der **Misch|ling,** die **Mischung,** der **Misch|masch** (Durcheinander), der **Misch|wald** (Wald mit Nadel- und Laubbäumen)

mi|se|ra|bel: (erbärmlich); die **Mi|se|re** (Not)

miss...: (schlecht, verfehlt); **miss|ach|ten, miss|brau|chen, miss|fal|len, miss|glü|cken, miss|gön|nen, miss|han|deln, miss|lin|gen, miss|trau|en;** der **Miss|brauch,** der **Miss|er|folg,** das **Miss|ge|schick,** das **Miss|ver|ständ|nis; miss|güns|tig** (neidisch), **miss|mu|tig, miss|lich:** in eine missliche (ärgerliche, bedenkliche) Lage kommen

Miss *engl.,* die: der Miss, die Misses; (Fräulein); die **Miss|wahl** (Wahl einer Schönheitskönigin)

Mis|si|on *lat.,* die: der Mission, die Missionen; (Auftrag; Verbreitung des christlichen Glaubens); der **Mis|si|o|nar,** die **Mis|si|o|na|rin; mis|si|o|nie|ren**

Mist, der: des Mist(e)s; (Tierkot, Dünger); das ist nicht auf deinem Mist gewachsen (stammt nicht von dir); die **Mist|ga|bel,** der **Mist|hau|fen; mis|tig** (schmutzig); **mis|ten:** einen Stall ausmisten

Mis|tel, die: der Mistel, die Misteln; (immergrüne Schmarotzerpflanze); der **Mis|tel|zweig**

mit: mit dem Vater – mit Vergnügen – mit Gewalt – Kaffee mit Milch; das **Mit|ge|fühl,** der **Mit|laut,** der **Mitschü|ler; mit|brin|gen, mit|kom|men, mit|ma|chen**

Mit|be|stim|mung, die: der Mitbestimmung; (Beteiligung der Arbeitnehmer an Entscheidungen in den Betrieben); **mit|be|stim|men**

mit|ei|nan|der *auch* **mit|ein|an|der:** miteinander sprechen, miteinander laufen, miteinander lachen

mit|ge|nom|men: er sieht mitgenommen (erschöpft) aus

Mit|gift, die: der Mitgift, die Mitgiften; (Aussteuer der Braut für die Ehe)

Mit|glied, das: des Mitglieds, die Mitglieder; (Angehöriger einer Gemeinschaft); die **Mit|glied|schaft**

mit|hil|fe *auch* **mit Hil|fe:** mithilfe meines Vaters

mit|hö|ren: ich habe das am Telefon mitgehört

mit|krie|gen: hast du das mitgekriegt (verstanden)?

mit|lau|fen: der **Mit|läu|fer** (jemand, der bei einer Sache mitmacht, ohne sich aktiv zu betätigen); → laufen

Mit|leid, das: des Mitleids; **mit|lei|dig; be|mit|lei|den**

mit|neh|men: die **Mit|nah|me;** → nehmen

mit|rei|ßen: ein mitreißendes (begeisterndes) Endspiel – er wurde in die Tiefe mitgerissen; → reißen

Mit|schü|ler, der: des Mitschülers, die Mitschüler; die **Mit|schü|le|rin**

Mit|tag, der: des Mittags, die Mittage; heute Mittag; der **Diens|tag|mit|tag,** die **Mit|tags|pau|se,** das **Mit|tag|essen,** die **Mit|tags|zeit; mit|tags, diens|tag|mit|tags**

Mit|te, die: der Mitte, die Mitten; Mitte März; ab durch die Mitte (los geht's) – einer aus unserer Mitte (von uns); **mit|ten:** mitten im Leben, **mitten|drin, mit|ten|durch**

mit|tei|len: (wissen lassen, benachrichtigen); die **Mit|tei|lung; mit|teil|sam** (gesprächig, aufgeschlossen)

Mit|tel, das: des Mittels, die Mittel; etwas mit allen Mitteln (unbedingt) versuchen – einem Kranken ein Mittel (Arznei) verschreiben – mir fehlen die Mittel (Geld) – jedes Mittel ist ihm recht – als Mittel zum Zweck dienen; **mit|tel|los, un|mit|tel|bar** (gleich, direkt)

mit|tel: (auf die Mitte bezogen): die mittlere Reife (Realschulabschluss) erlangen; **mit|tel|mä|ßig;** das **Mit|tel|al|ter,** das **Mit|tel|ge|bir|ge,** der **Mit|tel|punkt,** der **Mit|tel|wert**

mit|tels: (mit Hilfe)

Mit|ter|nacht, die: der Mitternacht; um Mitternacht – heute Mitternacht; **mit|ter|nachts**

mitt|ler|wei|le: (inzwischen)

Mitt|woch, der: des Mittwochs, die Mittwoche; der **Mitt|woch|abend;** → Dienstag

mit|wir|ken: (sich beteiligen, einen Beitrag leisten); der *auch* die **Mit|wir|ken|de,** die **Mit|wir|kung**

Mit|wis|ser, der: des Mitwissers, die Mitwisser; (jemand, der z.B. von einem Verbrechen Kenntnis hat)

mi|xen: du mixt, er mixte, hat gemixt, mix(e)!; ein Getränk mixen; der **Mix** (Gemisch), der **Mi|xer,** die **Mixtur** (Mischung flüssiger Arzneimittel)

Mob *engl.,* der: des Mobs; (Gesindel, Pöbel); das **Mob|bing** (Schikane von Mitschülern, Arbeitskollegen); **mobben**

Mö|bel, das: des Möbels, die Möbel; der **Mö|bel|wa|gen; auf|mö|beln:** einen Menschen aufmöbeln (ihn auf-

L M N

muntern), **ver|mö|beln:** jemanden vermöbeln (schlagen)

mo|bil: mobiler, am mobilsten; (beweglich); der **Mo|bil|funk,** das **Mo|bil|te|le|fon; mo|bi|li|sie|ren:** die letzten Kräfte mobilisieren (aufbringen)

Mo|de *franz.,* die: der Mode, die Moden; aus der Mode kommen – mit der Mode gehen, der **Mo|de|de|si|gner** *auch* **Mo|de|de|sig|ner** *[modedisainer]* (Modeschöpfer), die **Mo|den|schau; mo|disch, mo|dern**

Mo|del *engl.,* das: des Models, die Models; (Fotomodell, Mannequin)

Mo|dell, das: des Modells, die Modelle; (Muster, Vorbild): jemandem Modell stehen; das **Fo|to|mo|dell,** die **Mo|dell|ei|sen|bahn,** die **Mo|dell|zeich|nung,** das **Schiffs|mo|dell; mo|del|lie|ren** (formen, nachbilden)

Mo|dem *engl.,* der *auch* das: des Modems, die Modems; (Gerät zur Datenübertragung über Fernsprechleitungen)

Mo|der, der: des Moders; (Fäulnis, Verwesung); der **Mo|der|ge|ruch; mo|de|rig** *auch* **mod|rig; mo|dern** (faulen)

mo|de|rie|ren: du moderierst, er moderierte, hat moderiert, moderier(e)!; (im Rundfunk oder Fernsehen eine Sendung, Diskussion leiten); die **Mo|de|ra|ti|on,** der **Mo|de|ra|tor,** die **Mo|de|ra|to|rin**

mo|dern: moderner, am modernsten; (der heutigen Zeit entsprechend); die **Mo|der|ni|sie|rung; mo|der|ni|sie|ren**

Mo|fa, das: des Mofas, die Mofas; *Kurzw. für* **Mo**torf**a**hrrad

mo|geln: du mogelst, er mogelte, hat gemogelt, mog(e)le nicht!; (täuschen, betrügen); die **Mo|ge|lei**

mö|gen: du magst, er mochte, er möchte, hat gemocht; ich mag das nicht (liebe oder will es nicht)

mög|lich: *Kleinschreibung:* für möglich halten – etwas möglich machen – so schnell wie möglich; *Großschreibung:* alles Mögliche tun – Unmögliches verlangen – sein Möglichstes tun, **mög|li|cher|wei|se, mög|lichst:** möglichst schnell; **un|mög|lich;** die **Mög|lich|keit**

Mohn, der: des Mohns, die Mohne; die **Mohn|blu|me,** das **Mohn|bröt|chen,** der **Mohn|ku|chen,** das **Mohn|öl**

Möh|re, die: der Möhre, die Möhren; (Gemüsepflanze); die **Mohr|rü|be**

Mo|kas|sin *indian.,* der: des Mokassins, die Mokassins *auch* Mokassine; (lederner Halbschuh)

Mok|ka, der: des Mokkas, die Mokkas; (Kaffeesorte)

Molch, der: des Molch(e)s, die Molche; (Schwanzlurch)

Mo|le, die: der Mole, die Molen; (Hafendamm)

Mol|ke|rei, die: der Molkerei, die Molkereien; (*verwandt* melken); die **Mol|ke** (Rückstand bei der Käsezubereitung)

Moll, das: des Molls; (Tongeschlecht); der **Moll|ak|kord,** die **Moll|ton|art;** → Dur

mol|lig: molliger, am molligsten; ein molliger (weicher, warmer) Pullover – er ist ganz schön mollig (rundlich, dick)

Mo|ment, der: des Moment(e)s, die Momente; (Augenblick, sehr kurze Zeit): einen Moment (Augenblick), bitte! – den richtigen Moment (Zeitpunkt) erwischen; **mo|men|tan** (zurzeit)

Mo|narch *auch* **Mon|arch** *griech.*, der: des Monarchen, die Monarchen; (gekröntes Staatsoberhaupt); die **Monar|chie**

Mo|nat, der: des Monats, die Monate; die **Mo|nats|kar|te; mo|na|te|lang:** er ist monatelang weg, *aber* er ist drei Monate lang weg, **mo|nat|lich**

Mönch, der: des Mönchs, die Mönche; (Angehöriger eines katholischen Ordens); die **Mönchs|kut|te**

Mond, der: des Mond(e)s, die Monde; hinter dem Mond leben (weltfremd sein) – die Uhr geht nach dem Mond (ungenau); die **Mond|fins|ter|nis,** die **Mond|ra|ke|te,** der **Mond|schein;**

Mo|ni|tor *engl.*, der: des Monitors, die Monitoren; (Bildschirm; Kontrollgerät beim Fernsehen; Strahlenmessgerät)

mo|no... *auch* **mo|no:** (allein, einzig, einzeln)

Mo|no|kul|tur, die: der Monokultur, die Monokulturen; (Anbau immer der gleichen Pflanzenart)

Mo|no|log *griech.*, der: des Monologs, die Monologe; (Selbstgespräch): *Gegensatz* Dialog; **mo|no|lo|gisch**

Mo|no|pol *griech.*, das: des Monopols, die Monopole; (Recht der Alleinherstellung oder des Alleinverkaufs)

mo|no|ton: monotoner, am monotonsten; (eintönig, immer gleich)

Mons|ter *engl.*, das: des Monsters, die Monster; (Ungeheuer)

Mon|sun *arab.*, der: des Monsuns, die Monsune; (halbjährlich wechselnder Wind in Asien); der **Mon|sun|regen**

Mon|tag, der: des Montag(e)s, die Montage; der **Mon|tag|abend; mon|tags;** → Dienstag

Mon|ta|ge *franz. [montasche]*, die: der Montage, die Montagen; (Zusammenbau von Maschinen und technischen Anlagen); der **Mon|teur; mon|tie|ren**

Moor, das: des Moor(e)s, die Moore; (feuchtes Gelände mit schlammigem Boden); das **Moor|bad,** der **Moor|boden; moo|rig**

Moos, das: des Mooses, die Moose; (Pflanze; *umgangssprachlich auch für* Geld); ich habe kein Moos (Geld) mehr; das **Moos|pols|ter; moos|grün, ver|moost**

Mo|ped, das: des Mopeds, die Mopeds; *Kurzw. für* **Mo**tor**ped**alfahrzeug (leichtes Motorrad)

Mop|pel, der: des Moppels, die Moppel; (kleiner dicklicher Mensch); **mop|pe|lig** *auch* **mopp|lig**

Mops, der: des Mopses, die Möpse; (Hunderasse); **mop|sig** (klein und dick)

Mo|ral *lat.*, die: der Moral; (Sittenlehre, sittliches Verhalten); die **Mo|ral|predigt** (langatmige Ermahnung); **mora|lisch**

Mo|rast, der: des Morastes, die Moraste *auch* Moräste; (sumpfiges Land); **moras|tig**

Mord, der: des Mordes, die Morde; der **Mör|der,** der **Mord|fall,** die **Mordkom|mis|si|on,** der **Mords|spaß** (großer Spaß), die **Mords|wut** (große Wut); **mör|de|risch:** eine mörderische (fürchterliche) Kälte, **mords|mäß|ig** *(umgangssprachlich für* sehr, gewaltig); **er|mor|den, mor|den**

mor|gen: morgen Abend, morgen früh *auch* Früh – bis morgen; **mor|gendlich; mor|gens; mor|gig:** der morgige Tag

Mor|gen, der: des Morgens, die Morgen; heute Morgen – guten Morgen – gegen Morgen – am nächsten Morgen – eines Morgens; das **Morgen|grau|en,** die **Mor|gen|luft,** der **Mor|gen|muf|fel,** die **Mor|gen|sonne,** die **Mor|gen|zei|tung**

Mor|gen, der: des Morgens, die Morgen; (altes Feldmaß, ca. 2500 m²)

morsch: morscher, am morschesten; (mürbe, zerfallen): die Brücke ist morsch

mor|sen: du morst, er morste, hat gemorst, mors(e)!; (veraltete Technik, Nachrichten zu übermitteln); das **Mor|se|al|pha|bet** (Telegrafenalphabet, aus Punkten und Strichen bestehend), das **Mor|se|zei|chen**

Mör|ser, der: des Mörsers, die Mörser; (Gefäß zum Zerkleinern von Gewürzen; schweres Geschütz)

Mör|tel, der: des Mörtels, die Mörtel; (Mischung aus Sand, Zement und Wasser)

Mo|sa|ik, das: des Mosaiks, die Mosaiken *auch* Mosaike; (aus Steinchen zusammengesetztes Bild); der **Mo|sa|ik|stein; mo|sa|ik|ar|tig**

Mo|schee *arab.,* die: der Moschee, die Moscheen; (islamisches Bethaus)

mo|sern *jiddisch:* du moserst, er moserte, hat gemosert, mos(e)re nicht!; (nörgeln, meckern)

Mos|ki|to *span.,* der: des Moskitos, die Moskitos; (Stechmücke); das **Mos|ki|to|netz**

Mos|lem *auch* **Mus|lim** *arab.,* der: des Moslems, die Moslems; (Anhänger des islamischen Glaubens); **mos|le|misch** *auch* **mus|li|misch**

Most, der: des Most(e)s, die Moste; (Fruchtsaft; Obstwein); **mos|ten**

Mo|tel *amerik.,* das: des Motels, die Motels; *Kurzw. für* **mo**torists' ho**tel** (Hotel für motorisierte Reisende)

Mo|tiv, das: des Motivs, die Motive; (Ursache; Leitgedanke): ein beliebtes Motiv in der Malerei; die **Mo|ti|va|ti|on; mo|ti|vie|ren** (jemanden anregen, etwas zu tun)

Mo|tor, der: des Motors, die Motoren; das **Mo|tor|rad** *auch* **Mo|tor|rad,** der **Mo|tor|sport; mo|to|ri|sie|ren** (mit Fahrzeugen ausstatten)

Mot|te, die: der Motte, die Motten; (kleiner Nachtschmetterling, der Kleider und Lebensmittel zerfrisst); **ein|mot|ten** (mottensicher einlagern)

Mot|to *ital.,* das: des Mottos, die Mottos; (Leitspruch, Wahlspruch)

mot|zen: du motzt, er motzte, hat gemotzt, motz(e) nicht!; (*umgangssprachlich für* schimpfen)

Moun|tain|bike *engl. [mauntenbaik],* das: des Mountainbikes, die Mountainbikes; (Fahrrad für Geländefahrten)

Mö|we, die: der Möwe, die Möwen

Mu|cke, die: der Mucke, die Mucken; (*umgangssprachlich für* Laune): er hat wieder mal seine Mucken – das Auto hat Mucken (Störungen); **mu|cken** (murren, aufbegehren)

Mü|cke, die: der Mücke, die Mücken; (blutsaugendes Insekt); aus einer Mücke einen Elefanten machen (übertreiben); der **Mü|cken|stich**

muck|sen: sich nicht mucksen (still sein und keine Bewegung machen); der **Mucks:** keinen Mucks machen; **mucks|mäus|chen|still**

mü|de: müder, am müdesten; einer Sache müde (überdrüssig) sein – zum Umfallen müde sein (sehr müde

L M N

sein); **über|mü|det, un|er|müd|lich;** die **Mü|dig|keit; er|mü|den**

Muff, der: des Muffs; (fauliger Geruch); der **Muf|fel** (*umgangssprachlich für* mürrischer Mensch), das **Muf|fen|sau|sen** (*umgangssprachlich für* Angst); **muf|fe|lig** *auch* **muff|lig** (mürrisch), **muf|fig** (schimmelig; *auch* mürrisch); **muf|feln** (schlecht riechen)

Mü|he, die: der Mühe, die Mühen; sich redlich Mühe geben – der Mühe wert sein; das ist verlorene Liebesmüh (hat keinen Zweck); **mü|he|los, müh|sam** (anstrengend, beschwerlich), **müh|se|lig** (sehr mühsam); **ab|mü|hen:** sich abmühen, **be|mü|hen:** sich bemühen, **mü|hen:** sich mühen

Müh|le, die: der Mühle, die Mühlen; die **Wind|müh|le,** das **Mühl|rad**

Mul|de, die: der Mulde, die Mulden; (flache Grube im Gelände)

Müll, der: des Müll(e)s; der **Atom|müll,** die **Müll|ab|fuhr,** der **Müll|beu|tel,** die **Müll|ton|ne,** die **Müll|ver|bren|nungs|an|la|ge**

Mull|bin|de, die: der Mullbinde, die Mullbinden; (Verbandsstoff aus leichtem Baumwollgewebe)

Mül|ler, der: des Müllers, die Müller; (Handwerker, der früher aus Getreide Mehl mahlte); die **Mül|le|rin;** → Mühle

mul|mig: mulmiger, am mulmigsten; (morsch; bedenklich, gefährlich); der **Mulm** (Stauberde, zerbröckelndes Holz)

mul|ti|kul|tu|rell: (das gleichberechtigte Nebeneinander verschiedener Kulturen)

mul|ti|me|di|al: (verschiedene Medien berücksichtigend); das **Mul|ti|me|dia** *lat.:* (Zusammenwirken verschiedener Medien wie gedruckter Texte, Fernsehen, Video), die **Mul|ti|me|dia-Show**

Mul|ti|ple-Choice-Ver|fah|ren *engl. [maltipltscheuß],* das: (Auswahl einer richtigen Lösung unter mehreren Antworten); der **Mul|ti|ple-Choice-Test**

mul|ti|pli|zie|ren: du multiplizierst, er multiplizierte, hat multipliziert, multipliziere!; (vervielfältigen, malnehmen); die **Mul|ti|pli|ka|ti|on**

Mu|mie, die: der Mumie, die Mumien; (einbalsamierte Leiche)

Mumm, der: des Mumms; (*umgangssprachlich für* Mut): keinen Mumm (keine Kraft, keinen Mut) haben

Mumps, der: des Mumps; (ansteckende Kinderkrankheit)

Mund, der: des Mund(e)s, die Münder; sich etwas vom Munde absparen – jemandem nach dem Munde reden (so reden, wie es jemand gern hören möchte) – den Mund allzu voll nehmen (angeben, übertreiben) – sich den Mund verbrennen (unbedacht sprechen) – jemandem das Wort im Munde umdrehen (absichtlich falsch wiedergeben); die **Mund|art** (Dialekt), das **Mund|werk; mund|ge|recht** (passend), **münd|lich; mun|den** (schmecken)

mün|den: (*verwandt* Mund): der Main mündet in den Rhein; **ein|mün|den;** die **Mün|dung**

mün|dig: (volljährig, rechtsfähig); die **Mün|dig|keit**

Mu|ni|ti|on, die: der Munition, die Munitionen; (Geschosse für Feuerwaffen); das **Mu|ni|ti|ons|la|ger**

mun|keln: du munkelst, er munkelte, hat gemunkelt, munk(e)le!; (heimlich erzählen); im Dunkeln ist gut munkeln; das **Ge|mun|kel**

Müns|ter, das: des Münsters, die Münster; (Domkirche)

mun|ter: munterer, am muntersten; (wach, lebhaft, heiter); die **Mun|ter|keit; auf|mun|tern:** jemanden aufmuntern (heiter stimmen)

Mün|ze, die: der Münze, die Münzen; etwas für bare Münze nehmen (ernst nehmen); die **Ge|denk|mün|ze,** der **Münz|au|to|mat,** die **Münz|samm|lung,** die **Sil|ber|münze; mün|zen:** das ist auf mich gemünzt (ich bin gemeint)

mürb *auch* **mür|be:** (weich); **zer|mür|ben** (die Widerstandskraft brechen)

murk|sen: du murkst, er murkste, hat gemurkst; (schlecht arbeiten); **ab|murk|sen** (umbringen), **ver|murk|sen** (verderben); der **Murks** (schlechte Arbeit)

Mur|mel, die: der Murmel, die Murmeln; (kleine Spielkugel)

mur|meln: du murmelst, er murmelte, hat gemurmelt, murm(e)le nicht!; (leise, undeutlich sprechen); das **Ge|mur|mel**

Mur|mel|tier, das: des Murmeltier(e)s, die Murmeltiere; (Nagetier, das im Hochgebirge lebt); schlafen wie ein Murmeltier (tief und fest schlafen)

mur|ren: du murrst, er murrte, hat gemurrt, murre nicht!; etwas ohne Murren (Widerspruch) tun; **mür|risch** (unfreundlich, übellaunig)

Mus, der *auch* das: des Muses, die Muse; (Brei); das **Ap|fel|mus**

Mu|schel, die: der Muschel, die Muscheln; (Weichtiere, die von einer Kalkschale geschützt werden); die **Mu|schel|bank; mu|schel|för|mig**

Mu|se|um *griech.,* das: des Museums, die Museen; (Ausstellungsgebäude für Kunstwerke oder andere Sammlungen); das **Hei|mat|mu|se|um,** das **Mu|se|ums|stück**

Mu|si|cal *amerik. [mjusikel],* das: des Musicals, die Musicals; (Sing- und Tanzspiel, moderne Operette)

Mu|sik *griech.,* die: der Musik, die Musiken; Musik im Blut haben (musikalisch sein) – der Ton macht die Musik (die Art, wie etwas gesagt wird, ist entscheidend); der **Mu|si|kant,** der **Mu|si|ker,** die **Mu|si|ke|rin,** das **Mu|sik|ins|tru|ment,** die **Pop|mu|sik; mu|si|ka|lisch; mu|si|zie|ren**

Mus|kat, der: des Muskat(e)s, die Muskate; (Gewürz); die **Mus|kat|nuss**

Mus|kel, der: des Muskels, die Muskeln; seine Muskeln spielen lassen (seine Stärke zeigen); der **Mus|kel|ka|ter,** die **Mus|ku|la|tur; mus|ku|lös**

Müs|li *schweiz.,* das: des Müslis, die Müsli

Mu|ße, die: der Muße; (freie Zeit): etwas mit Muße (Ruhe) tun; der **Mü|ßig|gang; mü|ßig** (unnütz)

müs|sen: du musst, er musste, er müsste, hat gemusst; ich musste lachen – er müsste eigentlich gewinnen; das **Muss** (Zwang)

Mus|tang, der: des Mustangs, die Mustangs; (Präriepferd)

Mus|ter, das: des Musters, die Muster; sie ist ein Muster an Fleiß (vorbildlich fleißig); das **Mus|ter|bei|spiel,** der **Mus|ter|kna|be,** die **Mus|te|rung** (genaue Prüfung); **mus|ter|gül|tig** (vorbildlich); **mus|tern** (abschätzend ansehen)

Mut, der: des Mut(e)s; (Tapferkeit): seinen Mut beweisen; mit dem Mute der Verzweiflung (mit letzter Energie) – jemandem Mut machen – ihm ist traurig zu Mute *auch* zumute – sie hat all ihren Mut zusammengenommen (wagt sich an eine Sache heran); der **Hoch|mut** (übertriebener Stolz), der **Miss|mut**, die **Sanft|mut**, der **Über|mut; mu|tig, mut|los, mut|willig** (absichtlich), **un|mu|tig; ver|muten** (annehmen)

Mut|ter, die: der Mutter, die Mütter; der **Mut|ter|bo|den** (fruchtbare oberste Bodenschicht), die **Müt|ter|lich|keit,** das **Mut|ter|söhn|chen,** die **Mut|ter|spra|che,** der **Mut|ter|tag; müt|ter|lich, mut|ter|see|len|al|lein; be|mut|tern**

Mut|ter, die: der Mutter, die Muttern; (Teil der Schraube)

Müt|ze, die: der Mütze, die Mützen; (Kopfbedeckung)

M N O

N

na: na ja! – na und? – na, wie geht's?

Na|be, die: der Nabe, die Naben; (Mittelhülse des Rades)

Na|bel, der: des Nabels, die Nabel; der **Bauch|na|bel**

NABU: *Abk. für* **N**aturschutz, **A**rtenschutz, **B**iotopschutz, **U**mweltschutz (deutscher Naturschutzbund)

nach: nach mir – nach dem Essen – nach Görlitz fahren – nach und nach – nach wie vor; **nach|her**

nach|äf|fen: du äffst nach, er äffte nach, hat nachgeäfft; (nachmachen)

nach|ah|men: du ahmst nach, er ahmte nach, hat nachgeahmt, ahme nach!; die **Nach|ah|mung; nach|ah|menswert, un|nach|ahm|lich**

Nach|bar, der: des Nachbarn *auch* Nachbars, die Nachbarn; die **Nachba|rin,** der **Nach|bar|ort,** die **Nachbar|schaft**

nach|be|stel|len: (etwas nachkaufen); die **Nach|be|stel|lung**

nach|dem: nachdem er gesprochen hatte, setzte er sich wieder, *aber* nach dem Essen – je nachdem

nach|den|ken: nach|denk|lich: mit nachdenklicher Miene; → denken

Nach|druck, der: des Nachdruck(e)s; (Eindringlichkeit; unveränderter Abdruck eines Buches): der Nachdruck des Erzählbandes – etwas mit Nachdruck sagen; **nach|drück|lich**

nach|ei|nan|der *auch* **nach|ein|an|der:** nacheinander starten – nacheinander kommen

nach|er|zäh|len: die **Nach|er|zäh|lung:** eine Nacherzählung schreiben

nach|fol|gen: der **Nach|fol|ger** (jemand, der den Platz eines anderen übernimmt)

nach|for|schen: die **Nach|for|schung** (die Suche nach etwas)

nach|fra|gen: (sich erkundigen; *auch* eine Ware kaufen wollen); die **Nachfra|ge:** Angebot und Nachfrage – die Nachfrage nach Rohstoffen

nach|füh|len: (nachempfinden)

nach|ge|ben: (nicht standhalten; jeden Widerstand aufgeben); **nach|gie|big** (leicht umzustimmen), **un|nach|giebig;** → geben

nach Hau|se *auch* **nach|hau|se:** er geht nach Hause; der **Nach|hau|se|weg**

nach|her: ich komme nachher (später) noch bei dir vorbei

Nach|hil|fe, die: der Nachhilfe, die Nachhilfen; der **Nach|hil|fe|un|terricht**

nach|ho|len: (später tun, nacharbeiten); das **Nach|hol|spiel**

Nach|kom|me, der: des Nachkommen, die Nachkommen; (wer leiblich von jemandem abstammt)

nach|las|sen: sein Fleiß hat erheblich nachgelassen – der Schmerz lässt nach; der **Nach|lass** (das Erbe; geringerer Preis); **nach|läs|sig** (nicht sorgfältig, *auch* sorglos, ungezwungen); → lassen

Nach|mit|tag, der: des Nachmittags, die Nachmittage; gestern Nachmittag; **nach|mit|tags**

Nach|name, der: des Nachnamens, die Nachnamen; (Familienname)

nach|plap|pern: (*oft abwertend* etwas wiedergeben, ohne es inhaltlich verstanden zu haben)

nach|rech|nen: (überprüfen); die **Nach|rech|nung**

Nach|richt, die: der Nachricht, die Nachrichten; die **Nach|rich|ten|agen|tur,** die **Nach|rich|ten|sen|dung; be|nach|rich|ti|gen:** jemanden benachrichtigen

Nach|ruf, der: des Nachruf(e)s, die Nachrufe; (Ehrung eines Verstorbenen)

nach|schla|gen: in einem Wörterbuch nachschlagen; der **Nach|schlag** (zweite Portion Essen), das **Nach|schla|ge|werk** (Wörterbuch, Lexikon); → schlagen

nach|se|hen: eine Klassenarbeit nachsehen – jemandem einen Fehler nachsehen (verzeihen); das **Nach|se|hen:** das Nachsehen haben (bei etwas zu kurz kommen), die **Nach|sicht:** Nachsicht üben (Verständnis zeigen); **nach|sich|tig:** nachsichtig sein; → sehen

nach|sit|zen: (zur Strafe länger in der Schule bleiben müssen); → sitzen

Nach|spei|se, die: der Nachspeise, die Nachspeisen; (Nachtisch)

Nach|spiel, das: des Nachspiels, die Nachspiele; das wird ein Nachspiel (unangenehme Folgen) haben

nach|spre|chen: sprich mir den Satz nach!; → sprechen

nächst: *Kleinschreibung:* nächste Woche – nächsten Montag – das nächste Mal; *Großschreibung:* der Nächste, bitte! – als Nächstes; **nächst|bes|te:** die nächstbeste Gelegenheit; die **Nächs|ten|lie|be**

nach|stel|len: die Uhr nachstellen – jemandem nachstellen (ihn verfolgen)

Nacht, die: der Nacht, die Nächte; bei Nacht – über Nacht – gestern Nacht; bei Nacht und Nebel – ein Unterschied wie Tag und Nacht (sehr deutlicher Unterschied); die **Diens|tag|nacht,** der **Nacht|dienst,** der **Nacht|frost; nachts:** er geht nachts spazieren, *aber* des Nachts, eines Nachts; **nacht|ak|tiv:** die nachtaktive Eule, **näch|te|lang:** er ist nächtelang unterwegs, *aber* er ist drei Nächte lang unterwegs; **über|nach|ten**

Nach|teil, der: des Nachteils, die Nachteile; *Gegensatz* Vorteil; **be|nach|tei|li|gen** (gegenüber anderen zurücksetzen)

Nach|ti|gall, die: der Nachtigall, die Nachtigallen; (Singvogel)

Nach|tisch, der: des Nachtisch(e)s, die Nachtische; (Nachspeise)

Nach|trag, der: des Nachtrag(e)s, die Nachträge; (Ergänzung); **nach|träg|lich** (später, hinterher); **nach|tra|gen:** jemandem etwas nachtragen (längere Zeit verübeln)

nach|wach|sen: die nachwachsende Generation; → wachsen

nach|wei|sen: (belegen, bestätigen); der **Nach|weis; nach|weis|bar;** → weisen

Nach|welt, die: der Nachwelt; (spätere Generationen)

nach|win|ken: den Kindern im Bus nachwinken

nach|wir|ken: (etwas macht sich längere Zeit bemerkbar); die **Nach|wir|kung**

Nach|wuchs, der: des Nachwuchses; (Kinder; nachwachsende Menschen in einem Beruf)

Nach|züg|ler, der: des Nachzüglers, die Nachzügler; (jemand, der verspätet kommt)

Na|cken, der: des Nackens, die Nacken; den Schelm im Nacken haben (gern Scherze machen) – Nackenschläge (Demütigungen, Schicksalsschläge) einstecken müssen

nackt: auf der nackten (bloßen) Erde schlafen – das nackte Leben retten – nackte Tatsachen; **na|ckend;** der **Nacke|dei,** der **Nackt|ba|de|strand,** die **Nackt|heit**

Na|del, die: der Nadel, die Nadeln; jemandem Nadelstiche versetzen (z.B. durch boshafte Bemerkungen); der **Na|del|baum,** das **Na|del|öhr; nadeln:** die Tannen nadeln (lassen die Nadeln fallen)

Na|gel, der: des Nagels, die Nägel; seinen Beruf an den Nagel hängen (aufgeben) – den Nagel auf den Kopf treffen (etwas genau kennzeichnen) – es brennt mir auf den Nägeln (ist eilig); der **Fin|ger|na|gel,** die **Na|gel|fei|le,** der **Na|gel|lack,** die **Na|gel|pro|be** (Prüfstein); **na|gel|neu; na|geln**

na|gen: du nagst, er nagte, hat genagt, nag(e)!; am Hungertuch nagen (hungern); der **Na|ger,** das **Na|ge|tier**

na|he *auch* **nah:** näher, am nächsten; von nahem, *auch* von Nahem – nahe daran sein – von nah und fern – nahegehen (seelisch ergriffen werden) – nahebringen – nahelegen – jemandem nahetreten (ihn bedrängen, beleidigen); **na|he|zu** (fast, beinahe); die **Nah|auf|nah|me,** die **Nä|he,** das **Nä|he|re; na|hen, nä|hern:** sich nähern

nä|hen: du nähst, er nähte, hat genäht, näh(e)!; die **Nä|he|rei,** die **Nä|he|rin,** die **Näh|ma|schi|ne,** die **Näh|na|del**

nahm: → nehmen

näh|ren: du nährst, er nährte, hat genährt; **er|näh|ren;** der **Nähr|bo|den,** die **Nähr|stof|fe,** die **Nah|rung,** das **Nah|rungs|mit|tel; nahr|haft** (reich an Nährstoffen)

Naht, die: der Naht, die Nähte; (genähte Verbindung); die **Naht|stel|le; naht|los:** beide Teile passen nahtlos zusammen

Na|me, der: des Namens, die Namen; einen großen Namen haben (berühmt sein) – das Kind beim Namen nennen (etwas offen ansprechen); der **Ei|gen|na|me,** der **Nach|na|me,** der **Na|mens|tag,** der **Vor|na|me; na|men|los, nam|haft** (berühmt)

näm|lich: er kann nicht kommen, er ist nämlich krank

nann|te: → nennen

Napf, der: des Napf(e)s, die Näpfe; (kleine Schüssel); der **Fut|ter|napf,** der **Napf|ku|chen**

Nar|be, die: der Narbe, die Narben; die **Gras|nar|be** (Grasdecke); **nar|big; ver|nar|ben**

Nar|ko|se *griech.*, die: der Narkose, die Narkosen; (Betäubung); **nar|ko|ti|sie|ren** (betäuben)

Narr, der: des Narren, die Narren; jemanden zum Narren halten (verspotten) – einen Narren an jemandem gefressen haben (eine große Vorliebe für jemanden haben); die **Nar|ren|frei|heit,** die **Nar|ren|kap|pe,** die **När|rin; när|risch; nar|ren; ver|narrt:** in jemanden vernarrt (verliebt) sein

na|schen: du naschst, er naschte, hat genascht, nasch(e) nicht!; (Süßigkeiten essen); die **Na|sche|rei,** das **Nasch|kätz|chen,** das **Nasch|werk** (*veraltet für* Süßigkeiten); **nasch|haft**

Na|se, die: der Nase, die Nasen; die Nase über jemanden rümpfen (verächtlich auf ihn herabsehen) – er hat die Nase voll (will damit nichts mehr zu tun haben) – jemanden an der Nase herumführen (täuschen, irreführen) – jemandem auf der Nase herumtanzen (ohne Rücksicht machen, was man will) – jemandem etwas auf die Nase binden (es ihm sagen) – auf der Nase liegen (krank sein) – seine Nase in alles stecken (sich um Dinge kümmern, die einen nichts angehen) – jemandem um eine Nasenlänge voraus sein (einen kleinen Vorsprung haben); das **Na|sen|blu|ten,** der **Na|sen|stü|ber** (leichter Stoß gegen die Nase), das **Nas|horn; na|se|weis** (neugierig, vorwitzig), **hoch|nä|sig** (stolz, arrogant); **nä|seln** (durch die Nase sprechen)

nass: nasser *auch* nässer, am nassesten *auch* nässesten; **nass|kalt;** das **Nass:** ins kühle Nass (Wasser) springen, die **Näs|se; näs|sen:** die Wunde nässt

Na|ti|on *lat.*, die: der Nation, die Nationen; (Volk, in einem Staat zusammengefasst, nach Abstammung und Sprache zusammengehörig; Staatsvolk); die **Na|ti|o|nal|hym|ne,** der **Na|ti|o|na|lis|mus** (übertriebenes Nationalbewusstsein), die **Na|ti|o|na|li|tät** (Staatsangehörigkeit), die **Na|ti|o|nal|mann|schaft; na|ti|o|nal**

NATO *auch* **Na|to,** die: *Abk. für* **N**orth **A**tlantic **T**reaty **O**rganization (politisches und militärisches Bündnis westlicher Staaten)

Nat|ter, die: der Natter, die Nattern; (Schlangenart); die **Rin|gel|nat|ter**

Na|tur *lat.*, die: der Natur, die Naturen; der **Na|tur|schutz|park,** die **Na|tur|wis|sen|schaft; na|tur|ge|mäß, na|tur|ge|treu, na|tür|lich, über|na|tür|lich** (nicht mit dem Verstand fassbar), **un|na|tür|lich**

Na|vi|ga|ti|on *lat.*, die: der Navigation; (Orts- und Kursbestimmung von Schiffen und Flugzeugen); **na|vi|gie|ren** (ein Flugzeug oder Schiff führen)

n. Chr.: *Abk. für* **n**ach **Chr**istus *auch* **Chr**isto

Ne|an|der|ta|ler, der: des Neandertalers, die Neandertaler; (vorgeschichtlicher Mensch)

Ne|bel, der: des Nebels, die Nebel; er verließ sie bei Nacht und Nebel (heimlich); der **Bo|den|ne|bel,** die **Ne|bel|schwa|den; ne|be|lig** *auch* **neb|lig; ein|ne|beln, ver|ne|beln** (verschleiern)

ne|ben: neben dem Stuhl stehen – etwas neben den Stuhl stellen; neben sich stehen (nicht bei der Sache sein); der **Ne|ben|satz,** die **Ne|ben|stra|ße; ne|ben|an, ne|ben|bei, ne|ben|ein|an|-**

M N O

der: nebeneinander hinaufsteigen – nebeneinanderliegen – nebeneinandersitzen – nebeneinanderstehen, **ne|ben|her; ne|ben|säch|lich** (unwichtig)

ne|cken: du neckst, er neckte, hat geneckt, neck(e)!; (Scherz mit jemandem treiben); was sich liebt, das neckt sich; die **Ne|cke|rei; ne|ckisch** (verspielt)

Nef|fe, der: des Neffen, die Neffen; (Sohn des Bruders *oder* der Schwester)

ne|ga|tiv *lat.:* (verneinend, ergebnislos): *Gegensatz* positiv; eine negative Antwort – die Sache ist negativ verlaufen; das **Ne|ga|tiv** (Gegenbild, Kehrbild)

Ne|ger, der: des Negers, die Neger; (*verächtlich für* Angehöriger der schwarzen Rasse)

neh|men: du nimmst, er nahm, er nähme, hat genommen, nimm!; jemanden beim Wort nehmen (an dessen Versprechen erinnern); **ab|neh|men** (weniger werden): jemandem etwas abnehmen (ihn entlasten oder ihn berauben), **ver|neh|men** (verhören); das **Be|neh|men**

Neid, der: des Neid(e)s; vor Neid vergehen (sehr neidisch sein); der **Nei|der,** der **Neid|ham|mel** (neidischer Mensch); **nei|disch, neid|los; be|nei|den**

nei|gen: du neigst, er neigte, hat geneigt, neig(e)!; den Kopf neigen; **ver|nei|gen:** sich verneigen; die **Nei|ge:** das Jahr geht zur Neige (es geht dem Ende zu) – ein Glas bis zur Neige leeren (austrinken), die **Nei|gung** (Gefälle; Vorliebe), die **Zu|nei|gung** (Freundschaft), die **Ab|nei|gung** (Widerwille)

nein: Nein *auch* nein sagen – nein danke; das **Nein,** der **Nein|sa|ger; ver|nei|nen**

Nek|tar *griech.,* der: des Nektars; (Göttertrank, der ewige Jugend spendet; Zuckersaft der Blüten); die **Nek|ta|ri|ne** (Pfirsich mit glatter Haut)

Nel|ke, die: der Nelke, die Nelken; (Blume; ein Gewürz)

nen|nen: du nennst, er nannte, hat genannt, nenn(e)!; **er|nen|nen;** der **Nen|ner** (Zahl unter dem Bruchstrich): etwas auf einen Nenner bringen (das Gemeinsame hervorheben), die **Nen|nung; nen|nens|wert**

neo... *griech.:* (neu); der **Neo|na|zi** (Radikaler, der an den Nationalsozialismus anknüpft)

Ne|on, das: des Neons; (chemischer Grundstoff, Edelgas); die **Ne|on|re|kla|me,** die **Ne|on|röh|re** (Leuchtstoffröhre), das **Ne|on|licht**

Nepp, der: des Nepps; (überhöhter Preis; Betrug); **nep|pen**

Nep|tun, der: des Neptuns; (Planet; römischer Meeresgott)

Nerv *lat.,* der: des Nervs, die Nerven; jemandem auf die Nerven fallen (lästig werden) – die Nerven (Ruhe, Beherrschung) verlieren; die **Ner|ven|bahn,** das **Ner|ven|bün|del** (übernervöser Mensch), der **Ner|ven|kit|zel** (besonderer Reiz), das **Ner|ven|sys|tem,** die **Ner|vo|si|tät** (leichte Reizbarkeit, Überempfindlichkeit); **ner|ven|auf|rei|bend, ner|ven|schwach, ner|vös, nerv|lich:** die nervliche Anspannung; **ner|ven**

Nes|sel, die: der Nessel, die Nesseln; (Pflanze); sich in die Nesseln setzen (in eine unangenehme Lage geraten); die **Bren|nes|sel**

M N O

Nest, das: des Nest(e)s, die Nester; der **Nest|bau,** das **Nest|häk|chen** (jüngstes Kind der Familie), die **Nest|wärme** (Geborgenheit)

nes|teln: du nestelst, er nestelte, hat genestelt; (etwas ungeschickt oder ungeduldig öffnen, herausholen)

nett: netter, am nettesten; (friedlich, hübsch, freundlich); **net|ter|wei|se;** die **Net|tig|keit**

net|to *ital.:* (rein, nach Abzug der Verpackung oder der Unkosten): *Gegensatz* brutto

Netz, das: des Netzes, die Netze; ein Netz von Lügen – er ist ins Netz gegangen; der **Netz|an|schluss,** die **Netz|haut** (Teil des Auges), das **Netzwerk** (Übertragung von Informationen in einem Netz, z.B. im Internet), das **Strom|netz,** das **Te|le|fonnetz; netz|ar|tig; be|net|zen** (befeuchten), **ver|net|zen**

neu: neuer, am neuesten; *Kleinschreibung:* von neuem, *auch* von Neuem – das neue Jahr – der neue Schüler – ein Geschäft neu eröffnen; *Großschreibung:* der *auch* die Neue in der Klasse – das Neue, aufs Neue – das Neue Testament – die Neue Welt (Amerika); die **Neu|an|schaf|fung,** der **Neu|bau,** die **Neu|e|rung,** die **Neu|heit,** die **Neu|ig|keit,** das **Neujahr,** der **Neu|ling; neu|ar|tig; neuer|dings, neu|lich** (vor kurzer Zeit); **neu|mo|disch; er|neu|ern**

neu|gie|rig: neugieriger, am neugierigsten; (begierig, Neues zu erfahren); die **Neu|gier** *auch* **Neu|gier|de**

neun: wir sind zu neunen *auch* zu neunt; ach, du grüne Neune! (Ausruf der Verwunderung); **neun|mal|klug** (vorlaut), **neun|jäh|rig;** → acht

neu|tral *auch* **neut|ral** *lat.:* (unparteiisch, ohne Stellungnahme); die **Neu|tra|lität**

Neu|trum *auch* **Neut|rum** *lat.* , das: des Neutrums; (sächliches Geschlecht)

New|co|mer *engl. [njukammer],* der: des Newcomers, die Newcomer; (Neuling)

nicht: nicht doch! – nicht wahr? – heute nicht – gar nicht – nicht rostender *auch* nichtrostender Stahl; **nich|tig** (ungültig): etwas für null und nichtig erklären, **nicht öf|fent|lich** *auch* **nicht|öf|fent|lich;** die **Nicht|achtung,** die **Nich|tig|keit** (unbedeutende Kleinigkeit), der **Nicht|raucher,** der **Nicht|schwim|mer**

Nich|te, die: der Nichte, die Nichten; (Tochter des Bruders *oder* der Schwester)

nichts: zu nichts kommen – für nichts – sich in nichts auflösen – mir nichts, dir nichts (ohne weiteres) – viel Lärm um nichts – gar nichts bekommen; **nichts sa|gend** *auch* **nichts|sa|gend:** ein nichts sagendes *auch* nichtssagendes Gesicht machen; das **Nichts,** der **Nichts|nutz**

Ni|ckel, das: des Nickels; (chemischer Grundstoff, Metall)

ni|cken: du nickst, er nickte, hat genickt, nick(e)!; mit dem Kopf nicken; das **Ni|cker|chen** (*umgangssprachlich für* kurzer Schlaf)

nie: nie mehr – nie wieder – nie und nimmer – jetzt oder nie; **nie|mals, nie|mand**

nie|der: im Zimmer auf und nieder (hin und her) gehen; **nie|der|drü|ckend, nie|der|ge|schla|gen:** er ist sehr niedergeschlagen (traurig), **nie|der|träch|tig** (gemein, boshaft); der **Nie|der-**

gang, die **Nie|der|la|ge,** der **Nie|der|schlag,** die **Nie|der|schrift; nie|der|bren|nen, nie|der|kni|en, nie|der|las|sen, nie|der|le|gen, nie|der|rei|ßen, nie|der|schla|gen:** einen Aufstand niederschlagen, **nie|der|tram|peln, nie|der|wer|fen**

Nie|der|sach|sen: (Land der Bundesrepublik Deutschland); der **Nie|der|sach|se,** die **Nie|der|säch|sin; nie|der|säch|sisch**

nied|lich: niedlicher, am niedlichsten; die **Nied|lich|keit**

nied|rig: niedriger, am niedrigsten; niedrige Temperaturen – die niedrig stehende *auch* niedrigstehende Sonne; der **Nied|rig|preis**

Nie|re, die: der Niere, die Nieren; (Körperorgan); das geht mir an die Nieren (trifft mich hart) der **Nie|ren|stein; nie|ren|för|mig, nie|ren|krank**

M N O

nie|seln: es nieselt, es nieselte, hat genieselt; der **Nie|sel|re|gen**

nie|sen: du niest, er nieste, hat geniest, nies(e) mich nicht an!

Nie|te, die: der Niete, die Nieten; (Metallbolzen); niet- und nagelfest (sehr fest); **nie|ten, ver|nie|ten**

Nie|te, die: der Niete, die Nieten; (Los ohne Gewinn; *umgangssprachlich für* Versager)

Ni|ko|laus *griech.,* der: des Nikolaus, die Nikolause *auch* Nikoläuse; der **Ni|ko|laus|tag** (6.12.)

Ni|ko|tin, das: des Nikotins; (Tabakgift)

Nil|pferd, das: des Nilpferd(e)s, die Nilpferde; (Flusspferd)

nim|mer: nie und nimmer; der **Nim|mer|satt,** das **Nim|mer|wie|der|se|hen**

nimmt: → nehmen

nip|pen: du nippst, er nippte, hat genippt, nipp(e)!; (einen sehr kleinen Schluck von etwas trinken)

nir|gends *auch* **nir|gend:** (an keinem Ort); **nir|gend|wo, nir|gend|wo|hin**

Ni|sche, die: der Nische, die Nischen; (Lücke; kleine Erweiterung eines Raums)

nis|ten: er nistet, er nistete, hat genistet; der Vogel nistet in der Hecke; der **Nist|kas|ten; ein|nis|ten:** sich einnisten; → Nest

Ni|veau *franz. [niwo],* das: des Niveaus, die Niveaus; (waagerechte Fläche; Rang, Bildungsstand)

Ni|xe, die: der Nixe, die Nixen; (Meerjungfrau)

No|bel|preis, der: des Nobelpreises, die Nobelpreise; (von dem schwedischen Chemiker und Industriellen Alfred Nobel gestifteter Preis)

noch: noch einmal (nochmal) – noch immer – noch einmal so viel – noch und noch – noch mehr – sie kommen noch heute; **noch|mals** (noch einmal)

NOK: *Abk. für* **N**ationales **O**lympisches **K**omitee

No|ma|de *griech.,* der: des Nomaden, die Nomaden; (Angehöriger eines nichtsesshaften Volkes)

No|men *lat.,* das: des Nomens, die Nomen; (Substantiv)

No|mi|na|tiv, der: des Nominativs, die Nominative; (1. Fall, Wer-Fall)

no|mi|nie|ren *lat.:* du nominierst, er nominierte, hat nominiert, nominier(e)!; (jemanden zur Wahl vorschlagen; für einen Wettkampf aufstellen); die **No|mi|nie|rung**

Non|ne, die: der Nonne, die Nonnen; (Klosterfrau); das **Non|nen|klos|ter**

Non|sens *lat.-engl.,* der: des Nonsens; (Unsinn, dummes Geschwätz)
non|stop *engl.:* (ohne Halt oder Pause): nonstop fliegen; der **Non|stop|flug** *auch* **Nonstop-Flug**
Nord: *Abk.* N (Himmelsrichtung): Nord und Süd – der Wind kommt aus *auch* von Nord; der **Nor|den,** der **Nord-pol,** die **Nord|see; nörd|lich; nord-wärts**
Nor|dic|wal|king *auch* **Nor|dic Wal-king** *[nordikwoking],* das: des Nordicwalkings; (sportliches Gehen mit Stöcken)
Nord|rhein-West|fa|len: (Land der Bundesrepublik Deutschland); der **Nord-rhein-West|fa|le,** die **Nord|rhein-West|fä|lin; nord|rhein-west|fä|lisch**
nör|geln: du nörgelst, er nörgelte, hat genörgelt, nörgel(e) nicht!; (mit allem unzufrieden sein); die **Nör|ge|lei,** der **Nörg|ler**
Norm, die: der Norm, die Normen; (Regel, Vorschrift); der **Nor|mal|fall; nor|mal; nor|ma|li|sie|ren:** das Leben normalisiert sich wieder (wird wieder normal), **nor|mie|ren** (nach einer Norm einheitlich festsetzen)
Nos|tal|gie *griech.,* die: der Nostalgie, die Nostalgien; (Sehnsucht nach Vergangenem); **nos|tal|gisch**
Not, die: der Not, die Nöte; in Not, in Nöten sein, zur Not – seine (liebe) Not haben – Not leiden – da ist Not am Mann (es ist dringend nötig); der **Not|arzt,** der **Not|aus|gang,** die **Not-brem|se,** der **Not|fall,** das **Nö|tigs|te:** es fehlte ihnen am Nötigsten, die **Not|lan|dung,** die **Not|wehr; not-dürf|tig** (nur oberflächlich, nicht ausreichend), **nö|tig, not|wen|dig; not|falls; be|nö|ti|gen** (brauchen), **nö|ti|gen** (jemanden zu etwas zwingen), **not|tun**
No|te, die: der Note, die Noten; (Zensur; Geldschein; musikalisches Schriftzeichen); die **Bank|no|te,** der **No|ten|stän|der; be|no|ten:** eine Arbeit benoten
Note|book *engl. [notbuk],* das: des Notebooks, die Notebooks; (kleiner transportabler Computer)
no|tie|ren: du notierst, er notierte, hat notiert, notier(e)!; (etwas aufschreiben); die **No|tiz,** das **No|tiz|buch**
Nou|gat: → Nugat
No|vel|le *lat.,* die: der Novelle, die Novellen; (kurz gefasste Erzählung)
No|vem|ber, der: des Novembers
Nr.: *Abk. für* **N**umme**r**
N.T.: *Abk. für* **N**eues **T**estament
Nu, der; er war im Nu (in kurzer Zeit) wieder da – in einem Nu
nüch|tern: nüchterner, am nüchternsten; (ohne etwas zu essen, zu trinken; sachlich); die **Nüch|tern|heit; er-nüch|tern** (enttäuschen)
nu|ckeln: du nuckelst, er nuckelte, hat genuckelt; (saugen); der **Nu|ckel**
Nu|del, die: der Nudel, die Nudeln; der **Nu|del|sa|lat**
Nu|gat *auch* **Nou|gat** *franz.,* der *auch* das: des Nugats, die Nugats; (Süßware); die **Nu|gat|scho|ko|la|de**
nu|kle|ar *auch* **nuk|le|ar** *lat.:* (zum Atomkern gehörend): nukleare Waffen (Kernwaffen)
null: *Kleinschreibung:* null und nichtig – null Fehler, null Uhr – die Temperatur sank unter null – das Ergebnis ist gleich null – das Spiel steht eins zu null – das schaffen wir in null Komma nichts (im Nu) – darauf habe ich null Bock (keine Lust); *Großschrei-*

M N O

bung: die Null (Zahl, *auch* bedeutungsloser Mensch); der **Null|punkt:** unsere Stimmung sank auf den Nullpunkt

Num|mer, die: der Nummer, die Nummern; *Abk.* Nr.; auf Nummer sicher *auch* Sicher gehen (etwas ohne Risiko tun); die **Num|me|rie|rung,** das **Num|mern|schild; num|me|rie|ren** (mit Nummern kennzeichnen)

nun: von nun an – nun gut – was machen wir nun (jetzt)?; **nun|mehr** (von jetzt an)

nur: nur ich – nur zu! – nur Gutes – nur das nicht – was hat er nur? – wenn ich es nur wüsste!

nu|scheln: du nuschelst, er nuschelte, hat genuschelt, nusch(e)le nicht!; (undeutlich sprechen)

Nuss, die: der Nuss, die Nüsse; eine Nuss knacken – eins auf die Nuss geben (*umgangssprachlich für* auf den Kopf schlagen); der **Nuss|baum,** der **Nuss|kna|cker,** die **Nuss|scha|le** (*auch für* kleines Boot), die **Wal|nuss; nuss|braun**

Nüs|tern, die: der Nüstern; (Nasenlöcher, besonders beim Pferd)

nut|zen *auch* **nüt|zen:** du nützt, er nützte, hat genützt, nütz(e) die Zeit!; den Boden nutzen (bebauen) – die Gelegenheit nutzen – das nützt mir nichts; der **Nut|zen:** das kann noch einmal von Nutzen sein, der **Nut|zer,** die **Nut|ze|rin,** die **Nutz|flä|che,** die **Nütz|lich|keit,** der **Nutz|nie|ßer** (jemand, der den Vorteil einer Sache genießt), die **Nut|zung; nutz** *auch* **nüt|ze:** zu nichts nutz *auch* nütze sein – sich etwas zu Nutze *auch* zunutze machen; **nutz|bar, nütz|lich, nutz|los**

Ny|lon *engl. [neilon],* das: des Nylon(s); (Kunstfaser); die **Ny|lon|strümp|fe**

O

o!: (Ausruf nur in Verbindung mit anderen Wörtern): o ja!, o weh! (*allein stehend* oh!)

O: (chemisches Zeichen für Sauerstoff)

Oa|se, die: der Oase, die Oasen; (Wasserstelle in der Wüste)

ob: ob er wohl kommt? – ich weiß nicht, ob er kommt – so tun, als ob – Rothenburg ob der Tauber (über, oberhalb); **ob|gleich, ob|schon, ob|wohl**

Ob|acht, die: der Obacht; Obacht geben (aufpassen)

Ob|dach, das: des Obdachs; jemandem Obdach (Unterkunft) gewähren; der *auch* die **Ob|dach|lo|se** (Mensch ohne Unterkunft), das **Ob|dach|lo|sen|heim; ob|dach|los**

O-Bei|ne, die: der O-Beine; **o-bei|nig** *auch* **O-bei|nig**

oben: oben auf dem Schrank – oben in der Wohnung – siehe oben – der oben stehende *auch* obenstehende Abschnitt – nach, von, bis oben – die oben genannte *auch* obengenannte Erklärung; alles Gute kommt von oben – jemanden von oben herab behandeln (hochmütig) – jemanden von oben bis unten mustern; **oben|auf:** immer obenauf (munter, zuversichtlich) sein, **oben|rum** (oben am Körper), **oben|drein** (noch zusätzlich)

ober: obere, oberst; (höher, darüber stehend): das obere Stockwerk – die oberste Stufe

Ober...: der **Ober|arm,** der **Ober|begriff,** die **Ober|flä|che,** der **Ober|körper; ober...:** ein obercooler Typ; **ober|fläch|lich** (nicht gründlich); **ober|halb**

Ober, der: des Obers, die Ober; (Kellner)

Ob|hut, die: der Obhut; (Schutz)

Ob|jekt *lat.,* das: des Objekts, die Objekte; (Sache, Gegenstand; Satzergänzung); das **Ak|ku|sa|tiv|ob|jekt,** das **Da|tiv|ob|jekt,** das **Ge|ni|tiv|ob|jekt**

ob|jek|tiv *lat.:* (sachlich, ohne Vorurteil): *Gegensatz* subjektiv; ein objektiver Bericht; die **Ob|jek|ti|vi|tät,** das **Ob|jek|tiv** (Fotolinse)

Ob|la|te *lat.,* die: der Oblate, die Oblaten; (dünnes Gebäck; Abendmahlsbrot)

Oboe, die: der Oboe, die Oboen; (Holzblasinstrument)

Obst, das: des Obstes; (Baumfrüchte); der **Obst|baum,** die **Obst|ern|te,** der **Obst|gar|ten,** der **Obst|sa|lat**

ob|wohl: obwohl es regnete, joggte sie

Och|se, der: des Ochsen, die Ochsen; dastehen wie der Ochs vorm Berge (ratlos sein); **och|sen** (angestrengt arbeiten)

ocker: (gelbbraune Farbe); **ocker|farben**

öde *auch* **öd:** öder, am ödesten; eine öde (einsame, unbewohnte) Landschaft – ein öder (langweiliger) Tag; die **Ein|öde,** das **Öd|land; an|öden:** sich anöden (sich nichts zu sagen haben)

oder: ja oder nein – heute oder morgen – entweder ... oder

Odys|see *griech.,* die: der Odyssee, die Odysseen; (Irrfahrt, ursprünglich des sagenhaften griechischen Helden Odysseus)

Ofen, der: des Ofens, die Öfen; der Ofen ist aus (etwas ist vorbei) – damit kannst du keinen Hund hinter dem Ofen hervorlocken (das ist uninteressant); der **Ka|chel|ofen; ofen|frisch:** ofenfrische Brötchen

of|fen: eine offene (unverschlossene) Tür – die Tür muss offen bleiben, *aber* die Antwort muss offenbleiben (kann nicht gegeben werden) – eine offene (unerledigte) Angelegenheit – eine offene (ehrliche) Aussprache; mit offenen Augen in sein Unglück rennen – mit offenen Karten spielen (ehrlich seine Absicht bekennen) – jemanden mit offenen Armen (herzlich) empfangen – ein offenes Ohr haben (Verständnis zeigen); **of|fen|sicht|lich, öf|fent|lich;** die **Of|fen|heit,** die **Öf|fent|lich|keit; of|fen|ba|ren** (bekennen), **ver|öf|fent|li|chen**

Of|fen|si|ve *lat.,* die: der Offensive, die Offensiven; (Angriff): *Gegensatz* Defensive; **of|fen|siv**

of|fi|zi|ell *franz.:* (amtlich, beglaubigt; förmlich)

Of|fi|zier *franz.,* der: des Offiziers, die Offiziere; (militärische Rangstufe)

off|line *engl. [oflain]:* (unabhängig vom Netz, ohne Verbindung zum Internet): *Gegensatz* online

öff|nen: du öffnest, er öffnete, hat geöffnet, öffne!; sich öffnen; **er|öff|nen;** die **Er|öff|nung,** der **Fla|schen|öff|ner,** die **Öff|nung**

oft: öfter(s) – öfter als – des Öfteren; **oft|mals** (viele Male), **so|oft:** sooft ich dort gewesen bin, war er nicht da, *aber* ich habe es so oft gesagt, dass ...

oh!: (Ausruf, allein stehend)

oh|ne: ohne dich, ohne weiteres *auch* Weiteres (wie selbstverständlich); das ist nicht ohne (hat seine Vorteile, *aber auch:* ist gefährlich); **oh|ne dass**

Ohn|macht, die: der Ohnmacht, die Ohnmachten; (Bewusstlosigkeit): in eine Ohnmacht fallen; **ohn|mäch|tig** (bewusstlos; machtlos)

Ohr, das: des Ohr(e)s, die Ohren; scharfe, gute, schlechte Ohren haben; die Ohren anlegen (ängstlich sein) – die Ohren spitzen (aufmerksam zuhören) – sich aufs Ohr legen (schlafen) – es faustdick hinter den Ohren haben (äußerst gewieft sein) – jemandem in den Ohren liegen (durch Bitten belästigen) – jemanden übers Ohr hauen (betrügen) – bis über beide Ohren verliebt sein (sehr verliebt sein) – sich etwas hinter die Ohren schreiben (gut merken); die **Esels|ohren** (umgeknickte Ecken von Buchseiten), das **Öhr|chen,** der **Oh|ren|arzt,** der **Oh|ren|zeu|ge,** die **Ohr|fei|ge,** der **Ohr|klipp,** die **Ohr|mu|schel,** der **Ohr|ring; oh|ren|be|täu|bend:** ein ohrenbetäubender Lärm; **ohr|fei|gen**

okay *amerik. [ouke]: Abk.* o.k. *auch* O.K. (richtig, in Ordnung): das ist okay; das **Okay:** sein Okay zu etwas geben

Öko|lo|gie *griech.,* die: der Ökologie; (Lehre von der Beziehung der Lebewesen zu ihrer Umwelt); der ökologische Landbau; der **Öko|lo|ge,** der **Öko|la|den,** die **Öko|lo|gin,** das **Öko|pro|dukt,** das **Öko|sys|tem; öko|lo|gisch**

öko|no|misch *griech.:* ökonomischer, am ökonomischsten; (wirtschaftlich, sparsam); die **Öko|no|mie** (Wirtschaftswissenschaft, Wirtschaftlichkeit, sparsame Lebensführung)

Ok|ta|ve *auch* **Ok|tav** *lat.,* die: der Oktave, die Oktaven; (Intervall, achter Ton vom Grundton aus)

Ok|to|ber, der: des Oktober(s); das **Ok|to|ber|fest**

Öku|me|ne *griech.,* die: der Ökumene; (Gesamtheit der Christen); **öku|me|nisch:** ein ökumenischer Gottesdienst (gemeinsamer Gottesdienst von Katholiken und Protestanten)

Öl, das: des Öl(e)s, die Öle; Öl ins Feuer gießen (einen Streit noch verschärfen) – dasitzen wie ein Ölgötze (stumm, unbeteiligt); das **Erd|öl,** die **Öl|far|be,** das **Öl|ge|mäl|de,** die **Öl|hei|zung,** das **Pflan|zen|öl; ölig; ölen**

Old|ti|mer *engl. [oldtaimer],* der: des Oldtimers, die Oldtimer; (altes Auto, Eisenbahn- oder Flugzeugmodell)

Oli|ve, die: der Olive, die Oliven; (Frucht des Ölbaums); das **Oli|ven|öl; oliv, oliv|grün**

Olymp, der: des Olymps; (Berg in Griechenland, Wohnsitz der Götter); **Olym|pia** (altgriechisches Nationalheiligtum), die **Olym|pi|a|de** (die Olympischen Spiele), die **Olym|pia|mann|schaft,** der **Olym|pia|sieg,** das **Olym|pia|sta|di|on; olym|pisch:** das olympische Dorf – das olympische Feuer – *aber* die Olympischen Spiele

Oma, die: der Oma, die Omas; (Großmutter)

Ome|lett *auch* **Ome|let|te** *franz.,* das: des Omelett(e)s, die Omelette *auch* Omeletts; (Eierkuchen)

Om|ni|bus, der: des Omnibusses, die Omnibusse; *Abk.* Bus

Ona|nie, die: der Onanie; (geschlechtliche Selbstbefriedigung); **ona|nie|ren**

On|kel, der: des Onkels, die Onkel; (Bruder der Mutter oder des Vaters)
on|line *engl. [onlain]:* (im Internet sein, direkte Computerverbindung): *Gegensatz* offline; das **On|line|shopping**
Opa, der: des Opas, die Opas; (Großvater)
Op|en-Air-Fes|ti|val *engl. [oupenärfäßtiwel],* das: des Open-Air-Festivals, die Open-Air-Festivals; *Abk.* Open Air (Musikveranstaltung im Freien)
Oper *ital.,* die: der Oper, die Opern; (musikalisches Bühnenwerk); die **Ope|ret|te** (unterhaltsames Bühnenstück mit Musik), das **Opern|haus,** die **Opern|sän|ge|rin**
Ope|ra|ti|on, die: der Operation, die Operationen; (chirurgischer Eingriff; militärisches Unternehmen; Rechenvorgang); die **Not|ope|ra|ti|on,** der **Ope|ra|ti|ons|saal:** *Abk.* OP, die **Ope|ra|ti|ons|schwes|ter; ope|ra|tiv; ope|rie|ren**
Op|fer, das: des Opfers, die Opfer; das Opfer eines Unfalls; die **Op|fer|be|reit|schaft; auf|op|fern:** sich für jemanden aufopfern, **op|fern:** seine Zeit für etwas opfern – sich opfern
Op|po|si|ti|on *lat.,* die: der Opposition, die Oppositionen; (Gegensatz, Widerstand)
Op|tik *griech.,* die: der Optik; (Lehre vom Licht; das Linsensystem eines Instruments); der **Op|ti|ker,** die **Op|ti|ke|rin; op|tisch**
Op|ti|mis|mus *lat.,* der: des Optimismus; (Zuversichtlichkeit in allen Dingen): *Gegensatz* Pessimismus; der **Op|ti|mist; op|ti|mis|tisch**
Ora|kel *lat.,* das: des Orakels, die Orakel; (rätselhafte Weissagung)
Oran|ge *pers.-franz. [orangsche],* die: der Orange, die Orangen; (Apfelsine); der **Oran|gen|saft; oran|ge** (goldgelbe Farbe)
Orang-Utan *malaiisch,* der: des Orang-Utans, die Orang-Utans; (Menschenaffe)
Or|ches|ter *griech. [orkäster],* das: des Orchesters, die Orchester; (Musikkapelle)
Or|chi|dee *griech. [orchidee],* die: der Orchidee, die Orchideen; (exotische Zierblume)
Or|den, der: des Ordens, die Orden; (Mönchsgemeinschaft; Auszeichnung)
or|dent|lich: ordentlicher, am ordentlichsten; (anständig, gut, ordnungsliebend)
ord|nen: du ordnest, er ordnete, hat geordnet, ordne!; seine Gedanken ordnen – nach dem Alphabet ordnen, **an|ord|nen** (befehlen), **ver|ord|nen:** heiße Umschläge verordnen; der **Ord|ner** (Person, die für Ordnung sorgt; Hefter), die **Ord|nung; ord|nungs|ge|mäß**
Or|gan *griech.,* das: des Organs, die Organe; (Körperteil; laute Stimme); der **Or|ga|nis|mus** (lebendiger Körper; gegliedertes Ganzes), der **Or|gan|spen|der** (jemand, der ein Organ für einen anderen zur Verfügung stellt); **or|ga|nisch** (zur belebten Natur gehörend)
Or|ga|ni|sa|ti|on, die: der Organisation, die Organisationen; (Zusammenschluss von Menschen; planmäßige Ordnung): Mitglied einer Organisation sein – die Organisation der Klassenfahrt; **or|ga|ni|sa|to|risch; or|ga|ni|sie|ren**

N O P

Or|gas|mus *griech.*, der: des Orgasmus, die Orgasmen; (Höhepunkt der geschlechtlichen Erregung)

Or|gel, die: der Orgel, die Orgeln

Ori|ent *lat.*, der: des Orients; (Morgenland); **ori|en|ta|lisch**

ori|en|tie|ren: du orientierst dich, er orientierte sich, hat sich orientiert, orientier(e) dich!; (sich zurechtfinden); die **Ori|en|tie|rung:** die Orientierung verlieren (nicht mehr wissen, wo man ist), der **Ori|en|tie|rungssinn; ori|en|tie|rungs|los**

Ori|gi|nal *lat.* das: des Originals, die Originale; das Original des Bildes (Urbild); der Mann ist ein Original (besonderer Mensch); der **Ori|gi|naltext** (Urtext); **ori|gi|nal** (ursprünglich, echt), **ori|gi|nal|ge|treu, ori|gi|nell:** (neuartig, überraschend)

Or|kan, der: des Orkans, die Orkane; (schwerer Sturm); die **Or|kan|stär|ke; or|kan|ar|tig**

Ort, der: des Ort(e)s, die Orte; an Ort und Stelle; das **Ört|chen** (Toilette), die **Orts|an|ga|be,** die **Ort|schaft,** der **Vor|ort; ört|lich, orts|kun|dig; orten:** ein Schiff orten (den augenblicklichen Standpunkt feststellen)

Or|tho|gra|fie *auch* **Or|tho|gra|phie** *griech.*, die: der Orthografie, die Orthografien; (Rechtschreibung); **ortho|gra|fisch** *auch* **or|tho|gra|phisch**

Or|tho|pä|de *griech.*, der: des Orthopäden, die Orthopäden; (Facharzt für Erkrankungen der Bewegungsorgane); die **Or|tho|pä|die; or|tho|pä|disch**

Öse, die: der Öse, die Ösen; (kleiner Metallring)

Os|ten, der: des Ostens; der Nahe Osten (Vorderasien); die **Ost|see,** der **Ost|wind; öst|lich; ost|wärts**

Os|tern, das: des Ostern, die Ostern; das **Os|ter|ei,** das **Os|ter|fest,** die **Os|ter|glo|cke,** der **Os|ter|ha|se; öster|lich**

Ös|ter|reich: der **Ös|ter|rei|cher,** die **Ös|ter|rei|che|rin; ös|ter|rei|chisch**

Ot|ter, der: des Otters, die Otter; (Marderart); der **Fisch|ot|ter**

Ot|ter, die: der Otter, die Ottern; (Schlangenart); die **Kreuz|ot|ter**

out *engl. [aut]:* das ist out (unmodern); **ou|ten:** jemanden outen (seine Homosexualität o. Ä. ohne dessen Zustimmung öffentlich bekannt machen) – sich outen; das **Out|door** (Freizeitaktivitäten draußen), das **Out|fit** (Kleidung; Ausrüstung), der **Out|si|der** *[autßaider]* (Außenseiter)

oval: (eiförmig); das **Oval:** des Ovals, die Ovale

Over|all *auch* **Ove|rall** *engl. [oweral]*, der: des Overalls, die Overalls; (einteiliger Anzug; Schutzanzug)

Over|head|pro|jek|tor der: des Overheadprojektors, die Overheadprojektoren; *Abk.* OHP (Tageslichtprojektor)

Oxid *auch* **Oxyd,** das: des Oxids, die Oxide; (Sauerstoffverbindung); die **Oxi|da|ti|on; oxi|die|ren** (sich mit Sauerstoff verbinden)

Oze|an *griech.*, der: des Ozeans, die Ozeane; (Weltmeer): der Atlantische Ozean – der Stille Ozean; der **Ozean|damp|fer; oze|a|nisch**

Ozon, das: des Ozons; (besondere Form des Sauerstoffs); der **Ozonalarm,** der **Ozon|ge|halt,** die **Ozonschicht** (schützende Hülle in der Erdatmosphäre), das **Ozon|loch** (Zerstörung der oberen Schicht der Erdatmosphäre); **ozon|hal|tig**

P

paar: ein paar (einige, mehrere) – ein paar Leute – mit ein paar Worten – ein paar Mal(e)

Paar, das: des Paar(e)s, die Paare; ein Paar neue Schuhe; das **Braut|paar,** das **Ehe|paar,** die **Paa|rung** (Begattung bei Tieren), das **Pär|chen; paarig** (paarweise vorhanden); **paar|weise**

pach|ten: du pachtest, er pachtete, hat gepachtet, pacht(e)!; ein Stück Land pachten (gegen Bezahlung nutzen); die **Pacht,** der **Päch|ter**

Pack, das: des Pack(e)s; (Pöbel, Gesindel)

Pack *auch* **Pa|cken,** der: des Pack(e)s, die Packe *auch* Päcke; (Bündel): ein Pack(en) alter Zeitungen; der **Packesel** (Lastesel)

pa|cken: du packst, er packte, hat gepackt, pack(e)!; seinen Koffer packen; **aus|pa|cken:** er hat ausgepackt (beim Verhör geredet), **ein|pa|cken:** jemanden in Watte einpacken (sehr vorsichtig behandeln) – jetzt können wir einpacken (wir haben verloren), **ver|pa|cken;** das **Ge|päck,** das **Päckchen** (kleines Paket): *unterscheide* Paket!; sein Päckchen zu tragen haben (mit seinen Sorgen zurechtkommen müssen), das **Pack|eis,** das **Pack|papier,** die **Pa|ckung,** die **Ver|pa|ckung; pa|ckend:** eine packende (spannende) Erzählung

Pä|da|go|ge *auch* **Päd|a|go|ge** *griech.,* der: des Pädagogen, die Pädagogen; (Lehrer, Erzieher); die **Pä|da|go|gik** (Erziehungswissenschaft); **pä|da|go|gisch**

pad|deln: du paddelst, er paddelte, hat gepaddelt, padd(e)le!; das **Pad|del** (Ruder mit zwei Blättern), das **Paddel|boot**

Pa|ket, das: des Paket(e)s, die Pakete; *unterscheide* Päckchen

Pakt, der: des Pakt(e)s, die Pakte; (Vertrag, Bündnis)

Pa|last *lat.,* der: des Palast(e)s, die Paläste; (Schloss, prächtiger Bau)

Pa|let|te *franz.,* die: der Palette, die Paletten; (Farbenmischbrett; Untersatz für Stapelgüter)

pa|let|ti: alles paletti (*umgangssprachlich für* in Ordnung)

Pa|li|sa|de *franz.*die: der Palisade, die Palisaden; (Hindernis auf Pfählen)

Pal|me, die: der Palme, die Palmen; jemanden auf die Palme bringen (wütend machen); der **Palm|zweig,** die **Dat|tel|pal|me**

Pam|pe, die: der Pampe, die Pampen; (Schlamm, breiige Masse); **pam|pig:** komm mir ja nicht pampig (frech)!

Pam|pel|mu|se *niederl.,* die: der Pampelmuse, die Pampelmusen; (Zitrusfrucht)

pa|nie|ren: du panierst, er panierte, hat paniert, panier(e)!; (in Ei und Semmelbrösel wenden): ein paniertes Schnitzel; das **Pa|nier|mehl**

Pa|nik, die: der Panik, die Paniken; (plötzlicher Schrecken, Massenangst): mach keine Panik (verbreite keine Unruhe); die **Pa|nik|ma|che; pa|nikar|tig, pa|nisch**

Pan|ne *franz.,* die: der Panne, die Pannen; (Unfall, Schaden, Störung; Missgeschick); eine Panne haben, der **Pan|nen|dienst,** die **Pan|nen|hil|fe; pan|nen|frei**

Pa|no|ra|ma *auch* **Pan|o|ra|ma,** das: des Panoramas, die Panoramen; (Rundblick; Rundgemälde)

O P Q

pan|schen *auch* **pant|schen:** du panschst, er panschte, hat gepanscht, pansch(e) nicht!; (mischen, verdünnen, verfälschen); die **Pan|sche|rei**

Pan|ter *auch* **Pan|ther** *griech.*, der: des Panters, die Panter; (Leopard)

Pan|tof|fel, der: des Pantoffels, die Pantoffel *auch* Pantoffeln; (Hausschuh, an der Ferse offen); unter dem Pantoffel stehen (von seiner Ehefrau beherrscht werden); der **Pan|tof|fel|held** (*scherzhaft für* Ehemann, der zu Hause nichts zu sagen hat)

Pan|to|mi|me *griech.*, die: der Pantomime, die Pantomimen; (Darstellung einer Szene nur mit Gebärden, stummes Gebärdenspiel); **pan|to|mi|misch**

Pan|zer, der: des Panzers, die Panzer; (Schutzhülle, Rüstung; Kampffahrzeug): der Panzer der Schildkröte; der **Pan|zer|schrank,** die **Pan|ze|rung; pan|zern:** sich panzern

Pa|pa *auch* **Pa|pa,** der: des Papas, die Papas; (Vater)

Pa|pa|gei, der: des Papageien *auch* Papageis, die Papageien; plappern wie ein Papagei (unaufhörlich reden)

Pa|pier, das: des Papiers, die Papiere; ich habe meine Papiere (Ausweise) nicht bei mir – etwas zu Papier bringen (aufschreiben); der **Pa|pier|korb,** die **Pa|pier|sche|re**

Pap|pe, die: der Pappe, die Pappen; nicht von Pappe (nicht schlecht, nicht zu unterschätzen) sein; die **Dach|pap|pe,** der **Papp|kar|ton,** das **Papp|pla|kat** *auch* **Papp-Pla|kat,** der **Pap|pen|stiel:** das ist kein Pappenstiel (keine Kleinigkeit)

Pap|pel, die: der Pappel, die Pappeln; (Laubbaum); die **Pap|pel|al|lee**

pap|pen: du pappst, er pappt; (*umgangssprachlich für* kleben): der Schnee pappt; **papp|satt** (sehr satt)

Pa|pri|ka *auch* **Pap|ri|ka** *serb.-ungar.*, der: des Paprikas, die Paprika(s); (Gewürz- und Gemüsepflanze); die **Pa|pri|ka|scho|te**

Papst, der: des Papst(e)s, die Päpste; (Oberhaupt der katholischen Kirche); die **Papst|wahl; päpst|lich**

Pa|ra|de, die: der Parade, die Paraden; (Truppenschau; Abwehr eines Angriffs, z.B. beim Fechten)

Pa|ra|dies *pers.*, das: des Paradieses, die Paradiese; (Himmel; Ort der Glückseligkeit); **pa|ra|die|sisch**

Pa|ra|graf *auch* **Pa|ra|graph** *griech.*, der: des Paragrafen, die Paragrafen; (Abschnitt, Absatz, z.B. von Gesetzestexten): *Zeichen* **§**

pa|ral|lel *auch* **par|al|lel** *griech.:* (im gleichen Abstand nebeneinander verlaufend); die **Pa|ral|le|le,** die **Pa|ral|lel|klas|se,** die **Pa|ral|lel|stra|ße**

Pa|ra|lym|pics *lat./engl.*, die: der Paralympics; (die Olympischen Spiele für behinderte Sportler)

Pa|ra|sit *griech.*, der: des Parasiten, die Parasiten; (Schmarotzerpflanze, -tier; jemand, der sich auf Kosten anderer ernährt)

pa|rat *lat.:* (bereit, gebrauchsfertig)

Par|don! *franz. [pardong]:* (Entschuldigung!); da gibt es keinen Pardon (keine Nachsicht)

Par|füm *auch* **Par|fum** *franz.*, das: des Parfüms, die Parfüme *auch* Parfüms; (wohlriechender Duftstoff); die **Par|fü|me|rie; par|fü|mie|ren:** sich parfümieren

pa|rie|ren *lat.:* du parierst, er parierte, hat pariert, parier(e)!; (gehorchen;

abwehren): einen Angriff parieren (abwehren)

Park, der: des Parks, die Parks; (sehr großer Garten, Grünanlage); die **Park|an|la|ge,** die **Park|bank**

Par|ka, der: des Parka(s), die Parkas; (langer, gefütterter Anorak)

par|ken: du parkst, er parkte, hat geparkt, park(e)!; (ein Fahrzeug abstellen); **ein|par|ken;** das **Park|haus,** die **Park|lü|cke,** der **Park|platz**

Par|kett *franz.,* das: des Parkett(e)s, die Parkette *auch* Parketts; (getäfelter Fußboden; vordere Theaterplätze); der **Par|kett|bo|den**

Par|la|ment *engl.,* das: des Parlament(e)s, die Parlamente; (gewählte Volksvertretung); **par|la|men|ta|risch:** die parlamentarische Sitzung

Pa|ro|die *auch* **Par|o|die** *griech.,* die: der Parodie, die Parodien; (Veränderung ernster Dichtung ins Komische; übertreibende Nachahmung); **pa|ro|die|ren**

Pa|ro|le *franz.,* die: der Parole, die Parolen; (Kennwort; Losung)

Par|tei, die: der Partei, die Parteien; (Gruppe, die gleiche politische Interessen hat): für jemanden Partei ergreifen (ihn unterstützen); **par|tei|isch** (nicht neutral)

par|ter|re: parterre (zu ebener Erde) wohnen; das **Par|ter|re** (Erdgeschoss)

Par|tie *franz.,* die: der Partie, die Partien; (Ausschnitt, Teil; Ausflug; Einzelspiel): eine Landpartie – eine Partie Schach spielen

Par|ti|zip, das: des Partizips, die Partizipien; (Form des Verbs)

Part|ner, der: des Partners, die Partner; der **Ehe|part|ner,** der **Ge|sprächs|part|ner,** die **Part|ner|ar|beit,** das **Part|ner|dik|tat,** die **Part|ne|rin,** die **Part|ner|schaft,** der **Tanz|part|ner**

Par|ty *engl.,* die: der Party, die Partys; (zwangloses Fest, Fete)

Pass, der: des Passes, die Pässe; (Bergübergang; Personalausweis; genaue Ballabgabe beim Fußball); die Pässe waren verschneit – einen Doppelpass spielen; das **Pass|bild,** die **Pass|hö|he**

Pas|sa|ge *franz. [paßasche],* die: der Passage, die Passagen; (Durchgang, Durchfahrt); die **Ein|kaufs|pas|sa|ge**

Pas|sa|gier *franz. [paßaschir],* der: des Passagiers, die Passagiere; (Fahrgast, Fluggast): der blinde Passagier (jemand, der sich heimlich an Bord eines Schiffes geschlichen hat); der **Pas|sa|gier|damp|fer**

Pas|sat *niederl.,* der: des Passat(e)s, die Passate; (Tropenwind)

pas|sen: du passt, er passte, hat gepasst, pass auf!; **an|pas|sen:** sich anpassen, **auf|pas|sen** (aufmerksam sein), **ver|pas|sen** (verfehlen, versäumen); **pas|send**

pas|sie|ren: du passierst, er passierte, ist *auch* hat passiert; (durch-, überqueren; geschehen): es ist nichts passiert – er hat die Grenze passiert (überschritten); der **Pas|sant** (Fußgänger), der **Pas|sier|schein; pas|sier|bar:** die Brücke ist wieder passierbar

pas|siv *auch* **pas|siv** *lat.:* (untätig, teilnahmslos, duldend): *Gegensatz* aktiv; das **Pas|siv** (eine Verbform): z. B. er wird verspottet, die **Pas|si|vi|tät** (passives Verhalten)

Pass|wort, das: des Passwortes, die Passwörter; (Geheimwort, Kennwort für den Zugang zu Daten und Programmen)

Pas|ta *auch* **Pas|te,** die: der Pasta, die Pasten; (streichbare Masse); die **Zahn|pas|ta**

Pas|ta *ital.,* die: der Pasta; (Teigwaren)

Pas|tell *ital.,* das: des Pastell(e)s, die Pastelle; (mit Pastellfarben gemaltes Bild); **pas|tell|far|ben**

Pas|te|te, die: der Pastete, die Pasteten; (Fleisch-, Fischspeise in Teighülle)

Pas|tor *auch* **Pas|tor** *lat.,* der: des Pastors, die Pastoren; (Geistlicher, Pfarrer); die **Pas|to|rin**

Patch|work *amerik. [pätschwörk],* das: des Patchworks, die Patchworks; (aus bunten Flicken zusammengesetzter Stoff)

Pa|te, der: des Paten, die Paten; (Taufzeuge); das **Pa|ten|kind,** die **Pa|tenschaft,** die **Pa|ten|tan|te,** die **Pa|tin**

Pa|tent *lat.,* das: des Patent(e)s, die Patente; (Schutzrecht für eine Erfindung); das **Pa|tent|re|zept** (Methode zur Lösung vieler Schwierigkeiten); **pa|tent** (geschickt, tüchtig)

Pa|ter, der: des Paters, die Pater *auch* Patres; (katholischer Ordensgeistlicher)

Pa|ti|ent *lat.,* der: des Patienten, die Patienten; (Kranker in ärztlicher Behandlung); die **Pa|tien|tin**

Pa|tro|ne *auch* **Pat|ro|ne,** die: der Patrone, die Patronen; (Geschoss; Tintenbehälter im Füllfederhalter); die **Patro|nen|hül|se**

Pat|sche, die: der Patsche; (*umgangssprachlich für* Bedrängnis, Notlage); in der Patsche stecken – jemandem aus der Patsche helfen

pat|zen: du patzt, er patzte, hat gepatzt, patz(e) nicht!; (kleinere Fehler machen); der **Pat|zer; pat|zig** (frech); eine patzige Antwort geben

Pau|ke, die: der Pauke, die Pauken; (Schlaginstrument); auf die Pauke hauen (ausgelassen, leichtsinnig sein); der **Pau|ken|schlag; pau|ken** (angestrengt lernen)

pau|schal: (alles zusammen, im Ganzen); der **Pau|schal|preis** (Gesamtpreis), die **Pau|schal|rei|se**

Pau|se, die: der Pause, die Pausen; eine kurze Pause machen – ohne Pause – die große Pause; die **Früh|stückspau|se,** das **Pau|sen|zei|chen; pausenlos**

pau|sen: du paust, er pauste, hat gepaust, paus(e)!; (durchzeichnen); das **Paus|pa|pier**

Pa|vil|lon *franz. [pawiljong],* der: des Pavillons, die Pavillons; (kleines, frei stehendes Gartenhaus)

Pay-TV *[petivi],* das: des Pay-TV(s); (Privatfernsehen, für das man Gebühren bezahlen muss)

Pa|zi|fik, der: des Pazifiks; *Kurzw. für* Pazifischer (Stiller) Ozean; **pa|zifisch**

PC: *Abk. für* Personalcomputer

Pech, das: des Pechs, die Peche; (schwarzer, klebriger Rückstand bei der Herstellung von Teer; unglücklicher Zufall, Missgeschick); sie halten zusammen wie Pech und Schwefel (halten fest zusammen); die **Pechsträh|ne** (Reihe von unglücklichen Zufällen), der **Pech|vo|gel** (jemand, der oft Pech hat); **pech|schwarz**

Pe|dal, das: des Pedals, die Pedale; (Fußkurbel beim Fahrrad; Fußtasten bei Klavier und Orgel): *auch* die **Pe|da|le,** der Pedale, die Pedalen; in die Pedale treten

Pe|gel, der: des Pegels, die Pegel; (Wasserstandsmesser); der **Pe|gel|stand**

O P Q

pei|len: du peilst, er peilte, hat gepeilt, peil(e)!; (die Richtung, Entfernung, Wassertiefe bestimmen); etwas über den Daumen peilen (ungefähr abschätzen) – die Lage peilen (etwas auskundschaften); die **Pei|lung**

Pein, die: der Pein; (Schmerz, Qual); der **Pei|ni|ger; pein|lich:** eine peinliche (unangenehme) Lage – ein peinliches (beschämendes) Benehmen – er ist in allen Dingen peinlich (äußerst) genau; **pei|ni|gen** (quälen)

Peit|sche, die: der Peitsche, die Peitschen; (Schlaggerät mit einem Lederriemen); **peit|schen:** der Sturm peitscht die Wellen, **aus|peit|schen**

Pe|li|kan *auch* **Pe|li|kan,** der: des Pelikans, die Pelikane; (Vogelart mit langem Schnabel)

Pel|le, die: der Pelle, die Pellen; jemandem auf die Pelle rücken (ihm energisch zusetzen) – jemandem nicht von der Pelle gehen (ständig bei ihm sein; lästig sein); die **Pell|kar|tof|fel; pel|len** (schälen); wie aus dem Ei gepellt (sehr sauber) sein

Pelz, der: des Pelzes, die Pelze; (Tierfell); jemandem auf den Pelz rücken (ihn bedrängen); **pel|zig:** ein pelziges (raues, trockenes) Gefühl im Mund haben

Pen|del, das: des Pendels, die Pendel; der **Pen|del|ver|kehr,** der **Pend|ler** (jemand, der zwischen Wohn- und Arbeitsstätte hin- und herfährt), das **Uhr|pen|del; pen|deln**

Pe|nis *lat.,* der: des Penisses, die Penisse; (männliches Glied)

Pen|ne, die: der Penne, die Pennen; (*umgangssprachlich für* Schule)

pen|nen: du pennst, er pennte, hat gepennt, penn(e)!; (*umgangssprachlich für* schlafen); der **Pen|ner** (unaufmerksamer Mensch; Landstreicher)

Pen|si|on *franz. [pangsion],* die: der Pension, die Pensionen; (Ruhestand, Ruhegehalt für Beamte; kleines Hotel); der **Pen|si|o|när,** der **Pen|si|ons|gast**

Pen|sum, das: des Pensums, die Pensen *auch* Pensa; (in einer bestimmten Zeit zu erledigende Aufgabe, Arbeit)

per|fekt: (vollendet; vollkommen; gültig): sie ist eine perfekte Köchin – perfekt Englisch sprechen – der Vertrag ist perfekt; das **Per|fekt** (Zeitform des Verbs): sie hat geschrieben

Per|ga|ment *griech.,* das: des Pergament(e)s, die Pergamente; (bearbeitete Tierhaut; alte Handschrift auf Tierhaut); das **Per|ga|ment|pa|pier** (fettdichtes Papier, Butterbrotpapier)

Pe|ri|o|de, die: der Periode, die Perioden; (Zeitabschnitt, Zeitraum); **pe|ri|o|disch** (regelmäßig wiederkehrend)

Per|le, die: der Perle, die Perlen; die **Per|len|ket|te,** die **Perl|mu|schel; per|len** (tropfen; Bläschen bilden)

per|plex *lat.:* (verblüfft, überrascht, bestürzt)

Per|son, die: der Person, die Personen; das **Per|so|nal** (alle Angestellten eines Betriebes, Belegschaft), der **Per|so|nal|aus|weis,** der **Per|so|nal|com|pu|ter:** *Abk.* PC, die **Per|so|na|li|en** (Angaben über Name, Wohnung, Beruf, Personenstand einer Person), das **Per|so|nal|pro|no|men** (eine Wortart): z.B. ich, er, ihr, die **Per|sön|lich|keit; per|sön|lich:** persönliches Eigentum – nimm es nicht persönlich (beziehe es nicht auf dich) – jemanden persönlich kennen (mit ihm schon einmal gesprochen haben)

O P Q

Per|spek|ti|ve *auch* **Pers|pek|ti|ve,** die: der Perspektive, die Perspektiven; (Blickwinkel, Sicht); die **Vo|gel|pers|pek|ti|ve** (Sicht aus großer Höhe), die **Frosch|pers|pek|ti|ve** (Sicht von unten)

Pe|rü|cke *franz.*, die: der Perücke, die Perücken; (Haarersatz)

per|vers *lat.:* perverser, am perversesten; (widernatürlich; abartig)

Pes|si|mis|mus *lat.*, der: des Pessimismus; (Neigung, im Leben nur das Schlechte zu sehen, Schwarzseherei): *Gegensatz* Optimismus; der **Pes|si|mist; pes|si|mis|tisch**

Pest *lat.*, die: der Pest; (eine Seuche): etwas wie die Pest (sehr) hassen

Pe|ter|si|lie, die: der Petersilie, die Petersilien; (Küchenkraut)

Pe|tro|le|um *auch* **Pet|ro|le|um,** das: des Petroleums; (Leuchtöl); die **Pe|tro|le|um|lam|pe**

Pet|ting *engl.*, das: des Pettings, die Pettings; (erotisch-sexuelles Spiel ohne Geschlechtsverkehr)

pet|zen: du petzt, er petzte, hat gepetzt, petz(e)!; (*umgangssprachlich für* jemanden, etwas verraten); die **Pet|ze**

Pfad, der: des Pfad(e)s, die Pfade; (schmaler Weg); der **Pfad|fin|der** (Mitglied einer internationalen Jugendorganisation)

Pfahl, der: des Pfahl(e)s, die Pfähle; das Haus steht auf Pfählen; der **Mar|ter|pfahl**

Pfalz *lat.*, die: der Pfalz, die Pfalzen; (befestigter Wohnsitz der Könige und Kaiser im Mittelalter); die **Kai|ser|pfalz**

Pfand, das: des Pfand(e)s, die Pfänder; (Gegenstand, der als Sicherheit für eine Forderung gegeben wird); das **Fla|schen|pfand,** die **Pfän|dung** (gerichtliche Beschlagnahme von Eigentum); **pfän|den**

Pfan|ne, die: der Pfanne, die Pfannen; jemanden in die Pfanne hauen (besiegen, vernichten); der **Pfann|ku|chen**

Pfar|rer, der: des Pfarrers, die Pfarrer; (Seelsorger); das **Pfarr|amt,** die **Pfar|rei,** die **Pfar|re|rin**

Pfau, der: des Pfau(e)s *auch* Pfauen, die Pfaue *auch* Pfauen; (Fasanenvogel); das **Pfau|en|au|ge** (Schmetterlingsart)

Pfef|fer, der: des Pfeffers; (Gewürz); da liegt der Hase im Pfeffer (da steckt die Schwierigkeit) – geh dahin, wo der Pfeffer wächst! (weit fort); die **Pfef|fer|ku|chen** (Weihnachtsgebäck); **pfef|fern** (mit Pfeffer würzen; kräftig werfen; schlagen); das sind gepfefferte (hohe) Preise

Pfef|fer|min|ze, die: der Pfefferminze; (Heil- und Gewürzpflanze); der **Pfef|fer|minz|tee**

pfei|fen: du pfeifst, er pfiff, er pfiffe, hat gepfiffen, pfeif(e)!; der Wind pfeift ums Haus – der Schiedsrichter pfeift ein Spiel; auf dem letzten Loch pfeifen (kein Geld mehr haben) – auf etwas pfeifen (an etwas nicht interessiert sein); die **Pfei|fe:** er ist eine Pfeife (ängstlicher Mensch, Versager) – nach jemandes Pfeife tanzen (sich in allem nach ihm richten), das **Pfeif|kon|zert** (Zeichen des Missfallens, z.B. im Theater und bei Wettkämpfen), der **Pfeif|ton,** der **Pfiff**

Pfeil, der: des Pfeil(e)s, die Pfeile; mit Pfeil und Bogen schießen

Pfei|ler, der: des Pfeilers, die Pfeiler; (Stütze); der **Brü|cken|pfei|ler**

Pferd, das: des Pferd(e)s, die Pferde; zu Pferde; er arbeitet wie ein Pferd (viel und schwer) – dazu bringen mich keine zehn Pferde (auf keinen Fall) – mit dem kann man Pferde stehlen (er macht alles mit) – auf das falsche Pferd setzen (bei einer Sache falsch entscheiden); der **Pfer|de|fuß** (Nachteil, Haken), das **Pfer|de|ge|schirr,** die **Pfer|de|kop|pel,** der **Pfer|de|sat|tel,** der **Pfer|de|schwanz** (*auch für* zusammengebundenes und herabhängendes Haar), der **Pfer|de|stall,** die **Pfer|de|stär|ke:** *Abk.* PS

Pfiff, der: des Pfiff(e)s, die Pfiffe; (schriller Ton; besonderer Reiz): die Schleife gibt dem Kleid erst den richtigen Pfiff; die **Pfif|fig|keit,** der **Pfif|fi|kus** (schlauer Mensch); **pfif|fig** (schlau)

pfiff: → pfeifen

Pfif|fer|ling, der: des Pfifferlings, die Pfifferlinge; (Speisepilz); das *oder* der ist keinen Pfifferling (nichts) wert

Pfings|ten, das: des Pfingsten, die Pfingsten; (christliches Fest)

Pfir|sich, der: des Pfirsichs, die Pfirsiche; (Steinfrucht)

Pflan|ze, die: der Pflanze, die Pflanzen; das **Pflänz|chen,** die **Pflan|zung; pflanz|lich; pflan|zen**

Pflas|ter, das: des Pflasters, die Pflaster; (Wundverband; Straßenbelag); diese Stadt ist ein teures Pflaster (es lebt sich dort teuer); der **Pflas|ter|stein; pflas|tern**

Pflau|me, die: der Pflaume, die Pflaumen; der **Pflau|men|ku|chen,** das **Pflau|men|mus** (Marmelade); **an|pflau|men:** jemanden anpflaumen (necken; ausschimpfen)

pfle|gen: du pflegst, er pflegte, hat gepflegt, pfleg(e)!; die **Pfle|ge** (Betreuung, gute Behandlung), die **Pfle|ge|el|tern,** der **Pfle|ger,** die **Pfle|ge|rin,** die **Pfle|ge|ver|si|che|rung; pfle|ge|be|dürf|tig, pfle|ge|leicht, pfleg|lich**

Pflicht, die: der Pflicht, die Pflichten; (Aufgabe, Schuldigkeit); seine Pflicht und Schuldigkeit tun – sich einer Pflicht entziehen – gleiche Rechte, gleiche Pflichten; das **Pflicht|be|wusst|sein,** die **Pflicht|er|fül|lung,** die **Ver|pflich|tung; pflicht|ge|mäß, schul|pflich|tig; bei|pflich|ten** (zustimmen, recht geben), **ver|pflich|ten**

Pflock, der: des Pflock(e)s, die Pflöcke; (zugespitzter, dicker Stock): einen Pflock in die Erde schlagen

pflü|cken: du pflückst, er pflückte, hat gepflückt, pflück(e)!

Pflug, der: des Pflug(e)s, die Pflüge; **pflü|gen**

Pfor|te, die: der Pforte, die Pforten; (Tür)

Pfos|ten, der: des Pfostens, die Pfosten; (Stützbalken, seitliche Begrenzungen des Tores, z. B. beim Handball); der **Pfos|ten|schuss** (beim Fußball)

Pfo|te, die: der Pfote, die Pfoten; (Tierfuß, z. B. des Hundes); jemandem auf die Pfoten klopfen

Pfrop|fen, der: des Pfropfens, die Pfropfen; (Korken, Stöpsel); **pfrop|fen** (eine Flasche mit einem Korken verschließen; einen Baum veredeln)

pfui!: pfui *auch* Pfui rufen – pfui Teufel! – pfui, schäm dich!; das **Pfui:** ein verächtliches Pfui ertönte, der **Pfui|ruf**

Pfund, das: des Pfund(e)s, die Pfunde; *Abk.* Pfd. (500 Gramm); seine überschüssigen Pfunde loswerden (abnehmen); der **Pfunds|kerl** (toller Mann);

pfun|dig (großartig, toll); **pfund|wei-se; zehn|pfün|dig** *auch* **10-pfün|dig**

pfu|schen: du pfuschst, er pfuschte, hat gepfuscht, pfusch(e) nicht!; (flüchtig, schlecht arbeiten); jemandem ins Handwerk pfuschen (sich ungefragt in fremde Tätigkeiten einmischen); **ver|pfu|schen** (etwas durch schlechte Arbeit verderben); der **Pfusch,** der **Pfu|scher,** die **Pfu|sche|rei**

Pfüt|ze, die: der Pfütze, die Pfützen; die **Was|ser|pfüt|ze**

Phä|no|men *griech.,* das: des Phänomens, die Phänomene; (Naturerscheinung, seltenes Ereignis); **phä|no|me|nal** (außerordentlich, außergewöhnlich, erstaunlich)

Phan|ta|sie: → Fantasie

Phan|tom, das: des Phantoms, die Phantome; (Trugbild; Comicfigur); das **Phan|tom|bild** (nach Zeugenaussagen gezeichnetes Porträt eines gesuchten Täters)

Pha|rao, der: des Pharaos, die Pharaonen; (ägyptischer Herrscher im Altertum); das **Pha|ra|o|nen|grab**

Phar|ma|zie *griech.,* die: der Pharmazie; (Arzneimittelkunde)

Pha|se *griech.,* die: der Phase, die Phasen; (Abschnitt; Stufe einer Entwicklung); die **Ent|wick|lungs|pha|se**

Phi|lo|soph *griech.,* der: des Philosophen, die Philosophen; (Denker, der nach Erkenntnissen und Wahrheit strebt); die **Phi|lo|so|phie; phi|lo|so|phisch; phi|lo|so|phie|ren**

Phos|phor *griech.,* der: des Phosphors; (chemischer Grundstoff; Leuchtstoff)

Pho|to|gra|phie: → Fotografie

Phy|sik, die: der Physik; (Wissenschaft von den Gesetzmäßigkeiten der unbelebten Natur); der **Phy|si|ker,** die **Phy|si|ke|rin; phy|si|ka|lisch**

Phy|sio|the|ra|pie, die: der Physiotherapie, die Physiotherapien; (Heilbehandlung, z. B. durch Bestrahlung, Wasser oder Massagen); der **Phy|sio|the|ra|peut,** die **Phy|sio|the|ra|peutin**

Pi|a|no, das: des Pianos, die Pianos; (Klavier)

Pi|ckel, der: des Pickels, die Pickel; (Spitzhacke; Hautbläschen, Pustel); der **Eis|pi|ckel; pi|cke|lig** *auch* **pick-lig:** eine picklige Haut

pi|cken: er pickt, er pickte, hat gepickt

Pick|nick *franz.,* das: des Picknicks, die Picknicks *auch* Picknicke; (Mahlzeit im Freien); der **Pick|nick|korb; pick-ni|cken**

piek|fein: (sehr fein); **piek|sau|ber** (sehr sauber)

pie|pen: er piept, er piepte, hat gepiept, piep(e)!; die Küken piepen ängstlich; es ist zum Piepen (zum Lachen) – bei dir piepts wohl! (du bist nicht recht gescheit); der **Piep|matz**

piep|sen: du piepst, er piepste, hat gepiepst, pieps(e)!; (mit hoher Stimme sprechen, singen); die **Pieps|stim|me; piep|sig**

Pier|cing *engl. [pirßing],* das: des Piercings, die Piercings; (das Durchbohren von Körperstellen, z.B. Lippen, Nasenflügel usw., um dort Körperschmuck anzubringen); **pier|cen**

pie|sa|cken: du piesackst, er piesackte, hat gepiesackt, piesack(e) mich nicht!; (*umgangssprachlich für* quälen, peinigen)

pi|kant: pikanter, am pikantesten; (scharf; prickelnd, reizvoll), pikant gewürzt, eine pikante (anzügliche) Bemerkung

pik|sen *auch* **pi|ken:** du pikst, er pikste, hat gepikst, piks(e)!; (stechen)

Pik|to|gramm *lat.*, das: des Piktogramms, die Piktogramme; (grafisches Symbol mit festgelegter Bedeutung)

Pil|ger, der: des Pilgers, die Pilger; (jemand, der an einen heiligen Ort wandert); **pil|gern**

Pil|le, die: der Pille, die Pillen; die bittere Pille schlucken (das Unangenehme hinnehmen); die **An|ti|ba|by-pil|le**

Pi|lot, der: des Piloten, die Piloten; (Flugzeugführer); der **Ko|pi|lot,** der **Pi|lo|ten|schein,** die **Pi|lo|tin**

Pilz, der: des Pilzes, die Pilze; im Wald Pilze sammeln; die Häuser sind wie Pilze aus der Erde geschossen (sehr schnell entstanden); der **Pilz|samm-ler,** die **Pilz|ver|gif|tung,** der **Schim-mel|pilz,** der **Spei|se|pilz**

PIN, die: *Abk. für* **p**ersonal **i**dentification **n**umber (persönliche Geheimzahl, z.B. für das Handy oder für Bankgeschäfte); die **PIN-Num|mer**

pin|ge|lig: pingeliger, am pingeligsten; (kleinlich, empfindlich): ein pingeliger Mensch; die **Pin|ge|lig|keit**

Pin|gu|in, der: des Pinguins, die Pinguine; der **Kai|ser|pin|gu|in**

pink *engl.:* (rosa); **pink|far|ben;** das **Pink**

Pinn|wand, die: der Pinnwand, die Pinnwände; **pin|nen:** ein Poster an die Wand pinnen

Pin|scher, der: des Pinschers, die Pinscher; (Hunderasse)

Pin|sel, der: des Pinsels, die Pinsel; mit dem Pinsel malen; der **Ein|falts|pin-sel** (dummer Mensch); **pin|seln**

Pin|zet|te, die: der Pinzette, die Pinzetten; (kleine Greifzange)

Pi|pa|po, das: des Pipapos; (alles, was dazugehört): mit allem Pipapo

Pipe|line *engl. [peiplain]*, die: der Pipeline, die Pipelines; (Rohrleitung für Gas oder Erdöl)

Pi|rat, der: des Piraten, die Piraten; (Seeräuber); das **Pi|ra|ten|schiff,** die **Pi|ra-te|rie** (Seeräuberei)

Pirsch, die: der Pirsch, die Pirschen; (Schleichjagd); **pir|schen:** sich heranpirschen (anschleichen)

PISA-Stu|die *auch* **Pi|sa-Stu|die,** die: der PISA-Studie, die PISA-Studien; (internationale Untersuchung zum Vergleich von Schülerleistungen)

Pis|te, die: der Piste, die Pisten; (Bahn zum Rodeln und Skilaufen; Rollbahn für Flugzeuge)

Pis|to|le *tschech.*, die: der Pistole, die Pistolen; (Handfeuerwaffe); jemandem die Pistole auf die Brust setzen (ihn zur Entscheidung zwingen) – wie aus der Pistole geschossen (sehr schnell, spontan)

Piz|za *ital.*, die: der Pizza, die Pizzas *auch* Pizzen; die **Piz|ze|ria**

Pkw *auch* **PKW,** der: des Pkw(s), die Pkw(s); *Abk. für* **P**ersonen**k**raft**w**agen

Pla|ge, die: der Plage, die Plagen; (mühsame, schwere Arbeit); die **Pla|ge|rei; pla|gen:** sich plagen

Pla|kat *niederl.*, das: des Plakat(e)s, die Plakate; die **Pla|kat|säu|le,** die **Pla-kat|wer|bung**

Pla|ket|te, die: der Plakette, die Plaketten; (kleine Platte mit einer bildlichen Darstellung, meist zum Anstecken)

Plan, der: des Plan(e)s, die Pläne; Pläne schmieden – ein kühner Plan; das **Plan|qua|drat** (Quadrat auf Landkarten), das **Plan|spiel,** die **Pla|nung; plan|mä|ßig, plan|los; pla|nen**

Pla|ne, die: der Plane, die Planen; (Schutzdach oder -decke aus wasserdichtem Stoff); die **Zelt|pla|ne**

Pla|net *griech.*, der: des Planeten, die Planeten; (sich um eine Sonne bewegender Himmelskörper); das **Pla|ne|ta|ri|um** (Instrument zur Darstellung der Bewegung der Gestirne; das Gebäude dafür)

pla|nie|ren: du planierst, er planierte, hat planiert, planier(e)!; (einebnen); die **Pla|nier|rau|pe; plan** (eben)

Plan|ke, die: der Planke, die Planken; (starkes Brett, Holzbohle); die **Schiffs|plan|ken**

plän|keln: (sich harmlos streiten); das **Ge|plän|kel,** die **Plän|ke|lei**

plan|schen *auch* **plant|schen:** du planschst, er planschte, hat geplanscht, plansch(e)!; das **Plansch|be|cken** *auch* **Plantsch|be|cken**

Plan|ta|ge *franz. [plantasche],* die: der Plantage, die Plantagen; (größere Pflanzung); die **Obst|plan|ta|ge**

plap|pern: du plapperst, er plapperte, hat geplappert, plapp(e)re!; (gern und viel reden); das **Ge|plap|per,** das **Plap|per|maul**

plär|ren: du plärrst, er plärrte, hat geplärrt, plärr(e) nicht!; (*umgangssprachlich für* schreien, weinen); das **Ge|plär|re** *auch* **Ge|plärr**

Plas|tik, die: der Plastik, die Plastiken; (Werk der Bildhauerkunst); **plas|tisch** (körperlich, anschaulich, bildhaft): das Bild wirkt plastisch – etwas plastisch (deutlich, bildhaft) darstellen

Plas|tik, das: des Plastiks; (Kunststoff); die **Plas|tik|fo|lie,** die **Plas|tik|ta|sche,** der **Plas|tik|tü|te**

Pla|teau *franz. [plato],* das: des Plateaus, die Plateaus; (Hochebene, Hochfläche)

Pla|tin *span.* das: des Platins; (chemisches Element; silberweißes Edelmetall); **pla|tin|blond** (weißblond)

plät|schern: er plätscherte, hat geplätschert; der Springbrunnen plätschert

platt: platter, am plattesten; sich die Nase am Fenster platt drücken *auch* plattdrücken – er hatte einen Platten (Reifenpanne); da bist du platt! (sehr erstaunt, sprachlos); das **Platt|deutsch:** *Abk.* Platt (Niederdeutsch), der **Platt|fisch,** der **Platt|fuß**

Plat|te, die: der Platte, die Platten; eine Platte (Schallplatte) auflegen – die kalte Platte (Speise) – eine Platte (Kopffläche ohne Haare) haben; der **Plat|ten|spie|ler,** die **Schall|plat|te**

plät|ten: du plättest, er plättete, hat geplättet, plätt(e)!; (bügeln); das **Plätt|ei|sen** (Bügeleisen)

Platz, der: des Platzes, die Plätze; die **Platz|angst,** das **Plätz|chen** (kleiner Platz; Gebäck), die **Plat|zie|rung** (ein im Sport erreichter Rang), der **Platz|man|gel; plat|zie|ren**

plat|zen: du platzt, er platzte, ist geplatzt; der Luftballon ist geplatzt – mit etwas herausplatzen (es aussprechen); gleich platze ich! (ich bin vor Wut außer mir); **plat|zen las|sen:** einen Luftballon platzen lassen, **plat|zen las|sen** *auch* **plat|zen|las|sen:** eine Veranstaltung platzen lassen *auch* platzenlassen (sie nicht durchführen); der **Platz|re|gen** (starker Regenschauer)

plau|dern: du plauderst, er plauderte, hat geplaudert, plaud(e)re!; (unge-

O P Q

zwungen über etwas reden); die **Plau|de|rei,** das **Plau|der|stünd|chen,** die **Plau|der|ta|sche** (jemand, der gern plaudert)

plau|si|bel *lat.:* (annehmbar, einleuchtend): plausible Gründe nennen

Play-back *auch* **Play|back** *engl. [plebäk],* das: des Play-backs, die Play-backs; (Verfahren, bei dem während der Bildaufnahme die vorher produzierte Tonaufnahme eingespielt wird)

Play|boy *engl. [plebeu],* der: des Playboys, die Playboys; (Mann, der vor allem seinem Vergnügen nachgeht); das **Play|girl**

Play-off-Run|de *auch* **Play|off-Run|de** *[pleof…],* die: der Play-off-Runde, die Play-off-Runden; (Serie von Ausscheidungsspielen in einer Sportart)

Plei|te, die: der Pleite, die Pleiten; (Zahlungsunfähigkeit): Pleite machen – das ist ja eine Pleite (ein Reinfall); **plei|te:** pleite sein; **plei|te|ge|hen**

Plom|be, die: der Plombe, die Plomben; (Metallsiegel; Zahnfüllung)

plötz|lich: plötzlich tauchte er auf

plump: plumper, am plump(e)sten; (unförmig, ungeschickt, derb); die **Plump|heit; plump|sen** (fallen)

Plun|der, der: des Plunders; (altes, wertloses Zeug; Backwerk aus Blätterteig); das **Plun|der|ge|bäck**

plün|dern: sie plündern, sie plünderten, haben geplündert; (jemanden oder etwas ausrauben); der **Plün|de|rer,** die **Plün|de|rung**

Plu|ral *lat.,* der: des Plurals, die Plurale; (Mehrzahl)

plus: (und, zusätzlich): *Zeichen* + – *Gegensatz* minus – plus 10 Grad oder 10 Grad plus; das **Plus** (Mehr, Überschuss, Gewinn), der **Plus|punkt,** der **Plus|pol** (Pol mit positiver Ladung), das **Plus|zei|chen**

Plüsch *franz.,* der: des Plüsch(e)s, die Plüsche; (samtähnlicher Stoff); das **Plüsch|tier**

Plus|quam|per|fekt, das: des Plusquamperfekts, die Plusquamperfekte; (Zeitform des Verbs): z. B. er hatte gesehen, sie waren gekommen

plus|tern: (die Federn aufrichten); **auf|plus|tern:** sich aufplustern (angeben)

PLZ, die: *Abk. für* Postleitzahl

Pö|bel *franz.,* der: des Pöbels; (Pack, Gesindel); **pö|bel|haft:** ein pöbelhaftes Benehmen; **an|pö|beln:** jemanden anpöbeln (zudringlich belästigen)

po|chen: du pochst, er pochte, hat gepocht, poch(e)!; (klopfen, schlagen): sein Herz pocht – er pocht an der Tür – er pocht auf sein Recht (er besteht auf seinem Recht)

Po|cken, die: der Pocken; (gefährliche Infektionskrankheit, Blattern); die **Po|cken|schutz|imp|fung,** die **Wind|po|cken; po|cken|nar|big**

Po|dest *griech.,* das: des Podest(e)s, die Podeste; (Treppenabsatz; schmales Gestell); das **Sie|ger|po|dest**

Po|di|um *griech.,* das: des Podiums, die Podien; (erhöhte Fläche); die **Po|di|ums|dis|kus|sion,** das **Po|di|ums|ge|spräch**

Po|e|sie *griech. [poesi],* die: der Poesie, die Poesien; (Dichtung, Dichtkunst); das **Po|e|sie|al|bum,** der **Po|et** (Dichter); **po|e|tisch** (dichterisch)

Poin|te *franz. [poänte],* die: der Pointe, die Pointen; (springender Punkt, Hauptsache; überraschendes Ende eines Witzes); **poin|tiert** (betont, zugespitzt)

Po|kal, der: des Pokal(e)s, die Pokale; (Sportpreis; Trinkgefäß); das **Po|kal-spiel,** der **Po|kal|wett|be|werb**

Pö|kel|fleisch, das: des Pökelfleischs; (in Salzbrühe eingelegtes Fleisch); **pö|keln** (einsalzen)

po|kern *amerik.:* du pokerst, er pokerte, hat gepokert, pok(e)re!; sie haben hoch gepokert (viel riskiert); das **Po-ker** (Kartenglücksspiel), das **Po|ker-ge|sicht** (unbewegter Gesichtsausdruck)

Pol, der: des Pols, die Pole; (Drehpunkt, Endpunkt der Erdachsen; Aus- und Eintrittspunkt des elektrischen Stromes); der **Mi|nus|pol** (elektrischer Pol, der eine negative Ladung hat), der **Nord|pol,** der **Plus|pol** (elektrischer Pol, der eine positive Ladung hat), der **Po|lar|kreis,** das **Po|lar|licht,** das **Po|lar|meer,** der **Po|lar|stern,** der **Süd|pol; po|lar** (um einen Pol gelegen): polare Luftmassen – polare Kälte; **po|la|ri|sie|ren** (Gegensätze betonen)

Po|la|ro|id|ka|me|ra, die: der Polaroidkamera, die Polaroidkameras; (Fotoapparat, der das Bild gleich nach der Aufnahme liefert)

Po|len: der **Po|le,** die **Po|lin; pol|nisch**

po|lie|ren: du polierst, er polierte, hat poliert, polier(e)!; (glänzend machen; glätten, schleifen); die **Po|li|tur** (Poliermittel; Glanz)

Po|li|tes|se, die: der Politesse, die Politessen; (Angestellte einer Gemeinde, die besonders die Einhaltung der Parkordnung kontrolliert)

Po|li|tik *griech.,* die: der Politik; (zielgerichtetes Verhalten; Staatskunst); der **Po|li|ti|ker,** die **Po|li|ti|ke|rin; po|li-tisch**

Po|li|zei *griech.,* die: der Polizei, die Polizeien; das **Po|li|zei|au|to,** der **Po|li-zist,** die **Po|li|zis|tin; po|li|zei|lich:** polizeilich gesucht

Pol|len *lat.,* der: des Pollens, die Pollen; (Blütenstaub); die **Pol|len|al|ler|gie** (Überempfindlichkeit gegen Blütenstaub), der **Pol|len|flug**

Pols|ter, das: des Polsters, die Polster; (Auflage auf Sitzmöbeln): die Sesselpolster reinigen – ein finanzielles Polster (genug Geld) haben; das **Fett-pols|ter** (an manchen Körperstellen), der **Pols|te|rer** (Handwerker), die **Pols|te|rung; pols|tern**

pol|tern: du polterst, er polterte, hat gepoltert, polt(e)re!; (einen dumpfen Lärm machen): jemand poltert gegen die Tür; der **Pol|ter|abend** (Brauch am Vorabend der Hochzeit)

Pommes frites *franz. [pomfrit],* die: der Pommes frites; *Abk.* Pommes (in Fett gebackene Kartoffelstäbchen)

Po|ny *engl.,* das: des Ponys, die Ponys; (kleinwüchsiges Pferd)

Po|ny, der: des Ponys, die Ponys; (in die Stirn gekämmtes Haar)

Pop *engl.,* der: des Pops; *Kurzw. für* Popmusik; das **Pop|fes|ti|val,** die **Pop-grup|pe,** die **Pop|mu|sik,** der **Pop-star,** die **Pop|sze|ne; pop|pig** (auffallend)

Pop|corn *engl.,* das: des Popcorns; (gerösteter Mais, Puffmais)

po|pu|lär: populärer, am populärsten; (volkstümlich, beliebt); die **Po|pu|la-ri|tät**

Po|re *griech.,* die: der Pore, die Poren; (feine Hautöffnung); **po|rig, po|rös** (durchlässig, löchrig)

Por|no, der *auch* das: des Pornos, die Pornos; *Kurzw. für* pornografische

O P Q

Filme, Fotos, Romane u.a.; die **Por|no|gra|fie** *auch* **Por|no|gra|phie** (direkte und aufreizende Darstellung von Sexualakten); **por|no|gra|fisch** *auch* **por|no|gra|phisch**

Por|ree *franz.*, der: des Porrees, die Porrees; (Gemüsepflanze)

Por|tal *lat.*, das: des Portals, die Portale; (Haupttor, prunkvoller Eingang; Startseite einer Internetadresse): das Portal einer Kirche

Por|te|mon|naie: → Portmonee

Por|ti|on, die: der Portion, die Portionen; (abgemessene Menge, Teil): eine Portion Nudeln, Eis; er ist nur eine halbe Portion (*scherzhaft für* er ist sehr klein und dünn); **por|ti|o|nie|ren**

Port|mo|nee *auch* **Por|te|mon|naie** *franz.*, das: des Portmonees, die Portmonees; (Geldtasche)

Por|to *ital.*, das: des Portos, die Portos *auch* Porti; (Gebühr für die Beförderung von Postsendungen); das **Brief|por|to; por|to|frei, por|to|pflich|tig**

Por|trät *auch* **Port|rät** *franz. [porträ]*, das: des Porträts, die Porträts; (Bildnis einer Person); **por|trä|tie|ren** (ein Porträt anfertigen)

Por|zel|lan, das: des Porzellans, die Porzellane; (weiße, feine Tonware): echt Meißner Porzellan – chinesisches Porzellan; er hat viel Porzellan zerschlagen (der Sache sehr geschadet) – sich benehmen wie ein Elefant im Porzellanladen (durch Ungeschicklichkeit Unheil anrichten); das **Por|zel|lan|ge|schirr**

Po|sau|ne, die: der Posaune, die Posaunen; (Blasinstrument); der **Po|sau|nen|chor; aus|po|sau|nen** (etwas überall erzählen, verraten)

Po|se, die: der Pose, die Posen; (gekünstelte Stellung, Haltung); **po|sie|ren** (schauspielern)

Po|si|ti|on *franz.*, die: der Position, die Positionen; (Stellung, Lage; Standort eines Schiffes oder Flugzeugs): jemandem gegenüber in einer schwachen Position sein (unterlegen sein) – er hat eine gute Position (berufliche Stellung)

po|si|tiv *lat.:* (bejahend; bestimmt, gewiss): *Gegensatz* negativ – sich zu einer Sache positiv äußern (zustimmen); der **Po|si|tiv** (Grundform bei der Steigerung)

Pos|se, die: der Posse, die Possen; (derbkomisches Bühnenstück); der **Possen** (Streich, Schabernack): jemandem einen Possen spielen – Possen reißen, treiben, der **Pos|sen|rei|ßer; pos|sier|lich** (drollig, spaßig)

Pos|ses|siv|pro|no|men, das: des Possessivpronomens, die Possessivpronomen; (besitzanzeigendes Fürwort): z.B. mein, dein, sein, unser

Post, die: der Post; das **Post|amt,** der **Post|bo|te,** das **Post|fach,** das **Post|ge|heim|nis,** die **Post|kar|te,** die **Post|leit|zahl:** *Abk.* PLZ

Pos|ten, der: des Postens, die Posten; (Wache; Teil einer Rechnung; Stellung; Warenmenge): auf dem Posten sein (aufpassen; gesund und munter sein) – ein Posten Schuhe; **pos|tie|ren** (aufstellen)

Pos|ter *engl. [poußter]*, der *auch* das: des Posters, die Poster; (großformatiges, plakatartiges Bild)

po|tent *lat.:* (mächtig; leistungs-, zeugungsfähig): *Gegensatz* impotent; die **Po|tenz,** das **Po|ten|ti|al** *auch* **Po|ten|zi|al** (Leistungsfähigkeit); **po|ten|ti|ell**

O
P
Q

auch **po|ten|zi|ell** (möglich); **po|ten|zie|ren** (gewaltig steigern)

Pow|er *engl. [pauer],* die: der Power; (*umgangssprachlich für* Stärke, Leistung); **pow|ern** (hohen Einsatz zeigen): sie hat beim letzten Spiel ordentlich gepowert

prä... *lat.:* (vor... *als Vorsilbe verwendet*)

Pracht, die: der Pracht; (strahlender Glanz); die **Pracht|stra|ße; präch|tig** (kostbar, herrlich), **pracht|voll**

Prä|di|kat, das: des Prädikat(e)s, die Prädikate; (Bewertung, Zensur; Satzaussage)

Prä|fix *auch* **Prä|fix** *lat.,* das: des Präfixes, die Präfixe; (Wortbaustein)

prä|gen: du prägst, er prägte, hat geprägt, präg(e)!; (etwas durch Druck formen; beeinflussen); die **Münz|prä|gung,** die **Prä|gung** (das Prägen von Münzen; Eigenart); **ein|prä|gen:** sich etwas einprägen (gut merken)

prä|gnant *auch* **präg|nant:** prägnanter, am prägnantesten; (knapp und treffend); die **Präg|nanz**

prah|len: du prahlst, er prahlte, hat geprahlt, prahl(e) nicht!; (sich wichtigmachen, angeben); der **Prah|ler,** die **Prah|le|rei,** der **Prahl|hans** (jemand, der gerne prahlt); **prah|le|risch**

prak|tisch: praktischer, am praktischsten; (in Wirklichkeit, tatsächlich; zweckmäßig, gut zu handhaben): *Gegensatz* theoretisch, unpraktisch; *Kleinschreibung:* eine praktische Einrichtung – der praktische Arzt – er ist praktisch pleite; *Großschreibung:* etwas Praktisches schenken; die **Prak|tik,** der **Prak|ti|kant** (jemand, der ein Praktikum macht), die **Prak|ti|kan|tin,** der **Prak|ti|ker,** das **Prak|ti|kum** (praktische Tätigkeit als Vorbereitung auf den Beruf)

Pra|li|ne, die: der Praline, die Pralinen; (mit Schokolade überzogene Süßigkeit)

prall: praller, am prallsten; (gänzlich voll, fest, gespannt): der Beutel ist prall gefüllt – in der prallen Sonne; der **Auf|prall,** der **Zu|sam|men|prall; pral|len:** der Ball prallt vom Pfosten ab

Prä|mie, die: der Prämie, die Prämien; (Belohnung, Preis, Betrag für eine Versicherung); **prä|mie|ren** (mit einem Preis auszeichnen)

Pran|ger, der: des Prangers, die Pranger; (mittelalterlicher Schandpfahl); jemanden an den Pranger stellen (ihn öffentlich bloßstellen)

Pran|ke, die: der Pranke, die Pranken; (Tatze von großen Raubtieren, *scherzhaft auch* große Hand)

prä|pa|rie|ren *lat.:* du präparierst, er präparierte, hat präpariert, präparier(e)!; (vorbereiten; dauerhaft haltbar machen): sich präparieren (sich auf eine Prüfung vorbereiten; den Unterricht vorbereiten) – ein präparierter (ausgestopfter) Vogel; das **Prä|pa|rat** (Arzneimittel), die **Prä|pa|ra|ti|on**

Prä|po|si|ti|on *lat.,* die: der Präposition, die Präpositionen; (Verhältniswort): z.B. auf, unter, neben, zwischen

Prä|rie *franz.,* die: der Prärie, die Prärien; (Grassteppe in Nordamerika)

Prä|sens *lat.,* das: des Präsens; (Gegenwart; Zeitform des Verbs); **prä|sent** (gegenwärtig, anwesend)

Prä|sent *franz.,* das: des Präsent(e)s, die Präsente; (Geschenk, kleine Aufmerksamkeit); die **Prä|sen|ta|ti|on,** der

Prä|sent|korb; prä|sen|tie|ren (zeigen, überreichen)

Prä|si|dent, der: des Präsidenten, die Präsidenten; (Staatsoberhaupt einer Republik; Vorsitzender); die **Prä|si|den|tin,** die **Prä|si|dent|schaft,** das **Prä|si|di|um** (leitende Personen)

pras|seln: er prasselt, er prasselte; der Regen prasselt auf den Boden

pras|sen: du prasst, er prasste, hat geprasst, prass(e) nicht!; (schlemmen, verschwenderisch leben); **ver|pras|sen:** sein ganzes Geld verprassen; die **Pras|se|rei**

Prä|te|ri|tum, das: des Präteritums, die Präterita; (Vergangenheitsform des Verbs)

Pra|xis, die: der Praxis, die Praxen; (Räumlichkeit für die Ausübung eines Berufs); die **Arzt|pra|xis** (ärztliche Behandlungsräume), die **Anwalts|pra|xis**

Pra|xis, die: der Praxis; (Tätigkeit, Ausübung eines Berufs; Berufserfahrung): *Gegensatz* Theorie; auf einem Gebiet wenig Praxis haben, **pra|xis|nah;** → praktisch

prä|zis *auch* **prä|zi|se** *lat.:* präziser, am präzisesten; (genau, eindeutig); die **Prä|zi|si|on** (Genauigkeit); **prä|zi|sie|ren** (genauer angeben)

pre|di|gen: du predigst, er predigte, hat gepredigt, predige!; (religiöse Überzeugungen verkünden); der **Pre|di|ger,** die **Pre|di|ge|rin,** die **Pre|digt**

Preis, der: des Preises, die Preise; stabile, feste Preise – um jeden Preis – er erhielt den ersten Preis; der **Preis|an|stieg,** das **Preis|aus|schrei|ben,** die **Preis|fra|ge,** das **Preis|ge|fäl|le,** der **Preis|stopp; preis|ge|krönt, preis|güns|tig** (billig), **preis|wert**

Prei|sel|bee|re, die: der Preiselbeere, die Preiselbeeren; (Waldgewächs mit essbaren roten Beeren)

prei|sen: du preist, er pries, er priese, hat gepriesen, preis(e)!; (loben); **an|prei|sen:** eine Ware anpreisen

Preis|ga|be, die: der Preisgabe; **preis|ge|ben:** ein Geheimnis preisgeben (verraten) – der Witterung preisgegeben (ausgeliefert) sein

prel|len: du prellst, er prellte, hat geprellt, prell(e)!; sie hat sich den Arm geprellt (heftig angestoßen) – die Zeche prellen (nicht bezahlen); der **Prell|bock** (Bremsvorrichtung am Ende eines Gleises; jemand, der unberechtigt für alles verantwortlich gemacht wird), die **Prel|lung,** der **Zech|prel|ler**

Pre|mi|e|re *franz. [premjäre],* die: der Premiere, die Premieren; (Erst- oder Uraufführung eines Theaterstücks, Films usw.)

pre|schen: du preschst, er preschte, hat geprescht, presch(e)!; (schnell rennen, fahren): das Auto prescht davon

Pres|se, die: der Presse, die Pressen; (Maschine zum Formen mittels Druck, z.B. Druckpresse; Gerät zum Auspressen von Obst); die **Druck|pres|se,** die **Zi|tro|nen|pres|se**

Pres|se, die: (Gesamtheit aller Zeitungen); die **Pres|se|agen|tur,** die **Pres|se|frei|heit,** die **Pres|se|kon|fe|renz,** die **Pres|se|zen|sur** (staatliche Kontrolle der Zeitungstexte)

pres|sen: du presst, er presste, hat gepresst, press(e)!; (stark drücken): er presste die Tasche an sich – die Zitrone auspressen

Pres|ti|ge *franz. [prestisch],* das: des Prestiges; (Ansehen, Geltung)

pri|ckeln: es prickelt, es prickelte, hat geprickelt; das Mineralwasser prickelt im Glas; das **Pri|ckeln; pri|ckelnd:** ein prickelndes (erregendes) Gefühl – prickelnder (perlender) Sekt

Pries|ter, der: des Priesters, die Priester; (katholischer Geistlicher); die **Pries-ter|wei|he; pries|ter|lich**

pri|ma: (erstklassig, vorzüglich): ein prima Kerl – prima Essen; die **Prim|zahl** (Zahl, die nur durch 1 oder sich selbst geteilt werden kann)

pri|mi|tiv: primitiver, am primitivsten; (ursprünglich; geistig unterentwickelt; einfach, dürftig)

Print|me|di|um, das: des Printmediums, die Printmedien; (gedruckte Medien wie Zeitung, Zeitschrift, Buch)

Prinz, der: des Prinzen, die Prinzen; (männliches Mitglied eines Fürstenhauses); die **Prin|zes|sin**

Prin|zip *lat.,* das: des Prinzips, die Prinzipien; (Grundlage, Grundsatz; Regel, Richtschnur); **prin|zi|pi|ell** (grundsätzlich)

Pri|se, die: der Prise, die Prisen; (kleine Menge, zwischen zwei Fingern zu greifen): eine Prise Salz

Pris|ma *griech.,* das: des Prismas, die Prismen; (Vieleck; Licht-, Strahlenbrecher); **pris|men|för|mig**

Prit|sche, die: der Pritsche, die Pritschen; (hölzerne Lagerstatt; Ladefläche eines Lkw)

pri|vat *lat.:* (persönlich, nicht öffentlich; vertraulich): private Meinung – private Ausgaben – privater Eingang; der **Pri|vat|de|tek|tiv,** das **Pri|vat|ei-gen|tum,** das **Pri|vat|fern|se|hen,** der **Pri|vat|leh|rer,** die **Pri|vat|schu|le; pri|va|ti|sie|ren** (von öffentlichem in privates Eigentum überführen)

Pri|vi|leg *lat.,* das: des Privileg(e)s, die Privilegien; (Vorrecht; Sonderrecht); **pri|vi|le|giert**

pro *lat.:* (für, je): pro Stück, pro Kopf, pro Tag; *Gegensatz* kontra; das **Pro und Kon|tra** *auch* **Con|tra** (das Für und Wider)

Pro|be, die: der Probe, die Proben; ein Auto Probe fahren; die Probe aufs Exempel machen (überprüfen) – jemanden auf die Probe stellen; der **Pro|be|alarm,** die **Pro|be|auf|nah|me,** die **Pro|be|fahrt,** die **Pro|be|zeit; pro-be|wei|se; pro|ben**

pro|bie|ren: du probierst, er probierte, hat probiert, probier(e)!; (versuchen); *Kleinschreibung:* eine neue Sache probieren; *Großschreibung:* Probieren geht über Studieren *auch* probieren geht über studieren

Pro|blem *auch* **Prob|lem** *griech.,* das: des Problems, die Probleme; (schwierige, ungelöste Frage oder Aufgabe); die **Pro|ble|ma|tik; proble|ma|tisch, pro-blem|los**

Pro|dukt, das: des Produkt(e)s, die Produkte; (Erzeugnis, Ergebnis); die **Pro-duk|ti|on,** der **Pro|du|zent; pro|duk-tiv** (ergiebig, schöpferisch); **pro|du-zie|ren** (herstellen, erzeugen)

Pro|fes|sor *lat.,* der: des Professors, die Professoren; *Abk.* Prof. (Hochschullehrer); die **Pro|fes|so|rin,** die **Profes-sur** (Lehrstuhl, Lehramt)

Pro|fi, der: des Profis, die Profis; *Kurzw. für* Professional (Berufsspieler); *Gegensatz* Amateur; **pro|fes|si|o|nell** (fachmännisch)

Pro|fil *franz.,* das: des Profils, die Profile; (Seitenansicht, Längs- oder Querschnitt; Riffelung bei Gummireifen)

O P Q

Pro|fit *franz.,* der: des Profit(e)s, die Profite; (Nutzen, Gewinn); der **Pro|fit|ma|cher; pro|fi|tie|ren** (Nutzen ziehen)

Pro|gno|se *auch* **Prog|no|se** *griech.,* die: der Prognose, die Prognosen; (Vorhersage); die **Wet|ter|prog|no|se**

Pro|gramm *griech.,* das: des Programms, die Programme; (Plan, Folge von Darbietungen; Aufeinanderfolge von Schaltvorgängen); das **Com|pu|ter|pro|gramm** (Folge von Anweisungen für einen Computer), das **Fern|seh|pro|gramm; pro|gramm|ge|mäß, pro|gram|mier|bar; pro|gram|mie|ren** (ein Programm erstellen und eingeben)

Pro|jekt *lat.,* das: des Projekt(e)s, die Projekte; (Plan, Vorhaben, Entwurf); der **Pro|jekt|lei|ter,** der **Pro|jek|tor** (Bildwerfer), der **Pro|jekt|un|ter|richt; pro|ji|zie|ren** (mit dem Projektor ein Bild an die Wand werfen)

Pro|me|na|de *franz.,* die: der Promenade, die Promenaden; (Spaziergang, Spazierweg); die **Pro|me|na|den|mi|schung** (nicht reinrassiger Hund), die **Strand|pro|me|na|de**

pro|mi|nent *lat.:* prominenter, am prominentesten; (hervorragend, berühmt, allgemein bekannt); die **Pro|mi|nenz** (wichtige und berühmte Leute)

prompt: (sofort, unverzüglich, rasch)

Pro|no|men, das: des Pronomens, die Pronomen; (Fürwort)

Pro|pa|gan|da *lat.,* die: der Propaganda; (Werbung, Verbreitung von Ideen)

Pro|pan, das: des Propans; (Brenn- und Treibstoff); das **Pro|pan|gas**

Pro|pel|ler, der: des Propellers, die Propeller; (Antriebsschraube bei Schiffen und Flugzeugen)

pro|per *franz.:* (sauber, ordentlich)

Pro|phet *griech.,* der: des Propheten, die Propheten; (Weissager, Seher; Mahner); die **Pro|phe|zei|ung; pro|phe|tisch; pro|phe|zei|en** (voraussagen, verkünden)

Pro|por|ti|on, die: der Proportion, die Proportionen; (Maß-, Größenverhältnis; Ebenmaß); **pro|por|ti|o|nal** (in gleichem Verhältnis stehend), **pro|por|ti|o|niert**

Pro|sa, die: der Prosa; (erzählende Sprachform, die nicht durch Rhythmus oder Reim gebunden ist); die **Pro|sa|dich|tung**

Pro|spekt *auch* **Pros|pekt,** der: des Prospekt(e)s, die Prospekte; (Werbeschrift)

prost *auch* **pro|sit!** *lat.:* (Trinkspruch): pros(i)t Neujahr!; das **Pro|sit**

Pro|sti|tu|ti|on *auch* **Pros|ti|tu|ti|on** *franz.,* die: der Prostitution; (gewerbsmäßige Ausübung sexueller Handlungen); die **Pros|ti|tu|ier|te**

Pro|test *lat.-ital.,* der: des Protest(e)s, die Proteste; (Einspruch, Widerspruch): Protest erheben; die **Pro|test|kund|ge|bung,** der **Pro|test|marsch; pro|tes|tie|ren**

Pro|tes|tant, der: des Protestanten, die Protestanten; (Mitglied einer evangelischen Glaubensrichtung); der **Pro|tes|tan|tis|mus** (Gesamtheit der auf die Reformation zurückgehenden Kirchengemeinschaften)

Pro|the|se *griech.,* die: der Prothese, die Prothesen; (künstliches Körperteil; Zahnersatz)

Pro|to|koll, das: des Protokolls, die Protokolle; (Niederschrift, Tagungsbericht; Beurkundung einer Aussage u.a.); das Protokoll führen – etwas zu

Protokoll geben, der **Pro|to|kol|lant** (Schreiber eines Protokolls); **pro|to-kol|lie|ren**

prot|zen: du protzt, er protzte, hat geprotzt, protz(e) nicht so!; (angeben); der **Protz** (*umgangssprachlich für* Angeber), die **Prot|ze|rei; prot|zig** (angeberisch, prahlerisch)

Pro|vi|ant *lat.*, der: des Proviants; (Verpflegung, Wegzehrung); der **Rei|se-pro|vi|ant**

Pro|vi|der *engl. [proweider]*, der: des Providers, die Provider; (Anbieter eines Zugangs zum Internet)

Pro|vinz, die: der Provinz, die Provinzen; (Landesteil)

pro|vi|so|risch: (vorläufig, behelfsmäßig); das **Pro|vi|so|ri|um**

Pro|vo|ka|ti|on *lat.*, die: der Provokation, die Provokationen; (Herausforderung, Aufreizung); der **Pro|vo|ka|teur** (jemand, der andere anstachelt, aufwiegelt); **pro|vo|zie|ren** (herausfordern)

O P Q

Pro|zent *ital.*, das: des Prozent(e)s, die Prozente; *Abk.* p.c., v.H.; *Zeichen* % (von Hundert, Hundertstel); die **Pro-zent|rech|nung,** der **Pro|zent|satz; pro|zen|tu|al**

Pro|zess *lat.*, der: des Prozesses, die Prozesse; (Gerichtsverfahren, Rechtsstreit; Vorgang); **pro|zes|sie|ren** (vor Gericht gehen, einen Prozess führen)

Pro|zes|sor, der: des Prozessors, die Prozessoren; (zentraler Teil in einem Computer, in dem die Rechenoperationen ablaufen)

prü|de *franz.:* prüder, am prüdesten; (in sexuellen Fragen übertrieben empfindlich, zimperlich); die **Prü|de|rie**

prü|fen: du prüfst, er prüfte, hat geprüft, prüf(e)!; jemanden auf Herz und Nieren (gründlich) prüfen – ein schwer geprüfter *auch* schwergeprüfter (schweren Belastungen ausgesetzter) Mensch; der **Prü|fer,** der **Prüf|ling,** die **Prü|fung,** die **Prü|fungs|angst**

Prü|gel, der: des Prügels, die Prügel; (Stock); die **Prü|gel** (Schläge), die **Prü|ge|lei,** der **Prü|gel|kna|be** (jemand, der statt des Schuldigen bestraft wird); **prü|geln** (schlagen)

Prunk, der: des Prunk(e)s; (Pracht, großer Reichtum); **prunk|voll**

prus|ten: du prustest, er prustete, hat geprustet; (stark schnauben; losplatzen): er prustete vor Lachen

Pré|cis *[preßi]*, der: des Precis, die Precis; (kurze, die wichtigsten Fakten enthaltende Inhaltsangabe eines Textes)

PS: *Abk. für* Pferdestärke

PS: *Abk. für* Postskriptum (Nachschrift, ergänzende Information in einem Brief)

Psalm *griech.*, der: des Psalms, die Psalmen; (geistliches Lied)

Pseu|do|nym *griech.*, das: des Pseudonyms, die Pseudonyme; (Deckname, Künstlername); **pseu|do|nym** (unter einem Decknamen verfasst)

Psy|che *griech.*, die: der Psyche, die Psychen; (Seele); der **Psy|cho|lo|ge,** die **Psy|cho|lo|gie** (Wissenschaft von der Seele, vom Seelenleben), die **Psy|cho-lo|gin,** die **Psy|cho|the|ra|pie** (Behandlung seelischer Störungen); **psy-chisch** (seelisch), **psy|cho|lo|gisch**

Pu|ber|tät *lat.*, die: der Pubertät; (Zeit der Geschlechtsreife); **pu|ber|tär; pu-ber|tie|ren** (in der Pubertät sein)

pu|blik *auch* **pub|lik** *franz.:* (öffentlich, allgemein bekannt): etwas publik machen *auch* publikmachen; die **Pu|bli-**

ka|ti|on (Veröffentlichung, Schrift), das **Pu|bli|kum** (Öffentlichkeit, Allgemeinheit, Zuschauer, Zuhörer, Besucher); **pu|bli|zie|ren** (veröffentlichen)

Puck *engl.*, der: des Pucks, die Pucks; (Hartgummischeibe beim Eishockey)

Pud|ding, der: des Puddings, die Puddinge *auch* Puddings; (Süßspeise); das **Pud|ding|pul|ver**

Pu|del, der: des Pudels, die Pudel; (Hunderasse); wie ein begossener Pudel dastehen (beschämt) – das ist des Pudels Kern (das Wesentliche der Sache); **pu|del|nackt, pu|del|nass; pu|del|wohl:** sich pudelwohl fühlen

Pu|der, der: des Puders, die Puder; die **Pu|der|do|se,** der **Pu|der|zu|cker; pu|dern**

Puf|fer, der: des Puffers, die Puffer; (Stoßdämpfer an Eisenbahnwagen; Kartoffelplätzchen); der **Kar|tof|fel|puf|fer; puf|fen** (stoßen), **ver|puf|fen** (plötzlich entweichen)

Pulk, der: des Pulk(e)s, die Pulks; (Menschenmenge)

Pul|lo|ver *engl. [pulower]*, der: des Pullovers, die Pullover; der **Pul|li** (leichter Pullover), der **Pul|lun|der** (ärmelloser Pullover)

Puls *lat.*, der: des Pulses, die Pulse; (fühlbarer Herzschlag); die **Puls|ader,** der **Puls|schlag; pul|sen, pul|sie|ren:** pulsierendes Leben in einer Stadt

Pult, das: des Pult(e)s, die Pulte; (tischähnliche Fläche zum Schreiben; Notenständer)

Pul|ver, das: des Pulvers, die Pulver; er hat sein Pulver zu früh verschossen (seine Kräfte vorzeitig und umsonst eingesetzt); das **Pul|ver|fass:** auf einem Pulverfass sitzen (in einer gefährlichen Lage sein), der **Pul|ver|schnee; pul|ve|ri|sie|ren** (zu Pulver zermahlen), **ver|pul|vern** (unnütz verbrauchen, vergeuden)

pum|me|lig *auch* **pumm|lig:** (dicklich); der **Pum|mel** (dickliches Kind)

Pum|pe, die: der Pumpe, die Pumpen; (Maschine zum Fördern von Flüssigkeiten); **pum|pen:** sie pumpte Luft in die Reifen; sich etwas pumpen (borgen)

Punk *engl. [pank]*, der: des Punk(s), die Punks; (Art der Rockmusik); da geht der Punk ab (da ist was los); der **Pun|ker** (Anhänger des Punks; eigenwillig gekleideter Jugendlicher, der sich in seinem gesamten Äußeren und Verhalten bewusst von den Normen absetzt), die **Pun|ke|rin**

Punkt, der: des Punkt(e)s, die Punkte; Punkt acht Uhr; ein wunder (schwieriger) Punkt – der springende Punkt (Kernpunkt) – das Pünktchen auf dem i (letzte Feinheit) – den toten Punkt (die größte Schwierigkeit) überwinden – nun mach aber mal einen Punkt! (hör auf!); das **Pünkt|chen,** die **Pünkt|lich|keit,** der **Punkt|rich|ter,** das **Punkt|spiel; Punkt|um!** (Schluss!); **pünkt|lich** (genau zur richtigen Zeit); **punk|ten** (Punkte sammeln)

Pu|pil|le *lat.*, die: der Pupille, die Pupillen; (Sehöffnung im Auge)

Pup|pe, die: der Puppe, die Puppen; (Spielzeug; Entwicklungsstufe des Insekts); bis in die Puppen (sehr lange) schlafen; das **Püpp|chen,** das **Pup|pen|spiel; ver|pup|pen:** sich verpuppen (sich von einer Insektenlarve in eine Puppe verwandeln)

O P Q

pur *lat.:* (rein, unverfälscht, lauter, unverdünnt): die pure Wahrheit – purer Unsinn – pures Gold – der pure Neid

Pü|ree *franz.,* das: des Pürees, die Pürees; (Brei); das **Kar|tof|fel|pü|ree; pü|rie|ren** (zu Püree verarbeiten)

Pur|pur *griech.,* das: des Purpurs; (rotvioletter Farbstoff); der **Pur|pur|man|tel; pur|pur|far|ben, pur|pur|rot**

pur|zeln: du purzelst, er purzelte, ist gepurzelt, purz(e)le!; (hinfallen); der **Pur|zel|baum**

pus|seln: du pusselst, er pusselte, hat gepusselt, puss(e)le!; (herumbasteln); die **Pus|sel|ar|beit** (mühsame Arbeit); **pus|se|lig** *auch* **puss|lig**

pus|ten: du pustest, er pustete, hat gepustet, pust(e)!; **ver|pus|ten:** sich verpusten (Luft schöpfen); die **Pus|te:** aus der Puste (außer Atem) sein, die **Pus|te|blu|me** (Löwenzahn), **Pus|te|ku|chen!** (gerade nicht!)

Pu|te, die: der Pute, die Puten; (Truthenne); der **Pu|ter:** des Puters, die Puter; (Truthahn), die **Pu|ten|brust; pu|ter|rot**

put|zen: du putzt, er putzte, hat geputzt, putz(e)!; (reinigen; schmücken); das Fahrrad putzen – sich die Nase putzen – etwas oder sich herausputzen, der **Putz** (Wandbeschichtung aus einem besonderen Mörtel), die **Putz|frau**

put|zig: putziger, am putzigsten; (drollig, komisch)

Puz|zle *engl. [pasel auch pusel],* das: des Puzzles, die Puzzles; (Geduldsspiel); **puz|zeln** (ein Puzzle zusammensetzen)

Py|ja|ma *Hindi-engl. [pü(d)schama],* der: des Pyjamas, die Pyjamas; (Schlafanzug)

Py|ra|mi|de *ägypt.,* die: der Pyramide, die Pyramiden; (ägyptischer Grabbau; geometrischer Körper)

Py|thon, der: des Pythons, die Pythons; (eine Riesenschlange)

Q

Qua|der *lat.,* der: des Quaders, die Quader; (von sechs rechteckigen Flächen begrenzter Körper; behauener Steinblock)

Qua|drat *auch* **Quad|rat** *lat.,* das: des Quadrat(e)s, die Quadrate; (Viereck mit vier gleichen Seiten); der **Qua|drat|me|ter:** *Abk.* m²; **qua|dra|tisch**

qua|ken: er quakt, er quakte, hat gequakt; der Frosch quakt; **quä|ken** (blechern klingen): eine quäkende Stimme

Qual, die: der Qual, die Qualen; (starker Schmerz); die **Quä|le|rei,** der **Quäl|geist** (Kind, das lästig wird); **quä|le|risch, qual|voll; quä|len:** jemanden quälen – sich quälen (sehr abmühen)

Qua|li|fi|ka|ti|on *lat.,* die: der Qualifikation, die Qualifikationen; (Beurteilung; Befähigungsnachweis, Eignung für einen bestimmten Beruf); **qua|li|fi|zie|ren:** sich qualifizieren (sich eignen, sich als geeignet erweisen) – zu etwas qualifiziert sein – ein qualifizierter Arbeiter

Qua|li|tät *lat.,* die: der Qualität, die Qualitäten; (Beschaffenheit, Güte, Wert); **qua|li|ta|tiv**

Qual|le, die: der Qualle, die Quallen; (gallertartiges Nesseltier); **qual|lig**

Qualm, der: des Qualm(e)s; (starker Rauch); **qual|mig; qual|men**

P
Q
R

Quan|ti|tät *lat.*, die: der Quantität, die Quantitäten; (Menge, Masse, Anzahl, Größe); das **Quänt|chen** (eine kleine Menge); **quan|ti|ta|tiv** (mengenmäßig)

Qua|ran|tä|ne *franz. [karantäne]*, die: der Quarantäne, die Quarantänen; (Absonderung, Isolierung von Menschen oder Tieren, bei denen ein Verdacht auf eine ansteckende Krankheit besteht)

Quark, der: des Quarks; (Milchprodukt; Unsinn, Wertloses); seine Nase in jeden Quark stecken – sich über jeden Quark aufregen – das geht dich einen Quark (nichts) an!; die **Quark|spei|se**

Quar|tal *lat.*, das: des Quartals, die Quartale; (Vierteljahr)

Quar|tett *ital.*, das: des Quartett(e)s, die Quartette; (Musikstück für vier Singstimmen oder Instrumente sowie die Ausführenden; Kartenspiel); das **Streich|quar|tett**

Quar|tier *franz.*, das: des Quartiers, die Quartiere; (Unterkunft, besonders für Truppen): ein Quartier beziehen; **ein|quar|tie|ren**

Quarz, der: des Quarzes, die Quarze; (Mineral); der **Quarz|sand,** die **Quarz|uhr** (Präzisionsuhr)

qua|si: (gewissermaßen, gleichsam)

quas|seln: du quasselst, er quasselte, hat gequasselt, quass(e)le doch nicht!; (schwatzen, unaufhörlich reden); die **Quas|se|lei,** die **Quas|sel|strip|pe** (*umgangssprachlich für* jemand, der pausenlos spricht)

Quas|te, die: der Quaste, die Quasten; (Büschel von Fäden oder Fransen); die **Pin|sel|quas|te,** der **Quas|ten|flos|ser** (Urfisch)

Quatsch, der: des Quatsches; (dummes Zeug, Spaß); die **Quat|sche|rei** (dummes Gerede), der **Quatsch|kopf** (dummer Schwätzer); **quat|schen**

Queck|sil|ber, das: des Quecksilbers; (flüssiges, silberglänzendes Metall)

Quel|le, die: der Quelle, die Quellen; aus erster, zuverlässiger Quelle – seine Geldquellen versiegen – neue Quellen erschließen; die **Quel|len|an|ga|be** (Fundstelle für ein Zitat), das **Quell|was|ser; quel|len:** es quillt, es quoll, es quölle, ist gequollen; (herausfließen, sprudeln)

quen|geln: du quengelst, er quengelte, hat gequengelt, queng(e)le nicht so!; (nörgeln, keine Ruhe lassen): das quengelnde Kind; die **Quen|ge|lei,** der **Queng|ler; quen|ge|lig** *auch* **queng|lig**

quer: kreuz und quer – er ist quer durch den Wald gegangen – ein quer gestreifter *auch* quergestreifter Pullover; er hat sich quergelegt (hat sich widersetzt); **quer|durch:** er rannte einfach querdurch, *aber* er rannte quer durch die Wiese, **quer|feld|ein;** die **Que|re:** jemandem in die Quere kommen (für ihn ein Hindernis sein), der **Quer|bal|ken,** der **Quer|schlä|ger** (abgeprallte Kugel), der **Quer|schnitt,** die **Quer|sum|me,** der **Quer|trei|ber** (Störer)

quet|schen: du quetschst, er quetschte, hat gequetscht; (stark zusammendrücken, pressen); die **Quet|schung**

quick|le|ben|dig: (lebhaft, munter)

quie|ken: es quiekt, es quiekte, hat gequiekt; ein Schwein quiekt

quiet|schen: du quietschst, er quietschte, hat gequietscht, quietsch(e)!; das Auto stoppte mit quietschenden Reifen –

die Kinder quietschten vor Vergnügen – die Tür quietscht; **quietsch|vergnügt**

Quin|tett *ital.*, das: des Quintett(e)s, die Quintette; (Musikstück für fünf Singstimmen oder Instrumente sowie die Ausführenden)

Quirl, der: des Quirl(e)s, die Quirle; (Gerät zum Rühren); **quir|lig** (sehr lebhaft); **quir|len** (umrühren)

quitt: (ausgeglichen, fertig): mit jemandem quitt sein

Quit|te, die: der Quitte, die Quitten; (Frucht des Quittenbaumes); **quit|te-gelb**

Quit|tung *franz.*, die: der Quittung, die Quittungen; (Empfangsbescheinigung); der **Quit|tungs|block; quit|tieren** (den Empfang bescheinigen)

Quiz *engl. [kwis]*, das: des Quiz, die Quiz; (Frage- und Antwortspiel); die **Quiz|fra|ge,** der **Quiz|mas|ter**

Quo|te *lat.*, die: der Quote, die Quoten; (auf den Einzelnen entfallender Anteil, verhältnismäßiger Anteil); die **Ein|schalt|quote** (bei Fernsehsendungen)

Quo|ti|ent, der: des Quotienten, die Quotienten; (Zahlenausdruck: Teilungsergebnis, Teilzahl)

R

Ra|batt *ital.*, der: des Rabatt(e)s, die Rabatte; (Preisnachlass, Abzug)

Ra|batz, der: des Rabatzes; (*umgangssprachlich für* Krach): Rabatz machen

Rab|bi|ner, der: des Rabbiner(s), die Rabbiner; (jüdischer Gesetzeslehrer); der **Rab|bi** (Ehrentitel jüdischer Gesetzeslehrer)

Ra|be, der: des Raben, die Raben; (großer Vogel mit schwarzem Gefieder); **ra|ben|schwarz**

Ra|che, die: der Rache; an jemandem Rache nehmen (Vergeltung üben); der **Rä|cher; rach|süch|tig; rä|chen:** sich rächen – jemanden rächen

Ra|chen, der: des Rachens, die Rachen; (hinterer Mundraum); die **Ra|chen-ent|zün|dung**

ra|ckern: du rackerst, er rackerte; (eine anstrengende Arbeit tun, sich abmühen, schuften)

Ra|cket *auch* **Ra|kett** *engl. [räket]*, das: des Rackets, die Rackets; (Tennisschläger)

Rad, das: des Rad(e)s, die Räder; Rad fahren – ich fahre Rad – ich bin Rad gefahren – ein Rad schlagen; sich wie gerädert fühlen – unter die Räder kommen (moralisch sinken) – sich als fünftes Rad am Wagen (überflüssig) fühlen; der **Rad|fah|rer,** der **Rad-fahr|weg,** das **Rad|ren|nen,** der **Rad-sport; ra|deln**

Ra|dar, der *auch* das: des Radars; (Funkmessgerät; Gerät und Verfahren zur Ortung von Verkehrsmitteln); die **Ra-dar|fal|le** (polizeiliche Geschwindigkeitskontrolle), der **Ra|dar|schirm,** die **Ra|dar|sta|ti|on**

Ra|dau, der: des Radaus; (Lärm)

ra|die|ren *lat.:* du radierst, er radierte, hat radiert, radier(e)!; der **Ra|dier-gum|mi**

Ra|dies|chen, das: des Radieschens, die Radieschen; (kleiner Rettich)

ra|di|kal *lat.:* radikaler, am radikalsten; (gründlich; rücksichtslos): radikale Ansichten vertreten

Ra|dio *lat.*, das: des Radios, die Radios; das **Ra|dio|pro|gramm**

Q R S

ra|dio|ak|tiv: (atomare Strahlen aussendend); die **Ra|dio|ak|ti|vi|tät**

Ra|di|us *lat.*, der: des Radius, die Radien; (Halbmesser des Kreises)

raf|fen: du raffst, er raffte, hat gerafft, raff(e)!; in der Eile raffte sie einige Kleidungsstücke zusammen – viel Geld zusammenraffen (geizig anhäufen); die **Raff|gier,** der **Raff|ke** (raffgieriger Mensch), der **Zeit|raf|fer** (beim Film schnellerer Ablauf als unter natürlichen Umständen)

raf|fi|niert: raffinierter, am raffiniertesten; (gereinigt, verfeinert; *besonders* durchtrieben, schlau): ein raffinierter Betrüger

Raf|ting *engl.*, das: des Raftings; (Wildwasserfahren im Schlauchboot)

Ra|ge *franz. [rasche]*, die: der Rage; (Wut, Aufregung): jemanden in Rage bringen

ra|gen: er ragt, er ragte; (deutlich hervorstehen): der Felsen ragte aus dem Wasser; **he|raus|ra|gen** *auch* **her|aus|ra|gen:** eine herausragende Leistung

Ra|gout *franz. [ragu]*, das: des Ragouts, die Ragouts; (Gericht aus klein geschnittenem Fleisch)

Rahm, der: des Rahms; (Sahne); die **Rahm|so|ße; rah|mig**

Rah|men, der: des Rahmens, die Rahmen; (Einfassung von Bildern); aus dem Rahmen fallen (ganz anders sein als üblich); **ein|rah|men, rah|men**

Rain, der: des Raines, die Raine; (unbebauter Streifen Land, Ackergrenze)

rä|keln *auch* **re|keln:** du räkelst dich, er räkelte sich, hat sich geräkelt, räk(e)le dich!; (sich wohlig ausstrecken)

Ra|ke|te, die: der Rakete, die Raketen; (Feuerwerkskörper; Flugkörper); der **Ra|ke|ten|start,** die **Trä|ger|ra|ke|te**

Ral|lye *engl. [räli]*, die: der Rallye, die Rallyes; (Autorennen mit Sonderprüfungen im Gelände); die **Fahr|rad|ral|lye,** der **Ral|lye|fah|rer**

Ra|ma|dan *arab.*, der: des Ramadan(s), die Ramadane; (Fastenmonat der Moslems)

ram|men: du rammst, er rammte, hat gerammt, ramm(e)!; (wuchtig stoßen): er rammte die Pflöcke in den Boden; der **Ramm|bock**

Ram|pe, die: der Rampe, die Rampen; (erhöhte Ebene zum Anfahren von Gütern beim Verladen; erhöhter Rand der Bühne); das **Ram|pen|licht:** im Rampenlicht stehen (viel beachtet werden), die **Ver|la|de|ram|pe**

ram|po|nie|ren *ital.:* du ramponierst, er ramponierte, hat ramponiert; (stark beschädigen)

Ramsch, der: des Ramsch(e)s; (minderwertige Ware); der **Ramsch|la|den; ram|schen, ver|ram|schen**

ran: (heran); **sich ran|hal|ten, ran|klot|zen** (viel arbeiten)

Ranch *amerik. [räntsch]*, die: der Ranch, die Ranch(e)s; (Farm in Nordamerika); der **Ran|cher**

Rand, der: des Rand(e)s, die Ränder; außer Rand und Band sein – am Rande des Abgrundes stehen – nicht zu Rande *auch* zurande kommen (nicht fertig werden); die **Rand|be|mer|kung**

ran|da|lie|ren: du randalierst, er randalierte, hat randaliert, randalier(e) nicht!; (lärmen, Unfug machen); der **Ran|da|lie|rer,** die **Ran|da|le**

Rang, der: des Rang(e)s, die Ränge; (Stufe, Stellung); jemandem den Rang ablaufen (zuvorkommen) – Rang und Namen haben (bekannt sein); die **Rang|fol|ge,** die **Rang|lis|te; erst|ran|gig, rang|hö|her**

ran|geln: du rangelst, er rangelte, hat gerangelt, rang(e)le nicht!; (sich balgen, raufen); die **Ran|ge|lei**

ran|gie|ren *franz. [rangschiren]:* du rangierst, er rangierte, hat rangiert; (verschieben; einen bestimmten Rang einnehmen): er rangiert an erster Stelle; der **Ran|gier|bahn|hof,** die **Ran|gier|lo|ko|mo|ti|ve**

Ran|ke, die: der Ranke, die Ranken; (spiralförmig wachsende Pflanze); **rank** (geschmeidig, gerade gewachsen); rank und schlank; **ran|ken:** sich ranken

Rän|ke, die: der Ränke; (hinterhältige Machenschaften, Intrigen): Ränke schmieden

Ran|zen, der: des Ranzens, die Ranzen; (Schulmappe)

ran|zig: das Öl ist ranzig (verdorben)

Rap *engl./amerik. [räp],* der: des Rap(s), die Raps; (Musikrichtung mit rhythmischem Sprechgesang); der **Rap|per**

ra|pid *auch* **ra|pi|de:** (sehr schnell)

Rap|pe, der: des Rappen, die Rappen; (schwarzes Pferd); auf Schusters Rappen (zu Fuß) kommen

rap|pe|lig *auch* **rapp|lig:** (plötzlich ungeduldig, wütend, verrückt); der **Rap|pel:** einen Rappel bekommen

Raps, der: des Rapses, die Rapse; (Ölpflanze); das **Raps|öl**

rar: rarer, am rarsten; (selten): sich rarmachen (selten kommen); die **Ra|ri|tät** (Seltenheit)

ra|sant: rasanter, am rasantesten; (äußerst schnell); eine rasante Entwicklung

rasch: rascher, am raschesten; (schnell)

ra|scheln: du raschelst, er raschelte, hat geraschelt, rasch(e)le!; das Laub raschelt im Wind

ra|sen: du rast, er raste, ist gerast, ras(e) nicht so!; (sehr schnell fahren, laufen; wüten, toben); die **Ra|se|rei; ra|send:** du machst mich rasend

Ra|sen, der: des Rasens, die Rasen; der **Ra|sen|mä|her**

ra|sie|ren: du rasierst, er rasierte, hat rasiert, rasier(e)!; sich rasieren; der **Ra|sier|ap|pa|rat,** die **Ra|sier|klin|ge,** das **Ra|sier|mes|ser,** das **Ra|sier|was|ser,** die **Ra|sur**

Ras|pel, die: der Raspel, die Raspeln; (Werkzeug); **ras|peln:** Süßholz raspeln (jemandem schmeicheln)

Ras|se, die: der Rasse, die Rassen; die weiße, gelbe, schwarze, rote Rasse; der **Ras|se|hund,** die **Ras|sen|dis|kri|mi|nie|rung** (Benachteiligung einer Bevölkerungsgruppe aufgrund ihrer Rasse), der **Ras|sen|hass,** der **Ras|sis|mus** (übersteigertes Rassenbewusstsein); **ras|sig** (von edler Rasse), **ras|sisch** (rassische Minderheiten), **ras|sis|tisch**

Ras|sel, die: der Rassel, die Rasseln; (Knarre, Klapper); die **Ras|sel|ban|de** (Gruppe übermütig lärmender Kinder); **ras|seln:** mit dem Säbel rasseln (drohen) – durch eine Prüfung rasseln (durchfallen)

Rast, die: der Rast, die Rasten; (Pause, Erholung); ohne Rast und Ruh; der **Rast|platz,** die **Rast|stät|te; rast|los; ein|ras|ten, ras|ten**

Ras|ter *lat.,* das: des Rasters, die Raster; (Liniennetz oder Punktsystem, z.B. auf Glasplatte oder Folie zur Zerlegung eines Bildes in einzelne Rasterpunkte); **ras|tern**

Rat, der: des Rat(e)s, die Räte; sich Rat holen – ein Buch zu Rate *auch* zurate ziehen – Rat suchend *auch* ratsuchend; der **Rat|ge|ber,** das **Rat|haus,** der **Rats|herr,** der **Rats|kel|ler,** der **Rat|schlag; rat|los** (hilflos, verwirrt), **rat|sam** (empfehlenswert); **ra|ten:** du rätst, er riet, er riete, hat geraten, rat(e)!

Ra|te, die: der Rate, die Raten; (Teilzahlung); die **Ra|ten|zah|lung; ra|ten|wei|se**

Ra|ti|on *franz.,* die: der Ration, die Rationen; (bestimmte, zugeteilte Menge); die **Ra|ti|o|nie|rung; ra|ti|o|nie|ren**

ra|ti|o|nal *lat.:* (vernunftgemäß); **ra|ti|o|na|li|sie|ren** (etwas zweckmäßiger organisieren); die **Ra|ti|o|na|li|sie|rung**

ra|ti|o|nell *lat.:* (zweckmäßig, sparsam)

Rät|sel, das: des Rätsels, die Rätsel; (Undurchschaubares, Geheimnis); in Rätseln (unklar) sprechen – vor einem Rätsel stehen; das **Kreuz|wort|rät|sel; rät|sel|haft** (unerklärlich); **rät|seln**

Rat|te, die: der Ratte, die Ratten; (Nagetier); die Ratten verlassen das sinkende Schiff (die falschen Freunde ziehen sich zurück); der **Rat|ten|fän|ger,** der **Rat|ten|schwanz:** ein Rattenschwanz (eine endlose Folge) von Problemen

rat|tern: er rattert, er ratterte, ist gerattert; der Zug ratterte über die Gleise

rau: rauer, am rausten; ein rauer Stoff – ein rauer Hals – eine raue Witterung – ein rauer, aber herzlicher Ton; **rau|bei|nig;** das **Rau|bein** (gutmütiger Mensch mit rauem Umgangston), die **Rau|fa|ser|ta|pe|te,** die **Rau|heit,** der **Rau|reif**

Raub, der: des Raub(e)s, die Raube; (gewaltsames Wegnehmen); der **Raub|bau:** er treibt mit seinen Kräften, mit seiner Gesundheit Raubbau (übernimmt sich), der **Räu|ber,** die **Räu|ber|ban|de,** der **Raub|mord,** das **Raub|tier,** der **Raub|rit|ter,** der **Raub|über|fall,** der **Raub|vo|gel; räu|be|risch; rau|ben:** Geld rauben, **räu|bern**

Rauch, der: des Rauch(e)s; alles war Schall und Rauch (ohne Bedeutung); der **Räu|cher|aal,** die **Räu|cher|kam|mer,** der **Rauch|fang,** der **Rauch|mel|der,** die **Rauch|ver|gif|tung; rau|chig; rau|chen:** ihm raucht der Kopf (er arbeitet angestrengt), **räu|chern** (etwas im Rauch haltbar machen)

rauf: (herauf)

rau|fen: du raufst, er raufte, hat gerauft, rauf(e) nicht!; (sich prügeln): sich die Haare raufen (vor Ärger); der **Rauf|bold,** die **Rau|fe|rei,** die **Rauf|lust; rauf|lus|tig**

Raum, der: des Raum(e)s, die Räume; eine Raum sparende *auch* raumsparende Treppe; der **Raum|in|halt,** die **Raum|fahrt,** die **Räum|lich|keit,** der **Raum|pfle|ger,** die **Raum|pfle|ge|rin,** das **Raum|schiff,** die **Räu|mung,** der **Räu|mungs|ver|kauf; ge|räu|mig** (viel Platz bietend), **räum|lich; räu|men** (etwas entfernen, Raum schaffen)

rau|nen: du raunst, er raunte, hat geraunt, raun(e)!; (leise sprechen, zuflüstern); das **Rau|nen**

Rau|pe, die: der Raupe, die Raupen; (Entwicklungsstadium der Schmetterlinge; schweres Gefährt); wie eine neunköpfige Raupe (sehr viel) essen; die **Pla|nier|rau|pe**

raus: (heraus)

Rausch, der: des Rausch(e)s, die Räusche; wie im Rausch (benebelt) sein; das **Rausch|gift; rausch|gift-süch|tig**

rau|schen: es rauscht, es rauschte, hat gerauscht; er hört das Wasser rauschen; **rau|schend:** ein rauschendes Fest

räus|pern: du räusperst dich, er räusperte sich, hat sich geräuspert; (hüsteln)

Rau|te, die: der Raute, die Rauten; (schiefwinkliges gleichseitiges Viereck, Rhombus); **rau|ten|för|mig**

Ra|vi|o|li *ital.,* die: der Ravioli; (Nudelteigtaschen mit Fleisch- oder Gemüsefüllung)

Raz|zia *arabisch-franz.,* die: der Razzia, die Razzien; (plötzliche polizeiliche Untersuchung)

Re|a|genz|glas, das: des Reagenzglases, die Reagenzgläser; (Probierglas für chemische Versuche)

re|a|gie|ren *lat.:* du reagierst, er reagierte, hat reagiert, reagiere!; (eine Gegenwirkung zeigen): er hat auf die Beschwerde sofort reagiert; die **Re|ak-ti|on,** das **Re|ak|ti|ons|ver|mö|gen; re|ak|ti|ons|schnell; re|ak|ti|vie|ren** (wieder in Dienst nehmen)

Re|ak|tor, der: des Reaktors, die Reaktoren; (Anlage zur Umwandlung von Kernenergie in Wärmeenergie); der **Kern|re|ak|tor**

re|al *lat.:* (wirklich, tatsächlich; sachlich); der **Re|a|list,** der **Re|a|lis|mus** (Wirklichkeitssinn, Tatsachensinn), die **Re|a|li|tät** (Wirklichkeit), die **Re-al|schu|le; re|a|li|sie|ren** (verwirklichen)

Re|be, die: der Rebe, die Reben; (Weinrebe); der **Reb|stock**

Re|bell *franz.,* der: des Rebellen, die Rebellen; (Aufrührer); die **Re|bel|li-on; re|bel|lisch; re|bel|lie|ren**

Re|cei|ver *engl. [rißiwer],* der: des Receivers, die Receiver; (Satellitenempfangsgerät mit Verstärker)

Re|chen, der: des Rechens, die Rechen; (Harke); **re|chen** (harken)

rech|nen: du rechnest, er rechnete, hat gerechnet, rechne!; ich muss rechnen (sparsam sein) – wir rechnen mit dir – ich rechne es dir hoch an; die **Re|chen|auf|ga|be,** die **Re|chen-schaft:** Rechenschaft ablegen – zur Rechenschaft (Verantwortung) ziehen, der **Rech|ner,** die **Rech|nung:** die Rechnung ohne den Wirt machen (sich täuschen) – einen Strich durch die Rechnung machen (einen Plan vereiteln); **rech|ne|risch**

Recht, das: des Recht(e)s, die Rechte; du hast recht *auch* Recht – du behältst recht *auch* Recht – Recht sprechen – Recht finden – im Recht sein – von Rechts wegen – die Forderung besteht zu Recht – das ist sein gutes Recht; mit Fug und Recht – Gnade vor Recht ergehen lassen – auf sein Recht pochen – das Recht auf seiner Seite haben; der **Rechts|an-walt,** die **Recht|spre|chung,** der **Rechts|streit,** der **Rechts|staat; recht-lich, recht|los, rechts|kräf|tig, rechts-wi|drig; zu|recht|kom|men**

recht: *Kleinschreibung:* das ist recht so – das geschieht ihm recht – jemandem etwas recht machen – das ist mir recht – ein rechter Winkel; das Herz auf dem rechten Fleck haben; *Großschreibung:* nach dem Rechten sehen – da bist du bei mir an den Rechten geraten; das **Recht|eck,** die **Recht-**

Q R S

schrei|bung; recht|ha|be|risch, recht|schaf|fen (ehrlich, pflichtbewusst), **recht|win|ke|lig** *auch* **recht|wink|lig, recht|zei|tig**

rechts: von, nach rechts – sich rechts halten – rechts stehen – rechts abbiegen; nicht mehr wissen, was rechts und links ist (sehr verwirrt sein); der **Rechts|ab|bie|ger,** die **Rechts|kur|ve,** der **Rechts|ra|di|ka|le; rechts|hän|dig; rechts|he|rum; rechts|ra|di|kal**

Reck, das: des Reck(e)s, die Recke; (Turngerät); die **Reck|stan|ge**

re|cken: du reckst dich, er reckte sich, hat sich gereckt, reck(e) dich!; (sich hoch aufrichten, ausstrecken): den Hals recken; der **Re|cke** (Sagen- und Märchenheld)

Re|cor|der: → Rekorder

Re|cy|cling *auch* **Re|cyc|ling** *engl. [rißeikling],* das: des Recyclings; (Wiederverwendung schon benutzter Rohstoffe); **re|cy|celn**

Re|dak|ti|on *franz.,* die: der Redaktion, die Redaktionen; (Gesamtheit der Redakteure einer Zeitung, Zeitschrift; Tätigkeit des Redakteurs); der **Re|dak|teur,** die **Re|dak|teu|rin; re|di|gie|ren** (bearbeiten, druckfertig machen)

re|den: du redest, er redete, hat geredet, red(e)!; jemandem gut zureden – gut reden haben – mit sich reden lassen; jemandem nach dem Munde reden – von sich reden machen – gegen die Wand (ohne Wirkung) reden – jemandem ins Gewissen reden; das **Ge|re|de,** die **Re|de:** Rede und Antwort stehen – jemanden zur Rede stellen – das ist nicht der Rede wert, die **Re|dens|art,** die **Re|de|rei,** der **Re|de|schwall,** die **Re|de|wen|dung,** der **Red|ner; re|de|ge|wandt, red|se|lig** (viel und gern redend)

red|lich: redlicher, am redlichsten; (ehrlich, zuverlässig); die **Red|lich|keit**

re|du|zie|ren *lat.:* du reduzierst, er reduzierte, hat reduziert, reduzier(e)!; (einschränken, mindern); die **Re|duk|ti|on,** die **Re|du|zie|rung**

Ree|de, die: der Reede, die Reeden; (Ankerplatz vor dem Hafen); der **Ree|der** (Schiffseigentümer), die **Ree|de|rei** (Schifffahrtsunternehmen)

re|ell: (zuverlässig, redlich, echt)

Re|fe|rat *lat.,* das: des Referat(e)s, die Referate; (Bericht, Vortrag; Arbeitsgebiet); das **Kurz|re|fe|rat,** der **Re|fe|rent** (Berichterstatter, Sachbearbeiter); **re|fe|rie|ren**

Re|fe|ren|dar *lat.,* der: des Referendars, die Referendare; (Beamtenanwärter); das **Re|fe|ren|da|ri|at** (Vorbereitungsdienst), die **Re|fe|ren|da|rin**

re|flek|tie|ren *lat.:* du reflektierst, er reflektierte, hat reflektiert, reflektier(e)!; ([zu]rückstrahlen; nachdenken; Absichten auf etwas haben); der **Re|flek|tor** (Fahrradzubehör), der **Re|flex** (automatische Reaktion), die **Re|fle|xi|on** (Gedankengang, Betrachtung); **re|fle|xiv** (rückbezüglich)

Re|fle|xiv|pro|no|men, das: des Reflexivpronomens, die Reflexivpronomen; (rückbezügliches Fürwort): z.B. ich mühe *mich* ab, er wäscht *sich*

Re|form *lat.,* die: der Reform, die Reformen; (Umgestaltung, Verbesserung, Neuordnung); die **Re|for|ma|ti|on** (religiöse Bewegung im 16. Jahrhundert, die zur Gründung der evangelischen Kirchen führte), der **Re|for|ma|ti|ons|tag,** der **Re|for|ma|tor** (Martin Luther), der **Re|for|mer,**

das **Re|form|haus** (Laden für Reformkost); **re|for|mie|ren**

Re|frain *auch* **Ref|rain** *franz. [refräng]*, der: des Refrains, die Refrains; (Kehrreim, wiederkehrende Strophe)

Re|gal, das: des Regals, die Regale; (Bücher- oder Warengestell)

Re|gat|ta *ital.*, die: der Regatta, die Regatten; (Bootswettfahrt)

re|ge: reger, am regsten; (munter, beweglich): ein reger Mensch – reger Verkehr – rege Beteiligung – eine rege Fantasie; **reg|los, reg|sam, re|gungs|los;** die **Re|gung; auf|re|gen:** sich aufregen, **re|gen:** sich regen

Re|gel, die: der Regel, die Regeln; in der Regel – zur Regel werden – gegen eine Regel verstoßen; die **Re|gel|mä|ßig|keit,** die **Re|ge|lung,** die **Re|gel|wi|drig|keit,** der **Reg|ler; re|gel|bar, re|gel|mä|ßig** (gleichmäßig wiederkehrend), **re|gel|recht** (ordnungsgemäß), **re|gel|wi|drig; re|geln**

Re|gen, der: des Regens, die Regen; vom Regen in die Traufe kommen (aus einer Notlage in eine andere, noch schlimmere kommen) – er macht ein Gesicht wie drei Tage Regenwetter (missmutig, mürrisch); der **Re|gen|bo|gen,** die **Re|gen|ja|cke,** der **Re|gen|schau|er,** der **Re|gen|schirm,** der **Re|gen|wald,** das **Re|gen|wet|ter; re|gen|arm, reg|ne|risch; reg|nen:** es regnet Bindfäden (viel und ausdauernd)

re|ge|ne|rie|ren: (erneuern, neu beleben); **re|ge|ne|ra|tiv** (erneuerbar)

Reg|gae *engl. [räggi]*, der: des Reggae(s); (Stilrichtung der Popmusik)

Re|gie *franz. [reschi]*, die: der Regie; (Spielleitung bei Theater, Film, Fernsehen usw.); die **Re|gie|an|wei|sung,** der **Re|gis|seur** *[reschißör]* (Spielleiter)

re|gie|ren: er regiert, er regierte, hat regiert; (beherrschen; lenken, leiten); die **Re|gie|rung,** die **Re|gie|rungs|par|tei,** der **Re|gie|rungs|wech|sel**

Re|gime *franz. [reschim]*, das: des Regime(s), die Regime *auch* Regimes; (*abwertend für* Regierung)

Re|gi|on *lat.*, die: der Region, die Regionen; (Bereich, Gegend); in höheren Regionen schweben (nicht in der Wirklichkeit leben); die **Re|gi|o|nal|bahn:** *Abk.* RB, die **Re|gi|o|nal|li|ga,** das **Re|gi|o|nal|pro|gramm; re|gi|o|nal**

Re|gis|ter *lat.*, das: des Registers, die Register; (Verzeichnis, Liste; Stimmenzug bei der Orgel); alle Register ziehen (alle Möglichkeiten nutzen); die **Re|gis|ter|ton|ne:** *Abk.* RT (Raummaß für Schiffe); **re|gis|trie|ren** (in ein Register eintragen; wahrnehmen, bemerken)

re|gle|men|tie|ren *auch* **reg|le|men|tie|ren:** du reglementierst, er reglementierte, hat reglementiert, reglementier(e)!; (etwas durch Vorschriften regeln); das **Re|gle|ment** *[reglemong]* (Vorschriften, *auch für* Sportarten)

re|gu|lär *lat.:* (der Regel entsprechend, vorschriftsmäßig); die **Re|gu|lie|rung; re|gu|lie|ren** (regeln, ordnen)

Reh, das: des Reh(e)s, die Rehe; der **Reh|bock,** das **Reh|kitz** (das Rehjunge)

Re|ha|bi|li|ta|ti|on *lat.*, die: der Rehabilitation, die Rehabilitationen; *Abk.* Reha *für medizinische Wiederherstellung* (Wiederherstellung des Ansehens einer Person; Rückführung von Kranken zu größtmöglicher Leistungsfä-

Q R S

higkeit; Wiedereingliederung ehemaliger Strafgefangener in die Gesellschaft); die **Re|ha|bi|li|tie|rung; re|ha|bi|li|tie|ren:** sich rehabilitieren (sein Ansehen zurückgewinnen)

rei|ben: du reibst, er rieb, er riebe, hat gerieben, reib(e)!; sich an jemandem reiben (mit ihm streiten) – jemandem etwas unter die Nase reiben (vorhalten); die **Rei|be** (Raspel), der **Rei|be|ku|chen,** die **Rei|bung; rei|bungs|los** (ohne Probleme)

Reich, das: des Reich(e)s, die Reiche; (*alte Bezeichnung für* Herrschaftsgebiet): das Reich der Wissenschaft, der Fabel, der Träume – das Deutsche Reich – das Römische Reich; der **Reichs|tag** (Parlamentsgebäude in Berlin)

reich: reicher, am reichsten; *Kleinschreibung:* reich an Erfahrungen – in reichem Maße – jemanden reich belohnen – reich schmücken; *Großschreibung:* Arm und Reich (jedermann); **reich|hal|tig, reich|lich** (umfangreich); der **Reich|tum**

rei|chen: du reichst, er reichte, hat gereicht, reich(e)!; jemandem die Hand reichen – das Brot reicht nicht – so weit das Auge reicht; er kann dir das Wasser nicht reichen (kann nicht so viel wie du) – das Wasser reicht ihm bis an den Hals – es reicht hinten und vorne nicht (es ist in keiner Weise ausreichend)

reif: reifer, am reifsten; (voll entwickelt; geeignet): reif sein, werden – ein frühreifes Kind – die reifere (ältere) Frau; unser Plan ist noch nicht reif genug; **reif|lich:** nach reiflicher Überlegung; die **Rei|fe,** die **Rei|fe|prü|fung** (Abitur), die **Rei|fung; rei|fen**

Reif, der: des Reif(e)s; (gefrorener Tau); die **Reif|glät|te,** der **Rau|reif**

Reif, der: des Reif(e)s, die Reife; (Ring; Spielzeug)

Rei|fen, der: des Reifens, die Reifen; die **Rei|fen|pan|ne,** der **Rei|fen|wech|sel**

Rei|gen, der: des Reigens, die Reigen; (Tanz)

Rei|he, die: der Reihe, die Reihen; an der Reihe sein – an die Reihe kommen – außer der Reihe – aus der Reihe tanzen – in Reih und Glied – eine Reihe von Diebstählen; etwas wieder in die Reihe (in Ordnung) bringen; die **Rei|hen|fol|ge,** das **Rei|hen|haus,** die **Rei|hung; rei|hen|wei|se, reih|um; auf|rei|hen, ein|rei|hen:** sich einreihen, **rei|hen**

Rei|her, der: des Reihers, die Reiher; (Storchvogel); der **Fisch|rei|her**

Reim, der: des Reim(e)s, die Reime; (Endsilben am Ende von Verszeilen, die gleich klingen); darauf kann ich mir keinen Reim machen (ich kann es nicht verstehen); **rei|men**

rein: reiner, am reinsten; *Kleinschreibung:* reine Seide, reines Gold – ein reines Gewissen; eine reine Weste haben – jemandem reinen Wein einschenken (die volle Wahrheit sagen) – reinen Tisch machen (etwas klären) – die Luft ist rein (es besteht keine Gefahr mehr); *Großschreibung:* etwas ins Reine bringen – etwas ins Reine schreiben – mit sich oder jemandem im Reinen sein; die **Rei|ni|gung; rei|ni|gen**

rein: (herein); der **Rein|fall** (Enttäuschung); **rein|fal|len, rein|las|sen**

Reis, der: des Reises, die Reise; (Getreideart); das **Reis|korn**

Rei|se, die: der Reise, die Reisen; das **Rei|se|bü|ro,** der *auch* die **Rei|sen|de,** der **Rei|se|füh|rer** (Informationen über das Reiseland), der **Rei|se|ver|kehr; rei|se|fer|tig; rei|sen, ver|rei|sen**

Rei|sig, das: des Reisigs; (dürre Zweige); der **Rei|sig|be|sen,** das **Rei|sig|bün|del**

rei|ßen: du reißt, er riss, er risse, hat gerissen, reiß(e)!; reißende (wilde) Tiere – ein reißender Strom – Witze reißen – die Führung, Macht an sich reißen – ihm riss die Geduld; sich um eine Sache reißen (sich sehr bemühen) – sich etwas unter den Nagel reißen (unrechtmäßig aneignen) – alle waren hingerissen (begeistert); **ab|rei|ßen, aus|rei|ßen, zer|rei|ßen; Reiß|aus:** Reißaus nehmen (flüchten), das **Reiß|brett** (Zeichenbrett), das **Rei|ßen** (Rheumatismus), der **Rei|ßer** (Ware, die guten Absatz findet; Erfolgsbuch, -film), der **Reiß|ver|schluss,** die **Reiß|zwe|cke; rei|ße|risch** (grell), **reiß|fest**

rei|ten: du reitest, er ritt, er ritte, ist geritten, reit(e)!; den reitet der Teufel (der macht Unsinn, wagt zu viel) – auf einer Sache herumreiten (bis zum Überdruss wiederholen); der **Rei|ter,** die **Rei|te|rei,** die **Rei|te|rin,** das **Reit|pferd,** das **Reit|tur|nier** (Wettbewerb im Reiten), der **Reit|un|ter|richt,** der **Ritt**

Reiz, der: des Reizes, die Reize; der Reiz des Neuen; der **An|reiz,** der **Reiz|hus|ten,** das **Reiz|kli|ma,** die **Rei|zung; reiz|bar** (empfindlich, aufbrausend), **rei|zend** (niedlich, hübsch, sehr schön), **reiz|voll; rei|zen**

re|keln: → räkeln

Re|kla|ma|ti|on *lat.,* die: der Reklamation, die Reklamationen; (Beschwerde, Beanstandung); **re|kla|mie|ren**

Re|kla|me *lat.,* die: der Reklame, die Reklamen; (Werbung, Anpreisung)

re|kon|stru|ie|ren *auch* **re|kons|tru|ie|ren:** du rekonstruierst, er rekonstruierte, hat rekonstruiert, rekonstruier(e)!; (wiederherstellen, nachbilden; Ablauf eines Vorganges wiedergeben); die **Re|kons|truk|ti|on** (Wiederherstellung)

Re|kord, der: des Rekord(e)s, die Rekorde; (Höchstleistung): einen Rekord brechen, einstellen, verfehlen; die **Re|kord|ern|te,** der **Re|kord|hal|ter,** der **Re|kord|ver|such**

Re|kor|der *auch* **Re|cor|der** *engl.,* der: des Rekorders, die Rekorder; (Gerät zum Aufnehmen und Wiedergeben von Bild und Ton); der **DVD-Re|kor|der,** der **Kas|set|ten|re|kor|der,** der **Vi|deo|re|kor|der**

Rek|tor, der: des Rektors, die Rektoren; (Leiter einer Schule oder Hochschule); die **Rek|to|rin,** das **Rek|to|rat** (Amt und Zimmer des Rektors oder der Rektorin)

re|la|tiv *lat.:* (verhältnismäßig, vergleichsweise; bezüglich); die **Re|la|ti|on** (Beziehung, Verhältnis), das **Re|la|tiv|pro|no|men** (bezügliches Fürwort): z.B. der Vogel, *der* singt ..., das Donnern, *das* wir hörten ..., der **Re|la|tiv|satz**

re|le|vant: relevanter, am relevantesten; (wichtig, bedeutend); die **Re|le|vanz**

Re|li|ef *franz.,* das: des Reliefs, die Reliefs *auch* Reliefe; (über eine Fläche hervorstehendes, plastisches Bild)

Re|li|gi|on *lat.,* die: der Religion, die Religionen; die **Re|li|gi|ons|frei|heit,**

der **Re|li|gi|ons|un|ter|richt; re|li|gi|ös**

Re|ling, die: der Reling, die Relings *auch* Relinge; (Schiffsgeländer)

Re|li|quie *lat.,* die: der Reliquie, die Reliquien; (Überrest, besonders von Heiligen, als Gegenstand religiöser Verehrung)

Re|make *engl. [rimek],* das: des Remakes, die Remakes; (Neuverfilmung, Neuvertonung)

re|mis *franz. [remi]:* (unentschieden); das **Re|mis**

Re|mou|la|de *franz. [remulade],* die: der Remoulade, die Remouladen; (Kräutermajonäse)

rem|peln: du rempelst, er rempelte, hat gerempelt, rempel(e) nicht!; (absichtlich stoßen); **an|rem|peln;** die **Rem|pe|lei,** der **Remp|ler**

Ren, das: des Rens, die Rens *auch* Rene; (Hirschart, Haustier der Lappen); das **Ren|tier**

Ren|dez|vous *franz. [rangdewu],* das: des Rendezvous, die Rendezvous *[rangdewus]*; (Verabredung, Stelldichein)

ren|nen: du rennst, er rannte, ist gerannt, renn(e)!; mit dem Kopf gegen die Wand rennen – in sein Unglück, Verderben rennen – jemanden über den Haufen rennen – jemandem das Haus einrennen (ihn dauernd belästigen); die **Renn|bahn,** das **Ren|nen:** das Rennen machen, gewinnen, aufgeben, der **Ren|ner** (schnelles Rennpferd; Verkaufsschlager), der **Renn|fah|rer,** das **Renn|pferd,** das **Wett|ren|nen**

re|nom|miert: renommierter, am renommiertesten; (berühmt, angesehen, namhaft): ein renommierter Künstler; das **Re|nom|mee** (guter Ruf)

re|no|vie|ren *lat.:* du renovierst, er renovierte, hat renoviert, renovier(e)!; (erneuern, instand setzen); die **Re|no|vie|rung**

Ren|te, die: der Rente, die Renten; (Altersversorgung; lebenslange Unterhaltszahlung); der **Rent|ner,** die **Rent|ne|rin,** die **Ren|ten|ver|si|che|rung**

re|pa|rie|ren *lat.:* du reparierst, er reparierte, hat repariert, reparier(e)!; (ausbessern, instand setzen); die **Re|pa|ra|tur; re|pa|ra|bel** wiederherstellbar)

Re|per|toire *franz. [repertoar],* das: des Repertoires, die Repertoires; (Bestand an eingeübten Stücken bzw. Rollen bei Bühnen, Orchestern, Schauspielern, Musikern; Spielplan)

Re|port *franz.,* der: des Report(e)s, die Reporte; (Bericht); die **Re|por|ta|ge** *[reportasche]* (Tatsachenbericht in den Medien), der **Re|por|ter** (Zeitungs-, Fernseh- oder Rundfunkberichterstatter)

Re|prä|sen|tant, der: des Repräsentanten, die Repräsentanten; (Vertreter, Abgeordneter); **re|prä|sen|ta|tiv:** eine repräsentative Umfrage; **re|prä|sen|tie|ren** (vertreten, etwas darstellen, standesgemäß auftreten)

Re|pro|duk|ti|on *lat.* die: der Reproduktion, die Reproduktionen; (Nachbildung, Wiedergabe durch Druck oder Fotografie; Vervielfältigung); **re|pro|du|zie|ren**

Rep|til, das: des Reptils, die Reptilien; (Kriechtier)

Re|pu|blik *auch* **Re|pub|lik** *lat.,* die: der Republik, die Republiken; (Volksstaat); der **Re|pu|bli|ka|ner; re|pu|bli|ka|nisch**

Re|qui|sit *lat.*, das: des Requisit(e)s, die Requisiten; (Arbeitsgerät, Zubehör, Ausstattungsgegenstand für Bühnenstücke oder Filme)

re|ser|vie|ren *lat.:* du reservierst, er reservierte, hat reserviert, reservier(e)!; (vorbestellen, vormerken; aufbewahren): ein Zimmer reservieren; das **Re|ser|vat** (großes Freigehege für gefährdete Tierarten), die **Re|ser|va|ti|on** (Schutzgebiet für Volksgruppen, speziell für Indianer), die **Re|ser|ve** (Zurückhaltung; Vorrat); etwas in Reserve (Vorrat) haben – stille Reserven haben, der **Re|ser|ve|rei|fen,** die **Re|ser|vie|rung** (Vorbestellung, Vormerkung von Plätzen); **re|ser|viert:** sich reserviert (zurückhaltend) verhalten

Re|si|denz *lat.*, die: der Residenz, die Residenzen; (Wohnsitz eines Herrschers; Hauptstadt); **re|si|die|ren** (fürstlich wohnen)

Re|si|gna|ti|on *auch* **Re|sig|na|ti|on** *lat.*, die: der Resignation, die Resignationen; (Entsagung, Verzicht; Ergebung in das Schicksal); **re|sig|nie|ren** (mutlos werden)

re|sis|tent *lat.:* resistenter; (widerstandsfähig)

re|so|lut *lat.:* resoluter, am resolutesten; (entschlossen, beherzt, tatkräftig); die **Re|so|lu|ti|on** (Entschließung, Beschluss)

Re|so|nanz *lat.*, die: der Resonanz, die Resonanzen; (Mittönen, Widerhall; Anklang); seine Rede fand keine Resonanz (keine Zustimmung)

Re|spekt *auch* **Res|pekt** *franz.*, der: des Respekt(e)s; (Achtung, Ehrerbietung); die **Res|pekts|per|son; res|pek|ta|bel, res|pekt|los, res|pekt|voll; res|pek|tie|ren** (achten, anerkennen)

Res|sort *franz. [reßor]*, das: des Ressorts, die Ressorts; (Amts-, Geschäfts- , Zeitungsbereich); der **Res|sort|chef**

Res|sour|cen *franz. [resurßen]*, die: der Ressourcen; (Rohstoffquellen; verfügbare Mittel)

Rest, der: des Rest(e)s, die Reste; jemandem den Rest geben (den Gnadenstoß geben, ihn ruinieren) – sich den Rest holen (krank werden); der **Rest|be|stand,** der **Res|te|ver|kauf,** das **Rest|ri|si|ko** (gefährliche Situationen, z.B. durch die Atomkraft bedingt); **rest|lich; rest|los** (vollständig)

Res|tau|rant *franz. [reßtorang]*, das: des Restaurants, die Restaurants; (Gaststätte)

Res|tau|rie|rung *lat.*, die: der Restaurierung, die Restaurierungen; (Wiederherstellung); **res|tau|rie|ren:** das Gebäude wird restauriert

Re|sul|tat, das: des Resultat(e)s, die Resultate; (Ergebnis); **re|sul|tie|ren** (sich als Schlussfolgerung ergeben)

Re|sü|mee *franz.*, das: des Resümees, die Resümees; (Zusammenfassung)

Re|tor|te *franz.*, die: der Retorte, die Retorten; (Destillationsgefäß); das **Re|tor|ten|ba|by** (durch künstliche Befruchtung außerhalb des Mutterleibs gezeugtes Kind)

ret|ten: du rettest, er rettete, hat gerettet, rette!; der rettende Gedanke; der **Retter,** die **Ret|tung:** du bist meine letzte Rettung (Hoffnung), die **Ret|tungs|ak|ti|on,** der **Ret|tungs|an|ker,** das **Ret|tungs|boot,** der **Ret|tungs|hub|schrau|ber,** der **Ret|tungs|schwim|mer; ret|tungs|los:** rettungslos verliebt sein

Ret|tich, der: des Rettichs, die Rettiche; der **Meer|ret|tich** (Gewürzpflanze)

Re|turn *engl. [ritörn],* der: des Returns, die Returns (zurückgeschlagener Aufschlagball); die **Re|turn|tas|te** (auf der Computertastatur)

Reue, die: der Reue; (starkes Bedauern, Zerknirschung); **reue|voll, reu|ig, reu|mü|tig; be|reu|en**

Reu|se, die: der Reuse, die Reusen; (Korb zum Fischfang)

Re|van|che *franz. [rewangsch(e)],* die: der Revanche, die Revanchen; (Vergeltung; Rache): Revanche geben (jemandem die Möglichkeit geben, seine Niederlage wettzumachen); **re|van|chie|ren** (einen Gegendienst leisten; sich erkenntlich zeigen; sich rächen): sich revanchieren

Re|vier *niederl. [rewir],* das: des Reviers, die Reviere; (Bezirk, Gebiet); der **Re|vier|förs|ter,** das **Po|li|zei|re|vier**

Re|vol|te *franz.,* die: der Revolte, die Revolten; (Aufruhr, Aufstand)

Re|vo|lu|ti|on *lat.,* die: der Revolution, die Revolutionen; (politischer Umsturz; grundlegende Änderung); der **Re|vo|lu|ti|o|när; re|vo|lu|ti|o|när**

Re|vol|ver *engl.,* der: des Revolvers, die Revolver; (Handfeuerwaffe)

Re|vue *franz. [rewü],* die: der Revue, die Revuen; (Bühnenstück mit Musik, Tanz und großer Ausstattung); etwas Revue passieren lassen (in Gedanken noch einmal durchgehen)

Re|zen|si|on *lat.,* die: der Rezension, die Rezensionen; (kritische Besprechung von Büchern, Theateraufführungen usw.); **re|zen|sie|ren** (eine Rezension schreiben)

Re|zept *lat.,* das: des Rezept(e)s, die Rezepte; (Kochanleitung; ärztliche Verordnung); die **Re|zep|ti|on** (Aufnahme; Empfangsraum im Hotel); **re|zept|pflich|tig** (nur auf ärztliche Verordnung)

Rha|bar|ber, der: des Rhabarbers; (großblättrige Pflanze, als Kompott geeignet)

Rhein|land-Pfalz: (Land der Bundesrepublik Deutschland); der **Rhein|land-Pfäl|zer,** die **Rhein|land-Pfäl|ze|rin; rhein|land-pfäl|zisch**

Rhe|to|rik *griech.,* die: der Rhetorik; (Redekunst); **rhe|to|risch**

Rheu|ma|tis|mus *griech.,* der: des Rheumatismus, die Rheumatismen; *Abk.* Rheuma (schmerzhafte Entzündung der Gelenke und Muskeln); der **Rheu|ma|ti|ker; rheu|ma|tisch**

Rhom|bus, der: des Rhombus, die Rhomben; (gleichseitiges Parallelogramm; Raute); **rhom|bisch**

Rhyth|mus *griech.,* der: des Rhythmus, die Rhythmen; (gleichmäßige Bewegung, z.B. in der Musik, beim Tanz; geregelter Wechsel); die **Rhyth|mik; rhyth|misch; rhyth|mi|sie|ren**

rich|ten: du richtest, er richtete, hat gerichtet, richt(e)!; jemanden richten (über ihn zu Gericht sitzen) – sich nach etwas richten – sein Interesse auf etwas richten; das **Ge|richt,** der **Rich|ter,** die **Rich|te|rin,** der **Rich|ter|spruch,** die **Richt|li|nie,** die **Richt|schnur**

Rich|ter|ska|la *auch* **Rich|ter-Ska|la,** die: der Richterskala; (Instrument zur Messung der Erdbebenstärke)

rich|tig: sie hat alles richtig – er hat sich richtig (wirklich) angestrengt; die **Rich|tig|keit,** die **Rich|tig|stel|lung; rich|tig|lie|gen:** ich glaube, dass ich mit meiner Vermutung richtigliege, **rich|tig ma|chen:** eine Sache richtig machen, **rich|tig stellen** *auch* **rich|tig-**

stel|len: den Uhrzeiger richtig stellen, **rich|tig|stel|len:** sie hat den Irrtum richtiggestellt (berichtigt)

Rich|tung, die: der Richtung, die Richtungen; die **Ent|wick|lungs|rich|tung,** die **Rich|tungs|än|de|rung; rich|tungs|los** (ohne Orientierung sein), **rich|tungs|wei|send**

rie|chen: du riechst, er roch, er röche, hat gerochen, riech(e)!; den Braten riechen (etwas merken) – Lunte riechen (Gefahr wittern) – ich kann ihn nicht riechen (mag ihn nicht leiden); der **Rie|cher:** einen guten Riecher haben (alles merken)

Rie|ge, die: der Riege, die Riegen; (Turnergruppe)

Rie|gel, der: des Riegels, die Riegel; ein eiserner Riegel – ein Riegel Schokolade (ein abgebrochener Streifen); einer Sache einen Riegel vorschieben (sie verhindern) – hinter Schloss und Riegel (im Gefängnis) sitzen; **ab|rie|geln, rie|geln, ver|rie|geln**

Rie|men, der: des Riemens, die Riemen; (Gürtel, Lederstreifen; Ruder); sich am Riemen reißen (anstrengen) – sich in die Riemen (Ruder) legen

Rie|se, der: des Riesen, die Riesen; (übergroßer Mensch; Märchenfigur); das **Rie|sen|rad,** der **Rie|sen|sla|lom** (Abfahrtstorlauf im Skisport); **rie|sen|groß, rie|sig**

rie|seln: es rieselt, es rieselte, hat gerieselt; es rieselt mir kalt über den Rücken (es schaudert mich) – leise rieselt der Schnee

Riff, das: des Riff(e)s, die Riffe; (Felsklippe im Strom oder im Meer)

ri|go|ros: rigoroser, am rigorosesten; (unerbittlich, streng; rücksichtslos); die **Ri|go|ro|si|tät**

Rik|scha *japan.,* die: der Rikscha, die Rikschas; (zweirädriger Wagen, oft von Menschen gezogen)

Ril|le, die: der Rille, die Rillen; (schmale Einkerbung)

Rind, das: des Rind(e)s, die Rinder; das **Rind|fleisch,** das **Rind|vieh,** der **Rin|der|wahn|sinn** (tödliche Krankheit)

Rin|de, die: der Rinde, die Rinden; (äußere Schicht an Bäumen)

Ring, der: des Ring(e)s, die Ringe; (kreisförmiger Gegenstand; Schmuckstück); der **Ring|fin|ger; ring|för|mig; be|rin|gen:** Vögel beringen

Rin|gel|nat|ter, die: der Ringelnatter, die Ringelnattern; (heimische Schlange); **rin|geln:** sich ringeln

rin|gen: du ringst, er rang, er ränge, hat gerungen, ring(e)!; vor Verzweiflung die Hände ringen – mit dem Tode ringen – nach Luft ringen – nach Worten ringen – sich zu einem Entschluss durchringen; das **Rin|gen,** der **Rin|ger,** der **Ring|kampf,** der **Ring|rich|ter**

rings: (im Kreis); **rings|he|rum** *auch* **rings|her|um:** der Garten hatte einen Lattenzaun ringsherum

rin|nen: es rinnt, es rann, es ränne, ist geronnen, rinn(e)!; das Geld rinnt ihm durch die Finger; **ver|rin|nen:** die Zeit verrinnt; die **Dach|rin|ne,** die **Rin|ne** (schmale, längere Vertiefung), das **Rinn|sal** (schmaler Bach), der **Rinn|stein** (Bordstein)

Rip|pe, die: der Rippe, die Rippen; nichts auf den Rippen haben (mager sein); das **Ripp|chen** (Schweinerippchen)

Ri|si|ko, das: des Risikos, die Risikos *auch* Risiken; (Gefahr, Wagnis): ein Risiko eingehen; **ri|si|ko|be|reit, ri|si-**

ko|los, ris|kant (gefährlich, gewagt); **ris|kie|ren** (wagen)

Ri|sot|to, das: des Risottos, die Risottos; (Reisspeise)

Ris|pe, die: der Rispe, die Rispen; (Blütenstand mit mehreren Blüten)

Riss, der: des Risses, die Risse; ein Riss in der Mauer; **riss|fest, ris|sig**

Ritt, der: des Ritt(e)s, die Ritte; der **Ritter** (zu Pferd kämpfender Krieger im Mittelalter), die **Rit|ter|burg; rit|ter|lich** (edel gesinnt, anständig); **rittlings** (im Reitersitz)

Ri|tu|al, das: des Rituals, die Rituale; (religiöser Brauch; Zeremoniell); **ri|tu|ell**

Ritz, der: des Ritzes, die Ritze; (Kerbe, Schramme); die **Rit|ze** (Spalte); **rit|zen**

Ri|va|le *franz.,* der: des Rivalen, die Rivalen; (Nebenbuhler, Mitbewerber); die **Ri|va|li|tät**

Rob|be, die: der Robbe, die Robben; **rob|ben** (wie eine Robbe kriechen)

Ro|be, die: der Robe, die Roben; (Amtstracht der Richter, Geistlichen usw.; festliches Kleid)

Ro|bo|ter *tschech.,* der: des Roboters, die Roboter

ro|bust: robuster, am robustesten; (derb, stämmig, kräftig); die **Ro|bust|heit**

roch: → riechen

rö|cheln: du röchelst, er röchelte, hat geröchelt; (rasselnd oder stöhnend atmen)

Rock, der: des Rock(e)s, die Röcke; (weibliches Kleidungsstück von der Taille abwärts; Jacke für Männer); am Rockzipfel der Mutter hängen (unselbstständig sein); das **Röck|chen**

Rock *amerik.,* der: des Rock(s); (Stilrichtung der Popmusik); der **Rock and Roll** *auch* **Rock 'n' Roll** *[rok end rol],* die **Rock|band; ro|cken**

Ro|cker, der: des Rockers, die Rocker; (Mitglied einer Gruppe von Motorradfahrern in auffälliger Lederbekleidung); die **Ro|cker|ban|de**

Ro|del, der: des Rodels, die Rodel; (Schlitten); die **Ro|del|bahn,** der **Ro|del|schlit|ten; ro|deln**

ro|den: du rodest, er rodete, hat gerodet; (Waldland in Felder verwandeln); die **Ro|dung**

Ro|gen, der: des Rogens, die Rogen; (Fischeier)

Rog|gen, der: des Roggens, die Roggen; (Getreideart); das **Rog|gen|brot**

roh: roher, am rohsten; (ungekocht; unbearbeitet; derb, gefühllos): rohes Obst – rohes Leder – ein roher Kerl; jemanden wie ein rohes Ei (mit besonderer Vorsicht) behandeln; der **Roh|bau,** die **Roh|heit,** die **Roh|kost,** der **Roh|ling** (unbeschriebene CD), der **Roh|stoff**

Rohr, das: des Rohr(e)s, die Rohre; (runder Hohlkörper; Pflanze mit rohrartigem Stängel); der **Rohr|bruch,** die **Röh|re** (walzenförmiger Hohlkörper): in die Röhre gucken (leer ausgehen), der **Rohr|zu|cker**

röh|ren: er röhrt, er röhrte, hat geröhrt; der Hirsch röhrt (brüllt, schreit)

Rol|le, die: der Rolle, die Rollen; (Person in einem Bühnenstück; Sprechtext eines Schauspielers); Geld spielt bei ihm keine Rolle – eine klägliche Rolle spielen – aus der Rolle fallen (sich unpassend benehmen); die **Rol|len|ver|tei|lung**

rol|len: du rollst, er rollte, ist *auch* hat gerollt, roll(e)!; die Kugel rollt – der Donner rollt; die Sache kommt ins

Rollen; die **Rol|le,** der **Rol|ler** (Kinderfahrzeug), das **Roll|feld** (Start- und Landeplatz eines Flughafens), der **Roll|la|den,** der **Roll|mops,** das **Rol|lo** (aufziehbarer Fenstervorhang), der **Roll|schuh,** der **Roll|stuhl,** die **Roll|trep|pe**

Rol|ler|blades *engl. [rolerbleds],* die: der Rollerblades; (Rollschuhe für Inline-skating)

Ro|man, der: des Romans, die Romane; (längere Erzählung); erzähle mir doch keine Romane (Lügen)!; der **Ju|gend-ro|man,** die **Ro|man|fi|gur,** der **Ro-man|schrift|stel|ler; ro|man|haft**

Ro|man|tik *lat.,* die: der Romantik; (Richtung in Dichtung und Kunst nach 1800; gefühlsbetonte Stimmung); **ro|man|tisch** (stimmungsvoll, träumerisch)

Rö|mer, der: des Römers, die Römer; (Einwohner Roms; *geschichtlich* Angehöriger des Römischen Reichs; bauchiges Kelchglas für Wein); das **Rö-mer|tum,** die **Rö|mer|zeit; rö|misch**

rönt|gen: du röntgst, er röntgte, hat geröntgt, röntge!; (mit Röntgenstrahlen durchleuchten); die **Rönt|gen-auf|nah|me,** die **Rönt|gen|be|strah-lung,** die **Rönt|gen|un|ter|su|chung**

ro|sa: (blassrot); alles durch eine rosa Brille sehen (schöner, als es ist); **ro|sa-far|ben, ro|sa|rot;** das **Ro|sa**

Ro|se, die: der Rose, die Rosen; nicht auf Rosen gebettet sein (nicht gut leben); das **Rös|chen,** der **Ro|sen|gar-ten; ro|sen|far|big, ro|sig:** etwas in rosigem Licht sehen – die Zeiten sind nicht rosig (nicht gut)

Ro|si|ne, die: der Rosine, die Rosinen; (getrocknete Weinbeere); große Rosinen im Kopf haben (große Pläne haben, hoch hinaus wollen) – sich nur die Rosinen rauspicken (für sich immer nur das Beste haben wollen)

Ross, das: des Rosses, die Rösser; (edles Pferd); auf hohem Ross sitzen (eingebildet, überheblich sein)

Rost, der: des Rost(e)s; (Zersetzungsschicht auf Eisen); der **Rost|schutz; rost|braun, rost|frei:** rostfreier Stahl, **ros|tig; ros|ten** (Rost ansetzen)

Rost, der: des Rost(e)s, die Roste; (Gitter aus parallelen Stäben); die **Rost-brat|wurst,** die **Röst|kar|tof|fel,** der **Rös|ter; rös|ten**

rot: die rot glühende *auch* rotglühende Sonne; *Kleinschreibung:* die rote Farbe – rote Grütze – die rote *auch* Rote Karte; einen Tag im Kalender rot anstreichen (sich besonders merken) – das ist für mich ein rotes Tuch (wirkt aufreizend); *Großschreibung:* das Rote Kreuz – das Rote Meer – die Rote Liste (Liste vom Aussterben bedrohter Tier- und Pflanzenarten); **röt|lich;** die **Rö|te:** die Morgenröte, das **Rot|käpp|chen** (eine Märchenfigur), das **Rot|kehl|chen** (Singvogel); **er|rö|ten** (rot werden)

Rö|teln, die: der Röteln; (Viruskrankheit, besonders im Kindesalter)

ro|tie|ren *lat.:* du rotierst, er rotierte, hat rotiert; (sich um die eigene Achse drehen, umlaufen); die **Ro|ta|ti|on** (Umdrehung, Umlauf)

Ro|tor, der: des Rotors, die Rotoren; (Drehflügel des Hubschraubers)

Rot|te, die: der Rotte, die Rotten; (ungeordnete Gruppe von Menschen oder Tieren); **zu|sam|men|rot|ten:** sich zusammenrotten

Rotz, der: des Rotzes; (*umgangssprachlich für* Nasenschleim); der **Rotz|jun|ge**

(unverschämter, unreifer Junge), die **Rotz|fah|ne** (*umgangssprachlich für* Taschentuch), die **Rotz|na|se** (freches, vorlautes Kind); **rot|zig** (schnodderig), **rotz|frech** (sehr frech); **rot|zen**

Rouge *franz. [rusch],* das: des Rouges, die Rouges; (rote Schminke)

Rou|la|de *franz. [rulade],* die: der Roulade, die Rouladen; (gefüllte und gebratene Fleischrolle); die **Kohl|rou|la|de**

Rou|lett *auch* **Rou|let|te** *franz. [rulet],* das: des Rouletts, die Rouletts; (Glücksspiel)

Rou|te *franz. [rute],* die: der Route, die Routen; (Reiseweg)

Rou|ti|ne *franz. [rutine],* die: der Routine; (Erfahrung, Fertigkeit; gewohnheitsmäßige Ausübung einer Tätigkeit); **rou|ti|niert** (geschickt, geübt)

Row|dy *engl. [raudi],* der: des Rowdys, die Rowdys; (gewalttätiger Mensch)

rub|beln: du rubbelst, er rubbelte, hat gerubbelt, rubb(e)le!; (kräftig reiben); das **Rub|bel|spiel**

Rü|be, die: der Rübe, die Rüben; (Gemüse- und Futterpflanze); hier sieht es aus wie Kraut und Rüben (alles ist durcheinander); das **Rü|ben|feld**

rü|ber: (herüber); **rü|ber|brin|gen**

Ru|bin *lat.,* der: des Rubins, die Rubine; (Edelstein); **ru|bin|rot**

Ruck, der: des Ruck(e)s, die Rucke; (stoßartige Bewegung); *Kleinschreibung:* hau ruck!; *Großschreibung:* mit einem Ruck losfahren – sich einen Ruck geben (sich entschließen); **ruck|ar|tig; ru|cken**

Rü|cken, der: des Rückens, die Rücken; sich den Rücken frei halten – jemandem den Rücken decken – jemandem in den Rücken fallen – er hat hinter meinem Rücken eine Verabredung getroffen – es lief mir heiß über den Rücken; die **Rück|blen|de,** der **Rück|blick,** die **Rü|cken|de|ckung,** die **Rü|cken|la|ge,** die **Rü|cken|leh|ne,** das **Rü|cken|mark** (Teil des Nervensystems), das **Rück|grat** (Wirbelsäule), der **Rück|halt,** der **Rü|cken|wind,** die **Rück|kehr,** die **Rück|sicht,** der **Rück|stand,** der **Rück|zug; rück|fäl|lig:** rückfällig werden, **rück|läu|fig, rück|lings, rück|sichts|los; rück|wärts:** rückwärtsgehen; **rü|cken:** zur Seite rücken; jemandem zu Leibe rücken (ihn bedrängen)

Ruck|sack, der: des Rucksacks, die Rucksäcke

rück|wärts: sein Vater konnte gut rückwärts einparken – sie konnte gut rückwärtsgehen

rü|de: rüder, am rüdesten; (roh, grob)

Rü|de, der: des Rüden, die Rüden; (männlicher Hund)

Ru|del, das: des Rudels, die Rudel; (Tiergruppe, die zusammenlebt): ein Rudel Hirsche; **ru|del|wei|se**

Ru|der, das: des Ruders, die Ruder; ans Ruder (in eine leitende Stellung) kommen – am Ruder sein; das **Ru|der|boot; ru|dern**

ru|fen: du rufst, er rief, er riefe, hat gerufen, ruf(e)!; du kommst wie gerufen; **an|ru|fen;** der **Ruf:** einen guten, schlechten Ruf haben – seinen Ruf aufs Spiel setzen – besser sein als sein Ruf, der **Ruf|na|me** (Vorname, mit der eine Person angeredet wird), der **Ruf|mord** (schwere Verleumdung), die **Ruf|wei|te:** in Rufweite sein, das **Ruf|zei|chen,** der **Ver|ruf:** in Verruf geraten

Rüf|fel, der: des Rüffels, die Rüffel; (Verweis, Tadel); **rüf|feln:** jemanden rüffeln

Rug|by *engl. [ragbi],* das: des Rugbys; (Kampfspiel mit ovalem Ball)

Rü|ge, die: der Rüge, die Rügen; (ernster Tadel); **rü|gen**

ru|hen: du ruhst, er ruhte, hat geruht, ruh(e)!; die Arbeit, der Verkehr ruht – die Waffen ruhen; **ru|hen las|sen:** wir sollten unsere Freunde vor dem Radfahren erst ruhen lassen, **ru|hen las|sen** *auch* **ru|hen|las|sen:** sie wollen das Verfahren ruhen lassen *auch* ruhenlassen (nicht weiter betreiben); die **Ru|he,** die **Ru|he|pau|se,** die **Ru|he|stö|rung; ru|he|los, ru|hig:** ruhig bleiben, ruhig sein – du kannst ruhig (ohne Bedenken) mitkommen

Ruhm, der: des Ruhm(e)s; (hohes Ansehen); er hat sich nicht gerade mit Ruhm bekleckert (er hat nicht viel zustande gebracht); **be|rühmt, rühmlich, ruhm|reich; rüh|men** (sehr loben)

rüh|ren: du rührst, er rührte, hat gerührt, rühr(e)!; einen Teig rühren – sich rühren (sich bewegen); keinen Finger rühren (nicht arbeiten, helfen) – er stand wie vom Donner gerührt (er war sehr überrascht); das **Rühr|ei,** die **Rüh|rung** (Ergriffensein, Mitgefühl); **rüh|rend:** ein rührender Anblick – rührende Worte, **rüh|rig** (emsig, flink), **rühr|se|lig** (sehr gefühlvoll, tränenreich); **an|rüh|ren, be|rüh|ren, ver|rüh|ren**

Ru|in, der: des Ruins; (Zusammenbruch, Verfall; Verlust des Vermögens); die **Ru|i|ne** (zerfallenes Gebäude); **ru|i|nie|ren** (zerstören, verderben, zugrunde richten)

rülp|sen: du rülpst, er rülpste, hat gerülpst, rülps(e) nicht!; (laut aufstoßen); der **Rülp|ser**

Rum, der: des Rums, die Rums; (Branntwein aus Zuckerrohr)

rum: (herum)

Rum|mel, der: des Rummels; (lärmender Betrieb, lautes Treiben); ich halte den Rummel (das Durcheinander) nicht mehr aus; der **Rum|mel|platz** (Vergnügungspark)

ru|mo|ren: es rumort, es rumorte, hat rumort; (Unruhe verbreiten)

rum|peln: du rumpelst, er rumpelte, hat gerumpelt, rump(e)le nicht!; (poltern); die **Rum|pel|kam|mer** (Abstellkammer), das **Rum|pel|stilz|chen** (Märchenfigur)

Rumpf, der: des Rumpf(e)s, die Rümpfe; (Hauptteil eines Körpers): der Rumpf des Menschen; das **Rumpf|krei|sen** (Turnübung), der **Schiffs|rumpf**

rümp|fen: du rümpfst, er rümpfte, hat gerümpft, rümpfe nicht!; die Nase über jemanden rümpfen (verächtlich über jemanden sprechen)

Run *engl. [ran],* der: des Runs, die Runs; (Ansturm auf Banken oder auf etwas Begehrtes)

rund: runder, am rundesten; es soll rund (ungefähr) fünfzig Euro kosten; das Gespräch am runden Tisch – bei uns geht es wieder mal rund (gibt es viel Hektik); **rund|he|rum** *auch* **rund|her|um, rund|lich** (annähernd rund; mollig, dicklich); das **Rund,** die **Run|de:** die Runde machen – in fröhlicher Runde zusammensitzen – er gewann durch K.o. in der vierten Runde; gerade so über die Runden kommen (es knapp schaffen), der **Rund|funk,** der **Rund|gang**

Q R S

Ru|ne, die: der Rune, die Runen; (Schriftzeichen der Germanen)

run|ter: (herunter)

Run|zel, die: der Runzel, die Runzeln; (Hautfalte); **run|ze|lig** *auch* **runz|lig; run|zeln:** die Stirn runzeln (in Falten legen)

Rü|pel, der: des Rüpels, die Rüpel; (Flegel); die **Rü|pe|lei; rü|pel|haft**

rup|fen: du rupfst, er rupfte, hat gerupft, rupf(e)!; Geflügel rupfen – Unkraut rupfen; ich habe noch ein Hühnchen mit ihm zu rupfen (ich werde mich mit ihm auseinandersetzen)

rup|pig: ruppiger, am ruppigsten; (grob, flegelhaft, barsch); die **Rup|pig|keit**

Rü|sche, die: der Rüsche, die Rüschen; (in Falten gelegter Stoffbesatz)

Rush|hour *engl. [raschauer],* die: der Rushhour, die Rushhours; (Hauptverkehrszeit)

Ruß, der: des Rußes; **ru|ßig; ru|ßen:** der Ofen rußt

Rüs|sel, der: des Rüssels, die Rüssel

Russ|land: der **Rus|se,** die **Rus|sin; russisch**

rüs|ten: du rüstest, er rüstete, hat gerüstet, rüste dich!; (bewaffnen): sich rüsten – für alles gerüstet sein; die **Ab|rüs|tung,** die **Ent|rüs|tung** (Empörung, Unwille), das **Ge|rüst,** die **Rüs|tung; rüs|tig** (gesund, aktiv)

Ru|te, die: der Rute, die Ruten; (Gerte; Tierschwanz); die **An|gel|ru|te**

rut|schen: du rutschst, er rutschte, ist gerutscht, rutsch(e)!; die **Rutschbahn,** die **Rut|sche; rutsch|fest, rutschig** (glatt)

rüt|teln: du rüttelst, er rüttelte, hat gerüttelt, rütt(e)le!; (heftig schütteln): an der Tür rütteln; daran gibt es nichts zu rütteln (es bleibt so)

S

s: *Abk. für* Sekunde

Saal, der: des Saal(e)s, die Säle; (großer Raum)

Saar|land: (Land der Bundesrepublik Deutschland); der **Saar|län|der,** die **Saar|län|de|rin; saar|län|disch**

Saat, die: der Saat, die Saaten; das **Saatkorn**

Sab|bat *hebr.,* der: des Sabbats, die Sabbate; (Sonnabend, jüdischer Feiertag)

Sä|bel, der: des Säbels, die Säbel; (Hiebwaffe); mit dem Säbel rasseln (mit kriegerischen Maßnahmen drohen); **sä|bel|för|mig; sä|beln** (ungeschickt schneiden)

Sa|che, die: der Sache, die Sachen; eine gute Sache – zur Sache kommen, sprechen – das ist meine Sache – es tut nichts zur Sache – eine Sache einfädeln – gemeinsame Sache machen – eine abgekartete (vorher verabredete) Sache – die Sache ist schiefgegangen; das **Sach|buch,** die **Sach|kenntnis,** die **Sach|la|ge,** die **Sach|spen|de,** der **Sach|scha|den,** der **Sach|ver|halt** (Tatbestand), der **Sach|ver|stän|di|ge** (Sachkundiger); **sach|ge|recht, sachkun|dig, sach|lich** (objektiv, vorurteilsfrei)

Sach|sen: (Land der Bundesrepublik Deutschland); der **Sach|se,** die **Sächsin; säch|sisch; säch|seln** (sächsisch sprechen)

Sach|sen-An|halt: (Land der Bundesrepublik Deutschland); der **Sach|sen-An|hal|ti|ner** *auch* **Sach|sen-An|hal|ter,** die **Sach|sen-An|hal|ti|ne|rin** *auch* **Sach|sen-An|hal|te|rin; sach|sen-an|hal|ti|nisch**

sacht *auch* **sach|te:** sachter, am sachtesten; (leise, sanft, vorsichtig)

Sack, der: des Sack(e)s, die Säcke; drei Sack Mehl; mit Sack und Pack – die Katze aus dem Sack lassen (etwas bisher Verheimlichtes bekannt geben) – die Katze im Sack (unbesehen) kaufen – er steckt uns alle in den Sack (ist uns überlegen); der **Sack|bahnhof,** die **Sack|gas|se,** das **Sack|hüpfen**

sä|en: du säst, er säte, hat gesät, säe!; (Samen in den Boden bringen); Argwohn, Misstrauen, Zwietracht säen; der **Sä|er**

Sa|fa|ri *arab.*, die: der Safari, die Safaris; (Reise in Afrika zum Jagen und Fotografieren); der **Sa|fa|ri|park**

Safe *engl. [ßef]*, der *auch* das: des Safes, die Safes; (Geldschrank aus Stahl; Sicherheitsfach einer Bank); **Sa|fer Sex** *auch* **Sa|fer|sex** (Sexualverhalten, das die Aidsinfektion ausschließt)

Sa|fran *auch* **Saf|ran** *pers.*, der: des Safrans, die Safrane; (Gewürzpflanze; Färbemittel); **sa|fran|gelb**

Saft, der: des Saft(e)s, die Säfte; ohne Saft und Kraft; der **Hus|ten|saft,** der **Frucht|saft,** der **Saft|la|den** (schlecht funktionierender Betrieb); **saf|tig:** eine saftige (derbe) Ohrfeige

sa|gen: du sagst, er sagte, hat gesagt, sag(e)!; das hat nichts zu sagen (ist unwichtig) – das Gemälde sagt mir gar nichts (spricht mich nicht an) – gesagt, getan; die **Sa|ge; sa|gen|haft**

sä|gen: du sägst, er sägte, hat gesägt, säg(e)!; die **Sä|ge,** die **Sä|ge|spä|ne,** das **Sä|ge|werk**

sah: → sehen

Sa|ha|ra, die: der Sahara; (Wüste in Nordafrika)

Sah|ne, die: der Sahne; die **Kaf|fee|sahne,** die **Sah|ne|tor|te; sah|nig; ab|sahnen** (das Beste mitnehmen)

Sai|son *franz. [säsong]*, die: der Saison, die Saisons; (Hauptgeschäfts-, Hauptreisezeit; Spielzeit)

Sai|te, die: der Saite, die Saiten; (Faden aus Tierdarm, Pflanzenfasern oder Metall zur Bespannung von Musikinstrumenten, Tennis-, Badminton- und Squashschlägern); andere Saiten aufziehen (energischer vorgehen); das **Sai|ten|in|stru|ment**

Sak|ko, das: des Sakkos, die Sakkos; (Herrenjackett)

Sa|kra|ment *auch* **Sak|ra|ment** *lat.*, das: des Sakrament(e)s, die Sakramente; (gottesdienstliche Handlung, z.B. Taufe, Firmung, Abendmahl)

Sa|la|man|der *griech.*, der: des Salamanders, die Salamander; (Schwanzlurch); der **Feu|er|sa|la|man|der**

Sa|la|mi *ital.*, die: der Salami, die Salami(s); (Dauerwurst)

Sa|lat, der: des Salat(e)s, die Salate; da haben wir den Salat (die Bescherung)!; die **Sa|lat|schüs|sel,** die **Sa|lat|so|ße**

Sal|be, die: der Salbe, die Salben; (Arzneimittel zum Schmieren)

Sa|li|ne *lat.*, die: der Saline, die Salinen; (Anlage zur Gewinnung von Salz)

Sal|mo|nel|le, die: der Salmonelle, die Salmonellen; (Bakterie, die Darmkrankheiten hervorruft); die **Sal|mo|nel|len|ver|gif|tung**

Sa|lon *franz. [salong]*, der: des Salons, die Salons; (Empfangs-, Besuchszimmer; Kosmetik- und Friseurgeschäft); der **Fri|sier|sa|lon,** der **Kunst|sa|lon**

Sa|loon *amerik. [ßelun]*, der: des Saloons, die Saloons; (im Wildweststil eingerichtetes Lokal)

sa|lọpp *franz.:* salopper, am saloppesten; (ungezwungen; nachlässig, bequem, ungepflegt)

Sạl|to *ital.*, der: des Saltos, die Saltos *auch* Salti; (freier Überschlag, Luftrolle)

Sạlz, das: des Salz(e)s, die Salze; zur Salzsäule erstarren; das **Sạlz|berg|werk,** die **Salz|bre|zel,** das **Salz|fass,** die **Salz|gur|ke,** der **Salz|he|ring,** die **Salz|säu|re,** die **Salz|stan|ge,** der **Salz|streu|er; sạlz|hal|tig, sal|zig; sạl|zen:** eine gesalzene (hohe) Rechnung, **ver|sạl|zen:** jemandem die Suppe versalzen (etwas verderben)

Sa|ma|ri|ter, der: des Samariters, die Samariter; (*ursprünglich* Bewohner von Samaria; freiwilliger Krankenpfleger); der **Sa|ma|ri|ter|bund**

Sa|men, der: des Samens, die Samen; das **Sa|men|korn,** die **Sä|me|rei|en**

sạm|meln: du sammelst, er sammelte, hat gesammelt, samm(e)le!; Briefmarken, Münzen sammeln – Erfahrungen, Gedanken, Kräfte sammeln; das **Sam|mel|su|ri|um** (Ungeordnetes, Durcheinander), der **Sạmm|ler,** die **Sạmm|lung**

Sạms|tag *hebr.*, der: des Samstag(e)s, die Samstage; (Sonnabend); der **Sams|tag|abend; sạms|tags;** → Dienstag

sạmt: das Haus samt Zubehör kaufen – samt und sonders (alles zusammen, alle miteinander, ohne Ausnahme)

Sạmt, der: des Samt(e)s, die Samte; (Stoff, Gewebe); jemanden mit Samthandschuhen anfassen (sehr vorsichtig behandeln); das **Sạmt|kleid,** das **Samt|pföt|chen; sạmt|ar|tig, sam|tig, samt|weich**

sạ̈mt|lich: (alle *oder* alles)

Sa|na|to|ri|um *lat.*, das: des Sanatoriums, die Sanatorien; (Heilanstalt, Genesungsheim)

Sạnd, der: des Sand(e)s, die Sande; etwas haben wie Sand am Meer (sehr viel davon) – jemandem Sand in die Augen streuen (täuschen) – die Sache ist im Sande verlaufen (es ist nichts daraus geworden) – den Kopf in den Sand stecken (die Tatsachen nicht sehen wollen); die **Sạnd|bank:** das Schiff lief auf eine Sandbank, der **Sand|hau|fen,** der **Sand|kas|ten,** das **Sand|pa|pier,** der **Sand|sturm; sạnd|far|ben, sạn|dig**

San|da|le *griech.*, die: der Sandale, die Sandalen; (leichte Fußbekleidung); die **San|da|lẹt|te** (leichte, elegante Sandale)

Sạnd|wich *engl. [ßạ̈ndwitsch]*, der *auch* das: des Sandwich(e)s, die Sandwich(e)s *auch* Sandwiche; (belegte Weißbrotschnitte)

sạnft: sanfter, am sanftesten; sanft ruhen, schlafen – eine sanfte (geringe) Steigung – mit sanfter Stimme; etwas auf die sanfte Tour (durch gutes Zureden) erreichen; die **Sạ̈nf|te** (Tragestuhl), die **Sạnft|mut; sạnft|mü|tig; be|sạ̈nf|ti|gen** (beruhigen)

sạng: → singen

Sạ̈n|ger, der: des Sängers, die Sänger; die **Sạ̈n|ge|rin; sạng- und klạnglos** (unbemerkt)

sa|nie|ren *lat.:* du sanierst, er sanierte, hat saniert; (gesund machen, wiederherstellen; wieder leistungsfähig machen); eine Wohnung, ein Unternehmen sanieren; die **Sa|nie|rung,** der **Sa|ni|tä|ter** (Krankenpfleger); **sa|ni|tär** (gesundheitlich, hygienisch)

sạnk: → sinken

R S T

Sank|ti|on *lat.*, die: der Sanktion, die Sanktionen; (Bestätigung, Erteilung der Gesetzeskraft; Strafmaßnahme)

Sa|phir *auch* **Sa|phir** *griech.*, der: des Saphirs, die Saphire; (Edelstein)

Sar|del|le *ital.*, die: der Sardelle, die Sardellen; (Heringsfisch)

Sar|di|ne *ital.*, die: der Sardine, die Sardinen; (Heringsfisch); die **Öl|sar|di|ne,** die **Sar|di|nen|büch|se**

Sarg, der: des Sarg(e)s, die Särge; der **Sarg|na|gel** (*auch scherzhaft für* Zigarette)

saß: → sitzen

Sa|tan *hebr.*, der: des Satans, die Satane; (Teufel); der **Sa|tans|bra|ten** (pfiffiger, durchtriebener Kerl); **sa|ta|nisch** (teuflisch)

Sa|tel|lit *lat.*, der: des Satelliten, die Satelliten; (Mond der Planeten; künstlicher Raumkörper; ergebener Gefolgsmann); die **Sa|tel|li|ten|an|ten|ne,** das **Sa|tel|li|ten|fern|se|hen**

Sa|tin *franz. [satäng]*, der: des Satins, die Satins; (glänzender Stoff)

Sa|ti|re *lat.*, die: der Satire, die Satiren; (Dichtung, die mit Ironie und scharfem Spott menschliche Schwächen und Laster kritisiert); der **Sa|ti|ri|ker; sa|ti|risch** (spöttisch, beißend)

satt: satte Farben – sich satt essen – etwas satthaben (die Lust daran verlieren); die **Sät|ti|gung; sät|ti|gen:** sich sättigen

Sat|tel, der: des Sattels, die Sättel; fest im Sattel sitzen (seiner Stellung sicher sein); der **Satt|ler** (Handwerker, der Sättel herstellt), der **Sat|tel|schlep|per** (schweres Zugfahrzeug); **sat|teln:** ein Pferd satteln

Sa|turn, der: des Saturns; (Planet)

Satz, der: des Satzes, die Sätze; einen Satz bilden, einen Satz schreiben – mit einem großen Satz zur Seite springen – die Sinfonie hat vier Sätze – er gewann das Tennisspiel nach fünf Sätzen – ein Satz Briefmarken; der **Kaf|fee|satz,** die **Satz|aus|sa|ge,** der **Satz|bau,** das **Satz|ge|fü|ge,** der **Satz|ge|gen|stand,** das **Satz|glied,** die **Satz|rei|he,** das **Satz|zei|chen**

Sat|zung, die: der Satzung, die Satzungen; (Vorschriftenkatalog, z.B. eines Vereins); **sat|zungs|ge|mäß**

Sau, die: der Sau, die Säue *auch* Sauen; das ist unter aller Sau (sehr schlecht, nicht zu gebrauchen) – Perlen vor die Säue werfen (etwas Wertvolles an Unwürdige verschenken) – jemanden zur Sau machen (ihn grob ausschimpfen); die **Sau|ar|beit** (schwere, mühselige Arbeit), die **Sau|e|rei,** das **Sau|wet|ter** (sehr schlechtes Wetter); **sau|dumm, sau|stark**

sau|ber: saub(e)rer, am saubersten; das ist eine saubere (gute) Arbeit – ein sauberer (ordentlicher) Bursche – der ist doch nicht sauber (verrückt); **säu|ber|lich** (sauber, ordentlich); die **Sau|ber|keit,** die **Säu|be|rung; sau|ber hal|ten, sau|ber ma|chen** *auch* **sau|ber|ma|chen, säu|bern**

Sau|ce: → Soße

sau|er: saurer, am sauersten; in den sauren Apfel beißen (etwas Unangenehmes hinnehmen) – eine saure Miene machen, ziehen (verdrießlich dreinschauen) – das ist sauer (schwer) verdientes Geld – sauer reagieren (etwas ablehnen, nicht darauf eingehen) – er ist heute sauer (verärgert) – gib ihm Saures! – jetzt ist Sauregurkenzeit (ist nichts los); **säu|er|lich** (leicht sauer); der **Sau|er|bra|ten,** die **Sau|er|kir|sche,** der **Sau|er|stoff,** der **Sau|er|teig; ver|sau|ern**

sau|fen: du säufst, er soff, er söffe, hat gesoffen; (*umgangssprachlich für* trinken, sich betrinken); der **Säu|fer,** die **Sau|fe|rei; be|sof|fen:** besoffen (betrunken) sein

sau|gen: du saugst, er sog *auch* saugte, er söge, hat gesogen *auch* gesaugt, saug(e)!; das hat er sich alles aus den Fingern gesogen (ist gelogen); **säu|gen;** der **Sau|ger** (Schnuller), der **Säug|ling,** das **Säu|ge|tier; saug|fä|hig**

Säu|le, die: der Säule, die Säulen; die **Rauch|säu|le,** die **Säu|len|hal|le**

Saum, der: des Saumes, die Säume; (Stoffrand, Stoffbesatz); **säu|men** (mit einem Saum versehen): viele Zuschauer säumten die Laufstrecke

Sau|na *finn.,* die: der Sauna, die Saunas *auch* Saunen; (Dampfbad)

Säu|re, die: der Säure, die Säuren; die **Salz|säu|re; säu|re|be|stän|dig, säu|re|frei**

Sau|ri|er, der: des Sauriers, die Saurier; (vorzeitliche Riesenechse)

sau|sen: du saust, er sauste, ist gesaust, saus(e)!; etwas sausen (ausfallen) lassen; in Saus und Braus leben; **säu|seln;** der **Sau|se|schritt:** im Sauseschritt (sehr schnell) kommen

Sa|van|ne, die: der Savanne, die Savannen; (Graslandschaft mit Baum- und Strauchgruppen)

Sa|xo|fon *auch* **Sa|xo|phon,** das: des Saxophons, die Saxophone; (Blasinstrument)

SB: *Abk. für* **S**elbst**b**edienung

S-Bahn, die: der S-Bahn, die S-Bahnen; *Kurzw. für* Stadtbahn, Schnellbahn

Scan|ner *engl. [skäner],* der: des Scanners, die Scanner; (Gerät zum Erfassen von Fotos und Texten auf dem Computer); **scan|nen** (abtasten)

scha|ben: du schabst, er schabte, hat geschabt, schab(e)!; (etwas durch Kratzen oder Reiben entfernen); das **Schab|ei|sen,** der **Scha|ber**

Scha|ber|nack, der: des Schabernack(e)s, die Schabernacke; (übermütiger Streich)

schä|big: schäbiger, am schäbigsten; (kleinlich, schlecht; ungepflegt): sich schäbig benehmen – die schäbige Hose; die **Schä|big|keit**

Scha|blo|ne *auch* **Schab|lo|ne,** die: der Schablone, die Schablonen; (ausgeschnittene Vorlage, Muster) **scha|blo|nen|haft**

Schach, das: des Schachs, die Schachs; (Brettspiel); jemanden in Schach halten (ihn nicht gefährlich werden lassen) – ein geschickter Schachzug (geschicktes Vorgehen, geschickte Maßnahme); das **Schach|brett,** der **Schach|com|pu|ter,** die **Schach|fi|gur,** die **Schach|par|tie,** der **Schach|zug; schach|matt:** jemanden schachmatt setzen (ihn besiegen, ihm keine Möglichkeit mehr lassen)

scha|chern: du schacherst, er schacherte, hat geschachert, schacher(e) nicht!; (feilschen, handeln); **ver|scha|chern** (verkaufen); der **Scha|cher** (unsauberer Handel)

Schacht, der: des Schacht(e)s, die Schächte; (hoher, geschlossener Raum; Gang, der in ein Bergwerk führt): der **Fahr|stuhl|schacht; aus|schach|ten** (Erde ausheben)

Schach|tel, die: der Schachtel, die Schachteln; (kleinerer Behälter aus

Pappe oder Kunststoff); der **Schach|tel|satz** (kompliziert gebauter Satz); **ver|schach|telt**

scha|de: es ist schade – dazu bin ich mir zu schade (gebe ich mich nicht her)

Schä|del, der: des Schädels, die Schädel; (Kopf); mir brummt der Schädel; der **Dick|schä|del:** er ist ein Dickschädel (eigensinnig, unbelehrbar), der **Schä|del|bruch,** die **Schä|del|de|cke**

Scha|den, der: des Schadens, die Schäden; (Wertminderung, Verlust): Schaden anrichten – vor Schaden bewahren; der **Scha|den|er|satz** *auch* **Scha|dens|er|satz,** die **Scha|den|freu|de,** der **Schad|stoff; scha|den|froh, schad|haft** (fehlerhaft); **scha|den:** das schadet nichts – jemandem oder sich selbst schaden; das schadet dir gar nichts (geschieht dir recht)

Schä|di|gung, die: der Schädigung, die Schädigungen; (das Zufügen von Schaden); die **Schäd|lich|keit,** der **Schäd|ling,** die **Schäd|lings|be|kämp|fung; schäd|lich; be|schä|di|gen:** etwas beschädigen, **ent|schä|di|gen:** jemanden entschädigen, **schä|di|gen:** jemanden schädigen

R S T

Schaf, das: des Schaf(e)s, die Schafe; seine Schäfchen ins Trockene bringen (seinen Gewinn, Vorteil sichern); die **Schaf|her|de,** der **Schä|fer,** der **Schä|fer|hund**

schaf|fen: du schaffst, er schaffte, hat geschafft, schaff(e)!; (arbeiten, etwas vollbringen): er schaffte die Arbeit – Ruhe, Ordnung schaffen – es macht mir viel zu schaffen (viel Arbeit, Kummer) – damit möchte ich nichts zu schaffen haben; eine Sache aus der Welt schaffen (beseitigen); die **Schaf|fens|kraft**

schaf|fen: du schaffst, er schuf, er schüfe, hat geschaffen, schaff(e)!; (schöpferisch tätig sein): er schuf ein Kunstwerk; das **Schaf|fen:** das künstlerische Schaffen, der **Schaf|fens|drang**

Schaff|ner, der: des Schaffners, die Schaffner; (*veraltet für* Zugbegleiter); die **Schaff|ne|rin**

Scha|fott, das: des Schafott(e)s, die Schafotte; (Gerüst für Hinrichtungen): er endete auf dem Schafott

Schaft, der: des Schaft(e)s, die Schäfte; (Oberteil des Stiefels)

Scha|kal, der: des Schakals, die Schakale; (eine Raubtierart)

schä|kern: du schäkerst, er schäkerte, hat geschäkert, schäk(e)re!; (neckisch scherzen)

Schal *pers.-engl.,* der: des Schals, die Schale *auch* Schals; (Halstuch)

Scha|le, die: der Schale, die Schalen; (Hülle; Gefäß); sich in Schale werfen (sehr schick kleiden); die **Kris|tall|scha|le,** die **Nuss|scha|le** *auch* **Nuss-Scha|le; schä|len**

Schalk, der: des Schalk(e)s, die Schalke *auch* Schälke; (spitzbübischer Mensch); **schalk|haft**

Schall, der: des Schall(e)s, die Schalle *auch* Schälle; (nachhallendes Geräusch); es ist alles Schall und Rauch (bedeutungslos); die **Schall|ge|schwin|dig|keit, schall|dicht, schal|lend:** schallendes Gelächter

schal|ten: du schaltest, er schaltete, hat geschaltet, schalt(e)!; schalten und walten – er schaltet langsam (ist begriffsstutzig); **ab|schal|ten, aus|schal|ten, ein|schal|ten;** der **Schal|ter,** der **Schalt|he|bel,** das **Schalt|jahr** (Jahr mit einem zusätzlichen Tag), die **Schal|tung**

Scham, die: der Scham; (Gefühl des Bloßgestelltseins; Gegend der Geschlechtsteile beim Menschen); das **Scham|ge|fühl,** die **Scham|haa|re; scham|haft, scham|los; schä|men:** sich schämen; sich in Grund und Boden schämen – pfui, schäm dich!

Schan|de, die: der Schande; (Unehre, Schmach); jemanden mit Schimpf und Schande davonjagen – er macht seinem Namen Schande; der **Schand-fleck,** das **Schand|maul,** die **Schand-tat** (abscheuliche Handlung), die **Schän|dung; schänd|lich** (niederträchtig, abscheulich); **schän|den:** ein Grab, Denkmal schänden (entweihen)

Schän|ke *auch* **Schen|ke,** die: der Schänke, die Schänken; (Gastwirtschaft)

Schan|ze, die: der Schanze, die Schanzen; (Befestigung; Sprungschanze); **schan|zen, ver|schan|zen:** sich verschanzen (verbergen)

Schar, die: der Schar, die Scharen; (Anzahl, Menge, Gruppe); **scha|ren|wei-se; scha|ren:** sich um etwas scharen (versammeln)

scharf: schärfer, am schärfsten; ein scharfes Messer, scharfer Wind, scharfes Gehör, scharfer Verstand, scharfer Hund, eine scharfe Kurve – scharf nachdenken – scharf schießen – scharf anfassen – schärfsten Widerstand leisten; auf etwas scharf sein (auf etwas erpicht sein, es sehr wünschen); **scharf|sich|tig, scharf|sin|nig** (sehr klug, logisch denkend),; die **Schär|fe,** der **Scharf|rich|ter** (Henker), der **Scharf|sinn; ein|schär|fen:** sich etwas einschärfen (einprägen), **schär|fen:** das stumpfe Messer schärfen

Schar|lach *lat.,* der: des Scharlachs; (Infektionskrankheit)

Schar|lach *lat.,* der *auch* das: des Scharlachs, die Scharlache; (leuchtendes Rot); **schar|lach|rot**

Schar|la|tan *franz.,* der: des Scharlatans, die Scharlatane; (Schwindler)

Scharm: → Charme

Schar|nier *franz.,* das: des Scharniers, die Scharniere; (Drehgelenk an Türen)

schar|ren: du scharrst, er scharrte, hat gescharrt, scharr(e)!; mit den Füßen scharren

Schar|te, die: der Scharte, die Scharten; (Einschnitt; Mauerlücke, Kerbe); eine Scharte auswetzen (einen Fehler, Misserfolg wiedergutmachen); die **Ha|sen|schar|te** (angeborene Spaltbildung der Oberlippe), die **Schieß-schar|te**

schar|wen|zeln: du scharwenzelst, er scharwenzelte, ist scharwenzelt, scharwenz(e)le!; (sich übereifrig um jemanden bemühen); um jemanden herumscharwenzeln

Schasch|lik *russ.,* der *auch* das: des Schaschliks, die Schaschliks; (Fleischspieß)

Schat|ten, der: des Schattens, die Schatten; diese Leistung stellt alles in den Schatten (übertrifft alles) – man kann nicht über seinen eigenen Schatten springen (nicht anders handeln, als der Charakter es erlaubt); die **Schat-ten|mo|rel|le** (Sauerkirsche), der **Schat|ten|riss,** die **Schat|ten|sei|te,** das **Schat|ten|spiel; schat|tig; be-schat|ten:** jemanden beschatten (verfolgen, überwachen), **schat|tie|ren** (mit Farbabstufungen versehen, tönen)

Scha|tul|le *lat.,* die: der Schatulle, die Schatullen; (Geld-, Schmuckkasten)

Schatz, der: des Schatzes, die Schätze; (wertvoller Besitz, Vermögen); die **Schät|zung** (ungefähre Berechnung); **schät|zungs|wei|se; un|schätz|bar; schät|zen:** etwas oder jemanden schätzen (sehr achten), **über|schät-zen:** seine Kräfte überschätzen, **ver-schät|zen:** sich verschätzen (falsch schätzen)

Schau, die: der Schau, die Schauen; (Ausstellung; Darbietung): etwas zur Schau stellen; eine Schau abziehen (etwas wirkungsvoll vorführen; angeben) – jemandem die Schau stehlen (jemanden um die beabsichtigte Wirkung bringen); das **Schau|bild** (Diagramm), das **Schau|fens|ter,** der **Schau|kampf,** das **Schau|spiel,** der **Schau|spie|ler,** die **Schau|spie|le|rin; schau|lus|tig; schau|en**

Schau|der, der: des Schauders, die Schauder; (Grauen, Angst); **schau|der-haft; schau|dern:** ich schaudere, es schaudert mir *auch* mich

Schau|er, der: des Schauers, die Schauer; (kurzer Regenfall; Angstgefühl): wir wollen warten, bis der Schauer vorbei ist – ein Schauer lief mir über den Rücken; das **Schau|er|mär|chen; schau|er|lich, schau|rig** (schrecklich, gruselig): schaurig-schön; **schau|ern**

R S T

Schau|fel, die: der Schaufel, die Schaufeln; das **Schau|fel|rad; schau|feln**

Schau|kel, die: der Schaukel, die Schaukeln; das **Schau|kel|pferd,** der **Schau-kel|stuhl; schau|keln:** wir werden die Sache schon schaukeln (in Ordnung bringen)

Schaum, der: des Schaum(e)s, die Schäume; das **Schaum|bad,** der **Schaum|schlä|ger** (Angeber); **schau-mig; schäu|men:** er schäumt (ist erregt, zornig) vor Wut

Scheck, der: des Schecks, die Schecks; (eine Zahlungsanweisung an Bank oder Post); das **Scheck|heft,** die **Scheck|kar|te**

sche|ckig: (gefleckt); sich scheckig lachen (sehr lachen)

Schef|fel, der: des Scheffels, die Scheffel; (altes Hohlmaß, besonders für Getreide); sein Licht nicht unter den Scheffel stellen (seine Fähigkeiten zeigen); **schef|feln:** Geld scheffeln (anhäufen)

Schei|be, die: der Scheibe, die Scheiben; eine Scheibe Brot – die Fensterscheibe; von dem kannst du dir eine Scheibe abschneiden (etwas lernen); die **Glas|schei|be,** der **Schei|ben|wi-scher,** die **Töp|fer|schei|be; scheib-chen|wei|se**

Scheich *arab.,* der: des Scheichs, die Scheiche *auch* Scheichs; (Oberhaupt eines arabischen Stammes)

schei|den: du scheidest, er schied, er schiede, hat geschieden, scheid(e)!; (trennen; eine Ehe auflösen); hier scheiden sich die Geister (verschiedener Meinung sein); die **Schei|de** (Teil des weiblichen Geschlechtsorgans; Hülle für ein Messer, ein Schwert), der **Schei|de|weg,** die **Schei|dung,** der **Schei|dungs|grund**

schei|nen: du scheinst, er schien, er schiene, hat geschienen; die Sonne scheint – du scheinst mich nicht zu verstehen – das scheint (mir) richtig zu sein; der **Schein:** der Schein trügt, der **Geld|schein,** der **Licht|schein; an|schei|nend** (offenbar, offensichtlich); **schein|bar** (nicht wirklich, vielleicht), **schein|hei|lig** (heuchlerisch, falsch), **schein|tot**

Schei|ße, die: der Scheiße; (*umgangssprachlich für* Kot); der **Klug|schei|ßer,** der **Scheiß|dreck; scheiß|egal; scheiß|freund|lich; schei|ßen**

Scheit, das: des Scheit(e)s, die Scheite; (zugehauenes Stück Holz); das **Holzscheit,** der **Schei|ter|hau|fen** (Verbrennungsstätte von Verurteilten im Mittelalter)

Schei|tel, der: des Scheitels, die Scheitel; vom Scheitel bis zur Sohle (von Kopf bis Fuß); der **Mit|tel|schei|tel; schei|teln**

schei|tern: du scheiterst, er scheiterte, ist gescheitert; (Misserfolg haben)

Schel|le, die: der Schelle, die Schellen; (Halterung für Rohre; Klingel); die **Hand|schel|len,** die **Maul|schel|le** (Ohrfeige); **schel|len** (klingeln)

Schelm, der: des Schelm(e)s, die Schelme; (Spaßvogel); **schel|misch:** schelmisch lächeln

schel|ten: du schiltst, er schalt, er schölte, hat gescholten, schilt nicht!; (Vorwürfe machen, tadeln); die **Schel|te** (Vorwurf, Tadel)

Sche|ma *griech.*, das: des Schemas, die Schemas *auch* Schemata; (Muster, Plan; vereinfachte, zeichnerische Darstellung); etwas nach Schema F behandeln (immer auf dieselbe, übliche Art); der **Sche|ma|tis|mus; sche|matisch; sche|ma|ti|sie|ren**

Sche|mel, der: des Schemels, die Schemel; (Hocker); der **Fuß|sche|mel**

Sche|men, der: des Schemens, die Schemen; (geisterhafter Schatten); **schemen|haft** (undeutlich, verschleiert)

Schen|kel, der: des Schenkels, die Schenkel; (Teil eines Beines); der **Un|ter|schen|kel,** der **Ober|schen|kel; schen|ke|lig** *auch* **schenk|lig:** ein gleichschenkliges Dreieck

schen|ken: du schenkst, er schenkte, hat geschenkt, schenk(e)!; jemandem keinen Blick schenken (nicht beachten) – jemandem Vertrauen schenken – diesen Film kannst du dir schenken (brauchst du nicht anzusehen) – jemandem reinen Wein einschenken (ihm die Wahrheit über etwas Unangenehmes sagen); das **Ge|schenk,** die **Schen|ke** *auch* **Schän|ke** (Wirtshaus), die **Schen|kung**

Scher|be, die: der Scherbe, die Scherben; der **Scher|ben|hau|fen**

Sche|re, die: der Schere, die Scheren; der **Sche|ren|schlei|fer,** der **Sche|renschnitt** (in den Umrissen aus Papier geschnittene Figur)

sche|ren: du scherst, er schor, er schöre, hat geschoren, schere!; er hat alles über einen Kamm geschoren (alles einheitlich behandelt)

sche|ren: du scherst dich, er scherte sich, hat sich geschert, scher(e) dich!; (sich um etwas kümmern): scher dich weg! (geh weg!) – er hat sich nicht im Geringsten darum geschert (gekümmert); die **Sche|re|rei** (Ärger)

Scherz, der: des Scherzes, die Scherze; (Neckerei, Spaß); die **Scherz|fra|ge; scherz|haft; scher|zen**

Scheu, die: der Scheu; (ängstliche Zurückhaltung, Furcht); **scheu:** scheu sein, werden – einen scheuen Blick haben; **scheu|en:** das Pferd scheut vor etwas – keine Mühe scheuen – sich vor der Arbeit scheuen (drücken)

scheu|chen: du scheuchst, er scheuchte, hat gescheucht, scheuch(e)!; (vertreiben, wegjagen); **ver|scheu|chen:** jemanden oder etwas verscheuchen; die **Vo|gel|scheu|che**

scheu|ern: du scheuerst, er scheuerte, hat gescheuert, scheu(e)re!; (reinigen, säubern): den Fußboden scheuern – sich die Ferse wund scheuern *auch* wundscheuern; das **Scheu|er|tuch**

Scheu|ne, die: der Scheune, die Scheunen; (Gebäude zum Lagern von Heu, Stroh und Feldfrüchten); essen wie ein Scheunendrescher (unmäßig viel) – dastehen wie der Ochse vorm Scheunentor (verdutzt sein)

Scheu|sal, das: des Scheusal(e)s, die Scheusale; (Ungeheuer)

scheuß|lich: scheußlicher, am scheußlichsten; (hässlich, abstoßend): ein scheußliches Wetter; die **Scheuß|lich|keit**

Schi: → Ski

Schicht, die: der Schicht, die Schichten; (Lage; gesellschaftlich gleiche Personengruppe; Arbeitszeit): eine Schicht Sand – die obere Schicht der Gesellschaft – in der Nachtschicht arbeiten; die **Ge|sell|schafts|schicht,** die **Ge|steins|schicht,** die **Schicht|ar|beit, der Schicht|wech|sel, die Wol|ken|schicht; schicht|wei|se; schich|ten** (übereinanderlegen)

schick *auch* **chick** *franz.:* (elegant, modisch): die Jacke ist sehr schick; der **Schick** *auch* **Chick**

schi|cken: du schickst, er schickte, hat geschickt, schick(e)!; einen Brief schicken – das Kind zur Schule schicken – nach dem Arzt schicken – das schickt sich nicht (gehört sich nicht)

Schick|sal, das: des Schicksals, die Schicksale; jemanden seinem Schicksal überlassen – sein Schicksal ist besiegelt; der **Schick|sals|schlag; schick|sal|haft**

schie|ben: du schiebst, er schob, er schöbe, hat geschoben, schieb(e)!; die Schuld auf jemanden schieben – jemandem etwas in die Schuhe schieben (ihn damit belasten) – etwas auf die lange Bank schieben (verzögern) – tausend Gründe vorschieben; **ab|schie|ben, ver|schie|ben;** der **Schie|ber** (jemand, der unsaubere Geschäfte macht; Vorrichtung zum Abriegeln), die **Schie|bung** (Betrug)

Schieds|rich|ter, der: des Schiedsrichters, die Schiedsrichter; das **Schieds|ge|richt,** die **Schieds|rich|te|rin**

schief: schiefer, am schiefsten; auf die schiefe Bahn geraten (unmoralisch, unehrlich sein); *getrennt:* jemanden schief anschauen (ihm misstrauen); *zusammen:* sich schieflachen – die Sache wird schiefgehen (misslingen) – du bist schiefgewickelt (im Irrtum)

Schie|fer, der: des Schiefers, die Schiefer; (Gestein); das **Schie|fer|dach,** das **Schie|fer|ge|bir|ge**

schie|len: du schielst, er schielte, hat geschielt; auf etwas schielen (unbemerkt blicken)

schien: → scheinen

Schie|ne, die: der Schiene, die Schienen; das **Schien|bein** (Unterschenkelknochen); **schie|nen:** ein gebrochenes Bein schienen

schier: (beinahe, fast)

schie|ßen: du schießt, er schoss, er schösse, hat geschossen, schieß(e)!; es ist zum Schießen (zum Lachen) – einen Bock schießen (einen Fehler machen) – mir schießt etwas durch den Sinn – seine Antwort kam wie aus der Pistole geschossen (sofort, ohne Besinnen) – aufpassen wie ein Schießhund (genau aufpassen); die **Schie|ße|rei,** die **Schieß|schar|te** (Öffnung im Mauerwerk von Burgen und Festungen), der **Schieß|stand;** → Schuss

Schiff, das: des Schiff(e)s, die Schiffe; der **Schiff|bruch:** Schiffbruch erleiden (scheitern), der **Schif|fer,** die **Schiff|fahrt** *auch* **Schiff-Fahrt,** der **Schiffs|jun|ge; schiff|bar, schiff|brü|chig; schif|fen**

Schi|ka|ne *franz.*, die: der Schikane, die Schikanen; (Bosheit; Feinheit): das ist die reinste Schikane – er hat ein Auto mit allen Schikanen; **schi|ka|nie|ren** (jemandem böswillig Schwierigkeiten bereiten)

Schild, der: des Schild(e)s, die Schilde; (am Arm getragene Schutzwaffe); etwas im Schilde führen (insgeheim etwas beabsichtigen); die **Schild|drü|se,** die **Schild|krö|te**

Schild, das: des Schild(e)s, die Schilder; (Erkennungszeichen, Verkehrszeichen); das **Aus|hän|ge|schild,** das **Preis|schild,** das **Stopp|schild; be|schil|dern**

schil|dern: du schilderst, er schilderte, hat geschildert, schild(e)re!; (anschaulich erzählen); die **Schil|de|rung**

Schilf, das: des Schilf(e)s, die Schilfe; (hohes Ufergras mit braunen Rispen); das **Schilf|dach,** das **Schilf|rohr; schilf|be|deckt**

schil|lern: es schillert, es schillerte, hat geschillert; das Kleid schillert in vielen Farben – ein schillernder (undurchschaubarer) Charakter

Schim|mel, der: des Schimmels, die Schimmel; (weißes Pferd)

Schim|mel, der: des Schimmels; (Pilzart); der **Schim|mel|pilz; schim|me|lig** *auch* **schimm|lig; schim|meln:** das Brot schimmelt

schim|mern: es schimmert, es schimmerte, hat geschimmert; (schwach leuchten): ein Licht schimmerte in der Dunkelheit; der **Hoff|nungs|schim|mer,** der **Schim|mer:** keinen blassen Schimmer (keine Ahnung) von einer Sache haben

Schim|pan|se *afrik.*, der: des Schimpansen, die Schimpansen; (menschenähnlicher Affe)

schimp|fen: du schimpfst, er schimpfte, hat geschimpft, schimpf(e)!; (ärgerlich, zornig reden): er schimpft mich aus; schimpfen wie ein Rohrspatz (sehr schimpfen); der **Schimpf|na|me,** das **Schimpf|wort**

Schin|del, die: der Schindel, die Schindeln; (Holzbrettchen zum Dachdecken); das **Schin|del|dach**

schin|den: du schindest, er schindete *auch* schund, schünde, hat geschindet *auch* geschunden; (quälen, menschenunwürdig behandeln); bei anderen Eindruck schinden (hervorrufen); der **Schin|der** (jemand, der andere quält), die **Schin|de|rei,** der **Schin|der|han|nes** (sagenhafter Räuberhauptmann), die **Schind|mäh|re** (altes, dürres Pferd)

Schin|ken, der: des Schinkens, die Schinken; der **Schin|ken|speck**

Schip|pe, die: der Schippe, die Schippen; (Schaufel); jemanden auf die Schippe nehmen (zum Besten haben); **schip|pen:** Schnee schippen

Schirm, der: des Schirm(e)s, die Schirme; der **Lam|pen|schirm,** der **Re|gen|schirm,** der **Schirm|herr** (Schutzherr), die **Schirm|müt|ze; ab|schir|men:** sich abschirmen

R S T

Schlacht, die: der Schlacht, die Schlachten; (Kampfhandlungen zwischen Heeren); der **Schlach|ter** *auch* **Schläch|ter** (Metzger, Fleischer), die **Schlach|te|rei** *auch* **Schläch|te|rei,** der **Schlach|ten|bumm|ler** (Anhänger einer Mannschaft), das **Schlacht|feld,** der **Schlacht|hof,** die **Schlach|tung; schlacht|reif; schlach|ten**

Schla|cke, die: der Schlacke, die Schlacken; (Rückstände bei der Verbrennung); **ent|schla|cken** (den Körper von Giftstoffen befreien)

schla|ckern: du schlackerst, er schlackerte, hat geschlackert, schlack(e)re!; (wackeln): ihm schlackern die Knie (vor Angst); mit den Ohren schlackern (überrascht, beeindruckt sein)

Schlä|fe, die: der Schläfe, die Schläfen

schla|fen: du schläfst, er schlief, er schliefe, hat geschlafen, schlaf(e)!; tief schlafen – schlafen wie ein Murmeltier; eine Sache noch einmal überschlafen – er schläft mit offenen Augen (passt nicht auf); **schlaf|wandeln;** der **Schlaf,** der **Schlaf|an|zug,** der **Schlä|fer,** die **Schlaf|lo|sig|keit,** das **Schlaf|mit|tel,** die **Schlaf|müt|ze** (*früher* im Bett getragene Mütze; träger Mensch), der **Schlaf|sack,** das **Schlaf|zim|mer; schläf|rig, schlaftrun|ken** (benommen vom Schlaf)

schlaff: schlaffer, am schlaffsten; (matt, müde); die **Schlaff|heit**

Schlag, der: des Schlag(e)s, die Schläge; (heftiger Stoß, Hieb); Schlag auf Schlag – ein Schlag ins Leere, ins Wasser – wie vom Schlag gerührt; die **Schlag|ader,** der **Schlag|an|fall,** der **Schlä|ger,** die **Schlä|ge|rei,** das **Schlag|wort** (prägnantes Wort; Stichwort), der **Schlag|wort|ka|ta|log,** die **Schlag|zei|le; schlag|ar|tig, schlagfertig** (schnell reagieren können)

schla|gen: du schlägst, er schlug, er schlüge, hat geschlagen, schlag(e) nicht!; er schlägt mich – die Uhr schlug – den Takt schlagen – etwas kurz und klein schlagen; zwei Fliegen mit einer Klappe schlagen – sich durchs Leben schlagen – über die Stränge schlagen – das hat wie eine Bombe eingeschlagen – die Zeit totschlagen – jemanden in die Flucht schlagen

Schla|ger, der: des Schlagers, die Schlager; (Lied); die **Schla|ger|sän|ge|rin,** der **Ver|kaufs|schla|ger** (etwas, das sich gut verkauft)

Schlaks, der: des Schlakses, die Schlakse; (lang aufgeschossener, junger Mensch); **schlak|sig**

Schla|mas|sel *jiddisch,* der: des Schlamassels; (Durcheinander, Unglück); da haben wir den Schlamassel!

Schlamm, der: des Schlamm(e)s, die Schlamme *auch* Schlämme; das **Schlamm|bad; schlam|mig**

schlam|pig: schlampiger, am schlampigsten; eine schlampige (schlechte) Arbeit; die **Schlam|pe** (*umgangssprachlich für* unordentliche Frau), die **Schlam|pe|rei; schlam|pen** (unordentlich sein)

schlang: → schlingen

Schlan|ge, die: der Schlange, die Schlangen; (Kriechtier); Schlange stehen; die **Gift|schlan|ge,** der **Schlan|gen|biss,** das **Schlan|gen|gift,** die **Schlan|gen|li|nie; schlängeln:** sich schlängeln

schlank: schlanker, am schlank(e)sten; rank und schlank; die **Schlank|heits|kur; schlank ma|chen** *auch* **schlank|ma|chen**

R S T

schlapp: schlapper, am schlapp(e)sten; (erschöpft); die **Schlap|pe:** eine Schlappe (Niederlage) erleiden, der **Schlapp|hut,** das **Schlapp|ohr** (*scherzhaft für* Hase), der **Schlapp|schwanz** (schwacher, energieloser Mensch); **schlapp|ma|chen** (nicht durchhalten)

Schla|raf|fen|land, das: des Schlaraffenland(e)s; (Märchenland, in dem man faulenzt und dennoch alles im Überfluss besitzt)

schlau: schlauer, am schlausten; der **Schlau|ber|ger** (jemand, der schlau ist), die **Schläue,** die **Schlau|heit,** der **Schlau|kopf,** der **Schlau|mei|er**

Schlauch, der: des Schlauch(e)s, die Schläuche; (Gummi- oder Kunststoffröhre); der **Fahr|rad|schlauch,** der **Gar|ten|schlauch,** das **Schlauch|boot; schlau|chen:** das Laufen hat mich geschlaucht (sehr angestrengt)

Schlau|fe, die: der Schlaufe, die Schlaufen; (Schleife; Loch, Öse zum Durchziehen von Gürteln, Bändern)

Schla|wi|ner, der: des Schlawiners, die Schlawiner; (pfiffiger, durchtriebener Mensch)

schlecht: schlechter, am schlechtesten; eine schlechte Ware – ein schlechter Ruf – es geht ihm schlecht – mir wird schlecht – sie ist schlecht gelaunt *auch* schlechtgelaunt – schlecht und recht – jemanden, etwas schlechtmachen (abwerten) – schlecht wegkommen (weniger bekommen als erwartet); die **Schlecht|heit,** die **Schlech|tig|keit**

schle|cken: du schleckst, er schleckte, hat geschleckt, schleck(e) nicht!; (ablecken; naschen); die **Schle|cke|rei,** das **Schle|cker|mäul|chen**

schlei|chen: du schleichst, er schlich, er schliche, ist geschlichen, schleich(e)!; er schlich sich aus dem Haus – eine schleichende Krankheit; der **Schleich|weg** (verborgener Weg), die **Schleich|wer|bung**

Schlei|er, der: des Schleiers, die Schleier; der **Braut|schlei|er,** die **Schlei|er|eu|le; schlei|er|haft** (rätselhaft); **ver|schlei|ern** (verbergen)

Schlei|fe, die: der Schleife, die Schleifen; (Schlinge): eine Schleife binden

schlei|fen: du schleifst, er schliff, er schliffe, hat geschliffen, schleif(e)!; (schärfen, glätten): das Messer wurde geschliffen; der **Schlei|fer,** die **Schlei|fe|rei,** das **Schleif|pa|pier**

schlei|fen: du schleifst, er schleifte, hat geschleift, schleif(e)!; (über den Boden ziehen)

Schleim, der: des Schleim(e)s, die Schleime; die **Schleim|haut,** der **Schleim|schei|ßer** (kriecherischer, scheinheiliger Mensch); **schlei|mig, schlei|men** (scheinheilig tun)

schlem|men: du schlemmst, er schlemmte, hat geschlemmt, schlemm(e)!; (gut und reichlich essen); der **Schlem|mer,** die **Schlem|me|rei**

schlen|dern: du schlenderst, er schlenderte, ist geschlendert, schlend(e)re!; (langsam spazieren); der **Schlen|dri|an** (langsames, träges Arbeiten; Schlamperei)

schlen|kern: du schlenkerst, er schlenkerte, hat geschlenkert, schlenk(e)re!; mit den Armen schlenkern; der **Schlen|ker:** einen leichten Schlenker (Umweg) machen

schlep|pen: du schleppst, er schleppte, hat geschleppt, schlepp(e)!; (schwer tragen, ziehen): den Koffer schleppen; die **Schlep|pe** (am Boden schleifender Teil eines Kleides), der **Schlep|per** (Fahrzeug zum Schleppen anderer Fahrzeuge), das **Schlepp|netz,** das **Schlepp|tau:** jemanden ins Schlepptau nehmen

Schles|wig-Hol|stein: (Land der Bundesrepublik Deutschland); der **Schles|wig-Hol|stei|ner,** die **Schles|wig-Hol|stei|ne|rin; schles|wig-hol|stei|nisch**

Schleu|der, die: der Schleuder, die Schleudern; der **Schleu|der|ball,** der **Schleu|der|preis** (sehr geringer Preis), der **Schleu|der|sitz,** die **Wä|sche|schleu|der; schleu|dern, ver|schleu|dern** (leichtsinnig ausgeben)

schleu|nig: schleuniger, am schleunigsten; (schnell); **schleu|nigst** (sofort, auf dem schnellsten Wege); die **Be|schleu|ni|gung**

Schleu|se, die: der Schleuse, die Schleusen; das **Schleu|sen|tor,** der **Schleu|sen|wär|ter; schleu|sen:** jemanden über die Grenze schleusen (heimlich bringen)

schlich: → schleichen

schlicht: schlichter, am schlichtesten; (einfach); der **Schlich|ter** (jemand, der zwischen streitenden Parteien eine Einigung herbeiführt), die **Schlich|tung; schlich|ten:** einen Streit schlichten (beenden)

Schlick, der: des Schlick(e)s, die Schlicke; (Schlamm); **schli|ckig**

schlief: → schlafen

schlie|ßen: du schließt, er schloss, er schlösse, hat geschlossen, schließ(e)!; ein Bündnis, eine Ehe, einen Vertrag, Frieden, eine Lücke schließen – eine geschlossene (nicht öffentliche) Veranstaltung; jemanden in sein Herz schließen; das **Schließ|fach; ab|schließ|bar;** → Schloss, Schluss

schließ|lich: (am Ende; endlich)

schliff: → schlei|fen

Schliff, der: des Schliff(e)s, die Schliffe; jemandem Schliff (gutes Benehmen) beibringen – einer Sache den letzten Schliff geben (sie vollenden)

schlimm: schlimmer, am schlimmsten; *Kleinschreibung:* er ist schlimm gestürzt – die Strafe war gar nicht so schlimm; *Großschreibung:* ich bin auf das Schlimmste gefasst – es ist nichts Schlimmes; **schlimms|ten|falls; ver|schlim|mern**

Schlin|gel, der: des Schlingels, die Schlingel; (übermütiger, etwas frecher Junge)

schlin|gen: du schlingst, er schlang, er schlänge, hat geschlungen, schling(e)!; er hat den Arm um sie geschlungen; die **Schlin|ge:** den Kopf aus der Schlinge ziehen (der Gefahr entgehen), die **Schling|pflan|ze**

schlin|gen: du schlingst, er schlang, er schlänge, hat geschlungen, schling(e) nicht so!; (sehr hastig und gierig essen)

schlin|gern: es schlingert, es schlingerte, ist geschlingert; das Schiff schlingert

Schlips, der: des Schlipses, die Schlipse; (Krawatte); sich auf den Schlips getreten fühlen (gekränkt sein)

Schlit|ten, der: des Schlittens, die Schlitten; Schlitten fahren; die **Schlit|ten|fahrt,** der **Schlitt|schuh:** Schlittschuh laufen; **schlit|tern** (rutschen)

Schlitz, der: des Schlitzes, die Schlitze; das **Schlitz|ohr** (schlauer, durchtriebener Mensch); **schlitz|oh|rig, schlitz|äu|gig; schlit|zen**

schloss: → schließen

R S T

Schloss, das: des Schlosses, die Schlösser; er sitzt hinter Schloss und Riegel; der **Schlos|ser** (Handwerksberuf), die **Schlos|se|rei,** das **Vor|hän|ge|schloss**

Schloss, das: des Schlosses, die Schlösser; (prächtiges Gebäude); Luftschlösser bauen (Pläne nur in der Fantasie haben, nicht umsetzen); der **Schlossherr,** der **Schloss|gar|ten,** der **Schlosspark,** die **Schloss|ru|i|ne**

Schlot, der: des Schlot(e)s, die Schlote; (Schornstein); er raucht wie ein Schlot (sehr viel)

schlot|tern: du schlotterst, er schlotterte, hat geschlottert, schlott(e)re!; die Hosen schlottern ihm um die Beine – ihm schlottern die Knie; **schlot|te|rig** *auch* **schlott|rig**

Schlucht, die: der Schlucht, die Schluchten

schluch|zen: du schluchzt, er schluchzte, hat geschluchzt, schluchz(e)!; (stoßweise weinen); der **Schluch|zer**

Schluck, der: des Schluck(e)s, die Schlucke; der **Schluck|auf,** das **Schlückchen,** der **Schlu|cker:** ein armer Schlucker; **schluck|wei|se; schlucken:** eine bittere Pille schlucken (etwas Unangenehmes ertragen) müssen, **ver|schlu|cken:** sich verschlucken

schlu|dern: du schluderst, er schluderte, hat geschludert, schluder(e) nicht!; (ungenau, nachlässig arbeiten); die **Schlu|de|rei; schlu|de|rig** *auch* **schlud|rig**

schlug: → schlagen

Schlum|mer, der: des Schlummers, die Schlummer; (leichter Schlaf); **schlummern**

Schlund, der: des Schlundes, die Schlünde; der Schlund eines Wales

schlüp|fen: du schlüpfst, er schlüpfte, ist geschlüpft, schlüpf(e)!; ins Haus, durch den Zaun schlüpfen – in den Mantel schlüpfen – der Vogel schlüpft aus dem Ei – durch die Finger schlüpfen; der **Schlüp|fer** (Unterhose), das **Schlupf|loch,** der **Schlupf|win|kel** (Versteck), der **Un|ter|schlupf; schlüpf|rig** (glatt; anstößig, zweideutig)

schlur|fen: du schlurfst, er schlurfte, ist geschlurft, schlurf(e) nicht!; (schleppend, hörbar gehen)

schlür|fen: du schlürfst, er schlürfte, hat geschlürft, schlürf(e) nicht!; (hörbar trinken): die Suppe schlürfen

Schluss, der: des Schlusses, die Schlüsse; (Ende); die **Schluss|fol|ge|rung** (Ergebnis, das durch Überlegungen erreicht wurde), das **Schluss|licht,** der **Schluss|strich** *auch* **Schluss-Strich,** der **Schluss|ver|kauf; schlüs|sig:** ein schlüssiger (folgerichtiger) Beweis – sich über etwas schlüssig (klar) werden; **schluss|fol|gern**

Schlüs|sel, der: des Schlüssels, die Schlüssel; das **Schlüs|sel|bein,** der *auch* das **Schlüs|sel|bund,** das **Schlüssel|loch,** das **Schlüs|sel|wort** (Kennwort; Wort von besonderer Bedeutung); **ent|schlüs|seln:** eine Geheimschrift entschlüsseln; **ver|schlüsseln**

Schmach, die: der Schmach; (Schande); mit Schmach und Schande; **schmachvoll:** eine schmachvolle Niederlage

schmach|ten: du schmachtest, er schmachtete, hat geschmachtet; (*früher für* leiden, hungern); **schmäch|tig** (schlecht genährt, dünn)

schmack|haft: schmackhafter, am schmackhaftesten; (gut schmeckend)

schmal: schmaler *auch* schmäler, am schmalsten *auch* schmälsten; ein schmaler Weg – ein schmales (geringes) Einkommen; **schmal|spu|rig;** die **Schmal|spur; schmä|lern** (verringern, verkleinern)

Schmalz, das: des Schmalzes, die Schmalze; (tierisches Fett); das **Schmalz|brot**

schma|rot|zen: du schmarotzt, er schmarotzte, hat schmarotzt, schmarotz(e) nicht!; (auf Kosten anderer leben); der **Schma|rot|zer**

schmat|zen: du schmatzt, er schmatzte, hat geschmatzt, schmatz(e) nicht!; der **Schmatz** (Kuss)

Schmaus, der: des Schmauses, die Schmäuse; (*veraltet für* gutes Essen); **schmau|sen**

schme|cken: du schmeckst, er schmeckte, hat geschmeckt, schmeck(e)!; der **Ge|schmack**

schmei|cheln: du schmeichelst, er schmeichelte, hat geschmeichelt, schmeichle!; (übertrieben oder unangemessen loben): er schmeichelt mir; die **Schmei|che|lei,** der **Schmeich|ler; schmei|chel|haft**

schmei|ßen: du schmeißt, er schmiss, er schmisse, hat geschmissen, schmeiß(e)!; (*umgangssprachlich für* werfen): einen Stein schmeißen; eine Arbeit schmeißen (aufgeben) – eine Sache schmeißen (eine Aufgabe erfüllen) – eine Runde schmeißen (ausgeben); die **Schmeiß|flie|ge**

schmel|zen: er schmilzt, er schmolz, er schmölze, ist geschmolzen; (flüssig werden): der Schnee ist geschmolzen; die **Schnee|schmel|ze**

schmel|zen: du schmilzt *auch* schmelzt, er schmolz *auch* schmelzte, er schmölze, hat geschmolzen, schmilz!; (flüssig machen); der **Schmelz|ofen,** der **Schmelz|punkt**

Schmerz, der: des Schmerz(e)s, die Schmerzen; ein stechender Schmerz; die **Schmerz|ta|blet|te; schmerz|emp|find|lich, schmerz|frei, schmerz|haft, schmerz|lich, schmerz|voll; schmer|zen:** es schmerzt mich

Schmet|ter|ling, der: des Schmetterlings, die Schmetterlinge; der **Schmet|ter|lings|stil** (Schwimmstil)

schmet|tern: du schmetterst, er schmetterte, hat geschmettert, schmetter(e)!; (wuchtig werfen, schlagen): die Tür ins Schloss schmettern – ein Lied schmettern (laut singen) – den Ball übers Netz schmettern; der **Schmet|ter|ball**

Schmied, der: des Schmied(e)s, die Schmiede; (Handwerksberuf); jeder ist seines Glückes Schmied; die **Schmie|de; schmie|de|ei|sern; schmie|den:** Pläne schmieden

schmie|gen: du schmiegst, er schmiegte, hat geschmiegt, schmieg(e) dich!; (behutsam anpassen, anlehnen); **schmieg|sam**

schmie|ren: du schmierst, er schmierte, hat geschmiert, schmier(e)!; sich ein Butterbrot schmieren – Salbe auf eine Wunde schmieren – der Füllhalter schmiert; jemanden schmieren (bestechen) – jemandem eine schmieren (eine Ohrfeige geben); die **Schmie|re** (Schmiermittel; Salbe): Schmiere stehen (bei einem Verbrechen Wache halten), die **Schmie|re|rei,** der **Schmier|fink; schmie|rig**

schmin|ken: du schminkst, er schminkte, hat geschminkt, schmink(e)!; die **Schmin|ke**

schmir|geln: du schmirgelst, er schmirgelte, hat geschmirgelt, schmirg(e)le!; (schleifen, glätten); das **Schmir|gel|pa|pier**

schmiss: → schmeißen

schmis|sig: schmissiger, am schmissigsten; (schwungvoll): eine schmissige Musik; der **Schmiss**

Schmö|ker, der: des Schmökers, die Schmöker; (anspruchsloses, aber fesselndes dickes Buch); **schmö|kern** (viel lesen)

schmol|len: du schmollst, er schmollte, hat geschmollt, schmoll(e) nicht!; (trotzig sein); der **Schmoll|mund**

schmolz: → schmelzen

schmo|ren: du schmorst, er schmorte, hat geschmort; (anbraten und garen lassen); jemanden im eigenen Saft schmoren lassen (jemanden im Ungewissen lassen); der **Schmor|bra|ten**

Schmu, der: des Schmus; (*umgangssprachlich für* leichter Betrug)

Schmuck, der: des Schmuck(e)s; (Verschönerung; schmückende Gegenstände); das **Schmuck|stück; schmuck** (hübsch, sauber), **schmuck|los; schmü|cken:** sich mit fremden Federn schmücken (Verdienste anderer als seine eigenen ausgeben)

schmud|de|lig *auch* **schmudd|lig:** schmuddeliger, am schmuddeligsten; (schmutzig); das **Schmud|del|wet|ter** (nasskaltes Wetter)

Schmug|gel, der: des Schmuggels; (Waren gesetzwidrig (ohne Zoll) über die Grenze bringen); die **Schmug|ge|lei,** der **Schmugg|ler; schmug|geln**

schmun|zeln: du schmunzelst, er schmunzelte, hat geschmunzelt, schmunz(e)le!; (lächeln)

schmu|sen: du schmust, er schmuste, hat geschmust, schmuse!; (zärtlich sein); die **Schmu|se|rei** (Zärtlichkeit)

Schmutz, der: des Schmutzes; etwas in (durch) den Schmutz ziehen; der **Schmutz|fink** (jemand, der schmutzig ist oder etwas schmutzig macht); **schmut|zig; ver|schmut|zen**

Schna|bel, der: des Schnabels, die Schnäbel; er redet, wie ihm der Schnabel gewachsen ist (ohne Scheu) – den Schnabel halten (nicht sprechen); **schnä|beln, schna|bu|lie|ren** (mit Genuss essen)

Schna|ke, die: der Schnake, die Schnaken; (Insekt)

Schnal|le, die: der Schnalle, die Schnallen; (Verschluss an Schuhen, Taschen usw.); **schnal|len:** sich den Rucksack auf den Rücken schnallen; da schnalle ich ab! (bin überrascht) – hast du es endlich geschnallt (verstanden)? – wir müssen den Gürtel enger schnallen (uns einschränken, sparen)

schnal|zen: du schnalzt, er schnalzte, hat geschnalzt, schnalz(e)!; mit der Zunge schnalzen

schnap|pen: du schnappst, er schnappte, hat geschnappt, schnapp(e)!; er schnappte nach Luft – er schnappte den Dieb – die Tür schnappte ins Schloss – etwas aufschnappen – eingeschnappt sein (beleidigt sein) – übergeschnappt sein (verrückt sein); das **Schnäpp|chen:** ein Schnäppchen machen (billig einkaufen), der **Schnapp|schuss** (Momentaufnahme)

Schnaps, der: des Schnapses, die Schnäpse; (Branntwein); die **Schnaps|idee** (verrückte, abwegige Idee)

R S T

schnar|chen: du schnarchst, er schnarchte, hat geschnarcht, schnarch(e) nicht!

schnat|tern: du schnatterst, er schnatterte, hat geschnattert, schnatter(e) nicht!; das **Ge|schnat|ter,** die **Schnatter|gans**

schnau|ben: du schnaubst, er schnaubte, hat geschnaubt, schnaub(e) nicht!; das Pferd schnaubt – vor Wut schnauben – sich die Nase schnauben

schnau|fen: du schnaufst, er schnaufte, hat geschnauft, schnauf(e)!; (keuchen): vor Anstrengung schnaufen

Schnau|ze, die: der Schnauze, die Schnauzen; etwas frei nach Schnauze (sofort, ohne Vorbereitung) machen; die **Hun|de|schnau|ze,** der **Schnauzbart,** der **Schnau|zer** (Hunderasse); **schnauz|bär|tig; an|schnau|zen:** jemanden anschnauzen (sehr schimpfen), **schnäu|zen:** sich schnäuzen

Schne|cke, die: der Schnecke, die Schnecken; jemanden zur Schnecke machen (heftig ausschimpfen); das **Schne|cken|haus,** das **Schne|ckentem|po**

Schnee, der: des Schnees; das ist doch Schnee von gestern! (heute schon unwichtig) – er freut sich wie ein Schneekönig (freut sich sehr); der **Schnee|ball,** das **Schnee|ge|stö|ber,** der **Schnee|mann,** der **Schnee|pflug,** die **Schnee|schmel|ze,** die **Schneever|we|hung,** das **Schnee|witt|chen** (eine Märchenfigur); **schnee|be|deckt, schnee|weiß**

Schneid, der: des Schneid(e)s; (Mut); **schnei|dig** (draufgängerisch; elegant)

schnei|den: du schneidest, er schnitt, er schnitte, hat geschnitten, schneid(e)!; pass auf, du schneidest dich! – ein Gesicht, eine Fratze schneiden – schneidende Kälte; sie wird geschnitten (gemieden) – sich ins eigene Fleisch schneiden (sich selbst schaden); **schnei|dern** (Kleidungsstücke nähen); die **Schnei|de:** die Sache steht auf des Messers Schneide (kann gut oder auch schlecht enden), der **Schnei|der,** die **Schnei|de|rin,** der **Schnei|de|zahn**

schnei|en: es schneit, es schneite, hat geschneit

Schnei|se, die: der Schneise, die Schneisen; (baumfreier Streifen im Wald); die **Flug|schnei|se** (Anflugkorridor eines Flughafens)

schnell: schneller, am schnellsten; **schnell|le|big, schnellst|mög|lich;** der **Schnell|gang,** die **Schnel|lig|keit,** der **Schnell|im|biss,** der **Schnellkoch|topf,** die **Schnell|stra|ße,** der **Schnell|zug; schnel|len:** die Preise schnellen (gehen stark) in die Höhe

Schnick|schnack, der: des Schnickschnacks; (Geschwätz; nutzloser Kleinkram)

schnie|fen: du schniefst, er schniefte, hat geschnieft, schnief(e) nicht!

schnip|peln: du schnippelst, er schnippelte, hat geschnippelt, schnipp(e)le!; (in kleine Stücke schneiden); der *auch* das **Schnip|pel**

schnip|pen: du schnippst, er schnippte, hat geschnippt, schnipp(e)!; mit den Fingern schnippen; das **Schnippchen:** jemandem ein Schnippchen schlagen (einen Streich spielen); **schnip|pisch** (keck, frech)

Schnip|sel, der *auch* das: des Schnipsels, die Schnipsel; **schnip|seln** (in kleine Stücke schneiden, reißen)

schnitt: → schneiden

Schnitt, der: des Schnitt(e)s, die Schnitte; (das Schneiden; Zertrennen); einen guten Schnitt machen (Gewinn, Vorteil erzielen); die **Schnitt|blu|men,** die **Schnit|te** (Brotscheibe), die **Schnitt|flä|che,** der **Schnitt|lauch,** das **Schnitt|mus|ter,** der **Schnittpunkt,** die **Schnitt|stel|le** (im Computerbereich: Übergang von einem System in ein anderes), die **Schnittwun|de; schnit|tig:** ein schnittiges (elegantes) Auto

Schnit|zel, das: des Schnitzels, die Schnitzel; (ein flaches Stück Fleisch; kleiner Papierfetzen): das Wiener Schnitzel; der *auch* das **Pa|pier|schnitzel,** die **Schnit|zel|jagd** (Suchspiel mit Hilfe von Papierfetzen); **schnitzeln** (in kleine Stücke zerschneiden)

schnit|zen: du schnitzt, er schnitzte, hat geschnitzt, schnitz(e)!; (in Holz schneiden); der **Holz|schnit|zer,** die **Schnitz|ar|beit,** der **Schnit|zer:** einen Schnitzer (Fehler) machen

schnod|de|rig *auch* **schnodd|rig:** schnodderiger, am schnodderigsten; (vorlaut, unhöflich); die **Schnod|derig|keit**

Schnor|chel, der: des Schnorchels, die Schnorchel; (Atemrohr beim Tauchen); **schnor|cheln** (mit dem Schnorchel tauchen)

Schnör|kel, der: des Schnörkels, die Schnörkel; (Verzierung); die **Schnörkel|schrift; schnör|ke|lig** *auch* **schnörk|lig; ver|schnör|kelt**

schnor|ren: du schnorrst, er schnorrte, hat geschnorrt, schnorr(e)!; (betteln); der **Schnor|rer**

Schnö|sel, der: des Schnösels, die Schnösel; (dummfrecher Kerl)

Schnu|cke, die: der Schnucke, die Schnucken; (kleines Schaf; Heidschnucke); **schnu|cke|lig** *auch* **schnuck|lig** (nett, niedlich, süß)

schnüf|feln: du schnüffelst, er schnüffelte, hat geschnüffelt, schnüff(e)le!; (schnuppern); die **Schnüf|fe|lei,** der **Schnüff|ler** (Spitzel, Spion)

Schnul|ler, der: des Schnullers, die Schnuller; (Sauger für Säuglinge)

Schnul|ze, die: der Schnulze, die Schnulzen; (rührseliges Lied, Theater-, Fernseh-, Kinostück); **schnul|zig**

schnup|fen: du schnupfst, er schnupfte, hat geschnupft, schnupf(e)!; sie ist verschnupft (ärgerlich); der **Schnupfen**

schnup|pe: das ist mir schnuppe (gleichgültig)

schnup|pern: du schnupperst, er schnupperte, hat geschnuppert, schnupp(e)re!; (riechen)

Schnur, die: der Schnur, die Schnüre; es läuft wie am Schnürchen (völlig reibungslos); der **Schnür|sen|kel; schnur|ge|ra|de; schnur|stracks** (unverzüglich, ohne Umwege); **schnüren:** die Furcht schnürte mir die Kehle zu, **ver|schnü|ren;** ein gut verschnürtes Paket

schnur|ren: sie schnurrt, sie schnurrte, hat geschnurrt, schnurr(e)!; die Katze schnurrt; der **Schnurr|bart**

schnurz: das ist mir schnurz (gleichgültig); **schnurz|piep|egal**

Schnu|te, die: der Schnute, die Schnuten; (Mund, Schmollmund): eine Schnute ziehen (schmollen)

schob: → schieben

Schock, der: des Schock(e)s, die Schocks; (Schreck, Nervenerschütterung); **scho|cken, scho|ckie|ren**

Schọck, das: des Schock(e)s, die Schocke; (altes Zählmaß, 60 Stück)

Schọ̈f|fe, der: des Schöffen, die Schöffen; (ehrenamtlicher Beisitzer im Gericht); die **Schọ̈f|fin,** das **Schọ̈f|fen|ge|richt**

Scho|ko|la|de *mexik.,* die: der Schokolade, die Schokoladen; das **Scho|ko|la|den|eis,** der **Scho|ko|la|den|pud|ding,** der **Scho|ko|rie|gel; scho|ko|la|den|far|big**

Schọl|le, die: der Scholle, die Schollen; (flacher Erdklumpen; Heimatboden); die **Eis|schol|le**

Schọl|le, die: der Scholle, die Schollen; (Seefisch); das **Schol|len|fi|let**

schon: ich komme schon – es ist schon spät – es wird schon gehen – das ist schon möglich; **wẹnn|schon:** wennschon – dennschon

schön: schöner, am schönsten; *Kleinschreibung:* er hat die Eier schön gefärbt *auch* schöngefärbt, *aber* er hat sein Verhalten schöngefärbt (besser dargestellt, als es in Wirklichkeit ist); schöne Worte machen – das hat ein schönes Stück Geld (viel) gekostet – er hat mir einen schönen (großen) Schreck eingejagt; *Großschreibung:* da hast du etwas Schönes angerichtet; die **Schön|heit,** die **Schön|heits|pfle|ge,** die **Schön|schrift; be|schö|ni|gen:** etwas beschönigen

scho|nen: du schonst, er schonte, hat geschont, schon(e)!; (pfleglich behandeln, Rücksicht nehmen): seine Gesundheit schonen – die Natur schonen; die **Schon|frist,** die **Schon|kost,** die **Scho|nung,** die **Schon|zeit** (Zeitraum, in dem bestimmte Wildarten nicht gejagt werden); **scho|nungs|los:** schonungslose Offenheit

Scho|nung, die: der Schonung, die Schonungen; (jung angepflanztes Wäldchen)

Schọpf, der: des Schopf(e)s, die Schöpfe; eine Gelegenheit beim Schopfe fassen (sofort nutzen); der **Blọnd|schopf,** der **Haar|schopf**

schọ̈p|fen: du schöpfst, er schöpfte, hat geschöpft, schöpf(e)!; (erschaffen, gestalten); das **Ge|schöpf** (ein geschaffenes Lebewesen), der **Schọ̈p|fer** (Urheber von Kunstwerken; Gott), die **Schöp|fungs|ge|schich|te; schọ̈p|fe|risch:** schöpferisch tätig sein

schọ̈p|fen: du schöpfst, er schöpfte, hat geschöpft, schöpf(e)!; Wasser schöpfen – frische Luft schöpfen – Verdacht schöpfen – Hoffnung schöpfen; aus dem Vollen schöpfen; der **Schöpf|löf|fel**

Schọrf, der: des Schorf(e)s, die Schorfe; (Kruste auf einer Wunde); **schor|fig**

Schọr|le, die: der Schorle, die Schorlen; (Mischgetränk aus Wein oder Fruchtsaft und Mineralwasser); die **Ạp|fel|saft|schor|le**

Schọrn|stein, der: des Schornstein(e)s, die Schornsteine; sein Geld zum Schornstein hinausjagen (sinnlos ausgeben); der **Schọrn|stein|fe|ger**

Schoß, der: des Schoßes, die Schöße; die Hände in den Schoß legen (nichts tun); der **Schoß|hund**

schọss: → schießen

Schọ̈ss|ling, der: des Schösslings, die Schösslinge; (Trieb einer Pflanze); der **Schọss** (junger Trieb)

Scho|te, die: der Schote, die Schoten; (Hülse); die **Ẹrb|sen|scho|te**

Schọt|ter, der: des Schotters, die Schotter; (zerkleinerte Steine); der **Schọt|ter|weg**

R S T

schraf|fie|ren: du schraffierst, er schraffierte, hat schraffiert, schraffier(e)!; (eine Fläche mit parallelen Strichen ausfüllen); die **Schraf|fur**

schräg: schräger, am schrägsten; schräg halten, stehen, liegen – schräge (wilde) Musik – ein schräger Vogel (merkwürdiger Mensch); die **Schrä|ge,** die **Schräg|la|ge,** der **Schräg|strich**

Schram|me, die: der Schramme, die Schrammen; (Riss in der Haut; Kratzer); **schram|men**

Schrank, der: des Schrank(e)s, die Schränke; (ein Möbelstück); das **Schränk|chen,** die **Schrank|wand**

Schran|ke, die: der Schranke, die Schranken; (Absperrung; Schlagbaum); der **Schran|ken|wär|ter; schran|ken|los**

Schrau|be, die: der Schraube, die Schrauben; bei dir ist wohl eine Schraube locker? (du bist wohl nicht normal?); die **Schiffs|schrau|be,** das **Schräub|chen,** der **Schrau|ben|schlüs|sel,** der **Schrau|ben|zie|her; schrau|ben:** Forderungen in die Höhe schrauben – eine geschraubte (umständliche) Ausdrucksweise

Schre|ber|gar|ten, der: des Schrebergartens, die Schrebergärten; (kleiner Garten in einer Gartenkolonie)

Schreck, der: des Schreck(e)s, die Schrecke *auch* Schrecken; (plötzliche, heftige Angst, Entsetzen): vor Schreck wie gelähmt sein; der **Schre|cken,** die **Schre|ckens|nach|richt,** das **Schreck|ge|spenst,** die **Schreck|haf|tig|keit,** die **Schreck|se|kun|de; schre|ckens|bleich, schreck|haft, schreck|lich** (furchtbar, entsetzlich); **er|schre|cken:** sich erschrecken (in Schrecken geraten) – jemanden erschrecken (in Schrecken versetzen), **ab|schre|cken:** die Eier abschrecken (abkühlen)

schrei|ben: du schreibst, er schrieb, er schriebe, hat geschrieben, schreib(e)!; du schreibst mir – du schreibst an mich; sich etwas hinter die Ohren schreiben (merken); das **Schrei|ben,** der **Schreib|feh|ler,** die **Schreib|ma|schi|ne,** der **Schreib|tisch,** die **Schrei|bung; schreib|faul**

schrei|en: du schreist, er schrie, hat geschrien, schrei(e)!; er schrie wie am Spieß – es schreit zum Himmel (ist empörend) – schreiende (auffällige, grelle) Farben; der **Auf|schrei,** der **Schrei,** der **Schrei|hals**

Schrein, der: des Schrein(e)s, die Schreine; (*früher für* Schrank; *heute für* Reliquienbehälter); der **Schrei|ner** (Tischler), die **Schrei|ne|rin; schrei|nern**

schrei|ten: du schreitest, er schritt, er schritte, ist geschritten, schreit(e)!; (feierlich gehen); der **Schreit|vo|gel**

Schrift, die: der Schrift, die Schriften; die Heilige Schrift (die Bibel); der **Schrift|füh|rer,** der **Schrift|set|zer,** die **Schrift|spra|che,** der **Schrift|stel|ler,** die **Schrift|stel|le|rin,** das **Schriftstück,** der **Schrift|ver|kehr; schriftlich**

schrill: schriller, am schrillsten; ein schriller (durchdringender) Schrei

Schritt, der: des Schritt(e)s, die Schritte; Schritt für Schritt; er kann nicht Schritt halten (kommt nicht mit) – den ersten Schritt tun – Schritte gegen jemanden unternehmen (Maßnahmen ergreifen) – jemanden auf Schritt und Tritt beobachten; das **Schritt|tem|po** *auch* **Schritt-Tem|po; schritt|wei|se**

schroff: schroffer, am schroffsten; (unfreundlich, abweisend; steil aufragend): eine schroffe Ablehnung – die schroffen Felsen; die **Schroff|heit**

schröp|fen: du schröpfst, er schröpfte, hat geschröpft, schröpf(e)!; (viel Geld abnehmen)

Schrot, der *auch* das: des Schrot(e)s, die Schrote; (grobgemahlene Getreidekörner; gehärtete Bleikügelchen); die **Schrot|flin|te,** die **Schrot|ku|gel,** das **Schrot|mehl**

Schrott, der: des Schrott(e)s; (Alteisen, Metallabfälle); der **Schrott|händ|ler,** der **Schrott|hau|fen; schrott|reif; ver|schro|ten**

Schrub|ber, der: des Schrubbers, die Schrubber; (Scheuerbürste mit einem Stiel); **schrub|ben**

Schrul|le, die: der Schrulle, die Schrullen; (Laune, sonderbarer Einfall); **schrul|lig**

schrump|fen: du schrumpfst, er schrumpfte, ist geschrumpft; (kleiner werden, eingehen), unsere Vorräte schrumpfen; die **Schrump|fung; schrum|pe|lig** *auch* **schrump|lig** (faltig, runzlig)

Schub, der: des Schub(e)s, die Schübe; (das Schieben, der Stoß); das **Schub|fach,** die **Schub|kar|re,** die **Schub|la|de; schub|wei|se**

Schubs: → Schups

schüch|tern: schüchterner, am schüchternsten; (scheu, zurückhaltend); die **Schüch|tern|heit**

schuf: → schaffen

Schuft, der: des Schuft(e)s, die Schufte; (Betrüger, Übeltäter); **schuf|tig**

schuf|ten: du schuftest, er schuftete, hat geschuftet, schufte nicht so!; (hart arbeiten); die **Schuf|te|rei**

Schuh, der: des Schuh(e)s, die Schuhe; jemandem etwas in die Schuhe schieben (jemandem etwas fälschlich zur Last legen) – ich weiß, wo ihn der Schuh drückt (kenne seine Schwierigkeiten genau); die **Schuh|cre|me** *auch* **Schuh|kre|me,** der **Schuh|ma|cher,** die **Schuh|soh|le**

Schuld, die: der Schuld, die Schulden; die Schuld haben, geben, tragen – er hat Schuld – sich etwas zu Schulden *auch* zuschulden kommen lassen – sich keiner Schuld bewusst sein; das **Schuld|be|kennt|nis,** die **Schul|den:** Schulden machen – tief in Schulden stecken, das **Schuld|ge|fühl,** die **Schul|dig|keit; schuld:** er ist schuld; **schuld|be|wusst, schul|den|frei, schuld|haft, schul|dig:** für schuldig erklären, **schuld|los; schul|den:** jemandem etwas schulden

Schu|le, die: der Schule, die Schulen; durch eine harte Schule gehen (streng erzogen werden) – das wird Schule machen (nachgeahmt werden); das **Schul|buch,** der **Schul|bus,** der **Schü|ler,** die **Schü|le|rin,** das **Schul|heft,** der **Schul|lei|ter,** die **Schul|lei|te|rin,** die **Schul|ta|sche,** die **Schu|lung,** die **Schü|ler|zei|tung, der Schul|weg; schu|lisch:** schulische Leistungen, **schul|frei, schul|pflich|tig; um|schu|len** (sich für einen anderen Beruf ausbilden lassen)

Schul|ter, die: der Schulter, die Schultern; jemandem die kalte Schulter zeigen (abweisen, nicht beachten) – etwas auf die leichte Schulter nehmen (nicht ernst nehmen); das **Schul|ter|blatt; breit|schul|trig, schul|ter|lang:** schulterlanges Haar; **schul|tern:** den Rucksack schultern

R S T

schum|meln: du schummelst, er schummelte, hat geschummelt, schumm(e)le nicht!; (leicht betrügen, mogeln); die **Schum|me|lei,** der **Schumm|ler**

schum|me|rig *auch* **schumm|rig:** schummriger, am schummrigsten; (dämmerig)

Schund, der: des Schund(e)s; (Wertloses, Minderwertiges), der **Schund|roman**

schun|keln: du schunkelst, er schunkelte, hat geschunkelt, schunk(e)le!; der **Schun|kel|wal|zer**

Schup|pe, die: der Schuppe, die Schuppen; es fiel mir wie Schuppen von den Augen (ich erkannte plötzlich den wahren Sachverhalt); die **Fisch-schup|pe,** die **Haar|schup|pen,** die **Schup|pen|flech|te** (Hautkrankheit); **schup|pig; schup|pen:** die Haut schuppt sich – der Fisch wird geschuppt

Schup|pen, der: des Schuppens, die Schuppen; der **Ge|rä|te|schup|pen**

Schups *auch* **Schubs,** der: des Schupses, die Schupse; (Stoß); **schup|sen** *auch* **schub|sen:** schups nicht so!

schü|ren: du schürst, er schürte, hat geschürt, schür(e)!; (anfachen): das Feuer schüren – Hass schüren; der **Schür|ha|ken**

schür|fen: du schürfst, er schürfte, hat geschürft, schürf(e)!; (Bodenschätze suchen, abbauen); **ab|schür|fen:** sich die Haut abschürfen; das **Schürf-recht,** die **Schürf|wun|de**

Schur|ke, der: des Schurken, die Schurken; (böser Mensch)

Schurz, der: des Schurz(e)s, die Schurze; (um die Hüfte getragenes Kleidungsstück); der **Len|den|schurz,** die **Schür|ze**

Schuss, der: des Schusses, die Schüsse; etwas in Schuss (in Ordnung) halten – der Schuss traf ins Schwarze – er ist weit vom Schuss (weit weg, in Sicherheit); die **Schuss|waf|fe; schuss|be-reit;** → schießen

Schus|sel, der: des Schussels, die Schussel; (zerstreuter Mensch); die **Schus-se|lig|keit; schus|se|lig** *auch* **schuss-lig; schus|seln** (gedankenlos Fehler machen)

Schüs|sel, die: der Schüssel, die Schüsseln; die **Sa|lat|schüs|sel**

Schus|ter, der: des Schusters, die Schuster; (Schuhmacher); **schus|tern**

Schutt, der: des Schutt(e)s; (Gesteinstrümmer); etwas in Schutt und Asche legen (völlig zerstören); der **Schutt-ab|la|de|platz,** die **Schutt|hal|de**

schüt|teln: du schüttelst, er schüttelte, hat geschüttelt, schütt(e)le!; er schüttelt sich, er schüttelt mir die Hand – den Kopf schütteln (etwas ablehnen; verwundert sein); etwas aus dem Ärmel schütteln (ohne Vorbereitung können); der **Schüt|tel|frost** (fiebriges Durchschütteln des Körpers)

schüt|ten: du schüttest, er schüttete, hat geschüttet, schütt(e)!; Wasser in den Ausguss schütten – es schüttet nur so (regnet sehr stark); Öl ins Feuer schütten (einen Streit noch mehr anfachen)

Schüt|ze, der: des Schützen, die Schützen; das **Schüt|zen|fest**

schüt|zen: du schützt, er schützte, hat geschützt, schütz(e)!; sich vor Ansteckung schützen – die Umwelt schützen; der **Schutz,** das **Na|tur|schutz-ge|biet,** das **Schutz|blech,** der **Schutz|en|gel,** die **Schutz|imp|fung,** der **Schutz|helm,** die **Schutz|klei-**

dung, der **Schütz|ling,** die **Schutzschicht,** der **Tier|schutz,** der **Umwelt|schutz; schutz|los**

schwab|beln: du schwabbelst, er schwabbelte, hat geschwabbelt; (wackeln; verschütten); **schwab|be|lig** *auch* **schwabb|lig**

schwach: schwächer, am schwächsten; ein schwaches Herz – mit schwacher Stimme – ein schwacher Schüler; **schwäch|lich, schwach|sin|nig;** die **Schwä|che,** der **Schwach|kopf,** der **Schwäch|ling; schwä|cheln** (kleine Schwächen zeigen), **schwächen**

Schwa|den, der: des Schwadens, die Schwaden; (Reihe abgemähten Grases oder Getreides; Dampf, Dunst); die **Rauch|schwa|den**

schwa|feln: du schwafelst, er schwafelte, hat geschwafelt, schwaf(e)le nicht!; (töricht reden); die **Schwa|fe|lei**

Schwa|ger, der: des Schwagers, die Schwäger; (Ehemann der Schwester; Bruder eines Ehepartners); die **Schwäge|rin** (Ehefrau des Bruders; Schwester eines Ehepartners)

Schwal|be, die: der Schwalbe, die Schwalben; das **Schwal|ben|nest,** der **Schwal|ben|schwanz** (Schmetterling)

Schwall, der: des Schwall(e)s, die Schwalle; (Welle, Guss, Flut): ein Schwall Wasser; der **Re|de|schwall**

Schwamm, der: des Schwamm(e)s, die Schwämme; Schwamm drüber! (darüber sprechen wir nicht mehr); **schwam|mig** (weich; nicht deutlich)

Schwan, der: des Schwan(e)s, die Schwäne; der **Schwa|nen|teich; schwa|nenweiß**

schwand: → schwinden

schwan|ger: eine schwangere Frau; die **Schwan|ge|re,** die **Schwan|ger|schaft,** die **Schwan|ger|schafts|gym|nas|tik,** das **Schwan|ger|schafts|ver|hü|tungsmit|tel; schwän|gern**

Schwank, der: des Schwank(e)s, die Schwänke; (lustige Erzählung, komisches Theaterstück)

schwan|ken: du schwankst, er schwankte, ist geschwankt, schwank(e) nicht so!; (sich hin- und herbewegen; unentschlossen sein): im Winde schwanken – ich schwanke noch in meinem Entschluss – schwankende Preise; die **Schwan|kung**

Schwanz, der: des Schwanzes, die Schwänze; das Pferd beim Schwanze aufzäumen (eine Arbeit am falschen Ende anfangen) – das glaubt doch kein Schwanz (niemand); die **Schwanz|flos|se**

schwän|zen: du schwänzt, er schwänzte, hat geschwänzt, schwänz(e) nicht!; (absichtlich versäumen); der **Schwänzer**

schwap|pen: es schwappt, es schwappte, ist geschwappt; das Wasser schwappt über

Schwarm, der: des Schwarm(e)s, die Schwärme; der **Bie|nen|schwarm,** der **Schwär|mer,** die **Schwär|me|rei** (übertriebene Begeisterung für jemand oder etwas); **schwär|me|risch; schwär|men:** für jemanden oder etwas schwärmen (begeistert sein), **ausschwär|men** (sich im Gelände verteilen)

Schwar|te, die: der Schwarte, die Schwarten; (dicke Haut; altes, wertloses Buch); die **Speck|schwar|te**

schwarz: schwärzer, am schwärzesten; *Kleinschreibung:* das schwarze Kleid –

R S T

die schwarze Farbe – das schwarze Brett *auch* Schwarze Brett (Aushang) – schwarzer Tee – ein schwarzer Tag – schwarzer Humor – schwarzer Peter *auch* Schwarzer Peter (Kartenspiel); mir wird schwarz vor Augen – etwas schwarz auf weiß besitzen (schriftlich haben); *Großschreibung:* das Schwarze Meer – ein Kleid in Schwarz – ins Schwarze treffen; *zusammen:* schwarzbraun – schwarzarbeiten (unerlaubte Lohnarbeit verrichten) – schwarzfahren (ohne Fahrschein fahren) – sich schwarzärgern – schwarzsehen; **schwarz|haa|rig, schwärz|lich,** das **Schwarz|brot,** die **Schwär|ze,** der **Schwarz|fah|rer** (jemand, der ohne Fahrschein fährt), der **Schwarzwald;**

schwat|zen: du schwatzt, er schwatzte, hat geschwatzt, schwatz(e) nur!; (sich zwanglos unterhalten, plaudern); **schwät|zen;** der **Schwät|zer** (jemand, der gern und viel redet), die **Schwätze|rei,** die **Schwatz|haf|tig|keit,** das **Schwatz|maul; schwatz|haft**

schwe|ben: du schwebst, er schwebte, ist geschwebt, schweb(e)!; der Ballon schwebte über die Felder – in Gefahr schweben; die **Schwe|be:** die Sache ist noch in der Schwebe (noch nicht entschieden) – sich in der Schwebe halten (gerade stehen), die **Schwe|bebahn,** der **Schwe|be|bal|ken** (ein Turngerät)

Schwe|fel, der: des Schwefels; (chemisches Element); wie Pech und Schwefel (ganz fest) zusammenhalten; die **Schwe|fel|säu|re; schwefeln**

Schweif, der: des Schweif(e)s, die Schweife; (Schwanz); der **Schweifstern** (Komet); **ab|schwei|fen:** vom Thema abschweifen, **schwei|fen:** umherschweifen (ziellos umherwandern)

schwei|gen: du schweigst, er schwieg, er schwiege, hat geschwiegen, schweig(e)!; das **Schwei|gen:** jemanden zum Schweigen bringen – das Schweigen brechen; sich in Schweigen hüllen, der **Schwei|gemarsch; schweig|sam**

Schwein, das: des Schwein(e)s, die Schweine; Schwein (Glück) haben; das **Schwei|ne|fleisch,** die **Schwei|nerei,** der **Schwei|ne|stall,** der **Schweinigel** (schmutziger oder unanständiger Mensch), das **Schweins|ohr** (*auch* ein Gebäck); **schwei|nisch** (unanständig)

Schweiß, der: des Schweißes; in Schweiß geraten – eine schweißtreibende Arbeit; das hat viel Schweiß gekostet; der **Schweiß|aus|bruch,** der **Schweißtrop|fen; schweiß|ge|badet**

schwei|ßen: du schweißt , er schweißte, hat geschweißt, schweiß(e)!; (Metalle oder Kunststoffe durch Druck oder Schmelzen miteinander verbinden); **zu|sam|men|schwei|ßen:** die Erlebnisse schweißten sie zusammen; der **Schwei|ßer,** die **Schweiß|naht**

Schweiz, die; der Schweizer Käse; der **Schwei|zer,** die **Schwei|ze|rin; schwei|ze|risch**

schwe|len: es schwelt, es schwelte, hat geschwelt; (langsam, flammenlos verbrennen); der **Schwel|brand**

schwel|gen: du schwelgst, er schwelgte, hat geschwelgt, schwelg(e)!; (üppig leben); in Erinnerungen schwelgen (sie noch einmal genießen); die **Schwel|ge|rei; schwel|ge|risch**

R S T

Schwel|le, die: der Schwelle, die Schwellen; (unterer Teil der Türöffnung; Querbalken unter Schienen): ich werde nicht mehr über deine Schwelle treten (nicht mehr kommen); das **Schwel|len|land** (Entwicklungsland auf dem Weg zum Industrieland), die **Tür|schwel|le**

schwel|len: du schwillst, er schwoll, er schwölle, ist geschwollen; (größer, stärker werden; sich ausdehnen): sein Hals ist geschwollen; ihm schwillt der Kamm (er wird überheblich) – rede nicht so geschwollen (so unnatürlich); die **Schwel|lung**

schwel|len: er schwellt, er schwellte, hat geschwellt; (größer, weiter machen, aufblasen): der Wind schwellte die Segel – mit vor Stolz geschwellter Brust

schwem|men: es schwemmt, es schwemmte, hat geschwemmt; der Fluss schwemmte große Holzstämme ans Ufer; die **Obst|schwem|me** (Überangebot an Obst)

schwen|ken: du schwenkst, er schwenkte, hat geschwenkt, schwenk(e)!; eine Fahne schwenken; der **Ka|me|ra-schwenk; schwenk|bar**

schwer: schwerer, am schwersten; schwere Arbeit, schwerer Boden, ein schweres Buch, ein schwerer Gang, schweres Gewitter, eine schwere Pflicht, schwere Speisen, schwere Zeiten; schwer behindert *auch* schwerbehindert, schwer verletzt *auch* schwerverletzt, schwer verständlich *auch* schwerverständlich, schwer verträglich *auch* schwerverträglich, schwer wiegend *auch* schwerwiegend; da bist du schwer (sehr) im Irrtum; **schwer|fäl|lig, schwer|hö|rig, schwer|mü|tig** (sehr niedergeschlagen, mutlos), **schwer|reich** (sehr reich); der **Schwer|ar|bei|ter,** die **Schwe|re,** die **Schwe|re|lo|sig|keit,** das **Schwer|ge|wicht,** die **Schwer|kraft** (die Anziehungskraft der Erde), die **Schwer|mut** (Niedergeschlagenheit, Mutlosigkeit), der **Schwer|punkt,** der **Schwer|ver|bre|cher; schwer fal|len** (stürzen): sie ist schwer gefallen, **schwer|fal|len:** die Aufgabe ist mir schwergefallen, **schwer ma|chen:** du sollst dich nicht so schwer machen, **schwer ma|chen** *auch* **schwer|ma|chen:** du sollst dir das Leben nicht so schwer machen *auch* schwermachen, **schwer|tun:** sich schwertun

Schwert, das: des Schwert(e)s, die Schwerter; (Hieb- und Stichwaffe); der **Schwert|fisch,** die **Schwert|li|lie**

Schwes|ter, die: der Schwester, die Schwestern; die **Kran|ken|schwes|ter; schwes|ter|lich**

Schwie|ger|el|tern, die: der Schwiegereltern; (Eltern des Ehepartners); die **Schwie|ger|mut|ter,** der **Schwie|ger|sohn,** die **Schwie|ger|toch|ter,** der **Schwie|ger|va|ter**

Schwie|le, die: der Schwiele, die Schwielen; (durch harte Arbeit entstandene Verdickung auf den Handflächen); **schwie|lig**

schwie|rig: schwieriger, am schwierigsten; eine schwierige (komplizierte) Aufgabe; ein schwieriger Mensch; die **Schwie|rig|keit,** der **Schwie|rig|keits|grad**

schwim|men: du schwimmst, er schwamm, er schwömme, ist geschwommen, schwimm(e)!; *Kleinschreibung:* mit dem Strom, gegen den Strom schwimmen; im Geld, im

Glück schwimmen – mir schwimmt es vor den Augen; *Großschreibung:* ins Schwimmen geraten (unkonzentriert werden); das **Schwimm|bad,** der **Schwim|mer,** die **Schwim|me|rin,** die **Schwimm|flos|se,** der **Schwimm-meis|ter,** der **Schwimm|vo|gel,** die **Schwimm|wes|te**

Schwin|del, der: des Schwindels; (Störung des Gleichgewichtssinnes; Lüge, Betrug): die Schwindel erregende *auch* schwindelerregende Höhe; die **Schwin|de|lei,** das **Schwin|del|gefühl,** der **Schwind|ler; schwin|del-frei, schwin|de|lig** *auch* **schwind|lig; schwin|deln** (lügen)

schwin|den: es schwindet, es schwand, es schwände, ist geschwunden; (kleiner, weniger werden, schrumpfen): meine Angst, mein Vertrauen, meine Hoffnung schwindet; **ver|schwin|den;** der **Schwund**

schwin|gen: du schwingst, er schwang, er schwänge, ist geschwungen, schwing(e)!; die **Schwin|ge** (Flügel mit großer Spannweite): die Schwingen des Adlers, die **Schwing|tür,** die **Schwin|gung,** der **Schwung**

Schwips, der: des Schwipses, die Schwipse; (leichter Rausch); **beschwipst**

schwir|ren: er schwirrt, er schwirrte, ist geschwirrt; (mit pfeifendem Geräusch fliegen); **ab|schwir|ren** (*umgangssprachlich für* weggehen): schwirr ab!

schwit|zen: du schwitzt, er schwitzte, hat geschwitzt, schwitz(e)!; bei der Arbeit schwitzen; Blut und Wasser schwitzen (große Angst haben); der **Schwitz|kas|ten; schwit|zig; verschwit|zen:** etwas verschwitzen (vergessen)

Schwof, der: des Schwof(e)s, die Schwofe; (*umgangssprachlich für* Tanzveranstaltung); **schwo|fen**

schwö|ren: du schwörst, er schwor, er schwüre, hat geschworen, schwör(e)!; einen Eid schwören; auf jemanden, auf eine Sache schwören (fest davon überzeugt sein) – Stein und Bein schwören (fest behaupten); der **Schwur**

schwul: (gleichgeschlechtliche Liebe bei Männern, homosexuell); der **Schwule**

schwül: schwüler, am schwülsten; (drückend heiß); die **Schwü|le**

Schwulst, der: des Schwulst(e)s, die Schwülste; **schwuls|tig** (aufgeschwollen, verdickt), **schwüls|tig** (hochtönend, überschwänglich)

Schwund, der: des Schwund(e)s; (Verminderung, Schrumpfung)

Schwung, der: des Schwung(e)s, die Schwünge; in Schwung sein – jemanden in Schwung bringen (mitreißen) – einen ganzen Schwung (viele) Bücher tragen; **schwung|haft** (lebhaft, energisch), **schwung|voll**

Schwur, der: des Schwur(e)s, die Schwüre; (Eid); → schwören

Sci|ence|fic|tion *auch* **Sci|ence-Fic|tion** *amerik. [ßainsfikschen],* die: der Science-Fiction; (fantastische, wissenschaftlich-utopische Literatur); der **Sci|ence|fic|tion|film** *auch* **Sci|ence-Fic|tion-Film**

Scrab|ble *engl. [skräbel],* das: des Scrabbles, die Scrabbles; (Gesellschaftsspiel)

scrol|len *engl. [skrolen]:* du scrollst, er scrollte, hat gescrollt, scroll(e)!; (Darstellungen auf dem Computerbildschirm verschieben)

sechs: *Kleinschreibung:* um sechs – wir sind sechs – sechsmal; *Großschreibung:* die Sechs (Zahl) – sie hat eine Sechs gewürfelt – er hat eine Sechs geschrieben, **sechs|tens, sech|zehn, sech|zig; sechs|stel|lig;** → acht

Se|cond|hand|shop *engl. [sekendhendschop],* der: des Secondhandshops, die Secondhandshops

See, der: des Sees, die Seen; (Binnensee): der Bodensee; die **See:** der See; (Meer): die Nordsee, das **See|be|ben,** der **See|ele|fant** *auch* **See-Ele|fant,** die **See|fahrt,** der **See|hund,** der **See-igel; see|krank**

See|le, die: der Seele, die Seelen; (Religion: unsterblicher Teil des Menschen); sie sind ein Herz und eine Seele (verstehen sich ausgezeichnet) – mit Leib und Seele bei der Sache sein – er ist eine Seele von Mensch (herzensgut); die **See|len|ver|wandt-schaft,** der **Seel|sor|ger; see|len|ru-hig** (unerschütterlich), **see|lisch**

Se|gel, das: des Segels, die Segel; Segel setzen, hissen; jemandem den Wind aus den Segeln nehmen (die Absichten einer Person zunichtemachen) – die Segel streichen (klein beigeben); das **Se|gel|boot,** das **Se|gel|flug|zeug,** die **Se|gel|jacht** *auch* **Se|gel|yacht,** die **Se|gel|re|gat|ta** (Wettfahrt für Segelboote), der **Seg|ler; se|gel|flie|gen, se|geln**

Se|gen, der: des Segens, die Segen; (Religion: Übertragung göttlicher Gnade); zu etwas seinen Segen (seine Zustimmung) geben; der **Se|gens-wunsch,** die **Seg|nung; seg|nen**

se|hen: du siehst, er sah, er sähe, hat gesehen, sieh(e)!; *Kleinschreibung:* ich sehe dich – das sieht dir ähnlich – ich sehe dir zu – ein gern gesehener *auch* gerngesehener Gast; er lässt sich nicht in die Karten sehen (verrät seine Absicht nicht); *Großschreibung:* ich kenne ihn vom Sehen; ihm wird Hören und Sehen vergehen (die Sache wird schlimm für ihn); **an|se|hen; weg|se-hen, zu|se|hen;** die **Se|hens|wür|dig-keit,** die **Se|he|rin** (jemand, der in die Zukunft schauen kann), der **Seh-feh|ler,** die **Seh|kraft; seh|be|hin-dert, se|hens|wert**

Seh|ne, die: der Sehne, die Sehnen; der **Seh|nen|riss; seh|nig**

seh|nen: du sehnst dich, er sehnte sich, hat sich gesehnt; (heftig verlangen): sich nach etwas oder jemandem sehnen; die **Sehn|sucht; sehn|lich, sehn-süch|tig**

sehr: so sehr, zu sehr; sehr schön – sehr viel – sehr bedauerlich – sehr freundlich – die Note „sehr gut"

seicht: seichter, am seichtesten; ein seichtes (flaches) Gewässer; ein seichtes (oberflächliches) Geschwätz

seid: da seid ihr ja!; → sein

Sei|de, die: der Seide, die Seiden; das **Sei|den|pa|pier,** die **Sei|den|rau|pe; sei|den:** sein Leben hing am seidenen Faden, **sei|dig**

Sei|fe, die: der Seife, die Seifen; (Reinigungsmittel); die **Sei|fen|bla|se,** die **Sei|fen|oper** (rührselige Fernsehserie); **sei|fig; ein|sei|fen**

Seil, das: des Seil(e)s, die Seile; das **Draht|seil,** die **Seil|bahn,** die **Seil-win|de; ab|sei|len, an|sei|len, sei|len** (Seile herstellen), **seil|sprin|gen, seil-tan|zen**

Sein, das: des Seins; (Dasein, Vorhandensein, Existenz); Sein und Schein – das wahre Sein

sein: du bist, er war, er wäre, ist gewesen, sei ruhig!; du bist hier – er ist fort – wir sind daheim; **sein las|sen** *auch* **sein|las|sen:** er will es sein lassen (bleiben lassen)

sein: sein Haus, seine Mutter, seine Eltern – sie ist sein – das Buch ist seins; er muss das Seine *auch* seine dazu beitragen – er sorgt für die Seinen *auch* seinen – ich gedenke sein *auch* seiner (denke an ihn); **sei|ner|seits, sei|ner|zeit** (damals), **sei|net|we|gen, sei|net|wil|len:** um seinetwillen

seit: seit einem halben Jahr – seit meiner Rückkehr – seit dem Unfall – seit langem – seit damals – seit ich hier bin; **seit|ab** (abseits), **seit|dem:** sie ist seitdem verschwunden, *aber* seit dem Essen

Sei|te, die: der Seite, die Seiten; die linke, rechte Seite – auf der einen, auf der anderen Seite – von allen Seiten – zur Seite gehen – von zuständiger Seite – Vorfahren von der mütterlichen, väterlichen Seite; Seite an Seite (gemeinsam) – etwas auf die Seite legen (sparen) – etwas von der besten Seite nehmen; die **Sei|ten|ansicht,** der **Sei|ten|blick,** der **Sei|ten|hieb** (bissige Anspielung, spöttische Bemerkung), der **Sei|ten|sprung,** die **Sei|ten|stra|ße; sei|tens:** seitens des Angeklagten, **auf Sei|ten** *auch* **auf|sei|ten, von Sei|ten** *auch* **von|sei|ten; all|sei|tig, sei|ten|lang:** *aber* vier Seiten lang, **sei|ten|ver|kehrt, seit|lich; seit|wärts**

Se|kre|tär *auch* **Sek|re|tär** *lat.,* der: des Sekretärs, die Sekretäre; (Beamter, Schriftführer; Schreibschrank); das **Se|kre|ta|ri|at** (Geschäftsstelle), die **Se|kre|tä|rin**

Sekt *ital.,* der: des Sekt(e)s, die Sekte; die **Sekt|fla|sche,** das **Sekt|glas**

Sek|te *lat.,* die: der Sekte, die Sekten; (kleinere Glaubensgemeinschaft, die sich von einer größeren Religionsgemeinschaft abgespalten hat)

Sek|tor *lat.,* der: des Sektors, die Sektoren; (Sachgebiet; Teil; Kreisausschnitt)

se|kun|där *lat.:* (zweitrangig); die **Se|kun|dar|schu|le,** die **Se|kun|dar|stu|fe**

Se|kun|de *lat.,* die: der Sekunde, die Sekunden; *Abk.* s; die **Se|kun|den|schnel|le:** in Sekundenschnelle, der **Se|kun|den|zei|ger; se|kun|den|lang:** *aber* drei Sekunden lang; **se|kund|lich** *auch* **se|künd|lich**

selbst *auch* **sel|ber:** von selbst *auch* selber – ich selbst *auch* selber – selbst bei schlechtem Wetter – selbst gebackener *auch* selbstgebackener Kuchen – selbst verdientes *auch* selbstverdientes Geld; **selbst|be|wusst, selbst|ge|fäl|lig, selbst|ge|recht, selbst|los, selbst|stän|dig** *auch* **selb|stän|dig, selbst|tä|tig, selbst|ver|ständ|lich;** der **Selbst|aus|lö|ser,** die **Selbst|be|die|nung,** die **Selbst|be|frie|di|gung,** die **Selbst|be|herr|schung,** der **Selbst|laut** (Vokal), der **Selbst|mord,** das **Selbst|ver|trau|en**

se|lig: (erlöst, *nicht verwandt mit* Seele); die **Se|lig|keit** (höchstes Glück; Anschauung Gottes), die **Se|lig|spre|chung; se|lig ma|chen** *auch* **se|lig|ma|chen**

Sel|le|rie, der: des Selleries, die Sellerie(s); (Gartengewächs)

sel|ten: seltener, am seltensten; (nicht oft vorkommend): seltene Pflanzen – ein selten schönes (sehr schönes)

Tier; das ist ein seltener Vogel (sonderbarer Mensch); die **Sel|ten|heit,** der **Sel|ten|heits|wert**

selt|sam: seltsamer, am seltsamsten; (merkwürdig); **selt|sa|mer|wei|se;** die **Selt|sam|keit**

Se|mes|ter *lat.,* das: des Semesters, die Semester; (Studienhalbjahr)

Se|mi...: (Halb...); das **Se|mi|fi|na|le**

Se|mi|ko|lon *lat.,* das: des Semikolons, die Semikolons *auch* Semikola; (Strichpunkt)

Se|mi|nar *lat.,* das: des Seminars, die Seminare; (Lehrveranstaltung an Hochschulen, Weiterbildungskurs für Erwachsene)

Sem|mel, die: der Semmel, die Semmeln; (Brötchen); eine Ware geht weg wie warme Semmeln (verkauft sich sehr gut); die **Sem|mel|brö|sel,** der **Sem|mel|knö|del; sem|mel-blond**

Se|nat *lat.,* der: des Senat(e)s, die Senate; (Teil der Volksvertretung; Regierungsbehörde; Verwaltungsbehörde an Hochschulen); der **Se|na|tor,** die **Se|na|to|rin** (Mitglied des Senats)

sen|den: du sendest, er sandte *auch* sendete, hat gesandt *auch* gesendet, send(e)!; (schicken, übertragen): ein Paket senden – ein Hörspiel im Rundfunk senden – eine E-Mail senden; das **Sen|de|ge|biet,** die **Sen|de|pau|se,** der **Sen|der,** die **Sen|de|zeit,** die **Sen|dung**

Senf *griech.,* der: des Senf(e)s, die Senfe; (Gewürzmittel): Bratwurst mit Senf; überall seinen Senf dazugeben (sich in alles einmischen); die **Senf|gur|ke,** die **Senf|so|ße**

sen|gen: sie sengt, sie sengte, hat gesengt; (oberflächlich verbrennen): die Sonne sengt; **ver|sengt** (angebrannt; brenzlig)

se|ni|or: *Abk.* sen. (*hinter dem Namen* der Ältere): Paul Meier senior – *Gegensatz* junior; der **Se|ni|or** (der Ältere, Altmeister, Angehöriger einer bestimmten Altersklasse beim Sport), das **Se|ni|o|ren|heim**

sen|ken: du senkst, er senkte, hat gesenkt, senk(e)!; den Blick, die Stimme, die Preise senken; **ver|sen|ken;** die **Preis|sen|kung,** das **Senk|blei** (Lot), die **Sen|ke** (Vertiefung im Gelände), die **Sen|kung,** die **Ver|sen|kung**

senk|recht: (in einer geraden Linie nach oben verlaufend): die Felswand ragt senkrecht empor; die **Senk|rech|te**

Sen|sa|ti|on *franz.,* die: der Sensation, die Sensationen; (Aufsehen erregendes Ereignis); **sen|sa|ti|o|nell**

Sen|se, die: der Sense, die Sensen; (Handgerät zum Mähen von Gras und Getreide); der **Sen|sen|mann** (Symbol für den Tod); **sen|sen**

sen|si|bel *franz.:* sensibler, am sensibelsten; (empfindsam, feinfühlig); die **Sen|si|bi|li|tät; sen|si|bi|li|sie|ren**

Sen|sor, der: des Sensors, die Sensoren; (Messfühler; Berührungsschalter); **sen|so|risch** (die Sinne betreffend)

sen|ti|men|tal *franz.:* sentimentaler, am sentimentalsten; (gefühlvoll, rührselig); die **Sen|ti|men|ta|li|tät**

se|pa|rat *lat.:* (abgesondert, einzeln)

Sep|tem|ber, der: des Septembers; der **Sep|tem|ber|mor|gen**

Se|rie *lat.,* die: der Serie, die Serien; (Reihe, Folge; gleichartige Gruppe): eine Serie von Unglücksfällen; die **Brief|mar|ken|se|rie,** die **Fern|seh|se-rie; se|ri|en|wei|se**

se|ri|ös *franz:* seriöser, am seriösesten; (ernst, ernst gemeint; anständig); die **Se|ri|o|si|tät**

Ser|pen|ti|ne, die: der Serpentine, die Serpentinen; (Weg in Schlangenlinie); die **Ser|pen|ti|nen|stra|ße**

Se|rum *lat.,* das: des Serums, die Seren *auch* Sera; (wässriger Bestandteil des Blutes; Impfstoff)

Ser|vice *engl. [ßörwiß],* der *auch* das: des Service, die Services; (Kundendienst, Bedienung; *im Tennis* Aufschlag); die **Ser|vie|re|rin; ser|vie|ren** (Speisen auftragen)

Ser|vice *franz. [serwis],* das: des Service(s), die Service; (zusammengehöriges Essgeschirr, z.B. Kaffeeservice); die **Ser|vi|et|te**

Se|sam, der: des Sesams, die Sesams; (Pflanze mit ölhaltigem Samen)

Ses|sel, der: des Sessels, die Sessel; (bequeme, oft gepolsterte Sitzgelegenheit)

sess|haft: (einen festen Wohnsitz haben): sesshaft werden; die **Sess|haf|tig|keit**

Set *engl.,* der *auch* das: des Set(s), die Sets; (Satz, mehrere zusammengehörige Gegenstände; Platzdeckchen)

set|zen: du setzt, er setzte, hat gesetzt, setz(e)!; ich setzte mich – einen Motor in Gang setzen; auf ein Pferd setzen (beim Wetten) – jemandem ein Denkmal setzen – ein Gerücht in die Welt setzen – sich etwas in den Kopf setzen – jemanden auf freien Fuß setzen – sich zwischen zwei Stühle setzen (keinem richtig gerecht werden) – etwas aufs Spiel setzen (riskieren); der **Set|zer** (Schriftsetzer)

Seu|che, die: der Seuche, die Seuchen; (eine sich weit ausbreitende Krankheit, Epidemie); die **Seu|chen|gefahr; ver|seu|chen**

seuf|zen: du seufzt, er seufzte, hat geseufzt, seufze!; der **Seuf|zer**

Sex *engl.,* der: des Sex(es); *Kurzw. für* Sexualität (Geschlechtsleben); der **Sex|film,** der **Sex|shop,** die **Se|xu|al|kun|de,** das **Se|xu|al|ver|bre|chen; se|xu|ell; se|xy** (geschlechtlich anziehend, reizvoll)

s-för|mig *auch* **S-för|mig**

Sham|poo *Hindi-engl. [schampu],* das: des Shampoos, die Shampoos; (Haarwaschmittel); **sham|poo|nie|ren**

She|riff *engl. [schärif],* der: des Sheriffs, die Sheriffs; (Polizeichef in den USA)

Shirt *engl. [schört],* das: des Shirts, die Shirts; (Baumwollhemd); das **Sweatshirt** *[swetschört],* das **T-Shirt**

Shop *engl. [schop],* der: des Shops, die Shops; (Laden, Geschäft); das **Shopping** (Einkaufsbummel); **shop|pen**

Shorts *engl. [schortz],* die: der Shorts; (kurze, sportliche Sommerhose)

Short Sto|ry *auch* **Short|sto|ry** *engl. [schortßtori],* die: der Short Story, die Short Storys; (Kurzgeschichte)

Show *engl. [scho],* die: der Show, die Shows; (Schau, Darbietung, Vorführung); das **Show|ge|schäft** (Unterhaltungsindustrie), der **Show|mas|ter** (Unterhaltungskünstler, der eine Show präsentiert)

Shut|tle *engl. [schatl],* der: des Shuttles, die Shuttles; (Fahrzeug im Pendelverkehr); der **Space|shut|tle** *[speßschatl]*

sich: sie freut sich

Si|chel, die: der Sichel, die Sicheln; (Handgerät zum Mähen mit halbkreisförmiger Schneide); die **Mond|sichel; si|chel|för|mig; si|cheln**

si|cher: sicherer, am sichersten; *Kleinschreibung:* sicher sein – ein sicheres Schloss – ein sicherer Schütze – aus sicherer Quelle; *Großschreibung:* es ist so das Sicherste – im Sicheren sein, **si|cher|heits|hal|ber, si|cher|lich;** die **Si|cher|heit,** der **Si|cher|heits|abstand,** der **Si|cher|heits|gurt,** die **Sicher|heits|na|del,** die **Si|che|rung; si|chern** (vor Gefahr schützen), **sicher ge|hen** (ohne Gefahr gehen): auf vereistem Wege kann man nicht sicher gehen, **si|cher|ge|hen** (Gewissheit haben), **si|cher|stel|len** (sichern, feststellen): das Motorrad wurde sichergestellt, **ver|si|chern:** sein Reisegepäck versichern – jemandem etwas versichern (beteuern)

Sicht, die: der Sicht, die Sichten; auf lange, kurze Sicht – außer, in Sicht sein – schlechte Sicht; die **Sich|tung** (das Sichten), die **Sicht|ver|hält|nisse,** die **Sicht|wei|se,** die **Sicht|wei|te; sicht|bar; sicht|lich** (deutlich, merklich); **sich|ten:** ein Flugzeug, ein Schiff sichten (erblicken) – Papiere sichten (durchsehen, prüfen)

si|ckern: es sickert, es sickerte, ist gesickert; **durch|si|ckern, ver|si|ckern;** die **Si|cker|gru|be**

sie: sie kommt nach Hause – hast du sie gesehen?

Sie: (Anrede): Geben Sie mir bitte Ihr Buch! – ich bitte Sie herzlich ...

Sieb, das: des Sieb(e)s, die Siebe; den Tee durch ein Sieb gießen; **sie|ben** (durch ein Sieb schütten), **ver|sie|ben:** etwas versieben (verderben)

sie|ben: *Kleinschreibung:* wir sind zu sieben – die ersten sieben – zu sieben, siebent, siebt – Schneewittchen und die sieben Zwerge – die sieben Raben, die sieben Weltwunder; im siebenten Himmel schweben (glücklich sein); *Großschreibung:* der Siebenjährige Krieg – der Siebente – da kommt die Sieben (Buslinie); seine Siebensachen packen; der **Sie|ben|schlä|fer** (Nagetier; *auch für den* 27. Juni als Tag einer Wetterregel); **sie|ben|fach; sie|benmal; sie|ben|stel|lig; sieb|zehn, siebzig;** → acht

sie|deln: du siedelst, er siedelte, hat gesiedelt, sied(e)le!; (sich niederlassen, wohnen); **an|sie|deln;** der **Sied|ler,** die **Sied|lung**

sie|den: (kochen, erhitzen); der **Sie|depunkt** (Temperatur, bei der eine Flüssigkeit siedet)

Sieg, der: des Sieg(e)s, die Siege; der **Sie|ger,** die **Sie|ger|eh|rung,** die **Siege|rin,** die **Sie|ges|fei|er; sie|ges|sicher, sieg|los, sieg|reich; sie|gen**

Sie|gel, das: des Siegels, die Siegel; (Stempel zum Abdruck eines Zeichens); das ist mir ein Buch mit sieben Siegeln (davon verstehe ich nichts); **be|sie|geln** (unabwendbar machen): seine Niederlage war besiegelt, **ver|sie|geln**

siehe: *Abk.* s.

siehst: → sehen

sie|zen: du siezt, er siezte, hat gesiezt, siez(e)!; er siezt mich (redet mich mit Sie an); *Gegensatz* duzen

Sight|see|ing *engl. [seitsiing],* das: des Sightseeing(s), die Sightseeings; (Besichtigung von Sehenswürdigkeiten)

Si|gnal *auch* **Sig|nal** *lat.,* das: des Signals, die Signale; (Zeichen mit festgelegter Bedeutung; Warnzeichen); die **Signal|far|be; sig|na|li|sie|ren**

Sil|be, die: der Silbe, die Silben; er hat es mit keiner Silbe (überhaupt nicht)

erwähnt; das **Sil|ben|rät|sel,** die **Silben|tren|nung; ein|sil|big, mehr|silbig**

Sil|ber, das: des Silbers; (Edelmetall); der **Sil|ber|blick** (leicht schielender Blick), die **Sil|ber|me|dail|le,** der **Silber|schmuck; sil|ber|grau, sil|bern:** die silberne Hochzeit; **ver|sil|bern** (mit Silber überziehen; etwas verkaufen, zu Geld machen)

Sil|hou|et|te *franz. [siluäte],* die: der Silhouette, die Silhouetten; (Umriss; Schattenbild, Scherenschnitt)

Si|lo *span.,* der *auch* das: des Silos, die Silos; (Speicher für Gärfutter oder Getreide)

Sil|ves|ter: (letzter Tag im Jahr: 31. Dezember); die **Sil|ves|ter|fei|er,** die **Sil|ves|ter|nacht**

SIM-Kar|te, die: der SIM-Karte, die SIM-Karten; *Abk. für* **S**ubscriber **I**dentification **M**odule (Speicherchip im Handy)

sim|pel: simpler, am simpelsten; (einfach, einfältig)

Sims, der *auch* das: des Simses, die Simse; (vorspringender Rand)

sim|sen: du simst, er simste, hat gesimst; (eine SMS senden); → SMS

si|mu|lie|ren *lat.:* du simulierst, er simulierte, hat simuliert, simulier(e) nicht!; (sich verstellen, eine Krankheit vortäuschen); der **Si|mu|lant,** die **Si|mu|la|ti|on,** der **Si|mu|la|tor** (Gerät, in dem bestimmte Zustände, Verhältnisse wie in der Wirklichkeit erzeugt werden können): der Flugsimulator

si|mul|tan *lat.:* (gemeinsam, gleichzeitig); die **Si|mul|tan|über|set|zung** (Übersetzung gleichzeitig mit dem Originalsprecher)

sind: sie sind da; → sein

Sin|fo|nie *auch* **Sym|pho|nie** *griech.,* die: der Sinfonie, die Sinfonien; (mehrsätziges Musikstück für Orchester); das **Sin|fo|nie|or|ches|ter**

sin|gen: du singst, er sang, er sänge, hat gesungen, sing(e)!; er singt mir ein Lied vor; singen und klingen – mit Sang und Klang – davon weiß ich ein Lied zu singen (das kenne ich aus Erfahrung) – der Einbrecher hat bei der Polizei gesungen (gestanden); der **Ge|sang,** der **Sing|sang,** die **Sing-stim|me,** der **Sing|vo|gel**

Sin|gle *engl. [ßingl],* der: des Single(s), die Singles; (alleinlebender Mensch)

Sin|gu|lar *lat.,* der: des Singulars, die Singulare; (Einzahl)

sin|ken: du sinkst, er sank, er sänke, ist gesunken, sink(e)!; in die Knie, in Ohnmacht sinken – sinkende Preise – sinkendes Vertrauen – er ist in meiner Achtung gesunken

Sinn, der: des Sinn(e)s, die Sinne; ohne Sinn und Verstand – mir kommt etwas in den Sinn – nicht recht bei Sinnen sein – von Sinnen sein – das hat keinen Sinn; seine fünf Sinne nicht beieinanderhaben (nicht bei Verstand sein); der **Blöd|sinn,** das **Sinn|bild,** das **Sin|nes|or|gan,** die **Sin|nes|täu|schung,** der **Sin|nes|wan-del,** der **Un|sinn,** der **Wahn|sinn; sinn|bild|lich, sinn|ent|stel|lend, sinn|ge|mäß, sin|nig** (gut durchdacht) **sinn|lich, sinn|voll**

sin|nen: du sinnst, er sann, er sänne, hat gesonnen, sinn(e)!; (nachdenken, grübeln): er sann auf Rache – er ist dir gut gesonnen; **be|sin|nen:** sich besinnen (überlegen), **ent|sin|nen:** sich entsinnen (erinnern)

Sint|flut *auch* **Sünd|flut,** die: der Sintflut; (große Flut); **sint|flut|ar|tig**

Sip|pe, die: der Sippe, die Sippen; (Gruppe von Blutsverwandten); die **Sipp|schaft** (*abschätzig für* Verwandtschaft)

Si|re|ne *griech.*, die: der Sirene, die Sirenen; (Signal- und Alarmgerät; Meerjungfrau der griechischen Sage); das **Si|re|nen|ge|heul**

Si|rup *arab.*, der: des Sirups, die Sirupe; (eingedickter Rüben- oder Fruchtsaft)

Sit-in *auch* **Sit|in** *amerik.*, das: des Sit-ins, die Sit-ins; (Sitzstreik, besonders von Studenten, um auf Missstände hinzuweisen)

Sit|te, die: der Sitte, die Sitten; (Anstand, Brauch): das ist bei uns so Sitte (so üblich); der **Sit|ten|strolch** (Sittlichkeitsverbrecher), die **Sitt|lichkeit; sitt|lich, sitt|sam** (bescheiden, zurückhaltend)

Si|tu|a|ti|on *lat.*, die: der Situation, die Situationen; (Lage, Stellung, Zustand): eine gefährliche Situation; **si|tu|a|tiv**

Sitz, der: des Sitzes, die Sitze; jemandem seinen Sitz anbieten – der Sitz der Regierung; die **Sitz|ecke,** der **Sitz|platz,** der **Sitz|streik,** die **Sitzung** (Versammlung von Menschen, die sich beraten); **sit|zen:** du sitzt, er saß, er säße, hat gesessen, sitz(e)!, in der Patsche sitzen – über Büchern sitzen; wie auf glühenden Kohlen sitzen (ungeduldig sein) – fest im Sattel sitzen (gesichert sein), **sit|zen blei|ben:** auf dem Stuhl sitzen bleiben, **sit|zen blei|ben** *auch* **sit|zenblei|ben** (nicht versetzt werden), **sitzen las|sen:** jemanden auf seinem Platz sitzen lassen, **sit|zen las|sen** *auch* **sit|zen|las|sen** (im Stich lassen)

Ska|la *ital.*, die: der Skala, die Skalas *auch* Skalen; (Maßeinteilung)

Skalp *skand.-engl.*, der: des Skalps, die Skalpe; (*früher bei Indianern* abgezogene Kopfhaut des Feindes als Siegeszeichen); **skal|pie|ren**

Skal|pell *lat.*, das: des Skalpells, die Skalpelle; (kleines, scharfes Messer des Chirurgen)

Skan|dal *griech.*, der: des Skandals, die Skandale; (Aufsehen erregendes Ärgernis); **skan|da|lös** (unerhört)

Skan|di|na|vi|en: der **Skan|di|na|vi|er,** die **Skan|di|na|vi|e|rin; skan|di|navisch:** die Skandinavische Halbinsel (Norwegen, Schweden, Finnland)

Skat, der: des Skat(e)s; (Kartenspiel)

Skate|board *engl. [ßketbort]*, das: des Skateboards, die Skateboards; (Rollerbrett); der **Skate|boar|der**

Ske|lett *griech.*, das: des Skelett(e)s, die Skelette; (Knochengerüst)

Skep|sis *griech.*, die: der Skepsis; (Zweifel, kritische Haltung); der **Skep|ti|ker; skep|tisch**

Sketch *auch* **Sketsch** *engl. [ßkätsch]*, der: des Sketch(e)s, die Sketche *auch* Sketschs; (kurze Bühnenszene mit meist witziger Pointe)

Ski *auch* **Schi,** der: des Skis, die Skier *auch* Ski; Ski laufen; der **Ski|lift,** der **Ski|pass,** der **Ski|sprin|ger,** der **Skistock**

Skin|head *engl. [ßkinhät]*, der: des Skinheads, die Skinheads; (Jugendlicher mit kahl geschorenem Kopf)

Skiz|ze *ital.*, die: der Skizze, die Skizzen; (Entwurf, flüchtige Zeichnung; kleine Geschichte); **skiz|zie|ren** (entwerfen)

Skla|ve *slaw.*, der: des Sklaven, die Sklaven; (unfreier, rechtloser Mensch); die **Skla|ven|ar|beit,** der **Skla|ven|han|del,** die **Skla|ve|rei; skla|visch** (total abhängig)

Skor|pi|on *griech.*, der: des Skorpions, die Skorpione; (krebsähnliches Spinnentier)

Skru|pel *lat.*, der: des Skrupels, die Skrupel; (Zweifel, Gewissensbisse); **skru|pel|los** (gewissenlos)

Skulp|tur, die: der Skulptur, die Skulpturen; (Werk eines Bildhauers)

Sky|line *engl. [ßkeilein]*, die: der Skyline, die Skylines; (Wolkenkratzer-Silhouette einer Stadt)

Sla|lom *norw.*, der: des Slaloms, die Slaloms; (Skilauf oder Kanufahrt durch abgesteckte Tore); der **Ka|nu|sla|lom,** der **Rie|sen|sla|lom**

Slang *engl [ßläng]*, der: des Slangs, die Slangs; (nachlässige Umgangssprache, Jargon)

Slip *engl.*, der: des Slips, die Slips; (kurzes Unterhöschen)

Slo|gan *engl. [ßlogen]*, der: des Slogans, die Slogans; (Werbeschlagwort)

Slum *engl. [ßlam]*, der: des Slums, die Slums; (Elendsviertel in Städten)

Sma|ragd *griech.*, der: des Smaragd(e)s, die Smaragde; (Edelstein); **sma|ragd-grün**

smart *engl.:* smarter, am smartesten; (elegant, gewandt, schneidig)

Smog *engl.*, der: des Smog(s), die Smogs; (dichter, schmutziger Nebelrauch über Industriegebieten); der **Smog-alarm**

SMS *engl.* , die: der SMS; *Abk. für* **S**hort **M**essage **S**ervice (eine über Mobilfunk übermittelte kurze Nachricht); die **SMS-Nach|richt;** → simsen

Snack *engl. [ßnäk]*, der: des Snacks, die Snacks; (kleiner Imbiss)

Snob *engl. [ßnop]*, der: des Snobs, die Snobs; (eingebildeter, geltungssüchtiger Mensch); der **Sno|bis|mus**

Snow|board *engl. [ßnobort]*, das: des Snowboards, die Snowboards

so: so! – so sein – so etwas – so gut wie nie; **so|bald:** sobald er kommt, *aber* so bald kommt er nicht, **so|dass** *auch* **so dass, so|eben:** er ist soeben gekommen, *aber* so eben (gerade) noch, **so|fern:** sofern er heute noch kommt, *aber* die Reise liegt noch so fern, **so-fort:** er soll sofort kommen, *aber* fahre immer so fort!, **so|gar; so ge|nannt** *auch* **so|ge|nannt:** *Abk.* sog.; **so|gleich, so|lang** *auch* **so|lan|ge:** solang du da bist, *aber* er hatte so lang Zeit, **so|mit** (also, folglich), **so|oft:** sooft du zu mir kommst, *aber* ich habe es dir schon so oft gesagt, **so|sehr:** sosehr ich mich darüber freue, *aber* es schneite so sehr, dass ..., **so|viel:** soviel ich weiß, *aber* er musste so viel leiden, **so|weit:** soweit ich ihn kenne, *aber* der Weg war so weit, **so|wie:** sowie ich fertig bin, *aber* so wie ich ihn kenne ..., **so|wie|so, so|wohl:** sowohl der eine als auch der andere, **so|zu-sa|gen** (gewissermaßen)

So|cke, die: der Socke, die Socken; von den Socken (überrascht) sein – sich auf die Socken machen (losgehen)

So|ckel, der: des Sockels, die Sockel; der Sockel des Denkmals

So|da *span.*, die *auch* das: des Sodas; das **So|da|was|ser** (kohlensäurehaltiges Mineralwasser)

So|fa *arab.*, das: des Sofas, die Sofas

Soft|eis *engl.*, das: des Softeises; (sahniges Weicheis)

Soft|ware *engl. [ßoftwär],* die: der Software, die Softwares; (die Programme eines Computers): *Gegensatz* Hardware; die **Soft|ware|fir|ma**

sog: → saugen

Sog, der: des Sog(e)s, die Soge; (saugende Luft- oder Wasserströmung)

Soh|le, die: der Sohle, die Sohlen; auf leisen Sohlen kommen; die **Fuß|sohle,** die **Tal|soh|le**

Sohn, der: des Sohn(e)s, die Söhne; der **Schwie|ger|sohn**

So|ja *jap.-niederl.,* die: der Soja, die Sojen; (eiweiß- und fetthaltige Nutzpflanze); die **So|ja|boh|ne,** die **So|ja|so|ße**

so|lar: (von der Sonne herkommend, auf die Sonne bezogen); die **So|lar|ener|gie,** das **So|la|ri|um** (Sonnenstudio)

solch: solch ein Mensch – ein solcher Mensch – solche guten Menschen – ein solches Glück; **sol|cher|art, sol|cher|lei, sol|cher|ma|ßen**

Sol|dat, der: des Soldaten, die Soldaten; der **Sold** (Bezahlung des Soldaten), die **Sol|da|tin,** der **Söld|ner; sol|da|tisch**

So|le, die: der Sole, die Solen; (kochsalzhaltiges Wasser); das **Sol|bad,** das **Sol|ei** (hart gekochtes Ei in Salzlake)

so|li|da|risch *lat.:* solidarischer, am solidarischsten; (füreinander einstehend, eng verbunden): sich mit jemandem solidarisch erklären; die **So|li|da|ri|tät; so|li|da|ri|sie|ren** (sich solidarisch erklären)

so|li|de *auch* **so|lid** *lat:* solider, am solidesten; (haltbar; charakterfest, zuverlässig): solide Arbeit leisten – eine solide Firma – ein solides Leben führen

Sol|jan|ka *russ.,* die: der Soljanka, die Soljankas; (Fleisch-, Fisch- oder Gemüsesuppe)

sol|len: du sollst, er sollte; er soll jetzt schreiben; das **Soll:** er hat sein Soll (seine Pflicht) erfüllt – das Soll und Haben

So|lo *ital.,* das: des Solos, die Solos *auch* Soli; (Einzelvortrag): ein Solo spielen, singen, tanzen; der **So|list,** die **So|lis|tin; so|lo:** er ist zur Zeit solo (allein, ohne Partner)

Som|mer, der: des Sommers, die Sommer; der **Som|mer|an|fang,** die **Som|mer|fe|ri|en,** die **Som|mer|spros|se,** die **Som|mer|zeit; som|mer|lich**

Son|de *franz.,* die: der Sonde, die Sonden; (Instrument zum Einführen in Körperhöhlen; Satellit); **son|die|ren** (untersuchen, ausforschen)

son|der: son|der|bar (merkwürdig, befremdlich); das **Son|der|an|ge|bot,** der **Son|der|fall,** die **Son|der|fahrt,** der **Son|der|ling** (Einzelgänger)

son|dern: du sonderst, er sonderte, hat gesondert, sond(e)re; (trennen, beiseitelegen, auslesen); **ab|son|dern:** sich absondern (sich abseitshalten)

son|dern: nicht er, sondern sie ist schuld

Song *engl.,* der: des Songs, die Songs; (satirisches Lied, *allgemein auch* Schlager, Lied); der **Ti|tel|song**

Sonn|abend, der: des Sonnabends, die Sonnabende; (Samstag); **sonn|abends;** → Samstag, Dienstag

Son|ne, die: der Sonne, die Sonnen; einen Platz an der Sonne haben – der glücklichste Mensch unter der Sonne sein; der **Son|nen|auf|gang,** das **Son|nen|bad,** die **Son|nen|bril|le,** die **Son|nen|fins|ter|nis,** der **Son|nen-**

R S T

schutz, der **Son|nen|strahl,** die **Sonnen|uhr; son|nen|klar, son|nig; sonnen:** sich sonnen

Sonn|tag, der: des Sonntag(e)s, die Sonntage; am Sonntag; **sonn|täg|lich; sonn|tags;** → Dienstag

sonst: (außerdem; irgend): sonst keiner, sonst noch etwas, sonst noch jemand – sonst wird es zu spät – wer kommt sonst noch?; **sons|tig:** sonstige Möglichkeiten – alles Sonstige erkläre ich dir später; **sonst was, sonst wer, sonst wie, sonst wo, sonst wo|hin**

So|pran *auch* **Sop|ran** *ital.,* der: des Soprans, die Soprane; (höchste Frauen- oder Knabenstimme)

Sor|ge, die: der Sorge, die Sorgen; (Unruhe, Bangigkeit): Sorge für etwas tragen – sich Sorgen machen; das **Sor|gen|kind,** das **Sor|ge|recht,** die **Sorg|falt** (Genauigkeit, Gewissenhaftigkeit); **sor|gen|frei, sorg|fäl|tig, sorg|los, sorg|sam, vor|sorg|lich; sor|gen:** sich um jemanden sorgen

Sor|te, die: der Sorte, die Sorten; (Art, Gattung); die **Obst|sor|te,** das **Sor|timent** (Gesamtheit der vorhandenen Warensorten)

sor|tie|ren: du sortierst, er sortierte, hat sortiert, sortier(e)!; (ordnen); **aus|sortie|ren**

SOS: *Abk. für* save **o**ur souls (internationales Seenotzeichen)

So|ße *auch* **Sau|ce** *franz.,* die: der Soße, die Soßen; (Tunke)

Souf|fleur *auch* **Souff|leur** *franz. [suflör],* der: des Souffleurs, die Souffleure; (Vorsager im Theater zur Unterstützung der Schauspieler); die **Souf|fleu|se; souf|flie|ren**

Soul *amerik. [ßol],* der: des Souls; (gefühlsbetonter Jazz oder Beat)

Sound *amerik. [ßaunt],* der: des Sounds; (Klang); die **Sound|kar|te** (Steckkarte zur Wiedergabe von Tönen beim Computer), der **Sound|track** *[ßaunttäk]* (Tonspur eines Films, Musik zum Film)

Sou|ve|nir *franz. [suwenir],* das: des Souvenirs, die Souvenirs; (Andenken), der **Sou|ve|nir|la|den**

sou|ve|rän *franz. [suweän]:* souveräner, am souveränsten; (jeder Lage gewachsen; unumschränkt herrschend): eine souveräne Leistung; die **Sou|ve|rä|ni|tät** (Hoheitsgewalt eines Staates)

so|wohl: → so

so|zi|al *lat.:* sozialer, am sozialsten; (die Gemeinschaft, Gesellschaft betreffend, zu ihr gehörig; ihr dienend; wohltätig): der soziale Wohnungsbau; die **So|zi|al|ar|beit,** die **So|zi|al|de|mo|kra|tie,** der **So|zi|al|staat,** die **So|zi|al|ver|si|che|rung; so|zi|a|lis|tisch**

So|zi|us *lat.,* der: des Sozius, die Soziusse; (Teilhaber; Beifahrer)

Space|shut|tle *engl. [ßpeßschatel],* der: des Spaceshuttles, die Spaceshuttles; (wiederverwendbare Raumfähre)

Spach|tel, der *auch* die: des Spachtels *auch* der Spachtel, die Spachtel *auch* die Spachteln; (Werkzeug); **spach|teln** (*umgangssprachlich auch für* viel essen)

Spa|gat *ital.,* der: des Spagat(e)s, die Spagate; (gymnastische Übung)

Spa|get|ti *auch* **Spa|ghet|ti** *ital.,* die: der Spagetti; (lange, dünne Nudeln)

spä|hen: du spähst, er spähte, hat gespäht, späh(e)!; (genau schauen); der **Spä|her**

Spa|lier *ital.,* das: des Spaliers, die Spaliere; (Lattengerüst; Doppelreihe von

R S T

Personen als Ehrengasse): Spalier bilden, stehen; das **Spa|lier|obst**

spal|ten: du spaltest, er spaltete, hat gespalten, spalt(e)!; (zerteilen); mit gespaltener Zunge reden (lügen); der **Spalt** (enge Öffnung), die **Spal|te,** die **Spal|tung; spalt|bar**

Spam *engl. [ßpäm],* der: des Spams, die Spams; (unerwünschte E-Mails mit Werbung)

Span, der: des Span(e)s, die Späne; wo gehobelt wird, fallen Späne; die **Span|plat|te**

Span|ge, die: der Spange, die Spangen; (gebogene Halterung mit Verschluss); die **Haar|span|ge,** die **Zahn|span|ge**

span|nen: du spannst, er spannte, hat gespannt, spann(e)!; ein Netz spannen; jemanden auf die Folter spannen (auf eine Entscheidung warten lassen); der **Spann** (oberer Teil des Fußes), die **Span|ne** (Zwischenraum, Unterschied, z.B. Zeit-, Verdienstspanne; altes Längenmaß), die **Spannung; ge|spannt:** da bin ich aber gespannt!, **span|nend:** eine spannende Erzählung

spa|ren: du sparst, er sparte, hat gespart, spar(e)!; du kannst dir deine Worte sparen; das **Spar|buch,** die **Spar|samkeit,** das **Spar|schwein; spär|lich** (wenig), **spar|sam**

Spar|gel, der: des Spargels, die Spargel; (Gemüsepflanze)

Spar|ren, der: des Sparrens, die Sparren; (schräge Balken des Daches)

Spar|te, die: der Sparte, die Sparten; (Abteilung, Fach, Wissens-, Geschäftszweig)

Spaß, der: des Spaßes, die Späße; keinen Spaß verstehen (humorlos sein, etwas zu ernst nehmen) – was kostet der Spaß (die Sache)?; der **Spaß|verder|ber,** der **Spaß|vo|gel** (jemand, der lustige Einfälle hat); **spa|ßeshal|ber; spaß|haft; spa|ßig; spa|ßen:** damit ist nicht zu spaßen (das muss man ernst nehmen)

Spas|ti|ker *griech.,* der: des Spastikers, die Spastiker; (jemand, der an Krampf- und Lähmungserscheinungen leidet); **spas|tisch**

spät: später, am spätesten; zu spät sein, werden – bis später – zu spät kommen – von früh bis spät; **spät|abends, spä|tes|tens** (nicht später als); der **Spät|herbst,** die **Spät|schicht, verspä|ten:** sich verspäten (zu spät kommen)

Spa|ten, der: des Spatens, die Spaten

Spatz, der: des Spatzen *auch* Spatzes, die Spatzen; die Spatzen pfeifen es schon von den Dächern (es ist vielen bekannt) – lieber ein Spatz in der Hand als eine Taube auf dem Dach (was einem sicher ist, ist besser als das, was man sich nur wünscht)

spa|zie|ren: du spazierst, er spazierte, ist spaziert, spazier(e)!; spazieren fahren, gehen; die **Spa|zier|fahrt,** der **Spazier|gang,** der **Spa|zier|gän|ger**

SPD: *Abk. für* **S**ozialdemokratische **P**artei **D**eutschlands

Specht, der: des Specht(e)s, die Spechte; (Vogelart); der **Bunt|specht**

Speck, der: des Speckes, die Specke; mit Speck fängt man Mäuse (durch Geschenke erreicht man etwas); die **Speck|schwar|te; spe|ckig** (fettig glänzend)

Spe|di|ti|on *ital.,* die: der Spedition, die Speditionen; (Transportunternehmen); der **Spe|di|teur** (Transportunternehmer)

Speed *engl. [ßpit]*, der: des Speeds, die Speeds; (Geschwindigkeit, Geschwindigkeitssteigerung)

Speer, der: des Speer(e)s, die Speere; (Sportgerät zum Werfen); der **Speerwurf,** der **Speer|wer|fer,** die **Speerwer|fe|rin**

Spei|che, die: der Speiche, die Speichen; (Strebe eines Rades)

Spei|chel, der: des Speichels; die **Speichel|drü|se,** der **Spei|chel|le|cker** (Schmeichler)

Spei|cher, der: des Speichers, die Speicher; (Raum für Vorräte); die **Speicher|ka|pa|zi|tät,** die **Spei|che|rung; spei|chern**

spei|en: du speist, er spie, hat gespien, spei(e)!; (spucken); **spei|übel** (sehr übel)

spei|sen: du speist, er speiste, hat gespeist, speis(e)!; die **Spei|se,** die **Speise|kar|te,** die **Spei|se|röh|re,** der **Spei|se|saal,** die **Vor|spei|se**

Spek|ta|kel, der *auch* das: des Spektakels, die Spektakel; (Aufregung, Krach, Lärm, *veraltet* Schauspiel); **spek|ta|ku|lär** (Aufsehen erregend)

Spe|ku|la|ti|us *niederl.,* der: des Spekulatius, die Spekulatius; (Gebäck)

spe|ku|lie|ren *lat.:* du spekulierst, er spekulierte, hat spekuliert, spekulier(e)!; (gewagte Geschäfte machen; mit etwas rechnen; sich etwas ausdenken); der **Spe|ku|lant,** die **Spe|ku|la|ti|on; ver|spe|ku|lie|ren:** sich verspekulieren (sich verrechnen)

spen|den: du spendest, er spendete, hat gespendet, spend(e)!; Beifall, Blut, Geld, Trost spenden; **spen|die|ren** (großzügig für jemanden bezahlen); die Spendierhosen anhaben (freigiebig sein); die **Spen|de; spen|da|bel** (großzügig)

Sper|ber, der: des Sperbers, die Sperber; (Greifvogel)

Sper|ling, der: des Sperlings, die Sperlinge; (Spatz)

Sper|ma *griech.,* das: des Spermas, die Spermen; (männliche Samenzellen)

sper|ren: du sperrst, er sperrte, hat gesperrt, sperr(e)!; eine Straße sperren – ein Konto sperren – einen Spieler sperren (ihn von Spielen ausschließen); die **Sper|re** (Riegel, Hindernis), der **Sperr|müll,** die **Sper|rung; sperr-an|gel|weit:** sperrangelweit offen; **sper|rig** (unhandlich, viel Platz brauchend); **ab|sper|ren, aus|sper|ren, ein|sper|ren** (in Haft nehmen)

Spe|sen, die: der Spesen; (Auslagen, Kosten); **spe|sen|frei**

spe|zi|al *auch* **spe|zi|ell** *lat.:* (besonders, einzeln); **spe|zi|fisch** (eigentümlich, kennzeichnend); der **Spe|zi|al|fall:** *aber* in diesem speziellen Fall, der **Spe|zi|a|list** (Fachmann), die **Spe|zi|a|li|tät** (Besonderheit); **spe|zi|a|li|sie-ren:** sich spezialisieren (auf ein Gebiet beschränken)

spi|cken: du spickst, er spickte, hat gespickt, spick(e)!; (Fleisch zum Braten mit Speckstreifen durchziehen; in der Schule abschreiben); der **Spick|zet|tel** (Merkzettel, Mogelzettel)

Spie|gel, der: des Spiegels, die Spiegel; das **Spie|gel|bild,** das **Spie|gel|ei,** die **Spie|gel|schrift,** die **Spie|ge|lung** *auch* **Spieg|lung; spie|gel|blank, spie-gel|glatt, spie|gel|ver|kehrt; spie|geln, wi|der|spie|geln:** der Mond spiegelt sich im See wider

Spiel, das: des Spiel(e)s, die Spiele; die Hand im Spiel haben (beteiligt sein)

R S T

– gute Miene zum bösen Spiel machen (gegen seinen eigenen Willen mitmachen); der **Spiel|au|to|mat,** der **Spie|ler,** die **Spie|le|rei,** der **Spiel|film,** der **Spiel|raum,** die **Spiel|stra|ße,** die **Spiel|re|gel,** der **Spiel|ver|der|ber,** das **Spiel|zeug; spie|le|risch; spie|len**

Spieß, der: des Spießes, die Spieße; den Spieß umdrehen (den Vorwurf zurückgeben) – er schrie wie am Spieß (sehr laut); der **Spie|ßer** (engstirniger, kleinlicher Mensch), die **Spieß|ru|te:** Spießruten laufen (sich im Vorbeigehen spöttischen Blicken aussetzen müssen); **spie|ßig; auf|spie|ßen**

Spike *engl. [ßpeik],* der: des Spikes, die Spikes; (Stahlnagel für Rennschuhe und Autoreifen); die **Spikes** (Rennschuhe; Autoreifen mit Stahlnägeln)

Spi|nat, der: des Spinat(e)s; (Gemüse)

Spind, der: des Spind(e)s, die Spinde; (schmaler Schrank)

Spin|del, die: der Spindel, die Spindeln; (Teil des Spinnrades); **spin|del|dürr** (sehr dünn)

spin|nen: du spinnst, er spann, er spänne, hat gesponnen, spinn(e) nicht!; (zu Fäden verarbeiten; dummes Zeug reden): die Spinne spinnt ihr Netz; Seemannsgarn spinnen (nicht ganz glaubwürdige Geschichten erzählen) – die beiden sind sich spinnefeind – du spinnst ja!; die **Spin|ne,** das **Spin|nen|ge|we|be,** das **Spin|nen|netz,** der **Spin|ner** (Narr), die **Spin|ne|rei,** der **Spinn|fa|den**

Spi|on *ital.,* der: des Spions, die Spione; (jemand, der Geheimnisse auskundschaftet); die **Spi|o|na|ge,** die **Spi|o|na|ge|ab|wehr,** die **Spi|o|nin; spi|o|nie|ren**

R
S
T

Spi|ra|le *griech.,* die: der Spirale, die Spiralen; (schneckenförmig gewundene Linie); **spi|ral|för|mig, spi|ra|lig**

Spi|ri|tus *lat.,* der: des Spiritus, die Spiritusse; (Alkohol, Sprit); die **Spi|ri|tu|o|sen** (alkoholische Getränke), der **Spi|ri|tus|ko|cher**

spitz: spitzer, am spitzesten; ein spitzer Bleistift, Winkel – ein spitzes Gesicht; spitze (boshafte) Reden führen; – das ist spitze (ausgezeichnet), **spitz|fin|dig, spitz|wink|lig;** der **Spitz** (kleine Hunderasse), die **Spit|ze:** die Spitze des Eisbergs; etwas auf die Spitze treiben (bis zum Äußersten gehen), der **Spitz|bu|be** (Gauner), der **Spit|zel** (Spion), die **Spit|zen|leis|tung,** der **Spit|zen|rei|ter,** der **Spit|zen|sport,** der **Spit|zer** (Bleistiftspitzer), der **Spitz|na|me** (spöttischer Beiname); **spit|zen:** den Bleistift spitzen – die Ohren spitzen (gut aufpassen), **spitz|krie|gen:** eine Sache spitzkriegen (herausbekommen, merken), **zu|spit|zen:** die Lage wird sich zuspitzen (wird gefährlicher)

Spleen *engl. [ßplin],* der: des Spleens, die Spleene *auch* Spleens; (verrückte Eigenart); **splee|nig**

Splitt, der: des Splitt(e)s, die Splitte; (körniges Gestein für den Straßenbau)

Split|ter, der: des Splitters, die Splitter; der **Glas|split|ter,** der **Split|ter|bruch,** die **Split|ter|grup|pe; split|ter|nackt** (völlig nackt); **split|tern**

Spon|sor *engl.,* der: des Sponsors, die Sponsoren; (Förderer, Geldgeber); **spon|sern** (unterstützen, fördern)

spon|tan *lat.:* spontaner, am spontansten; (von selbst, von innen heraus, aus eigenem Antrieb): eine spontane

Äußerung – spontanes Handeln; die **Spon|ta|ne|i|tät**

Spo|re *griech.*, die: der Spore, die Sporen; (Zelle, die der ungeschlechtlichen Vermehrung, z. B. von Moosen und Pilzen, dient); der **Spo|ren|pflan|ze**

Sporn, der: des Sporn(e)s, die Sporen; (kleiner Dorn; am Reitstiefel befestigter Metallbügel zum Antreiben des Pferdes); **an|spor|nen**

Sport, der: des Sport(e)s; Sport treiben; der **Sport|ler,** die **Sport|le|rin,** der **Sport|platz,** der **Sport|un|fall,** der **Sport|un|ter|richt,** der **Sport|ver|ein:** *Abk.* SV; **sport|lich**

Spot *engl.*, der: des Spots, die Spots; (kurzer Werbetext, -film); der **Wer|be|spot** (kurzer Werbefilm)

spot|ten: du spottest, er spottete, hat gespottet, spott(e) nur!; (lächerlich machen); das spottet jeder Beschreibung (ist unerhört); das **Ge|spött:** sich zum Gespött der Leute machen, der **Spott,** der **Spöt|ter,** der **Spott|preis** (sehr niedriger Preis); **spott|bil|lig** (sehr billig)

Spra|che, die: der Sprache, die Sprachen; etwas zur Sprache bringen – er will nicht so recht mit der Sprache heraus (will nicht darüber reden); die **Fremd|spra|che,** die **Mut|ter|spra|che,** das **Sprach|buch,** der **Sprach|feh|ler,** der **Sprach|ge|brauch,** das **Sprach|ge|fühl,** der **Sprach|un|ter|richt; sprach|lich, sprach|los**

Spray *engl. [ßpre/schpre]*, der *auch* das: des Sprays, die Sprays; (Flüssigkeit zum Zerstäuben); der *auch* das **Haar|spray,** die **Spray|do|se,** der **Spray|er** (jemand, der Graffiti an die Wand sprayt); **spray|en**

spre|chen: du sprichst, er sprach, er spräche, hat gesprochen, sprich!; die **Sprech|bla|se,** der **Spre|cher,** die **Spre|che|rin,** der **Sprech|ge|sang,** die **Sprech|stun|de**

sprei|zen: du spreizt, er spreizte, hat gespreizt, spreiz(e)!; die Beine, die Finger spreizen – der Vogel spreizte seine Flügel

spren|gen: du sprengst, er sprengte, hat gesprengt, spreng(e)!; eine Brücke sprengen – die Fesseln sprengen – die Wäsche, das Gras sprengen (mit Wasser besprühen); die **Spreng|bom|be,** der **Spreng|stoff,** die **Spren|gung**

Spreu, die: der Spreu; (Abfall des gedroschenen Getreides); die Spreu vom Weizen (das Nützliche vom Unnützen) trennen

Sprich|wort, das: des Sprichworts, die Sprichwörter; (Lebensweisheit); **sprich|wört|lich**

sprie|ßen: es sprießt, es spross, es sprösse, ist gesprossen; (wachsen)

sprin|gen: du springst, er sprang, er spränge, ist gesprungen, spring(e)!; er springt über den Graben – die Schüssel sprang (zerbrach) in tausend Stücke; der **Spring|brun|nen,** der **Sprin|ger,** die **Sprin|ge|rin,** die **Spring|flut;** → Sprung

Sprint *engl.*, der: des Sprints, die Sprints; (Spurt, Kurzstreckenlauf); der **Sprin|ter,** die **Sprin|te|rin; sprin|ten**

Sprit, der: des Sprit(e)s, die Sprite; *Kurzw. für* Spiritus (Alkohol, Treibstoff); der **Sprit|ver|brauch**

sprit|zen: du spritzt, er spritzte, hat gespritzt, spritz(e)!; die **Sprit|ze,** der **Sprit|zer,** das **Spritz|ge|bäck,** die **Spritz|tour** (kurzer Ausflug); **sprit|zig** (lustig, geistvoll; prickelnd)

sprö|de *auch* **spröd:** spröder, am sprödesten; (trocken, zerbrechlich): sprödes Glas, spröde Haut; die **Sprö|digkeit**

Spross, der: des Sprosses, die Sprosse *auch* Sprossen; (Nachkomme; Pflanzentrieb); der **Spröss|ling** (Kind), die **Spros|sen|wand** (Gitterleiter zum Turnen)

Sprot|te, die: der Sprotte, die Sprotten; (kleiner Fisch): Kieler Sprotten

Spruch, der: des Spruches, die Sprüche; der Urteilsspruch – der Zauberspruch – Sprüche machen (prahlen); der **Anspruch,** der **Sprü|che|klop|fer** (jemand, der nur leeres Gerede von sich gibt); **spruch|reif:** etwas ist spruchreif (fertig, kann bekannt gegeben werden)

Spru|del, der: des Sprudels, die Sprudel; (Quelle; Strahl des Springbrunnens); das **Spru|del|was|ser; sprudeln**

sprü|hen: du sprühst, er sprühte, hat gesprüht, sprüh(e)!; (fein verspritzen): die Funken sprühen; sie sprüht vor Freude; die **Sprüh|do|se,** der **Sprühre|gen**

Sprung, der: des Sprung(e)s, die Sprünge; auf dem Sprung sein (in Eile sein) – jemanden auf einen Sprung (kurz) besuchen – er kann mit seinem Geld keine großen Sprünge machen (kann sich nicht viel leisten) – jemandem auf die Sprünge helfen (einen helfenden Hinweis geben); der **Hochsprung,** das **Sprung|brett,** das **Sprung|ge|lenk,** die **Sprung|schan|ze,** das **Sprung|tuch** (Rettungsgerät der Feuerwehr), der **Weit|sprung; sprung|be|reit, sprung|haft;**
→ springen

spu|cken: du spuckst, er spuckte, hat gespuckt, spuck(e)!; große Töne spucken (prahlen, angeben); die **Spu|cke:** da bleibt mir die Spucke weg (ich bin sehr überrascht)

spu|ken: es spukt, es spukte, hat gespukt; im alten Schloss soll es spuken; der **Spuk**

Spu|le, die: der Spule, die Spulen; (Rolle zum Aufwickeln); die **Garn|spu|le; ab|spu|len, spu|len**

spü|len: du spülst, er spülte, hat gespült, spül(e)!; **aus|spü|len;** der **Ge|schirrspü|ler,** die **Spü|le** (Spülbecken), das **Spül|mit|tel,** die **Spü|lung**

Spur, die: der Spur, die Spuren; die Wagenspur – eine Spur der Verwüstung; jemandem auf die Spur kommen; der **Spür|hund,** die **Spür|na|se,** der **Spürsinn; spür|bar; spur|los; auf|spü|ren, spu|ren** (eine Spur ziehen; gehorchen), **spü|ren**

Spurt *engl.,* der: des Spurt(e)s, die Spurts; (Steigerung der Geschwindigkeit); der **End|spurt,** der **Zwi|schenspurt; spurt|stark; spur|ten**

spu|ten: du sputest dich, er sputete sich, hat sich gesputet, spute dich!; (sich beeilen)

Squash *engl. [ßkwosch],* das: des Squashs; (Ballspiel gegen eine Wand)

Squaw *indian.-engl. [ßkwo],* die: der Squaw, die Squaws; (Indianerfrau)

St.: *Abk. für* **Sankt, Stück**

Staat, der: des Staat(e)s, die Staaten; die **Staats|an|ge|hö|rig|keit,** der **Staats|anwalt,** der **Staats|bür|ger,** die **Staatsbür|ge|rin,** der **Staats|streich** (Umsturz der staatlichen Ordnung); **staa|ten|los, staat|lich**

Stab, der: des Stab(e)s, die Stäbe; das **Stäb|chen,** der **Stab|hoch|sprung**

sta|bil *lat.:* stabiler, am stabilsten; (fest, beständig, haltbar); die **Sta|bi|li|tät; sta|bi|li|sie|ren**

Stab|reim, der: des Stabreim(e)s, die Stabreime; (Reim durch gleiche Anlaute): wütende Winde wehen

Sta|chel, der: des Stachels, die Stacheln; (spitzer Gegenstand, Dorn): der Stachel der Biene; die **Sta|chel|bee|re,** der **Sta|chel|draht; sta|che|lig** *auch* **stach|lig; an|sta|cheln** (reizen), **stacheln** (mit Stacheln stechen)

Sta|di|on *griech.,* das: des Stadions, die Stadien; (Sportfeld); das **Fuß|ball|sta-di|on,** der **Sta|di|on|spre|cher**

Sta|di|um *griech.,* das: des Stadiums, die Stadien; (Zustand, Entwicklungsstufe): im Stadium der Erprobung

Stadt, die: der Stadt, die Städte; die **Städ|te|part|ner|schaft,** der **Stadt|führer,** der **Stadt|plan,** der **Stadt|teil,** die **Stadt|ver|wal|tung,** das **Stadt|vier|tel,** das **Stadt|zent|rum; stadt|aus|wärts, stadt|ein|wärts; städ|tisch**

Staf|fel, die: der Staffel, die Staffeln; (Verband von Flugzeugen; Mannschaft beim Staffellauf); der **Staf|fel-lauf** (Wettbewerb in der Leichtathletik), der **Staf|fel|stab,** die **Staf|fe|lung** (Abstufung); **staf|feln** (abstufen)

Staf|fe|lei, die: der Staffelei, die Staffeleien; (Gestell für das Bild beim Malen)

sta|gnie|ren *auch* **stag|nie|ren:** es stagniert, es stagnierte, hat stagniert; (stocken, gleichbleiben); die **Stag|na|ti-on** (Stillstand)

Stahl, der: des Stahl(e)s, die Stähle; (chemisch behandeltes Eisen); Nerven aus Stahl (starke Nerven) haben; der **Stahl|bau,** die **Stahl|in|dus|trie,** das **Stahl|werk; stahl|blau, stäh|lern, stahl|hart; stäh|len:** seinen Körper stählen (abhärten)

stak|sen: du stakst, er stakste, ist gestakst, staks(e)!; (steifbeinig gehen); **staksig**

Stall, der: des Stall(e)s, die Ställe; (Raum für Tiere); der **Pfer|de|stall**

Stamm, der: des Stamm(e)s, die Stämme; der **Baum|stamm,** der **Stamm-baum** (Darstellung der Verwandtschaftsbeziehungen), die **Stamm-form:** die Stammformen eines Verbs, z.B. der Infinitiv, der **Stamm|gast,** der **Stamm|hal|ter** (männlicher Nachkomme, der den Familiennamen weitergibt), der **Stamm|tisch,** der **Stamm|vo|kal,** der **Wort|stamm; stäm|mig** (kräftig); **ab|stam|men, stam|men:** sie stammen aus Berlin

stam|meln: du stammelst, er stammelte, hat gestammelt; (gehemmt, stotternd sprechen)

stamp|fen: du stampfst, er stampfte, hat *auch* ist gestampft, stampf(e)!; vor Wut auf die Erde stampfen; der **Stamp|fer** (Gerät zum Zerkleinern, Zusammenpressen)

Stand, der: des Stand(e)s, die Stände; etwas in Stand *auch* instand setzen – etwas zu Stande *auch* zustande bringen; bei jemandem einen guten Stand haben (angesehen sein); der **Hand|stand,** der **Klei|der|stän|der,** der **Markt|stand,** das **Stand|bild,** das **Ständ|chen** (Musikstück), das **Standes|amt,** der **Stand|ort,** die **Stand-pau|ke** (Strafpredigt), der **Stand-punkt; stand|fest, stand|haft** (unerschütterlich, beharrlich), **ständig:** ständiger Aufenthalt, ständiges Mitglied; **stand|hal|ten** (nicht zurückweichen, sich behaupten)

R S T

Stan|dard *engl.,* der: des Standards, die Standards; (Normalmaß, Norm); der **Le|bens|stan|dard**

Stand-by *auch* **Stand|by** *engl. [ßtentbei],* der: des Stand-by(s), die Stand-bys; (Schaltung eines elektronischen Gerätes auf Bereitschaft)

Stan|ge, die: der Stange, die Stangen; (langer Stab); bei der Stange bleiben (eine Sache fortführen) – das kostet eine schöne Stange (viel) Geld; der **Stän|gel**

stän|kern: du stänkerst, er stänkerte, hat gestänkert, stänk(e)re nicht!; (Unfrieden stiften, Streit schüren)

stan|zen: du stanzt, er stanzte, hat gestanzt, stanz(e)!; (in eine Form pressen, herausschneiden); die **Stan|ze,** die **Stan|ze|rei**

Sta|pel, der: des Stapels, die Stapel; (aufgehäufte Waren; Schiffsbaugerüst); eine Rede vom Stapel lassen (eine Rede halten); der **Ga|bel|stap|ler,** die **Sta|pe|lung; sta|peln**

stap|fen: du stapfst, er stapfte, ist gestapft, stapf(e)!; durch den Schnee stapfen; der **Fuß|stap|fen** (Fußabdruck)

Star *engl.,* der: des Stars, die Stars; („Stern", berühmte Persönlichkeit beim Film, Theater, Sport); die **Star|al|lü|ren** (eitles, launenhaftes Benehmen, Eigenheiten eines Stars)

Star, der: des Star(e)s, die Stare; (Singvogel); der **Sta|ren|kas|ten**

Star, der: des Star(e)s, die Stare; (Augenkrankheit)

stark: stärker, am stärksten; stark sein – starke Nerven haben – eine starke Brille – starkes Fieber; das ist ja ein starkes Stück! (das ist empörend!); die **Stär|ke,** der **Stark|strom,** die **Stär|kung,** die **Ver|stär|kung; stär|ken:** sich stärken (essen), **stark|ma|chen:** sich für etwas starkmachen (es unterstützen)

starr: starrer, am starrsten; (unbeweglich, steif); **starr|sin|nig;** die **Star|re,** die **Starr|heit,** der **Starr|kopf,** der **Starr|sinn** (Unnachgiebigkeit); **star|ren:** jemandem ins Gesicht starren – vor Schmutz starren

Start, der: des Start(e)s, die Starts; die **Start|bahn,** der **Start|block,** der **Start|schuss; start|be|reit; star|ten**

Sta|ti|on *lat.,* die: der Station, die Stationen; (Haltestelle; Aufenthalt; Krankenhausabteilung); die **Sta|ti|o|nie|rung,** der **Sta|ti|ons|arzt,** die **Sta|ti|ons|ärz|tin,** die **Sta|ti|ons|schwes|ter,** der **Sta|ti|ons|vor|ste|her; sta|ti|o|nie|ren**

Sta|tist *lat.,* der: des Statisten, die Statisten; (Darsteller einer stummen Rolle); die **Sta|tis|tin**

Sta|tis|tik *lat.,* die: der Statistik, die Statistiken; (Zusammenstellung von Untersuchungsergebnissen); **sta|tis|tisch**

Sta|tiv *lat.,* das: des Stativs, die Stative; (Gestell für Apparate)

statt: statt meiner Schwester – statt einer Anzeige – statt herumzustehen, solltest du mir lieber helfen – er gab das Geld ihm statt mir; **an|statt, statt|des|sen** (dafür); **statt|lich** (groß, eindrucksvoll); **statt|fin|den:** das Spiel findet heute statt, **statt|ge|ben** (erlauben)

Stät|te, die: der Stätte, die Stätten; (Ort, Schauplatz)

Sta|tue *lat.,* die: der Statue, die Statuen; (Standbild, Bildsäule); die **Mar|mor|sta|tue**

Sta|tur *lat.,* die: der Statur, die Staturen; (Gestalt, Wuchs)
Stau, der: des Stau(e)s, die Staus *auch* Staue; (Stillstand, Hemmung); der **Stau|damm,** der **Stau|see,** die **Stauung,** der **Ver|kehrs|stau; stau|en**
Staub, der: des Staub(e)s, die Stäube; der Vorfall hat viel Staub aufgewirbelt (Aufsehen erregt) – sich aus dem Staube machen (heimlich verschwinden); der **Staub|sau|ger,** das **Staubtuch; Staub sau|gen** *auch* **staub|saugen; stau|big; stau|ben:** es staubt, **be|stäu|ben** (Blütenstaub übertragen), **stäu|ben**
stau|chen: du stauchst, er stauchte, hat gestaucht, stauch(e)!; er hat ihn zusammengestaucht (kräftig ausgeschimpft); **ver|stau|chen:** er hat sich den Arm verstaucht; die **Ver|stauchung**
Stau|de, die: der Staude, die Stauden
stau|nen: du staunst, er staunte, hat gestaunt, staun(e)!; das **Stau|nen**
Steak *engl. [ßtek],* das: des Steaks, die Steaks; (kurz gebratenes Fleischstück)
ste|chen: du stichst, er stach, er stäche, hat gestochen, stich!; die Sonne sticht – die Mücke sticht – in See stechen; etwas sticht mir in die Augen (fällt mir auf, gefällt mir) – er schreibt wie gestochen; das **Ste|chen** (letzter Ausscheidungskampf; Stichkampf), die **Stech|flie|ge,** der **Stich; ste|chend:** ein stechender Schmerz, stechender Blick
ste|cken: du steckst, er steckte *auch* stak, er stäke, hat gesteckt, steck(e)!; den Brief in den Kasten stecken – Erbsen, Bohnen stecken – wo hast du denn gesteckt? (wo bist du gewesen?); das kannst du dir an den Hut stecken (das brauche ich nicht, du kannst es behalten) – sich ein Ziel stecken – mit jemandem unter einer Decke stecken (gemeinsame Sache machen); **stecken blei|ben:** im Schlamm stecken bleiben, **ste|cken blei|ben** *auch* **stecken|blei|ben** (stocken), **ste|cken lassen** *auch* **ste|cken|las|sen;** der **Steckbrief** (Personenbeschreibung flüchtiger Straftäter), die **Steck|do|se,** der **Ste|cken** (Stock), das **Ste|cken|pferd** (altes Kinderspielzeug; Hobby), der **Ste|cker,** die **Steck|na|del**
Steg, der: des Steg(e)s, die Stege; (schmale Brücke, schmaler Weg)
Steg|reif, der: des **Steg|reifs,** aus dem Stegreif (spontan, plötzlich ohne Vorbereitung)
ste|hen: du stehst, er stand, er stünde *auch* stände, hat gestanden, steh(e)!; zur Verfügung stehen – stehendes Wasser – das steht dir gut (kannst du gut tragen); das wird dich *auch* dir teuer zu stehen kommen (das wirst du noch bereuen) – sie steht auf dich (sie mag dich) – jemandem Rede und Antwort stehen – auf eigenen Füßen stehen (selbstständig sein); **ste|hen blei|ben** *auch* **ste|hen|blei|ben:** die Uhr ist stehengeblieben, **ste|hen lassen** *auch* **ste|hen|las|sen:** er hat sie einfach stehenlassen (nicht mehr beachtet); das **Steh|auf|männ|chen,** die **Steh|lam|pe,** der **Steh|platz,** das **Steh|ver|mö|gen**
steh|len: du stiehlst, er stahl, er stähle, hat gestohlen, stiehl nicht!; die Fahrräder stehlen; mit ihm kann man Pferde stehlen (kann man alles unternehmen) – jemandem die Zeit stehlen (jemanden von der Arbeit abhal-

R
S
T

ten) – sie kann mir gestohlen bleiben (ist mir egal); der **Dieb|stahl**

steif: steifer, am steifsten; (unbeweglich, starr): eine steife Brise (starker Wind) – ein steifer Hals; halt die Ohren steif! (lass es dir gut gehen, halte durch!) – steif wie ein Brett; **steif|bei|nig**

stei|gen: du steigst, er stieg, er stiege, ist gestiegen, steig(e)!; die Preise steigen; das Blut stieg ihm ins Gesicht – der Erfolg ist ihr zu Kopf gestiegen (macht sie überheblich); **auf|stei|gen;** der **Steig** (steiler, schmaler Weg), der **Steig|bü|gel,** die **Stei|gung**

stei|gern: du steigerst, er steigerte, hat gesteigert, steig(e)re!; die Leistung steigern – ein Adjektiv steigern – sich steigern – bei einer Versteigerung bieten; die **Stei|ge|rung; ver|stei|gern**

steil: steiler, am steilsten; ein steiler Berg; der **Steil|hang,** die **Steil|küs|te**

Stein, der: des Stein(e)s, die Steine; über Stock und Stein – ein Stein des Anstoßes (Grund des Ärgers) sein – den Stein ins Rollen bringen (die Sache beginnen) – mir fällt ein Stein vom Herzen – bei jemandem einen Stein im Brett haben (gut angeschrieben sein) – jemandem Steine in den Weg legen (bewusst Schwierigkeiten bereiten) – das ist nur ein Tropfen auf dem heißen Stein (bei weitem nicht ausreichend); der **Schorn|stein,** der **Stein|bruch,** der **Stein|metz** (Handwerker, der Steine bearbeitet), der **Stein|pilz; stein|alt, stei|nern, steinhart, stei|nig, stein|reich** (sehr reich)

Steiß, der: des Steißes, die Steiße; (unterster Teil der Wirbelsäule); das **Steiß|bein**

stel|len: du stellst, er stellte, hat gestellt, stell(e)!; den Sessel in die Ecke stellen – der Verbrecher stellt sich (meldet sich freiwillig bei der Polizei) – jemanden zur Rede stellen – jemanden auf die Probe stellen; jemandem ein Bein stellen (ihm schaden); die **Stel|le:** an Ort und Stelle – auf der Stelle treten, die **Stel|lung:** zu einer Sache Stellung nehmen (seine Meinung dazu äußern) – eine Stellung behaupten – eine Stellung übernehmen, der **Stell|ver|tre|ter; stel|len|wei|se**

Stel|ze, die: der Stelze, die Stelzen; Stelzen laufen; **stel|zen** (wie auf Stelzen gehen)

stem|men: du stemmst, er stemmte, hat gestemmt, stemm(e)!; sich gegen etwas stemmen – Gewichte stemmen; das **Stemm|ei|sen** (Werkzeug)

Stem|pel, der: des Stempels, die Stempel; das **Stem|pel|kis|sen; stem|peln**

Stepp *engl.,* der: des Stepps, die Stepps; (ein Tanz); **step|pen**

Step|pe, die: der Steppe, die Steppen; (mit Gras und Sträuchern, nicht aber mit Bäumen bewachsene Ebene)

step|pen: du steppst, er steppte, hat gesteppt, stepp(e)!; (Stofflagen zusammennähen); die **Stepp|de|cke,** die **Stepp|ja|cke**

ster|ben: du stirbst, er starb, er stürbe, ist gestorben, stirb!; kein Sterbenswörtchen sagen (nichts verraten) – vor Neugierde sterben (sehr neugierig sein); der **Ster|be|fall,** das **Ster|ben:** im Sterben liegen, die **Ster|bensangst,** die **Sterb|lich|keit; ster|benskrank, sterb|lich, un|sterb|lich**

ste|reo ... *griech.:* (starr, massiv; räumlich); **ste|reo|typ** (feststehend, unveränderlich): ein stereotypes Lächeln;

R S T

die **Ste|reo|an|la|ge,** die **Ste|reo|fo|nie** *auch* **Ste|reo|pho|nie:** *Abk.* Stereo (räumliche Tonwiedergabe), das **Stereo|skop** (Vorrichtung, durch die man Bilder plastisch sieht)

ste|ril *lat.:* (unfruchbar; keimfrei); die **Ste|ri|li|sa|ti|on,** die **Ste|ri|li|tät; ste|ri|li|sie|ren** (keimfrei, unfruchtbar machen)

Stern, der: des Stern(e)s, die Sterne; sein Leben steht unter einem guten Stern – das steht noch in den Sternen (ist noch ungewiss); das **Stern|bild,** die **Stern|schnup|pe** (Meteor), die **Stern|stun|de** (glückliche Stunde), die **Stern|war|te; stern|för|mig** *auch* **ster|nen|för|mig, stern|hell** *auch* **ster|nen|hell, stern|klar** *auch* **ster|nen|klar**

ste|tig: (gleichmäßig, andauernd); **stets:** du bist mir stets (immer) willkommen; die **Ste|tig|keit**

Steu|er, die: der Steuer, die Steuern; (Abgabe); Steuern bezahlen; der **Steu|er|be|ra|ter,** die **Steu|er|er|klä|rung,** die **Steu|er|hin|ter|zie|hung,** der **Steu|er|zah|ler; steu|er|frei, steu|er|lich, steu|er|pflich|tig; ver|steu|ern:** etwas versteuern müssen

Steu|er, das: des Steuers, die Steuer; (Lenkvorrichtung); das Steuer herumwerfen (einen Zustand gründlich ändern); das **Steu|er|bord** (rechte Schiffsseite): *Gegensatz* Backbord, der **Steu|er|mann,** das **Steu|er|rad,** die **Steu|e|rung; steu|er|bar, steu|er|los; steu|ern** (lenken)

Ste|ward *engl. [ßtjuert],* der: des Stewards, die Stewards; (Betreuer der Reisenden auf Schiffen und in Flugzeugen); die **Ste|war|dess**

StGB: *Abk. für* **S**traf**g**esetz**b**uch

Stich, der: des Stich(e)s, die Stiche; er hat ein hieb- und stichfestes (sicheres) Alibi – die Milch hat einen Stich (ist nicht mehr frisch) – jemanden im Stich lassen – du hast wohl einen Stich! (bist nicht bei Verstand); die **Stich|flam|me,** die **Stich|pro|be,** der **Stich|tag** (festgelegter Tag, Termin), die **Stich|wahl,** das **Stich|wort,** das **Stich|wort|ver|zeich|nis; stich|hal|tig** (begründet, überzeugend); ein stichhaltiger Beweis, **stich|wort|ar|tig, wurm|sti|chig**

Sti|chel, der: des Stichels, die Stichel; (Werkzeug); die **Sti|che|lei; sti|cheln** (boshafte Anspielungen machen)

sti|cken: du stickst, er stickte, hat gestickt, stick(e)!; eine Decke sticken; die **Sti|cke|rei**

Sti|cker *engl.,* der: des Stickers, die Sticker; (Aufkleber)

sti|ckig: stickiger, am stickigsten; (schwer zu atmen): stickige Luft

Stick|stoff, der: des Stickstoff(e)s; (chemischer Grundstoff)

Stie|fel, der: des Stiefels, die Stiefel; (Schuh mit hohem Schaft); **stie|feln**

Stief|el|tern, die: der Stiefeltern; (Eltern, die mit ihren Kindern nicht blutsverwandt sind); das **Stief|kind,** die **Stief|mut|ter,** das **Stief|müt|ter|chen** (Blume): jemanden stiefmütterlich behandeln (vernachlässigen), der **Stief|va|ter**

stieg: → steigen

Stie|ge, die: der Stiege, die Stiegen; (schmale, steile Treppe; Kiste)

Stiel, der: des Stiel(e)s, die Stiele; Stielaugen machen (neugierig ansehen); der **Be|sen|stiel**

Stier, der: des Stier(e)s, die Stiere; den Stier bei den Hörnern packen (eine

Sache mutig angehen); der **Stier|kampf; stie|ren** (starr blicken)

stieß: → stoßen

Stift, der: des Stift(e)s, die Stifte; (kleiner Nagel, Bleistift; Lehrling, halbwüchsiger Junge); der **Stift|zahn**

Stift, das: des Stift(e)s, die Stifte; (fromme Gemeinschaft, Altersheim); der **Stif|ter,** die **Stif|tung; stif|ten** (schenken, spenden): Frieden stiften – Unruhe stiften – stiften gehen (ausreißen)

Stil *lat.,* der: des Stil(e)s, die Stile; (Ausdrucksform, Darstellungsweise); der **Bau|stil,** der **Er|zähl|stil,** der **Schwimm|stil,** die **Stil|blü|te** (erheiternder sprachlicher Missgriff), die **Sti|lis|tik** (Lehre vom Stil); **sti|lis|tisch, stil|los, stil|voll**

still: stiller, am stillsten; *Kleinschreibung:* still sein – ein stiller Abend; *Großschreibung:* der Stille Ozean; die **Stil|le:** im Stillen – in aller Stille, das **Still|le|ben** *auch* **Still-Le|ben** (Wiedergabe unbelebter Gegenstände, z.B. Blumen, im Bild), das **Still|schwei|gen,** der **Still|stand; stil|len:** den Durst stillen, **still hal|ten:** du musst den Kopf still halten, **still|hal|ten:** du hast lange genug stillgehalten (es geduldig ertragen), **still|le|gen:** einen Betrieb stilllegen (schließen), **still|ste|hen:** alle Maschinen werden stillstehen (außer Betrieb sein)

Stim|me, die: der Stimme, die Stimmen; mit lauter Stimme sprechen – eine innere Stimme; die **Stimm|ab|ga|be** (bei der Wahl), die **Stimm|bän|der,** der **Stimm|bruch,** die **Stim|men|mehr|heit,** die **Stimm|ent|hal|tung,** die **Stimm|ga|bel,** die **Stim|mung; stimm|be|rech|tigt, stimm|ge|wal|tig, stimm|haft, stimm|los; stim|men:** das stimmt nicht! – für oder gegen etwas stimmen – ein Instrument stimmen, **ver|stim|men** (verärgern)

stin|ken: du stinkst, er stank, er stänke, hat gestunken; es stinkt wie die Pest (stinkt sehr) – die Sache stinkt zum Himmel (es ist eine Schande) – das stinkt mir (*umgangssprachlich für* reicht mir); der **Stink|stie|fel** (unangenehmer Mensch), das **Stink|tier; stink|faul, stink|lang|wei|lig, stink|nor|mal, stink|sau|er**

stip|pen: du stippst, er stippte, hat gestippt, stipp(e)!; (tupfen, hineintauchen)

Stirn, die: der Stirn, die Stirnen; die Stirn runzeln; sich an die Stirn fassen – jemandem die Stirn bieten (offenen Widerstand leisten) – er hat die Stirn (wagt es), alles zu bestreiten – es steht ihm auf die Stirn geschrieben (man sieht es ihm an); das **Stirn|band**

stö|bern: du stöberst, er stöberte, hat gestöbert, stöb(e)re!; in einem Buch, in alten Papieren stöbern (herumsuchen); das **Schnee|ge|stö|ber** (durcheinanderwirbelnde Schneeflocken)

sto|chern: du stocherst, er stocherte, hat gestochert, stocher(e)!; im Essen stochern (lustlos essen)

stock...: (sehr, völlig); **stock|dumm, stock|dun|kel, stock|fins|ter, stock|sau|er, stock|steif, stock|taub**

Stock, der: des Stock(e)s, die Stöcke; über Stock und Stein – er geht am Stock (ist völlig fertig); der **Spa|zier|stock,** das **Stöck|chen,** der **Stock|hieb**

Stock, der: des Stock(e)s, die Stocke *auch* Stockwerke; ein vierstöckiges Haus – sie wohnen im zweiten Stock

R
S
T

sto|cken: du stockst, er stockte, hat gestockt, stock(e) nicht!; (nicht vorangehen): mit stockender Stimme – stockender Verkehr; ins Stocken kommen; die **Sto|ckung** (Unterbrechung, Stillstand); **sto|ckig** (verdorben, fleckig), **ver|stockt** (uneinsichtig)

Stoff, der: des Stoff(e)s, die Stoffe; der **Stoff|fet|zen** *auch* **Stoff-Fet|zen,** der **Stoff|rest; stofflich**

stöh|nen: du stöhnst, er stöhnte, hat gestöhnt, stöhn(e)!; das **Stöh|nen**

Stol|len, der: des Stollens, die Stollen; (Weihnachtsgebäck; Zapfen am Hufeisen, an Fußballschuhen; waagerechter Gang im Bergwerk)

stol|pern: du stolperst, er stolperte, ist gestolpert, stolp(e)re nicht!; der **Stol|per|stein**

Stolz, der: des Stolzes; **stolz:** er ist stolz auf seinen Erfolg; **stol|zie|ren** (hochmütig gehen)

stop *engl.:* (*auf Verkehrszeichen* halt!, *aber* **stopp!:** (halt!); der **Stop-and-go-Verkehr** *[stopendgo]* (langsamer Verkehr, bei dem man häufig anhalten muss), der **Stopp,** der **Stopp|ball,** das **Stopplicht** (Bremslicht), die **Stopp|stra|ße,** die **Stopp|uhr; stop|pen**

stop|fen: du stopfst, er stopfte, hat gestopft, stopf(e)!; Strümpfe stopfen – die Bücher in die Tasche stopfen – der Abfluss ist verstopft; jemandem das Maul stopfen (*umgangssprachlich für* zum Schweigen bringen); die **Stopf|na|del**

Stop|pel, die: der Stoppel, die Stoppeln; der **Stop|pel|bart,** das **Stop|pel|feld; stop|pe|lig** *auch* **stopp|lig**

Stöp|sel, der: des Stöpsels, die Stöpsel; (Flaschenverschluss; kleiner Junge); **stöp|seln**

Storch, der: des Storch(e)s, die Störche; wie ein Storch im Salat (unbeholfen, steif) stehen; das **Stor|chen|nest**

stö|ren: du störst, er störte, hat gestört, stör(e) nicht!; der **Stö|ren|fried,** die **Stö|rung,** die **Stö|rungs|stel|le; stör|an|fäl|lig, stö|rungs|frei**

stör|risch: störrischer, am störrischsten; (trotzig, widerspenstig): störrisch wie ein Esel sein

Sto|ry *engl. [ßtori],* die: der Story, die Storys; (Geschichte)

sto|ßen: du stößt, er stieß, er stieße, hat gestoßen, stoß(e)!; man muss ihn mit der Nase darauf stoßen – jemanden vor den Kopf stoßen (kränken); der **Stoß:** seinem Herzen einen Stoß geben (sich zu etwas durchringen), der **Stoß|dämp|fer,** der **Stoß|seuf|zer,** die **Stoß|stan|ge,** der **Stoß|zahn; stoß|sicher; stoß|wei|se**

stot|tern: du stotterst, er stotterte, hat gestottert, stott(e)re nicht!; der Motor stottert (läuft nicht rund); **stot|te|rig** *auch* **stott|rig; ab|stot|tern** (einen Geldbetrag in kleinen Mengen zurückzahlen)

Stra|fe, die: der Strafe, die Strafen; die **Straf|ar|beit,** der *auch* die **Straf|ge|fan|ge|ne,** das **Straf|ge|setz|buch:** *Abk.* StGB, der **Sträf|ling,** der **Straf|pro|zess,** der **Straf|raum,** der **Straf|stoß,** der **Straf|voll|zug,** die **Vor|stra|fe,** die **Zeit|stra|fe; straf|bar, straf|fäl|lig:** straffällig werden, **straf|frei:** straffrei ausgehen, **sträf|lich:** sträflicher Leichtsinn, **straf|mil|dernd; be|stra|fen, stra|fen:** jemanden Lügen strafen (ihm nachweisen können, dass er gelogen hat)

straff: straffer, am straffsten; (fest, gespannt); die **Straff|heit; straf|fen:** sich straffen (recken)

Strahl, der: des Strahl(e)s, die Strahlen; die Strahlen der Sonne – der Wasserstrahl; der **Strah|len|schutz** (Maßnahmen zur Verminderung unerlaubter und nicht notwendiger Strahlenbelastungen), der **Strah|ler** (Lampe), die **Strah|lung; strah|len|för|mig; strah|len:** ein strahlendes Gesicht – vor Freude strahlen

Sträh|ne, die: der Strähne, die Strähnen; die **Haar|sträh|ne; sträh|nig**

stramm: strammer, am strammsten; (fest, gespannt; kräftig); strammer Max (Brotscheibe mit Spiegelei), **stramm|steh|en, stramm zie|hen** *auch* **stramm|zie|hen**

stram|peln: du strampelst, er strampelte, hat gestrampelt, stramp(e)le!; das Baby strampelt vergnügt; das **Stram|pel|hös|chen,** der **Stramp|ler** (Strampelanzug)

Strand, der: des Strand(e)s, die Strände; das **Strand|bad,** der **Strand|korb; stran|den**

Strang, der: des Strang(e)s, die Stränge; (Strick); über die Stränge schlagen (leichtsinnig sein) – am gleichen Strang ziehen (gemeinsam vorgehen)

Stra|pa|ze *ital.,* die: der Strapaze, die Strapazen; (große Anstrengung); **stra|pa|zier|fä|hig, stra|pa|zi|ös; stra|pa|zie|ren** (überanstrengen)

Stra|ße, die: der Straße, die Straßen; *Abk.* Str.; jemanden auf die Straße setzen (entlassen, kündigen); die **Haupt|stra|ße,** die **Ne|ben|stra|ße,** die **Stra|ßen|bahn,** die **Stra|ßen|sper|rung,** die **Stra|ßen|ver|kehrs|ord|nung:** *Abk.* StVO

Stra|te|gie *griech.,* die: der Strategie, die Strategien; (genau geplantes Vorgehen; *früher* Kriegskunst); der **Stra|te|ge** (Feldherr); **stra|te|gisch**

sträu|ben: du sträubst dich, er sträubte sich, hat sich gesträubt, sträub(e) dich!; (sich widersetzen); mir sträuben sich die Haare (ich bin entsetzt)

Strauch, der: des Strauch(e)s, die Sträucher; **strau|chig**

strau|cheln: du strauchelst, er strauchelte, ist gestrauchelt, strauch(e)le nicht!; (stolpern)

Strauß, der: des Straußes, die Strauße; (Vogel); eine Vogel-Strauß-Politik betreiben (Tatsachen nicht sehen wollen)

Strauß, der: des Straußes, die Sträuße; der **Blu|men|strauß**

stre|ben: du strebst, er strebte, hat gestrebt, streb(e)!; (sich um etwas bemühen); die **Stre|be** (schräge Stütze), das **Stre|ben,** der **Stre|ber** (jemand, der überaus ehrgeizig vorwärtskommen möchte); **streb|sam**

Stre|cke, die: der Strecke, die Strecken; das **Stre|cken|netz,** der **Streck|mus|kel,** die **Stre|ckung** (das Langziehen); **stre|cken|wei|se; stre|cken:** sich strecken (dehnen) – sich recken und strecken; die Waffen strecken (aufgeben) – jemanden zu Boden strecken (niederschlagen)

Street|ball *engl. [stritbol],* der: des Streetballs; (Basketballspiel in Straßen und Höfen)

strei|cheln: du streichelst, er streichelte, hat gestreichelt, streich(e)le!; die **Strei|chel|ein|heit** (*scherzhaft für* Lob, Zuwendung), das **Strei|cheln**

strei|chen: du streichst, er strich, er striche, hat gestrichen, streich(e)!; die Wände streichen – einen Fehler durchstreichen; die Segel, Flagge

R S T

streichen (einholen); der **Streich:** jemandem einen Streich spielen, die **Strei|cher** (Spieler der Streichinstrumente), die **Streich|holz|schach|tel,** der **Streich|kä|se,** die **Strei|chung,** die **Streich|wurst; streich|fä|hig**

strei|fen: du streifst, er streifte, hat gestreift, streif(e)!; die **Po|li|zei|strei|fe** (Polizisten auf Kontrollgang), der **Strei|fen,** der **Strei|fen|wa|gen,** das **Streif|licht,** der **Streif|schuss,** der **Streif|zug** (Wanderung, Erkundung); **strei|fig**

Streik, der: des Streik(e)s, die Streiks; (Arbeitsniederlegung von Arbeitnehmern, um bestimmte Forderungen durchzusetzen); der **Streik|bre|cher,** das **Streik|recht; strei|ken**

strei|ten: du streitest, er stritt, er stritte, hat gestritten, streit(e)!; der **Streit:** einen Streit vom Zaun brechen – einen Streit schlichten, der **Strei|ter,** die **Streit|fra|ge,** das **Streit|ge|spräch,** der **Streit|ham|mel** (streitsüchtiger Mensch), die **Streit|macht,** der **Streit-schlich|ter; strei|tig:** jemandem etwas streitig machen (ihm etwas nicht gönnen, nicht geben wollen), **streit-lus|tig, streit|süch|tig**

streng: strenger, am strengsten; streng sein – streng genommen *auch* strenggenommen (genau genommen); **streng|gläu|big:** strenggläubig sein; **strengs|tens;** die **Stren|ge**

Stress *engl.,* der: des Stresses; (körperliche oder seelische Belastung); die **Stress|si|tu|a|ti|on** *auch* **Stress-Si|tu|a-ti|on; stres|sig**

Stret|ching *engl. [stretsching],* das: des Stretchings; (Dehnübungen)

streu|en: du streust, er streute, hat gestreut, streu(e)!; der **Salz|streu|er,** die **Streu** (Stroh als Bodenbelag für das Vieh), das **Streu|fahr|zeug** (Straßenfahrzeug zur Verteilung von Salz oder Splitt), der **Streu|sel|ku|chen; ver-streut, zer|streut** (verteilt; unaufmerksam, in Gedanken woanders)

streu|nen: du streunst, er streunte, ist gestreunt, streune nicht!; (sich herumtreiben)

Strich, der: des Strich(e)s, die Striche; nach Strich und Faden (kräftig, tüchtig) – jemandem einen Strich durch die Rechnung machen (den Plan verderben) – es geht mir gegen den Strich (passt mir nicht) – auf den Strich gehen (als Prostituierte arbeiten); der **Strich|punkt** (Semikolon); **strich|wei-se** (gebietsweise); **stri|cheln**

stri|cken: du strickst, er strickte, hat gestrickt, strick(e)!; in eine Sache verstrickt (verwickelt) sein; der **Strick:** wenn alle Stricke reißen (im Notfall) – jemandem einen Strick drehen (bewusst schaden), die **Stri|cke|rei,** die **Strick|ja|cke,** die **Strick|lei|ter,** das **Strick|mus|ter,** die **Strick|na|del**

strie|geln: du striegelst, er striegelte, hat gestriegelt, strieg(e)le!; ein Pferd striegeln; der **Strie|gel** (Bürste zum Pferdestriegeln)

Strie|me, die: der Strieme, die Striemen; (Streifen in der Haut): *auch* der **Strie-men; strie|mig**

strikt *lat.:* (streng, genau)

Strip|pe, die: der Strippe, die Strippen; (Schnur; *scherzhaft für* Fernsprechleitung); sich an die Strippe hängen (telefonieren)

stritt: → streiten

Stroh, das: des Stroh(e)s; nach einem Strohhalm (nach der letzten möglichen Hilfe) greifen; das **Stroh|feu|er**

(rasch entflammende, aber ebenso schnell verlöschende Begeisterung), der **Stroh|halm,** der **Stroh|wit|wer** (Mann, dessen Frau verreist ist); **stroh|dumm** (sehr dumm), **stro|hig:** strohiges Haar

Strolch, der: des Strolch(e)s, die Strolche; (Schlingel; Gauner); **strol|chen:** durch die Stadt strolchen (ziellos umherstreifen)

Strom, der: des Strom(e)s, die Ströme; ein breiter Strom (Fluss) – der elektrische Strom – der Verkehrsstrom – es regnet in Strömen; mit dem Strom schwimmen (sich anpassen), gegen den Strom schwimmen (sich widersetzen); der **Strom|aus|fall,** der **Strom|kreis,** die **Strö|mung; strom|ab|wärts:** *aber* den Strom abwärts, **strom|auf|wärts:** *aber* den Strom aufwärts; **strom|spa|rend** *auch* **Strom spa|rend; strö|men**

stro|mern: du stromerst, er stromerte, ist gestromert, stromer(e)!; (ziellos umherwandern); der **Stro|mer** (Landstreicher)

Stro|phe *griech.,* die: der Strophe, die Strophen; (Gedicht-, Liedabschnitt)

strot|zen: du strotzt, er strotzte, hat gestrotzt; (übervoll sein, fast bersten): vor Kraft strotzen

strub|be|lig *auch* **strubb|lig:** strubbliger, am strubbligsten; (zerzaust, wirr): er hat strubbliges Haar

Stru|del, der: des Strudels, die Strudel; (Wasserwirbel; Gebäck); im Strudel der Ereignisse; der **Ap|fel|stru|del; stru|deln:** das Wasser strudelt

Struk|tur *lat.,* die: der Struktur, die Strukturen; (Bau, Aufbau, Gliederung); die **Struk|tur|ta|pe|te; struk|tu|rell; struk|tu|rie|ren** (gliedern)

Strumpf, der: des Strumpf(e)s, die Strümpfe; die **Strumpf|ho|se**

Strunk, der: des Strunk(e)s, die Strünke; (Baumstumpf mit Wurzeln; dicker Pflanzenstängel ohne Blätter)

strup|pig: struppiger, am struppigsten; (unordentlich); die **Strup|pig|keit**

Struw|wel|pe|ter, der: des Struwwelpeters; (Kinderbuchgestalt; Kind mit strubbligen Haaren)

Stu|be, die: der Stube, die Stuben; der **Stu|ben|ar|rest,** der **Stu|ben|ho|cker** (jemand, der kaum das Zuhause verlässt); **stu|ben|rein**

Stuck *ital.,* der: des Stuck(e)s; (aus einer Gipsmischung hergestellter Deckenschmuck); der **Stu|cka|teur,** die **Stuck|de|cke**

Stück, das: des Stück(e)s, die Stücke; fünf Stück Kuchen – ein Stück Papier – Käse im Stück; das ist ein starkes Stück (eine Unverschämtheit, eine Zumutung) – große Stücke auf jemanden halten (ihn sehr schätzen) – etwas aus freien Stücken (freiwillig) tun; das **Stück|werk** (unvollendete Arbeit), die **Stück|zahl; stück|wei|se; stü|ckeln** (aus kleinen Stücken zusammensetzen)

Stu|dent *lat.,* der: des Studenten, die Studenten; (jemand, der an einer Hochschule studiert); die **Stu|den|tin,** das **Stu|di|um; stu|die|ren:** probieren geht über studieren *auch* Probieren geht über Studieren

Stu|die, die: der Studie, die Studien; (wissenschaftliche Arbeit, Untersuchung; Vorarbeit zu einem wissenschaftlichen Werk; Entwurf, Skizze zu einem Kunstwerk)

Stu|dio, das: des Studios, die Studios; (Arbeitsraum von Künstlern; Sende-,

R S T

Aufnahmeraum in Rundfunk und Fernsehen); das **Fit|ness|stu|dio** *auch* **Fit|ness-Stu|dio**

Stu|fe, die: der Stufe, die Stufen; der **Stu|fen|bar|ren** (Turngerät); **stu|fen-för|mig, stu|fen|los; stu|fen|wei|se; ein|stu|fen, he|rab|stu|fen, stu|fen**

Stuhl, der: des Stuhl(e)s, die Stühle; sich zwischen zwei Stühle setzen (in beiden Fällen in einer ungünstigen Lage sein) – jemandem den Stuhl vor die Tür setzen (ihn hinauswerfen); der **Stuhl|gang** (Ausscheidung unverdaulicher Nahrungsreste)

stumm: der *auch* die **Stum|me,** der **Stumm|film,** die **Stumm|heit; ver-stum|men**

Stum|mel, der: des Stummels, die Stummel; (Reststück); der **Ker|zen-stum|mel**

Stüm|per, der: des Stümpers, die Stümper; (Nichtskönner, Pfuscher); die **Stüm|pe|rei; stüm|per|haft; stüm-pern**

stumpf: stumpfer, am stumpfesten; das stumpfe Messer – der stumpfe Winkel; **ab|ge|stumpft, stumpf|sin|nig** (geisttötend, monoton), **stumpf|win-ke|lig** *auch* **stumpf|wink|lig;** der **Stumpf:** mit Stumpf und Stiel (vollständig) ausrotten, der **Stumpf|sinn**

Stun|de, die: der Stunde, die Stunden; dies ist die Stunde (der Zeitpunkt) der Entscheidung; der **Stun|den|lohn,** der **Stun|den|plan,** der **Stun|den|zei-ger; stun|den|lang:** er hat stundenlang ferngesehen, *aber* er hat drei Stunden lang ferngesehen, **stünd-lich**

Stunt|man *engl.-amerik. [ßtantmän],* der: des Stuntmans, die Stuntmen *[ßtantmen]*; (jemand, der bei gefährlichen Filmszenen den eigentlichen Darsteller vertritt); der **Stunt** *[ßtant]:* die Stunts; (Szene, in der der Stuntman auftritt)

stu|pid *auch* **stu|pi|de** *lat.:* stupider, am stupidesten; (dumm, beschränkt, stumpfsinnig, eintönig)

Stups, der: des Stupses, die Stupse; (leichter Stoß); die **Stups|na|se; stup-sen**

stur: sturer, am stursten; (starr, hartnäckig, unbelehrbar, beharrlich): eine sture Haltung einnehmen – auf stur schalten; die **Stur|heit**

Sturm, der: des Sturm(e)s, die Stürme; Sturm laufen (heftig gegen etwas ankämpfen) – die Ruhe vor dem Sturm; der **Stür|mer,** die **Sturm|flut,** die **Sturm|war|nung; stür|misch; stür-men**

Sturz, der: des Sturzes, die Stürze; der **Sturz|flug,** der **Sturz|helm; stür|zen:** jemanden stürzen (von einer Position verdrängen) – sich in ein Abenteuer stürzen – jemanden ins Verderben stürzen

Stuss, der: des Stusses; (Unsinn, dummes Zeug)

Stu|te, die: der Stute, die Stuten; (weibliches Pferd)

stut|zen: du stutzt, er stutzte, hat gestutzt, stutz(e)!; (erstaunt, verwirrt blicken, Verdacht schöpfen; verkürzen): die Haare, die Federn stutzen; der **Stut|zen** (Wadenstrumpf; kurzes Gewehr); **stut|zig** (erstaunt, nachdenklich)

stüt|zen: du stützt, er stützte, hat gestützt, stütz(e)!; die **Stüt|ze,** der **Stütz|pfei|ler,** der **Stütz|punkt**

StVO: *Abk. für* **S**tra**ß**en**v**erkehrs**o**rdnung

sty|len *engl. [ßteilen]:* du stylst, er stylte, hat gestylt, style dich!; (gestalten, zurechtmachen); das **Sty|ling** *[ßteiling]* (Formgebung, Gestaltung)

Sty|ro|por, das: des Styropors; (ein Kunststoff)

Sub|jekt *lat.,* das: des Subjekt(e)s, die Subjekte; (Wesen, Person; Satzgegenstand); die **Sub|jek|ti|vi|tät; sub|jek-tiv** (persönlich, nicht sachlich, parteiisch): *Gegensatz* objektiv – eine subjektive Betrachtung

Sub|stan|tiv *lat.,* das: des Substantivs, die Substantive; (Nomen); **sub|stan-ti|visch; sub|stan|ti|vie|ren** (als Substantiv gebrauchen): ein substantiviertes Verb

Sub|stanz *auch* **Subs|tanz** *lat.,* die: der Substanz, die Substanzen; (Materie, Stoff, Masse, Bestandteil)

sub|tra|hie|ren *lat.:* du subtrahierst, er subtrahierte, hat subtrahiert, subtrahiere!; (abziehen, vermindern); die **Sub|trak|ti|on,** der **Sub|tra|hend** (abzuziehende Zahl)

Sub|tro|pen, die: der Subtropen; (Klimagürtel der Erde zwischen Tropen und gemäßigter Zone); **sub|tro-pisch:** das subtropische Klima

su|chen: du suchst, er suchte, hat gesucht, such(e)!; ich suche dich – ich suche mir Arbeit – Hilfe suchen; die **Such|ak|ti|on,** die **Su|che,** der **Su|cher** (Kamerateil zur Darstellung des Bildausschnitts), die **Su|che|rei,** der **Such-hund,** die **Such|ma|schi|ne** (Programm zur Suche von Informationen im Internet)

Sucht, die: der Sucht, die Süchte; (krankhaft gesteigertes Bedürfnis); die **Sucht|ge|fahr,** der *auch* die **Süch|ti|ge,** die **Sucht|krank|heit; süch|tig**

Sü|den, der: des Südens; der Wind kommt von Süden; die **Süd|frucht,** der **Süd|pol,** der **Süd|wind; süd-deutsch, süd|lich, süd|öst|lich; süd-wärts; süd|west|lich**

Suf|fix *lat.,* das: des Suffixes, die Suffixe; (Wortbaustein: Nachsilbe)

Süh|ne, die: der Sühne, die Sühnen; **süh|nen** (büßen, sich bessern)

Sul|tan *arab.,* der: des Sultans, die Sultane; (islamischer Herrschertitel): der Sultan von Marokko

Sul|ta|ni|ne, die: der Sultanine, die Sultaninen; (große kernlose Rosine)

Sül|ze, die: der Sülze, die Sülzen; das **Sülz|ko|te|lett; sül|zen** (*umgangssprachlich für* dummes Zeug reden *oder für* sich einschmeicheln)

Sum|me *lat.,* die: der Summe, die Summen; (Ergebnis der Addition); der **Sum|mand** (Zahl, die hinzugezählt werden muss), das **Sümm|chen; sum-mie|ren** (zusammenzählen)

sum|men: du summst, er summte, hat gesummt, summ(e)!; der **Sum|mer** (Gerät, das einen Summton von sich gibt), der **Summ|ton**

Sumpf, der: des Sumpf(e)s, die Sümpfe; **sump|fig; sump|fen** (unsolide leben), **ver|sump|fen**

Sün|de, die: der Sünde, die Sünden; (Verfehlung, Unrecht); der **Sün|den-bock** (jemand, dem man die Schuld zuschiebt), der **Sün|den|fall,** der **Sün-der,** die **Sünd|flut** *auch* **Sint|flut; sünd|haft:** das ist sündhaft (sehr) teuer, **sün|dig; sün|di|gen**

su|per *lat.:* (sehr, hervorragend, großartig): das ist super!; **su|per|fein, su|per-klug, su|per|leicht, su|per|schnell;** das **Su|per:** *Kurzw.. für* Superbenzin (Treibstoff), der **Su|per|la|tiv** (2. Steigerungsstufe, Höchststufe), der **Su|per|mann,** der **Su|per|markt,** der **Su|per|star**

Sụp|pe, die: der Suppe, die Suppen; jemandem die Suppe versalzen (seine Pläne durchkreuzen) – sich eine schöne Suppe einbrocken (selbst schuld sein) – eine Suppe auslöffeln müssen (die Folgen seines Tuns tragen) – ein Haar in der Suppe (etwas Störendes) finden; das **Sụp|pen|huhn,** der **Sup|pen|tel|ler**

sur|fen *engl.-dt. [ßörfen]:* du surfst, er surfte, hat gesurft, surf(e)!; auf einem Surfbrett segeln – im Internet surfen (nach Informationen suchen); das **Surf|brett,** der **Sur|fer,** die **Sur|fe|rin**

sụr|ren: er surrt, er surrte, hat gesurrt; der Ventilator surrte

süß: süßer, am süßesten; **süß|lich, süß|sau|er;** die **Sü|ße,** das **Süß|holz:** Süßholz raspeln (mit schönen Worten schmeicheln), die **Sü|ßig|keit,** die **Süß|spei|se,** der **Süß|was|ser|fisch; sü|ßen**

SV: *Abk. für* Sportverein

Swịm|ming|pool *engl. [ßwịmingpul],* der: des Swimmingpools, die Swimmingpools; (Schwimmbecken)

Sym|bol *griech.,* das: des Symbols, die Symbole; (Sinnbild, bildhaftes Zeichen); die **Sym|bo|lik; sym|bol|haft, sym|bo|lisch; sym|bo|li|sie|ren** (sinnbildlich darstellen)

Sym|me|trie *griech.,* die: der Symmetrie, die Symmetrien; (spiegelbildliche Gleichheit); die **Sym|me|trie|ach|se** (Spiegelachse); **sym|me|trisch**

Sym|pa|thie *griech.,* die: der Sympathie, die Sympathien; (Zuneigung, Wohlgefallen); der **Sym|pa|thi|sạnt; sym|pa|thisch** (angenehm, liebenswert): ein sympathischer Mensch; **sym|pa|thi|sie|ren**

Sym|pho|nie, die: → Sinfonie

Sym|ptom *auch* **Symp|tom** *griech.,* das: des Symptoms, die Symptome; (Anzeichen, Merkmal, besonders einer Krankheit); **symp|to|ma|tisch** *auch* **symp|to|ma|tisch** (bezeichnend, warnend)

Sy|na|go|ge *auch* **Syn|a|go|ge** *griech.,* die: der Synagoge, die Synagogen; (jüdisches Gotteshaus)

Syn|chro|ni|sa|ti|on *griech.,* die: der Synchronisation, die Synchronisationen; (beim Film: Übertragung in eine andere Sprache); die **Syn|chro|ni|sie|rung; syn|chron** (gleichzeitig, zeitgleich, gleichlaufend); **syn|chro|ni|sie|ren**

sy|no|nym *auch* **syn|o|nym** *griech.:* (sinnverwandt); das **Sy|no|nym** (sinnverwandtes Wort)

Sỵn|tax *griech.,* die: der Syntax, die Syntaxen; (Verknüpfung sprachlicher Einheiten im Satz; Satzlehre); **syn|tạk|tisch**

Syn|the|se *griech.,* die: der Synthese, die Synthesen; (Zusammenfügung einzelner Teile zu einem Ganzen); **syn|the|tisch** (künstlich hergestellt)

Sỵn|the|si|zer *[sünteßaiser],* der: des Synthesizers, die Synthesizer; (Gerät, mit dem Klänge und Geräusche elektronisch erzeugt werden)

Sys|tem *griech.,* das: des Systems, die Systeme; (Aufbau, Gefüge, gegliedertes, geordnetes Ganzes); der **Sys|tem|feh|ler,** der **Sys|tem|kri|ti|ker; sys|te|ma|tisch; sys|te|ma|ti|sie|ren**

Sze|ne *griech.,* die: der Szene, die Szenen; (Abschnitt eines Bühnenstückes; Schauplatz); jemandem eine Szene

R S T

(Vorwürfe) machen – etwas in Szene setzen (zur Geltung bringen); die **Dro|gen|sze|ne,** die **Mu|sik|sze|ne,** die **Sze|nen|fol|ge,** der **Sze|nen|wech|sel,** die **Sze|ne|rie** (Bühnen-, Landschaftsbild); **sze|nisch** (bühnenmäßig)

T

Ta|bak, der: des Tabaks, die Tabake

Ta|bel|le, die: der Tabelle, die Tabellen; (Übersicht in Form von Listen, Spalten; *im Sport* Rangfolge von Sportlern und Mannschaften); der **Ta|bel|len|füh|rer,** der **Ta|bel|len|platz; ta|bel|la|risch** (in Form einer Tabelle)

Ta|blett *auch* **Tab|lett,** das: des Tabletts, die Tabletts *auch* Tablette

Ta|blet|te *auch* **Tab|let|te,** die: der Tablette, die Tabletten; (Arzneimittel)

ta|bu *polynesisch:* (verboten, unantastbar, unverletzlich): für mich ist das tabu (darüber rede ich nicht); das **Ta|bu**

Ta|cho|me|ter, der *auch* das: des Tachometers, die Tachometer; *Kurzw.* Tacho (Geschwindigkeitsmesser)

Ta|del, der: des Tadels, die Tadel; (Verweis, Rüge); **ta|del|los; ta|deln**

Taek|won|do *korean. [täkwondo],* das: des Taekwondo; (aus Korea stammender Selbstverteidigungssport)

Ta|fel, die: der Tafel, die Tafeln; auf eine Tafel schreiben – die Tafel Schokolade; die **Hoch|zeits|ta|fel** (festlich gedeckter Tisch), die **Tä|fe|lung** (Holzverkleidung); **ta|feln** (speisen)

Tag, der: des Tag(e)s, die Tage; eines Tages, bei Tage – unter Tage arbeiten (Bergbau) – der Jüngste Tag; der **Ta|ge|bau** (Bergbau an der Erdoberfläche), das **Ta|ge|buch,** die **Ta|ges|ord|nung,** die **Ta|ges|zei|tung,** die **Ta|gung; heut|zu|ta|ge, tag|aus, tag|ein; ta|ge|lang:** tagelang arbeiten, *aber* zwei Tage lang arbeiten, **täg|lich; tags|über, tags zu|vor; ta|gen:** es fängt an zu tagen (der Tag beginnt) – die Minister tagen (beraten), **ver|ta|gen** (verschieben)

Tai|fun *chines.,* der: des Taifuns, die Taifune; (Wirbelsturm)

Tai|ga *russ.,* die: der Taiga; (Waldgürtel in Sibirien)

Tail|le *franz. [talje],* die: der Taille, die Taillen; (Gürtelweite, schmalste Stelle des Rumpfes); **tail|liert**

Takt, der: des Takt(e)s, die Takte; (rhythmische Einheit eines Musikstücks; Gefühl für passendes Verhalten): im richtigen Takt singen – er hat keinen Takt (Feingefühl); die **Takt|lo|sig|keit,** der **Takt|strich; takt|los, takt|voll**

Tak|tik, die: der Taktik, die Taktiken; (Kunst der Kampfführung; planmäßiges, überlegtes Vorgehen); **tak|tisch; tak|tie|ren**

Tal, das: des Tal(e)s, die Täler; über Berg und Tal wandern; die **Tal|sper|re; tal|ab|wärts**

Ta|lar, der: des Talars, die Talare; (lange Amtstracht)

Ta|lent, das: des Talent(e)s, die Talente; (Begabung, Fähigkeit); **ta|len|tiert**

Ta|ler, der: des Talers, die Taler; (alte deutsche Münze)

Talg, der: des Talg(e)s; (starres Rinderfett)

Ta|lis|man *griech.,* der: des Talismans, die Talismane; (Glücksbringer, Schutzmittel)

Talk|show *engl. [tokschou],* die: der Talkshow, die Talkshows; (Gesprächsrunde im Fernsehen und Rundfunk); der **Talk|mas|ter**

Tam|bu|rin, das: des Tamburins, die Tamburine; (kleine Schellentrommel)

Tam|pon *franz. [tampong],* der: des Tampons, die Tampons; (Watte-, Zellstoffbausch)

Tam|tam *Hindi,* das: des Tamtams, die Tamtams; (chinesisches Becken; Gong); mach nicht so viel Tamtam (Lärm) um die Sache!

Tand, der: des Tands; (wertloses Zeug); die **Tän|de|lei; tän|deln** (scherzen, flirten)

Tan|dem, das: des Tandems, die Tandems; (zweisitziges Fahrrad)

Tang, der: des Tang(e)s, die Tange; (Algenart)

Tan|ga, der: des Tangas, die Tangas; (knapper Bikini oder Slip)

Tan|gen|te, die: der Tangente, die Tangenten; (Gerade, die einen Kreis berührt); **tan|gie|ren** (berühren)

Tan|go *span.,* der: des Tangos, die Tangos; (ein Tanz)

Tank, der: des Tanks, die Tanks; (großer Behälter für Flüssigkeiten); der **Heiz|öl|tank,** der **Tan|ker** (Tankschiff), die **Tank|stel|le; tan|ken**

Tan|ne, die: der Tanne, die Tannen; (Nadelbaum); der **Tan|nen|baum,** der **Tan|nen|zap|fen**

Tan|te, die: der Tante, die Tanten; (Schwester des Vaters oder der Mutter)

Tanz, der: des Tanz(e)s, die Tänze; die **Tanz|bar,** das **Tänz|chen,** der **Tänzer,** die **Tanz|schu|le; tän|ze|risch; tan|zen:** jemandem auf der Nase herumtanzen – nach meiner Pfeife tanzen – aus der Reihe tanzen, **tän|zeln**

Ta|pe|te, die: der Tapete, die Tapeten; (Wandverkleidung); der **Ta|pe|ten|wech|sel; ta|pe|zie|ren**

tap|fer: tapferer, am tapfersten; (mutig, unerschrocken); die **Tap|fer|keit**

tap|pen: du tappst, er tappte, ist getappt, tapp(e)!; im Dunkeln tappen (im Ungewissen sein); **tap|sen** (plump auftreten); **tap|sig**

Ta|ran|tel, die: der Tarantel, die Taranteln; (Spinne); wie von der Tarantel gestochen (erschreckt) aufspringen

Ta|rif, der: des Tarifs, die Tarife; (Preisordnung; festgelegte Summe von Gebühren, Gehältern, Steuern); der **Ta|rif|lohn,** die **Ta|rif|ver|hand|lung,** der **Ta|rif|ver|trag**

tar|nen: du tarnst, er tarnte, hat getarnt, tarn(e)!; (unsichtbar machen, sich der Umgebung anpassen); die **Tarn|farbe,** die **Tarn|kap|pe** (in der Sage eine Kappe, die unsichtbar macht), die **Tar|nung**

Tar|zan: (Dschungelheld in Roman, Comic und Film)

Ta|sche, die: der Tasche, die Taschen; jemandem auf der Tasche liegen (sich alles von ihm bezahlen lassen) – tief in die Tasche greifen (viel bezahlen müssen); das **Täsch|chen,** das **Taschen|buch,** der **Ta|schen|dieb,** das **Ta|schen|geld,** die **Ta|schen|lam|pe,** das **Ta|schen|mes|ser,** der **Ta|schen|rech|ner,** das **Ta|schen|tuch**

Tas|se, die: der Tasse, die Tassen; nicht alle Tassen im Schrank haben (nicht bei Verstand sein); das **Täss|chen,** die **Un|ter|tas|se**

tas|ten: du tastest, er tastete, hat getastet, taste!; (mit den Fingerspitzen, der Hand fühlen); **ab|tas|ten:** etwas abtasten, **vo|ran|tas|ten:** sich vorantasten; die **Tas|ta|tur** (die Tasten des Klaviers, des Computers), die **Tas|te,** der **Tast|sinn**

tat: → tun

Tat, die: der Tat, die Taten; der **Tä|ter,** die **Tä|tig|keit,** der **Tat|ort,** die **Tat|sa-che; ta|ten|durs|tig, tä|tig, tat|kräf|tig; tät|lich:** tätlich (handgreiflich) werden; **tat|säch|lich; be|tä|ti|gen:** sich betätigen

tä|to|wie|ren: du tätowierst, er tätowierte, hat tätowiert, tätowier(e)!; (Zeichnungen in die Haut einritzen); die **Tä|to|wie|rung,** der *auch* das **Tat-too** *engl. [tatu]* (Tätowierung)

tät|scheln: du tätschelst, er tätschelte, hat getätschelt, tätsch(e)le!; (leicht berühren): jemandem die Hand, die Wange tätscheln

tat|schen: du tatscht, er tatschte, hat getatscht; (plump anfassen)

Tat|ze, die: der Tatze, die Tatzen; (Pfote, Pranke); die **Bä|ren|tat|ze**

Tau, das: des Tau(e)s, die Taue; (Seil); das **Tau|zie|hen; ver|täu|en** (durch Taue festmachen)

Tau, der: des Tau(e)s; (Niederschlag), der **Tau|trop|fen,** das **Tau|wet|ter; tau|frisch; tau|en:** der Schnee taut – es hat getaut

taub: taub sein – ein taubes Gefühl – eine taube (leere) Nuss; auf beiden Ohren taub sein (etwas nicht zur Kenntnis nehmen wollen); **taub-stumm;** der **Tau|be,** die **Taub|heit**

Tau|be, die: der Taube, die Tauben; das **Täub|chen,** der **Tau|ben|schlag** (Holzverschlag für Haustauben)

tau|chen: du tauchst, er tauchte, ist getaucht, tauch(e)!; der **Tau|cher,** der **Tau|cher|an|zug,** die **Tau|cher-bril|le**

tau|fen: er tauft, er taufte, hat getauft; die **Tau|fe,** der **Täuf|ling,** der **Tauf|pa-te,** die **Tauf|pa|tin,** der **Tauf|schein**

tau|gen: du taugst, er taugte, hat getaugt; das taugt nichts (ist nichts wert, funktioniert nicht); der **Tau|ge|nichts** (jemand, der nichts taugt), die **Taug-lich|keit; taug|lich**

tau|meln: du taumelst, er taumelte, ist getaumelt, taum(e)le nicht!; (unsicher hin- und herschwanken); **tau|me|lig** *auch* **taum|lig** (torkelnd, schwindelig); der **Tau|mel**

tau|schen: du tauschst, er tauschte, hat getauscht, tausch(e)!; ich möchte nicht mit ihm tauschen (möchte nicht an seiner Stelle sein); **ein|tau-schen:** etwas eintauschen, **um|tau-schen;** der **Tausch,** das **Tausch|ge-schäft**

täu|schen: du täuschst, er täuschte, hat getäuscht, täusch(e) dich nicht!; sich in jemandem getäuscht haben – jemanden täuschen – eine täuschende Ähnlichkeit; die **Täu|schung,** das **Täu|schungs|ma|nö|ver**

tau|send: mehrere tausend *auch* Tausend Menschen – einige tausend *auch* Tausend Stück – tausende *auch* Tausende von Menschen – Märchen aus Tausendundeiner Nacht (arabische Geschichtensammlung); vom Hundertsten ins Tausendste kommen; **tau|send|mal; tau|send|fach;** der **Tau|send|füß|ler** (ein Insekt), der **Tau|send|sas|sa** (Alleskönner); → hundert

Ta|xe, die: der Taxe, die Taxen; eine hohe Taxe (Gebühr) zahlen; die **Kur-ta|xe; ta|xie|ren** (schätzen)

Ta|xi, das: des Taxis, die Taxis; (Auto zur Personenbeförderung gegen Bezahlung); die **Ta|xe** (*umgangssprachlich für* Taxi), der **Ta|xi|fah|rer**

Team *engl. [tim],* das: des Teams, die Teams; (Mannschaft, Gruppe); die **Team|ar|beit,** der **Team|geist,** das **Team|work** *[timwörk]* (Gemeinschaftsarbeit)

Tech|nik, die: der Technik, die Techniken; der **Tech|ni|ker,** die **Tech|ni|sie|rung,** die **Tech|no|lo|gie; tech|nisch:** *Kleinschreibung:* eine technische Zeichnung, die technische Zeichnerin; *Großschreibung:* die Technische Universität Berlin: *Abk.* TU Berlin – der Technische Überwachungsverein: *Abk.* TÜV

Tech|no *engl. [tekno],* der *auch* das: des Techno(s); (Musikrichtung, bei der die Musik hauptsächlich am Computer produziert wird)

TED, der: des TED; *Abk. für* **Te**le**d**ialog (Abstimmung von Fernsehzuschauern oder Radiohörern per Telefon mit Hochrechnung eines Computers); die **TED-Er|geb|nis|se**

Ted|dy, der: des Teddys, die Teddys; der **Ted|dy|bär**

Tee *chines.,* der: des Tees, die Tees; der **Ka|mil|len|tee,** die **Tee|ern|te** *auch* **Tee-Ern|te,** der **Tee|löf|fel**

Teen|ager *auch* **Tee|na|ger** *engl. [tinedscher],* der: des Teenagers, die Teenager; *Kurzw.* **Teen** (Jugendlicher zwischen 13 und 19 Jahren)

Teer, der: des Teer(e)s, die Teere; (zähflüssige, dunkelbraune oder schwarze Masse); **tee|ren:** eine Straße teeren

Teich, der: des Teich(e)s, die Teiche; (kleiner See); der **Gar|ten|teich**

Teig, der: des Teig(e)s, die Teige; den Teig kneten; der **Brot|teig,** die **Teig|wa|ren** (Nudeln); **tei|gig**

Teil, der *auch* das: des Teil(e)s, die Teile; ein Teil davon – ich für mein(en) Teil; die **Teil|nah|me,** der **Teil|neh|mer,** die **Tei|lung,** die **Teil|zah|lung,** die **Teil|zeit|ar|beit; teil|nahms|los; teils, teil|wei|se; tei|len, teil|ha|ben, teil|neh|men, ver|tei|len**

Teint *franz. [täng],* der: des Teints, die Teints; (Gesichtsfarbe; Hauttönung)

te|le... *griech.:* (fern...); das **Te|le|ob|jek|tiv** (Linse zur Aufnahme weit entfernter Gegenstände), das **Te|le|fax:** *Kurzw.* Fax (Fernkopie, Fernkopierer)

Te|le|fon, das: des Telefons, die Telefone; der **Te|le|fon|an|schluss,** das **Te|le|fo|nat,** die **Te|le|fon|rech|nung,** die **Te|le|fon|seel|sor|ge,** die **Te|le|fon|über|wa|chung,** die **Te|le|fon|zel|le; te|le|fo|nisch; te|le|fo|nie|ren**

Te|le|kom|mu|ni|ka|ti|on, die: der Telekommunikation; (Übertragung von Informationen durch elektronische Medien)

Te|le|shop|ping *[teleschoping],* das: des Teleshoppings; (Kauf von Waren im Fernsehen)

Te|le|skop *auch* **Te|les|kop,** das: des Teleskops, die Teleskope; (Fernrohr); **te|le|sko|pisch**

Te|le|vi|si|on, die: der Television; *Abk.* TV (Fernsehen)

Tel|ler, der: des Tellers, die Teller; der **Hand|tel|ler** (Innenfläche der Hand)

Tem|pel, der: des Tempels, die Tempel; (Bauwerk für eine nichtchristliche Religion)

Tem|pe|ra|ment *lat.,* das: des Temperament(e)s, die Temperamente; (Wesensart): viel Temperament (Schwung) haben – ein feuriges, ruhiges Temperament haben; der **Tem|pe|ra|ments-**

aus|bruch; tem|pe|ra|ment|voll (lebhaft, feurig)

Tem|pe|ra|tur *lat.,* die: der Temperatur, die Temperaturen; (Wärmegrad): die Temperatur bleibt unverändert – er hat erhöhte Temperatur (leichtes Fieber); der **Tem|pe|ra|tur|sturz,** der **Tem|pe|ra|tur|un|ter|schied; tem|pe|rie|ren** (die Temperatur regeln)

Tem|po *ital.,* das: des Tempos, die Tempos *auch* Tempi; das Tempo (Zeitmaß) eines Musikstückes – mit hohem Tempo (Geschwindigkeit) fahren; das **Tem|po|li|mit** (Geschwindigkeitsbegrenzung)

Tem|pus *lat.,* das: des Tempus, die Tempora; (Zeitform des Verbs)

Ten|denz *lat.,* die: der Tendenz, die Tendenzen; (Richtung, Absicht): die Tendenz, alles zu beschönigen – die Verkaufszahlen zeigen steigende Tendenz; **ten|die|ren** (zu etwas neigen)

Ten|nis, das: des Tennis; Tennis spielen; der **Ten|nis|ball,** der **Ten|nis|platz,** der **Ten|nis|schlä|ger,** das **Ten|nis|tur|nier,** das **Tisch|ten|nis**

Te|nor *ital.,* der: des Tenors, die Tenöre; (hohe Männerstimme)

Tep|pich, der: des Teppichs, die Teppiche; auf dem Teppich bleiben (nicht übertreiben); der **Tep|pich|bo|den**

Ter|min, der: des Termins, die Termine; (bestimmter Zeitpunkt): einen Termin (eine Frist, einen bestimmten Zeitpunkt) einhalten; der **Ter|min|ka|len|der; ter|min|ge|mäß**

Ter|mi|te, die: der Termite, die Termiten; (tropische Ameisenart)

Ter|pen|tin, das: des Terpentins, die Terpentine; (Harz, Lösungsmittel für Farben)

Ter|rain *franz. [terãng],* das: des Terrains, die Terrains; (Gebiet, Grundstück)

Ter|ra|ri|um, das: des Terrariums, die Terrarien; (Käfig für kleine Reptilien)

Ter|ras|se *franz.,* die: der Terrasse, die Terrassen; **ter|ras|sen|för|mig**

Ter|ri|er *franz.,* der: des Terriers, die Terrier; (Hunderasse)

Ter|ri|ne, die: der Terrine, die Terrinen; (Suppenschüssel)

Ter|ri|to|ri|um *lat.,* das: des Territoriums, die Territorien; (Land, Staatsgebiet)

Ter|ror, der: des Terrors; (Gewaltherrschaft, rücksichtsloses Vorgehen); der **Ter|ro|ris|mus** (Schreckensherrschaft), der **Ter|ro|rist** (Gewalttäter); **ter|ro|ris|tisch; ter|ro|ri|sie|ren** (in Furcht und Schrecken versetzen)

Test *engl.,* der: des Tests, die Tests; **tes|ten**

Tes|ta|ment *lat.,* das: des Testament(e)s, die Testamente; sein Testament machen (letztwillige schriftliche Verfügung) – das Alte, Neue Testament (Hauptteile der Bibel)

Te|ta|nus, der: des Tetanus; (Wundstarrkrampf); die **Te|ta|nus|imp|fung**

teu|er: teurer, am teuersten; ein teures Kleid – ein teurer (lieber, verehrter) Mensch – das kommt dich teuer zu stehen – da ist guter Rat teuer (gefragt); **ver|teu|ern**

Teu|fel, der: des Teufels, die Teufel; jemanden zum Teufel jagen – mal den Teufel nicht an die Wand! (beschwöre kein Unglück herauf!) – in Teufels Küche (in eine unangenehme Lage) kommen; die **Teu|fe|lei** (Boshaftigkeit), der **Teu|fels|kreis** (unangenehme Dinge, die sich gegenseitig bedingen); **teuf|lisch; ver|teu|feln:**

jemanden oder etwas verteufeln (als böse, schlecht hinstellen)

Text, der: des Text(e)s, die Texte; der **Tex|ter** (Verfasser von Werbe- oder Liedtexten), die **Text|er|fas|sung,** die **Text|stel|le,** das **Text|ver|ar|bei|tungs|pro|gramm; tex|ten** (einen Schlager- oder Werbetext verfassen)

Tex|ti|li|en, die: der Textilien; (alle Stoffe, Kleidung, Wäsche); die **Tex|til|wa|ren**

The|a|ter, das: des Theaters, die Theater; ins Theater gehen – Theater spielen; viel Theater machen (Unruhe stiften) – das ist nur Theater (eine Vortäuschung); **the|a|tra|lisch** (übertrieben, schauspielerhaft)

The|ke, die: der Theke, die Theken; (Laden- oder Schanktisch)

The|ma *griech.,* das: des Themas, die Themen; das Thema (Aufgabe, Überschrift) eines Aufsatzes – das Thema (der Grundgedanke) in einem Musikstück; die **The|ma|tik,** die **The|men|stel|lung; the|ma|tisch** (zum Thema gehörend); **the|ma|ti|sie|ren**

The|o|lo|gie *griech.,* die: der Theologie, die Theologien; (Wissenschaft vom Glauben an Gott); der **The|o|lo|ge; the|o|lo|gisch**

The|o|rie *griech.,* die: der Theorie, die Theorien; (Lehre, gedankliche Betrachtungsweise); **the|o|re|tisch:** *Gegensatz* praktisch

The|ra|pie, die: der Therapie, die Therapien; (heilende Behandlung von Krankheiten)

therm... *griech.:* (warm...); das **Ther|mal|bad,** die **Ther|me** (warme Quelle), das **Ther|mo|me|ter,** die **Ther|mos|fla|sche,** der **Ther|mos|tat** (Temperaturregler)

The|se *griech.,* die: der These, die Thesen; (Lehrsatz; Behauptung); eine These aufstellen

Thril|ler *engl. [thriler],* der: des Thrillers, die Thriller; (sehr spannender Film oder Roman, der Nervenkitzel erzeugt)

Thron, der: des Thron(e)s, die Throne; der Königsthron; der **Thron|fol|ger,** die **Thron|fol|ge|rin; thro|nen** (feierlich sitzen)

Thü|rin|gen: (Land der Bundesrepublik Deutschland); der **Thü|rin|ger,** die **Thü|rin|ge|rin; thü|rin|gisch**

Tick, der: des Tick(e)s, die Ticks; (Fimmel, Stich, absonderliche Eigenart): einen kleinen Tick haben

ti|cken: sie tickt, sie tickte, hat getickt; die Uhr tickt; der tickt doch nicht ganz richtig (ist nicht bei Verstand)

Ti|cket *engl.,* das: des Tickets, die Tickets; (Eintrittskarte, Fahrkarte, Flugschein; Strafzettel)

Tie|break *auch* **Tie-Break** *[teibrek],* der *auch* das: des Tiebreaks, die Tiebreaks; (Entscheidungsspiel z. B. im Tennis)

tief: tiefer, am tiefsten; tiefe See – tiefer Schlaf – tief Luft holen – tief sitzen – zutiefst getroffen sein; **tief|ernst, tief|ge|fro|ren, tief|sin|nig;** das **Tief** (Tiefdruckgebiet), der **Tief|aus|läu|fer,** der **Tief|bau,** die **Tie|fe,** das **Tief|kühl|fach,** das **Tief|land,** der **Tief|punkt,** die **Ver|tie|fung; tief|flie|gen** (im Tiefflug fliegen), **tief|sta|peln** (untertreiben), **ver|tie|fen:** sich in etwas vertiefen (sich eingehender mit etwas beschäftigen)

Tier, das: des Tier(e)s, die Tiere; der **Tier|arzt,** der **Tier|park,** die **Tier|quä|le|rei,** der **Tier|schutz|ver|ein,** der **Tier|ver|such; tie|risch, tier|lieb**

Ti|ger, der: des Tigers, die Tiger; (asiatische Großkatze); **he|rum|ti|gern** (unruhig herumlaufen)

til|gen: du tilgst, er tilgte, hat getilgt, tilg(e)!; eine Schuld tilgen (löschen, ausgleichen); die **Til|gung**

ti|men *engl. [teimen]:* du timst, er timte, hat getimt, time!; (zeitlich abstimmen, *beim Sport* das Messen mit der Stoppuhr); das **Ti|ming**

tin|geln: du tingelst, er tingelte, ist getingelt, ting(e)le!; (überall auf kleinen Bühnen auftreten)

Tink|tur, die: der Tinktur, die Tinkturen; (Auszug aus Pflanzenstoffen)

Tin|te, die: der Tinte, die Tinten; in der Tinte sitzen (in einer unangenehmen Lage sein); der **Tin|ten|fisch,** der **Tinten|kil|ler** (Tintenlöscher), der **Tinten|klecks,** die **Tin|ten|pa|tro|ne**

Tipp, der: des Tipps, die Tipps; jemandem einen Tipp geben

tip|peln: du tippelst, er tippelte, ist getippelt, tipp(e)le!; (mit kleinen Schritten laufen); der **Tip|pel|bru|der** (Landstreicher)

tip|pen: du tippst, er tippte, hat getippt, tipp(e)!; (wetten); die **Tipp|ge|mein-schaft,** der **Tipp|zet|tel**

tip|pen: du tippst, er tippte, hat getippt, tipp(e)!; (leicht anstoßen; Maschine schreiben); der **Tipp|feh|ler**

tipp|topp *engl.:* (tadellos)

Tisch, der: des Tisch(e)s, die Tische; er macht reinen Tisch (stellt etwas klar, greift durch) – das fällt unter den Tisch (wird nicht berücksichtigt) – das ist am grünen Tisch geplant worden (ohne Bezug zur Praxis); die **Tisch|de-cke,** das **Tisch|fuß|ball|spiel,** der **Tisch|ler; auf|ti|schen:** Speisen, Lügen auftischen

Ti|tel, der: des Titels, die Titel; (Überschrift; Amtsbezeichnung); das **Ti|tel-blatt,** der **Ti|tel|ver|tei|di|ger; be|ti-teln**

Toast *engl. [toßt],* der: des Toast(e)s, die Toaste *auch* Toasts; (geröstete Weißbrotscheibe; Trinkspruch): einen Toast essen – einen Toast ausbringen; das **Toast|brot,** der **Toas|ter; toas|ten**

to|ben: du tobst, er tobte, hat getobt, tob(e)!; ein Unwetter tobte über den Bergen; die **To|be|rei; tob|süch|tig**

Toch|ter, die: der Tochter, die Töchter

Tod, der: des Tod(e)s, die Tode; zu Tode kommen – auf Leben und Tod – zu Tode erschrecken; die **To|des|angst,** der **Tod|feind,** das **To|des|op|fer; tod...** (*bei Adjektiven immer*); **tod|ernst, to|des|mu|tig, tod|krank, töd|lich, tod|schick, tod|si|cher;** → tot

To|fu *japanisch,* der: des Tofu(s); (quarkähnliche Masse, die aus Sojabohnenmilch gewonnen wird)

To|hu|wa|bo|hu *hebräisch,* das: des Tohuwabohu(s), die Tohuwabohus; (wüstes Durcheinander)

To|i|let|te *franz. [toalete],* die: der Toilette, die Toiletten; er geht auf die Toilette – sie macht Toilette (frisiert und schminkt sich); das **To|i|let|ten|pa-pier,** der **To|i|let|ten|tisch**

To|le|ranz, die: der Toleranz; (Duldsamkeit); **to|le|rant** (großzügig, duldsam); **to|le|rie|ren** (zulassen)

toll: toller, am tollsten; sich toll (sehr) freuen – ein tolles Gefühl haben; die **Toll|heit,** die **Toll|kir|sche,** die **Toll-wut; toll|kühn; tol|len** (toben)

Toll|patsch *ungar.,* der: des Tollpatsches, die Tollpatsche; **toll|pat|schig** (ungeschickt)

S T U

Töl|pel, der: des Tölpels, die Tölpel; (großer Schwimmvogel; einfältiger, ungeschickter Mensch); **töl|pel|haft; über|töl|peln** (überlisten)

To|ma|hawk *indian. [tomahak],* der: des Tomahawks, die Tomahawks; (Streitaxt nordamerikanischer Indianer)

To|ma|te, die: der Tomate, die Tomaten; Tomaten auf den Augen haben (etwas nicht sehen wollen)

Tom|bo|la *ital.,* die: der Tombola, die Tombolas; (Verlosung)

Ton, der: des Ton(e)s, die Tone; (Erde, Rohstoff für keramische Waren); der **Ton|topf; tö|nern** (aus Ton)

Ton, der: des Ton(e)s, die Töne; keinen Ton (Wort) sagen – hohe Töne singen; das gehört zum guten Ton (das ist vornehm) – große Töne spucken (prahlen) – der Ton macht die Musik; die **Ton|art,** das **Ton|band,** der **Tonfall,** das **Ton|ge|schlecht** (Dur oder Moll), die **Ton|lei|ter,** die **Ton|qua|lität,** der **Ton|trä|ger; ein|tö|nig** (langweilig), **ton|an|ge|bend** (bestimmend, beherrschend), **ton|los; tö|nen** (Töne von sich geben), **ver|to|nen:** ein Gedicht vertonen

tö|nen: du tönst, er tönte, hat getönt, tön(e)!; (mit Farbe versehen); die **Haar|tö|nung**

To|ner, der: des Toners, die Toner; (Druckfarbe für Kopierer, Drucker)

To|nic *engl. [tonik],* das: des Tonic(s), die Tonics; *Kurzw. für* Tonicwater (Limonade mit Chininzusatz)

Ton|ne, die: der Tonne, die Tonnen; (Behälter, Fass); die **Müll|ton|ne**

Ton|ne, die: der Tonne, die Tonnen; *Abk.* t (Maßeinheit: 1 000 kg); der **Zwölf|ton|ner** *auch* **12-Ton|ner** (Lastwagen); **ton|nen|wei|se**

top... *engl.:* (sehr gut); das **Top** (ärmelloses Oberteil), die **Top|form** (Höchstform), der **Top|star; top|fit, top|mo|disch**

Topf, der: des Topf(e)s, die Töpfe; er wirft alles in einen Topf (behandelt alles gleich, unterschiedslos); der **Koch|topf,** die **Topf|blu|me,** der **Töp|fer** (jemand, der Töpferwaren herstellt), die **Töp|fe|rei** (Werkstatt zum Töpfern); **töp|fern, um|top|fen**

Tor, das: des Tor(e)s, die Tore; die Tore öffnen, schließen; kurz vor Toresschluss (kurz vor dem Ende); das **Fuß|ball|tor,** das **Hof|tor,** das **Stadttor,** der **Tor|wart**

Tor, der: des Toren, die Toren; er ist ein richtiger Tor (Tölpel, Dummkopf); die **Tor|heit; tö|richt** (dumm, unklug)

Torf, der: des Torf(e)s; (vermoderte Pflanzenreste)

tor|keln: du torkelst, er torkelte, ist getorkelt, tork(e)le!; (schwanken)

Tor|na|do *engl.,* der: des Tornados, die Tornados; (Wirbelsturm)

Tor|nis|ter *slaw.,* der: des Tornisters, die Tornister; (*veraltet für* Ranzen)

Tor|pe|do, der: des Torpedos, die Torpedos; (Unterwassergeschoss); das **Torpe|do|boot; tor|pe|die|ren**

Tor|te, die: der Torte, die Torten; die **Obst|tor|te,** der **Tor|ten|bo|den**

Tor|tel|li|ni *ital.,* die: der Tortellini; (gefüllte, ringförmige Nudel)

Tor|tur *lat.,* die: der Tortur, die Torturen; (Folter; Qual)

to|sen: er tost, er toste, hat getost; der Wasserfall tost – tosender Beifall; das **Ge|tö|se** (viel Lärm)

tot: tot sein – ein toter Mann – das tote Gleis; er hat einen toten Punkt (weiß nicht mehr weiter, ist müde) – er schlägt die Zeit tot (langweilt sich, verbringt die Zeit nutzlos); **to|ten-blass, to|ten|still;** der **To|te,** der **To-ten|kopf,** der **Tot|schlag,** die **Tö|tung; tot-** (*bei Verben immer*); **tot|ar|bei|ten:** sich totarbeiten, **tö|ten, tot|la|chen:** sich totlachen, **tot|schla|gen, tot-schwei|gen;** → Tod

to|tal: (ganz und gar): er ist total verrückt; die **To|ta|le** (Kameraeinstellung, die das Ganze einer Szene erfasst), der **To|tal|scha|den**

To|tem *indian.*, das: des Totems, die Totems; (indianisches Stammeszeichen); der **To|tem|pfahl**

Touch|screen *engl. [tatschscrin]*, der: des Touchscreens, die Touchscreens; (Bildschirm, der auf Berührung reagiert)

Tou|pet *franz. [tupe]*, das: des Toupets, die Toupets; (Haarersatz, Perücke); **tou|pie|ren** (das Haar auflockern)

Tour *franz. [tur]*, die: der Tour, die Touren; eine Tagestour machen – auf Tour gehen (Geschäftsreise) – die Tour de France (Radrennen) – der Wagen fährt auf vollen Touren (Umdrehungen); etwas auf die krumme Tour (auf unrechtmäßige Weise) versuchen; der **Tou|ris|mus** (Fremdenverkehr), das **Tou|ris|mus|bü|ro,** der **Tou|rist,** die **Tou|ris|tin,** die **Tour|nee** (Gastspielreise von Künstlern)

Tow|er *engl. [tauer]*, der: des Towers, die Tower; (ehemalige Königsburg in London; Flughafenkontrollturm)

tra|ben: du trabst, er trabte, ist getrabt, trab(e)!; das Pferd trabt; der **Trab:** jemanden auf Trab bringen (ihn zu einer Tätigkeit veranlassen), das **Trab-ren|nen**

Tracht, die: der Tracht, die Trachten (landschaftliche oder berufliche Kleidung); eine festliche Tracht tragen – eine Tracht Prügel; die **Trach|ten|ja-cke; träch|tig:** eine trächtige (tragende) Kuh; **trach|ten:** jemandem nach dem Leben trachten

Tra|di|ti|on *lat.*, die: der Tradition, die Traditionen; (Überlieferung, Brauch); **tra|di|ti|o|nell** (herkömmlich), **tra|di-ti|ons|be|wusst**

traf: → treffen

trä|ge: träger, am trägsten; (langsam, schwerfällig); die **Träg|heit**

tra|gen: du trägst, er trug, er trüge, hat getragen, trag(e)!; *Kleinschreibung:* etwas auf dem Rücken tragen – sich mit dem Gedanken tragen – ein Kleid tragen – sein Schicksal tragen; *Großschreibung:* etwas kommt zum Tragen (gewinnt Bedeutung); **ab|tra|gen, aus-tra|gen;** der **Ge|päck|trä|ger,** die **Tra-ge** (Tragbahre), der **Trä|ger:** der Träger einer Brücke, die **Trag|flä|che:** die Tragflächen des Flugzeugs, die **Trag-wei|te; er|träg|lich, trag|bar, trag|fä-hig:** ein tragfähiger Beschluss

tra|gisch: tragischer, am tragischsten; (erschütternd): *Gegensatz* komisch; die **Tra|gik,** die **Tra|gö|die** (Trauerspiel)

trai|nie|ren *engl. [träniren]:* du trainierst, er trainierte, hat trainiert, trainier(e)!; (üben); der **Trai|ner,** die **Trai|ne|rin,** das **Trai|ning,** der **Trai|nings|an|zug**

Trakt, der: des Trakt(e)s, die Trakte; (Gebäudeteil)

trak|tie|ren: du traktierst, er traktierte, hat traktiert, traktier(e) ihn nicht!; (schlecht behandeln, quälen)

Trak|tor, der: des Traktors, die Traktoren; (Zugmaschine, Schlepper)

träl|lern: du trällerst, er trällerte, hat geträllert, träll(e)re!; (fröhlich singen)

Tram, die: der Tram, die Trams; *Kurzw. für* Trambahn (Straßenbahn)

Tramp *engl. [trämp],* der: des Tramps, die Tramps; (Landstreicher); **tram|pen** (per Anhalter fahren)

tram|peln: du trampelst, er trampelte, hat getrampelt, tramp(e)le nicht!; der *auch* das **Tram|pel** (plumper Mensch), der **Tram|pelpfad**

Tram|po|lin *ital.,* das: des Trampolins, die Trampoline; (Sprunggerät)

Tran, der: des Tran(e)s, die Trane; (Fischfett); der **Le|ber|tran,** die **Tran|su|se** (langweiliger Mensch); **tra|nig:** er blickt tranig (müde, schwerfällig)

Trä|ne, die: der Träne, die Tränen; er muss Tränen (sehr) lachen – jemandem keine Träne nachweinen (sein Fortgehen nicht bedauern); **trä|nen:** ihm tränen die Augen

trank: → trinken

trans... *lat.:* (hinüber, jenseits von etwas)

Trans|fer, der: des Transfers, die Transfers; (Wechsel eines Berufsspielers zu einem anderen Verein; Weitertransport im Reiseverkehr; Überweisung von Geld); **trans|fe|rie|ren**

Trans|fu|si|on *lat.,* die: der Transfusion, die Transfusionen; (Übertragung von Flüssigkeiten); die **Blut|trans|fu|si|on**

Tran|sit *lat.,* der: des Transits, die Transite; (Durchfuhr, Durchreise); der **Tran|sit|ver|kehr** (Personen- und Warenverkehr durch ein Land)

tran|si|tiv: ein transitives (ein Akkusativobjekt verlangendes) Verb

Trans|pa|rent, das: des Transparent(e)s, die Transparente; (durchscheinendes Bild; Spruchband); das **Trans|pa|rent-pa|pier** (Pauspapier); **trans|pa|rent** (durchscheinend, durchsichtig; zu durchschauen)

Trans|plan|ta|ti|on, die: der Transplantation, die Transplantationen; (Verpflanzung von Organen); die **Herz-trans|plan|ta|ti|on; trans|plan|tie-ren**

Trans|port, der: des Transport(e)s, die Transporte; der **Trans|por|ter** (Fahrzeug); **trans|por|ta|bel** (beweglich, beförderbar); **trans|por|tie|ren**

Trans|ves|tit *lat.,* der: des Transvestiten, die Transvestiten; (Mensch mit der Neigung, sich wie das andere Geschlecht zu kleiden und zu benehmen)

Tra|pez *griech.,* das: des Trapezes, die Trapeze; (Viereck mit zwei parallelen, aber ungleich langen Seiten; Schaukelreck); der **Tra|pez|künst|ler; tra-pez|för|mig**

trap|peln: du trappelst, er trappelte, ist getrappelt, trapp(e)le!; (mit kleinen Schritten rasch gehen); das **Pfer|de-ge|trap|pel**

Trap|per *engl.,* der: des Trappers, die Trapper; (nordamerikanischer Fallensteller, Pelztierjäger)

trap|sen: du trapst, er trapste, ist getrapst, traps(e)!; (schwerfällig und geräuschvoll gehen)

Tra|ra, das: des Traras; ein großes Trara um etwas machen (viel Lärm um nichts machen)

Tras|se, die: der Trasse, die Trassen; (Linie eines Verkehrsweges; befestiger Straßen- oder Schienenweg)

trat: → treten

trat|schen: du tratschst, er tratschte, hat getratscht, tratsch(e) nicht!; (schwätzen; über jemanden klatschen); der **Tratsch**

Trau|be, die: der Traube, die Trauben; die **Wein|trau|be**

trau|en: du traust, er traute, hat getraut, trau(e) mir!; das Brautpaar trauen – jemandem oder etwas nicht recht trauen (nicht glauben) – ich traue mich nicht, das zu tun – ich traue mir das nicht zu; die **Trau|ung** (Eheschließung), der **Trau|zeu|ge,** das **Ver|trau|en** (fester Glaube, Zuversicht)

trau|ern: du trauerst, er trauerte, hat getrauert, trau(e)re nicht!; um jemanden trauern; die **Trau|er,** der **Trau|er|fall,** der **Trau|er|kloß** (langweiliger, lustloser Mensch)

Trau|fe, die: der Traufe, die Traufen; (untere Kante des Daches; aus der Dachrinne abfließendes Wasser); er kommt vom Regen in die Traufe (von einer schlechten Lage in eine noch schlimmere); **träu|feln** (tropfenweise gießen)

Traum, der: des Traum(e)s, die Träume; daran ist im Traum nicht zu denken (ist ganz unmöglich); der **Alp|traum** *auch* **Alb|traum,** der **Traum|be|ruf,** der **Träu|mer; träu|me|risch, traum|haft, ver|träumt; träu|men**

trau|rig: trauriger, am traurigsten; (in niedergedrückter Stimmung sein); die **Trau|rig|keit;** → trauern

Treck, der: des Trecks, die Trecks; (Zug von Auswanderern, Flüchtlingen); das **Trek|king** *auch* **Tre|cking** (Wanderung, Fahrt)

Tre|cker, der: des Treckers, die Trecker

tref|fen: du triffst, er traf, er träfe, hat getroffen, triff!; den Nagel auf den Kopf treffen (das Wesentliche einer Sache erfassen) – ins Schwarze treffen (genau das Richtige sagen, tun); der **Treff,** das **Tref|fen,** der **Tref|fer,** der **Treff|punkt; tref|fend** (passend), **treff|si|cher, vor|treff|lich** (ausgezeichnet)

trei|ben: du treibst, er trieb, er triebe, hat getrieben, treib(e)!; das Vieh treiben – auf dem Fluss treiben – sich treiben lassen; das **Treib|eis,** der **Trei|ber,** das **Treib|haus** (Gewächshaus), der **Treib|haus|ef|fekt** (Klimaveränderung durch Erwärmung der Atmosphäre), die **Treib|jagd,** der **Treib|stoff;** → Trieb

Trend *engl.,* der: des Trends, die Trends; (Richtung, Entwicklung): ein Trend nach oben; der **Trend|set|ter** (jemand, der einen Trend bestimmt), der **Trend|sport** (Modesport), die **Trend|wen|de; tren|dy** (modisch)

tren|nen: du trennst, er trennte, hat getrennt, trenn(e)!; sich von jemandem trennen – zwei Dinge voneinander trennen; die **Tren|nung,** der **Tren|nungs|schmerz,** der **Tren|nungs|strich,** die **Trenn|wand; trenn|bar**

Tren|se, die: der Trense, die Trensen; (Pferdezaum)

Trep|pe, die: der Treppe, die Treppen; die **Roll|trep|pe,** das **Trepp|chen,** das **Trep|pen|haus; trepp|ab, trepp|auf**

Tre|sen, der: des Tresens, die Tresen; (Laden-, Schanktisch)

Tre|sor *franz.,* der: des Tresors, die Tresore; (Stahlschrank)

tre|ten: du trittst, er trat, er träte, hat *auch* ist getreten, tritt ein!; jemanden treten (mit dem Fuß stoßen) – er trat ihm auf den Fuß – jemandem zu nahetreten (ihn kränken); ins Fettnäpfchen treten (es sich mit jemandem verderben); die **Tre|ter** (alte Schuhe), die **Tret|müh|le** (immer gleiche, alltägliche Arbeit)

treu: treuer, am treu(e)sten; die treu sorgenden *auch* treusorgenden Eltern; jemandem, einer Sache treu bleiben; **treu|her|zig** (gutgläubig, arglos), **treulos, wort|ge|treu;** die **Treue,** die **Treulo|sig|keit; be|treu|en:** jemanden betreuen, **ver|un|treu|en:** Geld veruntreuen (unterschlagen)

Tri|an|gel *lat.,* der: des Triangels, die Triangel; (Schlaggerät in der Musik; Dreieck)

Tri|ath|lon *griech.,* der *auch* das: des Triathlons, die Triathlons; (Dreikampf an einem Tag: Schwimmen, Radfahren, Laufen)

Tri|bü|ne *franz.,* die: der Tribüne, die Tribünen; die **Zu|schau|er|tri|bü|ne**

Trich|ter, der: des Trichters, die Trichter; jetzt ist er endlich auf den Trichter gekommen (hat es begriffen, eingesehen); **ein|trich|tern:** jemandem etwas eintrichtern (mit Macht etwas beibringen)

Trick, der: des Tricks, die Tricks; (Kunstgriff; List); der **Trick|film; trick|reich; trick|sen, aus|trick|sen:** jemanden austricksen

trieb: → treiben

Trieb, der: des Trieb(e)s, die Triebe; das **Ge|trie|be** (Maschinenantriebsteil), der **Selbst|er|hal|tungs|trieb,** der **Sexu|al|trieb,** die **Trieb|kraft,** der **Triebtä|ter,** das **Trieb|werk; durch|trie|ben** (gerissen, schlau), **trieb|haft**

trie|fen: du triefst, er triefte *auch* troff, er tröffe, hat getrieft; (sehr nass sein): du triefst ja vor Nässe!; **schweiß|triefend, trief|nass**

trie|zen: du triezt, er triezte, hat getriezt, triez(e) mich nicht!!; (plagen, quälen)

trif|tig: triftiger, am triftigsten; (zutreffend, stichhaltig): ein triftiger Grund

Tri|kot *franz. [triko],* das: des Trikots, die Trikots; (eng anliegendes Kleidungsstück); die **Tri|kot|wer|bung**

Tril|ler, der: des Trillers, die Triller; die **Tril|ler|pfei|fe; tril|lern**

Tril|li|on, die: der Trillion, die Trillionen; (eine Million Billionen)

trim|men: du trimmst, er trimmte, hat getrimmt, trimm(e)!; (Hunden das Fell scheren; etwas zurechtmachen): sich durch Sport trimmen (körperlich fit machen) – ein auf alt getrimmter Schrank; **ver|trim|men:** jemanden vertrimmen (verprügeln); der **Trimm-dich-Pfad**

trin|ken: du trinkst, er trank, er tränke, hat getrunken, trink(e)!; **aus|trin|ken, er|trin|ken;** das **Ge|tränk,** die **Tränke,** der **Trin|ker,** das **Trink|geld,** das **Trink|was|ser; trink|bar;** → Trunk

Trio *ital.,* das: des Trios, die Trios; (Musikstück für drei Instrumente; drei Ausführende)

Trip *engl.,* der: des Trips, die Trips; (Ausflug, Reise; Rauschzustand nach Drogeneinnahme)

trip|peln: du trippelst, er trippelte, ist getrippelt, tripp(e)le!; (mit kleinen, schnellen Schritten gehen); der **Trippel|schritt**

trist *franz.:* trister, am tristesten; (traurig, öde): eine triste Gegend

tritt: → treten

Tritt, der: des Tritt(e)s, die Tritte; der **Ein|tritt,** der **Fehl|tritt,** das **Tritt|brett,** der **Zu|tritt; tritt|fest**

Tri|umph *lat.,* der: des Triumph(e)s, die Triumphe; (Siegesfreude; Erfolg); **trium|phal; tri|um|phie|ren**

tro|cken: trockener, am trockensten; *Kleinschreibung:* trockenes Brot – trockener (herber) Wein – trockene Luft; *Großschreibung:* auf dem Trockenen sitzen (in Verlegenheit sein) – seine Schäfchen im Trockenen haben (etwas im Sicheren haben); **kno|chentro|cken;** die **Tro|cken|heit,** der **Wäsche|trock|ner; ab|trock|nen, trocken|le|gen:** ein Baby trockenlegen, **tro|cken rei|ben** *auch* **tro|cken|reiben:** die Haare trocken reiben, **trocknen**

Trö|del, der: des Trödels; (Kram, altes Zeug); die **Trö|de|lei** (Langsamkeit), der **Trö|del|markt,** der **Tröd|ler; trödeln, ver|trö|deln**

Trog, der: des Trog(e)s, die Tröge; (ovales oder rechteckiges Gefäß); der **Blumen|trog,** der **Fut|ter|trog**

Tro|ja|ner, der: des Trojaners, die Trojaner; *Abk. für* Trojanisches Pferd (*ursprünglich* Bewohner Trojas; eingeschmuggeltes Computerprogramm zum Ausspionieren von Daten)

Troll, der: des Trolls, die Trolle; (Kobold); **trol|len:** sich trollen (sich davonmachen)

Trom|mel, die: der Trommel, die Trommeln; das **Trom|mel|fell** (Bespannung einer Trommel; Teil des Ohres), der **Tromm|ler; trom|meln**

Trom|pe|te *franz.,* die: der Trompete, die Trompeten; (Blasinstrument); der **Trom|pe|ter; trom|pe|ten**

Tro|pen, die: der Tropen; (heiße Zone zwischen den Wendekreisen); das **Tro|pen|kli|ma,** die **Tro|pen|krankheit,** die **Tro|pen|wäl|der; tro|pisch:** tropische Temperaturen

Tropf, der: des Tropf(e)s, die Tröpfe; (Dummkopf)

Trop|fen, der: des Tropfens, die Tropfen; das ist ein Tropfen auf dem heißen Stein (so gut wie gar nichts); der **Schweiß|trop|fen,** das **Tröpf|chen,** der **Tropf:** am Tropf hängen *auch* liegen (durch eine Hohlnadel Nährflüssigkeit zugefügt bekommen), die **Tropf|in|fu|si|on,** die **Tropf|steinhöh|le; trop|fen|wei|se; tröp|feln, trop|fen**

Tro|phäe *griech.,* die: der Trophäe, die Trophäen; (Jagdbeute; Siegeszeichen)

Tros|se, die: der Trosse, die Trossen; (starkes Seil); die **Stahl|tros|se**

trös|ten: du tröstest, er tröstete, hat getröstet, tröst(e)!; sich trösten; der **Trost:** Trost spenden, der **Trös|ter,** das **Trost|pflas|ter** (kleine Belohnung), der **Trost|preis; ge|trost** (ohne Bedenken); **tröst|lich** (beruhigend), **trost|los**

Trott, der: des Trott(e)s, die Trotte; das Pferd geht in ruhigem Trott – immer der gleiche Trott! (Arbeitsweise, Gewohnheit, Art zu leben); der **Trot|tel** (Dummkopf); **trot|te|lig** (langweilig, vergesslich); **ver|trot|telt, trot|teln, trot|ten**

trotz: trotz des schlechten Wetters – trotz nasser Jacke; **trotz|dem**

Trotz, der: des Trotzes; etwas aus Trotz tun; der **Trotz|kopf; trot|zig; trotzen** (sich widersetzen)

trüb *auch* **trü|be:** trüber, am trübsten; *Kleinschreibung:* trübes Wasser – trübes Wetter – trübe Stimmung; *Großschreibung:* im Trüben fischen (aus einer unklaren Situation einen Vorteil ziehen); **be|trübt, trüb|sin|nig** (niedergeschlagen, schwermütig); die **Trü|bung; be|trü|ben:** jemanden be-

S T U

trüben (ihm Kummer bereiten), **ein|trü|ben:** etwas eintrüben, **trü|ben:** er sieht aus, als könne er kein Wässerchen trüben (als sei er völlig harmlos)

Tru|bel, der: des Trubels; (lustiges Treiben): Jubel, Trubel, Heiterkeit

Truck *engl. [track],* der: des Trucks, die Trucks; (großer Lkw); der **Tru|cker** (Lastwagenfahrer)

tru|deln: es trudelt, es trudelte, ist getrudelt; (drehend niedergehen, abstürzen): das Flugzeug kommt ins Trudeln

trug: → tragen

trü|gen: es trügt, es trog, es tröge, hat getrogen; (in die Irre führen, täuschen): sich in jemandem getrogen haben – das Wetter trügt – der Schein trügt (es ist ganz anders); **be|trü|gen;** der **Be|trug,** der **Trug** (Betrug, Täuschung), der **Trug|schluss** (falsche Schlussfolgerung, Irrtum); **trü|gerisch**

Tru|he, die: der Truhe, die Truhen; die **Wä|sche|tru|he**

Trüm|mer, die: der Trümmer; (Bruchstücke); der **Trüm|mer|hau|fen; zertrüm|mern**

Trumpf, der: des Trumpf(e)s, die Trümpfe; alle Trümpfe in der Hand halten (im Vorteil sein) – seine Trümpfe ausspielen (die Gelegenheit nutzen); das **Trumpf|ass** *auch* **Trumpf-Ass; auftrump|fen** (Überlegenheit zeigen), **trump|fen, über|trump|fen**

Trunk, der: des Trunk(e)s, die Trunke; sich dem Trunke ergeben – trunken sein vor Glück; der **Trun|ken|bold,** die **Trun|ken|heit,** die **Trunk|sucht,** der **Um|trunk; trunk|süch|tig;** → trinken

Trupp, der: des Trupps, die Trupps; die **Trup|pe** (Soldaten), der **Trup|penübungs|platz; trupp|wei|se**

Trut|hahn, der: des Truthahns, die Truthähne; (Puter); die **Trut|hen|ne** (Pute)

tschau! *auch* **ciao!** *ital.:* (Abschiedsgruß)

Tsche|chi|en: *Abk. für* Tschechische Republik; der **Tsche|che,** die **Tsche|chin; tsche|chisch**

tschüs! *auch* **tschüss!:** (Abschiedsgruß)

T-Shirt *engl. [tischört],* das: des T-Shirts, die T-Shirts; (kurzärmliges Hemd)

Tsu|na|mi *japan.,* der: des Tsunami, die Tsunamis; (große Flutwelle, die durch ein Seebeben ausgelöst wird)

TU: *Abk. für* **t**echnische **U**niversität

Tu|ba, die: der Tuba, die Tuben; (Blechblasinstrument)

Tu|be, die: der Tube, die Tuben; eine Tube Zahnpasta; auf die Tube drücken (zur Eile drängen; es eilig haben)

Tu|ber|ku|lo|se, die: der Tuberkulose, die Tuberkulosen; *Abk.* Tb, Tbc, Tbk (Lungenkrankheit)

Tuch, das: des Tuch(e)s, die Tücher *bei Tucharten* die Tuche; das **Bett|tuch,** *auch* **Bett-Tuch,** das **Hand|tuch,** das **Tisch|tuch,** das **Tüch|lein; be|tucht:** gut betucht sein (wohlhabend sein)

tüch|tig: (fähig, geschickt, fleißig): *verwandt mit* taugen; der **Tüch|ti|ge,** die **Tüch|tig|keit**

Tü|cke, die: der Tücke, die Tücken; (Hinterlist, Bosheit); **heim|tü|ckisch** (hinterhältig, arglistig), **tü|ckisch:** eine tückische (gefährliche) Krankheit

tüf|teln: du tüftelst, er tüftelte, hat getüftelt, tüft(e)le!; (etwas mit Ausdauer und Sorgfalt erarbeiten; über etwas nachdenken); **aus|tüf|teln;** die **Tüf|te|lei,** der **Tüft|ler**

Tu|gend, die: der Tugend, die Tugenden; (vorbildliche Haltung): *verwandt mit* taugen; aus der Not eine Tugend machen (einen Nachteil in einen Vorteil verwandeln); **tu|gend|haft**

Tul|pe, die: der Tulpe, die Tulpen; (Zierpflanze)

tum|meln: ihr tummelt euch, sie tummelten sich, haben sich getummelt, tummelt euch!; (sich bewegen, beeilen): sich im Wasser tummeln; das **Ge|tüm|mel,** der **Tum|mel|platz**

Tu|mor *lat.,* der: des Tumors, die Tumore(n); (Geschwulst)

Tüm|pel, der: des Tümpels, die Tümpel; (kleiner, sumpfiger Teich)

Tu|mult *lat.,* der: des Tumult(e)s, die Tumulte; (Lärm, Unruhe, Aufruhr)

tun: du tust, er tat, er täte, hat getan, tu(e)!; *Kleinschreibung:* eine Arbeit tun – etwas Gutes tun – so tun als ob; *Großschreibung:* das Tun und Lassen; *getrennt:* freundlich tun; *zusammen:* guttun – schöntun; das **Ge|tue,** das **Tun,** der **Tu|nicht|gut** (jemand, der nur Unfug treibt), das **Tu|wort** (Verb); **tun|lichst** etwas tunlichst (möglichst) vermeiden

tün|chen: du tünchst, er tünchte, hat getüncht, tünch(e)!; (anstreichen); **über|tün|chen**

Tun|dra *auch* **Tund|ra** *finnisch-russisch,* die: der Tundra, die Tundren; (baumlose Vegetationszone in den Polargebieten)

Tu|ner *engl. [tjuner],* der: des Tuners; (Kanalwähler an elektronischen Geräten); das **Tu|ning** *[tjuning]* (nachträglich vorgenommene Erhöhung der Leistung eines Motors); **tu|nen**

Tun|fisch *auch* **Thun|fisch,** der: des Tunfischs, die Tunfische; (großer Speisefisch)

Tun|ke, die: der Tunke, die Tunken; (Soße); **ein|tun|ken** (eintauchen), **tun|ken**

Tun|nel *engl.,* der: des Tunnels, die Tunnel *auch* Tunnels; der **Tun|nel|blick** (eingeengte Sichtweise), die **Tun|nel|röh|re; un|ter|tun|neln**

Tup|fen, der: des Tupfens, die Tupfen; (Punkt, runder Fleck); das **i-Tüp|fel|chen,** der **Tup|fer; ge|tupft; ab|tup|fen:** etwas abtupfen, **tup|fen**

Tür, die: der Tür, die Türen; offene Türen einrennen (unnötig gegen etwas angehen) – mit der Tür ins Haus fallen (etwas ohne Umschweife vorbringen) – jemanden vor die Tür setzen (hinauswerfen) – Tag der offenen Tür; die **Haus|tür,** die **Tür|klin|ke,** das **Tür|schloss**

Tur|ban *pers.,* der: des Turbans, die Turbane

Tur|bi|ne *franz.,* die: der Turbine, die Turbinen; (Kraftmaschine)

Tur|bu|lenz *lat.,* die: der Turbulenz, die Turbulenzen; (große Unruhe; ungeordnete Strömung, Luftwirbel); **tur|bu|lent** (unruhig, stürmisch)

tür|kis: (blaugrüne Farbe)

Turm, der: des Turm(e)s, die Türme; der **Kirch|turm,** der **Turm|bau:** der Turmbau zu Babel, das **Türm|chen,** das **Turm|sprin|gen; auf|tür|men:** etwas auftürmen (aufeinanderhäufen)

tür|men: du türmst, er türmte, ist getürmt, türm(e)!; (*umgangssprachlich für* davonlaufen, flüchten)

tur|nen: du turnst, er turnte, hat geturnt, turn(e)!; das **Tur|nen,** der **Tur-**

ner, die **Tur|ne|rin,** das **Turn|fest,** die **Turn|hal|le,** die **Turn|ho|se,** der **Turn|ver|ein; tur|ne|risch**

Tur|nier *franz.,* das: des Turniers, die Turniere; (mittelalterliches Kampfspiel zu Pferd; sportlicher Wettkampf)

tur|teln: du turtelst, er turtelte, hat geturtelt, turt(e)le!; (sich verliebt benehmen): die Tauben turtelten; die **Tur|tel|tau|be**

Tusch, der: des Tusch(e)s, die Tusche; die Musiker spielen einen Tusch

tu|scheln: du tuschelst, er tuschelte, hat getuschelt, tusch(e)le nicht!; (heimlich miteinander flüstern); das **Ge|tu|schel,** die **Tu|sche|lei**

tu|schen: du tuschst, er tuschte, hat getuscht, tusch(e)!; (mit Tusche arbeiten); **ver|tu|schen:** etwas vertuschen (verheimlichen, überspielen); die **Tu|sche,** der **Tusch|kas|ten,** die **Wim|pern|tu|sche**

Tü|te, die: der Tüte, die Tüten; das kommt nicht in die Tüte! (nicht in Frage); die **Plas|tik|tü|te; ein|tü|ten** (etwas in eine Tüte geben)

tu|ten: du tutest, er tutete, hat getutet, tut(e)!; die **Tu|te** (Hupe): du hast von Tuten und Blasen keine Ahnung (verstehst gar nichts)

TÜV: *Abk. für* **T**echnischer **Ü**berwachungs-**V**erein; **TÜV-ge|prüft**

TV: *Abk. für* **T**ele**v**ision (Fernsehen); *Abk. für* **T**urn**v**erein

Twen *engl.,* der: des Twens, die Twens; (Jugendlicher um die zwanzig [twenty] Jahre)

Twist *amerik.,* der: des Twists, die Twists; (Tanz); **twis|ten** (Twist tanzen)

Typ *griech.,* der: des Typs, die Typen; das ist der Typ (Musterbeispiel) eines gutmütigen Menschen – ein Auto vom Typ (Bauart) VW-Golf – ein untersetzter Typ (von stämmiger Gestalt) – das ist vielleicht ein Typ! (Kerl); die **Ty|pe:** verschiedene Typen (Arten) von Mehl – diese komische Type (Person); **ty|pisch** (charakteristisch)

Ty|phus, der: des Typhus; (Infektionskrankheit)

Ty|rann *griech.,* der: des Tyrannen, die Tyrannen; (Gewaltherrscher); die **Ty|ran|nei; ty|ran|nisch; ty|ran|ni|sie|ren** (jemanden unterdrücken)

Ty|ran|no|sau|rus, der: des Tyrannosaurus, die Tyrannosaurier; (ein Dinosaurier); der **Ty|ran|no|sau|rus Rex**

U

u.a.: *Abk. für* **u**nter **a**nderem; *Abk. für* **u**nd **a**ndere

u.Ä.: *Abk. für* **u**nd **Ä**hnliches

U-Bahn, die: der U-Bahn, die U-Bahnen; *Kurzw. für* **U**ntergrund**bahn**

übel: üb(e)ler, am übelsten; mir wird übel – das riecht übel – eine üble Nachrede – übel gelaunt *auch* übelgelaunt sein – jemandem etwas übel nehmen *auch* übelnehmen; das **Übel:** von Übel sein, die **Übel|keit,** der **Übel|tä|ter**

üben: du übst, er übte, hat geübt, üb(e)!; ein Diktat üben; die **Übung,** das **Übungs|dik|tat**

über: die Lampe hängt über dem Tisch – er hängt die Lampe über den Tisch – über (mehr als) zwei Stunden – über und über – über kurz oder lang (bald oder später)

über|all: von überall her

über|an|stren|gen: die **Über|an|stren|gung**
über|ar|bei|ten: die **Über|ar|bei|tung**
über|aus: überaus (sehr) geduldig
über|ba|cken: die Nudeln waren mit Käse überbacken
über|be|wer|ten: (zu hoch bewerten)
über|bie|ten: (ein höheres Angebot machen; übertreffen) → bieten
Über|bleib|sel, das: des Überbleibsels, die Überbleibsel; (Rest)
Über|blick, der: des Überblick(e)s, die Überblicke; der Überblick über das Tal – sich einen Überblick über ein Thema verschaffen; **über|bli|cken**
über|brin|gen: er hat die Nachricht überbracht; → bringen
über|brü|cken: du überbrückst, er überbrückte, hat überbrückt, überbrück(e)!; mit dem Geld konnte er die schlechte Zeit überbrücken
über|dau|ern: das Bauwerk hat mehrere Jahrhunderte überdauert
über|deh|nen: (sehr stark dehnen)
über|drüs|sig: er war des langen Wartens überdrüssig; der **Über|druss** (Übersättigung)
über|ei|nan|der *auch* **über|ein|an|der:** *getrennt:* übereinander reden – übereinander lachen; *zusammen:* etwas übereinanderlegen, die Beine übereinanderschlagen
Über|ein|kom|men, das: des Übereinkommens, die Übereinkommen; (Abmachung); die **Über|ein|kunft; über|ein|kom|men**
über|ein|stim|men: (einer Meinung sein); die **Über|ein|stim|mung**
über|fah|ren: er ist mit der Fähre übergefahren; die **Über|fahrt:** die Überfahrt mit der Fähre war abenteuerlich; → fahren
über|fah|ren: (jemanden mit einem Fahrzeug verletzen, töten): er hat ein Reh überfahren (z.B. mit dem Auto); → fahren
über|fal|len: (plötzlich angreifen); der **Über|fall;** → fallen
über|flie|gen: manche Zugvögel überfliegen ganze Kontinente – einen Text überfliegen (orientierend lesen); der **Über|flug;** → fliegen
über|flü|geln: du überflügelst, er überflügelte, hat überflügelt, überflüg(e)le; (jemanden übertrumpfen, überholen)
Über|fluss, der: des Überflusses; (Übermaß, Fülle); **über|flüs|sig** (unnötig)
über|for|dern: (mehr fordern, als man leisten kann): sich durch eine Aufgabe überfordert fühlen
über|fra|gen: überfragt sein (etwas nicht beantworten können)
über|füh|ren: jemanden eines Verbrechens überführen (ihm seine Schuld nachweisen); die **Über|füh|rung**
Über|gang, der: des Übergang(e)s, die Übergänge; die **Über|gangs|zeit**
über|ge|ben: den Brief übergeben – die Stadt kampflos übergeben – sich übergeben (erbrechen); die **Über|gabe;** → geben
über|ge|hen: zum Angriff übergehen – zum nächsten Tagesordnungspunkt übergehen; → gehen
über|ge|hen: (nicht beachten): einen Einwand übergehen; → gehen
Über|ge|wicht, das: des Übergewicht(e)s, die Übergewichte; **über|ge|wich|tig:** übergewichtig sein
Über|griff, der: des Übergriff(e)s, die Übergriffe; (unrechtmäßiger Eingriff in die Angelegenheiten eines anderen); **über|grei|fen**

über|groß: (sehr groß); die **Über|grö|ße**
über|hand: überhandnehmen (zu viel werden)
über|haupt: das ist überhaupt nicht wahr!
über|heb|lich: überheblicher, am überheblichsten; (hochmütig)
über|ho|len: ein anderes Auto auf der Autobahn überholen – den Motor überholen (ausbessern, wiederherstellen) lassen; das **Über|hol|ver|bot**
über|hö|ren: ich habe mir den Schlager übergehört (zu oft gehört)
über|hö|ren: er hat die Frage überhört (nicht beachtet)
über|las|sen: (anvertrauen); → lassen
über|lau|fen: das Wasser ist übergelaufen – er ist zum Feind übergelaufen; der **Über|läu|fer** (Fahnenflüchtiger); → laufen
über|lau|fen: die Ausstellung ist überlaufen (hat zu viele Besucher)
über|le|ben: (mit dem Leben davonkommen); die **Über|le|ben|den**
über|le|gen: sich eine Decke überlegen
über|le|gen: sich etwas überlegen (nachdenken); die **Über|le|gung**
über|le|gen: (besser sein): im Rechnen ist sie dir überlegen; die **Über|le|genheit**
über|lei|ten: die **Über|lei|tung**
über|lie|fern: die Sage wurde mündlich überliefert (weitergegeben); die **Überlie|fe|rung**
über|lis|ten: du überlistest, er überlistete, hat überlistet, überliste!; (jemanden durch List täuschen)
Über|macht, die: der Übermacht; sich der Übermacht geschlagen geben; **über|mäch|tig**
über|mä|ßig: sich übermäßig (zu sehr) anstrengen; das **Über|maß**
über|mit|teln: du übermittelst, er übermittelte, hat übermittelt, übermitt(e)le!; eine Nachricht übermitteln (weitergeben, überbringen); die **Übermitt|lung**
über|mor|gen: übermorgen Abend
Über|mut, der: des Übermut(e)s; (Überheblichkeit); **über|mü|tig**
über|nach|ten: du übernachtest, er übernachtete, hat übernachtet, übernachte!; die **Über|nach|tung; übernäch|tigt** (nicht ausgeschlafen)
über|neh|men: eine Aufgabe übernehmen – er hat sich damit übernommen (kann es nicht schaffen); die **Über|nah|me;** → nehmen
über|prü|fen: (nachprüfen, kontrollieren): die Rechnung überprüfen; die **Über|prü|fung; über|prüf|bar**
über|que|ren: du überquerst, er überquerte, hat überquert, überquer(e)!; die Straße überqueren
über|ra|gen: der überragende Erfolg
über|ra|schen: du überraschst, er überraschte, hat überrascht, überrasch(e)!; die **Über|ra|schung; über|ra|schend**
über|re|den: (jemandem so lange zureden, bis er etwas tut); die **Über|redungs|kunst**
über|rum|peln: du überrumpelst, er überrumpelte, hat überrumpelt, überrump(e)le!; der Gegner wurde überrumpelt; die **Über|rump|lung**
über|run|den: du überrundest, er überrundete, hat überrundet, überrund(e)!; (eine Runde voraus sein); die **Überrun|dung**
übers: übers (über das) Wochenende
über|schat|ten: es überschattet, es überschattete, hat überschattet; das Rennen wurde von einem Unfall überschattet

über|schät|zen: (zu hoch ansetzen)
über|schau|en: das Gelände kann man gut überschauen; **über|schau|bar**
über|schla|gen: der Funke ist übergeschlagen; der **Über|schlag;** → schlagen
über|schla|gen: die Kosten überschlagen (kurz berechnen) – eine Seite im Buch überschlagen (weglassen) – das Auto hat sich beim Unfall überschlagen; → schlagen
über|schnap|pen: du schnappst über, er schnappte über, ist übergeschnappt, schnapp(e) nicht über!; du bist wohl übergeschnappt (nicht bei Verstand)?
Über|schrift, die: der Überschrift, die Überschriften; (Titel)
Über|schuss, der: des Überschusses, die Überschüsse; (Gewinn); **über|schüs|sig**
über|schüt|ten: er hat die Milch übergeschüttet
über|schüt|ten: er hat ihn mit Worten überschüttet
über|schwäng|lich: überschwänglicher, am überschwänglichsten; (begeistert, übertrieben); der **Über|schwang**
über|schwem|men: das Hochwasser überschwemmte viele Dörfer; die **Über|schwem|mung**
über|se|hen: einen Fehler übersehen; → sehen
über|set|zen: er ist mit der Fähre übergesetzt – das Auto wurde auf die Insel übergesetzt
über|set|zen: er hat den Text ins Deutsche übersetzt; die **Über|set|zung:** die Übersetzung ins Englische
Über|sicht, die: der Übersicht, die Übersichten; (Überblick); **über|sicht|lich, un|über|sicht|lich**
über|spannt: (übertrieben)
über|spie|len: sie überspielte (verbarg geschickt) die peinliche Situation
über|spitzt: (übermäßig); du hast das überspitzt (übertrieben) gesagt
über|sprin|gen: die Begeisterung ist übergesprungen – der Funke ist übergesprungen; → springen
über|sprin|gen: sie hat eine Klasse übersprungen – auf der Flucht übersprang er den Zaun; → springen
über|ste|hen: ein überstehender Felsen; → stehen
über|ste|hen: (überwinden): eine Gefahr glücklich überstehen – die Nacht hat der Kranke gut überstanden; → stehen
über|stim|men: du überstimmst, er überstimmte, hat überstimmt, überstimm(e)!; sie wurde von den anderen überstimmt
über|streu|en: mit Zucker überstreut
Über|stun|de, die: der Überstunde, die Überstunden; im Betrieb Überstunden machen
über|stür|zen: eine überstürzte (hastige, unüberlegte) Abreise – die Ereignisse überstürzten sich (folgten sehr schnell aufeinander)
über|tra|gen: Zahlen übertragen – etwas in übertragener Bedeutung (nicht wörtlich) meinen, z.B. Kohle *für* Geld – eine Krankheit übertragen – ein Fußballspiel wird im Fernsehen übertragen; die **Über|tra|gung; über|trag|bar;** → tragen
über|tref|fen: jemanden übertreffen (mehr leisten als er); → treffen
über|trei|ben: die **Über|trei|bung; über|trie|ben;** → treiben
über|tre|ten: er ist beim Weitsprung übergetreten – der Fluss ist über die Ufer getreten – er trat zu einem an-

deren Glauben über; der **Über|tritt;** → treten

über|tre|ten: (etwas nicht einhalten); die **Über|tre|tung** (Verstoß gegen eine Vorschrift); → treten

über|wa|chen: du überwachst, er überwachte, hat überwacht, überwach(e)!; (beaufsichtigen, kontrollieren); die **Über|wa|chung**

über|wäl|ti|gen: du überwältigst, er überwältigte, hat überwältigt, überwältig(e)!; (bezwingen, besiegen); **über|wäl|ti|gend** (ungeheuer beeindruckend)

Über|weg, der: des Überweg(e)s, die Überwege; der **Fuß|gän|ger|über|weg**

über|wei|sen: sie hat uns Geld überwiesen – jemanden ins Krankenhaus überweisen; die **Über|wei|sung**

über|wer|fen: (schnell anziehen): sie hat sich einen Mantel übergeworfen; → werfen

über|wer|fen: (entzweien): sie hat sich mit ihrem Bruder überworfen; → werfen

über|win|den: du überwindest, er überwand, er überwände, hat überwunden, überwind(e)!; er hat die Krankheit endlich überwunden (besiegt) – er musste sich beim Essen überwinden (zum Essen zwingen); die **Über|win|dung; über|wind|bar, un|über|wind|lich**

über|win|tern: er überwintert, er überwinterte, hat überwintert; Vögel überwintern im gemäßigten Klima

über|zeu|gen: jemanden überzeugen – von einer Sache überzeugt sein; die **Über|zeu|gung**

über|zie|hen: er hat eine Jacke übergezogen; → ziehen

über|zie|hen: ein Bett frisch überziehen – sein Konto überziehen – er hat die Zeit überzogen (überschritten); → ziehen

üb|lich: *Kleinschreibung:* diese Bezahlung ist üblich – die übliche Gebühr; *Großschreibung:* es ist das Übliche, **üb|li|cher|wei|se**

U-Boot, das: des U-Boot(e)s, die U-Boote; *Kurzw. für* Untersee**boot**

üb|rig: *Kleinschreibung:* die übrigen (restlichen) Gegenstände; *Großschreibung:* im Übrigen – alles Übrige – alle Übrigen, **üb|ri|gens** (nebenbei bemerkt); **üb|rig blei|ben:** vom Essen ist nichts übrig geblieben, **üb|rig blei|ben** *auch* **üb|rig|blei|ben:** mir ist nichts anderes übrig geblieben *auch* übriggeblieben (ich hatte keine Wahl), **üb|rig las|sen** *auch* **üb|rig|las|sen, üb|rig|ha|ben:** für jemanden etwas übrighaben (ihn mögen)

Übung, die: der Übung, die Übungen; aus der Übung kommen (an Geschicklichkeit verlieren); Übung macht den Meister; die **Übungs|ar|beit,** der **Übungs|lei|ter; üben**

UEFA, die: der UEFA; *Abk. für* **U**nion of **E**uropean **F**ootball **A**ssociations (Europäischer Fußballverband)

Ufer, das: des Ufers, die Ufer; **ufer|los** (allzu weit)

UFO *auch* **Ufo,** das: des UFO(s), die UFOs; *Abk. für* **U**nbekanntes **F**lug**o**bjekt

Uhr, die: der Uhr, die Uhren; es ist zwei Uhr – die Uhr geht falsch; der **Uhr|ma|cher,** der **Uhr|zei|ger,** der **Uhr|zei|ger|sinn:** im Uhrzeigersinn – entgegen dem Uhrzeigersinn, die **Uhr|zeit:** *unterscheide* Urzeit

Uhu, der: des Uhus, die Uhus; (Eule)

UKW: *Abk. für* Ultrakurzwelle; der **UKW-Sen|der**

Ulk, der: des Ulk(e)s, die Ulke; (Spaß, Jux); **ul|kig** (komisch, spaßig); **ul|ken, ver|ul|ken:** jemanden verulken

Ul|me, die: der Ulme, die Ulmen; (Laubbaum)

Ul|ti|ma|tum *lat.*, das: des Ultimatums, die Ultimaten; (letzte Aufforderung): jemandem ein Ultimatum stellen

ul|tra *auch* **ult|ra:** (jenseits, darüber hinaus); **ul|tra|vi|o|lett:** ultraviolette Strahlen; der **Ul|tra|schall** (mit menschlichem Gehör nicht mehr wahrnehmbarer Schall)

um: ich sorge mich um ihn – um den Wagen herum – um Gottes Willen! – um einer Sache willen – es waren um (ungefähr) zehn Schüler – er kommt, um zu helfen

um|ar|men: du umarmst, er umarmte, hat umarmt, umarm(e)!; (in die Arme nehmen); die **Um|ar|mung**

Um|bau, der: des Umbau(e)s, die Umbauten; **um|bau|en**

um|bie|gen: er konnte den Draht umbiegen; → biegen

um|blät|tern: beim Suchen des Wortes musste sie oft umblättern

um|bli|cken: (zurückschauen): sich umblicken

um|brin|gen: (töten); → bringen

um|dre|hen: sie dreht sich um; jeden Cent zweimal umdrehen (sparsam sein) – jemandem das Wort im Mund umdrehen (ihn absichtlich falsch verstehen); die **Um|dre|hung**

um|ei|nan|der *auch* **um|ein|an|der:** sich umeinander kümmern – umeinanderlaufen (kreisen)

um|fah|ren: er hat den Zaun umgefahren (umgestürzt); → fahren

um|fah|ren: er hat mit dem Boot eine Insel umfahren (ist um sie herumgefahren); → fahren

um|fal|len: die Vase fiel um; zum Umfallen müde sein

Um|fang, der: des Umfang(e)s, die Umfänge; der Umfang eines Buches; **um|fang|reich; um|fan|gen** (umarmen)

um|fas|send: (ganz, völlig); ein umfassendes Geständnis

Um|feld, das: des Umfelds; (Umgebung): das häusliche Umfeld

um|for|men: (verändern)

Um|fra|ge, die: der Umfrage, die Umfragen; eine Umfrage machen; die **Mei|nungs|um|fra|ge,** das **Um|fra|ge|er|geb|nis**

Um|gang, der: des Umgang(e)s; einen freundschaftlichen Umgang mit jemandem haben; die **Um|gangs|for|men** (das Benehmen); **un|um|gäng|lich** (nicht zu vermeiden, erforderlich)

Um|ge|bung, die: der Umgebung, die Umgebungen; die Umgebung einer Stadt; **um|ge|ben:** umgeben von Schülern

um|ge|hen: (behandeln, handhaben): er geht gut mit dem Pferd um – er kann mit dem neuen Computer schon gut umgehen; der **Um|gang;** → gehen

um|ge|hen: sie umging das überschwemmte Gebiet – er hat das Verbot umgangen (sich daran vorbeigemogelt); die **Um|ge|hungs|stra|ße;** → gehen

Um|hang, der: des Umhang(e)s, die Umhänge; die **Um|hän|ge|ta|sche; um|hän|gen**

um|her: er läuft unruhig umher (hin und her); **um|her|ir|ren**

um|keh|ren: er ist auf halbem Wege umgekehrt; die **Um|kehr; um|ge|kehrt** (im Gegenteil)
um|klei|den: er hat sich in der Kabine umgekleidet; der **Um|klei|de|raum**
um|kom|men: (zu Tode kommen) → kommen
Um|kreis, der: des Umkreises, die Umkreise; im Umkreis von 30 km; **um|krei|sen**
um|la|gern: er hat die Äpfel umgelagert (woanders gelagert); die **Um|la|ge|rung**
um|la|gern: der Artist war von Zuschauern umlagert (umringt); die **Um|la|ge|rung**
um|lau|fen: er hat ihn auf dem Schulhof umgelaufen; → laufen
um|lau|fen: (umrunden); die **Um|lauf|bahn;** → laufen
Um|laut, der: des Umlaut(e)s, die Umlaute; z.B. *ä, ö, ü*
um|le|gen: jemanden umlegen (*umgangssprachlich für* erschießen) – sich ein Halstuch umlegen
um|lei|ten: der Verkehr wird umgeleitet; die **Um|lei|tung**
um|lie|gend: die umliegenden Dörfer
um|pflan|zen: du pflanzt um, er pflanzte um, hat umgepflanzt, pflanz(e) um!; die Blumen werden umgepflanzt (anderswohin gepflanzt); die **Um|pflan|zung**
Um|ran|dung, die: der Umrandung, die Umrandungen; **um|rän|dert; um|ran|den:** eine Textstelle rot umranden
um|rei|ßen: er hat den Zaun umgerissen; → reißen
um|rei|ßen: er hat die Situation knapp umrissen (skizziert); → reißen
um|rin|gen: ihr umringt, sie umringten, haben umringt, umringt!; die Spieler umringten den Trainer; **um|ringt:** umringt von Kindern
Um|riss, der: des Umrisses, die Umrisse; → umreißen
ums: sie geht ums (um das) Haus
um|sat|teln: wegen der hohen Arbeitslosigkeit müssen viele beruflich umsatteln
Um|satz, der: des Umsatzes, die Umsätze; (alle Verkäufe eines Unternehmens); die **Um|satz|stei|ge|rung**
um|schal|ten: die Ampel wird gleich auf Rot umschalten
Um|schau, die: der Umschau; Umschau halten (sich suchend umsehen); **um|schau|en** (sich umsehen)
um|schich|tig: (wechselweise); die **Um|schicht; um|schich|ten** (etwas anders schichten als vorher)
Um|schlag, der: des Umschlag(e)s, die Umschläge; einen kalten Umschlag machen; der **Heft|um|schlag,** der **Wet|ter|um|schlag; um|schla|gen:** die Seite eines Buches umschlagen – das Wetter schlägt um
um|schrei|ben: einen Aufsatz umschreiben (verändern) – ein Gedicht in eine Geschichte umschreiben; → schreiben
um|schrei|ben: sie hat den Begriff umschrieben (ihn mit anderen Worten ausgedrückt); die **Um|schrei|bung;** → schreiben
um|schu|len: (in eine andere Schule schicken; einen anderen Beruf erlernen); die **Um|schu|lung**
Um|schwung, der: des Umschwung(e)s, die Umschwünge; (grundlegende Veränderung); der **Mei|nungs|um|schwung,** der **Wirt|schafts|um|schwung**
Um|sicht, die: der Umsicht; (Klugheit); **um|sich|tig**

ụm|so ...: umso besser – umso mehr – umso weniger

um|sọnst: etwas umsonst bekommen (ohne Geld) – er ist umsonst (vergeblich) gekommen

um|sọr|gen: (mit Aufmerksamkeit umgeben): nett umsorgt werden

ụm|span|nen: (neu spannen); das **Ụm|spann|werk** (Elektrizitätswerk)

um|spạn|nen: (umfassen)

Ụm|stand, der: des Umstand(e)s, die Umstände; unter bestimmten Umständen – mildernde Umstände – in anderen Umständen (schwanger) sein; die **Ụm|stands|mo|de,** das **Ụm|stands|wort** (Adverb); **ụm|ständ|lich**

ụm|stei|gen: in einen anderen Zug umsteigen (wechseln)

ụm|stel|len: das Regal wurde umgestellt – du kannst dieses Wort im Satz umstellen; die **Ụm|stel|lung**

um|stẹl|len: die überfallene Bank wurde von der Polizei umstellt; die **Um|stẹl|lung**

ụm|stim|men: (jemanden dazu bringen, seine Meinung zu ändern); die **Ụm|stim|mung**

ụm|sto|ßen: (umwerfen; etwas für ungültig erklären): in der Dunkelheit stieß er den Stuhl um – sie haben den Plan umgestoßen; → stoßen

um|strịt|ten: umstrittener, am umstrittensten; (zweifelhaft, ungeklärt): eine umstrittene Entscheidung

Ụm|sturz, der: des Umsturzes, die Umstürze; **ụm|stür|zen**

ụm|tau|schen: ein Geschenk umtauschen – Geld in eine andere Währung umtauschen; der **Ụm|tausch**

ụm|wäl|zen: (etwas vollkommen ändern); die **Ụm|wäl|zung; ụm|wäl|zend**

ụm|wan|deln: (in eine andere Form bringen, ändern); die **Ụm|wand|lung**

Ụm|weg, der: des Umweg(e)s, die Umwege; ein Ziel auf Umwegen erreichen

Ụm|welt, die: der Umwelt; der **Ụm|welt|schutz,** die **Ụm|welt|ver|schmut|zung; ụm|welt|freund|lich, ụm|welt|ver|träg|lich**

ụm|zie|hen: die Familie ist umgezogen – er hat sich umgezogen; der **Ụmzug;** → ziehen

um|zịn|geln: sie umzingeln, sie umzingelten, haben umzingelt, umzing(e)le!; die Polizisten umzingelten das Gebäude; die **Um|zịn|ge|lung**

UN, die: *Abk. für* United Nations (Vereinte Nationen); → UNO

un|ab|ạ̈n|der|lich: (nicht zu ändern)

ụn|ab|hän|gig: eine unabhängige (freie) Presse; die **Ụn|ab|hän|gig|keit**

ụn|ab|läs|sig: (dauernd)

ụn|acht|sam: unachtsamer, am unachtsamsten; (unaufmerksam); die **Ụn|acht|sam|keit**

ụn|an|ge|bracht: unangebrachter, am unangebrachtesten; (unpassend)

ụn|an|ge|mes|sen: (nicht angemessen, unpassend)

ụn|an|ge|nehm: unangenehmer, am unangenehmsten; eine unangenehme Aufgabe – das wird noch unangenehme Folgen haben

Ụn|an|nehm|lich|keit, die: der Unannehmlichkeit, die Unannehmlichkeiten; (lästige Sache)

ụn|an|stän|dig: unanständiger, am unanständigsten; die **Ụn|an|stän|dig|keit**

un|an|tạst|bar: (darf nicht bezweifelt, angegriffen werden)

Ụn|art, die: der Unart, die Unarten; (schlechte Angewohnheit, schlechtes Benehmen); **ụn|ar|tig** (ungezogen)

un|auf|hạlt|sam: (stetig)

un|auf|hö̱r|lich *auch* **ụn|auf|hör|lich:** (ununterbrochen)

ụn|auf|merk|sam: unaufmerksamer, am unaufmerksamsten; die **Ụn|auf|merk|sam|keit**

un|aus|ste̱h|lich: unausstehlicher, am unausstehlichsten; (unerträglich)

ụn|bän|dig: unbändige (sehr große) Freude – die unbändige (wilde) Wut

ụn|barm|her|zig: unbarmherziger, am unbarmherzigsten; (ohne Mitleid); die **U̱n|barm|her|zig|keit**

ụn|be|dingt: unbedingtes (großes) Vertrauen – das ist unbedingt (sehr) notwendig

ụn|be|fugt: die **Ụn|be|fug|ten:** Unbefugten (Personen, die keine Erlaubnis haben) ist der Zutritt verboten

ụn|be|greif|lich: (nicht zu verstehen)

ụn|be|grenzt: (ohne Einschränkung)

Ụn|be|ha|gen, das: des Unbehagens; (Unruhe, Abneigung); **ụn|be|hag|lich**

ụn|be|hin|dert: sie konnte unbehindert aufs Tor schießen

ụn|be|hol|fen: unbeholfener, am unbeholfensten; (ungeschickt, schwerfällig): die unbeholfenen Bewegungen

ụn|be|irrt: (beharrlich); **ụn|be|irr|bar**

ụn|be|küm|mert: (sorglos, gleichgültig); die **Ụn|be|küm|mert|heit**

ụn|be|schrankt: der unbeschrankte Bahnübergang; → Schranke

ụn|be|schränkt: (unbegrenzt)

un|be|schre̱ib|lich *auch* **ụn|be|schreib|lich:** die Farben waren unbeschreiblich schön – ein unbeschreibliches Durcheinander

ụn|be|sorgt: unbesorgter, am unbesorgtesten; (ohne Sorge)

ụn|be|stimmt: der Termin der Reise ist noch unbestimmt – der unbestimmte Artikel

ụn|be|tont: die erste Silbe des Wortes ist unbetont

ụn|beug|sam: unbeugsamer, am unbeugsamsten; ein umbeugsamer Wille

ụn|be|wusst: wir haben unbewusst (ohne es zu wissen) das Richtige getan; das **Ụn|be|wuss|te**

ụnd: *Abk.* & (in Firmennamen); + (in der Mathematik)

Ụn|dank, der: des Undanks; Undank ist der Welt Lohn (auch wenn man Gutes tut, darf man keinen Dank erwarten); **ụn|dank|bar**

un|durch|drịng|lich *auch* **ụn|durch|dring|lich:** ein undurchdringlicher Dschungel

ụn|eben: unebener, am unebensten; der Weg ist uneben; die **Ụn|eben|heit**

ụn|ehe|lich: das uneheliche Kind

ụn|eins: uneins (nicht einig) sein

un|ẹnd|lich: (unbegrenzt); das **Un|ẹnd|li|che**

un|ent|gẹlt|lich *auch* **ụn|ent|gelt|lich:** (ohne zu bezahlen)

ụn|ent|schie|den: die Mannschaften spielten unentschieden – wir sind in dieser Sache noch unentschieden; das **Ụn|ent|schie|den**

un|ent|wẹgt *auch* **ụn|ent|wegt:** (ununterbrochen)

un|er|bịtt|lich *auch* **ụn|er|bitt|lich:** unerbittlicher, am unerbittlichsten (unnachgiebig, hart)

ụn|er|hö̱rt: (unglaublich)

un|er|lạ̈ss|lich *auch* **ụn|er|läss|lich:** (unbedingt notwendig)

T
U
V

un|er|müd|lich: *auch* **un|er|müd|lich** unermüdlicher, am unermüdlichsten (ausdauernd)

un|er|träg|lich: *auch* **un|er|träg|lich** unerträglicher, am unerträglichsten; eine unerträgliche Hitze – du bist heute unerträglich

un|er|war|tet *auch* **un|er|war|tet:** (unvorhergesehen, überraschend); das **Un|er|war|te|te**

UNESCO, die: der UNESCO; *Abk. für* United Nations Educational, Scientific and Cultural Organisation (Organisation der Vereinten Nationen für Erziehung, Wissenschaft und Kultur)

Un|fall, der: des Unfall(e)s, die Unfälle; (Unglück); **un|fall|frei**

Un|fug, der: des Unfug(e)s; (Dummheit, Schabernack)

un|ge|bühr|lich: ungebührlicher, am ungebührlichsten (ungehörig, unzumutbar)

Un|ge|duld, die: der Ungeduld; **un|ge|dul|dig**

un|ge|eig|net: ungeeigneter, am ungeeignetsten; (unpassend)

un|ge|fähr *auch* **un|ge|fähr:** (etwa)

un|ge|heu|er *auch* **un|ge|heu|er:** ungeheuer (sehr) viel – das ist ungeheuerlich! (unerhört); das **Un|ge|heu|er**

un|ge|hö|rig: ungehöriger, am ungehörigsten; (unhöflich, taktlos)

un|ge|lernt: (ohne Ausbildung)

un|ge|niert *[unschenirt]:* (zwanglos)

un|ge|nieß|bar *auch* **un|ge|nieß|bar:** das Essen ist ungenießbar

un|ge|nü|gend: er ist mit der Note „ungenügend" beurteilt worden

un|ge|ra|de: ungerade Zahlen (nicht ohne Rest durch 2 teilbar)

un|ge|recht: ungerechter, am ungerechtesten; die **Un|ge|rech|tig|keit**

un|ge|schickt: ungeschickter, am ungeschicktesten; (unklug; schwerfällig, unbeholfen)

un|ge|schminkt: jemandem ungeschminkt (deutlich und klar) die Wahrheit sagen

un|ge|scho|ren: er kam ungeschoren (unangetastet) davon

un|ge|stört: endlich konnten wir ungestört arbeiten

un|ge|stüm: ungestümer, am ungestümsten; eine ungestüme Begrüßung

Un|ge|tüm, das: des Ungetüms, die Ungetüme; (Ungeheuer)

un|ge|wiss: ungewisser, am ungewissesten; das **Un|ge|wis|se:** jemanden im Ungewissen lassen (ihm nichts Genaues sagen)

un|ge|wöhn|lich: die Sängerin hat eine ungewöhnlich (besonders) schöne Stimme – ein ungewöhnlicher (selten vorkommender) Vorfall

Un|ge|zie|fer, das: des Ungeziefers; (Schmarotzer, tierische Schädlinge)

un|ge|zo|gen: ungezogener, am ungezogensten; (frech, patzig); die **Un|ge|zo|gen|heit**

Un|glück, das: des Unglück(e)s, die Unglücke; der **Un|glücks|fall; un|glück|lich; un|glück|li|cher|wei|se**

Un|heil, das: des Unheils; (schlimmes Geschehen); **un|heil|bar**

un|heim|lich *auch* **un|heim|lich:** unheimlicher, am unheimlichsten; in dem verlassenen Haus war es unheimlich – das hat unheimlich viel (sehr viel) gekostet

UNICEF: *Abk. für* United Nations International Children's Emergency Fund (Weltkinderhilfswerk der UNO)

T U V

Uni|form, die: der Uniform, die Uniformen; (einheitliche Kleidung)

Uni|on *lat.*, die: der Union, die Unionen; (Bund, Vereinigung)

Uni|ver|si|tät, die: der Universität, die Universitäten; (Hochschule)

Uni|ver|sum, das: des Universums; (Weltall)

un|ken: du unkst, er unkte, hat geunkt, unk(e) nicht!; (Unglück voraussagen, schwarzsehen); der **Un|ken|ruf**

un|klar: die Aufgabe ist mir unklar – seine Absicht blieb im Unklaren

Un|kos|ten, die: der Unkosten; (Ausgaben); sich in Unkosten stürzen (viel Geld ausgeben)

Un|kraut, das: des Unkrauts, die Unkräuter; Unkraut jäten

un|längst: (vor Kurzem)

un|lau|ter: (unehrlich): der unlautere Wettbewerb

Un|men|ge, die: der Unmenge, die Unmengen; (sehr große Menge)

un|mit|tel|bar: (ohne Umweg, direkt): die Bücherei ist in unmittelbarer Nähe

un|mög|lich *auch* **un|mög|lich:** das **Unmög|li|che**

un|nah|bar *auch* **un|nah|bar:** (verschlossen zurückhaltend)

un|nö|tig: (verzichtbar, entbehrlich, überflüssig); eine unnötige Geldausgabe – das Foul war unnötig

un|nütz: (unnötig)

UNO, die: der UNO; *Abk. für* **U**nited **N**ations **O**rganisation (Organisation der Vereinten Nationen)

un|par|tei|isch: (neutral, ohne Stellungnahme für oder gegen eine Seite); der **Un|par|tei|i|sche** (Schiedsrichter)

Un|rat, der: des Unrats; (Dreck, Schmutz)

Un|recht, das: des Unrecht(e)s; (nicht richtiges Handeln): im Unrecht sein – ein Unrecht tun – unrecht *auch* Unrecht haben; **un|recht:** sich unrecht (nicht richtig) verhalten – zur unrechten (falschen) Zeit kommen, **unrecht|mä|ßig**

Un|ru|he, die: der Unruhe, die Unruhen; **un|ru|hig**

uns: wir sind doch unter uns (im vertrauten Kreis); **un|ser, un|se|re, unser|eins:** unsereins (jemand wie wir) hat es schwer

un|schein|bar: unscheinbarer, am unscheinbarsten; (nicht auffallend, einfach); eine Pflanze mit unscheinbaren Blüten

Un|schuld, die: der Unschuld; seine Hände in Unschuld waschen (sich nicht verantwortlich fühlen); **unschul|dig**

Un|sinn, der: des Unsinns; nichts als Unsinn im Kopf haben; **un|sin|nig**

un|sterb|lich: er hat sich unsterblich (sehr) in sie verliebt; die **Un|sterblich|keit**

un|ten: nach, von, bis unten – unten liegen, bleiben – der unten stehende *auch* untenstehende Satz

un|ter: der Hund liegt unter dem Tisch – der Hund legt sich unter den Tisch

un|ter|bie|ten: er hat den Rekord unterboten (weniger Zeit gebraucht); → bieten

un|ter|bin|den: (verhindern); → binden

un|ter|blei|ben: das hat zu unterbleiben (das ist verboten); → bleiben

un|ter|bre|chen: unterbrich mich nicht! – ein Schrei unterbrach die Stille – die Fahrt wurde unterbrochen; die **Unter|bre|chung;** → brechen

un|ter|brei|ten: du unterbreitest, er unterbreitete, hat unterbreitet, unterbreite!; einen Vorschlag unterbreiten (vorlegen)

un|ter|brin|gen: in der Tasche kann ich nicht alle Bücher unterbringen – die Gäste wurden im Nebenhaus untergebracht; die **Un|ter|brin|gung;** → bringen

un|ter|des|sen *auch* **un|ter|des:** (inzwischen)

un|ter|drü|cken: (mit Gewalt beherrschen; etwas nicht aufkommen lassen): er hat das Gähnen unterdrückt; die **Un|ter|drü|ckung**

un|ter|ei|nan|der *auch* **un|ter|ein|an|der:** die Zahlen untereinanderschreiben

un|ter|er|nährt: (nicht ausreichend ernährt); die **Un|ter|er|näh|rung**

un|ter|for|dern: er ist unterfordert (wird nicht genügend gefordert); die **Un|ter|for|de|rung**

Un|ter|füh|rung, die: der Unterführung, die Unterführungen; die **Ei|sen|bahn|un|ter|füh|rung**

Un|ter|gang, der: des Untergang(e)s, die Untergänge; der Untergang des Schiffes; der **Son|nen|un|ter|gang; un|ter|ge|hen**

Un|ter|ge|schoss, das: des Untergeschosses, die Untergeschosse; (Kelleretage)

Un|ter|grund, der: des Untergrund(e)s, die Untergründe; die **Un|ter|grund|bahn:** *Kurzw.* U-Bahn, die **Un|ter|grund|be|we|gung** (zumeist verbotene, geheime Widerstandstätigkeit)

un|ter|halb: unterhalb des Balkons – unterhalb des Gipfels

Un|ter|halt, der: des Unterhalt(e)s; jemandem Unterhalt zahlen; der **Un|ter|halts|bei|trag; un|ter|halts|pflich|tig; un|ter|hal|ten:** jemanden unterhalten (unterstützen)

Un|ter|hal|tung, die: der Unterhaltung; die **Un|ter|hal|tungs|mu|sik; un|ter|halt|sam; un|ter|hal|ten:** wir haben uns gut unterhalten (miteinander geredet; angenehm die Zeit verbracht)

Un|ter|holz, das: des Unterholzes; (niedriges Gehölz, Gebüsch im Wald)

un|ter|ir|disch: ein unterirdischer (unter der Erde befindlicher) Gang

un|ter|krie|gen: (bezwingen, entmutigen); lass dich nicht unterkriegen!

Un|ter|kunft, die: der Unterkunft, die Unterkünfte; (zeitweilige Wohnung)

un|ter|las|sen: (bleiben lassen, nicht tun); unterlass das in Zukunft!; → lassen

un|ter|le|gen: sie hat ein Kissen untergelegt; die **Un|ter|la|ge**

un|ter|le|gen: (nicht ebenbürtig, schwächer als ein anderer): die unterlegene Mannschaft; die **Un|ter|le|gen|heit**

Un|ter|mie|te, die: der Untermiete; der **Un|ter|mie|ter,** die **Un|ter|mie|te|rin**

un|ter|neh|men: was hast du in den Ferien unternommen?; das **Un|ter|neh|men** (Vorhaben; Betrieb, Fabrik), der **Un|ter|neh|mer,** der **Un|ter|neh|mungs|geist; un|ter|neh|mungs|lus|tig;** → nehmen

un|ter|ord|nen: sich unterordnen (sich fügen) – eine untergeordnete (geringere) Bedeutung; die **Un|ter|ord|nung**

Un|ter|re|dung, die: der Unterredung, die Unterredungen; (Besprechung)

Un|ter|richt, der: des Unterrichts; der **Deutsch|un|ter|richt,** das **Un|ter|richts|fach,** die **Un|ter|richts|stun|de; un|ter|richts|frei; un|ter|rich|ten:**

jemanden von etwas unterrichten (benachrichtigen) – eine Klasse unterrichten – gut unterrichtet (informiert) sein
un|ters: bis unters (unter das) Dach
un|ter|sa|gen: (verbieten)
Un|ter|satz, der: des Untersatzes, die Untersätze; (Gestell, Stütze); der fahrbare Untersatz (Auto)
un|ter|schät|zen: du hast seine Stärke unterschätzt (als zu gering gesehen)
un|ter|schei|den: er kann das Wichtige vom Unwichtigen nicht unterscheiden; die **Un|ter|schei|dung,** der **Un|ter|schied; un|ter|schied|lich;** → scheiden
un|ter|schla|gen: (kreuzen): er stand da mit untergeschlagenen Armen
un|ter|schla|gen: (veruntreuen): er hat viel Geld unterschlagen; die **Un|ter|schla|gung;** → schlagen
Un|ter|schlupf, der: des Unterschlupf(e)s, die Unterschlüpfe; (Zuflucht, Versteck); **un|ter|schlüp|fen**
un|ter|schrei|ben: die **Un|ter|schrift;** → schreiben
Un|ter|see|boot, das: des Unterseeboot(e)s, die Unterseeboote; *Kurzw.* U-Boot
Un|ter|sei|te, die: der Unterseite, die Unterseiten; die Unterseite des Tellers
Un|ter|set|zer, der: des Untersetzers, die Untersetzer; (Platte, Teller, Deckchen)
un|terst: der unterste Knopf
un|ter|stel|len: er hat sich vor dem Regen untergestellt – sie hat ihr Fahrrad in der Garage untergestellt; die **Un|ter|stell|mög|lich|keit**
un|ter|stel|len: er hat ihr etwas unterstellt (fälschlich etwas behauptet, was sie nicht gesagt hat); die **Un|ter|stel|lung** (fälschliche Behauptung)
un|ter|strei|chen: du unterstreichst, er unterstrich, er unterstriche, hat unterstrichen, unterstreich(e)!; sie hat die wichtigsten Wörter unterstrichen – der Redner hat die Bedeutung des Umweltschutzes unterstrichen (hervorgehoben); die **Un|ter|strei|chung,** das **Un|ter|stri|che|ne**
un|ter|stüt|zen: (helfen, fördern); die **Un|ter|stüt|zung**
un|ter|su|chen: der Verletzte wurde sofort untersucht; die **Un|ter|su|chung,** das **Un|ter|su|chungs|er|geb|nis**
Un|ter|tas|se, die: der Untertasse, die Untertassen; die fliegende Untertasse (außerirdischer Flugkörper)
Un|ter|teil, der *auch* das: des Unterteils, die Unterteile; die **Un|ter|tei|lung; un|ter|tei|len** (aufteilen, gliedern)
un|ter|trei|ben: (etwas geringer darstellen, als es ist); die **Un|ter|trei|bung;** → treiben
Un|ter|wä|sche, die: der Unterwäsche
un|ter|wegs: (auf dem Weg)
Un|ter|welt, die: der Unterwelt; (Totenreich; Verbrecherwelt)
un|ter|zeich|nen: (mit seinem Namen unterschreiben); die **Un|ter|zeich|nung**
Un|tie|fe, die: der Untiefe, die Untiefen; (flache Stelle, *aber auch* sehr große Tiefe); **un|tief** (nicht tief)
Un|tier, das: des Untieres, die Untiere; (Ungeheuer)
un|über|legt: (ohne Überlegung; voreilig): er hat unüberlegt gehandelt
un|über|sicht|lich: unübersichtlicher, am unübersichtlichsten; (durcheinander, nicht gut durchschaubar); **un|über|seh|bar** (weit, fern, groß)

un|über|wind|lich *auch* **un|über|wind|lich:** (nicht zu bezwingen)

un|un|ter|bro|chen *auch* **un|un|ter|bro|chen:** (dauernd, fortwährend)

un|ver|ant|wort|lich *auch* **un|ver|ant|wort|lich:** ein unverantwortlicher Leichtsinn

un|ver|blümt: (offen, freimütig)

un|ver|fro|ren: unverfrorener, am unverfrorensten; (frech, dreist); die **Un|ver|fro|ren|heit**

un|ver|hofft: (überraschend); ihr Sieg kam unverhofft

un|ver|meid|lich *auch* **un|ver|meid|lich:** der Zusammenstoß war unvermeidlich; das **Un|ver|meid|li|che** (was sich nicht vermeiden lässt)

un|ver|schämt: unverschämter, am unverschämtesten; (dreist); die **Un|ver|schämt|heit**

un|ver|ständ|lich: unverständliches (unbegreifliches) Zeug reden; das **Un|ver|ständ|nis**

un|ver|wandt: er starrte sie unverwandt (ununterbrochen) an

un|ver|züg|lich *auch* **un|ver|züg|lich:** (ohne zu zögern, sofort)

un|voll|stän|dig: die Aufzählung der Gegenstände ist noch unvollständig

un|wahr|schein|lich: unwahrscheinlicher, am unwahrscheinlichsten; sie hatte unwahrscheinliches (sehr großes) Glück

Un|we|sen, das: des Unwesens; eine Gruppe Jugendlicher treibt ihr Unwesen (belästigt andere)

Un|wet|ter, das: des Unwetters, die Unwetter; (Sturm, plötzlich hereinbrechendes Gewitter)

un|wich|tig: unwichtiger, am unwichtigsten; (ohne Bedeutung); die **Un|wich|tig|keit**

un|wi|der|steh|lich *auch* **un|wi|der|steh|lich:** ein unwiderstehliches Verlangen haben

un|wirsch: (unwillig, kurz angebunden); er antwortete ihr sehr unwirsch

Un|wis|sen|heit, die: der Unwissenheit; **un|wis|send**

un|zäh|lig: (sehr viel): unzählige Male

un|zer|trenn|lich *auch* **un|zer|trenn|lich:** die beiden sind unzertrennlich

Un|zucht, die: der Unzucht; (sexuelle Unsittlichkeit); **un|züch|tig**

un|zu|frie|den: die **Un|zu|frie|den|heit**

un|zu|rech|nungs|fä|hig: (für etwas nicht verantwortlich gemacht werden können); die **Un|zu|rech|nungs|fä|hig|keit**

un|zu|ver|läs|sig: unzuverlässiger, am unzuverlässigsten; seine Angaben sind unzuverlässig (man kann ihnen nicht trauen); die **Un|zu|ver|läs|sig|keit**

Up|date *engl. [apdet],* das: des Updates, die Updates; (*Computer:* Ersatz eines Programms durch eine neuere Ausgabe); **up to date** *engl. [ap tu det]* (auf dem Laufenden, zeitgemäß); **up|da|ten** *[apdeten]* (auf den neuesten Stand bringen, aktualisieren)

üp|pig: üppiger, am üppigsten; (reichhaltig): eine üppige Vegetation – üppig (verschwenderisch) leben

Ur|ah|ne *auch* **Ur|ahn,** der: des Urahns *auch* Urahnen, die Urahnen; (Vorfahr)

ur|alt: eine uralte (sehr alte) Siedlung

Ur|auf|füh|rung, die: der Uraufführung, die Uraufführungen; (erste Aufführung eines neuen Werkes beim Theater)

ur|bar: das Land urbar (anbaufähig) machen

Ur|ein|woh|ner, der: des Ureinwohners, die Ureinwohner; (ursprüngliche Bevölkerung eines Gebietes)
ur|ge|müt|lich: (überaus gemütlich)
Ur|ge|schich|te, die: der Urgeschichte; (ältester Abschnitt der Geschichte der Menschheit); **ur|ge|schicht|lich**
Ur|groß|el|tern, die: der Urgroßeltern; (Eltern des Großvaters oder der Großmutter)
Ur|he|ber, der: des Urhebers, die Urheber; (Verfasser eines Werkes, Autor)
urig: uriger, am urigsten; (originell)
Urin, der: des Urins, die Urine; (Harn); **uri|nie|ren** (Wasser lassen)
Ur|knall, der: des Urknall(e)s; (Modell der Entstehung des Weltalls)
ur|ko|misch: (sehr komisch): eine urkomische Szene
Ur|kun|de, die: der Urkunde, die Urkunden; (Beweisstück, Zeugnis); **be|ur|kun|den** (bescheinigen)
Ur|laub, der: des Urlaubs, die Urlaube; der **Ur|lau|ber,** die **Ur|lau|be|rin,** die **Ur|laubs|rei|se; be|ur|lau|ben:** jemanden beurlauben
Ur|mensch, der: des Urmenschen, die Urmenschen; (frühester Mensch)
Ur|ne, die: der Urne, die Urnen; (Behälter zur Aufbewahrung der Asche der Toten); die **Wahl|ur|ne** (Behälter für Stimmzettel)
ur|plötz|lich: (ganz plötzlich)
Ur|sa|che, die: der Ursache, die Ursachen; (Grund für etwas); die **Un|fall|ur|sa|che; ver|ur|sa|chen**
Ur|sprung, der: des Ursprung(e)s, die Ursprünge; (Anfang, Ausgangspunkt); **ur|sprüng|lich** (anfangs)
Ur|teil, das: des Urteil(e)s, die Urteile; sich über jemanden ein Urteil (eine Meinung) bilden – der Richter spricht das Urteil; **be|ur|tei|len, ur|tei|len, ver|ur|tei|len**
Ur|wald, der: des Urwald(e)s, die Urwälder; (unberührter, nicht bewirtschafteter Wald)
ur|wüch|sig: urwüchsiger, am urwüchsigsten; (natürlich, einfach)
Ur|zeit, die: der Urzeit, die Urzeiten; (älteste Zeit der Erdgeschichte): seit Urzeiten (solange man denken kann); *unterscheide* Uhrzeit
USA: *Abk. für* United States of America (Vereinigte Staaten von Amerika)
User *engl. [juser],* der: des Users, die User; (Anwender, Nutzer): der User eines Computerprogramms
usw.: *Abk. für* **u**nd **s**o **w**eiter
UV: *Abk. für* Ultraviolett; die **UV-Strah|lung** (unsichtbare ultraviolette Strahlung), der **UV-Fil|ter** (Sonnenschutzmittel)
u.v.a.: *Abk. für* **u**nd **v**iele(s) **a**ndere

V

V: *Abk. für* Volt; römisches Zahlzeichen für 5
Va|ga|bund *[wagabunt],* der: des Vagabunden, die Vagabunden; (Landstreicher); **va|ga|bun|die|ren** (umherziehen, umherstrolchen)
va|ge *[wage]:* (unbestimmt, ungewiss)
Va|gi|na *[wagina]:* die: der Vagina, die Vaginen; (Teil der weiblichen Geschlechtsorgane, Scheide)
Va|ku|um *[wakuum],* das: des Vakuums, die Vakuen *auch* Vakua; (fast luftleerer Raum); **va|ku|um|ver|packt**
Vam|pir *[wampir],* der: des Vampirs, die Vampire; (blutsaugendes Gespenst; Fledermausart)

Van|da|lis|mus *auch* **Wan|da|lis|mus,** der: des Vandalismus; (Zerstörungswut)

Va|nil|le *[wanile],* die: der Vanille; (tropische Pflanze); das **Va|nil|le|eis**

va|ri|a|bel *[wariabel],* variabler, am variabelsten; (veränderlich, wandelbar); die **Va|ria|ble** *auch* **Va|ri|ab|le** (veränderliche Größe)

Va|ri|an|te *[wariante],* die: der Variante, die Varianten; (veränderte Form); **va|ri|ie|ren** (abweichen, verändern)

Va|se *[wase],* die: der Vase, die Vasen; die **Blu|men|va|se**

Va|ter, der: des Vaters, die Väter; der Heilige Vater (Papst); das **Va|ter|land,** das **Va|ter|un|ser** (Gebet), der **Va|ti; vä|ter|lich**

Va|ti|kan *[watikan],* der: des Vatikans; (päpstliche Residenz in Rom; oberste Behörde der katholischen Kirche)

v. Chr.: *Abk. für* **v**or **Chr**isto *auch* **v**or **Chr**istus

Ve|ge|ta|ti|on *[wegetation], lat.,* die: der Vegetation, die Vegetationen; (Pflanzenwelt, Pflanzenwuchs); der **Ve|ge|ta|ri|er** (jemand, der sich nur von pflanzlicher Kost ernährt); **ve|ge|tie|ren** (kümmerlich dahinleben)

Veil|chen, das: des Veilchens, die Veilchen; (Blume); **veil|chen|blau**

Ve|ne *[wene],* die: der Vene, die Venen; (Ader, die das Blut zum Herzen leitet): *im Gegensatz zur* Arterie

Ven|til *lat. [wentil],* das: des Ventils, die Ventile; der **Ven|ti|la|tor**

Ve|nus *[wenus],* die: der Venus; (römische Liebesgöttin; ein Planet)

ver|ab|re|den: sich verabreden; die **Ver|ab|re|dung**

ver|ab|schie|den: du verabschiedest, er verabschiedete, hat verabschiedet, verabschied(e)!; ein Gesetz verabschieden (beschließen) – sich von jemandem verabschieden; die **Ver|ab|schie|dung**

ver|ach|ten: (etwas oder jemanden für schlecht halten); die **Ver|ach|tung; ver|ächt|lich:** eine verächtliche Bemerkung

ver|al|tet: das Wort ist veraltet (wird nicht mehr gebraucht)

Ve|ran|da *[weranda],* die: der Veranda, die Veranden; (Hausvorbau)

ver|än|dern: die **Ver|än|de|rung; ver|än|der|lich**

ver|an|stal|ten: du veranstaltest, er veranstaltete, hat veranstaltet, veranstalt(e)!; (durchführen); die **Veran|stal|tung**

Ver|ant|wor|tung, die: der Verantwortung; Verantwortung übernehmen – die Verantwortung tragen – zur Verantwortung gezogen werden; **ver|ant|wort|lich, ver|ant|wor|tungs|los; ver|ant|wor|ten:** etwas verantworten

Verb *[werb],* das: des Verbs, die Verben; (Tätigkeitswort, Tuwort): z. B. *fliegen, bleiben, entführen*

Ver|band, der: des Verband(e)s, die Verbände; einen Verband anlegen – einem Verband (Verein) beitreten; der **Ver|bands|kas|ten**

ver|ber|gen: (verstecken, verheimlichen): er hat sich vor ihm verborgen; das **Ver|bor|ge|ne:** im Verborgenen leben; → bergen

ver|bes|sern: die **Ver|bes|se|rung**

ver|bie|ten: (nicht erlauben, untersagen); → bieten

ver|bin|den: Sätze miteinander verbinden – die Wunde wurde sofort verbunden; der **Ver|band:** einen Gipsverband haben, die **Ver|bin|dung:**

eine Verbindung herstellen; **ver|bind|lich** (verpflichtend; höflich); → binden

ver|bis|sen: verbissener, am verbissensten; sieh das nicht so verbissen (verkrampft)!; die **Ver|bis|sen|heit**

ver|blüf|fen: du verblüffst, er verblüffte, hat verblüfft, verblüff(e)!; (überraschen): ihre Antwort hat alle verblüfft – eine verblüffende Lösung

Ver|bot, das: des Verbot(e)s, die Verbote; das **Park|ver|bot,** das **Ver|bots|schild**

ver|brau|chen: der **Ver|brau|cher,** die **Ver|brau|cher|be|ra|tung**

Ver|bre|chen, das: des Verbrechens, die Verbrechen; der **Ver|bre|cher; ver|bre|che|risch; ver|bre|chen**

ver|brei|ten: du verbreitest, er verbreitete, hat verbreitet, verbreit(e)!; ein Gerücht verbreiten – eine Krankheit verbreitet sich; die **Ver|brei|tung**

ver|brei|tern: du verbreiterst, er verbreiterte, hat verbreitert, verbreit(e)re!; ein Straße verbreitern (breiter machen); die **Ver|brei|te|rung**

ver|bren|nen: das Holz ist verbrannt – sich die Finger verbrennen; die **Ver|bren|nung;** → brennen

ver|bün|den: du verbündest dich, er verbündete sich, hat sich verbündet, verbünde dich!; (sich zusammenschließen); der **Ver|bund,** die **Ver|bun|den|heit** (Gefühl der Zusammengehörigkeit), der *auch* die **Ver|bün|de|te**

ver|däch|ti|gen: du verdächtigst, er verdächtigte, hat verdächtigt, verdächtig(e)!; der **Ver|dacht:** Verdacht schöpfen, erregen, äußern, der *auch* die **Ver|däch|ti|ge,** die **Ver|däch|ti|gung; ver|däch|tig**

ver|dam|men: du verdammst, er verdammte, hat verdammt; (verurteilen, verfluchen): verdammt noch mal! – sie ist verdammt (sehr) schnell

ver|dat|tert: völlig verdattert (erschrocken, verwirrt) sein

ver|dau|en: du verdaust, er verdaute, hat verdaut, verdau(e)!; die Nahrung verdauen – dieses Erlebnis muss ich erst einmal verdauen (verarbeiten); die **Ver|dau|ung; ver|dau|lich:** etwas ist schwer, leicht verdaulich *auch* schwerverdaulich, leichtverdaulich

ver|de|cken: die Wolken haben die Sonne verdeckt; das **Ver|deck** (Wagendach)

ver|den|ken: jemandem etwas verdenken (übelnehmen) → denken,

ver|der|ben: du verdirbst, er verdarb, er verdürbe, hat verdorben, verdirb!; das Fleisch verdirbt – er verdirbt sich seine guten Noten – sich den Magen verderben – ein verdorbener (schlechter) Einfluss – den Spaß verderben; das **Ver|der|ben; ver|derb|lich:** ein verderblicher (schlechter) Einfluss – schnell verderbliche Lebensmittel

ver|deut|li|chen: du verdeutlichst, er verdeutlichte, hat verdeutlicht, verdeutliche!; etwas an einem Beispiel verdeutlichen; die **Ver|deut|li|chung**

ver|die|nen: er hat viel Geld verdient – ein Lob verdienen; der **Ver|dienst** (Lohn, Erwerb), das **Ver|dienst** (Anspruch auf Anerkennung); **ver|dient:** eine verdiente Führung (Sport)

ver|drän|gen: wir haben sie vom ersten Platz verdrängt – einen Gedanken verdrängen

ver|drü|cken: der kann eine Menge verdrücken (viel essen) – er hat sich verdrückt (ist heimlich gegangen)

Ver|ein, der: des Verein(e)s, die Vereine; der **Sport|ver|ein; ver|ei|nen:** sich mit anderen vereinen
ver|ein|ba|ren: du vereinbarst, er vereinbarte, hat vereinbart, vereinbar(e)!; (verabreden); die **Ver|ein|ba|rung; ver|ein|bar:** beides ist nicht miteinander vereinbar
ver|ein|fa|chen: du vereinfachst, er vereinfachte, hat vereinfacht, vereinfach(e)!; die **Ver|ein|fa|chung**
ver|ei|ni|gen: beide Gruppen haben sich vereinigt; die **Ver|ei|ni|gung**
ver|ein|zelt: (gelegentlich)
ver|ei|teln: du vereitelst, er vereitelte, hat vereitelt, vereit(e)le!; einen Plan vereiteln (verhindern)
Ver|er|bung, die: der Vererbung; (Übertragung von Erbanlagen); **ver|erb|lich; ver|er|ben**
ver|fah|ren: er hat sich mit dem Auto verfahren (verirrt) – in bestimmter Weise verfahren (vorgehen); das **Ver|fah|ren** (Handlungsweise); ein gerichtliches Verfahren (Rechtsstreit); → fahren
Ver|fall, der: des Verfall(e)s; (Verschlimmerung; Abstieg); **ver|fal|len:** die Karten sind verfallen (nicht mehr gültig)
ver|fas|sen: sie hat einen Brief verfasst – ein Buch verfassen; der **Ver|fas|ser,** die **Ver|fas|se|rin,** die **Ver|fas|sung:** in schlechter Verfassung sein – die Verfassung (Grundgesetz) eines Staates; **ver|fas|sungs|wi|drig**
ver|fil|men: (in einem Film darstellen); die **Ver|fil|mung**
ver|flixt: (verflucht, unangenehm)
ver|flu|chen: sie hat ihn verflucht; **verflucht:** ein verfluchter Mist
ver|fol|gen: die **Ver|fol|gung**
ver|fü|gen: (etwas anordnen; etwas in Anspruch nehmen können): die Schließung des Schwimmbads wurde verfügt – über viel Geld verfügen; die **Ver|fü|gung**
ver|füh|ren: (zu etwas verleiten); der **Ver|füh|rer,** die **Ver|füh|re|rin; ver|füh|re|risch**
Ver|gan|gen|heit, die: der Vergangenheit; die **Ver|gan|gen|heits|form; ver|gäng|lich** (nicht von Dauer); **ver|ge|hen:** die Tage vergingen
ver|gaß: → vergessen
ver|ge|ben: er hat einen Auftrag vergeben (erteilt) – jemandem seine Schuld vergeben (verzeihen); die **Ver|ge|bung** (Verzeihung); **ver|ge|bens** (umsonst); **ver|geb|lich** (erfolglos); → geben
ver|ge|hen: sich gegen das Gesetz vergehen (es brechen) – die Jahre sind vergangen; dir wird das Lachen noch vergehen!; das **Ver|ge|hen** (Verstoß gegen das Gesetz); → gehen
ver|ges|sen: du vergisst, er vergaß, er vergäße, hat vergessen, vergiss nicht!; das kannst du vergessen! (daraus wird nichts); die **Ver|ges|sen|heit,** die **Vergess|lich|keit; ver|gess|lich**
ver|geu|den: du vergeudest, er vergeudete, hat vergeudet, vergeud(e)!; (verschwenden): Geld, Zeit vergeuden
ver|ge|wal|ti|gen: er vergewaltigt, er vergewaltigte, hat vergewaltigt; (jemandem gegen seinen Willen zum Geschlechtsverkehr zwingen); die **Ver|ge|wal|ti|gung**
ver|ge|wis|sern: du vergewisserst dich, er vergewisserte sich, hat sich vergewissert, vergewiss(e)re dich!; (sich Gewissheit, Klarheit verschaffen)
ver|glei|chen: der **Ver|gleich; ver|gleichbar; ver|gleichs|wei|se;** → gleichen

Ver|gnü|gen, das: des Vergnügens, die Vergnügen; (Freude, Unterhaltung); **ver|gnüg|lich, ver|gnügt; ver|gnü|gen:** sich vergnügen

ver|grei|fen: sich an jemandem vergreifen (ihn misshandeln) – sie hat sich im Ton vergriffen (hat mit jemandem in unpassender Weise gesprochen); **ver|grif|fen:** das Buch ist vergriffen (nicht mehr lieferbar); → greifen

ver|grö|ßern: du vergrößerst, er vergrößerte, hat vergrößert, vergröß(e)re!; die **Ver|grö|ße|rung,** das **Ver|grö|ße|rungs|glas**

ver|haf|ten: (festnehmen); der *auch* die **Ver|haf|te|te,** die **Ver|haf|tung**

ver|hal|ten: er hat sich ruhig verhalten; das **Ver|hal|ten,** die **Ver|hal|tens|wei|se,** das **Ver|hält|nis:** in schlechten Verhältnissen leben; über seine Verhältnisse leben (mehr ausgeben, als man hat); **ver|hal|ten:** mit verhaltener (gedämpfter) Kraft; **ver|hält|nis|mä|ßig:** verhältnismäßig (ziemlich) groß; → halten

Ver|hält|nis|wort, das: des Verhältniswort(e)s, die Verhältniswörter; (Präposition)

ver|han|deln: (etwas eingehend beraten); die **Ver|hand|lung**

ver|hän|gen: vor dem Tapezieren hat er die Türen verhängt – der Richter verhängte eine Geldstrafe; das **Ver|häng|nis** (Schicksal, Unglück); **ver|han|gen:** ein verhangener (bedeckter) Himmel, **ver|häng|nis|voll** → hängen

ver|hasst: verhasster, am verhasstesten; er ist bei allen verhasst (niemand kann ihn leiden)

ver|heim|li|chen: du verheimlichst, er verheimlichte, hat verheimlicht, verheimlich(e)!; (verbergen, verschweigen): ich habe nichts zu verheimlichen

ver|hei|ra|ten: er hat sich verheiratet (ist eine Ehe eingegangen)

ver|heult: verheulter, am verheultesten; verheult (verweint) aussehen

ver|hin|dern: (abwenden, vermeiden): er ist verhindert zu kommen (kann nicht kommen) – sie hat einen Unfall verhindert

ver|hö|ren: jemanden verhören (streng befragen) – ich habe mich verhört (falsch gehört); das **Ver|hör**

ver|hun|gern: (an Hunger sterben)

ver|hü|ten: (verhindern, vermeiden): er hat ein Unglück verhütet – eine Schwangerschaft verhüten; das **Ver|hü|tungs|mit|tel**

ver|ir|ren: sich verirren

ver|ja|gen: der Dieb wurde von ihr verjagt – Fliegen verjagen – Sorgen verjagen

ver|jäh|ren: sie verjährt, sie verjährte, ist verjährt; die Tat ist verjährt (kann nicht mehr bestraft werden); die **Ver|jäh|rung**

ver|ka|beln: du verkabelst, er verkabelte, hat verkabelt, verkab(e)le!; die ganze Straße wurde verkabelt (an das Netz des Kabelfernsehens angeschlossen); die **Ver|ka|be|lung**

ver|kau|fen: etwas billig, teuer verkaufen; der **Ver|kauf,** die **Ver|käu|fe|rin; ver|käuf|lich**

Ver|kehr, der: des Verkehrs; der **Be|rufs|ver|kehr,** die **Ver|kehrs|am|pel,** das **Ver|kehrs|cha|os,** die **Ver|kehrs|po|li|zei,** der **Ver|kehrs|un|fall,** das **Ver|kehrs|zei|chen**

ver|keh|ren: du verkehrst, er verkehrte, hat verkehrt, verkehr(e)!; mit jemandem verkehren (häufig zusammen

U V W

sein) – die Züge verkehren stündlich – etwas ins Gegenteil verkehren (umdrehen); **ver|kehrt** (falsch)

ver|klei|den: die Wand wurde mit Holz verkleidet – sich als Indianer verkleiden; die **Ver|klei|dung**

ver|klei|nern: du verkleinerst, er verkleinerte, hat verkleinert, verklein(e)re!; (kleiner machen); die **Ver|klei|ne|rung,** die **Ver|klei|ne|rungs|form:** z.B. Bäum*chen,* Rös*lein*

ver|knei|fen: du verkneifst dir, er verkniff sich, er verkniffe sich, hat sich verkniffen, verkneif(e) dir das!; sich das Lachen verkneifen müssen (nicht lachen dürfen)

ver|kom|men: verkommener, am verkommensten; ein verkommenes (sehr ungepflegtes) Haus

ver|kraf|ten: du verkraftest, er verkraftete, hat verkraftet, verkraft(e)!; etwas gut verkraften (gut damit zurechtkommen)

ver|küm|mern: (sich zurückbilden, schrumpfen, eingehen)

ver|kür|zen: (kürzer machen); die **Verkür|zung;** → kurz

ver|la|den: Güter verladen; die **Ver|ladung;** → laden

Ver|lag, der: des Verlag(e)s, die Verlage; der **Buch|ver|lag,** der **Ver|le|ger; verle|gen:** Zeitschriften, Bücher verlegen (herausgeben)

ver|lan|gen: (fordern, wünschen); das **Ver|lan|gen** (Sehnsucht; Begierde)

ver|län|gern: du verlängerst, er verlängerte, hat verlängert, verläng(e)re!; die **Ver|län|ge|rung,** die **Ver|län|gerungs|schnur**

ver|las|sen: sie hat ihn verlassen (allein gelassen) – sich auf jemanden verlassen (ihm vertrauen, auf ihn zählen) – die Schule verlassen (abgehen); die **Ver|las|sen|heit; ver|läss|lich** (zuverlässig); → lassen

ver|lau|fen: die Straße verläuft am Waldrand – das Spiel verlief erfolgreich – sie hat sich im Gewirr der Straßen verlaufen (verirrt); der **Verlauf:** der Verlauf eines Flusses, einer Unterrichtsstunde; → laufen

ver|le|gen: er hat etwas verlegt (an eine falsche Stelle gelegt) – ein Kabel verlegen (fest anbringen); die **Ver|le|genheit** (Unsicherheit, Beschämung); **ver|le|gen:** verlegen sein (unsicher, beschämt)

ver|lei|hen: (ausleihen; feierlich übergeben): die **Preis|ver|lei|hung,** der **Verleih:** der Fahrradverleih; → leihen

ver|lei|ten: (anstiften)

ver|let|zen: du verletzt, er verletzte, hat verletzt, verletz(e) dich nicht!; die **Ver|let|zung; ver|letzt** (verwundet; beleidigt)

ver|leum|den: du verleumdest, er verleumdete, hat verleumdet, verleumde nicht!; (den guten Ruf zerstören); der **Ver|leum|der,** die **Ver|leum|dung; ver|leum|de|risch**

ver|lie|ben: wir haben uns ineinander verliebt; die **Ver|lieb|ten**

ver|lie|ren: du verlierst, er verlor, er verlöre, hat verloren, verlier(e)!; das Geld verlieren – ein Spiel verlieren – die Geduld verlieren – die Arbeitsstelle verlieren; der **Ver|lie|rer,** die **Ver|lo|ren|heit** (Einsamkeit, Verlassenheit), der **Ver|lust**

Ver|lies, das: des Verlieses, die Verliese; (unterirdischer Kerker)

ver|lo|ben: (jemandem verprechen, ihn zu heiraten); die **Ver|lob|ten,** die **Verlo|bung**

U V W

ver|ma|chen: (vererben, schenken); das **Ver|mächt|nis** (Zuwendung durch ein Testament; letzter Wille eines Menschen)

ver|meh|ren: du vermehrst, er vermehrte, hat vermehrt, vermehr(e)!; sein Vermögen vermehren (vergrößern) – sich vermehren (mehr werden; sich fortpflanzen); die **Ver|meh|rung**

ver|mei|den: einen Fehler vermeiden; **ver|meid|bar;** → meiden

Ver|merk, der: des Vermerk(e)s, die Vermerke; (kurze Notiz)

ver|mie|sen: du vermiest, er vermieste, hat vermiest, vermies(e)!; (verderben)

ver|mie|ten: er hat seine Wohnung vermietet; der **Ver|mie|ter,** die **Ver|mie|te|rin**

ver|mis|sen: du vermisst, er vermisste, hat vermisst, vermiss(e)!; der *auch* die **Ver|miss|te**

ver|mit|teln: du vermittelst, er vermittelte, hat vermittelt, vermitt(e)le!; in einem Streit vermitteln (ausgleichend wirken) – Wissen vermitteln (an jemanden weitergeben)

Ver|mö|gen, das: des Vermögens, die Vermögen; (Reichtum); **ver|mö|gend:** er ist vermögend (reich)

ver|mu|ten: du vermutest, er vermutete, hat vermutet, vermut(e)!; (etwas für möglich halten, annehmen) die **Ver|mu|tung** (Annahme); **ver|mut|lich** (vielleicht, wahrscheinlich)

ver|nach|läs|si|gen: du vernachlässigst, er vernachlässigte, hat vernachlässigt, vernachlässig(e) nicht!; jemanden oder etwas vernachlässigen (nicht die nötige Aufmerksamkeit schenken)

ver|neh|men: der Angeklagte wurde vernommen (befragt) – er vernahm (hörte) ein leises Flüstern; die **Ver|neh|mung** (Verhör); → nehmen

ver|nich|ten: du vernichtest, er vernichtete, hat vernichtet, vernichte!; (zerstören); die **Ver|nich|tung**

ver|nünf|tig: vernünftiger, am vernünftigsten; (überlegt, klug, besonnen); die **Ver|nunft**

ver|öf|fent|li|chen: du veröffentlichst, er veröffentlichte, hat veröffentlicht, veröffentlich(e)!; ein Buch veröffentlichen; die **Ver|öf|fent|li|chung**

ver|ord|nen: der Arzt hat ihm Bettruhe verordnet; die **Ver|ord|nung**

ver|pa|cken: die **Ver|pa|ckung**

ver|pas|sen: er hat den Zug verpasst – er hat ihm eine verpasst (ihn geschlagen)

ver|pet|zen: (verraten)

ver|pfle|gen: (mit Nahrung versorgen); die **Ver|pfle|gung**

ver|ra|ten: der **Ver|rat,** der **Ver|rä|ter; ver|rä|te|risch;** → raten

ver|rech|nen: etwas verrechnen (abrechnen) – sie hat sich verrechnet (falsch gerechnet)

ver|rei|sen: sie ist ins Ausland verreist

ver|ren|ken: du verrenkst, er verrenkte, hat verrenkt, verrenk(e) dich nicht!; sich den Hals verrenken; die **Ver|ren|kung**

ver|rie|geln: du verriegelst, er verriegelte, hat verriegelt, verrieg(e)le!; die Tür, das Fenster verriegeln (einen Riegel vorschieben); die **Ver|rie|ge|lung**

ver|rin|gern: du verringerst, er verringerte, hat verringert, verring(e)re!; die Geschwindigkeit verringern – die Schülerzahl verringerte sich; die **Ver|rin|ge|rung**

ver|rot|ten: es verrottet, es verrottete, ist verrottet; (verfaulen)

U V W

ver|rụ̈ckt: verrückter, am verrücktesten; verrückt sein vor Wut – nach jemandem verrückt sein; der *auch* die **Ver|rụ̈ck|te,** die **Ver|rụ̈ckt|heit** (Unzurechnungsfähigkeit; Wildheit, Dummheit)

Vẹrs, der: des Verses, die Verse; der Vers (die Zeile oder Strophe) eines Gedichtes; das **Vẹrs|maß** (Abfolge von betonten und unbetonten Silben in einem Vers)

ver|sa̲|gen: versagt (enttäuscht) haben – der Motor versagt (springt nicht an) – die Stimme versagte ihm (er konnte nicht sprechen); das **Ver|sa̲|gen**

Ver|sạmm|lung, die: der Versammlung, die Versammlungen; (Zusammenkunft); **ver|sạm|meln:** sich auf einem Platz versammeln

Ver|sạnd, der: des Versands; (das Versenden von Waren); **ver|sẹn|den:** der Brief wurde versandt *auch* versendet

ver|sä̲u̲|men: du versäumst, er versäumte, hat versäumt, versäum(e) nicht!; (verpassen); das **Ver|sä̲u̲m|nis**

ver|schạ̈t|zen: (etwas falsch einschätzen)

ver|schẹr|zen: du hast es dir bei ihr verscherzt (hast ihre Sympathie verloren)

ver|sche̲u̲|chen: (fortjagen)

ver|schi̲e̲|ben: der Teppich hat sich verschoben – wir müssen den Urlaub verschieben; → schieben

ver|schi̲e̲|den: verschiedener, am verschiedensten; verschiedene (unterschiedliche) Meinungen haben – verschiedene Farben

ver|schla̲|gen: verschlagener, am verschlagensten; ein verschlagener (hinterhältiger) Mensch; der **Ver|schla̲g** (abgeteilter Raum), die **Ver|schla̲|gen|heit** (Tücke); **ver|schla̲|gen:** das hat ihm die Sprache verschlagen (er war verblüfft) – auf eine einsame Insel verschlagen werden; → schlagen

ver|schle̲i̲|ern: du verschleierst, er verschleierte, hat verschleiert, verschlei(e)re!; eine Sache verschleiern (verdunkeln, undurchsichtig machen); die **Ver|schle̲i̲|e|rung**

ver|schlịm|mern: es verschlimmert sich, es verschlimmerte sich, hat sich verschlimmert; die Krankheit verschlimmerte sich

Ver|schlụss, der: des Verschlusses, die Verschlüsse; der **Flạ|schen|ver|schluss; ver|schli̲e̲ß|bar, ver|schlọs|sen; ver|schli̲e̲|ßen**

ver|schmụt|zen: du verschmutzt, er verschmutzte, hat verschmutzt, verschmutz(e) nicht!; die **Ụm|welt|ver|schmut|zung,** die **Ver|schmụt|zung**

ver|schna̲u̲|fen: wir haben nur einen Moment verschnauft (Pause gemacht); die **Ver|schna̲u̲f|pau|se**

ver|schọl|len: (vermisst, verschwunden; als tot betrachtet): die Teilnehmer der Expedition sind verschollen

ver|scho̲|nen: verschon(e) mich mit deinen Ratschlägen! – die Familie blieb von der Grippe verschont

ver|schre̲i̲|ben: ein Medikament verschreiben (ein Rezept ausstellen) – er hat sich verschrieben (etwas falsch geschrieben); → schreiben

ver|schwẹn|den: du verschwendest, er verschwendete, hat verschwendet, verschwend(e) nicht!; (vergeuden, unnötig ausgeben); der **Ver|schwẹn|der,** die **Ver|schwẹn|dung; ver|schwẹn|de|risch**

ver|schwịn|den: die Sonne ist hinter den Wolken verschwunden – ver-

U V W

schwinde endlich! (mach, dass du wegkommst!); → schwinden
ver|schwit|zen: sie kam ganz verschwitzt (voller Schweiß) an – das habe ich total verschwitzt (vergessen)
ver|schwom|men: verschwommener, am verschwommensten; etwas ganz verschwommen (undeutlich) sehen
ver|se|hen: sich mit Nahrung versehen (versorgen) – er hat sich versehen (geirrt); das **Ver|se|hen:** etwas aus Versehen (Irrtum) getan haben; **ver|se|hent|lich** (irrtümlich); → sehen
ver|set|zen: sie ist in die sechste Klasse versetzt worden – mein Vater ist nach Berlin versetzt worden (arbeitet jetzt dort) – sich in die Lage eines anderen versetzen (ihn verstehen) – sie hat ihn versetzt (warten lassen) – etwas versetzen (in Zahlung geben); die **Ver|set|zung**
ver|si|chern: jemandem etwas versichern (versprechen) – er hat sich extra gegen Sportunfälle versichert; die **Kran|ken|ver|si|che|rung,** die **Ver|si|che|rung**
ver|sie|gen: die Quelle ist versiegt (ausgetrocknet)
ver|sin|ken: die Insel versinkt im Meer; sie ist in Gedanken versunken; → sinken
ver|söh|nen: du versöhnst, er versöhnte, hat versöhnt, versöhn(e) dich!; sich nach einem Streit wieder versöhnen; die **Ver|söh|nung; ver|söhn|lich**
ver|sor|gen: sie versorgt ihren kranken Bruder; die **Ver|sor|gung**
ver|spä|ten: du verspätest dich, er verspätete sich, hat sich verspätet, verspäte dich nicht!; die **Ver|spä|tung**
ver|spre|chen: er hat sich versprochen (einen Fehler beim Sprechen gemacht) – jemandem etwas versprechen (ihm etwas zusichern); das **Ver|spre|chen,** der **Ver|spre|cher** (Sprechfehler); → sprechen
ver|stand: → verstehen
Ver|stand, der: des Verstand(e)s; ich zweifle an deinem Verstand!; er hat den Verstand verloren (ist verrückt geworden); die **Ver|stän|di|gung,** das **Ver|ständ|nis; ver|stän|dig** (besonnen, einsichtig), **ver|ständ|lich** (gut zu verstehen), **ver|ständ|nis|voll; ver|stän|di|gen:** sich verständigen
Ver|stär|ker, der: des Verstärkers, die Verstärker; die Band spielt ohne Verstärker; die **Ver|stär|kung; ver|stär|ken**
ver|stau|chen: sie hat sich den Fuß verstaucht; die **Ver|stau|chung**
ver|ste|cken: das **Ver|steck**
ver|ste|hen: du verstehst, er verstand, er verstände *auch* verstünde, hat verstanden, versteh(e)!; das habe ich noch nicht verstanden – sie kann ihn gut verstehen – sich mit jemandem verstehen; das **Ver|ste|hen**
ver|stei|gern: das Haus wurde versteigert; die **Ver|stei|ge|rung**
ver|stel|len: die Uhr verstellen (umstellen) – die Menge hat uns den Weg verstellt (versperrt) – sich verstellen (etwas vortäuschen); die **Ver|stel|lung; ver|stell|bar**
ver|stimmt: das Klavier ist verstimmt – verstimmt (schlecht gelaunt) sein; die **Ma|gen|ver|stim|mung** (Magenbeschwerden)
ver|stockt: verstockter, am verstocktesten; (störrisch, trotzig)
ver|stopft: der Abfluss ist verstopft; die **Ver|stop|fung** (*auch für* Beschwerden beim Stuhlgang)

U V W

ver|sto|ßen: gegen eine Vorschrift verstoßen (sie verletzen) – jemanden verstoßen (von sich weisen); der **Ver|stoß;** → stoßen

ver|su|chen: der **Ver|such,** die **Ver|su|chung; ver|suchs|wei|se**

ver|tei|di|gen: du verteidigst, er verteidigte, hat verteidigt, verteidig(e)!; die **Ver|tei|di|ge|rin,** die **Ver|tei|di|gung**

ver|tei|len: die Gäste haben Geschenke verteilt – einen Preis verteilen; der **Ver|tei|ler:** der Verteiler eines Flugblattes, die **Ver|tei|lung**

ver|tie|fen: du vertiefst, er vertiefte, hat vertieft, vertief(e)!; einen Graben vertiefen (tiefer ausheben) – sich in eine Aufgabe vertiefen (sich mit ihr intensiv beschäftigen); die **Ver|tie|fung**

ver|ti|kal *lat. [wertikal]:* (senkrecht); *Gegensatz* horizontal; die **Ver|ti|ka|le** (Senkrechte)

ver|to|nen: du vertonst, er vertonte, hat vertont, verton(e)!; das Gedicht wurde vertont; die **Ver|to|nung**

Ver|trag, der: des Vertrag(e)s, die Verträge; einen Vertrag unterzeichnen; der **Ver|trags|ab|schluss,** der **Ver|trags|part|ner; ver|trag|lich, ver|träg|lich:** das Medikament ist gut verträglich (bekömmlich) – er ist ein verträglicher (umgänglicher) Mensch; **ver|tra|gen:** sich mit jemandem vertragen

ver|trau|en: einem Menschen vertrauen; das **Ver|trau|en:** Vertrauen erwecken; **ver|trau|ens|voll, ver|trau|ens|wür|dig, ver|trau|lich:** eine vertrauliche (persönliche) Mitteilung

ver|trei|ben: der Wind hat die Wolken vertrieben – jemanden von seinem Platz vertreiben – Waren vertreiben (verkaufen) – die Zeit mit Spielen vertreiben (verbringen, verkürzen); die **Ver|trei|bung:** die Vertreibung von Menschen aus ihrer Heimat, der **Ver|trieb** (Verkauf); → treiben

ver|tre|ten: sich die Füße vertreten (Bewegung verschaffen) – einen anderen vertreten (zeitweise ersetzen) – er hat seine Meinung vertreten (gerechtfertigt); der **Ver|tre|ter,** die **Ver|tre|te|rin,** die **Ver|tre|tung; ver|tre|tungs|wei|se;** → treten

ver|trö|deln: du vertrödelst, er vertrödelte, hat vertrödelt, vertröd(e)le nicht!; die Zeit vertrödeln (nutzlos verbringen)

ver|un|rei|ni|gen: du verunreinigst, er verunreinigte, hat verunreinigt, verunreinige nicht!; (verschmutzen); das Wasser, die Luft verunreinigen

ver|un|si|chern: du verunsicherst, er verunsicherte, hat verunsichert, verunsich(e)re nicht!; (unsicher machen)

ver|ur|sa|chen: du verursachst, er verursachte, hat verursacht; einen Unfall verursachen – viele Kosten verursachen

ver|ur|tei|len: sein Verhalten kann man nur verurteilen (ablehnen) – er wurde vom Gericht zu einer Bewährungsstrafe verurteilt

ver|viel|fäl|ti|gen: du vervielfältigst, er vervielfältigte, hat vervielfältigt, vervielfältig(e)!; (mehrfach herstellen); die **Ver|viel|fäl|ti|gung**

ver|voll|stän|di|gen: du vervollständigst, er vervollständigte, hat vervollständigt, vervollständige!; (ergänzen, zu einem Ganzen machen); er hat seine Sammlung vervollständigt

ver|wah|ren: du verwahrst, er verwahrte, hat verwahrt, verwahr(e)!; (aufheben, bewahren); die **Ver|wah|rung**

U
V
W

ver|wahr|lo|sen: (ungepflegt werden, verkommen); die **Ver|wahr|los|ten,** die **Ver|wahr|lo|sung; ver|wahr|lost**

ver|wal|ten: (betreuen, in Ordnung halten); der **Ver|wal|ter,** die **Ver|wal|terin,** die **Ver|wal|tung**

ver|wan|deln: du verwandelst, er verwandelte, hat verwandelt, verwand(e)le!; (verändern, umgestalten); die **Ver|wand|lung**

ver|wandt: die **Ver|wand|ten,** die **Verwandt|schaft**

ver|war|nen: der Schiedsrichter hat den Spieler verwarnt; die **Ver|war|nung**

ver|wech|seln: (vertauschen, durcheinanderbringen): sie hat unsere Namen verwechselt; die **Ver|wechs|lung**

ver|wei|gern: (ablehnen); die **Ver|wei|gerung**

Ver|weis, der: des Verweises, die Verweise; (Tadel; Hinweis); der **Platz|ver|weis; ver|wei|sen:** auf etwas verweisen (hinweisen)

ver|wel|ken: die Blumen sind verwelkt (nicht mehr frisch)

ver|wen|den: du verwendest, er verwendete *auch* verwandte, hat verwendet *auch* verwandt, verwende!; (gebrauchen, benutzen); die **Ver|wen|dung**

ver|we|sen: es verwest, es verweste, ist verwest; (verfaulen, zersetzen); die **Ver|we|sung**

ver|wir|ren: du verwirrst, er verwirrte, hat verwirrt; verwirr(e) (durcheinanderbringen): die Frage hat ihn verwirrt – verworrenes (unklares) Zeug reden; die **Ver|wir|rung**

ver|wöh|nen: du verwöhnst, er verwöhnte, hat verwöhnt, verwöhn(e)!; er ist verwöhnt (verweichlicht)

Ver|wun|dung, die: der Verwundung, die Verwundungen; (Verletzung); der *auch* die **Ver|wun|de|te; ver|wun|det; ver|wun|den** (verletzen)

ver|wüs|ten: du verwüstest, er verwüstete, hat verwüstet, verwüste nicht!; (zerstören); die **Ver|wüs|tung**

Ver|zeich|nis, das: des Verzeichnisses, die Verzeichnisse; das **In|halts|verzeich|nis; ver|zeich|nen** (schriftlich festhalten)

ver|zei|hen: du verzeihst, er verzieh, er verziehe, hat verziehen, verzeih(e)!; jemandem eine Schuld verzeihen; die **Ver|zei|hung** (Entschuldigung); jemanden um Verzeihung bitten

ver|zich|ten: du verzichtest, er verzichtete, hat verzichtet, verzichte!; (nicht haben wollen); der **Ver|zicht**

ver|zie|hen: keine Miene verziehen (ruhig bleiben) – wir sind verzogen (haben die Wohnung gewechselt) – der Rahmen des Fahrrads hat sich verzogen (verformt); → ziehen

ver|zö|gern: (hinausziehen, verlangsamen): die Abfahrt des Zuges verzögert sich; die **Ver|zö|ge|rung**

ver|zwei|feln: (alle Hoffnung aufgeben); die **Ver|zweif|lung**

Ve|te|ran, *[weteran]* der: des Veteranen, die Veteranen; (alter Soldat; Oldtimer)

Ve|te|ri|när, *[weterinär]* der: des Veterinärs, die Veterinäre; (Tierarzt)

vgl.: *Abk. für* **vergl**eiche

vi|brie|ren *auch* **vib|rie|ren** *[wibriren]*: du vibrierst, er vibrierte, hat vibriert, vibrier(e)!; (schwingen, zittern); die **Vi|bra|ti|on** *auch* **Vib|ra|ti|on** (Schwingung, Erschütterung)

Vi|deo|clip, *[wideoklipp]* der: des Videoclips, die Videoclips; (kurzer Film zu einem Musiktitel)

Vi|deo|film, *[wideo]* der: des Videofilms, die Videofilme; *Kurzw. für* Video

Vi|deo|re|kor|der *auch* **Vi|deo|re|cor|der,** der: des Videorekorders, die Videorekorder; (Gerät zur Aufzeichnung von Fernsehsendungen)

Vi|deo|spiel, das: des Videospiel(e)s, die Videospiele; (Bildschirmspiel)

Vi|deo|text, der: des Videotextes, die Videotexte; (Bildschirmtext)

Vi|deo|thek, die: der Videothek, die Videotheken; (Sammlung und Verleih von bespielten Videokassetten)

Vi|deo|über|wa|chung, die: der Videoüberwachung, die Videoüberwachungen; (polizeiliche Beobachtung von öffentlichen Plätzen durch Videokameras); **vi|deo|über|wacht**

Vieh, das: des Vieh(e)s; die **Vieh|her|de,** die **Vieh|zucht**

viel: mehr, am meisten; *Gegensatz* wenig – viele Kinder – vieles *auch* Vieles gesehen haben – das war zu viel – zu viele Menschen – die vielen *auch* Vielen, in vielem *auch* Vielem – so viel Glück *aber* soviel ich weiß – eine viel befahrene *auch* vielbefahrene Straße; **vie|ler|lei; viel|fach, viel|fäl|tig; vielmals;** die **Viel|falt**

viel|leicht: vielleicht (möglicherweise) kann ich kommen – es waren vielleicht (ungefähr) 20 Leute da – das sah vielleicht (aber) komisch aus!

vier: *Kleinschreibung:* die vier Jahreszeiten – die vier Himmelsrichtungen – alle viere von sich strecken – wir sind zu viert; *Großschreibung:* eine Vier würfeln – sie wurde Vierte im Hochsprung; das **Vier|tel:** eine viertel Stunde *auch* Viertelstunde – um Viertel vor acht; **vier|tel|jähr|lich; viertens;** das **Vier|eck,** das **Vier|telfi|nale; vier|teln** (in vier Teile zerlegen); → acht

U V W

Vig|net|te *auch* **Vi|gnet|te** *franz. [winjete],* die: der Vignette, die Vignetten; (kleiner Buchschmuck; Gebührenmarke für die Autobahnbenutzung); die **Auto|bahn|vig|net|te**

Vil|la *[willa],* die: der Villa, die Villen; (Landhaus, großes Einfamilienhaus)

vi|o|lett: *[wiolett],* das **Vi|o|lett** (violette Farbe)

Vi|o|li|ne, *[wioline],* die: der Violine, die Violinen; (Geige)

VIP *auch* **V.I.P.** *engl. [wip],* der *auch* die: des VIPs *auch* des VIP, die VIPs; *Abk. für* **v**ery **i**mportent **p**erson (wichtige Persönlichkeit)

Vi|rus, *[wirus],* der *auch* das: des Virus, die Viren; (Krankheitserreger); der *auch* das **Com|pu|ter|vi|rus** (zerstörerisches Programm im Computerbereich)

Vi|sa|ge *franz. [wisasche],* die: der Visage, die Visagen; (*umgangssprachlich für* Gesicht)

Vi|sier, *[wisir],* das: des Visier(e)s, die Visiere; (Zielvorrichtung; Teil eines Helmes)

Vi|si|te *[wisite],* die: der Visite, die Visiten; (Besuch des Arztes am Krankenbett); die **Vi|si|ten|kar|te** (kleine Karte mit Namen und Adresse)

vi|su|ell: *[wisuell],* (das Sehen betreffend): eine visuelle (über das Auge aufgenommene) Information

Vi|sum, *[wisum],* das: des Visums, die Visa *auch* Visen; (Einreiseerlaubnis)

vi|tal: *[wital],* vitaler, am vitalsten; (lebenskräftig, lebenswichtig); die **Vi|ta|li|tät** (Lebenskraft)

Vit|a|min *auch* **Vi|ta|min** *[witamin],* das: des Vitamins, die Vitamine; (lebenswichtiger Wirkstoff): Vitamin C; **vi|ta|min|reich**

Vi|tri|ne *auch* **Vit|ri|ne** *[witrine],* die: der Vitrine, die Vitrinen; (Glasschrank)

Vo|gel, der: des Vogels, die Vögel; er hat den Vogel abgeschossen (gewonnen) – du hast wohl einen Vogel (bist nicht bei Verstand)!; die **Vo|gel|grippe,** das **Vo|gel|häus|chen,** die **Vo|gelscheu|-che; vo|gel|frei** (rechtlos)

Vo|ka|bel *lat. [wokabel],* die: der Vokabel, die Vokabeln; (einzelnes Wort einer Fremdsprache); das **Vo|ka|bel-heft,** das **Vo|ka|bu|lar** (Wortschatz)

Vo|kal, *[wokal],* der: des Vokals, die Vokale; (Selbstlaut)

Volk, das: des Volk(e)s, die Völker; das **Volks|fest,** die **Volks|hoch|schu|le** (Fortbildungseinrichtung für Erwachsene), das **Volks|lied,** die **Volks|wirt-schaft; volks|tüm|lich**

voll: voller, am vollsten; *Kleinschreibung:* ein Eimer voll Wasser – ein volles Glas – ein voll besetzter Bus, *auch* vollbesetzter Bus; jemanden nicht für voll (nicht ganz ernst) nehmen; *Großschreibung:* aus dem Vollen schöpfen; **völ|lig, voll|jäh|rig, voll|kom|men** (mustergültig, meisterhaft), **voll|stän-dig, voll|zäh|lig; voll|auf, voll|ends** (ganz); der **Voll|bart,** das **Voll|korn-brot,** die **Voll|macht** (Ermächtigung), die **Voll|milch,** der **Voll|mond,** der **Voll|tref|fer; voll|brin|gen, voll|en-den, voll fül|len** *auch* **voll|fül|len, voll gie|ßen** *auch* **voll|gie|ßen, voll la|den** *auch* **voll|la|den, voll lau|fen** *auch* **voll|lau|fen, voll pa|cken** *auch* **voll|pa|cken, voll pum|pen** *auch* **voll|pum|pen, voll|stre|cken, voll tan|ken** *auch* **voll|tan|ken, voll|zie-hen**

Vol|ley|ball *engl. [wolleeball],* der: des Volleyball(e)s; (Ballspiel)

Volt, *[wolt],* das: des Volt(e)s; *Abk.* V (Einheit der elektrischen Spannung): die Spannung beträgt 220 Volt

Vo|lu|men, *[wolumen],* das: des Volumens, die Volumen; (Rauminhalt)

vom: (von dem)

von: von ganzem Herzen – von nah und fern – von heute an – von mir aus! – von weit her – von wegen! (auf keinen Fall!); **von|ei|nan|der** *auch* **von|ein|an|der:** voneinander abschreiben – voneinander lernen – voneinandergehen (sich trennen), **von-stat|ten:** vonstattengehen (ablaufen)

vor: vor dem Hause stehen – vor das Haus gehen – vor Wut weinen – nicht vor Mitternacht kommen; **vor allem**

vo|ran *auch* **vor|an: vo|ran|ge|hen, vo-ran|kom|men, vo|ran|stel|len**

Vor|ar|bei|ter, der: des Vorarbeiters, die Vorarbeiter; (Leiter einer Gruppe von Arbeitern)

vo|raus *auch* **vor|aus:** im Voraus; **vo|raus-sicht|lich** (vermutlich); die **Vo|raus|sa-ge,** die **Vo|raus|set|zung; vo|raus|be-zah|len:** *aber* im Voraus bezahlen, **vo|raus|ge|hen, vo|raus|sa|gen, vo-raus|set|zen** (annehmen, als Vorbedingung nehmen): etwas als bekannt voraussetzen

vor|bei: es ist vorbei; **vor|bei|be|neh-men:** sich vorbeibenehmen, **vor|bei-fah|ren, vor|bei|flie|gen, vor|bei|füh-ren, vor|bei|ge|hen, vor|bei|kom|men, vor|bei|re|den:** aneinander vorbeireden, **vor|bei|schau|en** (kommen), **vor|bei|zie|hen**

vor|be|rei|ten: das Essen vorbereiten, sich vorbereiten, die **Vor|be|rei-tung**

vor|be|stel|len: die Kinokarten vorbestellen; die **Vor|be|stel|lung**

U V W

vor|beu|gen: sich weit vorbeugen – einer Krankheit vorbeugen (sie zu verhindern versuchen); die **Vor|beu|gungs|maß|nah|me**

Vor|bild, das: des Vorbild(e)s, die Vorbilder; (Muster, nachahmenswertes Beispiel) **vor|bild|lich**

vor|brin|gen: eine Beschwerde vorbringen (aussprechen); → bringen

Vor|dach, das: des Vordach(e)s, die Vordächer; (vorgezogenes, vorspringendes Dach); das **Zelt|vor|dach**

vor|der...: (vorn befindlich); **vor|der|grün|dig;** der **Vor|der|grund,** der **Vor|der|mann,** das **Vor|der|rad**

vor|drän|geln: sich an der Kasse vordrängeln

vor|ei|lig: (überstürzt, mit wenig Überlegung)

vor|ei|nan|der *auch* **vor|ein|an|der:** sich voreinander fürchten, verstecken, fliehen

Vor|ent|schei|dung, die: der Vorentscheidung, die Vorentscheidungen; mit diesem Sieg ist eine Vorentscheidung im Wettbewerb gefallen

vor|fah|ren: den Wagen etwas vorfahren; die **Vor|fah|ren** (Vorväter), die **Vor|fahrt**

Vor|fall, der: des Vorfall(e)s, die Vorfälle; (Ereignis): ein seltsamer Vorfall; **vor|fal|len**

Vor|freu|de, die: der Vorfreude, die Vorfreuden; Vorfreude ist die schönste Freude

vor|füh|ren: (vorstellen, zeigen); die **Film|vor|füh|rung**

Vor|ga|be, die: der Vorgabe, die Vorgaben; hundert Meter Vorgabe (Vorsprung) erhalten

Vor|gang, der: des Vorgang(e)s, die Vorgänge; einen Vorgang (ein Ereignis) schildern; der **Vor|gän|ger** (jemand, der vorher an dieser Stelle war), das **Vor|ge|hen** (das Handeln)

Vor|ge|schich|te, die: der Vorgeschichte, die Vorgeschichten; (was einem Ereignis vorausgegangen ist; die Frühgeschichte der Menschheit); **vor|ge|schicht|lich**

Vor|ge|setz|te, der *auch* die: des *auch* der Vorgesetzten, die Vorgesetzten; (jemand, der Anweisungen gibt; Chef)

vor|ges|tern: (vor zwei Tagen): vorgestern Abend

Vor|hand, die: der Vorhand; die Vorhand spielen (beim Tennis, Tischtennis)

vor|han|den: die Ware ist nicht mehr vorhanden (verfügbar)

Vor|hang, der: des Vorhang(e)s, die Vorhänge; den Vorhang zuziehen; das **Vor|hän|ge|schloss**

vor|her: sie sagt uns vorher Bescheid; die **Wet|ter|vor|her|sa|ge; vor|her sa|gen:** das hättest du uns vorher sagen müssen, **vor|her|sa|gen:** sie haben gutes Wetter vorhergesagt, **vor|her se|hen:** wir wollen uns vorher sehen, **vor|her|se|hen:** keiner konnte das Unglück vorhersehen

Vor|herr|schaft, die: der Vorherrschaft; (Vorrangstellung); **vor|herr|schen**

vor|hin *auch* **vor|hin:** ich habe sie vorhin (eben erst) gesehen

vo|rig: im vorigen (vergangenen) Jahr

vor|kom|men: das soll nicht wieder vorkommen!; das **Vor|kom|men** (Vorhandensein): Erzvorkommen, das **Vor|komm|nis** (Vorfall);
→ kommen

Vor|la|dung, die: der Vorladung, die Vorladungen; **vor|la|den:** jemanden vorladen (vor Gericht)

U V W

Vor|la|ge, die: der Vorlage, die Vorlagen; (Muster, Entwurf); die **Ge|set|zes|vor|la|ge** (Gesetzentwurf)

Vor|lauf, der: des Vorlauf(e)s, die Vorläufe; im ersten Vorlauf (Ausscheidungslauf); der **Vor|läu|fer** (Vorgänger); **vor|läu|fig**

vor|laut: vorlauter, am vorlautesten; (sich überall einmischend): sei nicht immer so vorlaut!

vor|le|sen: sie lasen dem Kind Märchen vor; → lesen

vor|lieb: mit etwas vorliebnehmen (sich damit zufriedengeben)

vor|ma|chen: etwas vormachen (zeigen, wie es geht); du kannst uns doch nichts vormachen (kannst uns nicht belügen, täuschen)

Vor|mit|tag, der: des Vormittags, die Vormittage; gestern Vormittag; **vor|mit|tags**

Vor|mund, der: des Vormund(e)s, die Vormunde *auch* Vormünder; (Vertreter von Minderjährigen); die **Vor|mund|schaft; be|vor|mun|den:** jemanden bevormunden (nicht selbstständig handeln lassen, gängeln)

vorn *auch* **vor|ne:** von vorn(e) (neu) beginnen; die Nase vorn haben (erfolgreich sein)

Vor|na|me, der: des Vornamens, die Vornamen; (Rufname)

vor|nehm: vornehmer, am vornehmsten; sie ist vornehm (elegant, geschmackvoll) gekleidet

vor|neh|men: sich etwas vornehmen (tun wollen) – sich jemanden vornehmen (ihn ermahnen); → nehmen

vorn|he|rein *auch* **vorn|her|ein:** von vornherein (von Anfang an)

vorn|über: (nach vorn); **vorn|über|beu|gen, vorn|über|fal|len**

Vor|ort, der: des Vorort(e)s, die Vororte

Vor|rat, der: des Vorrat(e)s, die Vorräte; die **Vor|rats|kam|mer; vor|rä|tig**

Vor|rich|tung, die: der Vorrichtung, die Vorrichtungen; (Gerät)

Vor|run|de, die: der Vorrunde, die Vorrunden; das **Vor|run|den|spiel**

vors: (vor das)

Vor|satz, der: des Vorsatzes, die Vorsätze; einen Vorsatz (die feste Absicht) haben; **vor|sätz|lich**

Vor|schau, die: der Vorschau; (Überblick); die **Pro|gramm|vor|schau**

Vor|schein, der: des Vorscheins; etwas kommt wieder zum Vorschein (ist wieder da, wieder sichtbar)

Vor|schlag, der: des Vorschlag(e)s, die Vorschläge; einen Vorschlag machen; **vor|schla|gen**

vor|schnell: ein vorschnelles (wenig überlegtes) Urteil abgeben

vor|schrei|ben: ein Wort vorschreiben (es als Muster schreiben) – ich lasse mir von ihm nichts vorschreiben (befehlen); die **Vor|schrift** (Bestimmung, Anweisung); **vor|schrifts|mä|ßig;** → schreiben

Vor|schu|le, die: der Vorschule, die Vorschulen; (Erziehung vor dem Schuleintritt); das **Vor|schul|al|ter**

Vor|schuss, der: des Vorschusses, die Vorschüsse; (Geldvorauszahlung); die **Vor|schuss|lor|bee|ren** (Lob, das schon vor der Leistung erteilt wird)

vor|se|hen: sieh dich vor! (pass auf!); die **Vor|se|hung** (Schicksal; göttliche Bestimmung des Lebens); → sehen

Vor|sicht, die: der Vorsicht; **vor|sich|tig; vor|sichts|hal|ber**

Vor|sil|be, die: der Vorsilbe, die Vorsilben; (Präfix)

Vor|sitz, der: des Vorsitzes, die Vorsitze; den Vorsitz (die Leitung) in einem Verein führen; der *auch* die **Vor|sit|zen|de**

Vor|sor|ge, die: der Vorsorge; Vorsorge treffen (etwas zur eigenen Absicherung frühzeitig tun); die **Krebs|vor|sor|ge; vor|sorg|lich; vor|sor|gen**

vor|spie|len: etwas auf einem Instrument vorspielen – er spielte ihm den Unwissenden vor (er tat so, als ob er unwissend wäre); das **Vor|spiel**

Vor|sprung, der: des Vorsprung(e)s, die Vorsprünge; beim Wettlauf einen Vorsprung haben; der **Fels|vor|sprung**

Vor|stand, der: des Vorstand(e)s, die Vorstände; (Leitung einer Gesellschaft, Kommission)

vor|stel|len: sich jemandem vorstellen (sich bekannt machen) – sich etwas vorstellen (ausdenken); die **Vor|stel|lung,** das **Vor|stel|lungs|ge|spräch,** die **Vor|stel|lungs|kraft; vor|stell|bar** (denkbar)

Vor|stra|fe, die: der Vorstrafe, die Vorstrafen; (eine früher verhängte Strafe); **vor|be|straft:** vorbestraft sein

Vor|teil, der: des Vorteil(e)s, die Vorteile; *Gegensatz* Nachteil; **vor|teil|haft**

Vor|trag, der: des Vortrag(e)s, die Vorträge; einen Vortrag halten; **vor|tra|gen:** etwas vortragen

vor|treff|lich: (ausgezeichnet)

vo|rü|ber *auch* **vor|über:** (vorbei): es ist alles vorüber – er geht an ihr vorüber; **vo|rü|ber|ge|hend** (zeitweise)

Vor|ur|teil, das: des Vorurteils, die Vorurteile; (vorgefasste, nicht überprüfte Meinung): ein Vorurteil gegen jemanden haben

Vor|ver|kauf, der: des Vorverkauf(e)s; die **Kar|ten|vor|ver|kaufs|stel|le**

Vor|wahl, die: der Vorwahl, die Vorwahlen; die Vorwahl (Vorwahlnummer) von Hamburg

Vor|wand, der: des Vorwand(e)s, die Vorwände; (Ausrede, nicht wirklicher Grund): etwas als Vorwand nutzen

vor|wärts: vorwärtsgehen – vorwärtskommen

vor|weg: (im Voraus); **vor|weg|neh|men:** etwas vorwegnehmen

vor|wie|gend: (vor allem, meistens): es bleibt vorwiegend sonnig

Vor|wort, das: des Vorwort(e)s, die Vorworte; (Einleitung in einem Buch)

Vor|wurf, der: des Vorwurf(e)s, die Vorwürfe; (Beschuldigung, Tadel): jemandem Vorwürfe machen; **vor|wurfs|voll; vor|wer|fen:** jemandem etwas vorwerfen

vor|zei|tig: (früher als vorgesehen); die **Vor|zeit** (vorgeschichtliche Zeit)

vor|zie|hen: ein Heft vorziehen – jemanden vorziehen (bevorzugen) – etwas vorziehen (lieber tun); der **Vor|zug; vor|züg|lich** (sehr gut, ausgezeichnet); → ziehen

vul|gär *[wulgär]:* vulgärer, am vulgärsten (gemein, primitiv)

Vul|kan, *[wulkan]* der: des Vulkan(e)s, die Vulkane; der **Vul|kan|aus|bruch**

W

W: *Abk. für* Watt (Einheit der elektrischen Leistung)

Waa|ge, die: der Waage, die Waagen; etwas auf einer Waage wiegen; das Zünglein an der Waage (ausschlaggebend) sein – jedes Wort auf die Goldwaage legen (ganz genau nehmen); die **Brief|waa|ge,** die **Waa|ge|rech|te:** *Gegensatz* Senkrechte; **waa|ge|recht**

wab|beln: es wabbelt, es wabbelte, hat gewabbelt; **wab|be|lig** *auch* **wabb|lig** (unangenehm weich)

Wa|be, die: der Wabe, die Waben; (Zellenbau der Bienen)

wach: wach bleiben – wach halten – wach sein; **wach|sam** (aufmerksam, scharf beobachtend); die **Wa|che,** der **Wach|hund,** die **Wacht,** der **Wächter; auf|wa|chen, er|wa|chen, wach rüt|teln** *auch* **wach|rüt|teln:** jemanden wach rütteln *auch* wachrütteln

Wachs, das: des Wachses, die Wachse; das **Bie|nen|wachs,** das **Ski|wachs,** das **Wachs|fi|gu|ren|ka|bi|nett** (Museum mit Wachsfiguren), die **Wachs-ker|ze,** das **Wachs|tuch; wach|sen** (mit Wachs einreiben)

wach|sen: du wächst, er wuchs, er wüchse, ist gewachsen, wachs(e)!; (größer werden); jemandem gewachsen (ebenbürtig) sein – er ist mir über den Kopf gewachsen (ist mir überlegen) – dagegen ist kein Kraut gewachsen (gibt es kein wirksames Mittel); der **Er|wach|se|ne,** das **Ge|wächs,** das **Wachs|tum**

wa|ckeln: du wackelst, er wackelte, hat gewackelt, wack(e)le!; der **Wa|ckel-kon|takt** (schadhafter elektrischer Kontakt); **wa|cke|lig** *auch* **wack|lig**

Wa|de, die: der Wade, die Waden; (hintere Seite des Unterschenkels); der **Wa|den|krampf**

Waf|fe, die: der Waffe, die Waffen; ich schlage dich mit deinen eigenen Waffen (Mitteln und Methoden); der **Waf|fen|schein** (Erlaubnisschein zum Besitz einer Waffe), der **Waf|fen-still|stand; be|waff|nen:** sich bewaffnen, **ent|waff|nen:** jemanden entwaffnen (die Waffen wegnehmen)

Waf|fel, die: der Waffel, die Waffeln; (Gebäck)

wa|gen: du wagst, er wagte, hat gewagt, wag(e)!; ein Spiel wagen (riskieren) – sie wagte nicht, ihm zu widersprechen; wer wagt, gewinnt; das **Wagnis; wag|hal|sig:** waghalsig sein (mutig und leichtsinnig zugleich)

Wa|gen, der: des Wagens, die Wagen; das **Wä|gel|chen,** der **Wa|gen|he|ber** (Werkzeug)

Wag|gon *auch* **Wa|gon** *[wagong],* der: des Waggons, die Waggons; (Eisenbahnwagen)

Wahl, die: der Wahl, die Wahlen; in die engere Wahl kommen – sich zur Wahl stellen – keine andere Wahl haben; der **Wäh|ler,** das **Wahl|fach** (wählbares Schulfach), das **Wahl|geheim|nis,** der **Wahl|kampf,** die **Wahl|ur|ne; wahl|be|rech|tigt, wählerisch, wahl|los:** etwas wahllos (ohne genaue Prüfung) kaufen; **aus|wählen, wäh|len**

Wahn, der: des Wahn(e)s; (Einbildung, Irrglaube, Selbsttäuschung); der **Wahn|sinn** (geistige Umnachtung; Torheit); **wahn|sin|nig**

wahr: eine wahre Begebenheit – wahr bleiben – wahr werden – etwas für wahr halten; **wahr|haf|tig, wahr|heits-ge|mäß, wahr|schein|lich** *auch* **wahr-schein|lich** (vermutlich); die **Wahrheit,** die **Wahr|neh|mung,** das **Wahrzei|chen** (charakteristisches Merkmal); **wahr ma|chen** *auch* **wahr|machen; wahr|neh|men:** etwas wahrnehmen (erkennen), **wahr|sa|gen** (prophezeien)

wäh|ren: es währt, es währte, hat gewährt; (dauern); was lange währt (dauert), wird endlich gut
wäh|rend: während des Regens – sie arbeitete, während er spielte; **während|des|sen**
Wäh|rung, die: der Währung, die Währungen; unsere Währung ist der Euro
Wai|se, die: der Waise, die Waisen; (elternloses Kind); *unterscheide* Weise; das **Wai|sen|haus; ver|waist**
Wal, der: des Wal(e)s, die Wale; (Meeressäugetier); das **Wal|fang|ver|bot**
Wald, der: des Wald(e)s, die Wälder; der **Wald|brand,** der **Wald|lauf,** das **Wald|ster|ben; wald|reich**
Wal|kie-Tal|kie *engl. [wokitoki],* das: des Walkie-Talkie(s), die Walkie-Talkies; (tragbares Funksprechgerät)
Wal|king *engl. [woking],* das: des Walking(s); (sportliches Gehen); **wal|ken**
Walk|man *engl. [wokmän],* der: des Walkmans, die Walkmen; (tragbarer Kassettenrekorder mit Kopfhörern)
Wall, der: des Wall(e)s, die Wälle; (Erdaufschüttung); der **Erd|wall**
Wal|lach, der: des Wallach(e)s, die Wallache; (kastrierter Hengst)
Wall|fahrt, die: der Wallfahrt, die Wallfahrten; (Pilgerfahrt an einen heiligen Ort); der **Wall|fah|rer,** die **Wall|fahrts|kir|che,** der **Wall|fahrts|ort**
Wal|nuss, die: der Walnuss, die Walnüsse; der **Wal|nuss|baum**
wal|ten: du waltest, er waltete, hat gewaltet, walt(e)!; (herrschen): jemanden schalten und walten lassen (so handeln lassen, wie dieser will)
Wal|ze, die: der Walze, die Walzen; die **Dampf|wal|ze,** der **Wäl|zer** (*scherzhaft für* dickes Buch); **wal|zen** (etwas glatt rollen), **wäl|zen** (rollen, kugeln): sich auf der Erde wälzen
Wal|zer, der: des Walzers, die Walzer; (Tanz): Wiener Walzer
Wand, die: der Wand, die Wände; in seinen vier Wänden leben – mit dem Kopf durch die Wand gehen (etwas erzwingen wollen) – male nicht den Teufel an die Wand! (beschwöre nicht das Unheil herauf!); die **Wand|kar|te,** die **Wand|zei|tung**
wand: → winden
Wan|da|lis|mus: → Vandalismus
Wan|del, der: des Wandels; der **Le|bens|wan|del,** die **Wand|lung** (Veränderung); **wan|deln:** sich wandeln (verändern)
wan|dern: du wanderst, er wanderte, ist gewandert, wand(e)re!; der **Wan|de|rer,** der **Wan|der|tag,** die **Wan|de|rung,** der **Wan|der|weg**
Wan|ge, die: der Wange, die Wangen; (Backe)
wan|ken: du wankst, er wankte, ist gewankt, wank(e)!; (schwanken); das **Wan|ken:** etwas gerät ins Wanken; **wan|kel|mü|tig** (unbeständig)
wann: wann kommst du? – dann und wann (manchmal)
Wan|ne, die: der Wanne, die Wannen; die **Ba|de|wan|ne**
Wan|ze, die: der Wanze, die Wanzen; (blutsaugendes Insekt; Abhörgerät)
Wap|pen, das: des Wappens, die Wappen; das Wappen (Zeichen) einer Stadt; das **Wap|pen|tier** (z.B. der Bär im Wappen der Hauptstadt Berlin); **wapp|nen:** sich wappnen (sich vorbereiten)
war: → sein
warb: → werben

Wa|re, die: der Ware, die Waren; (Handelsgut); das **Wa|ren|haus,** das **Wa-ren|la|ger**

warf: → werfen

warm: wärmer, am wärmsten; warm laufen – das Essen warm machen *auch* warmmachen; ein warmer (herzlicher) Empfang; **lau|warm;** die **Wär|me,** die **Wär|me|däm|mung** (Schutz gegen Wärmeverlust), die **Wärm|fla|sche; wär|men:** sich wärmen

war|nen: du warnst, er warnte, hat gewarnt, warn(e)!; das **Warn|licht,** die **War|nung,** das **Warn|zei|chen**

war|ten: du wartest, er wartete, hat gewartet, wart(e)!; auf einen Besuch warten – eine Maschine warten (pflegen); na warte! (Drohung); der **Tor-wart,** die **Stern|war|te** (Stätte zur Beobachtung der Sterne), der **Wär|ter,** das **War|te|zim|mer**

wa|rum *auch* **war|um:** warum hast du das getan?

War|ze, die: der Warze, die Warzen; die **Brust|war|ze,** das **War|zen|schwein**

was: was ist los? – erzähle, was du erlebt hast! – ich weiß was

wa|schen: du wäschst, er wusch, er wüsche, hat gewaschen, wasch(e)!; er wäscht seine Hände in Unschuld (will unschuldig sein) – jemandem den Kopf waschen (ihn ausschimpfen); **ab|wa|schen;** das **Wasch|be-cken,** die **Wä|sche,** die **Wä|sche|rei,** der **Wasch|lap|pen,** die **Wasch|ma-schi|ne,** das **Wasch|mit|tel,** das **Wasch|zeug; wasch|echt:** ein waschechter Bayer

Was|ser, das: des Wassers, die Wasser; Wasser trinken – ein Wasser abweisender *auch* wasserabweisender Stoff; etwas ist ins Wasser gefallen (ausgefallen) – er kann ihm nicht das Wasser reichen (er kann sich nicht mit ihm messen) – er ist mit allen Wassern gewaschen (durchtrieben) – er kann kein Wässerchen trüben (ist harmlos); das **Ge|wäs|ser,** der **Was-ser|dampf,** der **Was|ser|fall,** der **Was-ser|hahn,** die **Was|ser|lei|tung,** die **Was|ser|pflan|ze,** der **Was|ser|rohr-bruch,** das **Was|ser|schutz|ge|biet,** der **Was|ser|stoff** (chemischer Grundstoff); **was|ser|dicht, wäs|se|rig** *auch* **wäss|rig, was|ser|scheu; wäs|sern**

wa|ten: du watest, er watete, ist gewatet, wat(e)!; durchs Wasser waten

Wat|sche, die: der Watsche, die Watschen; (Ohrfeige)

wat|scheln: du watschelst, er watschelte, ist gewatschelt, watsch(e)le!; wie eine Ente watscheln

Watt, das: des Watt(e)s, die Watten; (flacher Streifen der Nordsee zwischen Küste und vorgelagerten Inseln); das **Wat|ten|meer,** die **Watt-wan|de|rung; watt|wan|dern**

Watt, das: des Watt(e)s, die Watts; *Abk.* W (Maßeinheit für die Leistung elektrischen Stroms): die 40-Watt-Birne

Wat|te *niederl.,* die: der Watte, die Watten; der **Wat|te|bausch; wat|tie|ren:** eine wattierte Jacke

WC, das: des WC(s), die WC(s); *Abk. für* Wasserklosett, *engl.* **w**ater **c**loset

Web, das: des Web(s); *Kurzw. für* World Wide **Web** (weltweites Informationsnetz); die **Web|site** *engl. [websait]* (Seiten, die zu einer Adresse im Netz gehören); → World Wide Web

we|ben: du webst, er webte, hat gewebt, web(e)!; das Tuch weben; die **We|be-rei,** die **We|be|rin,** der **Web|stuhl**

Wech|sel, der: des Wechsels, die Wechsel; der Wechsel (Wandel) der Jahreszeiten; das **Wech|sel|geld,** der **Wild|wech|sel** (Tierpfad); **wech|sel|haft, wech|sel|sei|tig; ab|wech|seln:** sich abwechseln, **wech|seln**

we|cken: du weckst, er weckte, hat geweckt, weck(e)!; **auf|we|cken;** der **We|cker:** jemandem auf den Wecker gehen (ihm lästig sein); **auf|ge|weckt:** ein aufgeweckter (kluger) Junge

We|del, der: des Wedels, die Wedel; der **Staub|we|del; we|deln:** der Hund wedelte mit dem Schwanz

we|der: weder sie noch er haben daran gedacht

weg: weg da! – er ist ganz weg (begeistert); die **Weg|werf|fla|sche** (Einwegflasche); **weg|fah|ren, weg|lau|fen, weg|neh|men, weg|rei|ßen, weg|wer|fen**

Weg, der: des Weg(e)s, die Wege; ein schmaler Weg – jemandem aus dem Wege gehen (ihn nicht sehen wollen) – auf dem Weg der Besserung sein; auf dem Holzweg sein (sich irren) – jemandem Steine in den Weg legen (ihn an etwas hindern); der **We|ges|rand,** der **Weg|wei|ser; kei|nes|wegs, un|ter|wegs; un|weg|sam:** ein unwegsames Gelände (ohne Wege)

we|gen: wegen des hohen Preises, *umgangssprachlich auch* wegen *dem* hohen Preis – meinetwegen – von wegen!

we|he *auch* **weh:** wehe dir!; **weh tun** *auch* **weh|tun:** jemandem weh tun; **weh|lei|dig** (übertrieben schmerzempfindlich); die **We|hen** (Schmerzen bei der Geburt), die **Weh|mut** (leichte Trauer)

we|hen: es weht, es wehte, hat geweht; der Wind weht; die **Schnee|we|he**

Wehr, das: des Wehr(e)s, die Wehre; (Verteidigung, Widerstand): sich zur Wehr setzen (verteidigen); die **Bun|des|wehr,** die **Feu|er|wehr,** das **Ge|wehr,** die **Not|wehr,** der **Wehr|dienst,** die **Wehr|pflicht; wehr|los; weh|ren:** sich wehren

Wehr, das: des Wehr(e)s, die Wehre; (Wasserstauwerk)

Weib, das: des Weib(e)s, die Weiber; (Frau); das **Weib|chen** (weibliches Tier); **wei|bisch, weib|lich**

weich: weicher, am weich(e)sten; ein weiches Fell – ein weiches (sanftes) Herz – ein weich gekochtes *auch* weichgekochtes Ei – jemanden weichklopfen (zermürben); die **Weich|tei|le** (die knochenlosen Teile des Körpers); **ein|wei|chen:** sie weichte die Wäsche ein, **er|wei|chen** (weich machen, milde stimmen); sie ließ sich nicht erweichen, **ver|weich|li|chen** (zu stark verwöhnen)

Wei|che, die: der Weiche, die Weichen; der Zug fährt über eine Weiche

wei|chen: du weichst, er wich, er wiche, ist gewichen, weich(e)!; (sich zurückziehen, nachgeben); **ab|wei|chen, aus|wei|chen, zu|rück|wei|chen**

Wei|de, die: der Weide, die Weiden; (Baum)

Wei|de, die: der Weide, die Weiden; (Grasland); **wei|den:** er weidet (hütet) die Kühe – die Kühe weiden (fressen)

wei|gern: du weigerst dich, er weigerte sich, hat sich geweigert, weig(e)re dich!; (etwas nicht tun wollen); **ver|wei|gern:** etwas verweigern (ablehnen); die **Wei|ge|rung**

Wei|he, die: der Weihe, die Weihen; (Heiligung, Segen); die **Pries|ter|wei-**

V W X

he, der **Weih|rauch,** das **Weih|wasser; ein|wei|hen**

Weih|nach|ten, das: des Weihnachten, die Weihnachten; (Weihnachtsfest): frohe Weihnachten!; der **Weihnachts|baum,** das **Weih|nachts|fest,** das **Weih|nachts|ge|schenk,** der **Weih|nachts|mann; weih|nacht|lich; weih|nach|ten:** es weihnachtet sehr

weil: weil es regnete, konnte er nicht kommen

Wei|le, die: der Weile; (kurze Zeit): das dauert eine Weile (geht nicht so schnell); die **Lan|ge|wei|le; mitt|lerwei|le** (inzwischen); **lang|wei|lig; verwei|len, wei|len** (bleiben)

Wein, der: des Wein(e)s, die Weine; eine Flasche Wein; jemandem reinen Wein einschenken (die Wahrheit sagen); der **Wein|berg,** die **Wein|le|se,** der **Wein|stock,** die **Wein|trau|ben**

wei|nen: du weinst, er weinte, hat geweint, wein(e)!; **aus|wei|nen:** sich die Augen ausweinen; **wei|ner|lich**

wei|se: weiser, am weisesten; ein weiser (kluger, lebenserfahrener) Mann; *unterscheide* weiß!; **na|se|weis** (altklug); der *auch* die **Wei|se** (kluger Mensch), die **Weis|heit,** der **Weis|heits|zahn; weis|ma|chen** (vormachen), **weis|sagen** (vorhersagen)

Wei|se, die: der Weise, die Weisen; die Art und Weise – auf diese Weise; *unterscheide* Waise!; **aus|nahms|wei|se, dum|mer|wei|se, glück|li|cher|wei|se; pro|be|wei|se**

wei|sen: du weist, er wies, er wiese, hat gewiesen, weis(e)!; jemandem den Weg weisen (zeigen); **be|wei|sen, verwei|sen;** die **An|wei|sung,** der **Ausweis,** der **Weg|wei|ser,** die **Wei|sung** (Anordnung)

weiß: → wissen

weiß: weißer, am weißesten; *Kleinschreibung:* die weiße Farbe – etwas weiß streichen *auch* weißstreichen; ein weißer Fleck auf der Landkarte (unerforschtes Gebiet); *Großschreibung:* das Weiße Haus (in Washington), **weißlich;** das **Deck|weiß,** das **Weiß:** sie geht ganz in Weiß gekleidet, das **Weiß|brot,** der *auch* die **Wei|ße** (Mensch mit weißer Hautfarbe)

weit: weiter, am weitesten; *Kleinschreibung:* von weitem *auch* Weitem – weit und breit – ein weiter Weg – eine weitere Stunde – sprich weiter! – es war weiter niemand da (kein anderer) – und so weiter; *Großschreibung:* das Weite suchen (weggehen) – die Weite des Meeres; **weit|ge|hend;** das **Wei|tere:** alles Weitere demnächst; **aus|weiten, er|wei|tern, wei|ter|bil|den:** sich weiterbilden, **wei|ter|er|zäh|len:** etwas weitererzählen, **wei|ter|ge|hen:** das Leben muss weitergehen, *aber* er ist noch weiter gegangen, **wei|ter|machen**

Wei|zen, der: des Weizens, die Weizen; (Getreideart); das **Wei|zen|mehl**

welch: welcher, welche, welches – welch ein Wunder! – es sind schon welche (einige) da – diejenigen, welche das behaupten, ...

welk: (verblüht, vertrocknet); **ver|welken, wel|ken**

Wel|le, die: der Welle, die Wellen; die **Dau|er|wel|le,** das **Well|blech,** das **Wel|len|bad,** der **Wel|len|bre|cher,** die **Wel|len|län|ge:** auf einer Wellenlänge liegen (sich gut verstehen); **wellig; wel|len:** das Papier wellt sich

Well|ness *engl.,* die: der Wellness; (Wohlbefinden); das **Well|ness|pro-**

gramm (Sport- und Gesundheitsprogramm)

Wel|pe, der: des Welpen, die Welpen; (junger Hund, Fuchs oder Wolf)

Welt, die: der Welt, die Welten; eine Reise um die Welt (Erde) – auf die Welt kommen (geboren werden); das **Welt|all,** der **Welt|meis|ter,** der **Welt|raum|fah|rer,** der **Welt|re|kord; welt|fremd, welt|weit**

wem: mit wem hast du gesprochen? – ich weiß nicht, wem das Haus gehört; der **Wem|fall** (Dativ)

wen: wen hast du getroffen? – ich weiß nicht, wen du meinst; der **Wen|fall** (Akkusativ)

Wen|del|trep|pe, die: der Wendeltreppe, die Wendeltreppen; (Treppe, die schraubenförmig nach oben führt)

wen|den: du wendest, er wendete *auch* wandte, hat gewendet *auch* gewandt, wende!; den Wagen wenden (umkehren) – sich an jemanden wenden (richten) – er ist sehr gewandt (geschickt); die **Wen|de** (*auch* Turnübung), der **Wen|de|punkt,** die **Wendung** (Umkehr, Veränderung); **wendig** (beweglich, flink)

we|nig: weniger, am wenigsten; *Gegensatz* viel – ein wenig (bisschen) – wenige Menschen – das wenigste *auch* Wenigste, was du tun kannst – zu wenig Erfahrung haben; weniger ist manchmal mehr; **we|nigs|tens** (mindestens)

wenn: *Kleinschreibung:* wenn ich dich erwische! – ich besuche dich, wenn der Frühling kommt – wenn (falls) das wahr ist, ist alles in Ordnung; wennschon, dennschon; *Großschreibung:* das Wenn und Aber – ohne Wenn und Aber

wer: wessen, wem, wen – wer ist da? – ich weiß nicht, wer das war; der **Wer|fall** (Nominativ)

wer|ben: du wirbst, er warb, er würbe, hat geworben, wirb!; einen Kunden werben – für einen Artikel werben; **ab|wer|ben, be|wer|ben:** sich bewerben; das **Wer|be|fern|se|hen,** das **Wer|be|pla|kat,** der **Wer|be|pro|spekt,** der **Wer|be|slo|gan** (Werbeschlagwort), der **Wer|be|spot** (Werbekurzfilm), die **Wer|bung; wer|be|wirk|sam**

wer|den: du wirst, er wurde, er würde, ist geworden, werd(e)!; er will Autoschlosser werden – er wird bald kommen; der **Wer|de|gang** (Entwicklung): der berufliche Werdegang

wer|fen: du wirfst, er warf, er würfe, hat geworfen, wirf!; einen Ball werfen – die Bäume werfen lange Schatten – jemandem böse Worte an den Kopf werfen; die Flinte ins Korn werfen (aufgeben); das **Speer|wer|fen,** der **Weit|wurf,** der **Wer|fer,** der **Wurf**

Werft, die: der Werft, die Werften; (Schiffsbauplatz)

Werk, das: des Werk(e)s, die Werke; ein gutes Werk (eine gute Tat) tun; das **Kraft|werk,** das **Kunst|werk,** das **Uhr|werk,** die **Werk|statt,** der **Werk|stoff,** der **Werk|tag** (Arbeitstag), der **Werk|tä|ti|ge,** der **Werk|un|ter|richt,** das **Werk|zeug,** der **Werk|zeug|kas|ten; werk|tags; wer|keln, wer|ken**

Wer|mut, der: des Wermuts; (Heilpflanze); der **Wer|muts|trop|fen** (etwas Schmerzliches, Unangenehmes)

Wert, der: des Wert(e)s, die Werte; der Schmuck ist von hohem Wert – sie legt Wert darauf, dass … – die Tatsache hat für uns keinen Wert (keine

V W X

Bedeutung); der **Wert|ge|gen|stand,** die **Wer|tung; wert:** die Uhr ist viel wert – sie ist es wert (hat es verdient), unterstützt zu werden; **hoch|wer|tig, wert|los, wert|voll; ab|wer|ten, auf-wer|ten, be|wer|ten, wer|ten, wert-schät|zen**

We|sen, das: des Wesens, die Wesen; ein angenehmes Wesen (Charakter) haben – das arme Wesen (Mensch); nicht viel Wesens (Umstände) machen; die **We|sens|art,** das **We|sent-li|che:** im Wesentlichen hast du recht; **ab|we|send, an|we|send, we-sent|lich** (wichtig)

wes|halb: weshalb weinst du? – ich weiß nicht, weshalb sie weint

Wes|pe, die: der Wespe, die Wespen

wes|sen: wessen Buch ist das? – ich weiß nicht, wessen Buch das ist

West: Ost und West – ein kühler Wind aus West – Autobahnausfahrt Frankfurt West; der **Wes|ten,** der **Wes|tern** (Film über den Wilden Westen), die **West|küs|te; west|lich; west|wärts**

Wes|te, die: der Weste, die Westen; (ärmelloses Kleidungsstück); eine weiße Weste (ein reines Gewissen) haben; die **Schwimm|wes|te,** die **Wes|ten|ta-sche:** etwas wie seine Westentasche (sehr gut) kennen

wes|we|gen: (weshalb)

Wet|te, die: der Wette, die Wetten; eine Wette gewinnen – um die Wette laufen; so hatten wir nicht gewettet (so war es nicht abgemacht); der **Wett|be-werb,** der **Wett|kampf,** der **Wett|lauf; wet|ten, wett|ma|chen** (ausgleichen), **wett|ren|nen**

Wet|ter, das: des Wetters, die Wetter; die **Wet|ter|aus|sich|ten,** der **Wet|ter-be|richt,** das **Wet|ter|leuch|ten** (Blitze), der **Wet|ter|um|schwung; wet|ter|fest, wet|ter|füh|lig; wet|tern** (stürmen, *auch* schimpfen)

wet|zen: du wetzt, er wetzte, hat gewetzt, wetz(e)!; ein Messer wetzen (schärfen) – zur Schule wetzen (laufen, rennen)

wich: → weichen

Wicht, der: des Wicht(e)s, die Wichte; ein kleiner Wicht (Kobold, Zwerg) – elender Wicht (Schuft); der **Bö|se-wicht,** das **Wich|tel|männ|chen** (Heinzelmännchen)

wich|tig: wichtiger, am wichtigsten; sich wichtigtun, sich wichtigmachen – etwas wichtig nehmen – wichtig sein – ein wichtiger Tag – mit wichtiger Miene; **wich|tig|tu|e|risch;** die **Wich-tig|keit**

Wi|ckel, der: des Wickels, die Wickel; einen heißen Wickel (Umschlag) machen; das **Wi|ckel|tuch; ein|wickeln, wi|ckeln:** da bist du schiefgewickelt (irrst du dich sehr) – jemanden um den kleinen Finger wickeln (ihn leicht beeinflussen können)

Wid|der, der: des Widders, die Widder; (männliches Schaf; Sternbild)

wi|der: (gegen); *unterscheide* wieder (noch einmal); *Kleinschreibung:* wider Erwarten; *Großschreibung:* das Für und Wider; **wi|der|bors|tig, wi|der-lich** (abstoßend, ekelerregend), **wi-der|spens|tig; zu|wi|der:** zuwider sein; der **Wi|der|ha|ken,** der **Wi|der-stand,** der **Wi|der|wil|le,** die **Wi|der-wor|te; an|wi|dern** (widerlich sein), **er|wi|dern** (antworten), **wi|der|le|gen, wi|der|ru|fen** (zurücknehmen), **wi-der|spie|geln, wi|der|spre|chen**

wid|men: du widmest, er widmete, hat gewidmet, widme!; jemandem ein

Buch widmen – ich widme mich heute ganz dir (bin ganz für dich da); die **Wid|mung**

wid|rig: widriger, am widrigsten; (unangenehm, unglücklich)

wie: wie geht es dir? – wie lange bleibst du noch? – ich weiß nicht, wie sie es geschafft hat – wie viel kostet das? – wie viele sind wir? – ich bin genauso groß wie du, *unterscheide* größer als du

wie|der: (noch einmal); immer wieder – hin und wieder – er kommt wieder (zurück) – ich werde bald wieder gesund; *unterscheide* wider (gegen); der **Wie|der|auf|bau,** der **Wie|der|be|le|bungs|ver|such,** die **Wie|der|ga|be,** der **Wie|der|käu|er,** das **Wie|der|se|hen,** die **Wie|der|wahl,** die **Wie|der|ver|ei|ni|gung; wie|der be|kom|men:** sie wird die Auszeichnung wieder (erneut) bekommen, **wie|der|be|kom|men:** er hat das Buch wiederbekommen (zurückbekommen), **wie|der fin|den** *auch* **wie|der|fin|den, wie|der ho|len:** du musst dir das Buch wieder (noch einmal) holen, **wie|der|ho|len:** du musst das wiederholen (noch einmal tun), **wie|der kom|men** (nochmals kommen), **wie|der|kom|men** (zurückkommen)

wie|gen: du wiegst, er wog, er wöge, hat gewogen, wieg(e)!; das Mehl wiegen – er wog 40 kg; seine Worte wiegen schwer (sind wichtig)

wie|gen: du wiegst, er wiegte, hat gewiegt, wieg(e)!; (schaukeln, schwingen); die **Wie|ge,** das **Wie|gen|lied**

wie|hern: es wiehert, es wieherte, hat gewiehert; das Pferd wiehert – er wieherte vor Lachen

wies: → weisen

Wie|se, die: der Wiese, die Wiesen

Wie|sel, das: des Wiesels, die Wiesel; (Marderart); flink wie ein Wiesel sein

wie|so: (warum); wieso bist du gestern nicht gekommen?

Wig|wam *indian.-engl.,* der: des Wigwams, die Wigwams; (Zelt nordamerikanischer Indianer)

Wi|kin|ger, der: des Wikingers, die Wikinger; (Angehöriger eines nordgermanischen Volkes); das **Wi|kin|ger|schiff**

wild: wilder, am wildesten; *Kleinschreibung:* wild lebende *auch* wildlebende Tiere – wilder Wein – ein wilder (wütender) Kampf – ganz wild auf etwas sein (es gern haben wollen); *Großschreibung:* der Wilde Westen; **wild|fremd** (unbekannt); das **Wild,** der **Wild|dieb,** der **Wil|de,** die **Wild|kat|ze,** die **Wild|nis,** das **Wild|schwein,** der **Wild|west|film; wil|dern** (ohne Erlaubnis jagen)

Wil|le, der: des Willens; *Kleinschreibung:* um der Kinder willen – um Himmels willen!; *Großschreibung:* der letzte Wille (Testament) – einen eigenen Willen haben; wo ein Wille ist, ist auch ein Weg; die **Wil|lens|kraft; wil|lens|schwach, wil|lens|stark, wil|lig** (bereit); → wollen

will|kom|men: jemandem willkommen sein – jemanden willkommen heißen – ein willkommener Anlass; der **Will|kom|mens|gruß**

Will|kür, die: der Willkür; (rücksichtsloses Verhalten); **will|kür|lich** (selbstherrlich, eigenmächtig, absichtlich)

wim|meln: es wimmelt, es wimmelte, hat gewimmelt; am Teich wimmelt es vor Mücken

wim|mern: du wimmerst, er wimmerte, hat gewimmert, wimm(e)re nicht! (leise weinen)

Wim|pel, der: des Wimpels, die Wimpel; (dreieckige Fahne)

Wim|per, die: der Wimper, die Wimpern; etwas tun, ohne mit der Wimper zu zucken (ohne zu zögern); die **Wim|pern|tu|sche**

Wind, der: des Wind(e)s, die Winde; der Wind weht von Norden; in alle Winde (Gegenden) zerstreut – den Mantel nach dem Winde hängen (sich jeder Lage anpassen) – Wind von einer Sache bekommen (etwas erfahren) – jemandem den Wind aus den Segeln nehmen (ihm einen Vorteil nehmen); die **Wind|bö** *auch* **Wind|böe** (heftiger Windstoß), die **Wind|ener|gie,** die **Win|des|ei|le** (Schnelligkeit), die **Wind|ho|se** (Wirbelsturm), die **Wind|müh|le,** die **Wind|rich|tung; win|dig, wind|schief** (nicht im rechten Winkel), **wind|still**

Win|de, die: der Winde, die Winden; (Hebevorrichtung; Pflanze): etwas mit einer Winde anheben

Win|del, die: der Windel, die Windeln; **win|deln:** ein Baby windeln

win|den: du windest, er wand, er wände, hat gewunden, wind(e)!; ein Tuch um den Kopf winden (wickeln) – sich vor Schmerzen winden (krümmen); sich winden wie ein Aal (Ausflüchte suchen); die **Win|dung**

Win|kel, der: des Winkels, die Winkel; ein Winkel von 90 Grad; sich in einen stillen Winkel verkriechen (sich verbergen); **win|ke|lig** *auch* **wink|lig**

win|ken: du winkst, er winkte, hat gewinkt, wink(e)!; jemanden zu sich winken; es winken wertvolle Preise; **ab|win|ken, zu|win|ken;** der **Wink:** ein Wink mit dem Zaunpfahl (allzu deutliche Anspielung) – jemandem einen Wink (Hinweis) geben

win|seln: du winselst, er winselte, hat gewinselt, wins(e)le nicht!; (leise weinen, wimmern)

Win|ter, der: des Winters, die Winter; der **Win|ter|an|fang,** der **Win|ter|schlaf,** der **Win|ter|sport; win|ter|fest, win|ter|lich; über|win|tern**

Win|zer, der: des Winzers, die Winzer; (Weinbauer)

win|zig: winziger, am winzigsten; (sehr klein); der **Winz|ling**

Wip|fel, der: des Wipfels, die Wipfel; (Baumkrone); der **Baum|wip|fel**

wip|pen: du wippst, er wippte, hat gewippt, wipp(e)!; die **Wip|pe** (Schaukel)

wir: wir beide – das können wir

Wir|bel, der: des Wirbels, die Wirbel; die Wirbel eines Flusses – der Wirbel der Haare; einen Wirbel veranstalten (Unruhe bringen); der **Trom|mel|wir|bel,** die **Wir|bel|säu|le,** der **Wir|bel|sturm,** der **Wir|bel|wind:** wie der Wirbelwind (so schnell); **wir|beln**

wir|ken: du wirkst, er wirkte, hat gewirkt, wirk(e)!; **be|wir|ken, ein|wir|ken;** die **Aus|wir|kung** (Folge), der **Wirk|stoff:** dieses Medikament hat einen neuen Wirkstoff, die **Wir|kung; wirk|sam, wir|kungs|los, wir|kungs|voll**

wirk|lich: (tatsächlich, wahr); die **Wirk|lich|keit**

wirr: wirrer, am wirrsten; (ungeordnet); der **Wirr|kopf,** der **Wirr|warr** (großes Durcheinander); **ver|wir|ren:** jemanden verwirren (durcheinanderbringen)

Wir|sing|kohl, der: des Wirsingkohl(e)s; (Gemüsepflanze)

Wirt, der: des Wirt(e)s, die Wirte; er hat die Rechnung ohne den Wirt gemacht (etwas getan, ohne wichtige Bedingungen zu beachten); das **Wirts|haus,** die **Wir|tin; be|wir|ten**

Wirt|schaft, die: der Wirtschaft, die Wirtschaften; in eine Wirtschaft (Gasthaus) gehen – eine eigene Wirtschaft (Haushalt) führen – die Wirtschaft eines Landes (Volkswirtschaft); das ist eine schöne Wirtschaft! (Unordnung); der **Wirt|schafts|auf|schwung,** die **Wirt|schafts|kri|se,** der **Wirtschafts|zweig; wirt|schaft|lich; wirtschaf|ten**

wi|schen: du wischst, er wischte, hat gewischt, wisch(e)!; sich die Tränen aus den Augen wischen – er bekam eine gewischt (einen elektrischen Schlag); der **Schei|ben|wi|scher,** der **Wisch** (unordentlich geschriebene Seite), das **Wi|schi|wa|schi** (schlechte, unklare Äußerung), der **Wisch|lappen**

wis|pern: du wisperst, er wisperte, hat gewispert, wisp(e)re!; (flüstern)

wis|sen: du weißt, er wusste, er wüsste, hat gewusst; was ich nicht weiß, macht mich nicht heiß; das **Wis|sen,** die **Wis|sen|schaft,** der **Wis|senschaft|ler,** die **Wis|sen|schaft|le|rin,** das **Wis|sens|ge|biet,** die **Wis|senslü|cke; wiss|be|gie|rig, wis|sens|wert, wis|sent|lich** (absichtlich)

wit|tern: du witterst, er witterte, hat gewittert, witt(e)re!; (mit der Nase wahrnehmen; merken): der Hund wittert das Wild – eine Gefahr wittern; **ver|wit|tern** (zerfallen); die **Witte|rung** (Wahrnehmung; Wetter)

Wit|we, die: der Witwe, die Witwen; (Frau, deren Ehemann gestorben ist); der **Wit|wer; ver|wit|wet**

Witz, der: des Witzes, die Witze; einen guten Witz erzählen – er hat viel Witz (Verstand); der Witz (das Wesentliche) der Sache; der **Witz|bold; wit|zig, witz|los; wit|zeln**

WM, die: der WM; *Abk. für* **W**elt**m**eisterschaft

wo: wo bist du? – ich weiß nicht, wo er ist; **wo|an|ders, wo|bei, wo|durch, wo|für, wo|ge|gen, wo|her, wo|hin, wo|mit, wo|mög|lich, wo|ran** *auch* **wor|an, wo|rauf** *auch* **wor|auf, wo|rin** *auch* **wor|in, wo|rü|ber** *auch* **worü|ber**

Wo|che, die: der Woche, die Wochen; in dieser Woche; das **Wo|chen|bett** (Zeitraum nach der Entbindung), das **Wo|chen|en|de,** die **Wo|chen|kar|te,** der **Wo|chen|markt; vier|wö|chig** *auch* **4-wö|chig; wo|chen|lang:** *aber* zwei Wochen lang; **wo|chen|tags, wöchent|lich**

wog: → wiegen

Wo|ge, die: der Woge, die Wogen; die Wogen des Meeres – die Wogen der Begeisterung schlugen ihnen entgegen; **wo|gend:** eine wogende Menge; **wo|gen**

wohl: wohler, am wohlsten; er fühlt sich wohl (gut, gesund) – er ist wohl (wahrscheinlich) schon fort – **wohl be|kannt** *auch* **wohl|be|kannt, wohl durch|dacht** *auch* **wohl|durch|dacht, wohl ge|meint** *auch* **wohl|ge|meint, wohl|ha|bend** (reich), **woh|lig, wohlschme|ckend, wohl|tu|end** (angenehm, behaglich); das **Wohl:** auf dein Wohl!, das **Wohl|be|fin|den,** das **Wohl|ge|fallen:** etwas löst sich in

V W X

Wohlgefallen (in nichts) auf, die **Wohl|tat**

woh|nen: du wohnst, er wohnte, hat gewohnt, wohn(e)!; auf dem Lande, zur Miete wohnen; der **Ein|woh|ner,** der **Wohn|block,** der **Wohn|sitz,** die **Woh|nung,** der **Wohn|wa|gen,** das **Wohn|zim|mer; wohn|haft; wohn-lich** (behaglich)

wöl|ben: eine Brücke wölbt sich über den Fluss; das **Ge|wöl|be,** die **Wöl-bung**

Wolf, der: des Wolf(e)s, die Wölfe; etwas durch den (Fleisch-)Wolf drehen; mit den Wölfen heulen (zum eigenen Vorteil das tun, was andere tun); der **Wer|wolf** (Fabelwesen: Mensch, der sich bei Vollmond in einen Wolf verwandelt), die **Wöl|fin**

Wol|ke, die: der Wolke, die Wolken; er fällt aus allen Wolken (ist völlig überrascht); das **Wölk|chen,** der **Wol|ken-bruch** (starker Regen), der **Wol|ken-krat|zer** (Hochhaus); **be|wölkt, wol-ken|los, wol|kig**

Wol|le, die: der Wolle, die Wollen; die Jacke ist aus reiner Wolle; sich in die Wolle kriegen (zanken); der **Woll|lap-pen** *auch* **Woll-Lap|pen,** die **Woll|de-cke,** das **Woll|knäu|el; wol|len** (aus Wolle): das wollene Hemd, **wol|lig**

wol|len: du willst, er wollte, hat gewollt, wolle!; sein Recht wollen (fordern) – ich habe das nicht gewollt – etwas sagen wollen

Won|ne, die: der Wonne, die Wonnen; (Vergnügen, Genuss); der **Won|ne-mo|nat:** der Wonnemonat Mai; **won-nig**

Work|shop *engl. [wökschop],* der: des Workshops, die Workshops; (Werkstatt, Arbeitsgemeinschaft)

World Wide Web *engl. [wöld weid web],* das: des World Wide Web(s); (weltumspannendes Informationsnetz): *abgekürzt* Web *oder* WWW

Wort, das: des Wort(e)s, die Wörter *auch* Worte; die Wörter (einzelne Wörter) im Lexikon – nicht viele Worte machen (wenig reden); jemandem die Worte im Munde umdrehen (ihnen eine andere Bedeutung geben) – jemandem das Wort abschneiden (ihn unterbrechen) – immer das letzte Wort haben wollen – jemandem sein Wort geben (etwas versprechen) – ein gutes Wort für jemanden einlegen (sich zum Fürsprecher für jemanden machen); die **Wort|art,** der **Wort-bau|stein,** die **Wort|be|deu|tung,** die **Wort|bil|dung,** das **Wört|chen:** mit jemandem noch ein Wörtchen zu reden haben (ihn zur Rechenschaft ziehen), das **Wör|ter|buch,** die **Wort-fa|mi|lie** (stammverwandte Wörter), das **Wort|feld** (bedeutungsähnliche Wörter), der **Wort|schatz,** der **Wort-stamm; wort|brü|chig** (ein gegebenes Versprechen verletzend), **wort|karg** (wenig redend), **wört|lich, wort|wört-lich** (Wort für Wort)

Wrack, das: des Wrack(e)s, die Wracks; (unbrauchbar gewordenes Schiff)

wrang: → wringen

wrin|gen: du wringst, er wrang, er wränge, hat gewrungen, wring(e)!; nasse Wäsche auswringen

Wu|cher, der: des Wuchers; das ist ja Wucher! (ein viel zu hoher Preis); der **Wu|che|rer; wu|chern:** das Unkraut wuchert (wächst schnell und übermäßig)

Wuchs, der: des Wuchses; (Wachstum, Körperbau); die **Aus|wüch|se** (Missstände); **ur|wüch|sig** (bodenständig; wild); → wachsen

Wucht, die: der Wucht; (Druck, Schwung, Kraft): jemanden mit großer Wucht (Kraft) treffen; das ist eine Wucht (das ist großartig); **wuch|tig**

wüh|len: du wühlst, er wühlte, hat gewühlt, wühl(e)!; das **Ge|wühl,** die **Wüh|le|rei,** die **Wühl|maus**

Wulst, der *auch* die: des Wulstes *auch* der Wulst, die Wülste; (längliche Verdickung); **wuls|tig:** wulstige (aufgeworfene) Lippen

wum|mern: es wummert, es wummerte, hat gewummert; (dröhnen)

wund: wunder, am wundesten; die Haut ist wund; sich die Finger wund schreiben *auch* wundschreiben (unablässig schreiben) – das ist der wunde Punkt (die schwache Stelle); die **Platz|wunde,** die **Riss|wun|de,** die **Wun|de:** den Finger auf die offene Wunde legen (auf Missstände hinweisen), das **Wund|mal**, der **Wund|starr|krampf**

Wun|der, das: des Wunders, die Wunder; die Arznei tut Wunder (hilft sofort) – kein Wunder! (ganz natürlich) – er glaubt, Wunder was (etwas ganz Besonderes) getan zu haben – du wirst noch dein blaues Wunder erleben!; die **Wun|der|ker|ze,** das **Wunder|kind; wun|der|bar, wun|der|lich** (sonderbar), **wun|der|schön, wun|dervoll; wun|dern:** sich wundern

Wunsch, der: des Wunsch(e)s, die Wünsche; einen Wunsch haben – jemandem herzliche Wünsche senden; der **Glück|wunsch,** die **Wün|schel|ru|te** (gegabelter Zweig oder Draht des Wünschelrutengängers), das **Wunschkon|zert,** der **Wunsch|traum; wunsch|los:** ich bin wunschlos glücklich; **wün|schen:** sich etwas wünschen

Wür|de, die: der Würde, die Würden; das ist unter aller Würde! (sehr schlecht); die **Men|schen|wür|de,** die **Wür|di|gung; wür|de|los, wür|dig** (achtunggebietend, wert); **wür|di|gen:** jemanden keines Blickes würdigen (nicht beachten)

Wurf, der: des Wurf(s), die Würfe; der Wurf des Steines ging weit – der Wurf junger Hunde; der **Weit|wurf;** → werfen

Wür|fel, der: des Würfels, die Würfel; die Würfel sind gefallen (es ist alles entschieden); der **Wür|fel|be|cher,** das **Wür|fel|spiel,** der **Wür|fel|zucker; wür|feln**

wür|gen: du würgst, er würgte, hat gewürgt, würg(e) nicht!; jemanden würgen (ihm die Kehle zudrücken) – an einem Bissen würgen (mühsam essen); mit Hängen und Würgen (mit knapper Not); **er|wür|gen;** der **Würge|griff**

Wurm, der: des Wurm(e)s, die Würmer; da ist der Wurm drin! (die Sache ist nicht in Ordnung) – die armen Würmer! (Kinder); das **Ge|würm,** der **Re|gen|wurm; wur|mig, wurm|stichig; wur|men:** es wurmt mich (ärgert mich)

Wurst, die: der Wurst, die Würste; es geht um die Wurst (die Entscheidung) – das ist mir wurst *auch* wurscht (gleichgültig); das **Würst|chen** (*auch* unbedeutender Mensch); **wurs|teln:** vor sich hinwursteln (langsam, ungeschickt arbeiten)

Wür|ze, die: der Würze, die Würzen; in der Kürze liegt die Würze; das **Gewürz; wür|zig; wür|zen**

Wur|zel, die: der Wurzel, die Wurzeln; die Wurzeln eines Baumes; willst du hier Wurzeln schlagen? (gar nicht gehen?) – die Wurzel (Ursache) allen Übels; die **Wur|zel|be|hand|lung,** das **Wur|zel|zie|hen** (in der Mathematik); **ver|wur|zelt, wur|ze|lig** *auch* **wurz|lig; ent|wur|zeln, wur|zeln:** die Pflanzen wurzeln tief im Boden; wie angewurzelt stehen bleiben

wusch: → waschen

wu|sche|lig: wuscheliger, am wuscheligsten; wuscheliges (gelocktes; unordentliches) Haar; der **Wu|schel|kopf**

wuss|te: → wissen

Wüs|te, die: der Wüste, die Wüsten; die Wüste Sahara; jemanden in die Wüste schicken (wegschicken, entlassen); der **Wüs|ten|sand,** der **Wüst|ling** (ausschweifend lebender Mensch); **wüst** (öde; wirr, grob); **ver|wüs|ten:** etwas verwüsten

Wut, die: der Wut; in Wut geraten – an jemandem seine Wut auslassen; der **Wut|an|fall; wü|tend, wut|ent|brannt, wut|schnau|bend; wü|ten:** die Seuche, das Feuer wütete schrecklich

X

X: (römisches Zahlzeichen für 10)

X *[ikß]:* jemandem ein X für ein U vormachen (täuschen) – Mister X (Unbekannt) – die Stunde X

X-Bei|ne, die: der X-Beine; **x-bei|nig** *auch* **X-bei|nig**

x-be|lie|big: eine x-beliebige (irgendeine) Zahl

X-Chro|mo|som, das: des X-Chromosoms, die X-Chromosomen; (Erbgutträger, der das Geschlecht bestimmt)

x-fach: er hat das schon x-fach (mehrmals) probiert

x-för|mig *auch* **X-för|mig**

x-mal: ich habe es dir x-mal gesagt – ich versuche es zum x-ten Male

Xy|lo|phon *auch* **Xy|lo|fon,** das: des Xylophons, die Xylophone; (Musikinstrument)

Y

Y *[üpsilon],* das: des Y, die Y

Yacht: → Jacht

Yard *engl. [jad],* das: des Yards, die Yards; (englisches und nordamerikanisches Längenmaß: 0.914 m)

Y-Chro|mo|som, das: des Y-Chromosoms, die Y-Chromosomen; (Erbgutträger, der das Geschlecht bestimmt)

Yen *japan. [jen],* der: des Yen(s), die Yen(s); (Währungseinheit in Japan)

Ye|ti *[jeti],* der: des Yetis, die Yetis; (sagenhafter Schneemensch)

Yo|ga: → Joga

Z

Za|cke, die: der Zacke, die Zacken; (Spitze); der **Za|cken,** der **Zack:** auf Zack (umsichtig) sein – jemanden, etwas auf Zack (in Ordnung, in Schwung) bringen; **ge|zackt, za|ckig** (forsch, schneidig); **zack!:** zack, zack!

za|gen: du zagst, er zagte, hat gezagt, zag(e) nicht!; (zögern); die **Zag|heit; ver|zagt** (verzweifelt), **zag|haft** (schüchtern)

zäh: zäher, am zäh(e)sten; ein zähes Stück Fleisch; **zäh|flüs|sig;** die **Zäh|heit,** die **Zä|hig|keit**

Zahl, die: der Zahl, die Zahlen; der **Zäh|ler** (Zahl über dem Bruchstrich; Gerät zum Zählen), die **Zahl|kar|te,** das **Zahl|wort; zahl|los** (ungezählt, sehr viele), **zahl|reich; zah|len:** das zahle ich dir heim! (ich werde mich rächen), **zäh|len:** er kann nicht bis drei zählen (ist ein bisschen dumm)

zahm: zahmer, am zahmsten; (an den Menschen gewöhnt); ein zahmer Löwe; die **Zäh|mung; zäh|men**

Zahn, der: des Zahn(e)s, die Zähne; die Zähne zusammenbeißen (tapfer sein) – jemandem auf den Zahn fühlen (ihn prüfen) – sich an etwas die Zähne ausbeißen (sich ohne großes Ergebnis mühen); der **Zahn|arzt,** die **Zahn|ärz|tin,** die **Zahn|bürs|te,** die **Zahn|cre|me,** das **Zahn|fleisch,** die **Zahn|pas|ta,** das **Zahn|rad,** die **Zahnschmer|zen,** die **Zahn|span|ge; zahnlos; zah|nen** (Zähne bekommen)

Zan|ge, die: der Zange, die Zangen; (Werkzeug); jemanden in die Zange nehmen (ihm keinen Ausweg lassen)

Zank, der: des Zank(e)s; (Streit); das **Ge|zänk,** das **Ge|zan|ke,** der **Zankap|fel:** ein Zankapfel (Gegenstand eines Streites) sein, der **Zän|ker** (streitsüchtiger Mensch); **zän|kisch, zank|süch|tig; zan|ken:** sich zanken

Zäpf|chen, das: des Zäpfchens, die Zäpfchen; (Teil des Gaumens; Form eines Arzneimittels); das **Fie|ber|zäpfchen**

Zap|fen, der: des Zapfens, die Zapfen; die **Zapf|säu|le** (Tanksäule); **zap|fen:** Bier zapfen

zap|peln: du zappelst, er zappelte, hat gezappelt, zapp(e)le!; jemanden zappeln (absichlich warten, im Ungewissen) lassen; der **Zap|pel|phi|lipp** (unruhiges Kind); **zap|pe|lig** *auch* **zapp|lig**

zap|pen *engl. [sęppen]:* du zappst, er zappte, hat gezappt, zapp(e)!; (mit der Fernbedienung dauernd die Fernsehkanäle wechseln); **weg|zap|pen** (einen Sender wegschalten); das **Zappen**

Zar, der: des Zaren, die Zaren; (bis 1917 russischer Herrschertitel)

zart: zarter, am zartesten; zart fühlend *auch* zartfühlend; **zärt|lich;** die **Zartheit,** die **Zärt|lich|keit; ver|zär|teln** (verweichlichen)

Zau|ber, der: des Zaubers, die Zauber; das ist fauler Zauber (Unsinn) – den ganzen Zauber kennen (sich nicht täuschen lassen); die **Zau|be|rei,** der **Zau|be|rer,** der **Zau|ber|künst|ler,** der **Zau|ber|spruch; zau|ber|haft; verzau|bern, zau|bern**

zau|dern: du zauderst, er zauderte, hat gezaudert, zaud(e)re nicht!; (zögern, unsicher sein); der **Zau|de|rer**

Zaum, der: des Zaum(e)s, die Zäume; (Lenkgeschirr des Pferdes); seine Zunge im Zaum halten (sich beherrschen); das **Zaum|zeug; zäu|men** (ein Pferd zäumen)

Zaun, der: des Zaun(e)s, die Zäune; einen Streit vom Zaun brechen (beginnen) – ein Wink mit dem Zaunpfahl (überdeutlicher Hinweis); der **Zaungast** (ungebetener Zuschauer), der **Zaun|pfahl; ein|zäu|nen, um|zäunen**

zau|sen: du zaust, er zauste, hat gezaust, zaus(e)!; der Wind zaust (zieht) an den Haaren; **zer|zaust:** zerzaust aussehen

z.B.: *Abk. für* zum **B**eispiel

ZDF: *Abk. für* Zweites Deutsches Fernsehen

Ze|bra *auch* **Zeb|ra,** das: des Zebras, die Zebras; (gestreiftes Wildpferd); der **Ze|bra|strei|fen**

Ze|che, die: der Zeche, die Zechen; die Zeche (Rechnung für Speisen und Getränke) zahlen – auf die Zeche (Bergbau) gehen; der **Zech|prel|ler** (einer, der die Rechnung in der Gastwirtschaft nicht bezahlt); **ze|chen** (viel trinken)

Ze|cke, die: der Zecke, die Zecken; (blutsaugende Milbe); der **Ze|cken-biss,** der **Ze|cken|stich**

Ze|he, die: der Zehe, die Zehen; der große Zeh; die **Ze|hen|spit|zen**

zehn: die Zehn Gebote; **zehn|mal:** *aber* das zehnte Mal, **zehn|tens;** der **Zeh-ner,** der **Zehn|kampf,** das **Zehn|tel;** → acht

zeh|ren: du zehrst, er zehrte, hat gezehrt, zehr(e)!; von seinen Vorräten zehren (sich von ihnen ernähren); Sorgen zehren an der Gesundheit; **ver|zeh|ren** (essen)

Zei|chen, das: des Zeichens, die Zeichen; jemandem ein Zeichen geben – das ist kein gutes Zeichen; er ist von der Krankheit gezeichnet; das **Ab|zei-chen,** das **Satz|zei|chen,** der **Zei-chen|block,** das **Zei|chen|pa|pier,** die **Zei|chen|set|zung,** die **Zei|chen|spra-che,** der **Zei|chen|trick|film; be-zeich|nen, un|ter|zeich|nen** (unterschreiben)

zeich|nen: du zeichnest, er zeichnete, hat gezeichnet, zeichne!; die **Zeich-nung**

zei|gen: du zeigst, er zeigte, hat gezeigt, zeig(e)!; jemandem ein Bild zeigen – Interesse zeigen; **an|zei|gen, vor|zei-gen;** der **Zei|ge|fin|ger,** der **Zei|ger:** der Sekundenzeiger

Zei|le, die: der Zeile, die Zeilen; die **Buch|zei|le,** die **Stra|ßen|zei|le,** der **Vier|zei|ler** (Strophe); **sechs|zei|lig; zei|len|wei|se**

Zeit, die: der Zeit, die Zeiten; keine Zeit haben – in kurzer Zeit – von Zeit zu Zeit – eine Zeit lang; jemandem die Zeit stehlen (ihn unnötig aufhalten) – Zeit ist Geld; die **Zeit|form** (Tempus), der **Zeit|raum,** die **Zeit|schrift,** die **Zeit|ver|schie|bung,** der **Zeit|ver-treib; bei|zei|ten** (zur rechten Zeit); **zeit|ge|mäß, zeit|gleich, zei|tig; zeit-le|bens:** *aber* zeit seines Lebens; **zeit-lich** (vergänglich), **zeit|wei|lig** (vorübergehend); **zeit|wei|se, zur|zeit:** sie ist zurzeit krank, *aber* das war zur Zeit der Römer

Zei|tung, die: der Zeitung, die Zeitungen; die **Schü|ler|zei|tung,** das **Zei|tungs|abon|ne|ment,** der **Zei-tungs|ar|ti|kel,** der **Zei|tungs|aus-schnitt,** der **Zei|tungs|be|richt,** das **Zei|tungs|pa|pier**

Zel|le, die: der Zelle, die Zellen; die **Ge-fäng|nis|zel|le,** die **Kör|per|zel|le,** der **Zell|kern,** die **Zell|tei|lung; zel-len|för|mig**

Zelt, das: des Zelt(e)s, die Zelte; das **Him|mels|zelt,** das **Zelt|la|ger,** der **Zelt|platz; zel|ten**

Ze|ment, der: des Zement(e)s, die Zemente; (Baustoff); der **Ze|ment|mi-scher; ze|men|tie|ren** (mit Zement ausführen; etwas festlegen)

Ze|nit *arab.,* der: des Zenit(e)s; die Sonne steht im Zenit (am höchsten Punkt)

Zen|sur *lat.,* die: der Zensur, die Zensuren; eine gute Zensur (Note) im

Zeugnis – die Zeitungen unterliegen der Zensur (behördlicher Prüfung); **zen|sie|ren**

Zen|ti... *lat.:* (Hundertstel); der *auch* das **Zen|ti|me|ter:** *Abk.* cm, das **Zen|ti|me|ter|maß**

Zent|ner, der: des Zentners, die Zentner; (100 Pfund, 50 kg)

zen|tral *auch* **zent|ral** *lat.:* (in der Mitte, von der Mitte ausgehend); die **Zen|tra|le,** die **Zen|tral|hei|zung; zen|tra|li|sie|ren** (von einer Stelle aus leiten), **zen|trie|ren** (auf die Mitte einstellen)

Zen|trum *auch* **Zent|rum** *lat.,* das: des Zentrums, die Zentren; (Mittelpunkt)

Zep|pe|lin, der: des Zeppelins, die Zeppeline; (Luftschiff)

Zep|ter *griech.,* das: des Zepters, die Zepter; (Herrscherstab); er hat das Zepter fest in der Hand (bestimmt alles)

zer|bre|chen: zer|brech|lich; → brechen

zer|dep|pern: du zerdepperst, er zerdepperte, hat zerdeppert, zerdepp(e)re nicht!; (zerschlagen)

Ze|re|mo|nie, die: der Zeremonie, die Zeremonien; (feierlicher Akt)

zer|fah|ren: zerfahrener, am zerfahrensten; (verwirrt, gedankenlos)

Zer|fall, der: des Zerfalls; (Zusammenbruch); **zer|fal|len**

zer|fled|dern: du zerfledderst, er zerfledderte, hat zerfleddert, zerfledd(e)re nicht!; das Buch ist zerfleddert (abgenutzt, zerfetzt)

zer|kau|en: (durch Kauen zerkleinern)

zer|klei|nern: du zerkleinerst, er zerkleinerte, hat zerkleinert, zerklein(e)re!; (in kleine Stücke teilen)

zer|knaut|schen: du zerknautschst, er zerknautschte, hat zerknautscht, zerknautsch(e) nicht!; (zerknittern)

zer|knirscht: zerknirschter, am zerknirschtesten; (reuevoll)

zer|knül|len: du zerknüllst, er zerknüllte, hat zerknüllt, zerknüll(e)!; er hat das Papier zerknüllt

zer|krat|zen: er hat sich an den Dornen die Beine zerkratzt

zer|le|gen: das Regal lässt sich zerlegen; **zer|leg|bar**

zer|lumpt: zerlumpter, am zerlumptesten; (zerrissen, schäbig)

zer|plat|zen: der Luftballon zerplatzt

zer|rei|ßen: die **Zer|reiß|pro|be** (starke Beanspruchung); → reißen

zer|ren: du zerrst, er zerrte, hat gezerrt, zerr(e)!; die **Zer|rung; ver|zerrt**

zer|rüt|tet: (ruiniert, kaputt)

zer|schel|len: es zerschellt, es zerschellte, ist zerschellt; das Schiff ist an dem Felsen zerschellt (zerbrochen)

zer|schla|gen: eine Vase zerschlagen – ich bin ganz zerschlagen (abgearbeitet) – unsere Pläne haben sich zerschlagen (sind gescheitert); → schlagen

zer|schmet|tern: (zerstören)

zer|schun|den: zerschundener, am zerschundensten; sein Körper ist ganz zerschunden (er hat überall Wunden)

zer|set|zen: die Säure zersetzt das Metall; der **Zer|set|zungs|pro|zess** (Auflösung, Zerstörung)

zer|stäu|ben: du zerstäubst, er zerstäubte, hat zerstäubt, zerstäub(e)!; (versprühen); der **Zer|stäu|ber**

zer|ste|chen: an ihrem Auto wurden die Reifen zerstochen; → stechen

zer|stö|ren: die **Zer|stö|rung**

zer|streut: zerstreuter, am zerstreutesten; (durcheinander, unkonzentriert); die **Zer|streut|heit**

zer|tei|len: sie zerteilten das gebratene Hähnchen

zer|tram|peln: die Kühe zertrampelten das Gemüsebeet

zer|trüm|mern: du zertrümmerst, er zertrümmerte, hat zertrümmert, zertrümm(e)re nicht!; die **Zer|trüm|me|rung**

zer|wüh|len: die Einbrecher zerwühlten alle Kleider

zer|zaust: zerzauster, am zerzaustesten; (wirr)

ze|tern: du zeterst, er zeterte, hat gezetert, zet(e)re nicht!; (jammern, schreien); das **Ge|ze|ter**

Zet|tel, der: des Zettels, die Zettel; der **Zet|tel|kas|ten; an|zet|teln:** etwas anzetteln (etwas Übles vorbereiten und in die Tat umsetzen), **ver|zet|teln:** sich verzetteln (mit unwichtigen Dingen die Zeit vergeuden)

Zeug, das: des Zeug(e)s, die Zeuge; sein Zeug aufräumen; sich ins Zeug legen (anstrengen) – er hat das Zeug (Talent) zu einem guten Musiker – das ist doch dummes Zeug! (Unsinn) – jemandem etwas am Zeuge flicken (ungerechtfertigt tadeln)

Zeu|ge, der: des Zeugen, die Zeugen; als Zeuge vor Gericht; der **Au|gen|zeu|ge; be|zeu|gen:** etwas bezeugen (aussagen, bestätigen)

Zeug|nis, das: des Zeugnisses, die Zeugnisse; ein Zeugnis ausstellen; das **Ab|schluss|zeug|nis**

Zeu|gung, die: der Zeugung, die Zeugungen; (geschlechtlicher Befruchtungsakt); **zeu|gungs|fä|hig; zeu|gen**

z.H. *auch* **z.Hd.:** *Abk. für* zu Händen

zi|ckig: zickiger, am zickigsten; (launisch); sei nicht so zickig!; die **Zi|cken:** Zicken (Schwierigkeiten, Dummheiten) machen

Zick|zack, der: des Zickzack(e)s, die Zickzacke; im Zickzack laufen; der **Zick|zack|kurs**

Zie|ge, die: der Ziege, die Ziegen; der **Zie|gen|pe|ter** (Mumps, Drüsenentzündung)

Zie|gel, der: des Ziegels, die Ziegel; der **Dach|zie|gel,** die **Zie|ge|lei,** der **Zie|gel|stein**

zie|hen: du ziehst, er zog, er zöge, hat gezogen, zieh(e)!; einen Wagen ziehen – nach Frankfurt ziehen – jemanden zur Verantwortung ziehen; den Kürzeren ziehen (verlieren); **ab|zie|hen, auf|zie|hen, um|zie|hen**

Ziel, das: des Ziel(e)s, die Ziele; über das Ziel hinausschießen (ein festgelegtes Maß überschreiten); die **Ziel|ge|ra|de,** die **Ziel|schei|be,** die **Ziel|stre|big|keit; ziel|be|wusst, ziel|ge|rich|tet, ziel|los, ziel|stre|big; zie|len**

zie|men: es ziemt, es ziemte, hat geziemt; es ziemt sich nicht (gehört sich nicht)

ziem|lich: das war eine ziemliche (recht große) Anstrengung – du kommst ziemlich (reichlich) spät

zie|pen: (weh tun, ziehen)

Zier, die: der Zier; (Schmuck); die **Zier|de,** die **Zier|pflan|ze; zier|lich** (zart, anmutig); **ver|zie|ren:** etwas verzieren, **zie|ren:** sich zieren (sich verschämt zurückhalten)

Zif|fer, die: der Ziffer, die Ziffern; arabische, römische Ziffern – die Ziffer Zwei; das **Zif|fer|blatt; ent|zif|fern:** etwas entziffern (mühsam lesen)

zig: er fuhr mit zig Sachen (hoher Geschwindigkeit) um die Kurve; **vier|zig, zig|tau|sen|de** *auch* **Zig|tau|sen|de:** zigtausende von Menschen

Zi|ga|ret|te *franz.*, die: der Zigarette, die Zigaretten; die **Zi|gar|re**

Zim|mer, das: des Zimmers, die Zimmer; das Zimmer hüten müssen (wegen Krankheit nicht ins Freie gehen können); der **Zim|mer|mann** (Handwerksberuf), die **Zim|mer|pflan|ze; zim|mern** (zusammenbauen)

zim|per|lich: zimperlicher, am zimperlichsten; (prüde, ängstlich); die **Zimper|lich|keit**

Zimt, der: des Zimt(e)s, die Zimte; (Gewürz); die **Zimt|stan|ge**

Zink, der: des Zink(e)s; (Metall); das **Zink|blech; ver|zin|ken**

Zin|ke, die: der Zinke, die Zinken; (Haken, Zacken); der **Zin|ken** (*scherzhaft auch für* große Nase): die Zinken des Kammes, der **Zin|ker** (Falschspieler, Spitzel); **ge|zinkt:** mit gezinkten (gekennzeichneten) Karten spielen

Zinn, das: des Zinn(e)s; (Metall); **zinnern** (aus Zinn)

Zin|ne, die: der Zinne, die Zinnen; die Zinnen (rechteckige Mauerabschlüsse) einer Burg

zin|no|ber|rot: (gelbliches Rot)

Zins, der: des Zinses, die Zinsen; (Ertrag, Abgabe): Zinsen bezahlen, erhalten; **zins|los; ver|zin|sen** (Zinsen für etwas zahlen)

Zip|fel, der: des Zipfels, die Zipfel; (Eckstück von Stoffen); die **Zip|fel-müt|ze**

zir|ka *auch* **cir|ka:** *Abk.* ca. (ungefähr)

Zir|kel *griech.*, der: des Zirkels, die Zirkel; (Gerät zum Zeichnen von Kreisen, *auch* Kreis von Menschen); der **Zir|kel|kas|ten; zir|keln** (genau messen; tüfteln)

Zir|kus *lat.*, der: des Zirkus, die Zirkusse; mach keinen Zirkus (Lärm, Trubel)!; das **Zir|kus|zelt**

zir|pen: sie zirpt, sie zirpte, hat gezirpt; die Grille zirpt

zi|schen: du zischst, er zischte, hat gezischt, zisch(e)!; das Wasser zischt – bei der Vorstellung zischte das Publikum (brachte sein Missfallen zum Ausdruck); **zi|scheln** (ärgerlich flüstern)

Zi|tat *lat.*, das: des Zitat(e)s, die Zitate; (wörtlich angeführte Stelle aus einem Buch; bekannter Ausspruch); **zi|tieren**

Zi|ther, die: der Zither, die Zithern; (Saiteninstrument)

Zi|tro|ne *auch* **Zit|ro|ne** *ital.*, die: der Zitrone, die Zitronen

zit|tern: du zitterst, er zitterte, hat gezittert, zitt(e)re!; **mit|zit|tern:** mit jemandem mitzittern (hoffen, dass er Erfolg hat); **zit|te|rig** *auch* **zitt|rig:** die **Zit|ter|par|tie** (Sache mit unsicherem Ausgang)

Zit|ze, die: der Zitze, die Zitzen; (Saugwarze weiblicher Säugetiere)

zi|vil *lat. [ziwil]:* (bürgerlich); der **Zi|vi:** *Abk. für* **Zivi**ldienstleistender, **Zi|vil:** er trägt Zivil (ist nicht in Uniform), die **Zi|vil|cou|ra|ge** (Mut, nach seiner Überzeugung zu handeln), die **Zi|vi|li|sa|ti|on** (durch Technik verbesserte Lebensbedingungen), der **Zi|vi|list; zi|vi|li|sie|ren**

Zo|cker, der: des Zockers, die Zocker; (Glücksspieler); **ab|zo|cken:** jemanden abzocken (ihm auf unehrliche Weise Geld abnehmen)

Zo|fe, die: der Zofe, die Zofen; (*früher für* Zimmermädchen)

Zoff, der: des Zoffs; mach keinen Zoff (Ärger, Streit); **zof|fen:** sich zoffen
zö|gern: du zögerst, er zögerte, hat gezögert, zög(e)re nicht!; **ver|zö|gern;** die **Ver|zö|ge|rung; zö|ger|lich**
Zög|ling, der: des Züglings, die Zöglinge; (*früher für* Schüler)
Zoll, der: des Zoll(e)s, die Zölle; (Abgabe); der **Zoll|be|am|te,** die **Zoll|kon|trol|le; zoll|frei, zoll|pflich|tig; ver|zol|len** (Zoll bezahlen), **zol|len:** jemandem Bewunderung zollen (erweisen)
Zoll, der: des Zoll(e)s, die Zoll; (altes Längenmaß, ca. 2,5 cm); der **Zoll|stock** (zusammenklappbarer Messstab)
Zo|ne, die: der Zone, die Zonen; (Teil eines Gebietes): die heißen Zonen der Erde
Zoo *griech.,* der: des Zoos, die Zoos; *Kurzw. für* **Zoo**logischer Garten; der **Zo|o|lo|ge** (Tierforscher), die **Zo|o|lo|gie** (Tierkunde); **zo|o|lo|gisch**
Zoom *engl. [sum],* der: des Zooms, die Zooms; (Objektiv mit veränderlicher Brennweite); **zoo|men** *[sumen]* (das Objekt im Kamerabild näher heranholen oder weiter entfernen)
Zopf, der: des Zopf(e)s, die Zöpfe; einen Zopf flechten; das ist ein alter Zopf (überholte Sache)
Zorn, der: des Zorn(e)s; in Zorn geraten; seinem Zorn Luft machen; der **Jäh|zorn; zor|nig, zür|nen**
zot|te|lig *auch* **zott|lig:** (struppig); **zot|teln** (langsam gehen)
z.T.: *Abk. für* zum Teil
zu: zum (zu dem) Mond fliegen – zu den Kindern gehen – zu Hause *auch* zuhause sein – zu Hilfe kommen – ich habe zu tun – zu groß – zu wenig – zu viel(e) – ab und zu – mach zu! – nur zu!
Zu|be|hör, das: des Zubehörs, die Zubehöre; (dazugehörige Teile); das **Zu|be|hör|teil**
zu|bei|ßen: dieser Hund kann kräftig zubeißen; → beißen
zu|be|rei|ten: die Speisen zubereiten; die **Zu|be|rei|tung**
zu|bin|den: du musst den Sack gut zubinden; → binden
Zuc|chi|ni, die: der Zucchini, die Zucchini; (gurkenähnliches Gemüse)
Zucht, die: der Zucht; (strenge Ordnung, Gehorsam; Aufziehen von Pflanzen und Tieren); der **Züch|ter,** der **Zucht|hengst,** die **Züch|tung; züch|tig** (sittsam); **züch|ten** (aufziehen), **züch|ti|gen:** jemanden züchtigen (durch Schläge bestrafen)
zu|ckeln: du zuckelst, er zuckelte, ist gezuckelt, zuck(e)le nicht!; (langsam fahren)
zu|cken: du zuckst, er zuckte, hat gezuckt, zuck(e)!; der Blitz zuckte; ohne mit der Wimper zu zucken (ohne sichtbare Regung); die **Zu|ckun|gen**
zü|cken: du zückst, er zückte, hat gezückt, zück(e)!; das Portmonee zücken
Zu|cker, der: des Zuckers, die Zucker; das ist kein Zuckerlecken (anstrengend, unangenehm); die **Zu|cker|krank|heit,** das **Zu|cker|rohr,** die **Zu|cker|rü|be,** die **Zu|cker|wat|te; zu|cker|süß, zuck|rig; zu|ckern**
zu|de|cken: sich mit dem Federbett zudecken; die **Zu|de|cke**
zu|dring|lich: zudringlicher, am zudringlichsten; (belästigend)
zu|drü|cken: (schließen); ein Auge zudrücken (nachsichtig sein)

zu|ei|nan|der *auch* **zu|ein|an|der:** zueinander sprechen – zueinander passen *auch* zueinanderpassen – zueinander finden *auch* zueinanderfinden

zu En|de: → Ende

zu|erst: wir gehen zuerst schwimmen – zuerst einmal

Zu|fahrt, die: der Zufahrt, die Zufahrten; die **Zu|fahrts|stra|ße**

Zu|fall, der: des Zufall(e)s, die Zufälle; es ist ein Zufall, dass wir uns treffen; der **Zu|falls|tref|fer; zu|fäl|lig** (nicht vorauszusehen, unerwartet)

zu|fas|sen: wir mussten blitzschnell zufassen (zugreifen)

Zu|flucht, die: der Zuflucht, die Zuflüchte; (Schutz, Hilfe): Zuflucht gewähren, suchen; der **Zu|fluchts|ort**

zu|flüs|tern: er konnte mir eine Warnung zuflüstern

zu|fol|ge: einer Sage zufolge; **dem|zu|fol|ge**

zu|frie|den: zufriedener, am zufriedensten; zufrieden sein – jemanden zufrieden stellen *auch* zufriedenstellen – sich zufriedengeben – jemanden zufriedenlassen; die **Zu|frie|den|heit**

zu|frie|ren: der Teich ist schon lange zugefroren; → frieren

zu|fü|gen: jemandem ein Unrecht zufügen (ihm ein Unrecht antun)

Zu|fuhr, die: der Zufuhr, die Zufuhren; **zu|füh|ren**

Zug, der: des Zug(e)s, die Züge; in einem Zug fahren – in einem Zug durcharbeiten (ohne Pause) – ein Zug aus der Zigarette – endlich kam er zum Zuge (zur Wirkung); in den letzten Zügen liegen (sterben); der **Ge|birgs|zug,** das **Zug|ab|teil,** der **Zug|be|glei|ter,** die **Zug|be|glei|te|rin,** die **Zug|ver|bin|dung,** der **Zug|vo|gel;** **zu|gig:** es ist zugig (es zieht), **zü|gig** (rasch)

Zu|ga|be, die: der Zugabe, die Zugaben

Zu|gang, der: des Zugang(e)s, die Zugänge; keinen Zugang haben; der **In|ter|net|zu|gang; zu|gäng|lich**

zu|ge|ben: er will nichts zugeben (eingestehen); → geben

zu|ge|knöpft: zugeknöpfter, am zugeknöpftesten; (verschlossen, abweisend)

Zü|gel, der: des Zügels, die Zügel; (Riemen zum Lenken von Pferden); die Zügel fest in die Hand nehmen (energisch handeln) – die Zügel locker lassen (nicht so streng sein); **un|ge|zü|gelt, zü|gel|los** (unbeherrscht); **zü|geln** (zähmen, den Zaum anlegen): ein Pferd zügeln – sich selbst zügeln (beherrschen)

Zu|ge|ständ|nis, das: des Zugeständnisses, die Zugeständnisse; (Entgegenkommen)

zu|grun|de *auch* **zu Grun|de:** zugrunde *auch* zu Grunde legen – zugrunde *auch* zu Grunde gehen – zugrunde *auch* zu Grunde richten

zu|gu|cken: sie wollte beim Spielen nur zugucken

zu|gun|sten *auch* **zu Guns|ten:** zugunsten *auch* zu Gunsten der Kinder (zu ihrem Vorteil)

zu|gu|te: man muss ihm sein Alter zugutehalten (berücksichtigen) – zugutekommen; **zu gu|ter Letzt**

Zu|häl|ter, der: des Zuhälters, die Zuhälter; (jemand, der von Einkünften der Prostituierten lebt)

zu|hau|en: (zuschlagen)

zu Hau|se *auch* **zu|hau|se:** ich bin zu Hause *auch* zuhause; das **Zu|hau|se**

Y Z

zu|hö|ren: du musst besser zuhören; der **Zu|hö|rer,** die **Zu|hö|re|rin**
zu|ju|beln: die Fans haben dem Star zugejubelt
zu|klap|pen: er klappte das Buch zu
zu|kle|ben: du solltest den Briefumschlag zukleben
Zu|kunft, die: der Zukunft; die **Zukunfts|plä|ne; zu|künf|tig**
Zu|la|ge, die: der Zulage, die Zulagen; (Zugabe, Zuzahlung)
zu|lan|gen: lang zu und iss!; **un|zu|läng|lich** (nicht ausreichend)
zu|las|sen: (erlauben); die **Zu|läs|sig|keit,** die **Zu|las|sung; un|zu|läs|sig** (nicht erlaubt), **zu|läs|sig;** → lassen
zu|las|ten *auch* **zu Las|ten:** das geht zulasten *auch* zu Lasten der Kinder (zu ihrem Nachteil)
Zu|lauf, der: des Zulaufs, die Zuläufe; die Filmpremiere hatte großen Zulauf (viele Besucher)
zu|lei|de *auch* **zu Lei|de:** jemandem etwas zuleide *auch* zu Leide tun
Zu|lei|tung, die: der Zuleitung, die Zuleitungen; die Zuleitung des Wassers; das **Zu|lei|tungs|rohr; zu|lei|ten**
zu|letzt: *aber* zu guter Letzt; wer zuletzt lacht, lacht am besten (Sprichwort)
zu|lie|be: ihr zuliebe ging er öfter spazieren
zum: (zu dem)
zu|ma|chen: ein Geschäft zumachen (schließen), *aber* mit ihm ist kein Geschäft zu machen
zu|meist: (meistens)
zu|min|dest: (wenigstens)
zu|mu|te *auch* **zu Mu|te:** mir ist nicht danach zumute *auch* zu Mute
zu|mu|ten: das kann ich ihr nicht zumuten (von ihr verlangen); die **Zumu|tung**
zu|nächst: (zuerst)
Zu|nah|me, die: der Zunahme, die Zunahmen; die Zunahme der Erkrankungen überraschte; **zu|neh|men**
Zu|na|me, der: des Zunamens, die Zunamen; (Familienname, Nachname)
zün|den: du zündest, er zündete, hat gezündet, zünd(e)!; **an|zün|den, zündeln** (mit Feuer spielen); der **Zun|der** (leicht brennbare Masse), der **Zün|der,** das **Zünd|holz,** der **Zünd|stoff** (entzündbarer Stoff; *auch* Anlass für Streit); **ent|zünd|bar**
Zunft, die: der Zunft, die Zünfte; (*früher* Berufsvereinigung der Handwerker); **zünf|tig** (fachmännisch, sachgemäß; ordentlich): eine zünftige Mahlzeit
Zun|ge, die: der Zunge, die Zungen; die Zunge herausstrecken; seine Zunge im Zaum halten (nichts Unbedachtes sagen) – eine lose Zunge haben (spitze Bemerkungen machen) – das Herz auf der Zunge tragen (vertrauensselig sein) – das Zünglein an der Waage (das Entscheidende) sein; der **Zungen|bre|cher** (schwer auszusprechende Wörter); **zun|gen|fer|tig** (redegewandt)
zu|nich|te: etwas zunichtemachen (vernichten)
zu|nut|ze *auch* **zu Nut|ze:** sich etwas zunutze *auch* zu Nutze machen
zu|pa|cken: bei der vielen Arbeit muss jeder zupacken (kräftig arbeiten)
zup|fen: du zupfst, er zupfte, hat gezupft, zupf(e)!; heimlich zupfte er sie am Ärmel; das **Zupf|ins|tru|ment** (z.B. Gitarre, Zither)
zur: (zu der)
zu|ran|de *auch* **zu Ran|de:** zurande *auch* zu Rande kommen (zurechtkommen)

zu̲|rech|nungs|fä|hig: (normal, bei klarem Verstand); **u̲n|zu|rech|nungs|fähig**

zu|rẹcht: er kommt gut zurecht, *aber* er sagt das ganz zu Recht; die **Zu|rẹcht|wei|sung** (Tadel); **zu|rẹcht|bie|gen; zu|rẹcht|fin|den:** sich zurechtfinden, **zu|rẹcht|kom|men**

zu̲|re|den: *Kleinschreibung:* jemandem gut zureden; *Großschreibung:* auf gutes Zureden

zü̲r|nen: du zürnst, er zürnte, hat gezürnt, zürn(e)!; sie zürnt ihm (ist ärgerlich auf ihn); → Zorn

zu|rụ̈ck: zu|rụ̈ck|blei|ben, zu|rück|fallen, zu|rück|ge|ben, zu|rück|hal|ten, zu|rück|kom|men, zu|rück|tre|ten, zu|rück|wei|sen (abweisen; bestreiten); die **Zu|rụ̈ck|hal|tung** (zögerliches Verhalten)

zu̲|ru|fen: sie rief ihm eine Warnung zu; → rufen

Zu̲|sa|ge, die: der Zusage, die Zusagen; eine Zusage machen; **zu̲|sa|gen**

zu|sạm|men: etwas zusammen (gemeinsam) machen

Zu|sạm|men|ar|beit, die: der Zusammenarbeit; eine erfolgreiche Zusammenarbeit

zu|sạm|men|bre|chen: das Gerüst brach zusammen (stürzte ein) – der Mann brach ohnmächtig zusammen; der **Zu|sạm|men|bruch;** → brechen

zu|sạm|men fa̲h|ren: wir beide sind zusammen (gemeinsam) gefahren; **zu|sạm|men|fah|ren:** zwei Autos sind zusammengefahren (ineinander) – er ist zusammengefahren (hat sich erschrocken); → fahren

zu|sạm|men|fas|sen: die Ergebnisse des Gesprächs zusammenfassen; die **Zu|sạm|men|fas|sung**

zu|sạm|men|hal|ten: Freunde müssen zusammenhalten (zueinander stehen); der **Zu|sạm|men|halt;** → halten

Zu|sạm|men|hang, der: des Zusammenhangs, die Zusammenhänge; beide Verbrechen stehen in einem Zusammenhang

zu|sạm|men|kle|ben: die Bruchstücke einer Vase zusammenkleben

zu|sạm|men|kom|men: (sich versammeln, sich treffen); **zu|sạm|men kọm|men:** zur Party sind wir zusammen (gemeinsam) gekommen; die **Zu|sạm|men|kunft;** → kommen

Zu|sạm|men|le|ben, das: des Zusammenlebens

zu|sạm|men|neh|men: nimm dich zusammen! (beherrsche dich!); → nehmen

Zu|sạm|men|prall, der: des Zusammenpralls; (Zusammenstoß); **zu|sạm|men|pral|len:** zwei Wagen sind zusammengeprallt

zu|sạm|men|rech|nen: (addieren)

Zu|sạm|men|schluss, der: des Zusammenschlusses, die Zusammenschlüsse; (Vereinigung); **zu|sạm|men|schlie|ßen:** sich zusammenschließen

zu|sạm|men|schrei|ben: diese Wörter muss man zusammenschreiben (in einem Wort); **zu|sạm|men schrei̲|ben:** wir müssen noch eine Postkarte zusammen (gemeinsam) schreiben; → schreiben

zu|sạm|men sein: sie sind den ganzen Tag zusammen gewesen; das **Zu|sạm|men|sein**

zu|sạm|men|set|zen: ein Puzzle zusammensetzen – sich mit Freunden zusammensetzen; die **Zu|sạm|men|set|zung:** eine Zusammensetzung aus zwei Wörtern

Y
Z

Zu|sam|men|stoß, der: des Zusammenstoßes, die Zusammenstöße; **zu|sam|men|sto|ßen**

zu|sam|men|stür|zen: (einstürzen), die Brücke ist zusammengestürzt

zu|sam|men|su|chen: er muss erst sein Schulzeug zusammensuchen; **zu|sam|men su|chen:** wir haben den Bleistift zusammen (gemeinsam) gesucht

zu|sam|men|zäh|len: (addieren)

zu|sam|men|zu|cken: beim Donnerschlag zuckte das Kind zusammen

Zu|satz, der: des Zusatzes, die Zusätze; (Beigabe): die Zusätze in Lebensmitteln; **zu|sätz|lich** (hinzukommend)

Zu|schau|er, der: des Zuschauers, die Zuschauer; der **Fern|seh|zu|schau|er,** der **Zu|schau|er|raum,** die **Zu|schau|er|tri|bü|ne; zu|schau|en**

zu|schi|cken: (zusenden)

Zu|schlag, der: (zusätzliche Gebühr, Nachzahlung)

zu|schnei|den: den Stoff für ein Kleid zuschneiden

zu|schul|den *auch* **zu Schul|den:** sich etwas zuschulden *auch* zu Schulden kommen lassen

Zu|schuss, der: des Zuschusses, die Zuschüsse; einen Zuschuss zur Miete erhalten

zu|se|hen: sie wollen dem Spiel zusehen; **zu|se|hends** (rasch); → sehen

zu|spit|zen: die Lage hat sich zugespitzt (hat sich verschlimmert)

Zu|spruch, der: des Zuspruch(e)s; (freundliches Zureden; Anklang, Anerkennung, Zulauf)

Zu|stand, der: des Zustand(e)s, die Zustände; (augenblickliche Lage, Beschaffenheit): in gutem Zustand sein; der **Ge|sund|heits|zu|stand; zu|stän|dig:** zuständig sein; **zu|stan|de** *auch* **zu Stan|de:** zustande *auch* zu Stande kommen, zustande *auch* zu Stande bringen

zu|stei|gen: ist noch jemand zugestiegen (unterwegs eingestiegen)?; → steigen

zu|stel|len: einen Brief, ein Päckchen zustellen; die **Zu|stel|lung**

zu|stim|men: ich kann dir in diesem Punkt nicht zustimmen; die **Zu|stim|mung**

zu|ta|ge *auch* **zu Ta|ge:** etwas zutage *auch* zu Tage bringen (hervorbringen, entdecken)

Zu|tat, die: der Zutat, die Zutaten; Zutaten für einen Kuchen

zu|tei|len: jeder bekam eine Aufgabe zugeteilt (übertragen); die **Zu|tei|lung**

Zu|trau|en, das: des Zutrauens; (Vertrauen); die **Zu|trau|lich|keit; zu|trau|lich** (ohne Scheu); **zu|trau|en**

zu|tref|fen: (richtig sein); **zu|tref|fend;** das **Zu|tref|fen|de:** das Zutreffende ankreuzen; → treffen

Zu|tritt, der: des Zutritt(e)s; Zutritt verboten

Zu|tun, das: des Zutuns; ohne sein Zutun (seine Hilfe)

zu|un|guns|ten *auch* **zu Un|guns|ten:** (zum Nachteil)

zu|ver|läs|sig: zuverlässiger, am zuverlässigsten; ein zuverlässiger Mensch – etwas aus zuverlässiger Quelle (von einem vertrauenswürdigen Menschen) erfahren; **un|zu|ver|läs|sig;** die **Zu|ver|läs|sig|keit**

Zu|ver|sicht, die: der Zuversicht; (Hoffnung, Gewissheit); **zu|ver|sicht|lich**

zu|vor: (vorher); **zu|vor|kom|mend** (hilfsbereit, höflich); **zu|vor|kom|men:** jemandem zuvorkommen

Zu|wachs, der: des Zuwachses, die Zuwächse; die Familie hat Zuwachs (ein Kind) bekommen

Zu|wan|de|rer, der: des Zuwanderers, die Zuwanderer; (jemand, der von einem anderen Ort, aus einem anderen Land kommt, um hier zu leben); die **Zu|wan|de|rung; zu|wan|dern**

zu|we|ge *auch* **zu We|ge:** etwas zuwege *auch* zu Wege bringen (schaffen)

zu|wei|sen: (zuteilen): jemandem eine Aufgabe zuweisen; die **Zu|wei|sung**

zu we|nig: zu wenig wissen – zu wenig essen – zu wenig(e) Helfer

zu|wi|der: das ist mir zuwider (sehr unangenehm); **zu|wi|der|han|deln** (gegen etwas verstoßen)

zu|zie|hen: die Vorhänge zuziehen – sich eine Krankheit zuziehen – zugezogen sein (hier ansässig geworden sein); der **Zu|zug:** der Zuzug vom Lande in die Stadt; **zu|züg|lich** (hinzuzurechnen): zuzüglich Porto

Zwang, der: des Zwang(e)s, die Zwänge; tu dir keinen Zwang an!; die **Zwangs|ja|cke; zwang|los, zwangs|läu|fig** (nicht abwendbar); **ein|zwän|gen:** etwas einzwängen, **zwän|gen:** sich in die Hose zwängen – sich durch die Menge zwängen; → zwingen

zwan|zig: der **Zwan|zig|eu|ro|schein** *auch* **20-Eu|ro-Schein**

zwar: er ist zwar groß, aber schwach – ich habe mir das Bein gebrochen, und zwar das linke

Zweck, der: des Zweck(e)s, die Zwecke; (Sinn, Ziel): der Zweck einer Aufgabe – das hat keinen Zweck; **zweck|los** (vergeblich, nutzlos), **zweck|mä|ßig**

Zwe|cke, die: der Zwecke, die Zwecken; (kurzer, dünner Nagel mit breitem Kopf); die **Reiß|zwe|cke**

zwei: *Kleinschreibung:* wir zwei (beide) – zwei Kinder; *Großschreibung:* die Zwei – als Zweiter ans Ziel kommen; **zwei|deu|tig** (unklar, zwei Deutungen zulassend); **zwei|er|lei; zwei|fach** *auch* **2-fach, zwei|mal, zwei|spu|rig; zweitens;** das **Zwei|fa|mi|li|en|haus,** der **Zwei|sit|zer;** → acht

Zwei|fel, der: des Zweifels, die Zweifel; (Unsicherheit, Bedenken); der **Zweifels|fall:** im Zweifelsfall; **zwei|fel|los** (bestimmt); **an|zwei|feln, be|zwei|feln, zwei|feln**

Zweig, der: des Zweig(e)s, die Zweige; die Zweige des Baumes; auf keinen grünen Zweig kommen (nicht viel erreichen); die **Zweig|stel|le; verzweigt; ab|zwei|gen**

Zwerch|fell, das: des Zwerchfell(e)s, die Zwerchfelle; (Scheidewand zwischen Brust- und Bauchhöhle)

Zwerg, der: des Zwerg(e)s, die Zwerge; Schneewittchen und die sieben Zwerge (Märchen)

Zwet|sche *auch* **Zwetsch|ge,** die: der Zwetsche, die Zwetschen; (Pflaumenart); das **Zwet|schen|mus** *auch* **Zwetsch|gen|mus**

zwi|cken: du zwickst, er zwickte, hat gezwickt, zwick(e)!; (kneifen); die **Zwick|müh|le:** in einer Zwickmühle (unangenehmen Lage) sein

Zwie|back, der: des Zwieback(e)s, die Zwiebacke *auch* Zwiebäcke

Zwie|bel, die: der Zwiebel, die Zwiebeln; der **Zwie|bel|ring,** der **Zwie|bel|turm** (Turmform); **zwie|beln:** jemanden zwiebeln (schikanieren, quälen)

Zwie|ge|spräch, das: des Zwiegespräch(e)s, die Zwiegespräche; (Gespräch zwischen zwei Personen); die **Zwie|spra|che:** Zwiesprache halten

Y Z

Zwie|licht, das: des Zwielicht(e)s; (Licht, das von zwei Lichtquellen stammt; Dämmerlicht); **zwie|lich|tig** (undurchsichtig, zweifelhaft); ein zwielichtiger Mensch

Zwie|spalt, der: des Zwiespalt(e)s, die Zwiespälte; (inneres Schwanken, Unentschlossenheit); **zwie|späl|tig**

Zwie|tracht, die: der Zwietracht; (Uneinigkeit, Streit); Zwietracht säen

Zwil|ling, der: des Zwillings, die Zwillinge; die **Zwil|lings|schwes|ter,** das **Zwil|lings|paar**

zwin|gen: du zwingst, er zwang, er zwänge, hat gezwungen, zwing(e)!; **auf|zwin|gen** (aufdrängen), **be|zwin|gen** (überwinden); der **Zwin|ger** (Käfig für Tiere); → Zwang

zwin|kern: du zwinkerst, er zwinkerte, hat gezwinkert, zwink(e)re!; mit den Augen zwinkern (blinzeln)

Zwirn, der: des Zwirn(e)s, die Zwirne; (Garn); der **Zwirns|fa|den**

zwi|schen: zwischen den Stühlen sitzen – sich zwischen zwei Stühle setzen; **zwi|schen|durch;** die **Zwi|schen|frage,** die **Zwi|schen|lan|dung,** der **Zwischen|lauf,** der **Zwi|schen|raum,** der **Zwi|schen|ruf,** das **Zwi|schen|spiel,** die **Zwi|schen|tür,** die **Zwi|schenzeit**

Zwist, der: des Zwistes, die Zwiste; (Streit); die **Zwis|tig|kei|ten**

zwit|schern: er zwitschert, er zwitscherte, hat gezwitschert; der Vogel zwitschert

Zwit|ter, der: des Zwitters, die Zwitter; (zweigeschlechtliches Lebewesen)

zwölf: wir sind zu zwölft; es ist fünf vor zwölf (höchste Zeit); → acht

Zy|an|ka|li, das: des Zyankalis; (giftiges Salz der Blausäure)

Zy|klon *auch* **Zyk|lon,** der: des Zyklons, die Zyklone; (Wirbelsturm)

Zy|klop *griech. auch* **Zyk|lop,** der: des Zyklopen, die Zyklopen; (Riese mit einem Auge aus der griechischen Sage)

Zy|klus *auch* **Zyk|lus,** der: des Zyklus, die Zyklen; (Kreislauf; Reihe); der **Lie|der|zy|klus** (Reihe von Liedern)

Zy|lin|der *griech.,* der: des Zylinders, die Zylinder; der **Zy|lin|der|hut; zy|lindrisch** (walzenförmig)

z.Z. *auch* **z.Zt.:** *Abk. für* zur Zeit; zur Zeit Goethes; **zz.** *auch* **zzt.:** *Abk. für* zurzeit; sie sind zur Zeit im Urlaub

Das findest du in diesem Anhang:

- wie du die Arbeit mit dem Wörterbuch lernen kannst,
- welche Rechtschreibregeln es gibt,
- wie du die Wörter einer Wortfamilie richtig schreibst,
- wie Wörter gebildet werden,

– was Wortfelder sind und wofür du sie brauchst,
– welche Wortarten es gibt und wie du sie unterscheidest,
– welche Bedeutung Vornamen haben,
– wie du Wörter üben kannst.

II. Die Arbeit mit dem Wörterbuch

Das Abc lernen

1 Das Wichtigste ist das Abc! Das musst du auswendig hersagen können. Wie lernt man das? Jeder lernt es etwas anders. Manche lernen es in Zweiergruppen von Buchstaben, manche in Dreier-, Vierer- oder Fünfergruppen. Hier ist das Abc in sechs Spalten aufgelistet. Sprich dir jede Spalte einmal vor. Suche dir eine aus, in der du das Abc am liebsten lernen willst. Sprich dir diese Spalte dann mehrere Male vor. Man lernt das Abc nämlich nur dann, wenn man es sich immer wieder vorspricht.

a b	**a b c**	**a b c**	**a b c**	**a b c d e**	**a b c d e**
c d	**d e**	**d e f**	**d e f g**	**f g h**	**f g h i j**
e f	**f g**	**g h i**	**h i j**	**i j k**	**k l m n o**
g h	**h i j**	**j k l**	**k l m n**	**l m n o p**	**p q r s t**
i j	**k l m**	**m n o**	**o p q**	**q r s t**	**u v w**
k l	**n o p**	**p q r**	**r s t**	**u v w**	**x y z**
m n	**q r s**	**s t u**	**u v w**	**x y z**	
o p	**t u v**	**v w x**	**x y z**		
q r	**w x**	**y z**			
s t	**y z**				
u v					
w x					
y z					

2 Hier ist das Abc mehrere Male aufgeschrieben – aber jedes Mal ist etwas falsch an der Reihenfolge. Sprich die Zeilen leise so, wie sie da stehen. Sage dann die Stellen in der richtigen Reihenfolge auf.

a b c d e g f h i j k l m n o p q r s t u v w x y z

a b c d e f h g i j k l m n o p q r s t u v w x y z

a b c d e f g h i j k l n m o p q r s t u v w x y z

a b c d e f g h i j k l m n o p q s r t u v w x y z

a b c d e f g h i j k l m n o p q r t s u v w x y z

a b c e d f g h i j k l m n o p q r t s u v x w y z

3 Sprich die folgenden Sätze vor dich hin. Ergänze dabei die fehlenden Buchstaben:

Nach **B C D** kommt? Nach **E F G** kommt? Nach **Q R S** kommt?
Nach **L M N** kommt? Nach **T U V** kommt? Nach **G H I** kommt?

Zwischen **U** und **W** steht? Zwischen **F** und **H** steht?
Zwischen **M** und **O** steht? Zwischen **C** und **E** steht?
Zwischen **R** und **T** steht? Zwischen **V** und **X** steht?

Vor **W** steht? Vor **K** steht? Vor **E** steht?
Vor **M** steht? Vor **T** steht? Vor **P** steht?

Übe das mehrere Male, bis du es möglichst schnell kannst!

Ein Wort möglichst schnell finden

Wenn du ein Wort schnell finden willst, ist das Wichtigste, dass du zuerst einmal weißt, ob es vorn, in der Mitte oder hinten im Wörterbuch steht. Wenn du das Abc gelernt hast, ist das nicht schwer.

1 Suche zuerst einmal irgendein Wort, das mit **K** beginnt. Blättere dabei nicht das Wörterbuch durch, sondern halte es so vor dich, wie es das Bild zeigt. Schlage dann auf. Hast du eine Seite mit **K**-Wörtern gefunden? Wenn du bei **L** oder **M** gelandet bist, musst du zurückblättern. Wenn du bei **I** oder **J** gelandet bist, musst du weiterblättern.

2 Mach dasselbe jetzt mit anderen Buchstaben:
- Suche ein Wort mit **F**.
- Suche ein Wort mit **S**.
- Suche ein Wort mit **D**.
- Suche ein Wort mit **W**.

Übe immer so weiter, bis du möglichst schnell eine Seite gefunden hast, auf der ein Wort mit einem von dir ausgewählten Buchstaben steht.

3 Suche in deinem Wörterbuch das erste Wort mit einem bestimmten Buchstaben:
- Wie heißt das erste Wort mit dem Buchstaben **B**?
- Wie heißt das erste Wort mit dem Buchstaben **P**?
- Wie heißt das erste Wort mit dem Buchstaben **W**?
- Und wie die ersten Wörter mit **T, M, S**?

4 Suche das letzte Wort mit einem bestimmten Buchstaben:
- Wie heißt das letzte Wort mit dem Buchstaben **V**?
- Wie heißt das letzte Wort mit dem Buchstaben **B**?
- Wie heißt das letzte Wort mit dem Buchstaben **J**?
- Und wie das letzte Wort mit dem Buchstaben **W**?

Ein Wort finden, wenn es zu manchen Buchstaben sehr viele Seiten gibt

Die meisten Wörter gibt es zu dem Buchstaben **S**. Wenn man da ein Wort finden möchte, muss man lange suchen. Zum Glück sind die Wörter, die mit **S** anfangen selbst nach dem Abc geordnet:
Zuerst kommen die mit **sa**, dann die mit **sch**,
weiter hinten die mit **sp**, die mit **st**
und ganz hinten die mit **su**.

Hier kommt es also nicht nur auf den Anfangsbuchstaben an, wenn man ein Wort finden möchte, sondern auf den 2. oder den 3. Buchstaben. Man muss also nicht die vielen Seiten mit **s** alle durchblättern, wenn man ein

Wort finden möchte, sondern sucht die Wörter nach dem Buchstaben, der hinter dem s kommt.

1 Suche das erste Wort mit den Buchstaben **Sa-, St-, sch-, se-, Sp-** und das letzte Wort mit **su-** .

2 Auch mit **K** gibt es eine Menge Wörter. Suche das erste Wort mit **Ka-, kn-, Kr-, Kla-, Ku-, ki-** .

3 Sprich die folgenden Sätze richtig vor dich hin:
- Wörter mit **Tu-** stehen hinter/vor Wörtern mit **Ta-.**
- Wörter mit **Tr-** stehen hinter/vor Wörtern mit **Tu-**.
- Wörter mit **Te-** stehen hinter/vor Wörtern mit **Ti-.**
- Wörter mit **To-** stehen hinter/vor Wörtern mit **Tau-**.

Kopfwörter helfen beim Suchen

Auf den Seiten des Wörterbuches links und rechts oben stehen Wörter, die man „Kopfwörter" nennt.
Das Kopfwort links sagt, welches das erste Wort in der Wörterliste auf dieser Seite ist; das Kopfwort rechts sagt, welches das letzte Wort auf der Seite ist.

Das erste Wort auf Seite 50 ist **Bürger** das letzte Wort auf dieser Seite ist **CDU.** Zwischen diesen Wörtern stehen alle anderen Wörter von *Bürger* bis *CDU,* also *Büro, Bürste, Button, Camping* usw. Das hilft dir beim Suchen der Wörter.

50

Bür|ger, der: des Bürgers, die Bürger; die **Bür|ger|ini|ti|a|ti|ve,** der **Bür|ger|meis|ter,** der **Bür|ger|recht|ler,** der **Spieß|bür|ger** (engstirniger Mensch); **bür|ger|lich**

Bü|ro *franz.*, das: des Büros, die Büros; (Arbeitsraum, Geschäftsstelle); die **Bü|ro|klam|mer**

Bur|sche, der: des Burschen, die Burschen; ein toller Bursche (Draufgänger); das **Bürsch|chen**

Bürs|te, die: der Bürste, die Bürsten; die **Haar|bürs|te,** die **Klei|der|bürs|te; bürs|ten**

Bus, der: des Busses, die Busse; *Kurzw. für* Autobus, Omnibus; der **Bus|fah|rer,** die **Bus|hal|te|stel|le**

Busch, der: des Busch(e)s, die Büsche; das **Bü|schel,** das **Busch|mes|ser; bu|schig; bü|schel|wei|se**

bü|ßen: du büßt, er büßte, hat gebüßt, büß(e)!; (für eine Schuld bestraft werden); die **Bu|ße:** Buße tun, der **Bü|ßer,** der **Buß- und Bet|tag**

Büs|te, die: der Büste, die Büsten; (Brust); der **Büs|ten|hal|ter:** *Abk.* BH

Bu|ti|ke: → Boutique

But|ter, die: der Butter; alles ist in Butter (in Ordnung); das **But|ter|brot,** die **But|ter|milch; butter|weich**

But|ton *engl. [baten],* der: des Buttons, die Buttons; (Anstecknadel)

bye-bye! *engl. [bei-bei]:* (auf Wiedersehen!)

Byte *engl. [beit],* das: des Byte(s), die Byte(s); (Einheit, in der die Leistungsfähigkeit eines Datenträgers gemessen wird): *Kunstwort für* bits eight (acht Bits); das **Gi|ga|byte,** das **Me|ga|byte**

bzw.: *Abk. für* beziehungsweise

C: (römisches Zahlzeichen für 100)

C, das: (Buchstabe; Tonbezeichnung): das hohe C

C: *Abk. für* Celsius

ca.: *Abk. für* circa (ungefähr)

Ca|brio *auch* **Cab|rio** *franz.,* das: des Cabrios, die Cabrios; *Kurzw. für* Cabriolet (Auto mit zurückklappbarem Verdeck)

Ca|fé *franz. [kafe],* das: des Cafés, die Cafés; (Kaffeehaus, Konditorei); die **Ca|fe|te|ria** (Café oder Restaurant mit Selbstbedienung)

Cam|cor|der *engl.,* der: des Camcorders, die Camcorder; *Kurzw. für* **camrecorder** (Kamerarekorder)

Ca|mem|bert *franz. [kamänbär],* der: des Camemberts, die Camemberts; (Weichkäse)

Cam|ping *engl. [kämping],* das: des Campings; der **Cam|per,** der **Camping|platz; cam|pen**

Ca|ra|van, der: des Caravans, die Caravans; (Wohnwagen)

Ca|ri|tas: → Karitas

Car|port *engl.,* der: des Carports, die Carports; (überdachter, an den Seiten offener Abstellplatz für Autos)

Car|toon *engl. [kartun],* der: des Cartoon(s), die Cartoons; (Karikatur, Witzzeichnung)

CD, die: der CD, die CDs; *Abk. für* Compact Disc (Datenträger in Form einer Scheibe); der **CD-Bren|ner,** das **CD-Lauf|werk,** der **CD-Play|er,** die **CD-ROM** (CD, deren Inhalt nicht gelöscht oder überschrieben werden kann)

CDU, die: *Abk. für* Christlich-Demokratische Union

1 Schlage die Seiten 200/201 auf. Welche Kopfwörter findest du dort? Mache das auch mit den Seiten 150/151 – 60/61 – 300/301.

2 Nenne das richtige Wort, das zwischen diesen Kopfwörtern steht. Schlage aber nicht im Wörterbuch nach!

Kopfwort links	**Dazwischen steht das Wort**	**Kopfwort rechts**
dachte	Dampf? Dank?	daneben
formen	Foto? frech?	Fraktion
Kinn	Kladde? klein?	klappern
Software	Sonntag? Sommer?	Sonne
Tugend	Trottel? Tür?	turnen

3 Schlage jetzt im Wörterbuch die Seiten mit diesen Kopfwörtern auf. Schau nach, ob du das richtige Wort auf dieser Seite findest.

4 Zwischen welchen Kopfwörtern steht wohl dieses Wort? Nenne die Kopfwörter! Dabei musst du immer auf den 2. oder den 3. Buchstaben achten!

Dieb	zwischen **Diamant – Diele**	zwischen **Diktat – Disko**
hohl	zwischen **hoch – hören**	zwischen **humpeln – hundert**
Rakete	zwischen **Rasse – Raupe**	zwischen **Rahm – Rand**

Du weißt nicht, wie ein Wort geschrieben wird

Wenn du weißt, wie ein Wort am Anfang geschrieben wird, wirst du es nun leicht finden können. Dann wirst du sehen, wie es an der Stelle geschrieben wird, bei der du unsicher bist.

1 Schlage nach, wie man die folgenden Wörter schreibt:

grö?len mit oder ohne *h*?
niedli? mit *-lich* oder *-ig*?
en?lich mit *d* oder *t*?

schä?len mit oder ohne *h*?
nebli? mit *-lich* oder *-ig*?
en?zwei mit *d* oder *t*?

F?hre mit *e* oder *ä*?
Gef?ngnis mit *e* oder *ä*?
Rei?zwecke mit *s* oder *ß*?
gruseli? mit *-lich* oder *-ig*?
Augenl?d mit *i* oder *ie*?

S?ule mit *eu* oder *äu*?
Gel?nder mit *e* oder *ä*?
nasewei? mit *s* oder *ß*?
heimli? mit *-lich* oder *-ig*?
Masch?ne mit *i* oder *ie*?

Nicht immer findest du alle Wörter ganz so leicht. Viele Wörter sind nämlich keine Stichwörter, die immer am Anfang stehen. Du findest sie aber innerhalb der weiteren Wörter, die in den kleinen Absätzen zu jedem Stichwort stehen.

Stichwort

weitere Wörter

Per|son, die: der Person, die Personen; das **Per|so|nal** (alle Angestellten eines Betriebes, Belegschaft), der **Per|so-nal|aus|weis,** der **Per|so|nal|com|pu-ter:** *Abk.* PC, die **Per|so|na|li|en** (Angaben über Name, Wohnung, Beruf, Personenstand einer Person), das **Per|so|nal|pro|no|men** (eine Wortart): z.B. ich, er, ihr, die **Per|sön-lich|keit; per|sön|lich:** persönliches Eigentum – nimm es nicht persönlich (beziehe es nicht auf dich) – jemanden persönlich kennen (mit ihm schon einmal gesprochen haben)

2 Nenne das Stichwort, unter dem du das Wort *Rennpferd* findest. Nenne auch die Stichwörter, unter denen du die folgenden Wörter findest:

linkshändig, interessant, spaßig, Volkslied, Fairness, Flüchtigkeitsfehler

3 Auch einige der folgenden Wörter musst du unter anderen Stichwörtern suchen. Wie werden sie geschrieben: Mit *x, chs, cks* ?

Kalbsha?e, Wa?kerzen, Ta?i, Fa?en machen, verwe?eln, Tintenkle?

Du weißt nicht, mit welchem Buchstaben ein Wort anfängt

Manchmal weißt du nicht, wie ein Wort am Anfang geschrieben wird: zum Beispiel mit *e/E* oder mit *ä/Ä*? Dann ist es viel schwieriger, dieses Wort zu finden. Du musst nämlich an zwei Stellen im Wörterbuch nachschlagen. Vor allem aber musst du dir vorstellen können, wie es überhaupt anfangen könnte.

1 Suche die folgenden Wörter heraus. Sie fangen alle mit *e/E* oder mit *ä/Ä* an.

die ?ltern	*der ?quator*	*der ?rmel*	*?rgerlich*
das ?lfenbein	*der ?llenbogen*	*die ?hrenrunde*	*?ntsetzlich*
?chzen	*?lter*	*?ndlich*	*?rmer*
die ?ste am Baum	*hier ist es ?ng*	*das ?ntchen*	*die ?rnte*

2 Auch wenn du nicht weißt, wie der zweite Buchstabe in einem Wort geschrieben wird, musst du manchmal an zwei Stellen suchen. Die folgenden Wörter werden mit *e* oder mit *ä* geschrieben. Suche sie heraus:

das F?rkel	*das P?ckchen*	*die N?rven*	*das B?ckchen*
eine K?rbe	*g?rn*	*l?nken*	*die S?ge*
der J?ger	*der H?nkel*	*die P?rlen*	*die K?rze*
n?mlich	*d?mlich*	*das H?rz*	*der K?rn*

3 Manche Wörter werden am Anfang mit *k* gesprochen. Geschrieben werden können sie aber mit *k* oder mit *c* oder sogar mit *ch*. Suche die folgenden Wörter heraus:

die ?astanie	*die ?aramellen*	*?arambolage*	*das ?aos*
der ?arakter	*die ?assette*	*der ?or*	*der ?arneval*
die ?ornflakes	*die ?artoffeln*	*der ?omic*	*das ?anu*
der ?lown	*der ?omputer*	*?repppapier*	*der ?owboy*

4 Bei diesen Wörtern musst du vielleicht sogar an drei Stellen nachschlagen. Sie fangen nämlich mit *f* oder mit *v* oder mit *ph* an:

das ?ieber	*die ?ysik*	*der ?ampir*	*?änomenal*
das ?entil	*der ?irlefanz*	*das ?anillesoße*	*ich bin ?ertig*

Du weißt nicht, wie ein Fremdwort geschrieben wird

Wenn du redest, gebrauchst du immer auch Fremdwörter wie *cool.* Wie sie aber geschrieben werden, das weißt du oft nicht.

1 Hier sind Fremdwörter so aufgeschrieben, wie man sie spricht. Schau im Wörterbuch nach, ob du sie findest. Sie fangen alle mit einem gesprochenen *k* an. Man schreibt sie aber anders: mit *C, Ch* oder *Qu*. Nur eines ist richtig geschrieben!

der Kauboi	*das Kwartier*	*der Kompjuter*	*das Kwiss*
die Kristen	*der Krimskrams*	*die Klicke*	*der Kusäng*

2 Die folgenden Wörter werden so ausgesprochen, wie sie hier stehen. Geschrieben werden sie aber anders. Ob du sie im Wörterbuch finden kannst?

Teifun, Difterie, Teater, Luping, Hotdock, Mätsch, Tieschört, Tüp

Du möchtest wissen, wie ein Fremdwort ausgesprochen wird

Manchmal liest du Fremdwörter. Du weißt vielleicht auch, was sie bedeuten. Aber wie man sie ausspricht, das weißt du nicht. Da hilft dir das Wörterbuch.

Chạm|pi|on *engl. [tschämpjen],* der: des Champions, die Champions; (Meister in einer Sportart)

Dieses Wort kommt aus dem Englischen. Es wird *[tschämpjen]* ausgesprochen.

Chạm|pig|non *auch* **Chạm|pi|gnon** *franz. [schạmpinjong],* der: des Champignons, die Champignons; (Edelpilz)

Dieses Wort kommt aus dem Französischen. Es wird *[schampinjong]* ausgesprochen.

1 Wie spricht man die folgenden Fremdwörter aus?

Chamäleon (Baumeidechse), Chauffeur (Fahrer), Camembert (Weichkäse), Clou (Höhepunkt), Cello (Musikinstrument), Clique (Gruppe)

Du möchtest wissen, was ein Wort bedeutet

Stell dir vor, du liest diesen Satz: *Als wir in die kleine Kapelle kamen, spielte darin gerade eine kleine Kapelle ein Kirchenlied.* Wenn du das nicht sofort verstehst, musst du im Wörterbuch nachschlagen.

Ka|pẹl|le, die: der Kapelle, die Kapellen; (kleine Kirche; Musikorchester); der **Ka|pell|meis|ter**

Das Wort *Kapelle* hat zwei verschiedene Bedeutungen. Die Bedeutungen stehen in Klammern. Da erfährst du, dass *Kapelle* einerseits eine kleine Kirche, andererseits ein Musikorchester, das heißt eine Gruppe von Musikanten, ist.

1 Was bedeuten die folgenden Wörter? Sucht die Bedeutung in Partnerarbeit heraus: Einer fragt, der andere sucht das Wort und antwortet. Wechselt bei jedem Wort die Rollen.

Karotte, Karawane, Kandare, Kajak, Kadaver, Kastell, Karaffe, Kauderwelsch, Kimono, Klepper

Du möchtest wissen, was eine Redewendung bedeutet

Herz, das: des Herzens, die Herzen; ein gesundes, kräftiges, schwaches Herz – ein reines, warmes, gutes Herz; ein Herz und eine Seele sein (sich sehr gut verstehen) – jemandem etwas ans Herz legen (sehr bitten) – sein Herz ausschütten (alles sagen) – Hand aufs Herz (sei ehrlich)! – sich etwas zu Herzen (ernst) nehmen; der **Herz|feh|ler,** der **Herz|in|farkt,** der **Her|zens|wunsch; be|herzt** (mutig), **herz|er|grei|fend, herz|haft, herz|krank, herz|lich; her|zen**

Zu vielen Stichwörtern werden auch Redewendungen angeführt. In Klammern dahinter steht, was sie bedeuten: *sein Herz ausschütten (alles sagen).*

Ist die Luft rein? Oder ist hier wieder einmal dicke Luft? Wenn wieder dicke Luft ist, dann muss man wohl einen an die frische Luft setzen, damit Ruhe einkehrt. Ich möchte jedenfalls nicht wieder in die Luft gehen!

1 Das Wort *Luft* kommt in vielen Redewendungen vor. Versuche einmal, diesen kleinen Text so wiederzugeben, dass das Wort *Luft* überhaupt nicht mehr vorkommt – und jede Redewendung mit anderen Worten ausgedrückt wird.

2 Was bedeuten die folgenden Redewendungen? Du findest sie immer unter dem wichtigsten Wort (dem Nomen) darin:

Du musst nicht immer gleich aus der Haut fahren! – Ich möchte nicht in deiner Haut stecken. – Willst du mich hinters Licht führen? – Jetzt ist mir ein Licht aufgegangen! – Willst du nicht endlich die Katze aus dem Sack lassen? – Du kannst doch nicht die Katze im Sack kaufen!

Du möchtest wissen, wie ein Wort gebeugt wird

„Der Hund unseres Nachbars hat wieder die ganze Nacht gebellt!", sagte Tim. „Das mag ja sein", antwortete Tina, „aber es heißt nicht unseres Nachbars, sondern unseres Nachbarn!" – „Bist du sicher?", fragte Tim. „Ganz sicher!", sagte Tina. – „Aber gebellt hat er trotzdem!", sagte Tim.

1 Wer hat nun eigentlich recht? Schau unter dem Stichwort *Nachbar* nach.

Hu̦nd, der: des Hund(e)s, die Hunde; wie Hund und Katze leben (sich nicht vertragen) – bekannt sein wie ein bunter Hund – vor die Hunde gehen (*umgangssprachlich für* zugrunde gehen) – damit lockt man keinen Hund hinterm Ofen hervor (man kann niemanden dafür interessieren); die **Hün|din; hu̦n|de|e̱lend, hu̦n|de-mü̱|de**

Le|o|pa̦rd, der: des Leoparden, die Leoparden; (asiatische und afrikanische Großkatze)

Bei jedem Nomen ist angegeben, wie der Genitiv (der 2. Fall) lautet: Die Form des Genitivs steht immer direkt hinter dem Doppelpunkt: *des Hundes* – aber: *des Leoparden.*

2 Schau nach, wie der Genitiv zu den folgenden Wörtern lautet:

der Schnabel des Rabe? – die Flossen des Fisch? – die Schnauze des Bär? – die Hörner des Bulle? – das Gebrumm des Brummer? – das Brüllen des Löwe? – die Haare des Mensch? – das Lachen des Junge?

„Wo hast du denn meine Kappe gelassen?", fragte Tim. Tina sagte: „Die hängte doch eben noch an der Garderobe!" – „Da hängt sie aber nicht", sagte Tim. „Und übrigens heißt es *hing* und nicht *hängte*!" – „Vorhin", sagte Tina, „*hängte* sie aber noch dort." Tim lachte: „Jetzt heißt es wieder *hing*!" – „Egal", sagte Tina. „Ich habe sie jedenfalls nicht weggenommen!"

lü|gen: du lügst, er log, er löge, hat gelogen, lüg(e) nicht!; lügen, dass sich die Balken biegen – das Blaue vom Himmel herunterlügen – wie gedruckt lügen; die **Lü|ge,** die **Lü|gen|ge|schich|te,** der **Lüg|ner; lüg|ne|risch; lü|gen|haft**

Hinter jedem Verb, das besondere Formen hat, steht zuerst die du-Form: *du lügst,* danach die Vergangenheitsform (Präteritum): *er log,* die Konjunktiv-Form: *er löge,* die Perfektform (Partizip II): *hat gelogen* und die Befehlsform (Imperativ): *lüge nicht!*

3 Schau unter dem Verb *hängen* nach. Hat Tim recht, wenn er Tina verbessert?

4 Suche zu folgenden Verben die Vergangenheitsform und die Befehlsform heraus:

geben, lesen, sprechen, sehen, fressen, treten.

III. Rechtschreibregeln

In der Rechtschreibung und Zeichensetzung ist alles sehr gut geordnet. Es gibt Regeln dafür, wann man groß- oder kleinschreibt, wie man die s-Laute schreibt, wann man ein Komma setzt usw. Wie du ein Wort schreiben musst, steht im Wörterverzeichnis. Du kannst dort nachschlagen, und dann erfährst du: Man schreibt es so – und nicht anders. Wenn du ein Wort anders geschrieben hast, als es im Wörterbuch steht, oder wenn du eine Regel falsch anwendest, bekommst du einen Fehler. In der Rechtschreibung ist etwas entweder richtig oder falsch. Die Sache ist meistens klar, auch wenn du dich manchmal darüber ärgerst.

Nun gibt es aber hin und wieder auch Fälle, in denen du zwei Möglichkeiten hast, ein Wort zu schreiben. Du kannst z.B. Phantasie mit *Ph* schreiben oder Fantasie mit *F.* Besonders bei einer Reihe von Fremdwörtern hast du die Wahl – aber natürlich immer nur zwischen zwei Möglichkeiten! Mit *Pf* darfst du dieses Wort nicht schreiben; und am Ende musst du unbedingt ein *ie* schreiben, sonst ist es falsch.

Auch bei der Getrennt- und Zusammenschreibung hast du manchmal zwei Möglichkeiten. Es ist nicht in jedem Fall festgelegt, ob man etwas getrennt oder zusammenschreibt. So kannst du dich z.B. entscheiden zwischen *achtgeben, haltmachen* und *Acht geben, Halt machen*. Auf jeden Fall solltest du aber zur Sicherheit im Wörterbuch nachschlagen, denn in den meisten Fällen ist auch hier die Schreibung geregelt.

Bei der Kommasetzung gibt es eine Regel, die heißt: Vor *und* und *oder* steht kein Komma. Nun kann es aber einmal sein, dass du zwei Hauptsätze doch voneinander abtrennen willst. Hier ein Beispiel:
Meine Schwester war gestern mit meinem Vater im Zirkus und ich und meine Mutter waren im Kino.
Hier könntest du auch sagen: Die beiden Sätze sind so lang, dass es besser wäre, sie durch ein Komma abzutrennen:
Meine Schwester war gestern mit meinem Vater im Zirkus, und ich und meine Mutter waren im Kino.

Ja, du könntest sogar einen Punkt zwischen die beiden Sätze setzen. Keine der Möglichkeiten wäre falsch. Du kannst dich entscheiden.

Manchmal hast du also etwas Freiheit in der Rechtschreibung. Das ist auch gut so. Insgesamt aber solltest du wissen, dass es in aller Regel nur eine einzige Möglichkeit gibt, ein Wort zu schreiben. Und das gibt Sicherheit!

Laute und Buchstaben

In unserer Sprache unterscheiden wir **Laute** und **Buchstaben**. **Laute** sind die kleinsten Einheiten, die wir **sprechen**. **Buchstaben** sind die kleinsten Einheiten, die wir **schreiben**. Zu jedem gesprochenen Laut gehört grundsätzlich ein geschriebener Buchstabe. Zu dem gesprochenen *a* wie in dem Wort *ja* gehört der Buchstabe **a**; zu dem gesprochenen *a* wie in dem Wort *Abend* gehört der Buchstabe **A**.

Vokale und Konsonanten

Bei den Lauten und Buchstaben unterscheiden wir **Vokale** und **Konsonanten**. Vokale sind **Selbstlaute**, die wir mit den Stimmbändern im Kehlkopf zum Klingen bringen und mit mehr oder weniger geöffnetem Mund aussprechen. Konsonanten sind **Mitlaute**, bei denen beim Sprechen die Lippen, die Nase, die Zähne oder die Zunge mitwirken.

Die **Vokale** sind:
einfache Vokale: *a, e, i, o, u, (y);*
Umlaute: *ä, ö, ü*;
Doppellaute (Diphthonge): *au, äu, eu, ei, ai.*

Die Vokale können **lang** und **gedehnt** gesprochen werden wie in den Wörtern *wen, den, Wal, Schal, Hüte;*
sie können aber auch **kurz** und **knapp** gesprochen werden wie in den Wörtern *wenn, denn, Wall, Schall, Hütte.*

Die **Doppellaute** (Diphthonge) werden immer lang ausgesprochen:
Baum, Säule, Leute, Reis, Mais.

Langvokale
In vielen Wörtern wird der lange Vokal besonders auffällig gemacht:
durch ein Dehnungs-*h*: *wahr, mehr, Ohr;*
durch ein *e* nach dem *i* (also *ie*): *Stier, Tier, vier;*
manchmal auch durch Verdoppelung des Buchstabens: *Saat, Meer, Moos.*

Die **Konsonanten** sind:
stimmhaft: *b, d, g, j, l, m, n, r, s, v, w;*
stimmlos: *c, ch, f, h, k, p, qu, s, ß, sch, t, v, x, z.*

Einige Konsonanten-Buchstaben werden immer **stimmhaft** ausgesprochen: *j, l, m, n, r, w.*
Andere Konsonanten werden **stimmhaft** ausgesprochen, wenn sie am **Anfang** eines Wortes oder einer Silbe stehen:
b: bis, d: dort, g: gut, s: sausen, v: Vase.
Sie werden aber dann **stimmlos** ausgesprochen, wenn sie am **Ende** eines Wortes stehen:
b: ab, d: Hand, g: Berg, s: Haus, v: brav.

Doppelkonsonanten
Beim Schreiben können die meisten Konsonanten **verdoppelt** werden. Das geschieht bei zweisilbigen Wörtern immer dann, wenn der vorausgehende Vokal **kurz** ist und wenn die erste Silbe mit einem Konsonanten abschließt und die zweite mit demselben Konsonanten beginnt:
wim-mern, ren-nen, bel-len, bag-gern, hop-peln, schwir-ren.

Auch *ck* und *tz* sind Doppelkonsonanten. Sie werden aber mit zwei verschiedenen Buchstaben geschrieben:
ck: wa-ckeln, tz: wet-zen.
Nur in wenigen Fremdwörtern werden *k* und *z* verdoppelt:
Ak-kordeon, Piz-za.

Die Silben

Die Wörter unserer Sprache sind entweder **einsilbig** wie *Hund*, **zweisilbig** wie *Katze* oder **mehrsilbig** wie *Krokodil, Elefant.* Die überwiegende Anzahl der Wörter ist zweisilbig.

Die zweisilbigen Wörter bestehen immer aus einer **betonten** und einer **unbetonten** Silbe. Die **erste** Silbe ist in deutschen Wörtern in der Regel **betont**, die **zweite** Silbe **unbetont**. Jede Silbe enthält einen Vokal. Dazu können ein oder mehrere Konsonanten kommen:
Kát-ze, Dá-ckel, Drá-chen, Blú-me.
Das ist auch bei den meisten Vornamen so:
Lót-te, Lé-na, Ník-las, Fé-lix.
Bei Wörtern, die aus fremden Sprachen stammen, und bei manchen Vornamen ist oft die zweite oder dritte Silbe betont:
Gi-ráf-fe, E-le-fánt, Jas-mín, A-nét-te, To-bí-as, An-na-béll.

Offene oder geschlossene Silben
Für das Verstehen der Rechtschreibung spielt die Silbe eine wichtige Rolle. Eine Silbe kann nämlich **offen** oder **geschlossen** sein:
Man nennt eine Silbe **offen,** wenn sie mit einem **Vokal** endet:
Schu-le, Ka-ter, Hü-te.
Man nennt eine Silbe **geschlossen,** wenn sie mit einem **Konsonanten** endet: *Schul-ter, Kat-ze, Hüt-te.*

Wenn du das Wort *Na-men* langsam und deutlich aussprichst, merkst du: Die erste Silbe ist **betont**, sie hört mit dem *a* auf, und das *a* ist **lang** und gedehnt. Die zweite Silbe fängt mit *m* an und ist **kurz** und **unbetont**. Dazwischen ist die **Silbengrenze**.

Ganz anders ist es bei dem Wort *Flam-men*. Hier ist zwar die erste Silbe auch betont, aber das *a* ist kürzer und die Silbe reicht bis zum *m*. Auf diesem *m* fängt aber zugleich auch die zweite Silbe an. Du sprichst zwar das *m* nicht zweimal, aber du hältst die Lippen zwischen den beiden Silben für einen Augenblick lang geschlossen. Diese Stelle, an der die erste Silbe endet und die zweite beginnt, nennt man **Silbengelenk**.

Beim Schreiben wird der Konsonant des Silbengelenks **verdoppelt**. Bildlich dargestellt sieht das so aus:

So sprichst du:

So sprichst du:

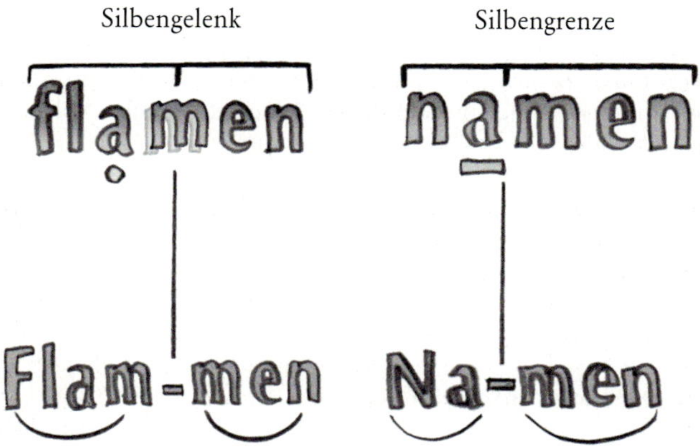

So schreibst du.

So schreibst du.

Silbentrennung

Offene Silben, die mit einem Vokal enden, werden nach dem **Vokal** abgetrennt: *sa-gen, wei-nen, Flie-gen, Zwei-ge.*
Geschlossene Silben, die mit einem Konsonanten enden, werden nach dem **Konsonanten** abgetrennt: *sag-te, wein-te, Hun-de, Äs-te.*
Geschlossene Silben, die mit dem Silbengelenk enden, werden zwischen den **Doppelkonsonanten** getrennt: *kom-men, bet-teln, Hum-mel, Blät-ter.*

Für die Trennung von Wörtern am Zeilenende musst du dir also folgende Regeln merken:
Du trennst Wörter so, wie du sie beim langsamen Sprechen in Silben zerlegen kannst: *Gän-se, Ze-bras, Di-no-sau-ri-er.*

Einzelne Vokale am Ende einer Zeile oder am Anfang der nächsten Zeile trennt man jedoch nicht, denn auf der ersten und der zweiten Zeile muss immer mehr als ein einzelner Buchstabe eines Wortes stehen:
*oben (*nicht*: o-ben!), Säue (*nicht *Säu-e!).*
Ein **Dehnungs-*h***, das ein Zeichen für den langen Vokal ist, trennt man nicht von dem Vokal ab, zu dem es gehört. Man trennt also so:
Hüh-ner, Oh-ren.
Wenn das h aber zwischen zwei Vokalen steht, also ein **silbentrennendes** *h* ist, dann schreibst du es auf die nächste Zeile:
Kü-he, Schu-he.

Besondere Trennungsregeln gibt es für *ck, ch, sch, ph, th.* Diese Buchstabenverbindungen trennt man nicht:
wa-ckeln, wa-chen, wa-schen, Ste-phan, Zi-ther.
Wörter mit *st, sp, pf* und *tz* werden zwischen diesen Buchstaben getrennt:
Las-ter, Wes-pe, Töp-fe, Plät-ze.
Wenn diese Wörter aber mit anderen zusammengesetzt sind, dann trennt man sie zwischen den Wörtern: *Last-auto, Topf-lappen, Platz-regen.*

Manche Wörter kannst du nach **Silben** trennen oder aber nach **Wortbausteinen**. Wenn du zwei Wörter zusammensetzt wie z.B. *her* und *aus*, so kannst du es auf zweierlei Weise trennen; und auch bei einigen Fremdwörtern kannst du das: *he-raus – her-aus; Si-gnal – Sig-nal.*

Auf jeden Fall kannst du immer wieder im Wörterverzeichnis nachschlagen, wenn du unsicher bist; denn dort sind die Worttrennungen stets angegeben.

Das silbentrennende h

In Wörtern unserer Sprache kommt hin und wieder ein *h* vor. So gibt es Wörter, bei denen das *h* zwischen den Silben steht, wenn zwei Vokale nacheinander stehen. Da man nicht gern *steen* schreibt, setzt man ein *h* zwischen die beiden Vokale, man schreibt also *stehen*. Ein solches *h* heißt **silbentrennendes** *h*.

Wichtige Wörter mit silbentrennendem h:
beina-he – beinah, blü-hen – blüht, dre-hen – dreht, dro-hen – droht, fro-he – froh, frü-her – früh, ge-hen – geht, gesche-hen – geschieht, na-he – nah, Rei-he – reihum, Ru-he – ruht, Schu-he – Schuh, se-hen – sieht, ste-hen – steht, zie-hen – zieht.

Das Dehnungs-*h*

Ein anderes *h* ist das **Dehnungs-*h***. Es ist ein ganz besonderes Zeichen. Es kommt bei einer gewissen Anzahl von Wörtern vor, die eine Silbe mit einem **langen**, betonten **Vokal** haben. Das sind nicht sehr viele; und du solltest auf keinen Fall denken, dass ein solches *h* bei lang gesprochenen Vokalen immer steht. In den meisten Wörtern mit langem Vokal steht ein solches *h* nämlich nicht. So werden die folgenden Wörter zwar gedehnt gesprochen und haben doch kein Dehnungs-*h*: *leben, sagen ...*

Das Dehnungs-*h* ist ein „Auffälligmacher" für einen langen Vokal. Es steht nur vor den unauffälligen Konsonanten *l, m, n, r:*
fühlen, nehmen, wohnen, fahren ...
Vor den auffälligeren Konsonanten *b, d, f, g, k, p, t* kommt es niemals vor:
geben, radeln, rufen, fragen, kokeln, stapeln, braten ...
Eine Regel, die du dir merken kannst, lautet:

Nach langem *e, o, u* und *a*
steht manches Mal ein Dehnungs-*h*.
Doch schreibe es nicht gar zu schnell!
Es steht nur vor *m, n, r, l*:
Bei *lahm* und *Ohren, Mohn* und *sehr*,
bei *Zahl* und *ohne, Sohn* und *mehr*.

Beginnt ein Wort mit *T* wie *Tor*,
mit *Sch*, mit *Sp*, mit *Kr* und *Qu*,
dann kommt ein Dehnungs-*h* nie vor!
Bei *Qual* nicht und bei *Spule* nicht,
bei *Kran* nicht und bei *Schule* nicht.

Wichtige Wörter mit Dehnungs-*h*:
allmählich, Bahn, belohnen, berühmt, bezahlen, ehrlich, erzählen, fahren, Fahrrad, Fehler, fühlen, Gefahr, Gefühl, ihm, ihn, ihr, Jahr, Lehrerin, mehr, nehmen, ohne, Ohr, sehr, stehlen, Stuhl, Uhr, ungefähr, Verkehr, wählen, wahr, Wahrheit, wahrscheinlich, wohl, wohnen, Wohnung, Zahl, zählen, Zahn, zehn

Wichtige Wörter ohne *h*, die du dir merken solltest:
dem, den, dir, fiel, für, getan, holen, hören, kam, komisch, Kran, Krone, Krümel, malen, manchmal, mir, nämlich, nun, quälen, quer, schon, schön, Schule, Schülerin, Schwan, schwer, schwül, sparen, spülen, Spur, Tal, Tor, Träne, tun, Tür, waren, wäre, wir, ziemlich

Die Konsonanten-Verdoppelung

Wörter wie *gaffen, rennen, klappern, rattern* werden mit **Doppelkonsonanten** geschrieben. Eine solche Verdoppelung des Konsonanten kommt vor allem bei den Buchstaben *ff, ll, mm, nn, pp, rr, ss, tt* vor.

Doppelkonsonanten stehen ausschließlich nach **kurzen** Vokalen. Wird nun die erste Silbe mit einem einzelnen Konsonanten **abgeschlossen** wie in *ren-* und beginnt die zweite Silbe mit **demselben** Konsonanten wie in *-nen,* dann **verdoppelt** man diesen Konsonanten. Der Konsonant wird zwar nicht doppelt gesprochen, aber doppelt geschrieben: *ren-nen.*
In allen anderen Formen solcher Wörter wird der Doppelkonsonant dann beibehalten: *rennt, rannte, gerannt.*

Es gibt aber eine Reihe von Verben, bei denen in einer Wortfamilie auch Wörter mit nur einem Konsonanten vorkommen: *kommen – kam, fallen – fiel.* Der Konsonant wird nämlich nicht verdoppelt, wenn der vorausgehende Vokal **lang** ist. Hier kannst du beim Schreiben leicht einmal Fehler machen, weil du vielleicht meinst, **kam** kommt doch von **kommen**, also muss man es mit zwei *m* schreiben. Achte also bei solchen Wörtern darauf, ob der Vokal kurz oder lang ist!

Und es gibt noch eine **Besonderheit**: Obwohl man *Schülerinnen, Lehrerinnen, Hindernisse, Zeugnisse* in der Mehrzahl (Plural) mit *nn* oder *ss* schreibt, schreibt man die Einzahl (Singular) nur mit einem *n, s.* Die letzte Silbe von Schülerin ist nämlich **unbetont**. Und verdoppelt wird der Konsonant immer nur in **betonten** Silben.

Wichtige Wörter mit Doppelkonsonanten:

Wörter mit ff:
begriffen, gaffen, gegriffen, gekniffen, gepfiffen, geschafft, getroffen, hoffen, hoffentlich, Kartoffeln, kläffen, Löffel, offen, schaffen, Schiff, Stoff, treffen, trifft

Wörter mit ll:
alle, allein, allerdings, Ball, bellen, bellt, billig, Brille, brüllen, fallen, fällt, füllen, gebellt, gefallen, hell, knallen, Kralle, Quelle, rollen, schnell, sollen, soll, Stall, Stelle, stellen, stellt, still, Teller, Unfall, voll, will, wollen, zerknüllen

Wörter mit mm:
bekommen, bestimmt, brummen, dumm, fromm, gekommen, genommen, Hammer, Himmel, immer, Kamm, kämmen, komm, kommen, nimmt, Nummer, nummerieren, sammeln, schlimm, schwimmen, Sommer, Stimme, stimmen, Zimmer, zusammen

Wörter mit nn:
anspannen, Antenne, beginnen, beginnt, brannte, brennen, Brunnen, dann, denn, Donnerstag, drinnen, dünn, gerannt, gespannt, gewinnen, innen, kann, kennen, können, konnte, Mann, Männer, nennen, rennen, rennt, Sinn, Sonne, Sonntag, spannend, Spinne, spinnen, trennen, wann, wenn

Wörter mit pp:
ausflippen, Häppchen, Happen, kippen, kloppen, knapp, Lappen, Lippe, Pappe, plappern, Puppe, schlapp, schleppen, schnappen, Schuppen, stopp, Suppe, Tipp, Treppe, Wippe

Wörter mit rr:
einsperren, herrlich, irre, irren, Karre, klirren, knarren, knurren, murren, plärren, scharren, schwirren, surren, verirren, zerren

Wörter mit tt:
anstatt, Bett, bitten, bitter, Blatt, Blätter, fett, geklettert, geritten, geschnitten, glatt, hatte, hätte, Hütte, kaputt, Kette, klettern, Mittag, Mitte, mitten, Mittwoch, Mutter, nett, retten, ritt, satt, Schatten, Schlitten, schütteln, schütten, tritt, Wetter, Zettel

Auch ck und tz sind eigentlich Doppelkonsonanten
Einige fremde Wörter werden tatsächlich mit *kk* oder *zz* geschrieben: *Sakko, Akkordeon, Pizza, puzzeln ...*
In deutschen Wörtern schreibt man aber statt *kk* ein *ck* – und statt *zz* ein *tz*. Ein *ck* und ein *tz* stehen nur **nach kurzem, betontem Vokal:** *recken, strecken – petzen, kratzen ...*
Nach Konsonanten bzw. Langvokalen (auch nach *au, ei, eu*) stehen *k* und *z*: *quieken, quäken, hinken – kreuzen, reizen, grunzen ...*

Wichtige Wörter mit ck (nach einem Kurzvokal):
Backe, backen, Becken, Blick, blicken, Block, Brücke, bücken, Decke, Dreck, dreckig, drücken, Ecke, eckig, Fleck, Flocken, Geschmack, Glocke, Glück, glücklich, gucken, hacken, hocken, Jacke, jucken, kicken, kleckern, Klecks, knacken, lecken, Locken, Mücke, necken, nicken, packen, picken, Rock, Rücken, Sack, schicken, schlucken, schmecken, Schreck, schrecklich, Socken, Spucke, spucken, Stock, strecken, Stück, Tick, trocken, Versteck, verstecken, wecken, Wecker, Zacken, zurück, zwicken

Wichtige Wörter mit k (nach einem Konsonanten oder Langvokal):
Bank, blinken, denken, dunkel, Fabrik, flink, funkeln, Funken, Gedanke, Geschenk, Gestank, Haken, hinken, Kiosk, Klinke, Korken, krank, lenken, links, Maske, Musik, Park, Physik, quaken, Quark, Schaukel, schenken, schlank, Schranke, sinken, Spuk, spuken, stark, stinken, trinken, ulkig, winken, Wolke, zanken

Wichtige Wörter mit tz (nach einem Kurzvokal):
ätzend, Aufsatz, Blitz, Fetzen, flitzen, Fratze, Gesetz, Glotze, glotzen, hetzen, Hitze, Katze, kratzen, Mütze, Netz, nutzen, patzen, Pfütze, Platz, platzen, putzen, Satz, Schatz, schnitzen, Schutz, schützen, schwätzen, setzen, Sitz, sitzen, Spatz, spitz, Spitze, Spritze, spritzen, Stütze, stützen, Tatze, Trotz, Witz

Wichtige Wörter mit z (nach einem Konsonanten oder Langvokal):
ächzen, bolzen, duzen, ganz, Gewürz, glänzen, Grenze, grunzen, Harz, heizen, Herz, Holz, Kerze, Kranz, kurz, März, Pelz, Pflanze, pflanzen, Pilz, Prinz, Ranzen, reizen, Salz, salzen, Schmerz, Schnauze, Schürze, Schwanz, schwarz, seufzen, siezen, spreizen, Stelzen, stolz, stürzen, Tanz, tanzen, Warze, Weizen

Die s-Laute

In der deutschen Sprache gibt es für die Aussprache zwei verschiedene s-Laute:
1. den **stimmhaften** s-Laut. Du nimmst bei zugehaltenen Ohren sehr gut ein Summen wahr, wenn du ihn aussprichst:
sausen, schmusen, Getöse, Felsen, Gänse;
2. den **stimmlosen** s-Laut. Du hörst ihn nur zischen, wenn du ihn aussprichst; bei zugehaltenen Ohren nimmst du ihn nicht wahr:
Husten, Füße, fassen.

Für das Schreiben der s-Laute stehen dir **zwei Buchstaben** zur Verfügung:
1. für das **stimmhafte** *s* der Buchstabe *s* wie im Wort *sausen;*
2. für das **stimmlose** *s* die Buchstaben *s, ss, ß: Masten, Gasse, Straße.*

Für die Schreibung der s-Laute gibt es feste Regeln. Sie sind nicht ganz einfach zu merken, aber du kannst sie doch lernen.

Das s:

a) Ein einfaches *s* kann am **Anfang** einer Silbe stehen. Dann wird es immer stimmhaft ausgesprochen: *sau-sen, Häu-ser, le-sen, Fel-sen, Gän-se.* Dieses *s* kann auch in anderen Wortformen vorkommen. Es wird dann immer als *s* geschrieben: *saust, Haus, liest, Fels, Gans.*

b) Der s-Laut kann am **Ende** einer Silbe vorkommen:
Ängs-te, Wes-ten, fins-ter, Sams-tag.
Hier wird er immer stimmlos gesprochen.

c) Ein *s* kann am **Ende** kleiner Wörter vorkommen: *aus, raus, was ...*

Das ss:

Das Doppel-s *(ss)* steht in zweisilbigen Wörtern immer dann, wenn die erste Silbe einen **kurzen Vokal** hat und auf *s* endet *(las-)* und die zweite Silbe mit stimmlosem *s* beginnt *(-sen)*, also: *las-sen.*
Das ist genauso wie bei anderen Konsonanten: *kommen, zittern.*
In anderen Wortformen solcher Wörter bleibt das *ss* dann erhalten, wenn in diesen Wörtern der Vokal kurz ist:
lassen – lässt, müssen – muss, Küsse – Küsschen.

Das ß:

Ein *ß* steht in zweisilbigen Wörtern immer dann, wenn die erste Silbe mit einem **langen Vokal** oder einem Doppellaut (Diphthong) endet *(Grü-, Fü-)* und die zweite Silbe mit einem stimmlosen s-Laut anfängt *(-ße)*, also: *Grüße, Füße.*
In allen anderen Wortformen solcher Wörter bleibt das *ß* erhalten, wenn darin der Vokal lang ist: *Grüße – Gruß, Füße – Fuß, reißen – reißt.*

Manchmal ss – manchmal ß:

In manchen Wortfamilien kommen Wörter mit *ss* und mit *ß* vor:
essen, isst, gegessen – aß; reißen, reißt – riss, gerissen.
Ist der Vokal vor dem stimmlosen s-Laut **kurz**, so wird *ss* geschrieben:
isst, riss.
Ist aber der Vokal **lang**, so wird *ß* geschrieben: *aß, reißt.*

Am Silbenende s – in der Mitte der Silbe ss:
Bei **unbetonten Nachsilben**, die in der Mehrzahl (Plural) mit *ss* geschrieben werden, wird in der Einzahl (Singular) nur ein einziges *s* geschrieben:
Erlebnis – Erlebnisse, Hindernis – Hindernisse, Omnibus – Omnibusse.

Wichtige Wörter mit ß:
aß (essen), außerdem, bloß, draußen, fließen, fließt, fraß (fressen), Fuß, Füße, gießen, groß, größer, am größten, Gruß, Grüße, grüßen, heiß, sie heißt, hieß, reißen, er reißt, schließen, schließt, schließlich, Soße, Spaß, Späße, stoßen, stößt, stieß, Straße, süß, vergaß (vergessen), ich weiß (wissen)

Wichtige Wörter mit s, die du dir merken solltest:
anders, besonders, am besten, bis, bist, daraus, deshalb, etwas fast (beinahe), fest, du hast (haben), las (lesen), liest, los, die meisten, meistens, nichts, niemals, nirgends, raus, uns

Wichtige Wörter mit ss:
aufpassen, aufgepasst, besser, das Essen, essen, du isst, fassen, Fluss, Flüsse, fressen, gefressen, gegessen, gegossen, interessant, Klasse, lassen, lässt, Messer, müssen, musst, müsste, passen, passt, passiert, Schloss, Schlüssel, vergessen, vergisst, wissen, wusste

Die Umlaute

Umlaute nennt man die Vokale *ä, ö, ü* und den Doppellaut (Diphthong) *äu*. Sie heißen deswegen Umlaute, weil die meisten von ihnen von Wörtern mit *a, o, u, au* herstammen:
Hand – Hände, Ofen – Öfen, Krug – Krüge, Haus – Häuser

Die Umlaute *ö* und *ü* kannst du sehr gut heraushören. Deswegen hast du beim Schreiben von Wörtern mit ihnen selten Probleme. Der Umlaut *ä* hört sich aber oft wie ein *e* an; und das führt leicht zu Fehlern. Deswegen musst du bei vielen Wörtern herauszubekommen versuchen, ob es **zu**

Wörtern mit *ä* eine andere **Form mit** *a* gibt. Ähnlich ist es bei **Wörtern mit** *äu,* bei denen du ermitteln musst, ob es eine **Form mit** *au* gibt.

Wichtige Wörter mit a-ä, au-äu:
ahnen – ähnlich, alt – älter, anders – ändern, anfangen – fängt an, Angst – Ängste, Apfel – Äpfel, der Ärger, sich ärgern, Arm – Ärmel, arm – ärmer, Arzt – Ärztin, Ast – Äste, Auge – Äuglein, Bach – Bäche, backen – Bäcker, Ball – Bälle, Bank – Bänke, Bauch – Bäuche, Baum – Bäume, behalten – behält, Blatt – Blätter, braun – bräunlich, Dach – Dächer, enttäuscht, klar – erklären, Zahl – erzählen, fahren – fährt, Fahrrad – Fahrräder, fallen – fällt, fangen – fängt, Gast – Gäste, Geschäft, Glas – Gläser, Hals – Hälse, halten – hält, hängen, hat – hätte, Haus – Häuser, kalt – kälter, Kamm – kämmen, Katze – Kätzchen, lachen – lächeln, Land – Länder, lang – länger, Lärm, lassen – lässt, laufen – läuft, laut – läuten, Mädchen, Mann – Männer, Mantel – Mäntel, März, Maus – Mäuse, nächster, Nacht – Nächte, Name – nämlich, nass – die Nässe, Rad – Räder, Raum – Räume, Satz – Sätze, Schrank – Schränke, schwach – schwächer, Schwanz – Schwänze, schwarz – schwärzlich, Spaß – Späße, spät, Stadt – Städte, stark – stärker, tragen – trägt, Traum – träumen, Vater – Väter, wachsen – wächst, Wahl – wählen, während, Wald – Wälder, Wand – Wände, ich war – ich wäre, warm – wärmer, waschen – wäscht, zahlen – zählen, Zahn – Zähne, Zaun – Zäune

Wichtige Wörter mit ä/äu, zu denen es kein Wort mit a/au gibt:
ächzen, Bär, dämlich, dämmern, fähig, gähnen, Geländer, Geschäft, Gräte, grätschen, jäten, Käse, kläffen, Krähe, krähen, lärmen, Mädchen, mähen, plärren, sägen, schräg, Träne, Knäuel, Säule, sich sträuben

Einige wichtige Wörter mit eu:
Abenteuer, abscheulich, bereuen, Beule, Beutel, Feuer, Freude, sich freuen, Freund, Freundin, heulen, keuchen, Kreuz, leuchten, Leute, neu, scheuchen, streuen, teuer, Zeug

Die Auslaute b, d, g

In **zweisilbigen** Wörtern wie *leben*, *baden, sagen* kannst du die **stimmhaften Konsonanten** *b, d, g* gut heraushören. Sind die Wörter aber **einsilbig**, so werden die Konsonanten **stimmlos**: *lebt, Bad, sagt*. Du hörst eher ein *p*, ein *t* oder ein *k* und musst doch diese Wörter mit *b, d, g* schreiben. Das führt manchmal zu Fehlern. Wenn du nicht sicher bist, ob ein Wort mit *b* oder *p* geschrieben wird, musst du daher das Wort zu einer zweisilbigen Form **verlängern**. Dann hörst du besser heraus, wie es geschrieben wird:
Man schreibt *Tat,* weil man es zu *Taten* verlängern kann.
Man schreibt *Pfad,* weil man es zu *Pfade* verlängern kann.
Bei einigen kleinen Wörtern ist eine Verlängerung nicht möglich – oder man kommt nicht so leicht drauf. Deswegen musst du sie dir besonders einprägen: *ab, genug, irgend(wo), jemand, langsam, niemand, nirgends, ob, ihr seid, sie sind, weg.*

Wichtige Wörter mit b, d, g:
Bad – baden, Berg – Berge, Bild – Bilder, biegt – biegen, bleibt – bleiben, bringt – bringen, Ding – Dinge, eng – Enge, Erfolg – Erfolge, erlaubt – erlauben, fängt – fangen, Feind – Feinde, Feld – Felder, fliegt – fliegen, fragt – fragen, fremd – der Fremde, Freund – freundlich – Freundin, gibt – geben, gelb – gelbe, Geld – Gelder, gesund – gesunde, glaubt – glauben, halb – halbe, Hand – Hände, hängt – hängen, hebt – heben, Hemd – Hemden, Hund – Hunde, jung – jünger, Kind – Kinder, klebt – kleben, Kleid – Kleider, Krieg – Kriege, kriegt – kriegen, Land – Länder, lang – länger, lebt – leben, legt – legen, lieb – liebe, Lied – Lieder, liegt – liegen, lügt – lügen, Mittag – Mittage, mag – mögen, Mund – Münder, Pferd – Pferde, Rad – Räder, regnet – Regen, Ring – Ringe, sagt – sagen, Sand – sandig, schiebt – schieben, schlägt – schlagen, schreibt – schreiben, Schuld – schuldig, selbst – selber, singt – singen, springt – Sprung – springen, streng – anstrengend, Tag – Tage, trägt – tragen, Wand – Wände, Weg – Wege, wird – werden, wild – wilde, Wind – Winde, zeigt – zeigen, zog – gezogen, Zug – Züge

Wichtige Wörter mit -ig:
artig, auffällig, billig, bissig, brummig, dreckig, drollig, eckig, eilig, einig, einmalig, eisig, ek(e)lig, ewig, fähig, farbig, fertig, geizig, gierig, giftig, grus(e)lig, häufig, heilig, Honig, kitz(e)lig, klebrig, knallig, König, kräftig, kribb(e)lig, kring(e)lig, kusch(e)lig, langweilig, lustig, mäßig, matschig, mutig, neb(e)lig, neugierig, putzig, richtig, rostig, ruhig, schmutzig, schuldig, schwierig, schwind(e)lig, selig, sonnig, stach(e)lig, ständig, strubb(e)lig, traurig, trotzig, wack(e)lig, wenig, wichtig, windig, wolkig, zapp(e)lig, zwölfjährig

Dagegen: Wichtige Wörter mit -lich:
abscheulich, absichtlich, ärgerlich, deutlich, ehrlich, endlich, feierlich, freundlich, gefährlich, hässlich, herrlich, höflich, köstlich, leserlich, männlich, möglich, mündlich, nämlich, natürlich, niedlich, nützlich, ordentlich, peinlich, plötzlich, rötlich, sachlich, schädlich, schriftlich, täglich, üblich, weiblich, westlich, wirklich, ziemlich, zierlich

Wichtige Wörter mit end- am Anfang (von Ende):
endlich, endlos, endgültig, Endspiel, Endlauf

Wichtige Wörter mit -end am Ende:
Abend, anstrengend, ätzend, aufregend, drohend, elend, Gegend, glänzend, glühend, hinkend, irgend, leuchtend, passend, rasend, spannend, stinkend, während, wütend, zuckend

Wichtige Wörter mit ent- am Anfang:
entdecken, entfernt, entlaufen, entschuldigen, entspannen, enttäuscht, entweder ... oder

Groß oder klein?

Satzanfang

Großgeschrieben wird das erste Wort am **Satzanfang** (nach einem **Punkt**, einem **Ausrufezeichen** oder einem **Fragezeichen**):
Ich lese dir etwas vor. Hör mir bitte zu! Verstehst du mich?

Nach einem **Doppelpunkt** schreibt man groß, wenn danach ein vollständiger Satz steht: *Ich sage dir: Es ist wichtig, was da steht.*

Großschreibung von Nomen

In Texten erkennt man ein Nomen daran, dass es **großgeschrieben** wird. Wenn man aber einen Text selbst schreibt, muss man wissen, was ein Nomen ist, damit man es auch großschreiben kann. Das ist oft schwierig. Doch es gibt **Kennzeichen,** an denen man ein Nomen erkennen kann.

1. Kennzeichen: die Artikel der, die, das

Das sicherste Kennzeichen für Nomen sind die Artikel:
der Löffel, die Gabel, das Messer, ein Hammer, eine Zange.
Viele Nomen stammen aus anderen Sprachen, in denen sie kleingeschrieben werden: *baby, cowboy, city*. Im Deutschen werden sie aber großgeschrieben: *das Baby, der Cowboy, die City ...*

2. Kennzeichen: die Pronomen mein, dein, sein ...

Vor den Nomen kann auch ein Pronomen stehen:
mein Glück, sein Gewinn, unser Sieg ...

3. Kennzeichen: Adjektive

Oft stehen vor Nomen Adjektive – mit oder ohne Artikel:
großes Glück, ein kleiner Gewinn, ein klarer Sieg ...

4. Kennzeichen: Präpositionen mit „versteckten" Artikeln

Die Wörter *beim, zum, im* sind Präpositionen, in denen sich ein Artikel „versteckt" hat: *beim = bei dem, zum = zu dem, im = in dem* ... Nach solchen Wörtern steht in der Regel ein Nomen. Es handelt sich dabei in der Regel um Nomen, die von Verben abstammen:
beim Turnen, zum Spielen, im Liegen ...

5. Kennzeichen: die Wörter etwas, alles, einiges, manches, nichts

Steht ein Wort nach *etwas, alles, einiges, manches, nichts,* so schreibt man ebenfalls groß. Dabei erhält das Nomen eine **Endung.** Es sind in der Regel Nomen, die von Adjektiven abstammen:
alles Gute, etwas Spannendes, manches Schöne, nichts Neues.

Aber Achtung: Fehlt diese Endung, so ist das Wort kein Nomen:
es ist alles gut, es ist nichts neu.

6. Kennzeichen: die Endungen -ung, -heit, -keit, -nis, -(el)ei, -(er)ei, -schaft:
Viele Nomen, die von anderen Wortarten (vor allem von Verben) herstammen, werden mit Endungen wie *-ung, -heit, -keit, -nis, -(el)ei, -(er)ei, -schaft,* gebildet. Alle diese Wörter werden großgeschrieben.

Wichtige Nomen mit -ung:
Diese Nomen stammen vor allem von Verben ab:
achten – Achtung, befreien – Befreiung …

Ahnung, Änderung, Aufregung, Belohnung, Berichtigung, Bestrafung, Bildung, Endung, Entscheidung, Entschuldigung, Erfindung, Forschung, Heizung, Kleidung, Leistung, Leitung, Lösung, Meinung, Ordnung, Prüfung, Reinigung, Richtung, Übung, Versammlung, Warnung, Werbung, Wohnung, Zeitung

Wichtige Nomen mit -heit:
Diese Nomen stammen zum größten Teil von Adjektiven ab:
blind – Blindheit, böse – Bosheit …

Blindheit, Blödheit, Bosheit, Dummheit, Dunkelheit, Einheit, Faulheit, Frechheit, Freiheit, Gelegenheit, Gesundheit, Gewohnheit, Klugheit, Krankheit, Mehrheit, Schönheit, Seltenheit, Sicherheit, Wahrheit

Wichtige Nomen mit -keit:
Diese Nomen stammen zum größten Teil von Adjektiven ab, die schon eine Endung wie *-bar, -ig, -lich* haben:
dankbar – Dankbarkeit, flüssig – Flüssigkeit …

Dankbarkeit, Ehrlichkeit, Einigkeit, Eitelkeit, Fähigkeit, Festigkeit, Flüssigkeit, Freundlichkeit, Frömmigkeit, Genauigkeit, Geschwindigkeit, Heiserkeit, Helligkeit, Hilflosigkeit, Lesbarkeit, Sauberkeit, Schädlichkeit, Streitigkeit, Tapferkeit, Tätigkeit, Übelkeit, Zärtlichkeit

Wichtige Nomen mit -nis:
Diese Nomen stammen von Verben und Adjektiven ab:
ärgern – Ärgernis, finster – Finsternis …

Ärgernis, Ergebnis, Ereignis, Erlaubnis, Erlebnis, Finsternis, Gefängnis, Geheimnis, Hindernis, Kenntnis, Verhältnis, Verzeichnis, Wildnis, Zeugnis

Wichtige Nomen mit -(er)ei, -(el)ei:
Diese Nomen stammen von Verben und anderen Nomen ab:
backen – Bäckerei, Bücher – Bücherei …

Bäckerei, Bücherei, Faulenzerei, Ferkelei, Fleischerei, Fresserei, Gärtnerei, Hexerei, Kabbelei, Keilerei, Lauferei, Malerei, Metzgerei, Mogelei, Pfuscherei, Prügelei, Rauferei, Sauerei, Schlachterei, Schlägerei, Schreierei, Spielerei, Streiterei, Wäscherei, Zauberei

Wichtige Nomen mit -schaft:
Diese Nomen stammen zum größten Teil von anderen Nomen ab:
Freund – Freundschaft, Land – Landschaft …

Eigenschaft, Feindschaft, Freundschaft, Gemeinschaft, Gesellschaft, Landschaft, Leidenschaft, Mannschaft, Meisterschaft, Wanderschaft, Wirtschaft

7. Einige besondere Fälle:
Schwierig ist die Schreibung von Wörtern, die aus anderen Wortarten abstammen und keine besonderen Endungen haben. Steht ein solches Wort **allein mit dem Artikel** oder mit einer **Präposition mit „verstecktem“ Artikel**, so schreibt man es groß:
die Großen, eine Zwei, das Beste, das Rot, das Lesen, das Schwimmen, beim Herumtoben, zum Turnen …

8. Zeitangaben:
Folgende Zeitangaben werden **großgeschrieben**:
Wochentagsnamen: *Montag, Dienstag, Mittwoch …*
Zusammengesetzte Zeitangaben: *Dienstagmittag, Mittwochmorgen …*
Tageszeiten nach Adverbien: *heute Abend, morgen Mittag, gestern Morgen …*

Folgende Zeitangaben werden **kleingeschrieben**:
- Uhrzeit-Angaben: *halb fünf, um viertel sieben ...*
- Zeitangaben mit s: *morgens, mittags, abends, mittwochs ...*
- Zeitadverbien: *gestern, heute, morgen, übermorgen, vorgestern ...*

Getrennt oder zusammen?

Wenn wir einen Satz sagen wie *morgenhabichgeburtstag,* dann sprechen wir alle Wörter in einem Atemzug hintereinander weg, ohne nach dem einzelnen Wort eine Pause zu machen. Als unsere Schrift erfunden wurde, wurden die Sätze auch in einem Zug geschrieben. Erst viel später achtete man beim Schreiben auf die einzelnen Wörter und ließ nach jedem Wort einen Zwischenraum, sodass man die einzelnen Wörter besser erkennen konnte: *morgen habe ich Geburtstag.*
Heute wissen wir in den allermeisten Fällen, wo ein Wort zu Ende ist und ein neues anfängt. Doch es gibt noch immer Zweifel bei einzelnen Wörtern. Denn viele Wörter wachsen zusammen und bilden ein einzelnes neues Wort. So können aus den einzelnen Wörtern *gegenüber* und *stellen* oder *Eis* und *laufen* die zusammengesetzten Wörter *gegenüberstellen* und *eislaufen* werden. Ob zwei Wörter schon zusammengewachsen sind, ist nicht immer ganz klar, und die meisten Menschen haben manchmal Schwierigkeiten, hier alles richtig zu schreiben. Im Zweifelsfall müssen wir eben immer wieder im Wörterbuch nachschlagen.

Für die Getrennt- und Zusammenschreibung von Wörtern gelten folgende Regeln:

Schreibung von Verben
1. Wird eines der folgenden Wörter (**Präpositionen**) mit einem Verb kombiniert, so schreibt man **zusammen**:

ab-, an-, auf-, aus-, bei-, durch-, entgegen-, entlang-, gegen-, gegenüber-, hinter-, in-, mit-, nach-, über-, um-, unter-, vor-, wieder-, zwischen- ...

Man schreibt also: *Wir sollen den Fluss entlanglaufen – wir sind den Fluss entlanggelaufen – es lohnt sich nicht, dort entlangzulaufen.*

2. Wird ein Verb mit einem der folgenden Wörter (**Adverbien**) kombiniert, so schreibt man **zusammen**:

abwärts-, auseinander-, beisammen-, davon-, davor-, dazu-, dazwischen-, fort-, heraus-, herbei-, herein-, hinaus-, hinterher-, nieder-, rückwärts-, umher-, voran-, voraus-, vorbei-, weg-, wieder-, zurück-, zusammen- …

Man schreibt also: *Ihr sollt uns nicht immer hinterhérlaufen – wir sind ihnen hinterhérgelaufen – es lohnt sich nicht hinterhérzulaufen.*

In der Regel wird bei diesen Zusammensetzungen das Wort **vor** dem Verb betont.
Einige solcher Kombinationen können aber auch etwas Unterschiedliches bedeuten. Und oft wird dann das Verb **selbst** betont. In solchen Fällen handelt es sich um zwei selbstständige Wörter – und man schreibt sie dann getrennt.
zusammen: *Viele Wörter muss man zusámmenschreiben. Wir sind noch einmal mit dem Schrecken davóngekommen.*
getrennt: *Sie wollten einen Brief zusammen (gemeinsam) schréiben. Ich weiß nicht, ob die Schmerzen davon (von dem Sturz) kommen.*

Kombinationen mit dem Hilfsverb *sein* und dem Verb *bleiben* werden **getrennt** geschrieben: *zusammen sein – zusammen bleiben, ...*

3. Wird ein Verb mit einem **Nomen** kombiniert, so schreibt man in der Regel **getrennt**:
Rad fahren, Schlittschuh laufen, zu Fuß gehen, Fußball spielen …
Werden die Verben aber als **Nomen** gebraucht, so schreibt man **zusammen**: *beim Radfahren, beim Schlittschuhlaufen, beim Fußballspielen …*

Einige Kombinationen werden **zusammengeschrieben**:
eislaufen – sie läuft eis, kopfstehen – er steht kopf, stattfinden – es findet statt, teilnehmen – er nimmt daran teil, leidtun – es tut mir leid ...

Und bei manchen Kombinationen hast du die Wahl, ob du **getrennt** schreiben möchtest oder **zusammen**:
achtgeben – sie gibt acht; Acht geben – sie gibt Acht,
haltmachen – er macht halt; Halt machen – er macht Halt,
staubsaugen – Staub saugen – er saugt Staub,
brustschwimmen – Brust schwimmen – sie schwimmt Brust, ...
Werden diese Verben aber als **Nomen** gebraucht, so schreibt man **zusammen**: *beim Haltmachen, beim Brustschwimmen, beim Staubsaugen ...*

4. Wird ein Verb mit einem **Adjektiv** kombiniert, so schreibt man in der Regel **getrennt**. Hier sind die am häufigsten gebrauchten:
eng befreundet, ernst meinen, falsch schreiben, frisch gestrichen, gesund bleiben, klein beigeben, laut singen, locker nehmen, richtig schreiben, ruhig bleiben, sauber schreiben, treu bleiben …

Manche Kombinationen sind so eng zusammengewachsen, dass sie ein eigenes Wort bilden. Hier sind die am häufigsten gebrauchten:
bereitlegen, bloßstellen, fernbleiben, frohlocken, kranklachen, langweilen, liebäugeln, schwarzärgern, wachrütteln, wahrsagen ...

Manche Kombinationen können **getrennt oder zusammengeschrieben** werden:
blank putzen – blankputzen, klein schneiden – kleinschneiden, kaputt machen – kaputtmachen …
Wenn man die Wörter als **Nomen** gebraucht, werden sie **zusammengeschrieben**:
beim Blankputzen der Schuhe – beim Kleinschneiden der Möhren …

Manchmal haben solche Kombinationen **zweierlei Bedeutung**; dann betont man sie auch unterschiedlich:
Getrenntschreibung: *schwer fállen: sie ist bei einem Unfall schwer gefállen, frei spréchen: sie hat ihren Vortrag frei gespróchen …*
Zusammenschreibung: *schwérfallen: die Arbeit ist mir schwérgefallen, fréisprechen: der Angeklagte wurde fréigesprochen …*

5. Wird ein Verb mit einem zweiten **Verb** kombiniert, so schreibt man in der Regel **getrennt**: *spazieren gehen, lesen üben, liegen lassen …*
Wenn man diese Wörter aber als **Nomen** gebraucht, werden sie **zusammengeschrieben**: *beim Spazierengehen, beim Lesenüben …*

Kombinationen mit *bleiben, lernen* und *lassen* haben manchmal eine übertragene Bedeutung, dann kann man **getrennt oder zusammenschreiben**: *sitzen bleiben (auf einem Stuhl) – sitzenbleiben (in der Schule), stehen lassen (eine Tasse im Schrank) – stehenlassen (jemanden nicht beachten) …*

6. Leicht merken kannst du dir, dass Adverbien mit *-wärts* immer mit dem Verb **zusammengeschrieben** werden:
abwärtsgehen, aufwärtsfahren, rückwärtsfallen, seitwärtstreten, vorwärtsblicken

Schreibung von Adjektiven
1. Werden **zwei gleichrangige Adjektive** miteinander kombiniert, schreibt man **zusammen**:
nasskalt, altbekannt, feuchtwarm, graublau, hellwach, süßsauer, taubstumm …

2. Wenn das zweite Adjektiv **allein nicht vorkommt**, schreibt man **zusammen**: *gutmütig, leichtfüßig, steifbeinig …*

3. Wenn das erste Wort das Adjektiv in seiner Bedeutung **verstärkt,** schreibt man ebenfalls **zusammen**:
extrastark, superleicht, bitterböse, gemeingefährlich, bitterkalt, nasskalt, stocksauer, hyperschlau, dunkelrot …

4. Wird ein Adjektiv mit einem **Nomen** kombiniert, schreibt man **zusammen**, wenn das Nomen durch eine **Wortgruppe** ersetzt werden kann:
angsterfüllt (von Angst erfüllt), butterweich (weich wie Butter), freudestrahlend (strahlend vor Freude), feuerrot (rot wie Feuer), jahrelang, meterhoch, altersschwach, sonnenhell …

5. Wird ein **Partizip** mit einem Adjektiv kombiniert, schreibt man **getrennt**: *glühend rot, strahlend hell, glänzend schwarz, kochend heiß, …*

Schreibung von Nomen
Bei Nomen, die mit anderen Wörtern eine Verbindung eingehen, ist die **Zusammenschreibung** die Regel:
1. Zwei Nomen: *Fußball, Fußballspiel, Fußballweltmeisterschaft …*
2. Nomen und Adjektiv: *Hochhaus, Schnellstraße, Warmduscher …*
3. Nomen und Verb: *Schreibtisch, Lesebuch, Schwimmmeisterschaft …*
4. Nomen und andere Wörter: *Nichtraucher, Wemfall, Selbstbewusstsein …*

Viele **Fremdwörter** werden **zusammengeschrieben**:
Software, Swimmingpool, Mountainbike …
Bei manchen hat man die Wahl, ob man sie **zusammen oder getrennt** schreibt: *Hot Dog – Hotdog, Short Story – Shortstory*

Wörter, deren Schreibung du dir einprägen solltest
Hier findest du eine Reihe von Wörtern, die du häufig gebrauchst:

1. Wörter, die **getrennt** geschrieben werden:

ganz groß, gar kein, gar nicht(s), genauso gut, gleich groß, immer wieder, nach wie vor, niemand anderes, so sehr, so viel(e), so weit, vor allem, wie oft, wie viel(e), wie weit

das erste, zweite, dritte Mal, dieses Mal, manches Mal, mehrere Male, viele Male

zu Ende, zu Fuß, zu Hilfe, zu viel, zu weit …

ruhig bleiben, logisch denken, ähnlich klingen, deutlich machen …

2. Wörter, die **zusammengeschrieben** werden:

irgendein, irgendeinmal, irgendetwas, irgendjemand, irgendwann, irgendwas, irgendwer, irgendwie, irgendwo, irgendwohin

jahrelang, monatelang, wochenlang, tagelang, stundenlang, minutenlang allesamt, allerdings, andererseits, beizeiten, deinetwegen, dasselbe, derselbe, dieselbe, einerseits, euretwegen, hundertfach, inmitten, keinesfalls, seinetwegen, tagsüber, überhaupt, unsretwegen, vielleicht, werktags, woandershin, womöglich, zeitlebens, zuallererst, zuletzt, einmal, zweimal, dreimal, diesmal, erstmals, manchmal, mehrmals, vielmals

Die Wörter das und dass

Eine der größten Schwierigkeiten in unserer Rechtschreibung besteht darin, die kleinen Wörter *das* und *dass* zu unterscheiden. Natürlich hast du kaum Probleme bei dem Begleiter (Artikel) *das:*
Artikel: *Siehst du das Haus dort?*
Schwieriger ist es schon bei Sätzen wie:
Relativpronomen: *Meinst du unser Haus, das dort hinten steht?*
Noch schwieriger ist es, wenn du schreiben sollst:
Hinweisepronomen (Demonstrativpronomen):
Natürlich habe ich das gesehen!
Für viele ist es in einem Satz wie diesem auch nicht einfach:
Konjunktion: *Ich weiß doch, dass es unser Haus ist!*
Und ganz schwierig ist es in einem Satz wie dem folgenden,
in dem zwei dieser kleinen Wörter vorkommen:
Konjunktion und **Demonstrativpronomen**:
Glaubst du, dass ich das nicht weiß?
Hier hilft nur Nachdenken und Wissen!

Der Artikel und die Pronomen das:
Artikel und Pronomen kann man durch *dieses, welches, das da/dort* austauschen oder ersetzen.
Der **Artikel** steht direkt vor dem Nomen:
Ich sehe das (dieses) → Haus
Das **Relativpronomen** bezieht sich stets auf ein **vorausgehendes Nomen**:
Ich sehe das Haus, ← das (welches) dort steht
Das **Demonstrativpronomen** weist auf etwas ganz besonders nachdrücklich hin: *Das (das da/dort) sieht doch jeder!*

Die Konjunktion dass:
Die Konjunktion *dass* steht sehr oft nach **Verben** wie *denken, meinen, wissen, glauben, sehen, fühlen, hoffen* usw. Es sind also Verben, die mit Hilfe der Konjunktion *dass* einen **Nebensatz eröffnen**:
Glaube doch ja nicht, → dass ich dumm bin!
Dass-Sätze lassen sich an den **Anfang verschieben**:
Dass ich dumm bin, glaube doch ja nicht!

Beispielsätze zum Unterscheiden:
Artikel (ersetzbar durch *dieses):*
Ich zeige dir mal das (dieses) Buch.
Relativpronomen (ersetzbar durch *welches):*
Es ist ein Buch, ← das (welches) ich gut lesen kann.
Konjunktion (an den Anfang umstellbar):
*Du sollst **wissen**, (was?) → dass ich gut lesen kann.*
*Dass ich gut lesen kann, ← sollst du **wissen**.*
Demonstrativpronomen (ersetzbar durch *das da):*
*Jeder soll wissen, → das (**das da**) kann ich gut lesen.*

Die Zeichensetzung

Mit den Satzzeichen kannst du deine Texte gliedern. Texte ohne Satzzeichen sind schwer verständlich oder führen leicht zu Missverständnissen. Deswegen ist es vor allem für den Leser wichtig, dass du die Satzzeichen richtig setzt.

Und so weit kann es kommen, wenn man die Punkte vergisst:

Frau Lamster kauft ein

Für ihre Suppe kauft sie Tomaten Seife
braucht sie zum Putzen für den Obstsalat
kauft sie Bananen für den Kanarienvogel
kauft sie Vogelfutter für ihren Mann
bringt sie die Zeitung mit für das Baby
besorgt sie Windeln für die Oma
kauft sie Lockenwickler für den Pudel
bekommt sie ein paar Knochen für Opa
soll sie noch eine Zigarre mitbringen für die Katze
kauft sie Katzenfutter zum Fressen
hoffentlich hat sie nichts vergessen!

Du musst zugeben: Das klingt zwar lustig, ist aber ganz anders gemeint. Und so sieht das Ganze aus, wenn die Punkte richtig gesetzt sind:

Frau Lamster kauft ein

Für ihre Suppe kauft sie Tomaten. Seife
braucht sie zum Putzen. Für den Obstsalat
kauft sie Bananen. Für den Kanarienvogel
kauft sie Vogelfutter. Für ihren Mann
bringt sie die Zeitung mit. Für das Baby
besorgt sie Windeln. Für die Oma
kauft sie Lockenwickler. Für den Pudel
bekommt sie ein paar Knochen. Für Opa
soll sie noch eine Zigarre mitbringen. Für die Katze
kauft sie Katzenfutter zum Fressen.
Hoffentlich hat sie nichts vergessen!

Satzzeichen am Ende von Sätzen

Satzzeichen am Ende von Sätzen heißen **Satzschlusszeichen**. Die Satzschlusszeichen zeigen an, dass hier ein Satz **zu Ende** ist. Es gibt fünf Satzschlusszeichen: Punkt, Fragezeichen, Ausrufezeichen, Semikolon und Doppelpunkt.

Der Punkt
Mit dem **Punkt** gibst du dem Leser oder der Leserin zu erkennen, dass hier ein Gedanke zu **Ende** ist:
Gestern gab es ein Gewitter. Es hat geblitzt und gedonnert. Ich war ein bisschen ängstlich. Mein Vater auch.
Manchmal kannst du zwischen zwei Sätze auch ein **Komma** oder ein **Semikolon** (Strichpunkt) setzen, wenn du zeigen möchtest, dass die Gedanken stärker miteinander **verbunden** sind. Du musst also nicht unbedingt nach jedem Satz einen Punkt setzen:
Gestern gab es ein Gewitter; es hat geblitzt und gedonnert. Ich war ein bisschen ängstlich, mein Vater auch.
In dem Text *Frau Lamster kauft ein* könntest du ohne Weiteres auch **Kommas statt Punkte** setzen:
Für ihre Suppe kauft sie Tomaten, Seife braucht sie zum Putzen, für den Obstsalat kauft sie Bananen …

Bei **Überschriften**, **Anschriften** und **am Ende von Briefen** setzt man **keine** Punkte:
Frau Lamster kauft ein

Liebe Grüße
Deine Vanessa

Das Fragezeichen
Das **Fragezeichen** ist ein Satzzeichen, mit dem du dem Leser oder der Leserin mitteilst, dass du einen Satz als **Frage** verstanden wissen möchtest. Meistens merkt man schon am Satz selbst, dass etwas als Frage gemeint ist. Dann **muss** das Fragezeichen stehen:
Hast du mich verstanden? Wo bist du gestern gewesen?

Manchmal aber kann man nur am Fragezeichen erkennen, dass ein Satz als Frage gemeint ist. Derselbe Satz könnte auch ein Aussagesatz sein. Beim Vorlesen merkt man, welcher Satz als Fragesatz gemeint ist:
Du warst beim Schwimmen. Du warst beim Schwimmen?

Das Ausrufezeichen
Beim **Ausrufezeichen** ist es ähnlich wie beim Fragezeichen. Du teilst mit diesem Zeichen einem Leser mit, dass du etwas als **Ausruf,** als **Bitte** oder als deutliche **Aufforderung** gemeint hast. Auch hier geht meistens schon aus dem Satz selbst hervor, dass nur eine Aufforderung gemeint sein kann. Dann steht fast immer ein Ausrufezeichen:
Komm mit! Lass mich bitte nicht warten!
Oft aber kann man nur am Ausrufezeichen erkennen, wie ein Satz gemeint ist. Derselbe Satz könnte auch als Aussage gemeint sein:
Du gehst dort nicht hin. Du gehst dort nicht hin!
(In den **Aufgabenstellungen von Schulbüchern** setzt man meistens **keine** Ausrufezeichen. Diese Sätze sind als **Anregungen** und nicht als **Befehle** gemeint: *Lies dir den Satz durch. Setze dann die Kommas.)*

Das Semikolon (Strichpunkt)
Das **Semikolon** verwendet man selten. Es ist äußerlich halb **Komma,** halb **Punkt**. Und so wird es auch verwendet. Wenn man zwei Sätze, die von ihrem Sinn her **zusammengehören**, nicht durch einen Punkt trennen möchte, dann setzt man gern ein Semikolon. Zwischen **Hauptsatz** und **Nebensatz** darf man ein Semikolon **nicht** setzen.
Lena hat Tom ihr Lineal ausgeliehen; er hatte nämlich sein eigenes vergessen.

Der Doppelpunkt
Der **Doppelpunkt** kündigt an: Jetzt folgt eine Aussage, die einen Satz weiterführt. Ist diese Aussage **ein vollständiger Satz**, so wird das erste Wort nach dem Doppelpunkt **großgeschrieben**. *Die Lehrerin will den Kindern etwas vorlesen: Es ist das Märchen „Rumpelstilzchen".*
Ist diese Aussage aber **kein vollständiger Satz**, so wird das erste Wort **kleingeschrieben**: *Die Lehrerin will den Kindern etwas vorlesen: nämlich das Märchen „Rumpelstilzchen".*

Vor allem steht ein Doppelpunkt, wenn eine **wörtliche Rede** folgt:
Die Lehrerin sagte: „Hört einmal gut zu!“

Satzzeichen innerhalb von Sätzen

Das Komma
Bei der Kommasetzung haben die meisten Schüler Schwierigkeiten. Sie vergessen oft das Setzen von Kommas oder sie setzen sie hin und wieder auch an falschen Stellen. Die Regeln sind ja auch nicht ganz einfach. Aber nach und nach lassen sie sich doch recht gut erlernen. Es gibt im Grunde nämlich nur drei wichtige Regeln:

1. Das Komma bei Aufzählungen:
Immer wenn wir Wörter oder Wortgruppen oder ganze Sätze aufzählen, fügen wir zwischen die aufgezählten Teile ein Komma ein:

Aufgezählte Wörter:
In einem Satz kann man **Wörter** aufzählen. Zumeist sind es Nomen, Verben oder Adjektive. Zwischen den aufgezählten Wörtern steht ein **Komma**. Vor den Wörtern *und* und *oder* steht **kein Komma**:
Sascha, Vanessa, Sina und Michael sind auf dem Hof.
Sie spielen, toben, lachen und schreien.
Sie sind fröhlich, ausgelassen oder still und friedlich.

Aufgezählte Wortgruppen:
Aufzählen kann man auch **Gruppen von Wörtern**. Zwischen den aufgezählten Wortgruppen steht ein **Komma**. Auch hier steht vor **und/oder** kein Komma:
Sie laufen über die Straße, den Hügel hinauf, zum Bahndamm und zuletzt bis zur Brücke.

Die Wörter *und/oder* spielen bei Aufzählungen eine wichtige Rolle. Kann man zwischen aufgezählte Wörter oder Wortgruppen ein *und* einfügen, dann lässt man das Komma **weg**. Vor *und* steht nämlich **kein** Komma. Lässt du das *und* **weg**, steht ein **Komma**.

Sascha und Vanessa und Sina und Michael sind auf dem Hof.
Sascha, Vanessa, Sina und Michael sind auf dem Hof.
Sie spielen, sie toben oder stehen still herum und unterhalten sich.

Aufgezählte Sätze:
Setzt man zwischen ganze **Sätze** ein Komma, so zeigt man damit an, dass sie eng **zusammengehören**:
Sascha zeigt allen sein Versteck, Sina ist ganz überrascht, Vanessa findet es ziemlich langweilig dort, Michael rennt gleich wieder nach Hause.
Schließt man einen Satz mit *und/oder* an, dann **kann** man davor ein **Komma** setzen, **muss** es aber **nicht**:
Vanessa findet es langweilig(,) und Michael rennt nach Hause.

Diese Regel gilt auch für die Wörter *sowohl ... als auch, weder ... noch*. Auch bei diesen Wörtern steht **kein** Komma. Vor allen anderen Wörtern, mit denen wir Wörter, Wortgruppen und Sätze zueinander in Beziehung setzen, fügen wir ein Komma ein: *dann, danach, denn, aber…:*
Sina findet es toll, aber Vanessa findet es langweilig.

2. Das Komma bei Herausstellungen:
Wörter, die am Anfang oder am Ende des Satzes besonders herausgestellt oder in einen Satz eingeschoben werden, trennt man mit einem Komma ab.
Vorausstellungen:
Manchmal stellt man einem Satz, noch ehe er richtig anfängt, einen Ausruf oder eine Anrede **voraus**. Beides grenzt man durch Kommas vom eigentlichen Satz ab:
Puh, das war vielleicht anstrengend!
Michael, geht es dir auch so wie mir?
Nachstellungen:
Ähnliche Wörter oder Wortgruppen kann man einem Satz, wenn er schon zu Ende ist, auch **nachstellen**. Auch dann grenzt man den eigentlichen Satz davon ab:
Das war vielleicht anstrengend, mein Lieber!
Geht es dir auch so, Michael?
Das war ja kaum auszuhalten, echt!

Einschübe:
Schiebt man solche Wörter in den Satz **ein**, so grenzt man sie durch ein **Doppelkomma** (paariges Komma) vom Satz ab:
Dieser steile Berg, Mann, hat mich ziemlich geschafft!
Ich, eh, kann auch nicht mehr!

3. Das Komma bei Nebensätzen:
Ein Nebensatz ist ein **unselbstständiger** Satz. Der folgende Satz ist zum Beispiel **selbstständig**, das heißt: Er könnte auch für sich allein stehen. Es ist ein **Hauptsatz**:
Ich bin gestern noch rechtzeitig zur Schule gekommen.
Dagegen ist der nächste Satz **unselbstständig**. Er kommt allein in unserer Sprache nicht vor. Es ist ein **Nebensatz**:
… obwohl ich verschlafen hatte …

Nur in Verbindung mit einem **Hauptsatz** kommt ein **Nebensatz** vor:
Ich bin gestern noch rechtzeitig zur Schule gekommen, obwohl ich verschlafen hatte.

Haupt- und Nebensatz:
Nebensätze werden grundsätzlich **durch Kommas abgetrennt**. Woran erkennt man aber einen Nebensatz? – Das wichtigste **Kennzeichen** ist, dass er mit einem **Verbindungswort** beginnt. Die am häufigsten gebrauchten Verbindungswörter für Nebensätze sind Konjunktionen:
als, damit, dass, nachdem, ob, obwohl, weil, wenn.
Ein anderes **Kennzeichen** ist, dass in Nebensätzen das **Prädikat am Ende** des Satzes steht, während es im Hauptsatz in der Regel an zweiter Stelle steht:
Hauptsatz: *Ich fuhr in die Schule.*
Nebensatz: *Als ich in die Schule fuhr …*

(Wenn du mehr über die Konjunktionen wissen möchtest, schau dir das Kapitel Wortarten auf Seite 483 und 484 an.)

Nachgestellter Nebensatz:
Ein Nebensatz kann einem Hauptsatz **nachgestellt** sein. Das ist oft bei den Konjunktionen *dass, ob, bis* und *weil* der Fall. Das **Komma** steht dann direkt **vor der Konjunktion:**
Ich konnte ja nicht wissen, dass es schon so spät war.
Jetzt muss ich warten, bis der nächste Bus kommt.

Vorausgestellter Nebensatz:
Ein Nebensatz kann einem Hauptsatz **vorausgehen**. Das ist oft bei den Konjunktionen *als* und *wenn* der Fall. Dann steht das Komma am Ende des Nebensatzes:
Als ich die Haltestelle erreichte, war der Bus schon weg.
Wenn ich schneller gelaufen wäre, hätte ich ihn noch erreicht.

Eingeschobener Nebensatz:
Ein Nebensatz kann auch in einen Hauptsatz **eingeschoben** sein. In diesem Fall beginnt der Satz mit dem Anfang des Hauptsatzes, dann folgt ein Nebensatz, danach geht der Hauptsatz zu Ende. In solchen Fällen steht der Nebensatz zwischen zwei Kommas oder dem sogenannten **Doppelkomma** (paariges Komma):
Da stehe ich nun, während ich warte, gelangweilt herum.

Die folgende Übersicht zeigt dir noch einmal alle Regeln der Kommasetzung auf einen Blick:

Hauptsatz mit Wortaufzählungen:

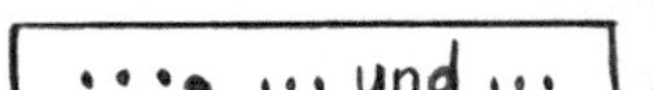

Eines Tages wollte Sascha mit Sina singen, spielen und ein Lied einüben.

Zwei unverbundene Hauptsätze:

Sascha spielte Gitarre, Sina sang dazu.

Zwei verbundene Hauptsätze:

Sie sang ziemlich leise und er kratzte laut auf den Saiten herum.

Hauptsatz, nachgestellter Nebensatz:

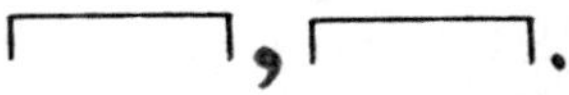

Da ärgerte sich Sina, weil Sascha auch noch falsche Töne spielte.

Hauptsatzanfang, eingeschobener Nebensatz, Hauptsatzende:

Sie gerieten, während sie musizierten, in einen Streit.

Vorangestellter Nebensatz, Hauptsatz:

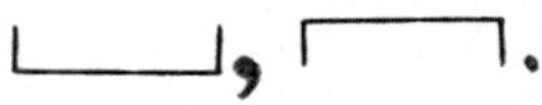

Als sie sich geeinigt hatten, ging es dann ganz gut.

Hauptsatz, nachgestellte Anrede:

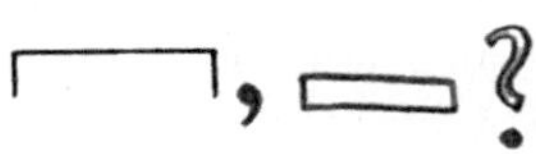

War das nicht schön, Sina?

Vorausgestellter Ausruf, Hauptsatz:

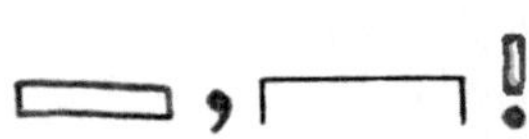

Super, jetzt können wir auftreten!

Weitere Zeichen

Außer den wichtigsten Satzzeichen Punkt, Ausrufezeichen, Fragezeichen, Semikolon und Komma gibt es noch weitere Zeichen, mit denen man einen Text gliedern kann.

Die Zeichen der wörtlichen Rede
In einem Text möchte der Leser zwischen Sätzen unterscheiden, die du **geschrieben** hast – und solchen, die ein anderer oder du selbst **gesagt** hat. Deswegen setzt man alles, was **gesagt** worden ist, in **Anführungszeichen** (Gänsefüßchen).

1. Der vorangestellte Begleitsatz:
Wenn du in deinen Texten die **wörtliche Rede** verwendest, dann schreibst du meistens so:
Sie sagte: „Ich gehe morgen in den Zirkus."
Eine solche Aussage besteht aus zwei Teilen:
dem **Begleitsatz**: *Sie sagte: ...*
dem **Redesatz**: *„Ich gehe morgen in den Zirkus."*

Nach dem **Begleitsatz** steht ein **Doppelpunkt**. Dieser Doppelpunkt weist darauf hin, dass jetzt etwas Besonderes folgt. Der **Redesatz** selbst ist ein richtiger selbstständiger Satz mit einem Punkt am Ende. Er steht in **Anführungszeichen**. Diese Anführungszeichen weisen darauf hin, dass diesen Satz eine bestimmte Person gesagt hat. Auf diese Weise kann der Leser gut unterscheiden, wer jeweils was sagt.

Natürlich gibt es auch Redesätze, die **Fragen** oder **Ausrufe** oder **Aufforderungen** sind. Dann steht an ihrem Ende ein **Frage-** oder **Ausrufezeichen**:
Sie fragte: „Kommst du mit?"
Ich antwortete: „Aber gern!"

Es gibt eine ganze Reihe verschiedener Verben, mit denen wörtliche Reden eingeleitet werden können. Man nennt sie **redeeinleitende Verben**. Hier eine Auswahl davon:

Verben, die eine Rede einleiten können:
antworten, befehlen, behaupten, bemerken, bitten, brüllen, entgegnen, erwidern, erzählen, flüstern, fragen, hinzufügen, jammern, klagen, lachen, meinen, rufen, sagen, schimpfen, schreien, stammeln, versprechen, wiederholen, zugeben …

2. Der nachgestellte Begleitsatz:
Nun gibt es aber auch die Möglichkeit, mit einer wörtlichen Rede zu beginnen und den **Begleitsatz** ans **Ende** der Aussage zu stellen. Das sieht dann so aus:
„Ich gehe morgen in den Zirkus", sagte sie.
„Kommst du mit?", fragte sie.
„Aber gern!", antwortete ich.

Zwischen dem Redesatz und dem Begleitsatz steht dann immer ein **Komma**. Nach dem Redesatz wird klein weitergeschrieben, damit man erkennt, dass es sich um eine zusammenhängende Aussage handelt. Das **Ausrufe-** und das **Fragezeichen** werden ebenfalls gesetzt, denn es muss ja deutlich werden, ob jemand etwas fragt oder ausruft. Nur der **Punkt entfällt** in einem Redesatz.

3. Der eingeschobene Begleitsatz:
Wenn der Redesatz etwas länger ist, dann kann man den Begleitsatz auch in ihn **einschieben**:
„Ich gehe morgen", sagte sie, „mit meiner Mutter in den Zirkus."
„Willst du nicht vielleicht", fragte sie, „mit uns mitkommen?"
„Das", antwortete ich, „ist ja wirklich ein ganz tolles Angebot!"

In solchen Fällen werden die eingeschobenen Begleitsätze durch ein **Doppelkomma** (paariges Komma) von den Redesätzen getrennt. Und natürlich werden die beiden Teile des Redesatzes ganz für sich durch **Anführungszeichen** gekennzeichnet; denn man muss ja wissen, wo die wörtliche Rede jeweils beginnt und wo sie aufhört.

Wörtliche Reden in einem Witz:
Eine Gans kriecht immer unter dem Gartenzaun durch.
Eines Tages holt sie der Fuchs.
Der Vater schimpft: „So ein ungezogenes Tier aber auch!"
„Siehst du, Tina, weil sie nicht brav war, hat sie der Fuchs gefressen",
sagt die Mutter.
„Wenn sie brav gewesen wäre", sagt Tina nachdenklich,
„dann hätten wir sie gegessen."

Die Gedankenstriche
Mit Gedankenstrichen kannst du eingeschobene Sätze oder Satzteile aus dem Satzzusammenhang herausheben. Sie haben dann eine ähnliche Aufgabe wie Klammern. Oft sind solche eingeschobenen Ausdrücke nebensächlich; manchmal können sie aber besonders hervorgehoben werden:
Gestern Abend – es war schon spät – kam plötzlich noch Besuch.

Den Gedankenstrich kannst du auch setzen, wenn du auf etwas Überraschendes aufmerksam machen willst:
Plötzlich – ein furchtbarer Schrei!

Manchmal setzt man einen Gedankenstrich auch, wenn ein Satz nicht zu Ende geführt wird und vom Leser weitergedacht werden soll:
Verschwinde, oder –

Der Bindestrich
Bindestriche verbinden Wörter miteinander. Du findest sie vor allem bei Doppelnamen, Gebäuden und Straßennamen:
Karl-Heinz, Robert-Koch-Schule, Helene-Lange-Straße

Manchmal setzt man auch zwischen allzu lange Wörter Bindestriche:
Trimm-dich-Pfad, Berg-und-Tal-Bahn

Auch bei Wörtern, in denen ein einzelner Buchstabe, eine Abkürzung oder eine Zahl vorkommt, setzt man Bindestriche:
6-Zylinder, 13-Jährige, 100-prozentig, A-Dur, D-Zug,
Kfz-Schlosser, Fußball-WM, a-Moll

Der Trennungsstrich
Wenn du ein Wort nicht mehr ganz auf eine Zeile bekommst, dann kannst du es in zwei Teile trennen und dazwischen einen Trennungsstrich setzen:

Dino-	*Fahrradren-*	*Jahrmarktsbu-*
saurier	*nen*	*den*

Für die Silbentrennung gibt es feste Regeln, die du auf Seite 382 und 383 nachlesen kannst.

Der Ergänzungsstrich
Ergänzungsstriche setzt du, wenn du bei zwei Wörtern das gleiche Grundwort oder Bestimmungswort nicht wiederholen möchtest. Du setzt also den Ergänzungsstrich dort, wo du etwas ausgelassen hast, was der Leser dann selbstständig ergänzen muss:
Hauptstraßen und Nebenstraßen → Haupt- und Nebenstraßen,
Schulhefte und Schulbücher → Schulhefte und -bücher.

Die Klammern
Mit Klammern kannst du (so ähnlich wie mit zwei Gedankenstrichen) Wörter aus dem Satzzusammenhang herausstellen, wenn du einen Gedanken einschieben möchtest: *Gestern Abend (es war eine ziemliche Überraschung) kam plötzlich noch Besuch zu uns.*
Achte aber darauf: Klammere in deinen Heften niemals etwas Falsches ein, was du verbessern möchtest, sondern streiche so etwas durch! Eingeklammerte Wörter gehören nämlich immer zum Text dazu.

Das Auslassungszeichen (Apostroph)
Mit dem Auslassungszeichen zeigst du an, dass du in einem Wort einen oder mehrere Buchstaben ausgelassen hast:
Ich habe es (→ hab's) geschafft! Hier ist es (→ ist's) schön.

Bei Zusammenziehungen von *in, an, auf* und Artikel setzt man aber kein Auslassungszeichen:
in das → ins, an das → ans, auf das → aufs, über das → übers,
durch das → durchs.

Solltest du einen Namen haben, der auf ein *s*, *x* oder *z* endet, so musst du in manchen Fällen auch ein Auslassungszeichen setzen:
Ines' Lehrerin, Felix' Schwester, Heinz' Eltern

Niemals steht aber ein Auslassungszeichen, wenn die Namen gar nicht auf *s, x, z* enden. Es ist also falsch zu schreiben:
Sabine's Bruder; denn hier fällt ja gar nichts weg! Richtig ist vielmehr: *Sabines Bruder.*

IV. Wortfamilien

Was sind Wortfamilien?

Wie Menschen miteinander verwandt sind und Familien gründen können, so gibt es auch unter den Wörtern unserer Sprache Verwandtschaften, die die Grundlage für Wortfamilien sind. Wie die Menschen haben auch die Wortfamilien einen gemeinsamen Vorfahren, nämlich einen gemeinsamen Stamm, aus dem sich die einzelnen Wörter entwickelt haben. Zu einer Wortfamilie gehören also alle Wörter mit einem gleichen Wortstamm, z.B. alle Wörter mit dem Stamm *-fahr-*.

Selbstverständlich gibt es in den Wortfamilien nahe Verwandte und entfernte Verwandte. So sind zu *-fahr-* z.B. *Fahrer, Fahrt, gefahren* nahe Verwandte. Bei ihnen kannst du auf den ersten Blick die Zugehörigkeit zur Wortfamilie *fahr* erkennen. Dagegen ist das Wort *Furt* ein entfernter Verwandter von *-fahr-*. Dieses Wort ist sozusagen über sieben Ecken mit *fahren* verwandt und bezeichnet eine Stelle in einem Fluss, die eben durchfahren werden kann.

Wie es nahe und entfernte Verwandte in einer Wortfamilie gibt, gibt es auch ältere und jüngere Verwandte. Das Wort *Gefährte* ist schon sehr alt. Das Wort *Fahrschule* dagegen ist weitaus jünger. Es konnte ja erst entstehen, als Kraftfahrzeuge aufkamen und ihr Fahren erlernt werden musste.

Wie du auch in dem Kapitel „Wortbildung“ erfahren kannst, ist das Bilden neuer Wörter mit bereits vorhandenen Wortbausteinen für uns Sprachbenutzer von Vorteil, weil wir uns die so gebildeten Wörter leichter einprägen können und nicht immer völlig neue Wörter lernen müssen.

Am Beispiel des Wortstammes *-fahr-* kannst du verfolgen, dass Wortfamilien durch das Anfügen von Wortbausteinen an den Stamm entstehen, also durch Zusammensetzung, Ableitung und Kürzung. Schau dir dazu die folgende Grafik aufmerksam an und versuche, die Bildungsweise der einzelnen „Familienmitglieder“ nachzuvollziehen.

Fahrt
Klassenfahrt
Zugfahrt
Bootsfahrt …

befahren
sich verfahren …

befahrbar
unbefahrbar
Befahrbarkeit …

Erfahrung
Erfahrenheit
erfahren

Kfz

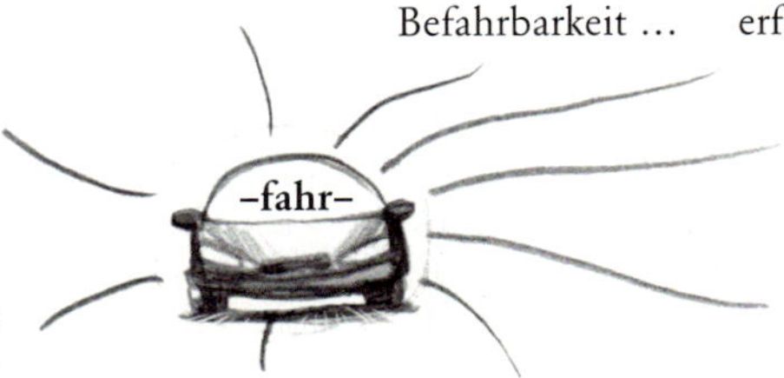

Fahrer
Fähre
Fährte
Gefährt
gefährlich
Fuhre
Abfuhr …

Fahrkarte
Fahrzeug
Fahrausweis
Fahrschule
Fahrstuhl
Fahrplan …

abfahren
durchfahren
fortfahren
überfahren …

das Fahren
Fahrender
Furt …

Wobei kann dir die Arbeit an und mit einer Wortfamilie helfen?

Das Zusammenstellen von Wortfamilien kann dir helfen, die Verwandtschaft und die Bildung von Wörtern zu erkennen. Zugleich ermöglicht dir das Vorhandensein von Wortfamilien, dass du aus ihnen die Wörter auswählen kannst, die du brauchst, um einen Gegenstand, einen Zustand oder einen Vorgang genau bezeichnen zu können.

Tipps zum richtigen Schreiben von Wörtern einer Wortfamilie

Die Arbeit mit Wortfamilien kann dir bei der Rechtschreibung von Wörtern helfen, indem du die betreffenden Wörter in möglichst vielen verschiedenen Formen aufschreibst und dir dabei die richtige Schreibung einprägst. Das ist deshalb von Vorteil, weil z.B. der Wortstamm *-fahr-* in allen Wörtern der Wortfamilie (bis auf Furt) eben immer mit *h* geschrieben wird:

fahren, fuhr, gefahren, fahrlässig, erfahren, Fahrer, Gefährt, Fuhre, Fahrrad … Auto fahren, Bahn fahren, Rad fahren, fahren lernen, jemanden fahren lassen (wegfahren), aber: *alle Hoffnung fahrenlassen …*

Die verwandten Wörter in einer Wortfamilie weisen immer auch dieselben oder verwandte Vokale auf. Das ist vor allem wichtig bei der richtigen Schreibung des Umlauts *ä, äu* und auch bei *eu.*
Traum, traumhaft, träumerisch, träumen, verträumt …
leuchten, Leuchte, Leuchtturm, Leuchtkugel …
klar, Klarheit, erklären, verklärt, Klärung, Kläranlage …

Das Zusammenstellen von Wortfamilien kann dir auch beim richtigen Schreiben von Wörtern helfen, die im Auslaut ein b, d, g (gesprochen [p,t,k]) haben.
Raub, rauben, geraubt, räubern, räuberisch, Räuber, Räuberbande …
Bund, Bünde, Bündnis, verbünden, Bundesliga, Bundestag …
Berg, bergan, Berge, bergig, Gebirge, bergig, gebirgig …

Einzelne Wortfamilien

Die folgenden Wortfamilien, bei denen nicht alle „Mitglieder“ aufgezählt werden können, zeigen dir noch einmal die Vielfalt an Wörtern und die Möglichkeiten, durch das Aufstellen von Wortfamilien die Rechtschreibung zu sichern.

ärgern

Verben:	ärgert, ärgerte, geärgert, verärgern, sich ärgern, verargen
Adjektive:	arg, ärgerlich, arglistig, argwöhnisch
Nomen:	das Ärgernis, die Verärgerung, die Arglist, der Ärger …

beißen

Verben:	beißt, biss, gebissen, beiß!, abbeißen, zubeißen ...
Pronomen:	ein bisschen
Adjektive:	bissig, verbissen
Nomen:	der Biss, der Imbiss, das Gebiss, der Beißkorb …

denken

Verben: denkt, dachte, ich dächte, gedacht, denk(e) daran!, ausdenken, nachdenken, durchdenken, überdenken …
Adjektive: denkbar, undenkbar
Nomen: das Denkvermögen, das Andenken, der Gedanke, das Gedächtnis …

erschrecken

Verben: erschrickt, erschrak, erschrocken, erschrick nicht!, sich erschrecken …
Adjektive: schrecklich, abschreckend, erschreckbar, erschreckend …
Nomen: das Erschrecken, der Schreck, der Schreckschuss, das Schreckgespenst …

essen

Verben: isst, aß, ich äße, gegessen, iss auf!, abessen, aufessen, wegessen …
Adjektiv: essbar
Nomen: das Essen, der Esslöffel, der Mitesser, das Abendessen …

fahren

Verben: fährt, fuhr, ich führe, gefahren, auffahren, zusammenfahren, widerfahren …
Adjektive: fahrig, fahrlässig, gefährlich …
Nomen: der Fahrer, das Fahrzeug, die Fähre, die Fährte, der Gefährte, die Fuhre …

fallen

Verben: fällt, fiel, ich fiele, gefallen, fällen, gefällt, auffallen, überfallen, durchfallen …
Adjektive: fällig, zufällig, auffällig, ausfällig, gefällig …
Adverb: falls (er kommt)
Nomen: der Fall, die Fälle, die Falle, das Gefälle, der Fallschirm, der Beifall …

falsch

Verben: fälschen, fälschte, verfälschen …
Adjektive: falsch, gefälscht, fälschlich, unverfälscht …
Nomen: das Falschgeld, der Fälscher, die Fälschung, die Falschmeldung …

fangen

Verben: fängt, fing, gefangen, fang!, verfangen, anfangen, auffangen, empfangen …
Adjektive: verfänglich, befangen, anfänglich …
Nomen: der Fang, die Fangfrage, der Fänger, das Gefängnis, der Anfang …

fassen

Verben: fasst, fasste, gefasst, fass, verfassen, zufassen, anfassen, verfassen …
Adjektive: fasslich, unfassbar, fassungslos …
Nomen: das Fass, die Fassung, die Verfassung, das Gefäß …

fehlen

Verben: fehlt, fehlte, gefehlt, verfehlen …
Adjektive: fehlerhaft, fehlerfrei, fehlerlos, unfehlbar …
Nomen: der Fehler, die Fehlanzeige, der Fehlgriff, die Unfehlbarkeit, die Verfehlung …

finden

Verben: findet, fand, gefunden, sich befinden, empfinden, auffinden, erfinden …
Adjektive: empfindlich, befindlich, unauffindbar, findig, erfinderisch, fündig …
Nomen: der Fund, das Befinden, die Erfindung, die Erfinderin, der Findling …

fliegen
Verben: fliegt, flog, geflogen, auffliegen, entfliegen, verfliegen, abfliegen …
Adjektive: flügge, flugfähig …
Nomen: Flugplatz, die Flügel, die Fliege, der Flieger, der Flug, das Flugzeug …

fliehen
Verben: flieht, floh, geflohen, flieh!, entfliehen, flüchten …
Adjektive: flüchtig, fluchtartig …
Nomen: der Floh, die Flucht, der Fluchtweg, der Flüchtigkeitsfehler, der Flüchtling …

fressen
Verben: frisst, fraß, gefressen, friss!, fresst, abfressen, wegfressen …
Adjektive: verfressen, zerfressen, gefräßig …
Nomen: der Fraß, das Fressen, die Fresserei, die Verfressenheit …

fühlen
Verben: fühlt, fühlte, gefühlt, befühlen, anfühlen …
Adjektive: gefühlvoll, gefühlsbetont, gefühlsmäßig, gefühllos …
Nomen: das Fühlen, der Fühler, das Gefühl, die Gefühlssache, die Gefühllosigkeit …

führen
Verben: führt, führte, geführt, entführen, verführen, vorführen, anführen, aufführen …
Adjektive: verführerisch, führerlos, führend …
Nomen: der Führer, die Entführung, die Aufführung, das Anführungszeichen …

gießen
Verben: gießt, goss, gegossen, aufgießen, vergießen, weggießen, vergossen …
Nomen: der Guss, die Gießkanne, der Aufguss, das Vergossene …

kommen

Verben: kommt, kam, gekommen, herkommen, wegkommen, zuvorkommen …
Adjektive: vollkommen, bekömmlich …
Nomen: das Vorkommen, die Ankunft, die Auskunft, der Nachkomme …

lachen

Verben: lacht, lachte, gelacht, auslachen, zulachen, lächeln …
Adjektive: lachhaft, lächerlich …
Nomen: die Lache, das Lachen, das Lächeln, das Gelächter, die Lächerlichkeit …

lassen

Verben: lässt, ließ, gelassen, lass das!, entlassen, verlassen, weglassen, zulassen …
Adjektive: lässig, verlässlich, nachlässig, fahrlässig …
Nomen: die Gelassenheit, der Anlasser, der Nachlass, die Entlassung …

lesen

Verben: liest, las, gelesen, lies!, auslesen, vorlesen, durchlesen …
Adjektive: unleserlich, lesenswert, lesbar …
Nomen: das Lesen, die Leser, das Lesebuch, die Leseratte, das Lesezeichen …

sagen

Verben: sagt, sagte, gesagt, absagen, zusagen, aussagen, vorsagen …
Adjektive: sagenhaft, unsagbar, unsäglich …
Nomen: die Sage, der Versager, die Absage, die Ansagerin, die Zusage …

schlagen

Verben: schlägt, schlug, geschlagen, vorschlagen, zuschlagen, unterschlagen …
Adjektive: schlagfertig, schlagend …
Nomen: der Schläger, der Schlager, der Schlag, die Schlagzeile, das Schlagzeug …

schließen

Verben: schließt, schloss, geschlossen, beschließen, entschließen, zuschließen …
Adjektive: entschlossen, unschlüssig …
Adverb: schließlich …
Nomen: der Schluss, der Entschluss, das Schloss, der Schlüssel, die Schließe …

schwimmen

Verben: schwimmt, schwamm, geschwommen, durchschwimmen, brustschwimmen (Brust schwimmen) …
Adjektiv: verschwommen …
Nomen: die Schwimmerin, der Schwimmmeister, der Schwamm, die Schwimmweste …

sehen

Verben: sieht, sah, gesehen, sieh!, vorsehen, aussehen, sichten, durchsehen …
Adjektive: versehentlich, sichtbar, kurzsichtig, unsichtbar …
Nomen: das Ansehen, das Aussehen, aus Versehen, die Sicht, die Vorsicht …

setzen

Verben: setzt, setzte, gesetzt, besetzen, absetzen, aufsetzen, umsetzen, versetzen …
Adjektive: entsetzlich, besetzt …
Nomen: das Entsetzen, der Absatz, der Ersatz, der Aufsatz, die Übersetzung …

singen

Verben: singt, sang, gesungen, vorsingen, mitsingen …
Adjektive: gesanglich, sängerisch …
Nomen: der Gesang, die Sängerin, das Singen, der Gesangsunterricht ...

sitzen

Verben: sitzt, saß, gesessen, sitz!, besitzen, absitzen …
Adjektive: besitzlos, sitzend …
Nomen: der Sitz, die Sitzung, der Besitz, die Besitzerin, das Sitzfleisch …

sprechen

Verben: spricht, sprach, gesprochen, sprich!, sprecht!, versprechen, aussprechen …
Adjektive: ansprechend, entsprechend, sprichwörtlich, widersprüchlich …
Nomen: der Sprecher, die Sprache, der Spruch, die Besprechung, das Sprichwort …

springen

Verben: springt, sprang, gesprungen, spring!, abspringen, entspringen …
Adjektive: springlebendig, sprungkräftig …
Nomen: der Sprung, die Springerin, der Vorsprung, der Springbrunnen …

stehen

Verben: steht, stand, gestanden, aufstehen, gestehen, verstehen, beistehen …
Adjektive: beständig, zuständig, verständlich, geständig …
Nomen: der Abstand, der Aufstand, das Geständnis, der Verstand, der Zustand …

tragen

Verben:	trägt, trug, getragen, übertragen, betragen, vortragen, auftragen …
Adjektive:	tragbar, trächtig, abträglich, erträglich …
Nomen:	die Trage, der Träger, das Betragen, der Vortrag, die Trachten, der Antrag …

vergessen

Verben:	vergisst, vergaß, vergessen, vergiss es! …
Adjektive:	unvergessen, vergesslich, unvergesslich …
Nomen:	das Vergessen, die Vergessenheit, die Vergesslichkeit, das Vergissmeinnicht …

verstehen

Verben:	versteht, verstand, verstanden, missverstehen …
Adverb:	einverstanden …
Adjektive:	verständlich, unverständlich, verständnisvoll …
Nomen:	der Verstand, das Verständnis, die Verständigungsbereitschaft …

wachsen

Verben:	wächst, wuchs, gewachsen, verwachsen, nachwachsen …
Adjektive:	erwachsen, halbwüchsig, kleinwüchsig …
Nomen:	der Wuchs, das Wachstum, der Nachwuchs, der Erwachsene …

werfen

Verben:	wirft, warf, geworfen, wirf!, abwerfen, entwerfen …
Adjektive:	unterwürfig, verwerflich …
Nomen:	der Wurf, das Speerwerfen, der Entwurf, die Werferin …

wissen

Verben:	weiß, wusste, gewusst …
Adjektive:	gewiss, wissbegierig, wissenschaftlich, bewusst …
Nomen:	das Bewusstsein, die Wissenschaft, der Besserwisser, das Wissen …

zählen

Verben:	zählt, zählte, gezählt, anzählen, anzahlen, bezahlen, erzählen …
Adjektive:	zahlreich, zahllos, bezahlbar, unbezahlbar …
Nomen:	die Zahl, das Zählen, der Zähler, die Zahlung, die Anzahl, die Auszählung …

ziehen

Verben:	zieht, zog, gezogen, zieh ab!, anziehen, erziehen, zügeln, züchtigen …
Adjektive:	ungezogen, erzieherisch, vorzüglich, zügellos …
Nomen:	der Anzug, die Beziehung, die Erzieherin, der Zügel, die Zucht …

V. Wortbildung

In unserer Sprache gibt es Hunderttausende von Wörtern, und einige Tausend davon kannst du verstehen und selber sprechen oder gar schreiben. Fast jeden Tag entstehen neue Wörter. Immer, wenn etwas Neues erfunden wird, brauchen wir auch ein neues Wort dafür. Als man früher die Dinger erfand, die man sich unter die Schuhe schnallen und darauf rollen konnte, nannte man sie *Rollschuhe.* Als aus Amerika die moderneren Dinger zu uns kamen, die wir heute benutzen, nannte man sie *Inlineskates.* Neue Sachen, neue Ideen – neue Wörter!

Manche dieser Wörter übernehmen wir aus anderen Sprachen wie zum Beispiel *Skateboard.* Doch die meisten neuen Wörter bilden wir aus Wörtern, die wir in unserer Sprache schon haben, wie zum Beispiel *Rollkragen, Rollschuhbahn, Rolltreppe, Rollstuhl* usw. Wir nehmen Wörter, die schon da sind, und setzen daraus neue zusammen.

Du kannst dir sicherlich vorstellen, dass wir nicht endlos ganz neue Wörter erfinden können. Die könnten wir in unserem Gedächtnis gar nicht alle behalten. So bilden wir von Wörtern und Wortbausteinen, die in unserem Gedächtnis schon vorhanden sind, immer neue Wörter. Das belastet unser Gedächtnis nicht so sehr. Auf welch unterschiedliche Weise das geschieht, kannst du in der folgenden Übersicht zum Wortstamm *-spiel-* sehen:

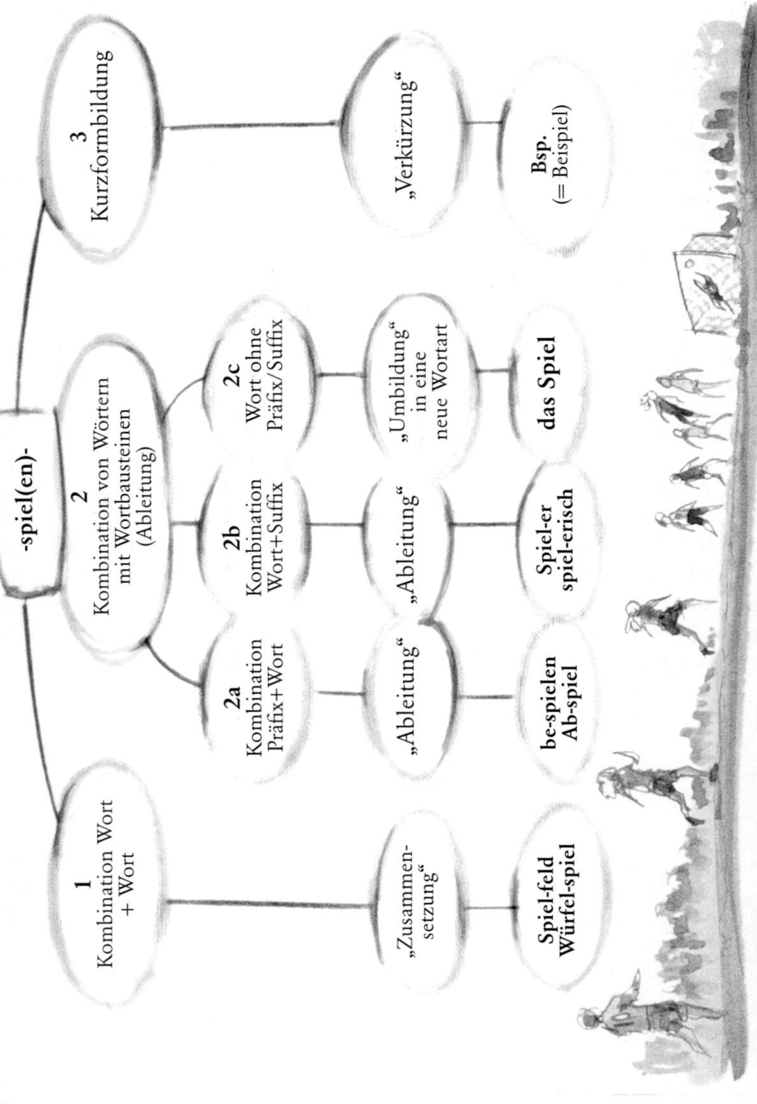

-spiel(en)-
1
Kombination Wort
+ Wort
2
Kombination von Wörtern
mit Wortbausteinen
(Ableitung)
3
Kurzformbildung
2a
Kombination
Präfix+Wort
2b
Kombination
Wort+Suffix
2c
Wort ohne
Präfix/Suffix
„Zusammen-
setzung“
„Ableitung“
„Ableitung“
„Umbildung“
in eine
neue Wortart
„Verkürzung“
Spiel-feld
Würfel-spiel
be-spielen
Ab-spiel
Spiel-er
spiel-erisch
das Spiel
Bsp.
(= Beispiel)

An dieser Übersicht ist zu erkennen, dass es fünf Möglichkeiten der Wortbildung gibt. Diese Möglichkeiten der Wortbildung wollen wir uns etwas genauer ansehen.

1. Kombination selbstständiger Wörter: Zusammensetzung (Komposition)

Zusammengesetzte Wörter bestehen aus zwei selbstständigen Wörtern oder Wortstämmen und bezeichnen einen bestimmten Gegenstand, Zustand oder Vorgang.

Schule	+	Tasche	→	Schultasche
hell	+	blau	→	hellblau
roll(en)	+	Stuhl	→	Rollstuhl

Welche Aufgabe haben nun die einzelnen Bestandteile zusammengesetzter Wörter?
Die Wörter, aus denen Zusammensetzungen gebildet worden sind, haben im zusammengesetzten Wort eine unterschiedliche Aufgabe. Die hängt davon ab, an welcher Stelle die Wörter in der Zusammensetzung stehen. Das kannst du dir klarmachen, wenn du z.B. einmal die zusammengesetzten Wörter vergleichst:

Topfblume und **Blumentopf.**

Beide haben etwas mit *Blume* und *Topf* zu tun. Das Spannende daran aber ist, dass die beiden zusammengesetzten Wörter etwas völlig Unterschiedliches bezeichnen:
Beim Wort *Topfblume* handelt es sich um eine Blume, beim Wort *Blumentopf* dagegen handelt es sich um einen Topf. Das heißt, dass der **zweite Teil** der Zusammensetzung die Hauptbedeutung des zusammengesetzten Wortes festlegt. Deshalb wird dieser Teil der Zusammensetzung auch **Grundwort** genannt.

Das Grundwort tut aber noch mehr. Es legt die **Wortart** der Zusammensetzung fest:
Wenn man aus dem Verb *rollen* und dem Nomen *Stuhl* ein neues Wort bildet wie *Rollstuhl,* so wird aus beiden zusammen ein Nomen, weil eben der zweite Teil ein Nomen ist.

Mit dem zweiten Teil wird aber auch das **Geschlecht** festgelegt. Sowohl *Topfblume* als auch *Blumentopf* sind Nomen. Da das Grundwort von *Topfblume Blume* ist, heißt es *die Topfblume;* und da das Grundwort von *Blumentopf Topf* ist, heißt das Ganze *der Blumentopf.*

Der **erste Teil** der Zusammensetzung hat eine ganz andere Aufgabe. Er gibt dir nämlich **genauere** Auskunft über unsere Blume und über unseren Topf.
Eine *Topfblume* ist eine Blume, die in einem Topf wächst. Sie ist also keine Wiesenblume, keine Waldblume und auch keine Gartenblume, die auf der Wiese, im Wald bzw. im Garten wächst. Ein *Blumentopf* dagegen ist ein Topf für Blumen, also kein Kaffeetopf, kein Wassertopf und schon gar nicht ein Nudeltopf! Daran kannst du ersehen, dass dieser erste Teil der Zusammensetzung auch wichtig ist für die Bedeutung des gesamten zusammengesetzten Wortes. Er **bestimmt** das Grundwort **näher.** Deshalb wird dieser Teil der Zusammensetzung auch **Bestimmungswort** genannt.

In der folgenden Übersicht findest du zusammenfassend noch einmal die eben beschriebenen Aufgaben von Grund- und Bestimmungswort.

TOPF Bestimmungswort	BLUME Grundwort
↑ nähere Bestimmung des Grundwortes, Festlegung der genauen Bedeutung des Grundwortes ↓	↑ Festlegung der Grundbedeutung der Zusammensetzung Festlegung der Wortart der Zusammensetzung (→ Groß- und Kleinschreibung der Zusammensetzung!) Festlegung des grammatischen Geschlechts der Zusammensetzung, wenn das Grundwort ein Nomen ist ↓
Bestimmungswort BLUMEN	Grundwort TOPF

Es gibt weitere Beispiele für Zusammensetzungen, in denen dasselbe Wort sowohl Grund- als auch Bestimmungswort sein kann und an denen du die verschiedenen Aufgaben der beiden Teile von Zusammensetzungen erklären kannst:

Hausreihe	–	Reihenhaus
Schafwolle	–	Wollschaf
Zimmerecke	–	Eckzimmer
Reisezug	–	Zugreise
Hochhaus	–	haushoch

Bestimmt kennst du noch weitere Beispiele dafür.

In den verschiedenen Zusammensetzungen mit dem Grundwort **Spiel** kannst du sehen, auf wie unterschiedliche Weise das hinzutretende Bestimmungswort die Bedeutung des Grundwortes näher bestimmen kann:

spiel	
Brett	= Spiel auf/mit Brett
Ball	= Spiel mit einem Ball
Pausen	= Spiel während einer Pause
Abschluss	= Spiel zum Abschluss eines Turniers
Gelände	= Spiel im Gelände
hör(en)	= Spiel/Stück zum Hören
Rollen	= Spiel in Rollen
Kinder	= Spiel für Kinder
Flöten	= Spiel auf/mit einer Flöte
Theater	= Spiel im Theater/für das Theaterspiel
Heim	= Spiel, das auf eigenem Platz stattfindet
versteck(en)	= Spiel, bei dem man sich versteckt

Wenn du genau feststellen willst, wie das Bestimmungswort das Grundwort näher bestimmt, kannst du das zusammengesetzte Wort näher umschreiben:

Ein *Tischtuch* ist ein Tuch, das man *auf* den Tisch legt.
Ein *Halstuch* ist ein Tuch, das man *um* den Hals bindet.
Ein *Taschentuch* ist ein Tuch, das man *in* die Tasche steckt.
Ein *Handtuch* ist ein Tuch, *mit* dem man sich die Hände abtrocknet.

Ein *Pflaumenkuchen* ist ein Kuchen, auf dem Pflaumen liegen.
Ein *Eierkuchen* ist ein Gebäck, das vor allem aus Eiern besteht.
Ein *Geburtstagskuchen* ist ein Kuchen, den man zum Geburtstag isst.
Und *Hundekuchen* ist ein Gebäck, das man für Hunde herstellt.

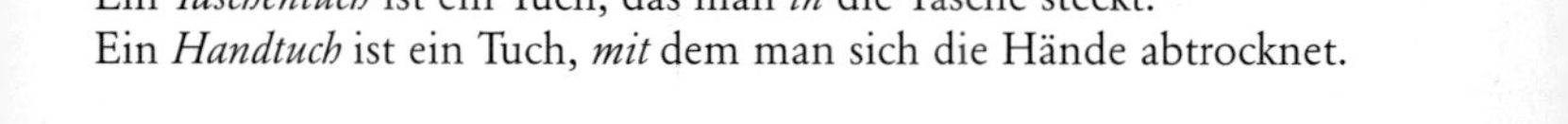

Wozu brauchen wir Zusammensetzungen?
Du kennst sicherlich eine Menge Zusammensetzungen, die nicht nur aus zwei, sondern aus drei, vier und manchmal noch mehr Wörtern bestehen. Was hältst du von dieser „Wortschlange“?

Donaudampfschifffahrtsgesellschaftskapitän

Das ist eines der bekanntesten langen Wörter. Du hast aber Recht, wenn du meinst, dass solche Zusammensetzungen in unserem Leben kaum vorkommen. Doch eins kannst du daran gut erkennen: Ein zusammengesetztes Wort kann den Inhalt ganzer Sätze zusammenfassen. Unsere „Wortschlange“ gibt z.B. Folgendes wieder:

Da gibt es ein Schiff, und zwar ein Dampfschiff. Dieses Dampfschiff befährt die Donau, und es gehört einer Gesellschaft, nämlich einer Schifffahrtsgesellschaft. Und da diese Gesellschaft ihre Schiffe auf der Donau fahren lässt, nennt sie sich „Donaudampfschifffahrtsgesellschaft“. Ein solches Dampfschiff leitet nun der Kapitän. Der ist natürlich das Wichtigste an dem Ganzen. Deswegen steht er auch am Ende dieses langen Wortes; denn er ist der Donaudampfschifffahrtsgesellschaftskapitän.

Stell dir vor, wir hätten keine zusammengesetzten Wörter. Nicht auszudenken! Denn wenn wir jedes Mal ganze Geschichten erzählen müssten, um eine Sache näher zu bezeichnen, wäre das doch sehr umständlich. Da ist es schon sehr praktisch, dass wir das mit einem einzigen Wort können.

Die „Grenze“ zwischen zwei Wörtern

Schwein/e/braten – Schwein/s/braten

Wenn du dir diese beiden zusammengesetzten Wörter anschaust, kannst du feststellen, dass sich zwischen Grund- und Bestimmungswort ein Buchstabe eingeschlichen hat: ein *-e-* oder ein *-s-* . Manche zusammengesetzten Wörter kommen ohne solche zusätzlichen Buchstaben aus. Grund- und Bestimmungswort sind unmittelbar miteinander verbunden:

Blei/stift, Schul/hof, Haus/aufgabe, Grund/schule, Haupt/schule, Lehrer/zimmer.

In anderen Zusammensetzungen taucht aber zwischen dem Grund- und dem Bestimmungswort noch ein Buchstabe auf:

Klasse/n/arbeit, Übung/s/diktat, Hund/e/kuchen.

Diese Buchstaben werden **Fugenelemente** genannt. Häufig erleichtert ein solches Fugenelement das Aussprechen des zusammengesetzten Wortes. Es gibt auch eine Art „Grenze“ zwischen den beiden Wörtern an. Wenn du die folgenden Wörter zusammensetzt, musst du eines der Fugenelemente einfügen:

Torte	s	Stück
Ansicht		Karte
Hund	n	Gebell
Nase		Ring
Geburtstag	e	Geschenk
Tag		Buch

Welche Wörter können zusammengesetzt werden?
Zusammensetzungen können aus Wörtern verschiedener Wortarten gebildet werden. An das Nomen *Spiel* als Grundwort z.B. können Wörter aus verschiedenen Wortarten als Bestimmungswort treten.

Nomen:	Würfel		= Würfelspiel
Verb:	hör(en)		= Hörspiel
Adjektiv	steil	+ SPIEL	= Steilspiel
Präposition	zwischen		= Zwischenspiel
Adverb	hin		= Hinspiel

Die folgende Übersicht zeigt dir weitere Zusammensetzungsmöglichkeiten von Wörtern aus verschiedenen Wortarten:

Bestimmungswort	**Grundwort**			
	Nomen	Verb	Adjektiv	Adverb
Nomen +	Holz-haus	kopf-rechnen	schul-frei	
Verb +	Lern-spiel	sitzen-bleiben	lern-fähig	
Adjektiv +	Weit-sprung	hoch-rappeln	dunkel-grün	
Adverb +	Voraus-schau	fort-gehen	bald-möglichst	nach-her
Pronomen +	Ich-form		selbst-süchtig	
Präposition +	Für-wort	unter-fordern	über-glücklich	vor-gestern

Du siehst an dieser Tabelle: Man kann Nomen + Nomen zusammensetzen: *Holz-haus.* Du kannst aber auch Nomen + Verb zusammensetzen: *kopf-rechnen* oder Nomen + Adjektiv: *schul-frei.* Und so lassen sich Wörter verschiedener Wortarten kombinieren. Zu welcher Wortart dabei ein Wort gehört, ist immer vom zweiten Teil abhängig, dem Grundwort.

Tipp zum richtigen Schreiben von zusammengesetzten Wörtern
Beim Schreiben zusammengesetzter Wörter passiert es immer wieder, dass man einen Buchstaben vergisst. Viele Kinder schreiben *Fahrad* nur mit einem *r*, weil man ja nur eines hört. Du kannst dir das Schreiben zusammengesetzter Wörter erleichtern, wenn du sie wieder in ihre Einzelwörter zerlegst.

das Hausschild	das Haus / das Schild
die Raststätte	die Rast / die Stätte
die Schifffahrt	das Schiff / die Fahrt
der Korbball	der Korb / der Ball
der Raddampfer	das Rad / der Dampfer
die Trickkiste	der Trick / die Kiste
die Stalllaterne	der Stall / die Laterne
das Betttuch	das Bett / das Tuch
das Pappplakat	die Papp(e) / das Plakat
der Rollladen	roll(en) / der Laden
das Fahrrad	fahr(en) / das Rad

2. Kombination von Wörtern mit Wortbausteinen (Ableitung)

Von bereits vorhandenen Wörtern bzw. Wortstämmen können durch das Anfügen von Wortbausteinen sehr viele andere Wörter gebildet werden. Man nennt diese Art der Wortbildung **Ableitung.**
Auf welche Weise das geschieht, kannst du in der Übersicht auf S. 438 zum Wort *lesen* sehen:

-les(en)-

an den Wortstamm wird vorn ein Wortbaustein angefügt (Präfix)

vor-lesen

an den Wortstamm wird hinten ein Wortbaustein angefügt (Suffix)

les-bar

an den Wortstamm wird weder vorn noch hinten ein Wortbaustein angefügt

das **Lesen**

an den Wortstamm werden vorn und hinten Wortbausteine angefügt

un-les-bar

2a Was können Suffixe (Nachsilben) in abgeleiteten Wörtern?

Wenn du ein vorhandenes Wort mit einem Suffix versiehst, kannst du damit Unterschiede in der Bedeutung zum Ausdruck bringen:
Bläulich ist eben nicht dasselbe wie *blau* und eine *Gärtnerei* ist etwas anderes als ein *Gärtner.*
Die dem Wortstamm angefügten Wortbausteine (Suffixe) können aber noch etwas anderes. Sie legen nämlich die Wortart der abgeleiteten Wörter fest und bestimmen damit, ob diese groß- oder kleingeschrieben werden.

rein	rein-lich	=	Adjektiv	→	Kleinschreibung
	Rein-heit	=	Nomen	→	Großschreibung
	rein-igen	=	Verb	→	Kleinschreibung

Die folgende Tabelle zeigt dir die am häufigsten gebrauchten Suffixe in unserer Sprache:

		Suffixe für Nomen			**Suffixe für Adjektive**
Gärtner	→	Gärtner-ei	brauchen	→	brauch-bar
kühl	→	Kühl-er	zagen	→	zag-haft
wahr	→	Wahr-heit	Dornen	→	dorn-ig
eitel	→	Eitel-keit	Mode	→	mod-isch
feige	→	Feig-ling	Sport	→	sport-lich
zeugen	→	Zeug-nis	Furcht	→	furcht-los
heilen	→	Heil-ung	Mühe	→	müh-sam
Mann	→	Mann-schaft			
Kind	→	Kind-chen			
reich	→	Reich-tum			

2b Was können Präfixe (Vorsilben) in abgeleiteten Wörtern?

Mit verschiedenen Wortbausteinen, die dem Wortstamm vorangestellt werden (Präfixe), kannst du die Bedeutung des Wortes in folgender Weise verändern:

auf-schreiben ab-schreiben ver-schreiben

schreiben

be-schreiben um-schreiben unter-schreiben

Manchmal kann ein und dasselbe Präfix in verschiedenen Wörtern die Bedeutung des jeweiligen Stammwortes ganz unterschiedlich verändern.

Un-

- schuld = keine Schuld
- wetter = schlimmes Wetter
- menge = besonders große Menge
- tier = sehr gefährliches Tier
- kraut = nicht zu verwertendes Kraut
- tiefe = sehr große Tiefe, aber auch flache Stelle

Aus der folgenden Tabelle kannst du entnehmen, welche Präfixe in der deutschen Sprache am häufigsten vorkommen:

Präfixe		
Nomen	Adjektive	Verben
Miss-wirtschaft Un-sinn Ex-präsident	miss-mutig ur-alt un-sicher	ab-rechnen, an-laufen, auf-geben, be-lügen, ent-kommen, er-zählen, miss-trauen, mit-denken, über-reichen, um-fahren, ver-sagen, zer-beißen

Präfixe und Suffixe an einem Wort

Häufig verwendest du Wörter, bei denen sowohl ein Präfix als auch ein Suffix an den Wortstamm angefügt sind: *die Er-mahn-ung, be-spiel-bar, un-sport-lich, er-find-erisch.*

Mitunter sind auch mehrere Präfixe bzw. Suffixe an der Ableitung beteiligt: *die Un-ver-schämt-heit, die Ent-schuld-ig-ung, die Un-freund-lich-keit.*

2c Wie funktioniert die Ableitung ohne Suffixe und Präfixe?

Es gibt in unserer Sprache auch abgeleitete Wörter, die ohne das Anfügen von Suffixen und Präfixen gebildet worden sind. Solche Wörter sind natürlich schwerer als Ableitung zu erkennen – und machen besonders in der Rechtschreibung Schwierigkeiten!

schreien	→	der Schrei
schauen	→	die Schau
spitz	→	der Spitz
blau	→	das Blau
kochen	→	der Koch
lächeln	→	das Lächeln
schreiben	→	das Schreiben
vier	→	die Vier

Manchmal erfolgt bei dieser „inneren“ Ableitung eine Veränderung des Stammvokals.

trinken	→	der Trank, der Trunk
greifen	→	der Griff
schießen	→	der Schuss
brechen	→	der Bruch
schließen	→	das Schloss
fressen	→	der Fraß

Tipps zum richtigen Schreiben von abgeleiteten Wörtern
Das richtige Schreiben von abgeleiteten Wörtern kannst du dir erleichtern, wenn du sie in die einzelnen Wortbausteine (Präfix – Stamm – Suffix) zerlegst. Das ist deshalb hilfreich, weil die Präfixe, Suffixe und die meisten Stammwörter in allen Wörtern, in denen sie vorkommen, immer gleich geschrieben werden.

erreichen	→	er **reich** en
zerreiben	→	zer **reib** en
abbrechen	→	ab **brech** en
Erfrischung	→	Er **frisch** ung
Missverständnis	→	Miss ver **ständ** nis
Freundinnen	→	**Freund** in nen
gefühllos	→	ge **fühl** los
enttäuscht	→	ent **täuscht**
verrückt	→	ver **rückt**

Schwierigkeiten kann es beim Schreiben von Adjektiven geben, die mit den Suffixen *-ig* bzw. *-lich* abgeleitet worden sind, weil sie im Auslaut gleich gesprochen werden *[-ich]*. Hier kannst du dir helfen, indem du die abgeleiteten Adjektive einfach verlängerst. Dann kannst du die Suffixe so schreiben, wie du sie sprichst. (Siehe aber auch unter „Rechtschreibung“ auf Seite 392 uns 393!)

freudig	→ ein freudiges Ereignis	freundlich	→ ein freundliches Kind
giftig	→ giftige Stoffe	schrecklich	→ schreckliche Ereignisse
mutig	→ mutige Mädchen	glücklich	→ ein glücklicher Treffer
listig	→ der listige Fuchs	ängstlich	→ ängstliche Kinder
lässig	→ lässiges Verhalten	niedlich	→ eine niedliche Katze
putzig	→ putzige Bären	herbstlich	→ ein herbstlicher Tag

3. Warum werden Wörter durch Kürzung gebildet?

Du würdest es doch schon sehr merkwürdig finden, wenn jemand sagte: Gestern habe ich mir das Fußballspiel unserer Nationalmannschaft in der „Arbeitsgemeinschaft der öffentlich rechtlichen Rundfunkanstalten der Bundesrepublik Deutschland“ angesehen. Da ist es doch wirklich einfacher, diese umständlich klingende Wortgruppe auf das Wort ARD zu verkürzen.

Das Beispiel zeigt dir, dass durch Kürzung von bereits vorhandenen Wörtern ziemlich selbstständige Wörter entstehen können. Sie dienen vor allem der schnelleren Verständigung im alltäglichen Sprachgebrauch. Natürlich haben die Kurzwörter keine andere Bedeutung als die ungekürzten.

Intercityexpresszug	→	ICE
Tachometer	→	Tacho
Kindertagesstätte	→	Kita

Bei der Kürzung von Wörtern können unterschiedliche Teile dieser Wörter „übrig bleiben“:

Kurzwörter und Silbenwörter

Der „Kopf“ des Wortes bleibt übrig	Der „Schwanz“ des Wortes bleibt übrig	„Kopf und „Schwanz“ des Wortes bleiben übrig
Mathematik → Mathe Kilogramm → Kilo Fotografie → Foto	Fahrrad → Rad Omnibus → Bus Eisenbahn → Bahn	Orangensaft → O-Saft Elektrizitätswerk → E-Werk Tankstellenwart → Tankwart
KOPFWÖRTER	SCHWANZWÖRTER	KLAMMERWÖRTER

Von den ursprünglichen Wörtern können aber auch die Anfangssilben oder mehrere Anfangsbuchstaben übrig bleiben. Sie werden dann beim Sprechen zusammengezogen.

Kriminalpolizei	→	Kripo	Transformator	→	Trafo
Schutzkontakt	→	Schuko	Motorpedalfahrzeug	→	Moped

Buchstabenwörter
Von den Wörtern bleiben manchmal nur noch die Anfangsbuchstaben übrig. Die Buchstabenwörter unterscheiden sich darin, ob sie buchstabiert oder gebunden gesprochen werden.

Buchstabiert gesprochene Abkürzungen

Sportverein	→	SV
Volkswagen	→	VW
Lastkraftwagen	→	Lkw *auch* LKW
Ultrakurzwelle	→	UKW
Sozialdemokratische Partei Deutschlands	→	SPD
United States of America	→	USA
Bundesrepublik Deutschland	→	BRD

Zusammenhängend gesprochene Abkürzungen

Unbekanntes Flugobjekt	→	Ufo
Technischer Überwachungsverein	→	TÜV
Auszubildender	→	Azubi

Tipp zum richtigen Schreiben von gekürzten Wörtern
Beim Schreiben von Kurz-, Silben- und Buchstabenwörtern musst du darauf achten, dass sie **nicht** mit einem Punkt geschrieben werden:
Ufo – Lkw – USA .
Die meisten wirklichen Abkürzungen werden dagegen mit einem Punkt geschrieben:
usw. (und so weiter) – z.B. (zum Beispiel) – Dr. (Doktor).

VI. Wortfelder

Was ist ein Wortfeld?

Wenn du die Farbe der Haare eines Menschen möglichst genau beschreiben möchtest, so steht dir eine ganze Reihe von Wörtern zur Verfügung:

Wortfeld „Haarfarben":
blond, braun, bräunlich, dunkelblond, dunkelbraun, grau, hellblond, hellbraun, rot, rötlich, rotblond, rotbraun, schwarz, semmelblond, kastanienbraun …

Solche Wörter, mit denen man etwas Ähnliches bezeichnen kann, gehören zu einem Wortfeld. Alle diese Wörter gehören auch meistens zu ein und derselben Wortart.

Natürlich können auch noch weitere Adjektive in dieses Wortfeld eingeordnet werden. Vielleicht hat ja jemand seine Haare lila oder pink gefärbt. Dann gehören auch diese Wörter zu dem Wortfeld der Haarfarben.

Du kannst aber auch alle Farbwörter, die es überhaupt gibt, zu einem großen Wortfeld der Farbwörter zusammenfassen. Ein solches Wortfeld ist dann sehr umfangreich. Ja, es können immer wieder auch neue und zusammengesetzte Farbwörter gebildet werden, die man dann in dieses Wortfeld einordnen kann. Und du findest sicher noch mehr Farbadjektive, die zu diesem Wortfeld gehören.

Wortfeld „Farben":
auberginenfarbig, beige, blau, bläulich, blond, braun, bräunlich, dunkelblau, gelb, golden, goldgelb, grün, grünlich, himmelblau, lila, ocker, orange, rostrot, rot, rötlich, rubinrot, schwarz, schwarzgrau, violett, weiß, weißlich …

Was kannst du durch die Wortfeldarbeit lernen?

Wenn ihr im Deutschunterricht ein Wortfeld zusammenstellt, dann lernt ihr dabei vielleicht einige Wörter kennen, die euch noch ziemlich unbekannt sind oder die ihr ganz selten gebraucht. Das könnte dir so ergangen sein, als du das Farbwort *auberginenfarbig* gelesen hast. Einige Kinder in der Klasse oder deine Lehrerin oder dein Lehrer kennen immer das eine oder andere Wort, das du noch nicht gehört hast. Du lernst also an der Wortfeldarbeit vor allem neue Wörter kennen, die bislang noch nicht selbstverständlich zu deinem Wortschatz gehören. Durch die regelmäßige Arbeit mit Wortfeldern kannst du deinen Wortschatz erweitern. Je mehr Wörter man weiß, umso genauer und anschaulicher kann man sprechen und schreiben!

An der Wortfeldarbeit lernst du natürlich auch, was die neuen Wörter bedeuten: Dass zum Beispiel *auberginenfarbig* eine Art lila-schwarz ist – so wie eine Aubergine aussieht. Und du lernst vielleicht ein solches Wort auch manchmal zu gebrauchen, wenn du die besondere Farbe einer Hose oder eines T-Shirts genau beschreiben willst. Die Wortfeldarbeit erweitert also deinen Wortschatz, indem sie dir Wörter zur Verfügung stellt, die du vor allem beim Schreiben verwenden kannst und mit denen du etwas genauer und treffend ausdrücken kannst.

Die Arbeit an einem Wortfeld kann dir aber auch die Augen öffnen für die feinen Unterschiede, die es zwischen den Bedeutungen einzelner Wörter gibt. So erfährst du zum Beispiel, dass *rötlich* nicht dasselbe ist wie *rot*. Alle Farbwörter mit der Endung *-lich* sagen, dass diese Farbe nicht ganz klar oder rein ist; *rötlich* ist eben nur so ähnlich wie rot, ist nicht ganz rot. Vielleicht hast du das auch schon vorher gewusst. Aber jetzt steht es dir deutlicher vor Augen.

Bei der Arbeit mit Wortfeldern können dir die Unterschiede zwischen Wörtern, die etwas Ähnliches bedeuten, klar werden. An den Schaubildern über die Wortfelder *sprechen* und *gehen* kannst du erkennen, wie man die Wörter eines Wortfeldes gliedern kann. Auf diese Weise kann dir also die Wortfeldarbeit helfen, die Bedeutung von Wörtern klarer zu erkennen.

laut
rufen
brüllen
schreien
prahlen

böse
murren
knurren
brummen
schimpfen

schnell
sprudeln
babbeln
plappern
quasseln

auf Fragen
antworten
erwidern
entgegnen
einwenden

allgemein
sagen
reden
sprechen

leise
flüstern
wispern
tuscheln

undeutlich
lallen
stottern
lispeln
stammeln

traurig
stöhnen
ächzen
jammern

zwanglos, nebenbei
plaudern
labern
klatschen
sich unterhalten
meinen

in bestimmter Absicht
erklären
erzählen
berichten
beschreiben
erläutern

gehen

langsam
schleichen
schreiten
latschen
staksen

ohne Ziel
bummeln
schlendern
spazieren
trödeln, trotteln

durch etwas Weiches
waten
stapfen

behindert
hinken
humpeln
stolpern

auf einem Bein
hüpfen
springen

ohne Ziel
eilen, flitzen
sprinten, jagen
joggen, rennen
sausen, rasen

aufgeregt
hasten
hetzen

von etwas fort
fliehen
flüchten

mit lauten Schritten
marschieren
stampfen
schlurfen

allgemein
gehen
laufen

Wozu kannst du die Wörter eines Wortfeldes praktisch gebrauchen?

Beim Schreiben solltest du dasselbe Wort nicht ständig wiederholen, weil das deine Leser langweilen könnte. Dann ist es gut, wenn du für die Beschreibung einer Sache verschiedene Wörter zur Verfügung hast. Dadurch kannst du abwechslungsreicher schreiben und das, was du wirklich meinst, genauer ausdrücken. Das merkst du, wenn du die folgenden beiden Textfassungen einmal vergleichst:

A Am Morgen <u>gingen</u> wir los. Es war noch ziemlich dunkel und wir konnten den Weg kaum <u>sehen</u>. Wir <u>gingen</u> durch die Wiesen. Plötzlich <u>sahen</u> wir viele kleine Buckel. Das waren Schafe. Dann <u>gingen</u> wir zu einem Wassergraben, den wir fast nicht <u>gesehen</u> hätten. Wir <u>gingen</u> hindurch. Dann <u>gingen</u> wir die Düne hinauf und <u>sahen</u> das Meer. Auf der anderen Seite der Düne <u>gingen</u> wir wieder hinunter. Eine ganze Stunde <u>gingen</u> wir am Strand entlang …

B Am Morgen <u>wanderten</u> wir los. Es war noch ziemlich dunkel und wir konnten den Weg kaum <u>erkennen</u>. Wir <u>gingen</u> durch die Wiesen. Plötzlich <u>bemerkten</u> wir viele kleine Buckel. Das waren Schafe. Dann <u>kamen</u> wir zu einem Wassergraben, den wir fast nicht <u>gesehen</u> hätten. Wir <u>wateten</u> hindurch. Dann <u>kletterten</u> wir die Düne hinauf und <u>sahen</u> das Meer. Auf der anderen Seite der Düne <u>liefen</u> wir wieder hinunter. Eine ganze Stunde <u>spazierten</u> wir am Strand entlang …

An diesem Vergleich kannst du gut erkennen, dass im zweiten Text die Wörter *gehen* und *sehen* viel seltener verwendet wurden. Die Schreiberin hat hier abwechslungsreicher und auch etwas genauer gesagt, worauf es ihr ankam. Sie hat also verschiedene Wörter aus den Wortfeldern *gehen* und *sehen* verwendet – und nicht immer ein und dasselbe Wort. Und ein solcher abwechslungsreicher Text gefällt uns auch beim Lesen besser.

Einzelne Wortfelder

Auf den folgenden Seiten findest du einige Wortfelder, die für die Auswahl von Wörtern für deine Texte besonders wichtig sind. Diese Wortfelder sind aber alle nicht ganz vollständig, und du wirst zu jedem Wortfeld sicher noch weitere Wörter finden, die du hinzufügen kannst. Manche Wortfelder enthalten gegensätzliche Wörter wie *langsam/schnell.* Hier könntest du auch zwei Wortfelder bilden, indem du die Wörter den verschiedenen Überschriften zuordnest.

gut:
ausgezeichnet, cool, geil, großartig, herrlich, hervorragend, ideal, klasse, prachtvoll, sehr gut, spitze, super, toll, vortrefflich, vorzüglich, wunderbar …

schlecht:
billig, entsetzlich, furchtbar, fürchterlich, grässlich, grauenhaft, grauenvoll, mangelhaft, mies, miserabel, minderwertig, schlecht, schrecklich …

langsam, schnell:
bedächtig, behände, blitzschnell, eilig, flink, gemächlich, gemütlich, geruhsam, geschwind, hastig, langsam, rasch, sacht, schleunigst, schnell, schwerfällig, wie der Blitz, wie im Flug, zügig …

dick, dünn:
dick, drall, dünn, dürr, fett, korpulent, kräftig, massig, mollig, pummelig, rundlich, schlank, schmächtig, schmal, stark, untersetzt, vollschlank, wie eine Bohnenstange …

schwer, leicht:
einfach, erträglich, federleicht, gewichtig, kompliziert, leicht, mühelos, mühevoll, schwerelos, schwer, schwierig, unerträglich, unkompliziert, untragbar …

schwach, stark:
baumstark, bullig, derb, erschöpft, gebrechlich, kräftig, kraftvoll, matt, schwach, schwächlich, stämmig, stark, superstark, vierschrötig, weichlich, zart, zimperlich …

(körperlich) groß, klein:
gewaltig, groß, hoch, klein, klitzeklein, kümmerlich, lang, mächtig, riesengroß, riesig, schmal, stark, umfangreich, winzig, wuchtig …

klug:
aufgeweckt, ausgekocht, begabt, clever, durchtrieben, ehrgeizig, findig, geistreich, gerissen, gescheit, gewitzt, helle, intelligent, klug, listig, mit allen Wassern gewaschen, pfiffig, raffiniert, schlau, superschlau, verschlagen, weise …

dumm:
albern, beknackt, beschränkt, blöd, dämlich, doof, dumm, dusselig, einfältig, kindisch, naiv, närrisch, töricht, unbegabt, unklug, unvernünftig …

laut, leise:
gedämpft, geräuschvoll, krachend, lärmend, laut, lautstark, leise, sanft, still, tobend, totenstill, unüberhörbar …

mutig, ängstlich:
ängstlich, angstvoll, bange, draufgängerisch, entschlossen, feige, furchtsam, kühn, mutig, scheu, schreckhaft, schüchtern, tapfer, todesmutig, tollkühn, verängstigt, verkrampft, verwegen …

komisch:
eigenartig, eigentümlich, komisch, lächerlich, lachhaft, lustig, merkwürdig, seltsam, sonderbar, ulkig, unerklärbar, verrückt, witzig …

fröhlich, traurig:
ausgelassen, betrübt, froh, fröhlich, gut aufgelegt sein, lustig, mies, nicht gut drauf sein, schlecht gelaunt, schlechter Stimmung sein, selig, todtraurig, traurig, übermütig, wehmütig, weinerlich …

eigenwillig:
autoritär, bestimmt, dickköpfig, durchsetzungsfähig, egoistisch, eigensinnig, eigenwillig, halsstarrig, rechthaberisch, selbstbewusst, selbstsicher, starrköpfig, starrsinnig, störrisch, stur, trotzig, uneinsichtig, unnachgiebig, verstockt, widerspenstig …

essen, trinken:
essen, fressen, futtern, knabbern, kosten, mampfen, nippen, saufen, schmausen, schnabulieren, sich einverleiben, sich reinziehen, spachteln, speisen, trinken, vertilgen, verzehren …

ablehnen, zustimmen:
ablehnen, abschlagen, ausschlagen, befürworten, bejahen, bekräftigen, einverstanden sein, untersagen, unterstützen, verneinen, verweigern, zurückweisen, zustimmen …

gehen:
bummeln, eilen, fliehen, flitzen, flüchten, gehen, hasten, hinken, humpeln, hüpfen, jagen, joggen, kommen, latschen, laufen, marschieren, rasen, rennen, schleichen, schlendern, schlurfen, schreiten, spazieren, springen, sprinten, staksen, stapfen, stiefeln, stolpern, stolzieren, tippeln, torkeln, trödeln, trotten, wandern, waten, watscheln, wetzen …

sehen:
angucken, anschauen, bemerken, beobachten, besichtigen, betrachten, blicken, blinzeln, entdecken, erblicken, gaffen, glotzen, glupschen, gucken, hinsehen, linsen, luchsen, lugen, mustern, schauen, schielen, sehen, spähen, starren, stieren, wegsehen, zuschauen …

sprechen:
ächzen, antworten, äußern, babbeln, bemerken, berichten, beschreiben, brüllen, einwenden, entgegnen, erklären, erläutern, erwähnen, erwidern, erzählen, flüstern, fragen, jammern, klagen, klatschen, knurren, labern, lallen, lispeln, meinen, murren, petzen, plappern, plaudern, prahlen, quasseln, quatschen, reden, rufen, sagen, schimpfen, schreien, sprechen, sprudeln, stammeln, stöhnen, stottern, sich unterhalten, wispern …

lügen:
abstreiten, aufschneiden, ausschmücken, belügen, beschwindeln, betrügen, bluffen, drumherum reden, erdichten, erfinden, faseln, flunkern, hintergehen, irreführen, verkohlen, lügen, prahlen, schwindeln, spinnen, täuschen, übertreiben, verdrehen …

schimpfen:
anmeckern, ausschimpfen, beklagen, keifen, meckern, motzen, rügen, schelten, schimpfen, tadeln, verletzen, wettern, zanken, zetern …

schreiben:
abschreiben, anschreiben, aufschreiben, eintragen, festhalten, formulieren, kritzeln, notieren, schmieren, schreiben, tippen …

spotten:
auslachen, bespötteln, foppen, hänseln, herabsetzen, höhnen, verächtlich machen, veräppeln, verlachen, verspotten …

lachen, weinen:
brüllen, flennen, grinsen, heulen, jammern, jauchzen, jaulen, jubeln, juchzen, kichern, klagen, kreischen, lächeln, lachen, losplatzen, plärren, scherzen, schluchzen, schmunzeln, schreien, sich kugeln, strahlen, weinen, wiehern, wimmern, winseln …

stehlen:
abstauben, entwenden, klauen, mausen, mopsen, rauben, stehlen, stibitzen …

streiten:
anbrüllen, aneinandergeraten, böse sein, sich in die Wolle kriegen, sich kabbeln, sich anlegen, sich auseinandersetzen, sich verfeinden, sich verkrachen, streiten, zanken, zürnen …

sich kleiden:
anhaben, sich anziehen, tragen, sich kleiden, gekleidet sein, sich umbinden, sich aufsetzen, sich überziehen …

Mut, Furcht:
Angst, Courage, Draufgängertum, Entschlossenheit, Feigheit, Furcht, Lampenfieber, Mut, Scheu, Tapferkeit, Tollkühnheit, Verwegenheit …

Geruch, Geschmack:
abgestanden, ätzend, beißend, bitter, brennend, duftend, faulig, frisch, gallebitter, herb, köstlich, muffig, pikant, salzig, sauer, scharf, stechend, süß, süßlich, süßsauer, unangenehm, versalzen, wohlriechend, würzig …

Lärm, Stille:
Getöse, Krach, Krawall, Radau, Ruhe, Spektakel, Totenstille, Tumult …

aber:
aber, allerdings, dagegen, dennoch, doch, freilich, gleichwohl, indessen, jedoch, trotzdem …

dann:
da, danach, dann, darauf, daraufhin, hierauf, im Anschluss daran, im nächsten Augenblick, jetzt, nachher, wenig später …

plötzlich:
auf einmal, aus heiterem Himmel, da, in diesem Augenblick, jetzt, nun, plötzlich, unversehens …

VII. Wortarten

Was ist eigentlich eine Wortart?

In einem Wörterbuch wie UNSER WORTSCHATZ stehen viele Tausende von Wörtern. Diese Wörter kann man bestimmten Wortarten zuordnen. Eine Wortart ist also eine Menge von Wörtern, die man unter einer bestimmten „Überschrift“ zusammenfassen kann. Man könnte es auch so sagen: Es gibt eine Art Wortarten-Schrank mit bestimmten Schubfächern; und auf diesen Schubfächern stehen die Namen von Wortarten. Willst du nun irgendein Wort in eines dieser Schubfächer hineintun, so musst du wissen, in welches es hineingehört – und woran du das erkennen kannst. Das ist nicht immer ganz einfach; aber es gibt bestimmte Hilfen, mit denen dir das gelingt. Solche Hilfen sind die Proben, die du mit einem Wort durchführen kannst. Diese Proben zeigen dir, was ein einzelnes Wort kann oder was es nicht kann.

Eine der einfachsten, aber wichtigsten Proben ist die Plural-Probe. Sie zeigt, dass es zwei große Gruppen von Wörtern in unserer Sprache gibt:

1. Wörter, von denen man einen **Plural** (Mehrzahl) bilden kann;
2. Wörter, die **keinen Plural** haben.

Der kleine Mops bellt – und zwar schon seit gestern.
Die kleinen Möpse bellen – und zwar schon seit gestern.

Seitdem bellt auch mein lieber Hund gern.
Seitdem bellen auch meine lieben Hunde gern.

An diesen Beispielsätzen kannst du gut erkennen: Es gibt Wörter, die du in den Plural setzen kannst (wie die unterstrichenen), und andere, bei denen das nicht geht:
Aus *der* wird *die*, aus *Mops* wird *Möpse*, aus *mein lieber* wird *mein-e liebe-n* usw.

Wörter wie *und, zwar, gestern, gern …* kann man aber nicht in der Mehrzahl verwenden; sie bleiben immer unveränderbar.
Wenn dich nun jemand fragt: „Worin besteht eigentlich der Unterschied zwischen *lieb* und *gern*?“ – dann kannst du antworten: „Von *lieb* kann man eine Mehrzahlform bilden *(der liebe Hund – die liebe-n Hunde),* von *gern* kann man das nicht.“ Und weil das so ist, muss man diese beiden Wörter, die eigentlich fast dasselbe bedeuten, in zwei verschiedene Schubfächer unseres Wortarten-Schrankes einordnen

Was kann ein Wort – was kann es nicht?

Das ist die wichtigste Frage, die man stellen muss, wenn man die Wortart eines Wortes erkennen will. Du hast ja schon gesehen:
Das Wörtchen *lieb* kann einen Plural bilden,
das Wörtchen *gern* kann das nicht.
Das Wort *lieb* kann man auch steigern, indem man sagt:
Ich habe Sascha *lieb-er* als Pitt.
Mit dem Wort *gern* kann ich einen solchen Satz nicht bilden.
Ich kann z.B. auch sagen: *das kaputte Fahrrad.*
Ich kann aber nicht sagen: *das entzweie Fahrrad.*
Du siehst: Auch die Wörter *kaputt* und *entzwei* gehören zu zwei verschiedenen Wortarten, weil das eine etwas kann, was das andere nicht kann.

So ist es mit vielen Wörtern, die etwas Ähnliches bedeuten oder die ähnlich aussehen – und die doch nicht dasselbe können. Mit dem Wort LACHEN kannst du z.B. ganz andere Sachen machen als mit dem Wort RACHEN, obwohl beide Wörter fast gleich aussehen.
Mit LACHEN kannst du beispielsweise die Vergangenheit (Präteritum) bilden: *lachte*. Mit RACHEN kannst du das nicht. Also gehören diese Wörter in zwei verschiedene Wortarten-Schubfächer.
Das Wort *viele* kannst du zusammen mit dem Artikel *die* verwenden:
die vielen Leute;
das Wort *manche* kannst du so nicht gebrauchen (denn du kannst nicht sagen: *die manchen Leute)*; also gehören *viele* und *manche* auch zu zwei verschiedenen Wortarten.

Welche Wortarten es nun überhaupt gibt und woran du erkennen kannst, in welches Wortarten-Schubfach man ein Wort einordnen kann, das soll dir auf den folgenden Seiten gezeigt werden.

In welche Wortarten kann man die Wörter einteilen?

In den meisten Grammatiken für die Schule werden heute acht Wortarten aufgeführt. Diese acht Wortarten gehören zwei großen Gruppen an:
(A) Wörter, die man beugen kann (von denen man z.B. einen Plural bilden kann);
(B) Wörter, die man nicht beugen kann (die z.B. keinen Plural bilden können).

(A) Wörter, die man flektieren (beugen) kann:
1. Verben (Zeitwörter, Tuwörter, Tätigkeitswörter): *lachen, rennen, schlafen*
2. Artikel (Begleiter, Geschlechtswörter): *der, die, das, ein, eine*
3. Nomen (Substantive, Hauptwörter, Namenwörter): *Katze, Löffel, Haus*
4. Pronomen (Fürwörter): *ich, mein, uns*
5. Adjektive (Wiewörter, Eigenschaftswörter): *lieb, böse, witzig*

(B) Wörter, die man nicht flektieren kann:
6. Adverbien (Umstandswörter): *hier, jetzt, so*
7. Konjunktionen (Bindewörter): *und, weil, als*
8. Präpositionen (Verhältniswörter): (vgl: S. 371) *auf, in, zu*

Die vielen Wörter, die du kennst, kannst du in diese acht Wortarten einteilen. Das ist bei manchen Wörtern auch ganz einfach. Dass *Hund* ein Nomen ist, *bellen* ein Verb und *bissig* ein Adjektiv, das hast du schon gelernt. Aber bei vielen Wörtern ist es sehr schwierig, sie richtig einzuordnen, z.B. bei *denn* und *dann* oder bei *viel, einige, selten* und *manchmal.* Da musst du nämlich wissen, wie man es macht, dass man ein bestimmtes Wort einer bestimmten Wortart zuordnet.

Und dabei können dir nur Proben helfen, nach denen du die Wörter auch ganz sicher in eine Wortart einordnen kannst. Diese Proben wollen wir dir vorstellen.
Die wichtigste Probe, die Plural-Probe, hast du vorn schon kennen gelernt. Mit ihr kann man zwei große Gruppen von Wortarten unterscheiden: die Wörter der wichtigsten Wortarten (die kannst du in den Plural setzen, sie sind also flektierbar): Verben, Artikel, Nomen, Pronomen, Adjektive; die kleinen Wörter (von denen kannst du keinen Plural bilden, sie sind nicht flektierbar): Adverbien, Konjunktionen, Präpositionen.

Um die einzelnen Wortarten nun aber genauer unterscheiden zu können benötigst du weitere Proben:

Verben
Sie können in der **Zeitform** und in der Personalform verändert werden:
lachen, ich lache, ich lachte, ich habe gelacht;
laufen, du läufst, du liefst, du bist gelaufen.

lachen *fahren*
loben *holen*

Artikel
Sie können **vor einem Nomen** stehen.
Sie bestimmen das Geschlecht des Nomens:
der Löffel, die Gabel, das Messer.

ein *die*
das *der*

Nomen/Substantive
Sie können in den **vier Fällen** stehen.
Sie können allein mit einem Artikel stehen:
der Mops – des Mopses – dem Mops – den Mops.

die Katze
der Baum
das Haus

Pronomen
Sie können den Plural bilden, können **ohne Artikel vor einem Nomen** oder an Stelle eines Nomens stehen:
unser Mops → er; unsere Möpse → sie.

ich *mein*
mancher *einige*

Adjektive

Sie können den Plural bilden.	*groß*	*kaputt*
Viele von ihnen kann man steigern.		
Man kann sie alle **zwischen Artikel und Nomen** einfügen:	*viel*	*vier*
der dicke Mops – die dicken Möpse.		

Adverbien

Sie können keinen Plural bilden.	*oft*	*hier*
Bei Umstellungen **verdrängen** sie das **Subjekt**:		
Der Mops bellt immerzu. – Immerzu bellt der Mops.	*dann*	*immer*

Konjunktionen

Sie können Wörter, Satzteile und	*und*	*weil*
Sätze **verbinden**.	*denn*	*aber*
Sie verdrängen niemals das Subjekt:	*dass*	*ob*
Der Mops bellt, denn er ist aufgeregt.		

Präpositionen

Nach ihnen stehen die Nomen im 2., 3. oder 4. Fall:	*an*	*in*
2. Fall: *Der Mops schlief trotz des Lärms.*	*über*	*unter*
3. Fall: *Der Mops sitzt auf dem Sessel.*	*durch*	*neben*
4. Fall: *Der Mops geht in die Küche.*	*trotz*	*wegen*

Die Verben (Zeitwörter)

Welche Aufgaben haben Verben?

Wörter wie *kommen, lesen, lachen, schlafen, blühen* sind Verben. Was kann man mit diesen Verben besonders aussagen? Wenn du sagst, *sie kommt, sie liest, sie lacht*, dann sagst du, dass jemand etwas tut. Wenn du sagst, *das Kind schläft, die Blume blüht*, dann sagst du, dass hier etwas geschieht.
Mit Verben kann man also aussagen, dass jemand etwas **tut**
oder dass etwas **geschieht** oder passiert.

Wie stehen die Verben im Wörterbuch?
In UNSER WORTSCHATZ findest du die Verben, die besonders auffällige Formen haben, folgendermaßen aufgeführt:

kommen: du kommst, er kam, er käme, ist gekommen, komm(e)!

An erster Stelle steht die **Grundform (Infinitiv):**
kommen.
Danach folgt die **Personalform** *du* (2. Person) im **Präsens:**
du kommst.
Es folgt die **Zeitform** des **Präteritums:**
er kam.
Dann die **Aussageform** des **Konjunktivs:**
er käme.
Danach steht die Form des **Partizips Perfekt:**
(er) ist gekommen.
Zum Schluss findest du die **Aufforderungsform (Imperativ):**
komm(e)!

Daran kannst du erkennen: Ein Verb kann viele Formen bilden.
In den folgenden Tabellen findest du eine Übersicht über die wichtigsten Formen.

Personalformen:
Im Singular (Einzahl):
1. Person: *ich komme, ich lache, ich esse, ich sehe*
2. Person: *du kommst, du lachst, du isst, du siehst*
3. Person: *er/sie/es kommt, lacht, isst, sieht*

Im Plural (Mehrzahl):
1. Person: *wir kommen, wir lachen, wir essen, wir sehen*
2. Person: *ihr kommt, ihr lacht, ihr esst, ihr seht*
3. Person: *sie kommen, sie lachen, sie essen, sie sehen*

Aussageformen:
Indikativ (Wirklichkeitsform):
er kommt, sie sieht, sie ist gekommen, sie hat gesehen
Konjunktiv (Möglichkeitsform):
er komme, sie sehe, er käme, sie sähe, sie wäre gekommen, sie hätte gesehen
Imperativ (Aufforderungsform): *komm! sieh! kommt! seht!*

Zeitformen:
Die Zeitformen sind die wichtigsten Formen, die die Verben bilden können. Mit ihnen wollen wir uns etwas ausführlicher befassen.
Von allen Verben kannst du eine Vergangenheitsform bilden:
lachen – ich lachte – ich habe gelacht;
gehen – ich ging – ich bin gegangen;
sagen – ich sagte – ich habe gesagt;
kommen – ich kam – ich bin gekommen.

Dieses Bilden von Zeitformen nennt man **konjugieren**.
Wenn du wissen möchtest, ob ein Wort ein Verb ist, so kannst du das mit der Zeitform-Probe am sichersten herausfinden. Versuche eine Vergangenheitsform zu bilden. Wenn sie mit einem Wort möglich ist, dann ist es ein Verb. Ein Wort wie WARTEN kannst du ins Präteritum setzen: *ich wartete*. Mit einem Wort wie GARTEN kannst du das nicht, denn du kannst nicht sagen: *ich gartete*.

Alle Wörter, von denen man eine **Vergangenheitsform** bilden kann (die man also konjugieren kann), sind **Verben**.

Die sechs Zeitformen:

Präsens	*ich lache, ich gehe*
Perfekt	*ich habe gelacht, ich bin gegangen*
Präteritum	*ich lachte, ich ging*
Plusquamperfekt	*ich hatte gelacht, ich war gegangen*
Futur I	*ich werde lachen, ich werde gehen*
Futur II	*ich werde gelacht haben, ich werde gegangen sein*

Regelmäßige und unregelmäßige Verben
Die meisten Verben bilden ihre Formen so:
hol-en, hol-te, ge-hol-t – leb-en, leb-te, ge-leb-t – lach-en, lach-te, ge-lach-t.
Der Infinitiv wird mit *-en* gebildet, das Präteritum mit *-t* und das Partizip I mit *ge-...-t.*
Hier wird an den Verbstamm *hol-, leb-* oder *lach-* einfach etwas angehängt. Solche Formen lassen sich leicht lernen, weil alles schön regelmäßig vor sich geht. Man nennt solche Verben **regelmäßige** Verben.

Eine große Gruppe von Verben bildet aber Formen, bei denen sich im Inneren der Verben etwas ändert:
lüg-en, log, ge-log-en – sing-en, sang, ge-sung-en.
Hier wird zwar auch manchmal etwas angehängt, doch außerdem ändert sich der Vokal im Inneren des Wortstammes. Solche Verben lassen sich viel schwerer lernen. Im Grunde muss man ihre Formen alle auswendig können, wenn man sie richtig gebrauchen will. Man nennt solche Verben **unregelmäßige** Verben.

Dies sind die wichtigsten unregelmäßigen Verben:

Indikativ			**Konjunktiv I**	**Konjunktiv II**
Infinitiv: ei	**Präteritum: i**	**Partizip II: i**	**Präsens:**	**Präteritum**
greifen	griff	gegriffen	er greife	er griffe
pfeifen	pfiff	gepfiffen	er pfeife	er pfiffe
kneifen	kniff	gekniffen	er kneife	er kniffe
schneiden	schnitt	geschnitten	er schneide	er schnitte
reiten	ritt	geritten	er reite	er ritte
streiten	stritt	gestritten	er streite	er stritte
beißen	biss	gebissen	er beiße	er bisse
schmeißen	schmiss	geschmissen	er schmeiße	er schmisse
scheißen	schiss	geschissen	er scheiße	er schisse
gleichen	glich	geglichen	er gleiche	er gliche
streichen	strich	gestrichen	er streiche	er striche
weichen	wich	gewichen	er weiche	er wiche

Indikativ Infinitiv: ei	Präteritum: ie	Partizip II: ie	Konjunktiv I Präsens:	Konjunktiv II Präteritum:
bleiben	blieb	geblieben	er bleibe	er bliebe
schreiben	schrieb	geschrieben	er schreibe	er schriebe
reiben	rieb	gerieben	er reibe	er riebe
schreien	schrie	geschrien	er schreie	er schrie
leihen	lieh	geliehen	er leihe	er liehe

Infinitiv: ü/ie	Präteritum: o	Partizip II: o		
biegen	bog	gebogen	er biege	er böge
fliegen	flog	geflogen	er fliege	er flöge
wiegen	wog	gewogen	er wiege	er wöge
lügen	log	gelogen	er lüge	er löge
betrügen	betrog	betrogen	er betrüge	er betröge
ziehen	zog	gezogen	er ziehe	er zöge
fließen	floss	geflossen	er fließe	er flösse
schießen	schoss	geschossen	er schieße	er schösse
schließen	schloss	geschlossen	er schließe	er schlösse
kriechen	kroch	gekrochen	er krieche	er kröche
riechen	roch	gerochen	er rieche	er röche
frieren	fror	gefroren	er friere	er fröre
verlieren	verlor	verloren	er verliere	er verlöre

Indikativ Infinitiv: i	Präteritum: a	Partizip II: u	Konjunktiv I Präsens:	Konjunktiv II Präteritum:
klingen	klang	geklungen	es klinge	es klänge
singen	sang	gesungen	er singe	er sänge
springen	sprang	gesprungen	er springe	er spränge
gelingen	gelang	gelungen	es gelinge	es gelänge
schwingen	schwang	geschwungen	er schwinge	er schwänge
zwingen	zwang	gezwungen	er zwinge	er zwänge
finden	fand	gefunden	er finde	er fände
schwinden	schwand	geschwunden	er schwinde	er schwände
winden	wand	gewunden	er winde	er wände
sinken	sank	gesunken	er sinke	er sänke
stinken	stank	gestunken	er stinke	er stänke
trinken	trank	getrunken	er trinke	er tränke

Infinitiv: e	Präteritum: a	Partizip II: e	Befehls- form: i	Konjunktiv I: e	Konjunktiv II: ä
geben	gab	gegeben	gib!	es gebe	es gäbe
lesen	las	gelesen	lies!	er lese	er läse
sehen	sah	gesehen	sieh!	er sehe	er sähe
essen	aß	gegessen	iss!	er esse	er äße
treten	trat	getreten	tritt!	er trete	er träte

Infinitiv: e	Präteritum: a	Partizip II: o	Befehls- form: i	Konjunktiv I: e	Konjunktiv II: ä
nehmen	nahm	genommen	nimm!	er nehme	er nähme
stehlen	stahl	gestohlen	stiehl!	er stehle	er stähle
empfehlen	empfahl	empfohlen	empfiehl!	er empfehle	er empfähle

Die Hilfsverben

Es gibt drei Verben, die uns **helfen**, bestimmte Zeitformen zu bilden. Man nennt sie daher **Hilfsverben**:

Das Hilfsverb *haben*: Es hilft bei bestimmten Verben, das **Perfekt** und das **Plusquamperfekt** zu bilden:

Ich habe gelacht – ich hatte gelacht.

Das Hilfsverb *sein*: Es hilft bei anderen Verben, ebenfalls das **Perfekt** und **Plusquamperfekt** zu bilden:

Ich bin gelaufen – ich war gelaufen.

Das Hilfsverb *werden*: Es hilft dabei, das **Futur I** zu bilden:

Ich werde lachen, ich werde laufen.

Für die Bildung des **Futur II** benötigen wir jeweils zwei Hilfsverben:

Ich werde gelacht haben, ich werde gelaufen sein.

Das sind die verschiedenen **Personalformen** der Hilfsverben:

	haben:	*sein:*	*werden:*
1. Person Singular:	*ich habe*	*ich bin*	*ich werde*
2. Person Singular:	*du hast*	*du bist*	*du wirst*
3. Person Singular:	*er hat*	*er ist*	*er wird*
1. Person Plural:	*wir haben*	*wir sind*	*wir werden*
2. Person Plural:	*ihr habt*	*ihr seid*	*ihr werdet*
3. Person Plural:	*sie haben*	*sie sind*	*sie werden*

Das sind die verschiedenen **Zeitformen** der Hilfsverben im **Indikativ**:

	haben:	*sein:*	*werden:*
Präsens	*ich habe Durst*	*ich bin durstig*	*ich werde Dichter*
Futur I	*ich werde Durst haben*	*ich werde durstig sein*	*ich werde Dichter werden*
Präteritum	*ich hatte Durst*	*ich war durstig*	*ich wurde Dichter*
Perfekt	*ich habe Durst gehabt*	*ich bin durstig gewesen*	*ich bin Dichter geworden*
Plusquamperfekt	*ich hatte Durst gehabt*	*ich war durstig gewesen*	*ich war Dichter geworden*

Das sind die verschiedenen **Zeitformen** der Hilfsverben im **Konjunktiv I**:

	haben:	*sein:*	*werden:*
Präsens:			
Er sagte,	*er habe Durst*	*er sei durstig*	*er werde ein Star*
Futur I:			
Er sagte,	*er werde Durst haben*	*er werde durstig sein*	*er werde ein Star werden*
Präteritum:			
Er sagte,	*er habe Durst gehabt*	*er sei durstig gewesen*	*er sei ein Star geworden*
Perfekt:			
Er sagte,	*er habe Durst gehabt*	*er sei durstig gewesen*	*er sei ein Star geworden*

Wie verwendet man die Zeitformen?

Diese sechs Zeitformen kannst du sehr vielfältig verwenden. Und weil das so ist, wollen wir dir hier einmal vorstellen, was du mit den einzelnen Zeitformen alles tun kannst.

Präsens:

Das Präsens verwendest du immer dann, wenn du etwas beschreibst, was dir in der **Gegenwart** vor Augen steht:
Die Katze sitzt vor dem Mauseloch und wartet gerade auf eine Maus. Ihr Schwanz steht steil in die Höhe. Sie lauert.

Das Präsens wählst du aber auch meistens dann, wenn du etwas über die **Zukunft** sagen willst:
Nächste Woche fahren wir nach Dänemark. Dort gehe ich dann mit meinem Vater zum Fischen. Meine Mutter kocht dann die Fische. Die selbst geangelten schmecken bestimmt besonders gut!

Manchmal kannst du auch das Präsens verwenden, wenn du etwas **Spannendes** über die **Vergangenheit** ausdrücken möchtest:
Wir gingen durch die Stadt und sahen uns die Geschäfte an. Auf einmal läuft uns meine Freundin über den Weg …

Und dann gebrauchen wir das Präsens immer dann, wenn wir etwas sagen wollen, was **immer** oder meistens so ist, nicht nur jetzt oder später, sondern zu allen Zeiten:
Nach dem Regen kommt Sonnenschein. Morgen, morgen, nur nicht heute – sagen alle faulen Leute.

Perfekt:
Das Perfekt gebrauchst du meistens dann, wenn du über **Vergangenes** etwas **mündlich** in der **Ich-Form** erzählst:
Gestern bin ich in die Stadt gefahren. Da habe ich Verena getroffen. Sie hat sich gerade ein Schaufenster angeschaut. Da gingen wir dann zusammen in das Kaufhaus und haben uns etwas Schönes gekauft.

Präteritum:
Wenn du einen solchen Text über **Vergangenes** aber in der **Er- oder Sie-Form schreibst**, dann gebrauchst du eher das Präteritum:
Gestern fuhr Jonas mit seinem Vater in die Stadt. Da hat er seine Freundin Verena getroffen. Sie schaute sich gerade ein Schaufenster an. Da gingen die beiden dann zusammen in das Kaufhaus und kauften sich etwas Schönes.

Du siehst aber: Auch wenn du etwas über die Vergangenheit **mündlich** erzählst, kommt manchmal das **Präteritum** vor *(gingen wir …)*, und wenn du über Vergangenes **schreibst**, gebrauchst du manchmal auch das **Perfekt** *(hat er Verena getroffen)*. Das ist ganz natürlich!

Plusquamperfekt:
Diese Zeitform kommt sehr selten vor. Wir verwenden sie fast immer nur dann, wenn wir zwei Sätze miteinander verbinden, von denen der eine die Vergangenheit bezeichnet und der andere die Zeit vor der Vergangenheit: *Wir aßen Abendbrot, nachdem ich Brot geholt hatte.*

Futur I:
Das Futur I wählen wir manchmal, wenn wir etwas über die Zukunft aussagen wollen: *Morgen werde ich dich vielleicht besuchen.*
Genauso gut können wir aber auch das Präsens verwenden:
Morgen besuche ich dich vielleicht.

Futur II:
Dies ist wohl die seltenste aller Zeitformen. Sie kommt nur in ganz wenigen Sätzen vor, wenn wir uns vorstellen, dass in der Zukunft etwas abgeschlossen ist: *Morgen um diese Zeit werde ich das alles erledigt haben.*
Viel häufiger aber verwenden wir in solchen Fällen das Perfekt:
Morgen um diese Zeit habe ich das alles erledigt.

Artikel (Begleiter, Geschlechtswörter)

Für die Artikel (Begleiter, Geschlechtswörter) benötigst du keine Probe; denn es gibt nur drei von ihnen und die kannst du dir merken:

Die **bestimmten** Artikel im **Singular:** männlich (maskulinum): *der Löwe* weiblich (femininum): *die Giraffe* sächlich (neutrum): *das Zebra*	Der **bestimmte** Artikel im **Plural**: männlich/weiblich/sächlich: *die Löwen, die Giraffen, die Zebras*
Die **unbestimmten** Artikel im **Singular:** männlich (maskulinum): *ein Löwe* weiblich (femininum): *eine Giraffe* sächlich (neutrum): *ein Zebra*	Der **unbestimmte** Artikel im **Plural:** … den gibt es nicht! Wenn du im Plural von mehreren unbestimmten Tiere sprichst, dann sagst du: *Löwen, Giraffen, Zebras.*

Was heißt eigentlich „bestimmt“ und „unbestimmt“?
Manche Märchen beginnen:
Es war einmal ein König, der hatte eine Nachtigall …
Hier wird der unbestimmte Artikel verwendet, weil über den König und die Nachtigall noch gar nichts weiter ausgesagt ist. Beide sind noch unbekannt und werden erst einmal vorgestellt.

Nun geht aber das Märchen weiter:
Der König wollte gern, dass die Nachtigall singen lernte.
Du siehst: Hier wird nun der bestimmte Artikel gebraucht. Der König ist ja jetzt auch schon bekannt – und die Nachtigall auch. Beide sind jetzt näher bestimmt und deswegen wird nun der bestimmte Artikel verwendet.
So ist das in Texten meistens. Wenn wir sagen: *Eine Maus ist durch die Küche gelaufen*, dann meinen wir zunächst, dass es eben irgendeine Maus war. Erst wenn wir von dieser Maus weitererzählen, sagen wir:
Und dann ist die Maus auf den Flur gerannt. Wir könnten hier nicht sagen: *Und dann ist eine Maus auf den Flur gerannt.* Denn dann würden wir meinen, dass da noch eine andere war.

Den **unbestimmten** Artikel gebrauchen wir meistens dann, wenn etwas im Text **noch nicht erwähnt**, noch **unbekannt** oder unbestimmt ist. Den **bestimmten** Artikel wählen wir meistens dann, wenn etwas, wovon wir reden, im Text **schon einmal erwähnt**, schon **bekannt** oder näher bestimmt ist.

Ist „der" wirklich männlich und „die" wirklich weiblich?
Natürlich gibt es männliche und weibliche Löwen und Giraffen und es gibt keine sächlichen Zebras. Trotzdem sagen wir:
der Löwe, die Giraffe, das Zebra.
Daran kannst du erkennen, dass die Bezeichnungen „männlich, weiblich, sächlich" mit dem wirklichen (natürlichen) Geschlecht nichts zu tun haben. Es wäre auch ganz unsinnig zu behaupten, der Löffel wäre männlich, die Gabel weiblich und das Messer sächlich. Alle drei sind Sachen. Die Geschlechtswörter haben mit dem wirklichen Geschlecht nur noch in ganz wenigen Fällen etwas zu tun. So kannst du an bestimmten Nachsilben wie *-er* manchmal erkennen, dass ein Wort männlich ist:
der Eber, der Kater;
und an anderen Nachsilben wie *-in* kannst du erkennen, dass ein Wort weiblich ist:
die Hündin, die Löwin.
Und bei *der Mann* und *die Frau* ist natürlich klar, dass sie wirklich männlich oder weiblich sind, aber schon bei *das Mädchen* stimmt es nicht mehr.

Deswegen ist es besser, wenn man diese kleinen Wörter **Artikel** oder **Begleiter** nennt und **nicht Geschlechtswörter**. Tatsächlich können Artikel die Nomen begleiten. Und ein Nomen ist sogar davon bestimmt, dass es einen Artikel bei sich haben kann:
der Saft, die Milch, das Wasser.

Nomen/Substantive (Hauptwörter)

Welche Aufgaben haben Nomen?
Wörter wie *Hund, Blume, Hammer, Zange, Wut, Spaß* sind Nomen.
Sie bezeichnen
Lebewesen (Menschen, Tiere, Pflanzen) wie
Mann, Frau, Hund, Katze, Blume, Gras,
Gegenstände (Dinge, Sachen) wie
Hammer, Zange, Haus, Schulheft, Wasser,
Gefühle, Gedanken (Empfindungen, Vorstellungen, Ideen) wie
Wut, Spaß, Langeweile, Klugheit, List, Feigheit.

Mit **Nomen** bezeichnen wir vor allem **Dinge, Lebewesen, Gedanken, Gefühle**.
Die Nomen sind die wichtigste Wortart in unserer Sprache.
Die meisten Wörter im Deutschen sind Nomen.

Wie stehen die Nomen im Wörterbuch?
Das erste Nomen in UNSER WORTSCHATZ heißt *Aal.* Hinter dem Nomen steht der Artikel, der anzeigt, welches Geschlecht das Wort hat:
Aal, der.
Dann folgt eine besondere Form, die des 2. Falles (Genitiv):
des Aal(e)s.
Das eingeklammerte (e) bedeutet, dass diese Form mit oder ohne ein *e* vorkommt.
Zuletzt steht die Mehrzahlform (Plural):
die Aale.

Auch Nomen können also verschiedene Formen bilden. Vor allem kann man sie in vier **Fällen** (Kasus) verwenden. Die Beugung der Nomen nach den vier Fällen nennt man **Deklination**.
Die wichtigsten Formen der Deklination sind in der folgenden Tabelle aufgeführt.

Die vier Fälle:
1. Fall (Nominativ)
Singular: *der Hund, die Katze, das Kamel*
Plural: *die Hunde, die Katzen, die Kamele*
2. Fall (Genitiv)
Singular: *des Hundes, der Katze, des Kamel(e)s*
Plural: *der Hunde, der Katzen, der Kamele*
3. Fall (Dativ)
Singular: *dem Hund(e), der Katze, dem Kamel*
Plural: *den Hunden, den Katzen, den Kamelen*
4. Fall (Akkusativ)
Singular: *den Hund, die Katze, das Kamel*
Plural: *die Hunde, die Katzen, die Kamele*

Warum ist es so schwer, die Nomen zu erkennen?
Die Nomen als Wortart zu erkennen, gehört zum Schwierigsten überhaupt. Bei keiner anderen Wortart ist es so kompliziert, sie in das richtige Schubfach zu tun, wie bei den Nomen. Das erfährst du selbst immer dann, wenn du nicht genau weißt, ob du ein Wort groß- oder kleinschreiben sollst; denn alle Nomen werden ja großgeschrieben. Aber woher weiß man, was ein Nomen ist?

Kennzeichen: Artikel
Bei vielen Nomen hast du sicherlich kaum Probleme. Sie können mit einem **Artikel** stehen – und kommen in Texten meistens auch mit dem Artikel vor:
der Hund, die Hütte, das Futter, der Schwanz, die Schnauze, das Gebell.
Das ist klar zu erkennen.

Kennzeichen: Artikel und Adjektiv

Manchmal steht zwischen dem Artikel und dem Nomen noch ein **Adjektiv,** oder ein Adjektiv steht allein vor dem Nomen:
der bissige Hund, die kleine Hütte, schmackhaftes Futter.
Hier muss man nur wissen, dass der Artikel zum Nomen gehört – und nicht zum Wort, das direkt hinter dem Artikel steht. Auch das lässt sich lernen.

Kennzeichen: Pronomen

Vor dem Nomen können auch **Pronomen** stehen:
dein Fahrrad, in meiner Wut, unsere Schule, dieser Ball, mancher Schüler …

Kennzeichen: Präposition mit verstecktem Artikel

Präpositionen können mit dem Artikel zusammenwachsen. Die Artikel sind dann sozusagen im Wort versteckt: *zu dem = zum, bei dem = beim, in dem = im, an dem = am.* Auf solche Wörter folgt ein Nomen:
beim Turnen, im Gehen, zum Geburtstag, am Schluss.
Aber Achtung: Die Höchstform des Adjektivs wird immer kleingeschrieben: *gut, besser, am besten; lieb, lieber, am liebsten.*

Das allergrößte Problem besteht nun aber darin, dass viele andere Wörter auch als Nomen gebraucht werden können, obwohl sie eigentlich keine sind. Sie werden dann ebenfalls von einem Artikel begleitet und damit zum Nomen gemacht: *das Heulen, das Lachen, das Böse, das Gute, das Liebe.*

Wenn diese Wörter so vorkommen, dann sind sie Nomen und werden großgeschrieben, obwohl *bellen, heulen, lachen* eigentlich Verben sind – und *böse, gut, lieb* eigentlich Adjektive. Was du also lernen musst, ist:

Es gibt Wörter, die sind in jedem Fall Nomen:
der Witz, die Geschichte, das Buch;

und es gibt andere Wörter, die sind zwar keine Nomen,
können aber zu Nomen werden:
der Große, die Kleine, das Lesen, das Durcheinander.

Von „Einheimischen“ und „Auswanderern“
An dem eben Gesagten kannst du sehen, dass es Wörter gibt, die sozusagen „Einheimische“ einer Wortart sind und die fast immer in ihrem Wortarten-Schubfach bleiben. Andererseits gibt es Wörter, die von einer Wortart zur anderen wandern können. Die haben zwar auch ihre „Heimat“ und gehören auch in ein bestimmtes Schubfach; sie machen sich aber manchmal auf den Weg, „wandern aus“ und wählen ein anderes Schubfach als „zweite Heimat“.
Und auf den Weg zu den Nomen machen sich oftmals sehr viele Wörter, die ihre eigentliche „Heimat“ ganz woanders haben. Das ist hier die Schwierigkeit für alle, die etwas über die Wortarten lernen sollen. Es ist aber ein interessanter Vorgang! Man muss nur wissen, dass es so etwas gibt.
Manche dieser Einwanderer kann man auch an äußeren Merkmalen erkennen. Sie tragen dann sozusagen ein „Zeichen“ an ihrem Körper, das darauf hinweist: Ich stamme anderswoher. Solche Zeichen sind zum Beispiel die folgenden Endungen:

-heit: *die Schön-heit, die Schlau-heit*
-keit: *die Hässlich-keit, die Witzig-keit*
-ung: *die Erhol-ung, die Lenk-ung*
-nis: *das Gefäng-nis, das Geheim-nis.*

Und manchmal ist ein solches Zeichen so klein, dass du es kaum erkennen kannst. Aber es ist da:

-e: *alles Gut-e, der Groß-e, das Vergessen-e*
-es: *etwas Gut-es, Groß-es und Klein-es.*

Alle diese Wörter stammen aus anderen Wortarten. Sie nehmen aber Endungen an, wenn sie zu Nomen werden. Und daran kannst du sie oft auch erkennen.

Pronomen (Begleiter und Stellvertreter)

Die Pronomen sind ein bunt gemischtes Völkchen
Zur Gruppe der Pronomen gehören Wörter wie *ich, du, er, sie, es, wir, ihr, sie*, aber auch Wörter wie *mein, dein, sein, unser, euer*; dann Wörter wie *was, welcher, wer, jemand, man, sich;* Wörter wie *dieser, jener, mancher, mehrere*; wieder andere wie *der, die, das*, die genau wie Artikel aussehen, und so weiter. Kurz: Die Pronomen sind ein sehr gemischtes Völkchen von Wörtern, die aus ganz verschiedenen Gruppen bestehen.

Immerhin gibt es zwei große Gruppen von Pronomen: die **Begleiter** und die **Stellvertreter**.
Die **Begleiter** „begleiten" ein Nomen, wie es die Artikel auch tun, sie stehen also vor einem Nomen:
mein Vater, dein Buch, manche Leute, diese Dinge, alles Gute.
Die **Stellvertreter** „vertreten" ein Nomen, sie stehen sozusagen an Stelle eines Nomens:
die Katze → sie, der Kater → er, Hunde, → die (bellen, beißen nicht).

Welche Aufgaben haben Pronomen?
Die beiden Gruppen von Pronomen haben recht unterschiedliche Aufgaben.

Die **Begleiter** sagen, wem etwas gehört oder wozu etwas gehört:
mein Buch, unsere Lehrerin, eure Stadt
oder sie heben etwas besonders hervor: *dieses Buch*
oder sie sagen etwas über die Menge der Dinge aus:
einige Bücher, manche Bücher
oder sie fragen nach etwas: *welches Buch?*

Die **Stellvertreter** ersetzen ein Nomen:
Sina hat einen Aufsatz geschrieben. Nachdem sie (Sina) ihn (den Aufsatz) geschrieben hatte, spielte sie (Sina) auf der Straße.

So sind die Stellvertreter also sehr nützliche kleine Wörter, die dafür sorgen, dass die Nomen nicht immerzu wiederholt werden müssen. Das würde ja auch auf die Dauer langweilig!

Die Gruppe der Pronomen ist nicht groß
So unterschiedlich gemischt diese Gruppe ist, so klein ist sie. Sie besteht zwar aus sieben verschiedenen Grüppchen mit sehr komplizierten Namen; doch jede Gruppe besteht nur aus wenigen Wörtern:

Personalpronomen (persönliche Fürwörter):

1. Fall	*ich*	*du*	*er*	*sie*	*es*	*wir*	*ihr*	*sie*
3. Fall	*mir*	*dir*	*ihm*	*ihr*	*ihm*	*uns*	*euch*	*ihnen*
4. Fall	*mich*	*dich*	*ihn*	*sie*	*es*	*uns*	*euch*	*sie*

(Den 2. Fall haben wir hier weggelassen, weil er bei den Personalpronomen so selten ist.)

Reflexivpronomen (rückbezügliche Fürwörter):
ich irre mich, du freust dich, er/sie/es schämt sich,
wir trauen uns, ihr geduldet euch, sie erschrecken sich

Relativpronomen (bezügliche Fürwörter):
der Löffel, der dort liegt
die Gabel, die mir gehört
das Messer, das ich verloren habe

Interrogativpronomen (Fragefürwörter):
welcher, welche, welches, wer, was …

Demonstrativpronomen (hinweisende Fürwörter):
dieser, diese, dieses, jener, jene, jenes …

Possessivpronomen (besitzanzeigende Begleiter):
mein, dein, sein, ihr, unser, euer …

Indefinitpronomen (Anzahlbegleiter):
alle Menschen, ein bisschen Glück, einige Leute, etwas Pech, jeder Schüler, keine Lust, mancher Lehrer, mehrere Tiere, nichts Gutes …

Woran kann man ein Pronomen als Begleiter erkennen?
Die beiden Wörtchen *viele* und *mehrere* können beide vor einem Nomen stehen: *viele Leute, mehrere Leute.*
Sie sehen also beide aus wie „Begleiter". Trotzdem kann das eine etwas, was das andere nicht kann.
Vor dem Wort viele kann ein Artikel stehen: *die vielen Leute.*
Vor dem Wort *mehrere* kann aber kein Artikel stehen:
die mehreren Leute (das geht nicht!).
Also gehören beide verschiedenen Wortarten an:
viele gehört zu den **Adjektiven**, *mehrere* zu den **Pronomen**.
Ein Pronomen als Begleiter kann nur **allein** vor einem Nomen stehen – niemals mit einem Artikel:
mein Kater, welches Buch, manche Menschen, einige Leute …

Pronomen in einem Text
Pronomen kommen in jedem Text vor. Sie verbinden die Sätze miteinander und sorgen dafür, dass man die Nomen nicht ständig wiederholen muss:

Ich habe gestern meine Armbanduhr verloren. Wahrscheinlich habe ich sie in der Umkleidekabine liegen lassen. Ich habe alles abgesucht, aber sie blieb verschwunden. Zum Glück hat sie irgendjemand gefunden. Er hat sie beim Hausmeister abgegeben, der sie mir dann wiedergegeben hat. Das war mein Glück! Denn ich habe sie erst vorgestern von meinem Opa bekommen, der sie mir zu meinem Geburtstag geschenkt hat. Wenn diese schöne Uhr weg gewesen wäre, hätte sich auch mein Opa geärgert.

Adjektive (Eigenschaftswörter)

Welche Aufgaben haben Adjektive?
Wörter wie *lustig, lieb, rot, hoch, verrückt* sind Adjektive.
Sie bezeichnen, **wie** etwas ist:
ein lustiger Kerl, die Farbe ist rot, der Hund bellt wie verrückt.
Mit Adjektiven kann man auch etwas **bewerten**:
ein wertvoller Ring, ein blöder Typ.
Mit ihnen kann man etwas sehr **genau beschreiben**:
ein gestreiftes, weites, langes Kleid,
und man kann Dinge von anderen Dingen **unterscheiden**:
der Birnbaum ist höher und größer als der Pflaumenbaum.

Mit Adjektiven kann man Tätigkeiten **bewerten**
oder genauer **kennzeichnen.**
Alle Adjektive können **zwischen Artikel und Nomen** stehen:
der bissige Hund, die sieben Raben, die vielen Menschen.
Viele Adjektive kann man **steigern**:
schön, schöner, am schönsten.
Bei der **Steigerungsform** steht immer das Wörtchen *als:*
Ich bin größer als du.
Steht bei einem Vergleich das Adjektiv **nicht** in der Steigerungsform, sagt man *wie:*
Ich bin doppelt so groß wie du. Ich bin genauso groß wie du.

Wie stehen die Adjektive im Wörterbuch?
Am Anfang steht das Adjektiv in seiner **Grundform** (Positiv):
hoch, groß, dumm.
Bei Adjektiven, die sich steigern lassen, folgt dann die **Steigerungsform** (Komparativ):
höher, größer, dümmer.
Am Schluss steht die **Höchstform** (Superlativ):
am höchsten, am größten, am dümmsten.

Auch Adjektive können verschiedene Formen bilden. Sie haben wie die Nomen einen Plural: *der bissig-e Hund, die bissig-en Hunde,* und sie lassen sich wie die Nomen in den Fällen verändern, also deklinieren:

1. Fall: *der bissig-e Hund,*
2. Fall: *des bissig-en Hundes,*
3. Fall: *dem bissig-en Hund(e),*
4. Fall: *den bissig-en Hund.*

Wie kann man Adjektive erkennen?
Adjektive kannst du am sichersten an der Einsetzprobe erkennen, also daran, dass sie sich **zwischen Artikel und Nomen** einsetzen lassen:
das liebe Hündchen – das kaputte Fahrrad – der seltene Vogel.
Wörter wie *gern, entzwei, manchmal* kannst du dagegen nicht zwischen Artikel und Nomen einsetzen. Du kannst also **nicht** sagen:
der gerne Hund – das entzweie Fahrrad – der manchmale Vogel.

Die Einsetzprobe funktioniert immer, wenn du dir folgenden Satz merkst:

Die ______________ *Plingplongs liegen auf dem Tisch herum.*

Ein Wort, das du in die Lücke zwischen *die* und *Plingplongs* einsetzen kannst, das ist ein Adjektiv. Natürlich kommen dabei manchmal recht witzige Sätze heraus:
die grünen, blöden, dicken, hundert, nassen, gestreiften, vielen, unzähligen Plingplongs …
Auf jeden Fall passen alle unterstrichenen Wörter und noch viele mehr in diese Lücke. Und alle sind sie Adjektive. Probiere es mit anderen Wörtern einmal aus!

Auch in dem Land der Adjektive gibt es viele „Einwanderer"
Viele Wörter, die aus anderen Wortarten stammen, können zu Adjektiven werden und in das Land der Adjektive einwandern. So ist z.B. das Wort *Wolke* ein Nomen. Es kann aber zu einem Adjektiv werden, indem es ein Zeichen annimmt, das es als Adjektiv zu erkennen gibt: *wolk-ig.*
Und das Wort *ertragen* ist ein Verb, aus dem ein Adjektiv wird, indem es ein anderes Kennzeichen annimmt: *erträg-lich.*

Auch viele Partizipien, die ja zu den Verben gehören, können wie Adjektive gebraucht werden: *verloren → das verlorene Armband.* Auf diese Weise vergrößert sich die Gruppe der Adjektive ständig und immer wieder entstehen neue Adjektive – vor allem aus Nomen, Verben und Adverbien.

Die wichtigsten „Abzeichen“ (Wortbausteine) neu gebildeter Adjektive sind:
-lich: *glück-lich, persön-lich, entsetz-lich*
-ig: *neb(e)l-ig, heut-ig, ruh-ig.*
Die wichtigsten Adjektive mit den Wortbausteinen *-lich, -ig* findest du unter „Rechtschreibung“ auf Seite 393.

Hier sind die wichtigsten mit den anderen Wortbausteinen:

Adjektive mit -sam:
biegsam, einsam, folgsam, furchtsam, gehorsam, genügsam, kleidsam, langsam, mühsam, seltsam, sorgsam, sparsam, wirksam

Adjektive mit -isch:
akustisch, diebisch, energisch, englisch, evangelisch, fanatisch, himmlisch, ironisch, italienisch, katholisch, kindisch, komisch, künstlerisch, logisch, mörderisch, motorisch, mürrisch, neckisch, neidisch, räuberisch, realistisch, romantisch, seelisch, spielerisch, störrisch, stürmisch, täppisch, teuflisch, tierisch

Adjektive mit -bar:
benutzbar, berechenbar, brauchbar, dankbar, drehbar, erreichbar, fahrbar, haltbar, heilbar, herstellbar, hörbar, kostbar, lenkbar, lernbar, lesbar, scheinbar, sichtbar, unmittelbar, unvorstellbar, unzerstörbar, wählbar, wunderbar, zählbar, zähmbar

Adverbien (Umstandswörter)

Welche Aufgabe haben Adverbien?

Wörter wie *heute, gestern, hier, dort, oft, manchmal* sind Adverbien. Sie geben an, wann, wie, wo und warum etwas geschieht:

Adverbien der **Zeit** (wann): *Ich bin jetzt nicht zu sprechen.*
Adverbien des **Ortes** (wo): *Ich gehe von hier nicht weg.*
Adverbien der **Art und Weise** (wie): *Ich habe ihn gern.*
Adverbien des **Grundes** (warum): *Ich bleibe deshalb bei ihm.*

Woran kann man Adverbien erkennen?

Adverbien gehören zu den Wörtern, die man **nicht verändern** kann. Sie können keinen Plural bilden, sie können keine Zeitformen bilden, sie können die vier Fälle nicht bilden, man kann sie (bis auf wenige Ausnahmen) nicht steigern. Da sie aber in Sätzen oft an derselben Stelle stehen wie die Adjektive, kann man sie auch mit Adjektiven leicht verwechseln:
Ich habe dich gern. – Ich habe dich lieb.
Lieb und *gern* stehen an derselben Stelle des Satzes und bedeuten auch fast dasselbe. Trotzdem ist *lieb* ein **Adjektiv** und *gern* ein **Adverb**. Das Erkennungszeichen eines Adjektivs ist nun einmal, dass es sich verändern lässt, dass du es zwischen Artikel und Nomen einsetzen kannst und dass man es steigern kann:
die lieb-e Katze – lieb, lieb-er, am liebs-ten.
Das alles ist mit dem Wörtchen *gern* nicht möglich:
die gerne Katze (das geht nicht!).
Ein Adverb bleibt immer **unverändert**. Und diese Unveränderbarkeit ist das wichtigste Kennzeichen von Adverbien.

Adverbien sind Wörter, die man **nicht verändern** kann.
Sie sagen, **wo, wann, wie, warum** etwas geschieht.
Sie sind im Satz leicht **umstellbar**:
Ich gehe manchmal ins Kino. Manchmal gehe ich ins Kino.

Die „Hin-und-her-Läufer"
Eine Möglichkeit, mit deren Hilfe du Adverbien recht gut erkennen kannst, ist die **Umstell**- oder **Verschiebeprobe**. Manche Wörter kannst du in einem Satz nämlich verschieben:
Ich bin gestern mit dem Rad zur Schule gefahren.
Gestern bin ich mit dem Rad zur Schule gefahren.
Ich bin mit dem Rad gestern zur Schule gefahren.
Adverbien können meistens an verschiedenen Stellen eines Satzes auftauchen. Sie sind sozusagen die „Hin-und-her-Läufer" unter den Wortarten. Sie gehören meistens nicht an eine bestimmte Stelle, zu einem bestimmten Wort, sondern zum ganzen Satz. Und deswegen können sie an ganz verschiedenen Stellen stehen.

Unter den Adverbien gibt es fast nur „Einheimische"
Die Gruppe der Adverbien ist recht klein. Es gibt auch nicht sehr viele Wörter, die aus anderen Wortarten in diese Gruppe einwandern, außer solchen, die das Kennzeichen *-s* oder *-st* tragen:
abend-s, dienstag-s, letzten-s, ander-s, ein-st …

Deswegen kann man die Adverbien fast alle aufzählen. Hier die wichtigsten von ihnen:

abends, also, anders, auch, bereits, da, damals, damit, dann, darum, dazu, deshalb, dort, draußen, eben, entzwei, etwas, fast, fort, genug, gern, gestern, herab, hervor, heute, hier, hinauf, immer, jetzt, kaum, leider, links, manchmal, meistens, morgen, morgens, nachher, nichts, niemals, noch, nun, nur, oben, oft, rechts, schon, so, sofort, sogar, sonst, trotzdem, überhaupt, unten, vorbei, vorn, vorwärts, weg, wieder

Konjunktionen (Verbindungswörter)

Welche Aufgabe haben Konjunktionen?
Wörter wie *als, aber, denn, dass, nachdem, oder, weil, und* sind Konjunktionen. Ihre wichtigste Aufgabe besteht darin, **Verbindungen** zwischen den Teilen der Sprache herzustellen. Einige von ihnen können **Wörter** und **Wortgruppen** miteinander verbinden:
der Hund und die Katze – Hausaufgaben machen oder Fußball spielen;
andere verbinden ganze Sätze miteinander, zum Beispiel zwei **Hauptsätze**:
Ich konnte nicht kommen, denn ich war krank.
Sie können aber auch einen **Hauptsatz** mit einem **Nebensatz** verbinden:
Ich konnte nicht kommen, weil ich krank war.

Konjunktionen sind **Verbindungswörter**.
Es gibt zwei Sorten von Konjunktionen:
1. solche, die gleichberechtigte Teile verbinden;
   man nennt sie **nebenordnende** Konjunktionen:
   und, oder, denn;
2. solche, die nicht gleichberechtigte Teile verbinden;
   man nennt sie **unterordnende** Konjunktionen:
   weil, dass, wenn …

Die Konjunktionen bilden nur eine kleine Gruppe
Die Zahl der Konjunktionen ist begrenzt. Man kann sie aufzählen. Hier sind die wichtigsten von ihnen:
Nebenordnende Konjunktionen:
und, oder, denn, entweder … oder, sowohl … als auch, sondern.
Unterordnende Konjunktionen:
als, bevor, bis, da, damit, dass, ehe, nachdem, ob, obwohl, seitdem, sodass, während, weil, wenn, wie.

Welche Rolle die Kommasetzung bei den Konjunktionen spielt, kannst du unter „Rechtschreiben“ auf Seite 409 nachlesen.

Woran kann man Konjunktionen erkennen?
Konjunktionen gehören zu den kleinen Wörtern, die du recht gut als Konjunktionen erkennen kannst. Verwechseln kann man sie eigentlich nur mit den Adverbien. Doch da gibt es eine Probe, die dir zeigt, worin sich eine Konjunktion von einem Adverb unterscheidet. Es gibt zwei kleine Wörter, die sich sehr ähnlich sind: *dann* und *denn*. Beide können am Anfang eines Satzes stehen, der auf einen anderen Satz folgt:
Konjunktion: *Es wurde auf einmal finster, denn → ein Gewitter kam.*
Adverb: *Es wurde auf einmal finster, dann → kam ein Gewitter.*

An diesen beiden Sätzen kannst du den Unterschied zwischen der Konjunktion *denn* und dem Adverb *dann* gut erkennen. Bei der **Konjunktion** *denn* bleibt die **normale Stellung** der Satzglieder im Satz erhalten. Das **Adverb** *dann* aber **„verdrängt" das Subjekt** von seinem Platz.

Präpositionen (Verhältniswörter)

Welche Aufgabe haben Präpositionen?
Wörter wie die folgenden sind Präpositionen:
an, auf, unter, mit, durch, über, in …
Sie sagen etwas darüber aus, in welchem Verhältnis eine Sache zu einer anderen steht:
Die Katze sitzt auf dem Stuhl. Die Katze sitzt unter dem Stuhl.
Ich spiele vor dem Essen. Ich spiele nach dem Essen.
Präpositionen können etwas über den **Ort** aussagen:
auf dem Stuhl, neben dem Sofa, in dem Sessel …
Sie können etwas über die **Zeit** aussagen:
nach einer Stunde, während dieser Zeit, bis morgen …
Aber es gibt auch Präpositionen, die etwas über die **Art und Weise** oder über den **Grund** aussagen: *ohne Schuhe, trotz des Regens, mit großer Aufmerksamkeit, wegen Bauarbeiten …*

Die Präpositionen und die Fälle
Die Präpositionen sind kleine und unveränderbare Wörter, die eine Besonderheit haben: Nach ihnen steht immer der 2., 3. oder 4. Fall.

So gibt es Präpositionen mit dem
2. Fall (Genitiv): *während des Essens, trotz des Regens,*
3. Fall (Dativ): *gegenüber dem Haus, bei dem Wetter,*
4. Fall (Akkusativ): *für den Sieg, ohne den Lehrer.*

Manche Präpositionen können mit dem 3. **und** dem 4. Fall verwendet werden. Dann bedeuten die Sätze auch etwas anderes:
Er fährt auf den Schulhof. → *Er fährt auf den Schulhof hinauf.*
Er fährt auf dem Schulhof. → *Er fährt auf dem Schulhof herum.*
Verwendet man eine solche Präposition mit dem **3. Fall**, so ist immer gemeint, dass etwas **an Ort und Stelle** geschieht:
Wo sitzt die Katze? – Auf dem Tisch.
Gebraucht man sie mit dem **4. Fall**, so bewegt sich etwas auf ein **Ziel** zu:
Wohin setzt sich die Katze? – Auf den Tisch.

Die Liste der wichtigsten Präpositionen

Mit dem 2. Fall stehen:	*abseits, außerhalb, während, trotz, wegen …*
Mit dem 3. Fall stehen:	*bei, nach, von, zu, seit, außer, mit …*
Mit dem 4. Fall stehen:	*durch, gegen, ohne, bis …*
Mit dem 3. und 4. Fall können stehen:	*an, auf, hinter, neben, über, unter, vor, zwischen …*

VIII. Vornamen

Die meisten heutigen Vornamen stammen aus fremden Sprachen. Sie sind sozusagen international. Nur wenige von ihnen sind wirklich deutsche Namen. So modern die Namen klingen, die meisten von ihnen sind doch schon uralt. Sie stammen zum Teil aus dem Hebräischen, also aus der Zeit des Alten Testaments, und sind mehrere tausend Jahre alt. Einige von ihnen haben einen neuen Klang erhalten, da sie aus dem Englischen und Französischen stammen. Aber sie gehen trotzdem auf alte Namen aus dem Lateinischen zurück. Und viele Namen kommen in ganz unterschiedlichen Formen vor. Manchmal kann man kaum noch erkennen, woher sie stammen. Oder wusstest du, dass *Sascha* und *Sandra* von dem alten Namen *Alexander* abstammen – oder der so modern klingende Name *Dennis* von dem Namen des alten griechischen Gottes *Dionys*?

Natürlich können hier nicht alle Namen, die es heute gibt, aufgelistet werden. Aber vielleicht findest du ja deinen eigenen Namen in dieser Liste wieder und kannst herausbekommen, was er bedeutet – oder ganz früher einmal bedeutet hat.

Adelheid *altdeutsch:* von edler Art; alle Vornamen mit *Adel-* bedeuten: edel, vornehm; alle mit *-heid*: Art, Wesen, Rang

Alexander *griechisch*: der die Männer abwehrt, Beschützer, Verteidiger; **Alexandra**

Alice *englisch:* Kurzform von Elisabeth oder Adelheid oder Alexandra

Alina *arabisch:* die Erhabene, Hervorragende

Anatoli *griechisch*: der aus dem Morgenland (Anatolien) Stammende, der Sonnenaufgang

Andreas *griechisch*: der Tapfere, Männliche; **André, Andi, Andrea**

Angela *griechisch*: der Engel; **Angelika**: die Engelhafte

Anke *niederdeutsch:* Form von Anna

Anna *hebräisch*: die Gnädige, Liebevolle; im Neuen Testament die Mutter Marias; **Anja** *russisch*; **Anke** *norddeutsch*; **Anne, Annette** *französisch;* **Antje** *niederdeutsch*; **Annika** Verkleinerungsform

Anton *lateinisch:* herstammend vom heiligen Antonius von Padua; andere Formen: **Antonio, Tonio, Toni, Antonia, Antonella**

Ariane *französisch:* herstammend von *griechisch:* Ariadne
Artur *englisch:* herstammend von dem sagenhaften walisischen König Artus; andere Formen: **Arthur, Arturo**
Arwed *schwedisch:* Adler oder: Baum, Wald
Astrid *schwedisch:* Gott oder: schön
Balthasar *babylonisch:* Gott schütze sein Leben; einer der Heiligen Drei Könige
Barbara *lateinisch*: die Fremde, die Ausländerin; **Bärbel, Barbi**
Beate *lateinisch*: die Glückliche; **Bea, Beatrix**
Benjamin *hebräisch*: Glückskind; im Alten Testament der jüngste Sohn Jakobs; **Ben, Benny** *englisch*
Bernd *altdeutsch*: von **Bernhard**: der kräftige Bär; **Benno**
Berta *altdeutsch:* die Glänzende
Bettina: Kurzform von Elisabeth; **Betti, Betty, Bess** *englisch*
Bianca *italienisch*: die Weiße; **Bianka**
Björn *norwegisch, schwedisch*: der Bär
Boris *russisch*: der Kämpfer
Brigitte *keltisch*: die Erhabene, die Hohe; **Britta; Birgit** *schwedisch*
Bruno *altdeutsch:* der Braune, der Bär
Cäcilie *lateinisch:* Frau aus dem Geschlecht der Caecilier; **Cécile** *französisch*
Carlo *italienisch*: von Karl *deutsch*: der Freie, der Kerl; **Carola; Caroline**
Charlotte *französisch:* weibliche Form der Namen Karl, Charles
Christian *griechisch*: der Christliche; **Chris, Christa, Christiane, Christine**
Christoph *griechisch:* der Christusträger; **Christoffer, Stoffel**
Claudia *lateinisch*: die Lahme, Hinkende, die aus dem Volk der Claudier (altes römisches Geschlecht) Stammende
Clemens *lateinisch*: der Milde, Gnädige
Cordula *lateinisch*: das Herzchen; **Kordula**
Corinna *französisch:* Jungfrau, Mädchen; **Korinna** *griechisch*
Cornelia *lateinisch:* die aus dem Geschlecht der Cornelier Stammende; auch: **Kornelia;** männlich: **Cornelius, Kornelius**
Daniel *hebräisch*: der sich Gottes Gesetz unterwirft; Prophet im Alten Testament; **Daniela**

David *hebräisch*: der Liebling; König im Alten Testament
Dennis *englisch*: ursprünglich **Dionysius** *griechisch*: der dem Gott Dionys Geweihte; **Denise, Denis** *französisch*
Detlef *niederdeutsch:* abstammend von: Dietleib: Sohn des Volkes; **Detlev**
Diana *lateinisch:* Name der römischen Göttin der Jagd und des Mondes
Dieter *altdeutsch:* Volk, Heer; andere Formen: **Diether, Dietrich**
Dimitri *russisch*: stammt ab von **Demetrius** *griechisch*: Sohn der Erdgöttin Demeter
Dirk *norddeutsch*: Kurzform von **Dietrich** *altdeutsch*: Herrscher, Oberhaupt, Fürst
Dora: abstammend von **Dorothea** *griechisch*: Gottesgeschenk; **Dorothy, Doris, Dörte**
Edgar *englisch:* Reichtum, Glück
Elias *hebräisch*: Gott ist Jahwe, großer Prophet
Elisabeth *hebräisch*: Gott ist Vollkommenheit
Emil *französisch, lateinisch:* der Eifrige, der Wetteifernde; **Emilie**
Emma *altdeutsch, germanisch:* groß, umfassend
Enno *friesisch*: Kurzform von **Eginhard** *altdeutsch*: das harte Schwert
Erik *dänisch, schwedisch:* von **Erich**: der Mächtige
Eva *hebräisch*: das Leben; die von Gott geschaffene erste Frau im Alten Testament
Fabian *lateinisch*: der Bohnenpflanzer; der aus dem Geschlecht der Fabier (altrömischer Stamm) Stammende
Fatima *arabisch*: (beliebter Name in der ganzen arabischen Welt; die Bedeutung ist nicht bekannt)
Felix *lateinisch*: der Glückliche, der Glücksbringer; **Felizitas**
Florian *lateinisch*: der Blühende, der Prächtige; **Florentine**
Frank *altdeutsch*: der Franke, aus dem Volk der Franken
Franziska *italienisch*: von **Franz, Franziskus**: der Franzose, nach dem berühmten Prediger Franz von Assisi
Friederike *altdeutsch*: die Beschützerin, Friedliche; **Friedrich, Fritz**
Gabriele *hebräisch*: von **Gabriel**: der Mann Gottes; **Gabi**
Georg *griechisch*: Landmann, Bauer; **Jörg, Schorsch**
Gerd *altdeutsch*: von **Gerhard**: der harte Speer; **Gerrit, Gert**
Guido *römisch*: von Widukind *altdeutsch*: Kind des Waldes

Günter *altdeutsch:* Kampfesheer; **Günther, Gunter**
Hans: Kurzform von **Johannes**
Heinrich *altdeutsch*: der Herrscher, der Mächtige; **Heinz, Henrik, Henrike, Henry** *englisch*
Helmut *altdeutsch:* gesund, unversehrt; **Hellmuth, Helmuth**
Ines *spanisch*: von **Agnes**: die Reine, Heilige
Jakob *hebräisch*: der Fersenhalter; nach dem Alten Testament der jüngere Bruder Esaus; im Neuen Testament ein Apostel; **Jacob, Jacques** *französisch,* **James** *englisch*
Johannes *hebräisch*: derjenige, dem Gott gnädig ist; Name des Apostels Johannes; **Jan** *friesisch,* **Jana** *tschechisch*, **Jane, Jenny** *englisch*, **Jean** *französisch*, **Jens** *dänisch,* **Jennifer, Johanna, Hanna**
Jonas *hebräisch:* Taube; biblischer Prophet
Joshua, Josua *hebräisch:* der Herr ist Hilfe
Judith *hebräisch*: die Frau aus Jehud
Julia *lateinisch*: von **Julius**: der aus dem Geschlecht der Julier Stammende; alter römischer Stammesname; **Julian**
Kai *dänisch*, *schwedisch*: männlicher und weiblicher Name; auch **Kay;** die Bedeutung des Namens ist unklar, vielleicht Kurzform von **Katharina** *griechisch*: die Reine; **Karin, Kathrin, Catharina**
Karl *altdeutsch:* freier Mann; andere männliche und weibliche Formen: **Carl, Karol, Charles, Carla, Karoline, Carola**
Karsten *niederdeutsch*: von **Christian, Kerstin** *schwedisch*
Kaspar, Kasper: der Schwarze der Heiligen Drei Könige
Katharina *griechisch:* die Reine; andere Formen: **Käthe** *deutsch*, **Katinka, Katja** *russisch,* **Kathleen** *englisch,* **Karin, Karen** *schwedisch*
Klara *lateinisch:* die Leuchtende, Berühmte
Lars *schwedisch, dänisch:* von **Laurentius**
Laura *italienisch*: von **Laurentius** *lateinisch:* die aus der Stadt Laurentius Stammende; die mit dem Lorbeerkranz
Lea *hebräisch*: die Bedeutung des Namens ist unklar
Lena: von **Helena** *griechisch*: die Bedeutung des Namens ist unklar; abstammend von **Magdalena,** andere Form: **Lene**
Leon *lateinisch:* der Löwe; abstammend von Leonhard; **Leo, Leonardo**
Lisa: abstammend von **Elisabeth** *hebräisch*: die Gott als vollkommen ansieht; **Liesa**

Lotte: von **Charlotte** *französisch:* weibliche Form des Namens Karl, Charles

Lucia *lateinisch:* von **Lucius:** der Glänzende, der bei Tagesanbruch Geborene; **Lucy, Luzie**

Lukas *lateinisch*: der aus der Landschaft Lucania stammt; **Luca** *italienisch*

Magdalena *hebräisch*: die aus dem Ort Magdala Stammende; nach dem Neuen Testament eine der Jüngerinnen Jesu; **Magdalene**

Marcel *französisch*: von **Marcellus** und **Markus** *lateinisch*: der Kriegerische; **Marco, Marc, Marcial, Mark**

Maria *griechisch/lateinisch*: von **Mirjam** *hebräisch*: bekannter Vorname; im Neuen Testament die Mutter Jesu; **Marina, Marita, Mario**

Martin *lateinisch*: der Kriegerische; der heilige Martin hat seinen Namenstag am 11. November; **Martina**

Matthias *hebräisch*: das Geschenk Gottes; stammt ab von dem Namen des Evangelisten **Matthäus**

Maximilian *lateinisch*: der Größte; **Max**

Melanie *französisch*: von **Melania** *griechisch*: die Dunkelfarbige, die Schwarze

Michael *hebräisch*: Wer ist wie Gott; Erzengel, Überwinder des Teufels; **Michel, Miguel;** weiblicher Vorname: **Michelle** *französisch*

Mirko *slawisch, russisch*: von **Miroslaw**: der Friede

Moritz *österreichisch*: von **Maurus** *lateinisch*: der Mohr, der aus Mauretanien Stammende

Nadja *russisch*: von **Nadeschda**: die Hoffnung; **Nadine**

Natalie *lateinisch:* die zu Weihnachten Geborene; **Natascha** *russisch*

Nikolaus *griechisch:* Sieg des Volkes; der Heilige Nikolaus (Bischof von Myra); **Niklas, Nikita, Nicole** *französisch*: von **Nikolaus** *griechisch*: der Sieger; der heilige Nikolaus war Schutzheiliger der Kinder; Namenstag am 6. Dezember; **Nicola, Niklas**

Olaf *nordisch*: der Nachkomme

Olga *russisch*: von **Helga** *nordisch*: die Heilige

Oliver *englisch*: von **Olivier** *französisch*: der Waffengefährte Rolands

Pascal *französisch*: der zu Ostern Geborene

Patrick *englisch*: der Edle, Vornehme; **Patrizia, Patty**

Paul *lateinisch:* der Kleine; **Pawel** *ungarisch*, **Paula, Pauline**

Peter *lateinisch*: der Felsen; **Petra, Peer, Pedro**
Philipp *griechisch*: der Pferdefreund; **Philip**
Rainer *altdeutsch*: der Rat
Ralf *englisch*: von **Radol**f *altdeutsch*: der Ratgeber
Regina *lateinisch:* die Königin; **Regine**
René *französisch*: von **Renatus** *lateinisch*: der Wiedergeborene; **Renate**
Rudolf *altdeutsch:* der Berühmte; **Rudolph, Rudi, Rüdiger**
Sabine *lateinisch*: die aus dem Volk der Sabiner Stammende
Sabrina *englisch*: die aus dem Fluss Severn stammende Wasserjungfrau
Sandra *italienisch*: weibliche Kurzform von **Alexander** *griechisch*
Sarah *hebräisch*: die Herrin, die Fürstin; **Sara**
Sascha *russisch*: abstammend von **Alexander** *griechisch*
Sebastian *griechisch*: der Verehrungswürdige
Simon *hebräisch*: den Gott erhört hat; **Simone**
Sina: von **Rosina** *italienisch*: die Rose
Sophie *griechisch*: die Weise, die Kluge
Stephan *griechisch*: der Kranz, die Krone; **Stefan, Stefanie, Steffi, Stephanie**
Susanne *hebräisch*: die Lilie; **Susan** *englisch*
Sven *schwedisch, norwegisch, dänisch*: junger Mann, Krieger
Tanja *russisch*: von **Tatjana**: die Bedeutung des Namens ist unbekannt
Thomas *biblisch:* der Zwilling; nach dem Apostel Thomas
Tillmann: von **Dietrich** *altdeutsch*: Herrscher des Volkes; **Tilmann, Thilo, Tilo**
Tim: abstammend von **Timotheus** *griechisch*: Gott ehrend; **Timm, Timo**
Tina *friesisch*: von **Katharina** *griechisch*
Tobias *hebräisch*: dem Gott gütig ist, der Fromme
Tom *englisch:* abstammend von Thomas
Toni (weiblicher und männlicher Vorname): von **Anton** *lateinisch*: altrömischer Name eines vornehmen Geschlechts
Vanessa *englisch*: der Schmetterling
Verena: die Bedeutung des Namens ist unbekannt; vielleicht von **Vera** *russisch* abstammend: die Gläubige, Zuversichtliche
Wolfgang *altdeutsch:* Kampf mit dem Wolf
Yvonne *französisch*: von **Ivo** *altdeutsch*: Bogen aus Eibenholz

IX. Arbeitstechniken

Wie du Wörter üben kannst

Zu einzelnen Regeln findest du immer wieder einmal Wörterlisten zusammengestellt. Diese Listen enthalten die wichtigsten Wörter, die du für das alltägliche Schreiben gebrauchst. Natürlich wäre es gut, wenn du dir diese Wörter so einprägst, dass du sie allmählich ohne langes Nachdenken aus dem Gedächtnis schreiben kannst. Wie du die Wörter trainieren kannst, dazu wollen wir dir hier zehn Übungsmöglichkeiten vorstellen. Diese Übungen kannst du entweder allein oder mit einem Partner oder einer Partnerin durchführen.

1. Wörter anschauen und abschreiben

Das Abschreiben ist eine der besten Möglichkeiten, sich die Schreibung von Wörtern einzuprägen. Man muss es nur richtig können! Folgende Reihenfolge ist dabei hilfreich:

- Lies dir einen Text, den du abschreiben möchtest, zuerst durch.
- Lies dann eine kleine Wortgruppe im Zusammenhang wie z.B. *Eines schönen Nachmittags* ... und decke sie mit einem Papierstreifen ab. Schreibe sie dann im Zusammenhang auf.
- Decke die Wörter wieder auf und überprüfe, ob du sie richtig geschrieben hast. Lies dann die nächste Wortgruppe, decke sie ab, schreibe sie auf – und überprüfe – und so weiter.
- Am Schluss solltest du den ganzen abgeschriebenen Text noch einmal durchlesen.

2. Wörter ordnen

Nach dem Abc:

Beim Ordnen der Wörter nach dem Abc musst du deine Aufmerksamkeit auf den Anfang der Wörter richten. Dabei prägt sich die Schreibung gut ein. Ordne z.B. eine Reihe wie *springen, strecken, stecken, stolpern, staunen, sprühen* ... nach dem Abc:

springen, sprühen, staunen, stecken, stolpern, strecken ...

Nach der Anzahl der Silben:
Bei vielen Wörtern ist es eine große Lernhilfe, wenn du sie mit Silbentrennungsstrichen aufschreibst: *es-sen, ge-ges-sen, auf-ge-ges-sen; ab-bei-ßen, ab-ge-bis-sen …* – und sie dann nach der Anzahl der Silben ordnest:
1 Silbe: *aß …*
2 Silben: *es-sen …*
3 Silben: *ab-bei-ßen …*
4 Silben: *auf-ge-ges-sen*

Nach der Anzahl der Buchstaben:
Wenn du die Buchstaben in einem Wort zählen musst, prägt es sich gut ein. Ordne z.B. die Namen der Monate nach ihrer Länge
3 Buchstaben: *Mai*
4 Buchstaben: *März, Juni, Juli*
5 Buchstaben: *April*
6 Buchstaben: *August*
…
9 Buchstaben: *September*

Nach bestimmten Kennzeichen wie Nachsilben:
Ordne z.B. eine Liste von Adjektiven nach ihren Nachsilben:
neblig, windig, herbstlich, sonnig, wetterwendisch, sommerlich, stürmisch …
Wörter mit *-lich:*
Wörter mit *-ig:*
Wörter mit *-isch:*

3. Reimwörter aufschreiben
Wer zu einem Wort viele Wörter kennt, die ähnlich geschrieben werden und sich reimen, der merkt sich diese Wörter besser. Suche also zu Wörtern immer wieder einmal Reimwörter. Dabei musst du allerdings darauf achten, dass sie nicht nur gleich klingen wie *winkt – ringt* (so etwas solltest du vermeiden!) sondern dass sie auch an der Reimstelle gleich geschrieben werden wie *winkt – stinkt …*

4. Zu Wörtern eine Langform bilden
Wenn du zu Wörtern eine Langform bildest, kannst du gut hören, wie ein Wort am Ende geschrieben wird.
Nomen:
Bilde zu Nomen Pluralformen (die Mehrzahl) wie z.B. zu *Weg – Wege,* zu *Pferd – Pferde,* zu *Sieb – Siebe …*
Adjektive:
Bilde zu den Adjektiven Steigerungsformen wie z.B. zu *lieb – lieber,* zu *arg – ärger,* zu *rund – runder …*
Verben:
Bilde zu Verben Infinitive (Grundformen) wie z.B. zu *gibt – geben,* zu *sinkt – sinken …*

5. Zu Wörtern eine Kurzform bilden
Bilde zu Wörtern mit Umlauten Kurzformen, dann kannst du z.B. ermitteln, ob ein Wort mit *ä* oder *äu* geschrieben wird:
Pfänder – Pfand, Träume – Traum …

6. Wortfamilien zusammenstellen
Wortfamilien findest du auf den Seiten 419–427 zusammengestellt. Du kannst aber auch selbst welche zusammenstellen. Das macht gut aufmerksam auf die Schreibung von Wörtern:
lang, Länge, langsam, länger, verlängern, Langeweile, längsseits …

7. Mit Wörtern Zusammensetzungen bilden
Fast jedes Wort kannst du mit einem anderen zusammensetzen. Dabei lernst du die Schreibung immer gleich von zwei oder mehreren Wörtern:
Ball, Fuß, Meister, Welt → *Fußballweltmeister*

8. Mit Wörtern kleine Sätze bilden

Wörter, die du üben möchtest, solltest du immer wieder auch einmal in Sätze verpacken, am besten mehrere Wörter in einen Satz. Dabei können auch Witzsätze herauskommen. Das Wichtigste ist ja, dass du die Wörter übst.

Zum Beispiel Wörter mit *g: fliegen, Gegner, König, lang, siegen, Weg …*
→ *Der König fliegt über den langen Weg und siegt gegen seine Gegner.*

9. Wörter gegenseitig diktieren

Suche dir einen Partner oder eine Partnerin. Schaut euch die Wörter zuerst genau an, die ihr euch diktieren wollt. Diktiert euch jeweils fünf bis zehn Wörter gegenseitig. Dabei müsst ihr euch gegenseitig genau kontrollieren. Was falsch ist, wird gleich berichtigt.

10. Wörter gegenseitig buchstabieren

Eine Hilfe kann es sein, wenn ihr euch beim Diktieren zuerst die Wörter vorsprecht und sie euch dann buchstabiert, z.B. *Ketchup – K-e-t-c-h-u-p.*

Bei allen Übungen solltest du aber immer wieder daran denken: Üben, ohne nachzudenken, bringt keinen Erfolg! Üben, ohne das Falsche zu berichtigen, hilft dir nicht weiter! Im Gedächtnis einprägen kannst du dir die Wörter am besten, wenn du mit allen Sinnen bei der Sache bleibst. Du solltest also die Wörter, die du trainieren willst, immer genau lesen, dir deutlich vorsprechen, darüber nachdenken, wo eine Schwierigkeit liegt, sie dann aufschreiben, danach kontrollieren oder von anderen kontrollieren lassen – und am Ende berichtigen. Das wichtigste „Übungsgesetz“ ist aber: Übe an einem Tage nie zu lange hintereinander, sondern lieber jeden Tag für eine kurze Zeit! Denn der Erfolg stellt sich erst durch ständiges Wiederholen ein.

Nach gültiger Rechtschreibung 2006

Druck A[1] / Jahr 2006
Alle Drucke der Serie A sind im Unterricht parallel verwendbar.

Redaktion: Birgitt Maaß, Regina Nußbaum
Typographisches Konzept: Thomas Schröder
Herstellung: Sandra Grünberg
Illustrationen: Konrad Eyferth
Umschlaggestaltung: Jennifer Kirchhof
Satz: UMP Utesch Media Processing GmbH, Hamburg
Druck und Bindung: westermann druck GmbH, Braunschweig

ISBN 978-3-14-120600-5
alt 3-14-120600-7